세종특별자치시교육청

교육공무직원

필기시험(국어, 일반상식)

KB218858

세종특별자치시교육청
교육공무직원
필기시험(국어, 일반상식)

개정2판 발행	2024년 5월 31일
개정3판 발행	2025년 5월 30일

편 저 자	|	공무원시험연구소
발 행 처	|	(주)서원각
등록번호	|	1999-1A-107호
주 소	|	경기도 고양시 일산서구 덕산로 88-45(가좌동)
대표번호	|	031-923-2051
팩 스	|	031-923-3815
교재문의	|	카카오톡 플러스 친구 [서원각]
홈페이지	|	goseowon.com

PREFACE

교육공무직원은 학교현장 및 교육행정기관에서 근로기준법의 적용을 받는 근로자에 해당한다. 교육공무직원은 세종특별자치시교육청 및 산하 각 학교(기관)에서 공적 업무를 수행한다. 조리사, 특수학교(급) 특수교육 실무사, 특수학교(급) 돌봄교실강사, 돌봄전담사, 방과후학교전담 등의 직종이 있다. 필기시험 실시 직종은 1차 시험(필기시험)을 실시하고, 합격한 사람에 한하여 2차 시험(면접시험)을 실시한다. 필기시험은 국어와 일반상식 과목이 25문제씩 객관식 4지 택1형으로 출제되고, 배점 비율은 각 과목당 100점을 만점으로 한다.

본서는 세종특별자치시교육청 교육공무직원 공개경쟁채용의 필기시험에 대비하기 위한 수험서로, 1차 시험 과목인 국어와 일반상식 과목에 대한 핵심내용을 정리하고 빈출유형문제를 수록하였다.

[본서의 구성]

1. 2024년 시·도교육청 교육공무직원 및 2023년 광주광역시교육청 교육공무직원 기출복원문제를 수록하였다. 실제 시험에 대한 감각을 익힐 수 있고 시험유형을 파악하는 데에 용이하다.
2. 일반상식에서 주요하게 출제되는 한국사와 사회 영역을 수록하였다. 이론과 더불어 출제예상문제를 수록하여 자세하게 학습할 수 있도록 구성하였다.
3. 시사상식 파트를 수록하여 광범위한 일반상식 영역에 대비할 수 있도록 하였다.

학교현장에서 자신의 능력을 펼치길 꿈꾸며 준비하는 수험생의 합격을 기원합니다.

STRUCTURE

기출복원문제

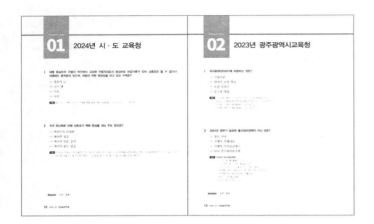

2024년 시·도교육청 교육공무직원 및 2023년 광주광역시교육청 교육공무직원 기출문제를 복원하여 수록하였습니다. 수록된 문제를 풀어보면서 실제 시험에 대한 감각을 익힐 수 있도록 하였습니다.

국어

국어사용의 실제에서부터 문법, 문학, 한자·한문까지 전 영역을 수록하였습니다. 광범위한 국어에서 출제가 예상되는 문제와 중요 이론을 수록하였습니다.

일반상식

주요하게 출제되는 한국사, 사회 영역을 중점적으로 이론을 정리하여 수록하였습니다. 광주광역시교육청 교육공무직원의 일반상식의 특징으로 자주 출제되는 과목으로 이에 맞춰 수험생의 학습에 도움될 수 있도록 구성하였습니다.

시사상식

일반상식과 더불어서 자주 출제될 수 있는 최신 시사상식을 모아서 다양한 영역으로 구성하여 수록하였습니다. 시사 · 경제 영역을 세분화해 수록하여 수험생이 다방면으로 학습이 가능하도록 하였습니다.

핵심이론 + 예상문제 구성

과목별, 영역별로 중요한 이론과 출제예상문제 순서로 구성하여 핵심이론을 학습하고 문제를 풀 수 있도록 구성하였습니다.

상세한 정답 및 해설

빠르게 문제를 풀이할 수 있도록 문제 하단에 해설을 수록하였습니다. 해설은 상세하게 작성하여 문제 이해에 도움이 되도록 하였습니다.

CONTENTS

PART

01

기출복원문제

2024년 시 · 도 교육청

1 태풍 중심부의 구름이 적으면서 고요한 무풍지대로서 중심부로 하강기류가 있어 상층운은 볼 수 없으나 하층에는 층적운이 있으며, 바람이 약한 원모양을 하고 있는 구역은?

① 태풍의 눈
② 루트 맵
③ 석호
④ 사빈

TIP 태풍의 눈 주변은 적란운의 벽이 있어 비가 많이 내리며 바람 또한 최대풍속을 기록한다.

2 지구 온난화로 인해 산호초가 백화 현상을 겪는 주요 원인은?

① 바닷물의 산성화
② 해수면 상승
③ 바다의 염분 증가
④ 바다의 온도 상승

TIP ④ 지구 온난화로 인해 바다의 온도가 상승하면서 산호초가 스트레스를 받아 하얗게 변하는 백화 현상이 발생한다. 산호는 높은 수온에 민감하며, 온도가 오르면 공생하는 조류(藻類)가 산호를 떠나기 때문에 색이 하얗게 변한다.

Answer 1.① 2.④

3 태조 왕건의 정책으로 옳지 않은 것은?

① 고구려를 계승해서 서경을 중심으로 북진 정책을 실시하였다.

② 혼인정책을 통해 호족들을 포섭하였다.

③ 통일 신라, 고구려, 백제, 발해 출신을 수용하여 민족 통합을 이끌었다.

④ 과거제도를 실시하여 유교적 학식과 능력을 갖춘 인재를 등용하였다.

TIP 광종은 과거제도를 통한 인재등용으로 왕권을 강화하였다.

4 강화도 조약에 관한 내용으로 옳지 않은 것은?

① 일본의 문호개방 요구를 거절한 것이 시발점이 되었다.

② 조약의 내용을 보면 일본의 청에 대한 간섭을 차단하기 위한 목적을 알 수 있다.

③ 조선이 외국과 맺게 되는 마지막 근대적 조약이다.

④ 일본인이 조선에서도 일본의 법에 의해 보호를 받게 되었다.

TIP 강화도 조약은 조선이 외국과 맺게 된 최초의 근대적 조약이었다.

Answer 3.④ 4.③

2023년 광주광역시교육청

1 국내총생산(GDP)에 포함되는 것은?

① 실업수당

② 원어민 교사 월급

③ 복권 당첨금

④ 중고차 매입

> **TIP** ② 국내에 거주하는 외국인의 수익도 국내총생산에 포함된다.
> ① 정부의 이전지출(실업수당, 재해보상금 등)은 포함되지 않는다.
> ③ 새로운 생산물이 아니므로 포함되지 않는다.
> ④ 당해 생산된 것이 아니므로 포함되지 않는다.

2 2024년 정부가 발표한 출산장려정책이 아닌 것은?

① 정년 단축

② 신생아 특례대출

③ 신생아 우선공급제도

④ 6+6 부모육아휴직제

> **TIP** 2024년 출산장려정책
> ㉠ 부모 급여 및 세제지원 확대
> ㉡ 부부 난임 여부 판단 검사비용 지원
> ㉢ 고위험 임산부 의료비 지원 소득 기준 폐지
> ㉣ 신생아 우선공급제도(공공분양 · 민간분양 · 공공임대)
> ㉤ 신생아 특례대출(구입자금 · 전세자금)
> ㉥ 6+6 부모육아휴직제
> ㉦ 공공분양 소득기준 완화

Answer   1.②   2.①

3 다음 그래프가 설명하는 현상의 특징으로 옳지 않은 것은?

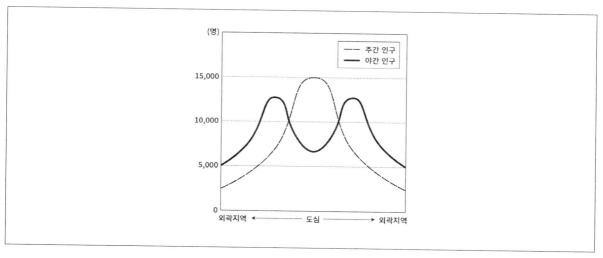

① 도심의 경제적 쇠퇴를 유발한다.
② 출퇴근길 교통난을 가중시킨다.
③ 도심의 인구과밀화 및 인프라 부담이 발생한다.
④ 도심의 주거기능이 약화된다.

TIP 색칠된 현상은 인구공동화현상을 의미하며, 인구공동화현상은 도심의 인구 감소와 경제적 쇠퇴를 수반한다.
※ **인구공동화현상** … 주간에는 상업 · 행정기능이 집중되는 도심에 인구가 몰리지만, 야간에는 주거 기능이 약한 도심에서 외곽지역으로 빠져나가면서 도심 상주 인구가 감소하는 현상을 말한다. 인구가 빠져나간 도심의 모습이 마치 도넛 한가운데 구멍이 있는 것과 비슷하다고 해서 '도넛 현상'이라고도 한다.

4 다음 중 탄소발자국을 줄이기 위한 방안으로 적절한 것은?

① 물품 및 자재의 장거리 운송을 촉진한다.
② 에너지 생산을 위해 화석 연료를 사용한다.
③ 활발한 농업 활동을 위해 삼림 벌채를 장려한다.
④ 주기적으로 에어컨 필터 및 보일러 내부 청소를 한다.

TIP 냉 · 난방기 청소를 통해 온실가스를 줄일 수 있다.
※ **탄소발자국** … 일상생활 속에서 만들어내는 온실가스의 총량을 의미한다.

Answer 3.③ 4.④

5 열대 고산 기후 특징으로 옳지 않은 것은?

① 낮과 밤 기온차가 적다.
② 열대 우림 기후나 사바나 기후보다 기온이 낮다.
③ 우리나라 봄과 같은 날씨인 상춘(常春)기후다.
④ 기압이 낮고 고산병이 나타나기도 한다.

TIP 낮에는 태양복사열이 땅을 빠르게 데우고, 밤에는 기온이 급락하여 일교차가 크다.

6 죄형법정주의의 파생적 원칙으로 옳지 않은 것은?

① 명확성의 원칙
② 관습형법의 허용
③ 유추해석의 금지
④ 소급효 금지

TIP 죄형법정주의 파생적 원칙에는 범죄와 형벌의 내용이 성문의 법류에 의해 규정되어야 한다는 관습형법 금지의 원칙, 범죄 구성요건과 형벌의 내용이 명확하게 규정되어야 한다는 명확성의 원칙, 법 해석에 있어 일상적이고 가능한 의미를 넘어 피고인에게 불리하게 적용하는 것을 금지하는 유추해석의 금지, 범죄 행위 이후 제정된 형법을 해당 범죄 행위에 소급적으로 적용하는 것을 금지하는 소급효 금지의 원칙, 형식적인 존재를 넘어 실질적이고 적정하며 합리적인 내용이어야 한다는 적정성의 원칙이 있다.

7 가격이 오르는 데도 일부 고소득층의 소비 과시욕이나 허영심 등으로 수요가 줄어들지 않는 현상은?

① 스놉 효과
② 앵커링 효과
③ 베블런 효과
④ 더닝 크루거 효과

TIP ① 스놉 효과 : 특정 상품에 대한 사람들의 소비가 증가하면 오히려 수요가 줄어드는 소비 현상이다.
② 앵커링 효과 : 결정을 내릴 때 첫 번째 정보가 기준이 되어 이후 판단에 왜곡 또는 편파적인 영향을 미치는 현상이다.
④ 더닝 크루거 효과 : 능력 없는 사람이 잘못된 결정을 내려 부정적인 결과에 도달하더라도 무지하고 무능하여 실수를 알아차리지 못하는 현상을 말한다.

Answer 5.① 6.② 7.③

8 이 현상은 한 번 발생하면 몇 달간 지속되면서 기상이상현상과 이상기후현상을 일으킨다. 스페인어로 '남자 아이'라는 뜻으로, 남아메리카 페루 부근 서해안을 따라 흐르는 바닷물의 온도가 주변보다 2 ~ 10℃가량 높아지는 이 현상은?

① 엘니뇨 현상   ② 라니냐 현상

③ 기온역전 현상   ④ 열섬 현상

> **TIP** ② 라니냐 현상 : 적도 부근 동부 태평양에서 해면의 수온이 비정상적으로 낮아지는 현상으로 엘니뇨에 반대되는 현상이다.
> ③ 기온역전 현상 : 높은 고도의 기온이 높고 낮은 고도의 기온이 낮게 나타나는 현상이다.
> ④ 열섬 현상 : 인구 증가, 인공시설물, 대기오염 등으로 도시의 기온이 교외보다 높아지는 현상이다.

9 삼권 분립을 통해 상호 기관은 견제하며 권력 남용을 막고 국민의 자유와 권리를 보호한다. 상호 기관이 견제하는 방법으로 옳은 것은?

① 국회는 법률안 거부권 및 사면권 등으로 정부를 견제한다.
② 법원은 정부의 위반행위를 판단·심판한다.
③ 법원은 나라 살림 운영 및 법을 실제로 집행한다.
④ 정부는 대법원장 임명에 동의·반대 등으로 행정·사법을 견제한다.

> **TIP** 삼권 분립
> ㉠ 입법부(국회) : 주로 법을 만드는 일을 하는 곳으로 대통령·정부의 일을 감시하고 대법원장 임명에 동의 또는 반대함으로써 행정·사법을 견제한다.
> ㉡ 행정부(정부) : 대통령, 국무총리, 장관 등으로 구성되어 나라 살림을 운영하고 법을 실제로 집행한다. 법률안 거부권 및 사면권 등으로 입법·사법부를 견제한다.
> ㉢ 사법부(법원) : 대법원, 고등법원 등을 말하며, 입법부의 법률과 행정부의 위반행위 등을 판단하고 심판한다.

10 선거 과정에서 암 환자가 선거권을 타인에게 양도하겠다고 할 경우 어떤 선거원칙을 위반하는 것인가?

① 직접선거   ② 비밀선거

③ 보통선거   ④ 평등선거

> **TIP** ① 직접선거 : 자신이 직접 투표해야 하는 원칙이다.
> ② 비밀선거 : 자신이 투표한 후보자를 다른 사람이 알지 못하도록 비밀 보장해야 하는 원칙
> ③ 보통선거 : 법에 따라 일정한 나이가 된 모든 국민에게 선거권을 주는 원칙이다.
> ④ 평등선거 : 한 사람당 한 표씩 투표할 수 있는 원칙이다.

Answer   8.① 9.② 10.①

11 사회보험의 특징으로 옳은 것은?

① 최저 생활을 보장하기 위한 목적이다.

② 국가가 모든 비용을 부담한다.

③ 상호부조의 성격을 띤다.

④ 개인 선택에 따른 자유가입이 가능하다.

> **TIP** ③ 사회보험은 국가가 보험 제도를 활용하여 법에 의해 강제성을 띠고 시행한다. 국가의 책임하에 사회적 위험으로부터 대비할 수 있
> 도록 한다. 수익자 비용 부담의 원칙을 가지며 수혜 정도와 무관하게 소득 수준 등에 따라 비용을 부담하는 상호부조 원리 호혜성
> 을 띤다.
> ①②④ 공공부조의 특징이다.

12 국가에 대해 인간다운 생활 보장을 요구할 수 있는 권리는?

① 평등권

② 자유권

③ 청구권

④ 사회권

> **TIP** 개별적 기본권
> ㉠ **평등권** : 정당하고 합리적인 이유 없는 차별을 받지 않을 권리
> ㉡ **자유권** : 신체의 자유, 집회의 자유 등 국가 권력의 간섭이나 침해를 받지 않을 권리
> ㉢ **청구권** : 청원권 등 다른 기본권이 침해되었을 때 구제하도록 요구할 수 있는 권리
> ㉣ **사회권** : 근로권, 환경권 등 인간다운 생활 보장을 요구할 수 있는 권리
> ㉤ **참정권** : 선거권 등 국가 의사 결정에 참여할 수 있는 권리

13 공공재에 대한 특징으로 옳은 것은?

① 경합성

② 배제성

③ 무임승차

④ 낮은 사회적 가치

> **TIP** **공공재** … 경합성이 없고 배제성이 불가능한 상품이나 서비스를 말한다. 비용은 부담하지 않고 혜택을 누리려는 사람들이 늘어나 무임
> 승차의 문제가 발생하는데, 이는 공공재 공급 부족 현상을 야기한다.

Answer 11.③ 12.④ 13.③

14 다음 중 다국적 기업에 대한 설명으로 옳은 것은?

① 무역, 라이센싱 등의 해외 사업이 기업 내에서 큰 비중을 차지하는 기업

② 기업의 국가 정체성이 사라지고 프로세스가 통합을 이룬 기업

③ 핵심 사업 및 본사 핵심 기능까지도 자회사가 운영하여 본사와의 경계가 흐릿하고 상호 협력하는 기업

④ 여러 국가에서 다양한 상품을 제조 및 판매하며 다양한 국가에 자회사, 현지 법인을 보유한 기업

TIP 다국적 기업 … 국제 기업이 고도로 발달된 형태로써, 여러 국가에서 운영되며 다양한 국가에 자회사, 현지 법인을 보유한다. 전 세계적으로 다양한 제품을 제조 및 판매한다.

15 대한민국 영역 안에서 생명 또는 신체를 해치는 죄에 해당하는 행위로 인해 피해를 입은 자 또는 유족에게 국가가 구조금을 지급하는 제도는?

① 재판청구권

② 국가배상청구권

③ 형사보상청구권

④ 범죄피해자구조청구권

TIP ① 재판청구권 : 모든 국민이 헌법과 법률에 정한 법관에 의하여 법률에 의한 재판을 청구할 수 있는 권리
② 국가배상청구권 : 공무원의 직무상 불법 행위에 대해 배상을 청구할 권리
③ 형사보상청구권 : 구금되었던 자가 불기소처분 또는 무죄 판결을 받은 때 국가에 정당한 보상을 청구할 권리

16 자원 민족주의에 대한 설명으로 옳은 것은?

① 천연자원 규제에 대해 정부가 개입을 최소화하는 것이다.

② 자원 관리에 필요한 외국인 투자를 늘리자는 것이다.

③ 천연자원에 대해 국가가 소유권을 주장하는 것이다.

④ 인접 국가 간 천연자원을 공정하게 분배하자는 주장이다.

TIP 자원 민족주의 … 광물, 석유, 가스, 산림 등 천연 자원에 대해 국가가 통제 또는 소유권을 주장하려는 정책이다.

Answer 14.④ 15.④ 16.③

17 X재 가격이 상승하고 거래량이 증가할 때 변동 요인으로 옳은 것은?

① 대체재 가격 상승

② 보완재 가격 상승

③ 수요량 감소

④ 생산요소 가격 하락

> **TIP** ① 수요가 증가하면 가격이 상승하고 거래량이 증가하는데, 대체재 가격이 상승할 경우 X재 수요가 증가하면서 가격이 상승하고 거래량이 증가한다.
> ②③ X재 수요 감소 요인
> ④ X재 공급 증가 요인

18 다음은 고조선의 8조법이다. 이를 통해 알 수 있는 사회상으로 옳지 않은 것은?

• 살인자는 즉시 사형에 처한다.
• 남의 신체를 상해한 자는 곡물로써 보상한다.
• 남의 물건을 도둑질한 자는 소유주의 집에 잡혀 들어가 노예가 됨이 원칙이나, 배상하려는 자는 50만 전을 내놓아야 한다.

---

① 생명 중시

② 사유재산 인정

③ 농경사회

④ 평등사회

> **TIP** '~노예가 됨이 원칙이나' 부분에서 노비 제도를 인정하는 계급 사회임을 알 수 있다.

Answer 17.① 18.④

19 화폐와 곡식의 출납, 회계를 맡았던 고려의 정치 기구는?

① 상서성

③ 식목도감

③ 삼사

④ 대간

TIP ① 상서성 : 6부를 통해 정책 집행을 담당하였다.
② 식목도감 : 법제와 격식 제정을 관장하였다.
④ 대간 : 중서·문하성의 낭사와 어사대 관원으로 구성되어 정치 운영의 견제와 균형을 담당하였다.
※ 대간
㉠ 간쟁권 : 왕의 부당한 처사나 과오에 대하여 잘못을 논함
㉡ 서경권 : 정책 시행 및 법령 개폐와 관리 임명에 동의권 행사
㉢ 봉박권 : 잘못된 왕명을 시행하지 않고 돌려보냄

20 다음 중 발해를 건국한 인물로 옳은 것은?

① 대조영

② 이성계

③ 이자겸

④ 을지문덕

TIP ① 대조영이 고구려 유민과 말갈인을 이끌고 동모산(東牟山) 근처에서 발해를 건국하였다. 발해는 5경 15부 62주의 지방 행정 제도를 갖추었으며 건국한 이후 급속한 발전을 이루었고, 9세기 발해 10대 왕인 선왕 때 전성기를 누렸는데, 이런 발해를 중국에서는 '동쪽의 융성한 나라'라는 뜻을 가진 '해동성국(海東盛國)'이라고 불렀다.
② 조선 건국왕
③ 고려 문벌 귀족의 대표 인물
④ 고구려 장수

Answer 19.③ 20.①

21 다음과 같은 형세를 이룬 시기의 백제에 대한 설명으로 옳은 것은?

① 지방에 22담로를 설치하였다.

② 수도를 웅진에서 사비로 천도하였다.

③ 왜에 칠지도를 하사하였다.

④ 신라와 나ㆍ제 동맹을 체결하였다.

TIP ③ 제시된 지도는 4세기 근초고왕 백제 전성기 지도이다. 근초고왕 때 고흥이 역사서 「서기」를 편찬하였으며, 마한을 완전 정복하고
고구려 평양성을 공격하여 고국원왕이 전사하였다. 중국 남조의 동진과 국교, 중국 요서 지방과 일본 규슈 지방 진출, 왜에 칠지도
하사 등 백제 중심의 해상 교역권을 확립하였다.
① 무령왕 때 22담로를 설치하여 왕족을 파견하고 지방을 통제하였다.
② 성왕 때 사비로 천도하고 '남부여'로 국호를 변경하였다.
④ 비유왕 때 신라 눌지왕과 나ㆍ제 동맹을 체결하였다.

22 1차 갑오개혁의 주요 개혁 내용으로 옳지 않은 것은?

① 신분제 폐지

② 도량형 통일

③ 과부의 재가 허용

④ 원수부 설치

TIP 광무개혁의 주요 개혁으로, 황제 직속의 최고 군통수기관이다. 황제권을 강화(황제가 직접 육·해군 통솔)하기 위해 설치하였다.

※ 1차 갑오개혁(1894. 7.)의 주요 개혁 내용

구분	내용
정치	• 청의 연호 대신 '개국' 연호 사용 • 궁내부 설치(국정과 왕실 사무 분리) • 8아문 설치(기존 6조 확대 개편) • 과거제 폐지(근대적 관리 임명 마련) • 경무청 설치(경찰제도 시행)
경제	• 국가 재정 일원화(모든 재정 사무를 탁지아문에서 관리) • 조세의 금납화, 은본위 화폐 제도 실시 • 도량형 통일 및 조세 항목 취소
사회	• 신분제 폐지, 공·사노비 제도 폐지 • 고문·연좌제 폐지, 조혼 금지, 과부의 재가 허용 • 모든 공문서의 국문 또는 국한문 사용

Answer 22.④

23 다음 지문으로 알 수 있는 사건을 순서대로 나열한 것을 고르시오.

> (가) 평안 감사 박규수(朴珪壽)의 장계(狀啓)에, "평양부에 와서 정박한 이양선(異樣船)에서 더욱 미쳐 날 뛰면서 포를 쏘고 총을 쏘아대어 우리 쪽 사람들을 살해하였습니다. 그들을 제압하고 이기는 방책으로는 화공 전술보다 더 좋은 것이 없으므로 일제히 불을 질러서 그 불길이 저들의 배에 번져가게 하였습니다."
>
> (나) "남의 무덤을 파는 것은 예의가 없는 행동에 가깝지만 무력을 동원하여 백성들을 도탄 속에 빠뜨리는 것보다 낫기 때문에 하는 수 없이 그렇게 하였습니다. 본래는 여기까지 관을 가져오려고 하였으나 과도한 것 같아서 그만두고 말았습니다. 이것이 어찌 예의를 중하게 여기는 도리가 아니겠습니까? … (중략) … 귀국의 안위(安危)가 오히려 귀하의 처리에 달려 있으니 만약 나라를 위하는 마음이 있거든 대관(大官) 1원(員)을 차송(差送)하여 좋은 대책을 강구하는 것이 어떻겠습니까? 후회하는 일이 없도록 하면 천만 다행이겠습니다."
>
> (다) "지난 3월 중에 조선을 복음화하고 있던 2명의 프랑스인 주교, 9명의 선교사, 7명의 조선인 신부, 그리고 남녀노소를 불문한 다수의 천주교인들이 이 나라 군주의 명령에 의해 학살당했습니다. … (중략) … 며칠 후 우리 군대는 조선을 정복하러 갈 것입니다."
>
> (라) 의정부(議政府)에서 아뢰기를, "일전에 양이(洋夷)들이 광성(廣城)을 침범할 때 진무 중군(鎭撫中軍) 어재연(魚在淵)의 생사에 대해서 비록 자세히 알 수는 없었지만, 수신(守臣)이 이미 중군을 대신 임명하여 줄 것을 청한 것을 놓고 보면, 절개를 지켜 싸우다 죽은 것 같습니다."

① (가) → (나) → (다) → (라)

② (가) → (다) → (나) → (라)

③ (다) → (나) → (라) → (가)

④ (다) → (라) → (가) → (나)

TIP (가) 제너럴셔먼호(1866. 7.) → (다) 병인양요(1866. 9.) → (나) 오페르트도굴사건(1868. 5.) → (라) 신미양요(1871. 4.)

Answer 23.②

24 다음이 설명하는 항일 무장 독립 투쟁은?

> 1920년 10월 김좌진이 지휘하는 북로 군정서군과 홍범도가 이끄는 대한 독립군, 안무의 국민회군 등의 독립군 연합 부대가 백운평 전투를 시작으로 천수평, 어랑촌 전투 등을 치르며 독립 투쟁 사상 최대 규모로 승리를 거두었다.

① 봉오동 전투

② 쌍성보 전투

③ 청산리 대첩

④ 영릉가 전투

TIP 제시글이 설명하는 것은 청산리 대첩이다. 봉오동 전투에서 패배한 일제가 독립군 토벌을 위해 만주 지역에 대규모 군대를 파견하였고 이에 김좌진의 북로 군정서군, 홍범도의 대한 독립군, 안무의 국민회군 등이 연합하여 청산리 일대(백운평, 천수평, 완루구, 어랑촌 등)에서 큰 승리를 거두었다.
　① **봉오동 전투** : 1920년 6월 일본군이 독립군을 추격하였고, 홍범도의 대한 독립군, 안무의 국민회군, 최진동의 군무 도독부 등이 연합부대를 결성하여 일본군을 크게 격파하였다.
　② **쌍성보 전투** : 1932년 만주 쌍성보에서 지청천의 한국 독립군과 중국 호로군이 연합하여 한 · 중 연합 작전을 전개하였다.
　④ **영릉가 전투** : 1932년 양세봉의 조선 혁명군과 중국 의용군이 연합하여 일본군을 격퇴하였다.

25 다음 자료와 관련 있는 민주화 운동에 대한 설명으로 옳은 것은?

> 첫째 대통령 직선제로 개헌하고 1988년 2월 평화적으로 정부를 이양한다.
> 둘째 대통령 선거법을 개정하여 자유로운 출마와 경쟁을 공정하게 보장한다.
> 셋째 국민 화해와 대단결을 위해 시국 관련 사범을 석방한다.
> 넷째 인간의 기본권을 존중하기 위해 개헌안에 기본권 강화 조항을 보완한다.

① 호헌 철폐, 독재 타도 등의 구호를 내세웠다.

② 유신 체제 붕괴의 계기가 되었다.

③ 신군부의 비상계엄 전국 확대의 원인이 되었다.

④ 발췌 개헌, 사사오입 개헌에 항거하였다.

TIP 제시된 자료는 1987년 6 · 29 민주화 선언의 주요 내용이다. 호헌 철폐, 독재 타도 등의 구호를 내세우며 6월 민주항쟁이 전개되었고, 노태우가 국민의민주화 및 대통령 직선제 요구를 수용하여 5년 단임의 대통령 직선제 헌법 의결, 국민 투표가 확정되었다(6 · 29 민주화 선언).
　※ 6 · 10 국민 대회 선언문

> 국민 합의를 배신한 4 · 13 호헌 조치는 무효임을 전 국민의 이름으로 선언한다. 오늘 우리는 전 세계 이목이 우리를 주시하는 가운데 40년 독재정치를 청산하고 희망찬 민주국가를 건설하기 위한 거보를 전 국민과 함께 내딛는다. 국가의 미래요 소망인 꽃다운 젊은이를 야만적인 고문으로 죽여 놓고 그것도 모자라 뻔뻔스럽게 국민을 속이려 했던 현 정권에게 국민의 분노가 무엇인지를 분명히 보여주고, 국민적 여망인 개헌을 일방적으로 파기한 4 · 13 폭거를 철회시키기 위한 민주장정을 시작한다.

Answer 24.③ 25.①

26 다음 제시된 단어 간의 관계와 다른 것은?

두텁다 – 두껍다

① 걱정 – 염려

② 쥐다 – 잡다

③ 간혹 – 이따금

④ 변호사 – 변론

> **TIP** ④ 한 단어의 의미가 다른 단어의 역할이 되는 주체 – 행위관계다.
> ①②③ 의미가 거의 같거나 비슷한 단어 간의 관계인 유의관계다.

27 다음 중 조음 위치가 후음(목청소리)에 해당하는 것은?

① ㄱ

② ㅋ

③ ㅍ

④ ㅎ

> **TIP** ①② 연구개음(여린입천장소리)
> ③ 양순음(입술소리)
> ※ 자음 음운 체계

조음 방법	조음 위치	양순음 (입술소리)	치조음 (잇몸소리)	경구개음 (센입천장소리)	연구개음 (여린입천장소리)	후음 (목청소리)
파열음	평음 (예사소리)	ㅂ	ㄷ		ㄱ	
파열음	경음 (된소리)	ㅃ	ㄸ		ㄲ	
파열음	격음 (거센소리)	ㅍ	ㅌ		ㅋ	
파찰음	평음 (예사소리)			ㅈ		
파찰음	경음 (된소리)			ㅉ		
파찰음	격음 (거센소리)			ㅊ		
마찰음	평음 (예사소리)		ㅅ			
마찰음	경음 (된소리)		ㅆ			ㅎ
마찰음	격음 (거센소리)					
비음		ㅁ	ㄴ		ㅇ	
유음			ㄹ			

28 외래어 표기가 잘못된 것은?

① 메시지

② 멤버

③ 굳모닝

④ 초코 셰이크

> **TIP** 외래어 표기법 규정 제3항에 따라 받침에는 ㄱ, ㄴ, ㄹ, ㅁ, ㅂ, ㅅ, ㅇ만을 쓴다. 따라서 '굳모닝'은 '굿모닝'이 되어야 한다.
> ※ 'ㄷ' 소리로 나는 받침 중에서 'ㄷ'으로 적을 근거가 없는 것은 'ㅅ'으로 적는다(한글맞춤법 제3절 제7항).

29 음운의 변동이 다른 하나는?

① 막는[망는]

② 굳이[구지]

③ 같이[가치]

④ 굳히다[구치다]

> **TIP** ① 받침 'ㄱ(ㄲ, ㅋ, ㄳ, ㄺ), ㄷ(ㅅ, ㅆ, ㅈ, ㅊ, ㅌ, ㅎ), ㅂ(ㅍ, ㄼ, ㄿ, ㅂㅅ)'은 'ㄴ, ㅁ' 앞에서 [ㅇ, ㄴ, ㅁ]으로 발음한다(비음화).
> ②③④ 받침 'ㄷ, ㅌ(ㄹㅌ)'이 조사나 접미사 모음 'ㅣ'와 결합되는 경우, [ㅈ, ㅊ]으로 바뀌어 뒤 음절 첫소리로 옮겨서 발음한다. 'ㄷ' 뒤에 접미사 '히'가 결합되어 '티'를 이루는 것은 [치]로 발음한다(구개음화).

30 다음 중 파생어를 모두 고르면?

㉠ 풋사과	㉡ 날뛰다
㉢ 새파랗다	㉣ 검푸르다

① ㉠㉡

② ㉠㉢

③ ㉡㉣

④ ㉢㉣

> **TIP** ㉠㉢ 어근에 접두사가 결합하여 형성되는 접두 파생어이다.
> ㉡ 어근과 어근이 만나 다른 의미가 되는 융합 합성어이다.
> ㉣ 앞의 성분이 뒤의 성분에 의미상 종속되는 관계인 종속 합성어이다.

Answer 28.③ 29.① 30.②

31 다음 중 종속적으로 연결된 이어진문장은?

① 비가 오니 길이 질다.
② 내가 쓰던 컵이다.
③ 친구에게 계획이 있냐고 물었다.
④ 기온은 낮지만 습도가 높다.

TIP ② 관형사절을 가진 안은문장
③ 인용절을 가진 안은문장
④ 대등하게 연결된 이어진문장
※ **종속적으로 연결된 이어진문장** ··· '원인 · 이유, 배경 상황, 조건 · 가정, 의도 · 목적, 양보, 중단 · 전환, 정도의 심화'의 의미를 지니며 앞 절의 의미가 뒤 절의 의미에 종속된 문장이다.

32 다음 중 띄어쓰기가 바르게 된 문장은?

① 마음 속으로 확실히 정했다.
② 붕어빵 만 원어치면 충분하다.
③ 이 약은 병을 낫는데 꼭 필요하다.
④ 나는 부모님의 일을 도와 드린다.

TIP ② '-어치'는 명사나 명사구 뒤에 붙는 접미사로 앞말에 붙여서 사용한다.
① 명사 '마음'과 '속'이 결합하여 굳어진 합성으로 붙여 적는다.
→ <u>마음속으로</u> 확실히 정했다.
③ 의존명사 '데'는 띄어서 써야 한다.
→ 이 약은 병을 <u>낫는 데</u> 꼭 필요하다.
④ 보조 용언 '-주다'와 결합한 단어가 사전에 등재되어 있는 경우 '-드리다'가 합성어로 등재되지 않더라도 앞말과 붙여 사용한다.
→ 나는 부모님의 일을 <u>도와드린다.</u>

33 한글 창제 원리 중 가획의 원리를 나타내는 예시로 옳지 않은 것은?

① ㄱ → ㅋ   ② ㄷ → ㄸ
③ ㅅ → ㅈ   ④ ㅁ → ㅂ

TIP 가획의 원리(가획자)는 자음자의 기본자보다 소리가 세지면서 기본자에 획을 더하여 만드는 것으로, 'ㄷ → ㅌ'이 되어야 한다. 된소리 'ㄲ, ㄸ, ㅃ, ㅆ, ㅉ'은 병서자다.

Answer   31.① 32.② 33.②

34 다음 제시된 단어 간의 관계와 다른 것은?

> (가) 친구는 유기견 <u>두</u> 마리를 집으로 데려왔다.
> (나) 어느덧 조카가 <u>대학생이</u> 되었다.
> (다) <u>혜수야,</u> 내일 대체공휴일인 거 알고 있지?
> (라) <u>이력서는</u> 반드시 직접 제출해야 한다.

① (가) : 수 관형사 '두'가 의존 명사 '마리'를 수식하는 관형어로 쓰였다.
② (나) : 보격 조사가 붙어 보어로 쓰였다.
③ (다) : 체언에 호격 조사가 붙었다.
④ (라) : '는'은 목적격 조사로 쓰였다.

TIP '은/는'이 보조사이며, 목적격 조사는 '을/를'이다.

35 중의적인 표현이 없는 문장으로 옳은 것은?

① 네가 그린 그림을 내 친구가 좋아한다.
② 그와 나는 작년에 결혼했다.
③ 아름다운 고향의 하늘을 바라보았다.
④ 내 친구는 손이 크다.

TIP ② '그'와 '나' 둘이 결혼을 했다/'그'는 작년에 결혼했고 '나'도 작년에 결혼했다는 의미로 해석될 수 있다.
③ 아름다운 고향/아름다운 하늘로 해석될 수 있다.
④ 신체의 일부인 '손'이 크다/씀씀이가 크다는 해석될 수 있다.

Answer 34.④ 35.①

36 맞춤법이 바르게 쓰인 것은?

① 약을 먹은 효과가 <u>금세</u> 나타났다.

② 장례식은 조용히 <u>치루었다.</u>

③ <u>거칠은</u> 숨소리가 거슬리게 한다.

④ 나의 <u>바램</u>은 그가 무사히 돌아오는 것이다.

> **TIP** ② 장례식은 조용히 <u>치렀다.</u>
> ③ <u>거친</u> 숨소리가 거슬리게 한다.
> ④ 나의 <u>바람</u>은 그가 무사히 돌아오는 것이다.

37 다음으로 알 수 있는 사자성어는?

제(齊)나라 선왕(宣王)이 순우곤(淳于髡)에게 각 지방에 흩어져 있는 인재를 찾아 등용하도록 했는데, 며칠 뒤 순우곤이 일곱 명의 인재를 데리고 왕 앞에 나타났다. 왕이 "귀한 인재를 한 번에 일곱 명씩이나 데려오는 것은 너무 많지 않은가?" 하자, 순우곤은 "같은 종의 새가 무리 지어 살 듯 인재도 끼리끼리 모입니다."라고 했다.

① 유유상종(類類相從)

② 일상일영(一觴一詠)

③ 명경지수(明鏡止水)

④ 군계일학(群鷄一鶴)

> **TIP** ① 유유상종(類類相從): 같은 무리끼리 서로 사귐을 일컫는 말로, 현대에 와서는 부정적인 의미로 많이 쓰인다.
> ② 일상일영(一觴一詠): 시를 읊으며 술을 마심을 일컫는다.
> ③ 명경지수(明鏡止水): 사념이 전혀 없는 깨끗한 마음을 일컫는다.
> ④ 군계일학(群鷄一鶴): 많은 사람들 가운데서 뛰어난 인물을 이르는 말이다.

Answer 36.① 37.①

38 다음 중 속담이 알맞게 사용된 것은?

① 좋아하는 사람을 우연히 만나서 군불에 밥 지었다.

② 큰 잔치에 흥이 나서 나는 서 발 막대 거칠 것 없이 행동했다.

③ 머리털을 베어 신발을 삼더라고 시험에 반드시 합격할 것이다.

④ 바늘구멍으로 하늘을 보듯이 곤란한 일들이 연이어 닥쳤다.

> **TIP** ② 서 발 막대 거칠 것 없다 : 가난한 집안이라 세간이 아무것도 없음. 주위에 조심스러운 사람도 없고 아무것도 거리낄 것이 없음을 비유적으로 이르는 말이다.
> ① 군불에 밥 짓기 : 어떤 일에 편승하여 쉽게 또 다른 일을 쉽게 한다는 뜻으로 남의 것을 가지고 거저 얻는 경우를 이르는 말이다.
> ③ 머리털을 베어 신발을 삼다 : 무슨 수단을 써서라도 자기가 입은 은혜는 잊지 않고 꼭 갚겠다는 것을 비유적으로 이르는 말이다.
> ④ 바늘구멍으로 하늘 보기 : 전체를 포괄적으로 보지 못하는 매우 좁은 소견이나 관찰을 비꼬는 말이다.

39 가시리, 정지상의 송인 등 이별의 정한을 담은 고려 가요는?

① 서경별곡

② 한림별곡

③ 찬기파랑가

④ 여수장우중문시

> **TIP** ② 한림별곡 : 신진사대부들의 학문적 자부심과 의욕적 기개 등을 과시하는 최초의 경기체가 작품이다.
> ③ 찬기파랑가 : 신라의 10구체 향가로, 화랑 기파랑을 예찬하는 작품이다.
> ④ 여수장우중문시 : 을지문덕이 수나라 장수 우중문에게 보낸 한시다.

40 가야인들이 왕을 맞이하는 과정에서 백성들이 부른 노래이다. 위협적이고 무가적인 주술성 의미를 담고 있는 고대 가요는?

① 사모곡

② 구지가

③ 처용가

④ 용비어천가

> **TIP** ① 사모곡 : 작자 미상의 고려 가요로 어머니를 사모하는 마음을 읊는 노래다.
> ③ 처용가 : 통일 신라 시기 처용이 지은 8구체 향가이다.
> ④ 용비어천가 : 조선 초기 세종 27년 때 편찬되었던 악장 서사시로, 조선을 건국한 6대조(목조, 익조, 도조, 환조, 태조, 태종)의 업적을 찬양하는 내용이다.

Answer 38.② 39.① 40.②

41 띄어쓰기가 바르게 된 문장은?

① 어제 김미경씨는 부재중이었습니다.

② 내 친구는 진지하기 보다는 장난기가 많다.

③ 동생이 유학을 떠난지 어언 2년이 되었다.

④ 보잘것없는 자존심 때문에 이게 무슨 꼴이냐.

> **TIP** '가치가 없고 하찮다'의 '보잘것없다'는 한 단어로 표기한다.
> ① 상대방을 이르거나 부를 때의 '씨(氏)'는 의존 명사로, 띄어서 쓴다. 따라서 '김미경 씨'가 되어야 한다.
> ② 비교격 조사인 '~보다'는 붙여서 쓴다. 따라서 '~진지하기보다는'이 되어야 한다.
> ③ 어떤 일이 있었던 때로부터 지금까지의 동안을 나타내는 의존 명사 '지'는 띄어서 쓴다. 따라서 '~떠난 지'가 되어야 한다.

42 표준어 규정에 따라 준말이 널리 쓰이고 본말이 잘 쓰이지 않는 경우에는 준말만을 표준어로 사용한다. 다음 중 표준어가 아닌 것은?

① 온갖

② 똬리

③ 솔개

④ 애달프다

> **TIP** 표준어 규정에 따라 사어(死語)가 되어 쓰이지 않게 된 단어는 고어로 처리하고 현재 널리 사용되는 단어를 표준어로 삼는다. 때문에 애닳다는 '애달프다'가 옳은 표준어이다.
> ① 온가지→ 온갖
> ② 또아리→ 똬리
> ③ 소리개→ 솔개

Answer 41.④ 42.④

43 다음의 속담 뜻으로 옳은 것은?

> 말 태우고 버섯 캅는다

① 입춘 무렵의 늦추위는 빠짐없이 온다.
② 잘될 일은 그 기미부터 좋다.
③ 미리 준비하지 않아 허둥지둥한다.
④ 몹시 답답하고 원통하다.

TIP '입춘 추위는 꿔다 해도 한다'는 입춘 무렵의 늦추위는 빠짐없이 온다는 의미이다. 유사한 속담으로 '입춘에 장독(오줌독) 깨진다', '꽃샘 추위는 꿔다 해도 한다', '소한 추위는 구어다 해도 한다'가 있다.
① 입춘 추위는 꿔다 해도 한다.
② 열매될 꽃은 첫 삼월부터 안다.
④ 솜뭉치로 가슴을 칠 일이다.

44 문장 부호의 쓰임으로 옳지 않은 것은?

① 홑낫표 : 책의 제목이나 신문 이름 등을 나타낼 때 쓴다.
② 물결표 : 기간이나 거리 또는 범위를 나타낼 때 쓴다.
③ 빗금 : 대비되는 두 개 이상의 어구를 묶어 나타낼 때 쓴다.
④ 줄표 : 제목 다음에 표시하는 부제의 앞뒤에 쓴다.

TIP 홑낫표(「 」)는 소제목, 예술 작품의 제목, 상호, 법률 등을 나타낼 때 쓴다. 겹낫표(『 』)는 책의 제목이나 신문 이름 등을 나타낼 때 쓴다. 예 : 우리나라 최초 순 한글 신문은 『독립신문』이다.
② 예 : 만 1 ~ 3세
③ 예 : 북유럽/동유럽
④ 예 : '환경보호 — 플라스틱 줄이기'라는 주제로 발표했다.

Answer 43.③ 44.①

45 보기의 의미를 갖는 순우리말은?

여럿이 다 매우 가깝게 붙어있는 모양

① 다붓다붓   ② 뽀글뽀글

③ 애면글면   ④ 포갬포갬

TIP ② 뽀글뽀글 : 많은 양의 액체가 넓게 퍼지며 자꾸 끓거나 솟아오르는 소리. 또는 그 모양
      ③ 애면글면 : 몹시 힘에 겨운 일을 이루려고 갖은 애를 쓰는 모양
      ④ 포갬포갬 : 물건 따위를 겹쳐 놓은 모양

46 사이시옷 표기로 옳은 것은?

① 베갯잇   ② 나무가지

③ 조개살   ④ 전세집

TIP ① 순우리말로 된 합성어로서 앞말이 모음으로 끝나며 뒷말의 첫소리 모음 앞에서 'ㄴㄴ' 소리가 덧날 때 에 사이시옷을 표기한다. 따라서 '베갯잇'이 옳은 표현이다.
      ②③ 순우리말로 된 합성어로서 앞말이 모음으로 끝나며 뒷말의 첫소리가 된소리로 나는 것은 사이시옷을 표기한다. 따라서 '나뭇가지', '조갯살'이 옳은 표현이다.
      ④ 순우리말과 한자어로 된 합성어로서 앞말이 모음으로 끝나며 뒷말의 첫소리가 된소리로 나는 것은 사이시옷을 표기한다. 따라서 '전셋집'이 옳은 표현이다.

47 일시와 순서를 나타내는 말로 옳지 않은 것은?

① 날포   ② 버금

③ 말미   ④ 덜미

TIP ④ 덜미 : 사람 신체에 관련된 말로, 아주 가까운 몸의 뒤쪽
      ① 날포 : 하루가 조금 넘는 동안
      ② 버금 : 으뜸의 바로 아래
      ③ 말미 : 일정한 직업이나 일 따위에 매인 사람이 다른 일로 말미암아 얻는 겨를

Answer   45.①   46.①   47.④

48 밑줄 친 부분을 순화한 것으로 옳지 않은 것은?

① 여기 맛집의 비결은 <u>다대기</u>(→ 다진 양념)라고 할 수 있지.
② 올해는 <u>망년회</u>(→ 송년회) 하겠지?
③ 한강 <u>고수부지</u>(→ 노견)에서 만나는 것도 좋아.
④ <u>저간</u>(→ 요즈음)의 소식을 듣자하니 시험에 합격했다더라.

TIP 고수부지의 순화어로, '한강 고수부지'는 '한강 둔치'가 되어야 한다. '노견'은 길의 가장자리를 의미하며 '길가' 또는 '갓길'이라고 순화한다. '둔치'는 물가의 언덕이나 강, 호수 따위의 물이 있는 곳의 가장자리를 뜻한다.

49 밑줄 친 단어의 쓰임이 다른 하나는?

① 운전면허증을 <u>가진</u> 사람은 우대사항에 해당된다.
② 그림 그리기 딱 좋은 붓을 <u>가지고</u> 있다.
③ 집에 두고 온 책을 <u>가지러</u> 발걸음을 돌렸다.
④ 동생은 한 자루의 연필만 <u>가지고</u> 시험장에 갔다.

TIP ① 직업, 자격증 따위를 소유하다(예 : 국적을 가지다).
② ③ ④ 손이나 몸 따위에 있게 하다(예 : 손에 가진 게 뭐야?).

50 문장의 의미가 두 가지 이상으로 해석되지 않는 것은?

① 친구는 나보다 드라마를 좋아한다.
② 약속 시간이 되었는데 모임 사람들이 다 오지 않았다.
③ 용감한 나의 대장은 적진으로 돌진하였다.
④ 인정이 많은 동료에게 배울 점이 많다.

TIP ① 친구는 나를 좋아하는 것보다 드라마를 더 좋아한다/내가 드라마를 좋아하는 것보다 더 드라마를 좋아한다로 해석될 수 있다.
② 모임 사람들이 모두 오지 않았다/모임 사람들이 아무도 오지 않았다라고 해석될 수 있다.
③ 용감한 나/나의 용감한 대장으로 해석될 수 있다.

Answer 48.③ 49.① 50.④

PART

01

국어

01 국어 사용의 실제

01 토의(討議) 및 토론(討論)

❶ 토의(討議)

(1) 토의의 뜻

공동의 관심사가 되는 어떤 문제에 대한 가장 바람직한 해결 방안을 찾기 위하여 집단 성원이 협동적으로 의견을 나누는 말하기이다.

(2) 토의의 종류

① **심포지엄(Symposium)** ··· 공동 주제에 대해 전문가 3 ~ 6명이 강연식으로 발표한 뒤, 청중과 질의 응답하는 토의 형식을 말한다.

② **포럼(Forum)** ··· 공공의 문제에 대해 공개적으로 토의하는 것으로, 심포지엄과는 달리 처음부터 청중이 참여하는 형식을 말한다.

③ **패널(Panel)** ··· 주어진 문제나 화제에 대하여 특별히 관심이 있거나 정보와 경험이 있는 사람이 청중 앞에서 각자의 지식, 견문, 정보를 발표하는 토의 형식을 말한다.

④ **원탁토의(Round table discussion)** ··· 10명 내외의 소규모 집단이 평등한 입장에서 자유롭게 상호 관심사에 대해 의견을 나누는 토의 형식을 말한다.

❷ 토론(討論)

(1) 토론의 뜻

어떤 문제에 대해 찬성이나 반대의 의견을 가진 사람들이 근거를 바탕으로 자기 주장을 논리적으로 펼치는 말하기이다.

(2) 토론의 요건

① **토론의 참가자** … 주제에 대하여 찬성과 반대의 뚜렷한 의견 대립을 가지는 사람들이 있어야 한다.

② **논제** … 논점이 대립적으로 드러나는 정책이나 사실이어야 한다.

③ **토론 규칙** … 공정한 진행을 위한 발언 시간, 발언 순서, 동일한 논박 시간, 토론에 대한 판정 발언에 관한 규정을 말한다.

④ **청중** … 공정한 판정을 내리는 심판을 포함한다.

⑤ **사회자** … 폭넓은 상식을 토대로 적극성을 가진 사람으로 공정성과 포용력, 지도력을 지닌 사람이 맡는 것이 적절하다. 사회자는 토론자들에게 토론의 전반적인 방향과 유의점에 대해 안내한다.

02 구성 및 집필

❶ 구성의 원리

(1) 내용 구성

① **개요(outline) 작성** … 머릿속에서 이룬 구상을 체계적으로 도식화하여 표(개요표)로 나타낸다.

② **내용 구성의 원리**
  ㉠ **통일성** : 주제를 직접 뒷받침하는 내용을 선정한다.
  ㉡ **단계성** : 부분에 따라 그 단계에 맞는 내용을 배치한다.
  ㉢ **응집성** : 내용을 긴밀하게 연결한다.

③ **내용 구성의 종류**
  ㉠ **시간적 구성** : 사건의 시간적 순서에 따라 제재를 배열한다.
  ㉡ **공간적 구성** : 시선의 이동이나 사물이 놓여진 순서에 따라 기술한다.
  ㉢ **인과적 구성** : 사건의 원인과 결과가 논리적인 필연성을 가지고 전개된다.

④ **논리적 구성**
  ㉠ **연역적 구성** : 일반적인 내용(주장) + 구체적인 내용(근거)
  ㉡ **귀납적 구성** : 구체적인 내용(근거) + 일반적인 내용(주장)

⑤ **단계식 구성**
  ㉠ **3단 구성** : 머리말 – 본문 – 맺음말, 서론 – 본론 – 결론
  ㉡ **4단 구성** : 기 – 승 – 전 – 결
  ㉢ **5단 구성** : 발단 – 전개 – 위기 – 절정 – 결말(대단원)

⑥ 문단의 구성 방식
  ㉠ **두괄식** : 중심 문장 + 뒷받침 문장들
  ㉡ **양괄식** : 중심 문장 + 뒷받침 문장들 + 중심 문장
  ㉢ **미괄식** : 뒷받침 문장들 + 중심 문장
  ㉣ **중괄식** : 뒷받침 문장들 + 중심 문장 + 뒷받침 문장들
  ㉤ **병렬식** : 중심 문장이 대등하게 나열되는 구성

❷ 표현하기(집필)

(1) 내용 전개 방법
정의, 비교·대조, 예시, 분류, 분석, 과정, 유추, 묘사, 서사, 인과 등의 방법을 상황과 목적에 맞게 적절히 선택해야 한다.

(2) 수사법(표현 기교, 표현 기법)

① **비유법** : 표현하고자 하는 대상을 다른 대상에 빗대어 나타내는 표현 기법이다.
  예 직유법, 은유법, 의인법, 활유법, 의성법, 의태법, 풍유법, 대유법, 중의법 등

② **강조법** : 단조로운 문장을 강렬하고 절실하게 하는 표현 기법이다.
  예 반복법, 과장법, 열거법, 점층법, 점강법, 비교법, 대조법, 억양법, 미화법, 연쇄법, 영탄법 등

③ **변화법** : 단조롭거나 평범한 문장에 변화를 주어 표현하는 기법이다.
  예 도치법, 대구법, 설의법, 인용법, 반어법, 역설법, 생략법, 문답법, 돈호법, 명령법 등

출 제 예 상 문 제

1 다음 중 말하기의 유형이 잘못된 것은?

① 토론 – 공통된 관심사를 공동으로 해결해 나아가는 방식

② 회담 – 한 자리에 모여서 이야기하는 방식

③ 대담 – 마주보고 이야기하는 방식

④ 좌담 – 자리에 앉아서 형식에 구애됨이 없이 말하는 방식

TIP ① 토의에 대한 설명이다.

※ **토론** … 찬성과 반대의 뚜렷한 의견대립을 가지는 사람들이 상대방을 논리적으로 설득시키는 말하기 방식이다.

2 계획하기의 과정에 대한 설명으로 옳지 않은 것은?

① 주제는 가능한 한 포괄적으로 범위를 넓혀서 자료선택을 용이하게 한다.

② 개요를 작성하는 것은 글을 체계적이고 논리적으로 전개시켜 나가기 위한 것이다.

③ 주제가 드러나도록 글의 구조를 구상한다.

④ 간단한 글의 경우 글의 순서를 메모하는 것으로 구상을 마칠 수도 있다.

TIP 계획하기의 과정

㉠ 주제의 결정 : 가급적 범위를 한정하여 명료하게 정한다.

㉡ 내용의 조직과 구성 : 구성은 주제가 드러나도록 제재에 질서를 부여하여 글의 틀을 잡는 과정이다. 간단한 글이면 머릿속으로 틀을 잡거나 글의 순서를 간단히 메모해도 무방하나, 보통은 글을 쓰기 전에 개요를 작성한다.

Answer 1.① 2.①

3 다음의 대화에서 '을'의 "흡연은 건강과 무관하다."는 주장이 설득력이 없는 것은 무엇 때문인가?

갑 : 여보게, 자네 담배 좀 그만 피우게. 자네 때문에 우린 고역일세.

을 : 그렇게 담배연기가 싫은가? 난 그 이유를 알 수가 없어.

갑 : 담배 안 피우는 사람의 사정도 좀 생각해 줘야지. 정 피우고 싶다면 밖에 나가서 피우면 되고 ……. 한 조사에 의하면 담배를 피우는 사람이 안 피우는 사람보다 폐암에 걸릴 확률이 10배쯤 된 다고 하니 자네도 끊는 게 어때? 친구로서의 충고네.

을 : 그건 자네가 모르는 소리야. 우리 할아버지도 담배를 피우셨지만 여든까지 사셨다구. 우리 이웃집 할 아버지도 아직 일흔의 나이에 정정하시구. 그러니 담배 때문에 걱정을 하는 것은 기우에 불과해.

---

① 공정성이 없는 근거
② 신뢰성이 없는 근거
③ 정확성이 없는 근거
④ 창의성이 없는 근거

TIP 두 사람의 대화에서 '을'은 이미 알려진 사실을 외면 또는 망각하거나, 여러 가능한 자료를 폭넓게 조사하지 않은 채 자신의 결론에 도달하고 있기 때문에 흡연이 건강과 무관하다는 '을'의 주장은 설득력을 지닐 수가 없다.

　※ 듣기의 평가

　　㉠ **정확성** : 상대방이 말한 내용이 사실에 비추어 정확한가를 비판하면서 듣는 것이다.

　　㉡ **공정성** : 근거로 제시한 자료가 사실에 근거한 공정한 것인가를 판단하며 들어야 한다.

　　㉢ **타당성** : 절차와 내용의 타당성을 판단하며 들어야 한다.

　　㉣ **창조성** : 타인의 말을 통해 자신이 몰랐던 부분을 발견하여 자기 발전의 발판으로 삼아야 한다.

Answer 3.①

4 주제문을 결정하고 글을 쓸 때 주제문과의 관계가 먼 것은?

① 동일성

② 긴밀성

③ 강조성

④ 통일성

TIP 일단 결정된 주제문을 앞에 놓고 글을 쓸 때에는 문장의 통일성과 긴밀성, 강조성이 주제문을 중심으로 유지되어야 한다.

※ 주제문 작성 원칙

㉠ 하나의 완전한 문장이어야 한다.

㉡ 의견이나 관점이 명확히 드러나야 한다.

㉢ 표현이 정확하고 구체적이며, 간명해야 한다.

㉣ 내용은 확실한 근거에 의해 증명될 수 있는 것이어야 한다.

㉤ 글의 분량과 성격, 독자의 성격을 염두에 두고 작성한다.

5 개요에 관한 내용 중 옳지 않은 것은?

① 개요작성은 자기의 글을 쓸 때에만 유용하다.

② 개요는 일종의 청사진 또는 설계도라고 할 만하다.

③ 개요는 남의 글의 요점을 정리하는 과정에서도 큰 도움을 준다.

④ 개요는 어떤 체계화의 힘, 조직력 등을 길러주는 효용도 가지고 있다.

TIP ① 자기 글을 쓸 때에도 유용하지만 남의 글을 이해할 때에도 유용하다.

※ 개요의 의의

㉠ 글을 쓰기 전에 그 준비과정으로서 미리 만들어 놓은 글의 윤곽을 흔히 개요 또는 아웃라인이라 한다.

㉡ 개요는 일종의 청사진 또는 설계도라 할 수 있다.

㉢ 개요는 그것을 만들어 가는 과정에서 우리에게 어떤 체계화의 힘, 조직력 등을 길러주는 효용도 갖고 있다.

㉣ 개요는 남의 글의 요점을 정리하는 과정에서도 큰 도움이 된다.

㉤ 개요작성은 자기가 글을 쓸 때뿐만 아니라 남의 글을 이해할 때에도 유용하다.

Answer 4.① 5.①

6 집필의 방법과 요령에 관한 내용 중에서 옳지 않은 것은?

① 초고를 만들고 나서 그것을 많이 다듬고 고칠수록 점점 더 좋아진다.

② 집필의 방법과 요령은 일정하다.

③ 글이란 길다고 해서 반드시 어렵고, 짧다고 해서 반드시 쉬운 것만은 아니다.

④ 필자의 성격과 기질 또는 습관에 따라 집필방법과 요령이 다를 수도 있다.

TIP ② 집필의 방법과 요령은 글의 규모나 글을 쓰는 의도에 따라 달리 나타날 수 있다.

※ **집필의 과정** … 제목 정하기 → 서두 쓰기 → 중간 쓰기 → 결말 쓰기의 과정을 거친다.

7 다음 중 퇴고의 원칙에 들지 않는 것은?

① 재구성의 원칙   ② 삭제의 원칙

③ 부가의 원칙   ④ 질서의 원칙

TIP **퇴고의 3원칙**

㉠ **부가의 원칙** : 부족하거나 빠진 내용을 보충한다(표현의 상세화).

㉡ **삭제의 원칙** : 필요 없는 부분을 없앤다(표현의 긴장).

㉢ **재구성의 원칙** : 글의 내용이나 문장배열상의 모순을 바로잡아 재구성한다(논리적 완결성).

8 다음 문장에서 범하고 있는 오류는?

> 이것은 위대한 그림이다. 왜냐하면 모든 훌륭한 미술 평론가가 평가하고 있기 때문이다. 훌륭한 미술 평론가란 이런 위대한 그림을 평가하는 이이다.

① 논점 일탈의 오류

② 순환 논증의 오류

③ 원칙 혼동의 오류

④ 흑백 논리의 오류

Answer   6.②   7.④   8.②

TIP 제시된 글의 '위대한 그림'이라는 말이 따로 입증되지 않고 순환되고 있는 것으로 '순환 논증의 오류'를 범하고 있음을 알 수 있다. 순환 논증의 오류는 전제를 바탕으로 결론을 논증하고 다시 결론을 바탕으로 전제를 논증하는 데에서 오는 오류를 말한다.

※ **논증의 오류** … 타당하지 못한 추리를 타당한 추리인 것처럼 생각하는 논증이다.

   ⊙ **자료적 오류** : 주장의 전제 또는 논거가 되는 자료를 잘못 판단하여 결론을 이끌어 내거나 원래 적합하지 못한 것임을 알면서도 의도적으로 논거로 삼음으로써 범하게 되는 오류이다.

      • 성급한 일반화의 오류 : 제한된 정보, 불충분한 자료, 대표성을 결여한 사례 등 특수한 경우를 근거로 하여 이를 성급하게 일반화하는 오류이다.

      • 우연의 오류(원칙 혼동의 오류) : 일반적으로 그렇다고 해서 특수한 경우에도 그러할 것이라고 잘못 생각하는 오류이다.

      • 무지에의 호소 : 어떤 주장이 반증된 적이 없다는 이유로 받아들여져야 한다고 주장하거나, 결론이 증명된 것이 없다는 이유로 거절되어야 한다고 주장하는 오류이다.

      • 잘못된 유추의 오류 : 부당하게 적용된 유추에 의해 잘못된 결론을 이끌어 내는 오류, 즉 일부분이 비슷하다고 해서 나머지도 비슷할 것이라고 생각하는 오류이다.

      • 흑백 논리의 오류 : 어떤 주장에 대해 선택 가능성이 두 가지밖에 없다고 생각함으로써 발생하는 오류이다.

      • 원인 오판의 오류(거짓 원인을 내세우는 오류, 선후 인과의 오류, 잘못된 인과 관계의 오류) : 단순히 시간상의 선후 관계만 있을 뿐인데 시간상 앞선 것을 뒤에 발생한 사건의 원인으로 보거나 시간상 뒤에 발생한 것을 앞의 사건의 결과라고 보는 오류이다.

      • 복합 질문의 오류 : 둘 이상으로 나누어야 할 것을 하나로 묶어 질문함으로써, 대답 여하에 관계없이 대답하는 사람이 수긍할 수 없거나 수긍하고 싶지 않은 것까지도 수긍하는 결과를 가져오는 질문 때문에 발생하는 오류이다.

      • 논점 일탈의 오류 : 원래의 논점에 관한 결론을 내리지 않고 이와 관계없는 새로운 논점을 제시하여 엉뚱한 결론에 이르게 되는 오류이다.

      • 순환 논증의 오류(선결 문제 해결의 오류) : 논증하는 주장과 동의어에 불과한 명제를 논거로 삼을 때 범하는 오류이다.

      • 의도 확대의 오류 : 의도하지 않은 행위의 결과를 의도가 있었다고 판단할 때 생기는 오류이다.

   ⓛ **언어적 오류** : 언어를 잘못 사용하거나 잘못 이해하는 데에서 발생하는 오류이다.

      • 애매어의 오류 : 두 가지 이상의 의미로 사용될 수 있는 단어의 의미를 명백히 분리하여 파악하지 않고 혼동함으로써 생기는 오류이다.

      • 강조의 오류 : 문장의 한 부분을 불필요하게 강조함으로써 발생하는 오류이다.

      • 은밀한 재정의의 오류 : 용어의 의미를 자의적으로 재정의하여 사용함으로써 생기는 오류이다.

      • 범주 혼동의 오류 : 서로 다른 범주에 속한 것을 같은 범주의 것으로 혼동하는 데서 생기는 오류이다.

      • '이다' 혼동의 오류 : 비유적으로 쓰인 표현을 무시하고 사전적 의미로 해석하거나 술어적인 '이다'와 동일성의 '이다'를 혼동해서 생기는 오류이다.

   ⓒ **심리적 오류** : 어떤 주장에 대해 논리적으로 타당한 근거를 제시하지 않고 심리적인 면에 기대어 상대방을 설득하려고 할 때 발생하는 오류이다.

      • 인신 공격의 오류(사람에의 논증) : 논거의 부당성을 지적하기보다 그 주장을 한 사람의 인품이나 성격을 비난함으로써 그 주장이 잘못이라고 하는 데에서 발생하는 오류이다.

      • 동정에 호소하는 오류 : 사람의 동정심을 유발시켜 동의를 꾀할 때 발생하는 오류이다.

      • 피장파장의 오류(역공격의 오류) : 비판받은 내용이 비판하는 사람에게도 역시 동일하게 적용됨을 근거로 비판에서 벗어나려는 오류이다.

      • 힘에 호소하는 오류 : 물리적 힘을 빌어서 논의의 종결을 꾀할 때의 오류이다.

      • 대중에 호소하는 오류 : 군중들의 감정을 자극해서 사람들이 자기의 결론에 동조하도록 시도하는 오류이다.

      • 원천 봉쇄에 호소하는 오류(우물에 독 뿌리기 식의 오류) : 반론의 가능성이 있는 요소를 원천적으로 비난하여 봉쇄하는 오류이다.

      • 정황적 논증의 오류 : 주장이 참인가 거짓인가 하는 문제는 무시한 채 상대방은 그가 처한 정황 또는 상황으로 보아 자기의 생각을 받아들이지 않으면 안 된다고 주장하는 오류이다.

9 다음은 글의 성격에 관한 것이다. 이를 보고 글의 종류를 순서대로 정리한 것은?

⊙ 머리말 – 본문 – 맺음말
ⓒ 표제 – 부제 – 전문 – 본문 – 해설
ⓒ 주의 – 흥미 – 욕망 – 실행
ⓐ 서론 – 본론 – 결론

---

① 설명문 – 기사문 – 광고문 – 논설문
② 논설문 – 광고문 – 기사문 – 설명문
③ 설명문 – 논설문 – 기사문 – 광고문
④ 기사문 – 광고문 – 논설문 – 설명문

TIP ⊙ 설명문의 구성은 머리말(도입) – 본문(전개) – 맺음말(마무리)이다.
ⓒ 기사문은 육하원칙에 의해서 작성되며 대체로 표제 – 부제 – 전문 – 본문 – 해설의 역피라미드 형의 구성을 취한다.
ⓒ 광고문을 작성하는 요령(AIDA원칙)은 주의(Attention)·흥미(Interest)·욕망(Desire)·실행(Action)이다.
ⓐ 논설문의 구성 방식으로 서론에서는 글을 쓰는 동기와 목적을, 본론에서는 주장과 관련된 논거와 증명을 밝혀 자신의 주장을 발전시키고 결론에서는 자기의 의견이나 주장을 다시 한번 확인시킨다.

Answer 9.①

10 ㉠㉡에 알맞은 독서 방법을 바르게 말한 것은?

> 독서를 효과적으로 하기 위해서 독자는 독서 목표를 분명히 세워야 한다. ㉠세부 내용을 파악하기 위한 독서와 ㉡중심 내용을 파악하기 위한 독서가 같을 수 없고, 객관식 시험에 대비하기 위한 독서와 주관식 시험에 대비하기 위한 독서가 같을 수도 없다.

	㉠	㉡
①	통독	다독
②	속독	묵독
③	정독	통독
④	다독	정독

TIP 글의 세부 내용을 파악하기 위해서는 정확하고 자세하게 읽어야 하며 전체적인 구조와 짜임, 중심 내용을 파악하기 위해서는 세부 내용에 치중하기보다는 전체를 훑어보아야 한다.

※ 독서의 여러 가지 방법
  ㉠ **통독**(通讀) : 단순한 내용일 때 전체를 가볍게 읽는 방법으로 소설이나 신문 등을 읽을 때 사용된다.
  ㉡ **다독**(多讀) : 많은 내용을 읽는 방법으로 연구 주제를 위한 참고 서적을 읽을 때 사용된다.
  ㉢ **속독**(速讀) : 빠른 속도로 읽는 방법이다.
  ㉣ **묵독**(黙讀) : 눈으로 조용히 읽어 가는 방법이다.
  ㉤ **정독**(精讀) : 내용을 자세히 파악해 가며 읽는 방법으로 양서, 교과서, 전문 서적 등을 읽을 때 사용된다.

Answer 10.③

02 현대 문법

01 언어와 국어

❶ 언어의 본질

(1) 언어의 특성

① **기호성** … 언어는 일정한 내용을 일정한 형식으로 나타내는 기호체계이다.

② **분절성** … 언어는 물리적으로 연속된 실체를 끊어서 표현한다.

③ **자의성** … 언어의 '의미'와 '기호' 사이에는 필연적인 관계가 없다.

④ **역사성(가변성)** … 언어는 시간의 흐름에 따라 생성, 성장(변화), 소멸한다.

⑤ **사회성(불변성)** … 언어는 사회적 약속이므로 개인이 마음대로 바꿀 수 없다.

⑥ **창조성** … 언어는 한정된 음운과 어휘로 무한의 단어와 문장을 만들어 낸다.

⑦ **규칙성(문법성)** … 언어는 일정한 규범이 있으므로 그에 맞게 사용해야 한다.

(2) 언어의 기능

① **표현적 기능** … 말하는 사람의 감정이나 태도를 나타내는 기능이다. 언어의 개념적 의미보다는 감정적인 의미가 중시된다.

② **정보 전달 기능** … 말하는 사람이 알고 있는 사실이나 지식, 정보를 상대방에게 알려 주기 위해 사용하는 기능이다.

③ **사교적 기능(친교적 기능)** … 상대방과 친교를 확보하거나 확인하여 서로 의사소통의 통로를 열어주는 기능이다.

④ **미적 기능** … 언어 예술 작품에 사용되는 것으로 언어를 통해 미적인 가치를 추구하는 기능이다. 이 경우에는 감정적 의미만이 아니라 개념적 의미도 아주 중시된다.

⑤ **지령적 기능(감화적 기능)** … 말하는 사람이 상대방에게 지시를 하여 특정 행위를 하게 하거나, 하지 않도록 함으로써 자신의 목적을 달성하려는 기능이다.

⑥ **관어적 기능(메타언어적 기능)** … 영어의 'weather'가 우리말의 '날씨'라는 뜻이라면 이는 영어와 한국어가 서로 관계하고 있음을 나타낸다.

❷ 국어의 이해

(1) 국어의 특징

① **국어의 문장**

    ㉠ 정상적인 문장은 '주어 + 목적어 + 서술어'의 어순을 가진다.

    ㉡ 남녀의 성(性)의 구별이 없으며, 관사 및 관계대명사가 없다.

② **국어의 단어**

    ㉠ 문법적 관계를 나타내는 말(조사, 어미 등)이 풍부하다.

    ㉡ 조어 과정에서 배의성(配意性)에 의지하는 경향이 짙다.

③ **국어의 소리**

    ㉠ 음절 구성은 '자음 + 모음 + 자음'의 유형이다.

    ㉡ 자음 중 파열음과 파찰음은 예사소리, 된소리, 거센소리로 대립되어 3중 체계로 되어 있다.

    ㉢ 알타이어의 공통 특질인 두음 법칙, 모음조화 현상이 있다.

    ㉣ 음절의 끝소리에 'ㄱ, ㄴ, ㄷ, ㄹ, ㅁ, ㅂ, ㅇ'의 일곱 자음 밖의 것을 꺼리는 끝소리 규칙이 있다.

    ㉤ 구개음화와 자음 동화 현상이 있다.

(2) 순우리말

① **가늠** : 목표나 기준에 맞고 안 맞음을 헤아리는 기준. 일이 되어 가는 형편

② **가말다** : 일을 잘 헤아려 처리하다.

③ **너나들이** : 서로 너니 나니 하고 부르며 터놓고 지내는 사이

④ **다락같다** : 물건 값이 매우 비싸다. 덩치가 매우 크다.

⑤ **답치기** : 되는 대로 함부로 덤벼드는 짓. 생각 없이 덮어놓고 하는 짓

⑥ **듬쑥하다** : 사람의 됨됨이가 가볍지 않고 속이 깊고 차 있다.

⑦ **마수걸이하다** : 장사를 시작해 처음으로 물건을 팔다.

⑧ **맨드리** : 옷을 입고 매만진 맵시. 물건의 만들어진 모양새

⑨ **바투** : 두 물체의 사이가 썩 가깝게. 시간이 매우 짧게

⑩ **살갑다** : (집이나 세간 따위가) 겉으로 보기보다 속이 너르다. 마음씨가 부드럽고 다정스럽다.

⑪ **살뜰하다** : 매우 알뜰하다. 규모가 있고 착실하다.

⑫ **성마르다** : 성질이 급하고 도량이 좁다.

⑬ **시나브로** : 모르는 사이에 조금씩

⑭ **얌생이** : 남의 물건을 조금씩 훔쳐 내는 짓

⑮ **열없다** : 조금 부끄럽다. 겁이 많다.

⑯ **헤살** : 짓궂게 훼방함. 또는 그러한 짓

02 음운

❶ 국어의 음운

(1) 음운

① 개념 … 말의 뜻을 구별해 주는 가장 작은 소리의 단위로 추상적이고 관념적이다.

② 종류

    ㉠ 분절 음운 : 자음이나 모음과 같은 음절을 구성하는 부분이 되는 음운이다[음소(音素)].

    ㉡ 비분절 음운 : 자음 · 모음이 아니면서 의미 분화 기능이 있는 음운[운소(韻素)]으로 소리의 길이, 높낮이,
세기 등이 분절 음운에 덧붙어서 실현되며 우리말의 비분절 음운은 소리의 길이(장단)에 의존한다.

(2) 자음(19개)

① 개념 … 말할 때 허파에서 나오는 공기의 흐름이 목 안 또는 입 안의 어떤 자리에서 장애를 받고 나오는 소리
로 'ㄱ, ㄲ, ㄴ, ㄷ, ㄸ, ㄹ, ㅁ, ㅂ, ㅃ, ㅅ, ㅆ, ㅇ, ㅈ, ㅉ, ㅊ, ㅋ, ㅌ, ㅍ, ㅎ'로 19개이다.

② 소리내는 위치에 따라 … 입술소리(순음), 혀끝소리(설단음), 센입천장소리(경구개음), 여린입천장소리(연구
개음), 목청소리(후음)로 나뉜다.

③ 소리내는 방법에 따라 … 파열음, 마찰음, 파찰음, 비음, 유음으로 나뉜다.

④ 소리의 울림에 따라 … 울림소리, 안울림소리로 나뉜다.

⑤ 소리의 세기에 따라 … 예사소리, 된소리, 거센소리로 나뉜다.

⑥ 자음 체계표

소리내는 방법		소리나는 위치	두 입술	윗잇몸 혀끝	경구개 혓바닥	연구개 혀뒤	목청 사이
			입술소리	혀끝소리	구개음	연구개음	목청소리
안울림소리	파열음	예사소리 된소리 거센소리	ㅂ ㅃ ㅍ	ㄷ ㄸ ㅌ		ㄱ ㄲ ㅋ	
	파찰음	예사소리 된소리 거센소리			ㅈ ㅉ ㅊ		
	마찰음	예사소리 된소리		ㅅ ㅆ			ㅎ
울림 소리	콧소리(비음)		ㅁ	ㄴ		ㅇ	
	흐름소리(유음)			ㄹ			

(3) 모음(21개)

① 단모음 … 발음할 때 입술이나 혀가 고정되어 움직이지 않는 모음으로 'ㅏ, ㅐ, ㅓ, ㅔ, ㅗ, ㅚ, ㅜ, ㅟ, ㅡ, ㅣ'로 10개이다.

② 이중 모음 … 발음할 때 입술이나 혀가 움직이는 모음으로 'ㅑ, ㅒ, ㅕ, ㅖ, ㅘ, ㅙ, ㅛ, ㅝ, ㅞ, ㅠ, ㅢ'로 11개이다.

③ 모음 체계표

혀의 높이 \ 혀의 앞뒤	전설 모음		후설 모음	
	평순 모음	원순 모음	평순 모음	원순 모음
고모음	ㅣ	ㅟ	ㅡ	ㅜ
중모음	ㅔ	ㅚ	ㅓ	ㅗ
저모음	ㅐ		ㅏ	

② 음운의 변동

(1) 음절의 끝소리 규칙

① 개념 … 국어에서는 'ㄱ, ㄴ, ㄷ, ㄹ, ㅁ, ㅂ, ㅇ'의 일곱 자음만이 음절의 끝소리로 발음된다.

② 음절의 끝자리의 'ㄲ, ㅋ'은 'ㄱ'으로 바뀐다.
> 예 밖[박], 부엌[부억]

③ 음절의 끝자리 'ㅅ, ㅆ, ㅈ, ㅊ, ㅌ, ㅎ'은 'ㄷ'으로 바뀐다.
> 예 옷[옫], 젖[젇], 히읗[히읃]

④ 음절의 끝자리 'ㅍ'은 'ㅂ'으로 바뀐다.
> 예 숲[숩], 잎[입]

⑤ 음절 끝에 겹받침이 올 때에는 하나의 자음만 발음한다.
  ㉠ 첫째 자음만 발음 : ㄳ, ㄵ, ㄼ, ㄽ, ㄾ, ㅄ
  > 예 삯[삭], 앉다[안따], 여덟[여덜], 외곬[외골], 핥다[할따]
  ㉡ 둘째 자음만 발음 : ㄺ, ㄻ, ㄿ
  > 예 닭[닥], 맑다[막따], 삶[삼], 젊다[점따], 읊다[읖따 → 읍따]

⑥ 다음에 모음으로 시작하는 음절이 올 경우
  ㉠ 조사나 어미, 접미사와 같은 형식 형태소가 올 경우 : 다음 음절의 첫소리로 옮겨 발음한다.
  > 예 옷이[오시], 옷을[오슬], 값이[갑씨], 삶이[살미]
  ㉡ 실질 형태소가 올 경우 : 일곱 자음 중 하나로 바꾼 후 다음 음절의 첫소리로 옮겨 발음한다.
  > 예 옷 안[옫안→오단], 값없다[갑업다→가법따]

(2) **자음 동화**

① **개념** … 자음과 자음이 만나면 서로 영향을 주고받아 한쪽이나 양쪽 모두 비슷한 소리로 바뀌는 현상을 말한다.

② **정도에 따른 종류** … 완전 동화, 불완전 동화

③ **방향에 따른 종류** … 순행 동화, 역행 동화, 상호 동화

(3) **구개음화**

끝소리가 'ㄷ, ㅌ'인 형태소가 'ㅣ' 모음을 만나 구개음(센입천장소리)인 'ㅈ, ㅊ'으로 바뀌는 현상을 말한다.
📖 해돋이[해도지], 붙이다[부치다], 굳히다[구치다]

(4) **모음 동화**

앞 음절의 'ㅏ, ㅓ, ㅗ, ㅜ' 등의 모음이 뒤 음절의 'ㅣ'와 만나면 전설 모음인 'ㅐ, ㅔ, ㅚ, ㅟ'로 변하는 현상을 말한다.
📖 어미[에미], 고기[괴기], 손잡이[손재비]

(5) **모음조화**

① **개념** … 양성 모음(ㅏ, ㅗ)은 양성 모음끼리, 음성 모음(ㅓ, ㅜ)은 음성 모음끼리 어울리는 현상을 말한다.

② **용언의 어미 활용** … -아 / -어, -아서 / -어서, -았- / -었-
📖 앉아, 앉아서 / 베어, 베어서

③ 의성 부사, 의태 부사에서 뚜렷이 나타난다.
📖 찰찰 / 철철, 졸졸 / 줄줄, 살랑살랑 / 설렁설렁

④ 알타이 어족의 공통 특질이며 국어의 중요한 특징이다.

(6) **음운의 축약과 탈락**

① **축약** … 두 음운이 합쳐져서 하나의 음운으로 줄어 소리나는 현상을 말한다.
　　㉠ **자음의 축약** : ㅎ + ㄱ, ㄷ, ㅂ, ㅈ → ㅋ, ㅌ, ㅍ, ㅊ
📖 낳고[나코], 좋다[조타], 잡히다[자피다], 맞히다[마치다]
　　㉡ **모음의 축약** : 두 모음이 만나 한 모음으로 줄어든다.
📖 보 + 아 → 봐, 가지어 → 가져, 사이 → 새, 되었다 → 됐다

② **탈락** … 두 음운이 만나면서 한 음운이 사라져 소리나지 않는 현상을 말한다.
　　㉠ **자음의 탈락** : 아들 + 님 → 아드님, 울 + 니 → 우니
　　㉡ **모음의 탈락** : 쓰 + 어 → 써, 가 + 았다 → 갔다

(7) 된소리되기

두 개의 안울림소리가 서로 만나면 뒤의 소리가 된소리로 발음되는 현상(경음화)을 말한다.

예 먹고[먹꼬], 밥과[밥꽈], 앞길[압낄]

(8) 사잇소리 현상

① 개념 … 두 개의 형태소 또는 단어가 합성 명사를 이룰 때, 앞말의 끝소리가 울림소리이고, 뒷말의 첫소리
가 안울림예사소리이면 뒤의 예사소리가 된소리로 변하는 현상을 말한다.

예 밤길[밤낄], 길가[길까], 봄비[봄삐]

② 모음 + 안울림예사소리 → 사이시옷을 적고 된소리로 발음한다.

예 뱃사공[배싸공], 촛불[초뿔], 시냇가[시내까]

③ 모음 + ㅁ, ㄴ →'ㄴ' 소리가 덧난다.

예 이 + 몸(잇몸)[인몸], 코 + 날(콧날)[콘날]

④ 뒷말이 'ㅣ'나 반모음 'ㅣ'로 시작될 때 →'ㄴ' 소리가 덧난다.

예 논일[논닐], 물약[물냑 → 물략], 아래 + 이(아랫니)[아랜니]

⑤ 한자가 모여서 단어를 이룰 때

예 物價(물가)[물까], 庫間(곳간)[고깐], 貰房(셋방)[세빵]

03 맞춤법과 표준어

❶ 한글 맞춤법

(1) 표기 원칙

한글 맞춤법은 표준어를 소리대로 적되, 어법에 맞도록 함을 원칙으로 한다.

(2) 맞춤법에 유의해야 할 말

① 한 단어 안에서 뚜렷한 까닭 없이 나는 된소리는 다음 음절의 첫소리를 된소리로 적는다.

예 소쩍새, 아끼다, 어떠하다, 해쓱하다, 거꾸로, 가끔, 어찌, 이따금, 산뜻하다, 몽땅

② 'ㄷ' 소리로 나는 받침 중에서 'ㄷ'으로 적을 근거가 없는 것은 'ㅅ'으로 적는다.

예 덧저고리, 돗자리, 엇셈, 웃어른, 핫옷, 무릇, 사뭇, 얼핏, 자칫하면

③ '계, 례, 몌, 폐, 혜'의 'ㅖ'는 'ㅔ'로 소리나는 경우가 있더라도 'ㅖ'로 적는다.

예 계수(桂樹), 혜택(惠澤), 사례(謝禮), 연몌(連袂), 계집, 핑계

④ '의'나, 자음을 첫소리로 가지고 있는 음절의 'ㅢ'는 'ㅣ'로 소리나는 경우가 있더라도 'ㅢ'로 적는다.

> 예 무늬(紋), 보늬, 늴리리, 닁큼, 오늬, 하늬바람

⑤ 한자음 '녀, 뇨, 뉴, 니'가 단어 첫머리에 올 적에는 두음 법칙에 따라 '여, 요, 유, 이'로 적는다.

> 예 여자(女子), 요소(尿素), 유대(紐帶), 익명(匿名)

⑥ 한자음 '랴, 려, 례, 료, 류, 리'가 단어의 첫머리에 올 적에는 두음 법칙에 따라 '야, 여, 예, 요, 유, 이'로 적는다.

> 예 양심(良心), 용궁(龍宮), 역사(歷史), 유행(流行), 예의(禮儀), 이발(理髮)

⑦ 한 단어 안에서 같은 음절이나 비슷한 음절이 겹쳐 나는 부분은 같은 글자로 적는다.

> 예 똑딱똑딱, 쓱싹쓱싹, 씁쓸하다, 유유상종(類類相從)

⑧ 용언의 어간과 어미는 구별하여 적는다.

> 예 먹다, 먹고, 먹어, 먹으니

⑨ 어미 뒤에 덧붙는 조사 '요'는 '요'로 적는다.

> 예 읽어요, 참으리요, 좋지요

⑩ 어간에 '-이'나 '-음/-ㅁ'이 붙어서 명사로 된 것과 '-이'나 '-히'가 붙어서 부사로 된 것은 그 어간의 원형을 밝히어 적는다.

> 예 얼음, 굳이, 더욱이, 일찍이, 익히, 앎, 만듦, 짓궂이, 밝히

⑪ 명사 뒤에 '-이'가 붙어서 된 말은 그 명사의 원형을 밝히어 적는다.

> 예 곳곳이, 낱낱이, 몫몫이, 샅샅이, 집집이, 곰배팔이, 바둑이, 삼발이, 애꾸눈이, 육손이

⑫ '-하다'나 '-거리다'가 붙는 어근에 '-이'가 붙어서 명사가 된 것은 그 원형을 밝히어 적는다.

> 예 깔쭉이, 살살이, 꿀꿀이, 눈깜짝이, 오뚝이, 더펄이, 코납작이, 배불뚝이, 푸석이, 홀쭉이

⑬ '-하다'가 붙는 어근에 '-히'나 '-이'가 붙어 부사가 되거나, 부사에 '-이'가 붙어서 뜻을 더하는 경우에는, 그 어근이나 부사의 원형을 밝히어 적는다.

> 예 급히, 꾸준히, 도저히, 딱히, 어렴풋이, 깨끗이, 곰곰이, 더욱이, 생긋이, 오뚝이, 일찍이, 해죽이

⑭ 사이시옷은 다음과 같은 경우에 받치어 적는다.

> ㉠ 순 우리말로 된 합성어로서 앞말이 모음으로 끝난 경우
> ㉡ 순 우리말과 한자어로 된 합성어로서 앞말이 모음으로 끝난 경우
> ㉢ 두 음절로 된 다음 한자어

⑮ 두 말이 어울릴 적에 'ㅂ' 소리나 'ㅎ' 소리가 덧나는 것은 소리대로 적는다.

> 예 댑싸리, 멥쌀, 볍씨, 햅쌀, 머리카락, 살코기, 수컷, 수탉, 안팎, 암캐, 암탉

⑯ 어간의 끝음절 '하'의 'ㅏ'가 줄고 'ㅎ'이 다음 음절의 첫소리와 어울려 거센소리로 될 적에는 거센소리로 적는다.

> 예 간편하게 – 간편케 – 다정하다 – 다정타

⑰ 부사의 끝음절이 분명히 '이'로만 나는 것은 '-이'로 적고, '히'로만 나거나 '이'나 '히'로 나는 것은 '-히'로 적는다.

　㉠ '이'로만 나는 것

　　예 가붓이, 깨끗이, 나붓이, 느긋이, 둥긋이, 따뜻이, 반듯이, 버젓이, 산뜻이, 의젓이, 가까이, 고이

　㉡ '히'로만 나는 것

　　예 극히, 급히, 딱히, 속히, 작히, 족히, 특히, 엄격히, 정확히

　㉢ '이, 히'로 나는 것

　　예 솔직히, 가만히, 소홀히, 쓸쓸히, 정결히, 꼼꼼히, 열심히, 급급히, 답답히, 섭섭히, 공평히

⑱ 한자어에서 본음으로도 나고 속음으로도 나는 것은 각각 그 소리에 따라 적는다.

　예 승낙(承諾) : 수락(受諾), 쾌락(快諾), 허락(許諾)
　　만난(萬難) : 곤란(困難), 논란(論難)
　　안녕(安寧) : 의령(宜寧), 회령(會寧)

⑲ 다음과 같은 접미사는 된소리로 적는다.

　예 심부름꾼, 귀때기, 익살꾼, 볼때기, 일꾼, 판자때기, 뒤꿈치, 장난꾼, 팔꿈치, 지게꾼, 이마빼기

⑳ 두 가지로 구별하여 적던 다음 말들은 한 가지로 적는다.

　예 맞추다(마추다×) : 입을 맞춘다. 양복을 맞춘다.

㉑ '-더라, -던'과 '-든지'는 다음과 같이 적는다.

　㉠ 지난 일을 나타내는 어미는 '-더라, -던'으로 적는다.

　　예 지난 겨울은 몹시 춥더라. 그 사람 말 잘하던데!

　㉡ 물건이나 일의 내용을 가리지 아니하는 뜻을 나타내는 조사와 어미는 '-든지'로 적는다.

　　예 배든지 사과든지 마음대로 먹어라. 가든지 오든지 마음대로 해라.

❷ 표준어 규정

(1) 주요 표준어

① 다음 단어들은 거센소리를 가진 형태를 표준어로 삼는다.

　예 끄나풀, 빈 칸, 부엌, 살쾡이, 녘

② 어원에서 멀어진 형태로 굳어져서 널리 쓰이는 것은, 그것을 표준어로 삼는다.

　예 강낭콩, 사글세, 고삿

③ 다음 단어들은 의미를 구별함이 없이, 한 가지 형태만을 표준어로 삼는다.

　예 돌, 둘째, 셋째, 넷째, 열두째, 빌리다

④ 수컷을 이르는 접두사는 '수-'로 통일한다.

　예 수꿩, 수소, 수나사, 수놈, 수사돈, 수은행나무

⑤ 양성 모음이 음성 모음으로 바뀌어 굳어진 다음 단어는 음성 모음 형태를 표준어로 삼는다.
　　예 깡충깡충, -둥이, 발가숭이, 보퉁이, 뻗정다리, 아서, 아서라, 오뚝이, 주추

⑥ 'ㅣ' 역행 동화 현상에 의한 발음은 원칙적으로 표준 발음으로 인정하지 아니한다.
　　㉠ 다음 단어들은 그러한 동화가 적용된 형태를 표준어로 삼는다.
　　　　예 풋내기, 냄비, 동댕이치다
　　㉡ 다음 단어는 'ㅣ' 역행 동화가 일어나지 아니한 형태를 표준어로 삼는다.
　　　　예 아지랑이
　　㉢ 기술자에게는 '-장이', 그 외에는 '-쟁이'가 붙는 형태를 표준어로 삼는다.
　　　　예 미장이, 유기장이, 멋쟁이, 소금쟁이, 담쟁이덩굴

⑦ 다음 단어는 모음이 단순화한 형태를 표준어로 삼는다.
　　예 괴팍하다, 미루나무, 미륵, 여느, 으레, 케케묵다, 허우대

⑧ 다음 단어에서는 모음의 발음 변화를 인정하여, 발음이 바뀌어 굳어진 형태를 표준어로 삼는다.
　　예 깍쟁이, 나무라다, 바라다, 상추, 주책, 지루하다, 튀기, 허드레, 호루라기, 시러베아들

⑨ '웃-' 및 '윗-'은 명사 '위'에 맞추어 '윗-'으로 통일한다.
　　예 윗도리, 윗니, 윗목, 윗몸, 윗자리, 윗잇몸

⑩ 한자 '구(句)'가 붙어서 이루어진 단어는 '귀'로 읽는 것을 인정하지 아니하고, '구'로 통일한다.
　　예 구절(句節), 결구(結句), 경구(警句), 단구(短句), 대구(對句), 문구(文句), 어구(語句), 연구(聯句)

(2) 표준 발음법

① 표준 발음법은 표준어의 실제 발음을 따르되, 국어의 전통성과 합리성을 고려하여 정함을 원칙으로 한다.

② 겹받침 'ㄳ', 'ㄵ', 'ㄼ, ㄽ, ㄾ', 'ㅄ'은 어말 또는 자음 앞에서 각각 [ㄱ, ㄴ, ㄹ, ㅂ]으로 발음한다.
　　예 넋[넉], 넋과[넉꽈], 앉다[안따], 여덟[여덜], 넓다[널따], 외곬[외골], 핥다[할따], 값[갑], 없다[업: 따]

③ '밟-'은 자음 앞에서 [밥]으로 발음하고, '넓-'은 다음과 같은 경우에 [넙]으로 발음한다.
　　예 밟다[밥: 따], 밟는[밤: 는], 넓죽하다[넙쭈카다], 넓둥글다[넙뚱글다]

④ 겹받침 'ㄺ, ㄻ, ㄿ'은 어말 또는 자음 앞에서 각각 [ㄱ, ㅁ, ㅂ]으로 발음한다.
　　예 닭[닥], 흙과[흑꽈], 맑다[막따], 늙지[늑찌], 삶[삼:], 젊다[점: 따], 읊고[읍꼬], 읊다[읍따]

⑤ 용언의 어간 '맑-'의 'ㄺ'은 'ㄱ' 앞에서 [ㄹ]로 발음한다.
　　예 맑게[말께], 묽고[물꼬], 얽거나[얼꺼나]

⑥ 'ㅎ(ㄶ, ㅀ)' 뒤에 'ㄱ, ㄷ, ㅈ'이 결합되는 경우에는, 뒤 음절 첫소리와 합쳐서 [ㅋ, ㅌ, ㅊ]으로 발음한다.
　　예 놓고[노코], 좋던[조: 턴], 쌓지[싸치], 많고[만: 코], 닳지[달치]

⑦ 'ㅎ(ㄶ, ㅀ)' 뒤에 모음으로 시작된 어미나 접미사가 결합되는 경우에는, 'ㅎ'을 발음하지 않는다.
　　예 낳은[나은], 놓아[노아], 쌓이다[싸이다], 싫어도[시러도]

⑧ 받침 뒤에 모음 'ㅏ, ㅓ, ㅗ, ㅜ, ㅟ'들로 시작되는 실질 형태소가 연결되는 경우에는, 대표음으로 바꾸어서 뒤 음절 첫소리로 옮겨 발음한다.

> 예 밭 아래[바다래], 늪 앞[느밥], 젖어미[저더미], 맛없다[마덥따], 겉옷[거돋]

⑨ 한글 자모의 이름은 그 받침소리를 연음하되, 'ㄷ, ㅈ, ㅊ, ㅋ, ㅌ, ㅍ, ㅎ'의 경우에는 특별히 다음과 같이 발음한다.

> 예 디귿이[디그시], 지읒이[지으시], 치읓이[치으시], 키읔이[키으기], 티읕이[티으시]

⑩ 받침 'ㄷ, ㅌ(ㄾ)'이 조사나 접미사의 모음 'ㅣ'와 결합되는 경우에는, [ㅈ, ㅊ]으로 바꾸어서 뒤 음절 첫소리로 옮겨 발음한다.

> 예 곧이듣다[고지듣따], 굳이[구지], 미닫이[미다지], 땀받이[땀바지]

⑪ 받침 'ㄱ(ㄲ, ㅋ, ㄳ, ㄺ), ㄷ(ㅅ, ㅆ, ㅈ, ㅊ, ㅌ, ㅎ), ㅂ(ㅍ, ㄼ, ㄿ, ㅄ)'은 'ㄴ, ㅁ' 앞에서 [ㅇ, ㄴ, ㅁ]으로 발음한다.

> 예 먹는[멍는], 국물[궁물], 깎는[깡는], 키읔만[키응만], 몫몫이[몽목씨], 긁는[긍는], 흙만[흥만]

⑫ 받침 'ㅁ, ㅇ' 뒤에 연결되는 'ㄹ'은 [ㄴ]으로 발음한다.

> 예 담력[담ː녁], 침략[침냑], 강릉[강능], 대통령[대ː통녕]

❊ 주의해야 할 맞춤법과 표준어 ❊

맞춤법		표준어	
바른 표기	잘못된 표기	바른 표기	잘못된 표기
깍두기	깍뚜기	사글세	삭월세
가까워	가까와	강낭콩	강남콩
오뚝이	오뚜기	수꿩	숫꿩
일찍이	일찌기	수놈	숫놈
깨끗이	깨끗히	숫염소	수염소
심부름꾼	심부름군	깡충깡충	깡총깡총
맞추다	마추다	냄비	남비
법석	법썩	풋내기	풋나기
핑계	핑게	위층	웃층
게시판	계시판	웃어른	윗어른
무늬	무니	끄나풀	끄나플
늴리리	닐리리	돌	돐
미닫이	미다지	셋째	세째
예삿일	예사일	나무라다	나무래다
살코기	살고기	허드레	허드래

04 외래어 표기법과 로마자 표기법

1 표기법

(1) 외래어 표기의 기본 원칙

① 외래어는 국어의 현용 24 자모만으로 적는다.

> 예 [v]는 국어에는 없는 소리여서 현용 국어자음으로 바꿔 쓴다.

② 외래어의 1 음운은 원칙적으로 1 기호로 적는다.

> 예 [f]는 [ㅎ]이나 [ㅍ]으로 소리 나지만 이중 1개의 기호로 적는다.

③ 받침에는 'ㄱ, ㄴ, ㄹ, ㅁ, ㅂ, ㅅ, ㅇ'만을 쓴다.

> 예 받침 [t]는 [ㄷ]처럼 소리 나지만 표기에서는 [ㄷ]으로 쓸 수 없다. 즉, internet은 [인터넫]으로 소리 나지만, '인터넷'으로 적는다.

④ 파열음 표기에는 된소리를 쓰지 않는 것을 원칙으로 한다.

> 예 [p]는 발음이 된소리 [ㅃ]으로 나기도 하지만 된소리로 적지 않는다.

⑤ 이미 굳어진 외래어는 관용을 존중하되, 그 범위와 용례는 따로 정한다.

> 예 외래어 표기법에 따르면 '모델(model)'은 '마들'로 라디오(radio)는 '레이디오'로 바꿔 적어야 하지만 이미 오래 전부터 쓰여 굳어졌으므로 관용을 존중한다.

(2) 로마자 표기의 기본 원칙

① 국어의 로마자 표기는 국어의 표준 발음법에 따라 적는 것을 원칙으로 한다.

② 로마자 이외의 부호는 되도록 사용하지 않는다.

③ 표기 일람

　㉠ 모음

구분	로마자 표기									
단모음	ㅏ	ㅓ	ㅗ	ㅜ	ㅡ	ㅣ	ㅐ	ㅔ	ㅚ	ㅟ
	a	eo	o	u	eu	i	ae	e	oe	wi
이중모음	ㅑ	ㅕ	ㅛ	ㅠ	ㅒ	ㅖ	ㅘ	ㅙ	ㅝ	ㅞ	ㅢ
	ya	yeo	yo	yu	yae	ye	wa	wae	wo	we	ui

- 'ㅢ'는 'ㅣ'로 소리 나더라도 'ui'로 적는다.
  > 예 광희문 Gwanghuimun
- 장모음의 표기는 따로 하지 않는다.

ⓒ 자음

구분	로마자 표기								
파열음	ㄱ	ㄲ	ㅋ	ㄷ	ㄸ	ㅌ	ㅂ	ㅃ	ㅍ
	g, k	kk	k	d, t	tt	t	b, p	pp	p
파찰음	ㅈ	ㅉ	ㅊ						
	j	jj	ch						
마찰음	ㅅ	ㅆ	ㅎ						
	s	ss	h						
비음	ㄴ	ㅁ	ㅇ						
	n	m	ng						
유음	ㄹ								
	r, l								

• 'ㄱ, ㄷ, ㅂ'은 모음 앞에서는 'g, d, b'로, 자음 앞이나 어말에서는 'k, t, p'로 적는다.
　　예 구미 Gumi – 옥천 Okcheon, 영동 Yeongdong – 합덕 Hapdeok, 백암 Baegam – 호법 Hobeop
• 'ㄹ'은 모음 앞에서는 'r'로, 자음 앞이나 어말에서는 'l'로 적는다. 단, 'ㄹㄹ'은 'll'로 적는다.
　　예 구리 Guri, 칠곡 Chilgok, 울릉 Ulleung

(3) 로마자 표기의 유의점

① 음운의 변화가 일어날 때는 변화의 결과에 따라 적는다. 글자와 발음이 상이한 경우에는 발음을 기준으로 표기한다.
　　예 해돋이[해도지] haedoji

② 발음상의 혼동의 우려가 있을 때에는 음절 사이에 붙임표(-)를 쓸 수 있다.
　　예 중앙 jung-ang

③ 고유명사는 첫 글자를 대문자로 적는다.
　　예 부산 Busan

④ 인명은 성과 이름의 순서로 띄어 쓴다. 이름은 붙여 쓰는 것을 원칙으로 하되 음절 사이에 붙임표(-)를 쓰는 것을 허용한다. 단, 이름에서 일어나는 음운 변화는 표기에 반영하지 않는다.
　　예 한복남 Han Boknam, Han Bok-nam

⑤ '도, 시, 군, 읍, 면, 리, 동'의 행정구역 단위와 '가'는 각각 'do, si, gun, eup, myeon, ri, dong, ga'로 적고 그 앞에는 붙임표(-)를 넣는다. 붙임표 앞뒤에서 일어나는 음운변화는 표기에 반영하지 않는다.
　　예 제주도 jeju-do

⑥ 자연 지형물, 문화재명, 인공 축조물명은 붙임표(-) 없이 쓴다.
　　예 남산 Namsan, 독도 Dokdo

⑦ 인명, 회사명, 단체명 등은 규정에 맞지 않더라도 그동안 써 온 표기를 쓸 수 있다.
　　예 현대 Hyundai, 삼성 Samsung

✳ 주의해야 할 외래어 표기법 ✳

바른 표기	잘못된 표기	바른 표기	잘못된 표기
가톨릭	카톨릭	심벌	심볼
데뷔	데뷰	탤런트	탈렌트
바바리	버버리	스펀지	스폰지
바비큐	바베큐	소시지	소세지
배지(badge)	뱃지	로터리	로타리
백미러(back mirror)	백밀러	파일럿	파일롯
밸런스	발란스	샌들	샌달
보디(body)	바디	소파	쇼파
뷔페	부페	시그널	시그날
블록	블럭	리더십	리더쉽
비스킷	비스켓	라벨	레이블
비즈니스	비지니스	스태미나	스테미너
샹들리에	상들리에	타깃	타겟
센티미터	센치미터	심포지엄	심포지움
알코올	알콜	난센스	넌센스
액세서리	악세사리	색소폰	색스폰
액셀러레이터	악셀레이터	마사지	맛사지
앰뷸런스	앰블란스	피에로	삐에로
어댑터	아답터	메시지	메세지
엔도르핀	엔돌핀	팸플릿	팜플렛
재킷	자켓	카탈로그	카달로그
주스	쥬스	인디언	인디안
초콜릿	초콜렛	워크숍	워크샵
카펫	카페트	윈도	윈도우
캐러멜	카라멜	트리(tree)	추리
커피숍	커피샵	지그재그	지그자그
케이크	케잌	스티로폼	스치로폼
케첩	케찹	데생	뎃생
코미디언	코메디언	밸런타인데이	발렌타인데이
콤플렉스	컴플렉스	새시(sash)	샤시
클라이맥스	클라이막스	요구르트	요쿠르트
프라이팬	후라이팬	파일	화일
피날레	휘날레	다이내믹	다이나믹
필름	필림	앙케트	앙케이트

출 제 예 상 문 제

1 다음 설명을 포괄할 수 있는 언어의 성격으로 알맞은 것은?

> • '멍멍'은 의성어로 의미와 음성의 관계가 매우 밀접하다. 그런데 한국인들이 보편적으로 인식하는 개 짖는 소리 '멍멍'은 일본인들에게 '왕왕'으로 인식된다.
> • '사오정(사십오세 정년)'이란 말은 개인이 만든 말로 추정할 수 있으나, 현재 우리 사회 전반에 널리 퍼져 쓰이고 있다.
> • 언어는 음성과 의미 사이에 필연적인 관계가 없고, 그것을 사용하는 언어군에서 사회적 약속으로 정하여 쓰면 그만이다.

① 언어의 체계성   ② 언어의 창조성
③ 언어의 자의성   ④ 언어의 개인성

TIP 첫 번째 설명은 언어의 자의성이 성립하는 근거를 지역적 차이에 두고 있으며(한국과 일본), 두 번째 설명은 동일한 대상을 표현하는 형식의 차이를 '유행어'를 예로 들어 시대에 두고 있음을, 세 번째 설명은 언어의 자의성과 사회성의 관계를 다루고 있다.

2 다음 중 상대방을 감화시켜 행동하게 하는 언어의 기능과 관계된 것은?

① 철수야, 그렇게 뛰어 다니면 위험해.
② (점원이 손님에게) 이것은 500원입니다.
③ (집안 어른께) 밤새 안녕하셨습니까?
④ 이 책은 정말 재미있습니다.

TIP 언어의 감화적 기능은 듣는 사람에게 감화작용을 하여 실제 행동에 옮기도록 하는 기능으로 지령적 기능 또는 환기적 기능이라고도 한다.
②④ 표현적 기능 ③ 친교적 기능

Answer   1.③ 2.①

3 다음 중 순화해야 할 표현이 아닌 것은?

① 우리는 저녁으로 생선회 한 <u>사라</u>를 주문하였다.
② 생선회와 함께 따끈한 <u>정종</u>을 한 잔씩 마셨다.
③ 영수는 고추냉이가 매웠는지 <u>곤색</u> 윗도리를 벗었다.
④ 회를 다 먹은 우리는 국수 한 <u>사리</u>를 추가하였다.

TIP ④ 사리는 국수나 새끼 · 실 등을 감은 뭉치를 뜻하는 말로 순우리말이다.
　① 사라 → 접시
　② 정종 → 청주
　③ 곤색 → 감색, 검남색

4 다음에 ㉠에 들어갈 알맞은 것은 무엇인가?

> ___㉠___ 은/는 6월과 10월을 한자 그대로 적으면, '육'월, '십'월이 된다. 이대로 발음하게 되면 부드럽지 못하게 읽히는데, 이러한 발음을 '유'월과 '시'월로 매끄럽게 하는 현상이다.

① 불협화음
② 활음조
③ 유음
④ 두음법칙

TIP ② **활음조** : 발음하기 어렵고 듣기 거슬리는 소리에서 어떤 소리를 더하거나 바꿔 발음을 매끄럽게 하고 듣기 부드러운 소리로 청각적 효과를 주는 음운현상이다.
　① **불협화음** : 조화가 맞지 않는 음과 울림을 뜻하는 말이다.
　③ **유음** : 설측음이라고 하며, 혀끝을 잇몸에 가볍게 대었다가 뗄 때 나는 소리이다.
　④ **두음법칙** : 첫 말머리에 오는 자음이 본래의 음가를 잃고 다른 음으로 발음되는 현상이다.

Answer 3.④ 4.②

5 국어의 음운 현상에 대한 설명이다. 옳지 않은 것은?

① 펑펑 : 모음 조화

② 요술장이 → 요술쟁이 : 음운 동화

③ 합리적[함니적] : 구개음화

④ 로인 → 노인 : 두음 법칙

TIP '합리적'이 [함니적]으로 발음이 되어 자음과 자음이 만날 때 어느 한 쪽이 다른 쪽을 닮아서 발음이 달라지는 현상은 자음 동화 현상으로 그 중에서 앞뒤 모두 다른 자음으로 바뀌는 상호 동화에 해당한다.

6 다음 발음을 옳게 연결한 것은?

① 맏형[마텽]

② 읽다[익다]

③ 넋이[너기]

④ 안팎을[안파글]

TIP 음운변동에 관련된 문제이다.
② 읽다 → 읽따(경음화) → 익따(자음군 단순화)
③ 넋이 → 넉시(연음법칙) → 넉씨(경음화)
④ 안팎을 → 안파끌(연음법칙)

7 밑줄 친 표현의 발음이 옳지 않은 것은?

① 하늘이 <u>맑게[말게]</u> 개었다.

② <u>끝을[끄츨]</u> 맞추어서 접어야 종이가 반듯하지.

③ <u>주의[주이]</u>사항을 꼭 읽어 보시기 바랍니다.

④ 아이가 내 발을 꼭 <u>밟고[밥:꼬]</u>있다.

TIP 홑받침이나 쌍받침이 모음으로 시작된 조사나 어미, 접미사와 결합되는 경우에는 제 음가대로 뒤 음절 첫소리로 옮겨 발음해야 하므로 '끝을'은 [끄틀]로 발음해야 옳다.

Answer 5.③ 6.① 7.②

8 다음 중 길게 발음해야 되는 것은?

① 성인(聖人)   ② 함박눈(雪)
③ 한국말(言)   ④ 가정(家庭)

TIP ① 성 : 인(聖人) : 지혜와 덕이 뛰어나 우러러 받들어 본받을 만한 사람
　　성인(成人) : 자라서 어른이 됨 또는 그 사람
② 눈 : 공중에 떠다니는 수증기가 찬 기운을 만나 얼어서 땅 위로 떨어지는 결정체
　　눈 : 사람이나 동물의 보는 기능을 맡은 감각기관의 하나
③ 말 : 사람의 생각·느낌 따위를 목구멍을 통하여 조직적으로 나타내는 소리
　　말 : 말과에 속하는 동물의 총칭
④ 가정(家庭) : 한 가족이 살림하고 있는 집안
　　가 : 정(假定) : 임시로 정함, 사실인지 아닌지 분명하지 않은 것을 사실인 것처럼 인정함
※ ②③의 경우 본래는 장음으로 인정되나 표준발음법 제6항의 단어의 첫 음절에서만 긴소리가 나타나는 것을 원칙으로 하는 규정
에 의해 장음으로 소리나지 않는다.

9 다음 중 단어의 형성방법이 다른 하나는?

① 마소   ② 좁쌀
③ 까막까치   ④ 시나브로

TIP ④ 실질형태소 하나로만 이루어진 단일어이다.
①②③ 두 개의 실질형태소로 구성된 합성어이다. 마소는 말과 소, 좁쌀은 조와 쌀, 까막까치는 까마귀와 까치가 합해져서 한 단어
로 쓰이는 합성어이다.

10 다음 중 합성어가 아닌 것은?

① 소나무   ② 춘추
③ 집안   ④ 맏아들

TIP ④ 맏(접두사) + 아들(명사) → 파생어
① 솔(명사) + 나무(명사) → 통사적 합성어
② 춘(春 : 명사) + 추(秋 : 명사) → 통사적 합성어
③ 집(명사) + 안(명사) → 통사적 합성어

Answer　8.①　9.④　10.④

11 다음 중 어절의 구성요건이 아닌 것은?

① 어근 + 접사
② 음성 + 의미
③ 어간 + 어미
④ 체언 + 조사

TIP 단어의 구조
  ㉠ **단일어** : 하나의 형태소
  ㉡ **복합어** : 둘 이상의 형태소
    • 파생어 : 실질형태소(어근) + 형식형태소(접사)
    • 합성어 : 실질형태소(어근) + 실질형태소(어근)

12 다음 중 품사가 다른 하나는 무엇인가?

① 그녀는 <u>아마도</u> 우산을 집에 두고 온 모양이다.
② 내 생일은 <u>다다음 날</u>인 18일이야.
③ 아침으로 사과 <u>두</u> 개를 먹고 나왔다.
④ <u>새</u> 책으로 공부할 때 기분이 좋다.

TIP ① 아마도는 '아마'를 강조하여 이르는 말로 부사이다.
  ② '다다음'이란 다음번의 바로 그 뒤를 뜻하는 관형사이다.
  ③ '두'란 수량이 둘임을 나타내는 관형사이다.
  ④ '새'란 사용하거나 구입한지 얼마 되지 아니함을 뜻하는 관형사이다.
  ※ **관형사** : 문장 안에서 주로 명사, 대명사, 수사를 꾸며 주는 역할을 하는 낱말이다.

Answer   11.②   12.①

13 다음 중 명사, 대명사, 수사의 공통점으로 옳은 것끼리 짝지은 것은?

> ⊙ 문장의 수의적 성분이 된다.　　　　⊙ 주로 문장의 주체로 쓰인다.
> ⓒ 주로 관형어의 수식을 받는다.　　　⊛ 조사와의 결합이 자유스럽다.
> ⓜ 어미와 결합하여 활용한다.　　　　ⓗ 문장의 주체를 서술한다.

① ⊙⊛　　　　　　　　　　　　　② ⊙⊛

③ ⊙ⓜ　　　　　　　　　　　　　④ ⓒⓗ

TIP 대명사와 수사는 관형사의 수식을 받지 못한다.
　※ 대명사와 수사의 성격
　　⊙ 대명사의 성격
　　　• 문장의 주체인 주어가 될 수 있다.
　　　• 조사가 붙어 격표시가 이루어진다.
　　　• 관형어의 수식을 받을 수 없다.
　　ⓒ 수사의 성격
　　　• 문장의 주체인 주어가 될 수 있다.
　　　• 복수접미사와 결합하지 않는다.
　　　• 관형사와 형용사의 수식을 받을 수 없다.

14 다음 중 접속조사가 쓰인 문장은?

① 낮과 같이 휘영청 밝은 달밤이었다.

② 그는 춤추며 노래하며 즐겁게 놀았다.

③ 떡에 과일에 없는 게 없다.

④ 어쩌면 네 생각이 나하고 같을까?

TIP '과/와'가 접속조사의 대표적인 모습이나, 구어체에서는 '하고, 에(다), (이)며, (이)랑' 등이 함께 쓰이고 있다.
　※ 조사의 갈래
　　⊙ 격조사 : 선행하는 체언으로 하여금 일정한 자격을 가지도록 해주는 조사로 주격조사, 서술격조사, 목적격조사, 보격조사, 관형
　　　격조사, 부사격조사, 호격조사 등이 있다.
　　ⓒ 접속조사 : 두 단어를 같은 자격으로 이어주는 조사로서 '과, 와'가 대표적이다.
　　ⓒ 보조사 : 선행하는 체언을 일정한 격으로 규정하지 않고 여러 격에 두루 쓰이면서 특별한 의미를 더해 주는 조사로서 '은, 는
　　　(주체 · 대조), '도(동일 · 첨가)' 등이 있다.

Answer 13.② 14.③

15 다음 관형격조사가 옳게 들어간 것은?

① 강아지들도 사람처럼 저마다의 다양한 성격이 있다.

② 오전에 상사로부터의 연락이 있었다.

③ 오랜 친구에게로의 문자가 왔다.

④ 민수의 지갑이 없어졌다.

TIP ① 저마다의 → 저마다
② 상사로부터의 → 상사로부터
③ 친구에게로의 → 친구에게

16 다음 중 밑줄 친 말이 보조적으로 연결된 것은?

① 인생은 <u>짧고</u> 예술은 영원하다.　　② <u>지고</u> 있는 꽃잎에 추억만이 묻혀
③ 강산은 너무나 <u>아름답고</u> 소박했다.　　④ <u>피고</u> 지고 꽃잎에 내 마음 애달파

TIP 본용언과 보조용언
㉠ 본용언 : 실질적인 뜻을 지닌 용언으로 둘 이상 이어져 있는 활용어 중 첫째 활용어는 모두 본용언에 해당된다.
㉡ 보조용언 : 자립성이 희박하여 본용언을 도와주는 용언으로 단독으로 서술어가 될 수 없거나, 본래 의미를 상실한다.

17 우리말의 높임법(혹은 존대법) 체계에 비추어 볼 때 옳은 것은?

① 할아버지께서는 이빨이 참 좋으십니다.

② 교수님은 두 살 된 따님이 계신다.

③ 선생님, 제 말씀 좀 들어 주십시오.

④ 이 책은 우리 선생님이 준책이야.

TIP ① '이빨'은 동물의 '이'를 가리키는 말이므로 사람에게는 '치아'나 '이'라는 낱말을 사용해야 하며 높임법에서는 '치아'로 써야 한다.
② 교수님과 밀접한 관계가 있는 따님을 간접 높임으로 하여 교수님을 높이게 되는 표현을 사용해야 하므로 '계시다'를 '있으시다'로 써야 한다.
④ 일반적인 주체 높임으로 '선생님이'는 '선생님께서'로 '준'은 '주신'으로 써야 한다.

Answer　15.④　16.②　17.③

18 다음 중 큰아버지를 뜻하는 호칭어로 옳은 것은?

① 백부   ② 중부

③ 계부   ④ 종조부

TIP ② 둘째아버지를 의미한다.
　　 ③ 막내아버지를 의미한다.
　　 ④ 종조할아버지를 의미한다.

19 다음 인사말에서 국민을 대하는 자세나 높임법이 바른 것은?

① 먼저 본인을 대표로 선출하여 주신 대의원 여러분과 국민 여러분에게 감사의 뜻을 표하고자 합니다.

② 먼저 저를 대표로 선출하여 주신 대의원 여러분과 국민 여러분께 감사의 뜻을 표하고자 합니다.

③ 먼저 저에게 막중한 소임을 맡겨 주신 국민 여러분에게 깊은 감사와 경의를 드리는 바입니다.

④ 먼저 나에게 막중한 소임을 맡겨 주신 국민 여러분께 깊은 감사와 존경의 뜻을 표하는 바입니다.

TIP 공식적인 발언을 할 때에는 자신은 '저'로 낮추고, 청자는 높여서 표현해야 한다.
　　 ① 본인 → 저, 여러분에게 → 여러분께 　③ 여러분에게 → 여러분께 　④ 나 → 저

20 다음 문장에서 밑줄 친 말의 주어는?

> 그가 결혼을 한다는 것은 <u>사실이다</u>.

① 그가   ② 결혼을 한다는 것

③ 한다는 것은   ④ 그가 결혼을 한다는 것은

TIP 명사절을 안은 문장으로 '사실이다'는 '그가 결혼을 한다는 것은'의 서술어이다.

Answer   18.①   19.②   20.④

21 다음 중 두 단어의 관계가 나머지 넷과 다른 하나는?

① 익다(熟) : 익히다

② 서다(止) : 세우다

③ 알다(知) : 알리다

④ 뽑다(選) : 뽑히다

....

TIP ④ 피동 표현 ①②③ 사동 표현
  ※ 사동 표현과 피동 표현
    ㉠ 사동 표현
      • 사동사 : 주어가 남에게 어떤 동작을 하도록 시키는 것을 나타나는 동사이다.
      • 사동 표현의 방법
      −용언 어근 + 사동형 접미사(−이−, −히−, −리−, −기−, −우−, −추−)
      −동사 어간 + '−게 하다'
    ㉡ 피동 표현
      • 피동사 : 주어가 남의 행동을 입어서 행하게 되는 동작을 나타내는 동사이다.
      • 피동 표현의 방법
      −동사 어간 + 피동형 접미사(−이−, −히−, −리−, −기−)
      −동사 어간 + '−어 지다'

22 다음 문장 중 밑줄 친 서술어의 자릿수가 다른 하나는?

① 철이는 사과를 맛있게 <u>먹었다</u>.

② 그는 이제 더 이상 어린애가 <u>아니었다</u>.

③ 나는 지금도 너를 제일 친한 친구로 <u>여기고 있다</u>.

④ 이 고장의 온화한 기후는 농사짓기에 정말 <u>적합하다</u>.

....

TIP ③ 주어(나는), 목적어(너를), 부사어(친구로)를 필요로 하는 세 자리 서술어이다.
  ① 주어(철이는), 목적어(사과를)를 필요로 하는 두 자리 서술어이다.
  ② 주어(그는), 보어(어린애가)를 필요로 하는 두 자리 서술어이다.
  ④ 주어(기후는), 부사어(농사짓기에)를 필요로 하는 두 자리 서술어이다.
  ※ **자릿수** … 완전한 문장을 이루기 위하여 주어, 목적어, 보어, 부사어 중에서 서술어가 요구하는 필수성분의 수이다.
    ㉠ **한 자리 서술어** : 주어만 있으면 문장이 성립하는 서술어(자동사, 형용사)
    ㉡ **두 자리 서술어** : 주어 외에 목적어나 보어, 부사어를 필수적으로 요구하는 서술어(타동사, 불완전자동사, 대칭동사, 이동동사, 소유・주관성 형용사)
    ㉢ **세 자리 서술어** : 주어, 목적어, 부사어를 필수성분으로 요구하는 서술어(수여동사, 발화동사, 사동사)

Answer 21.④ 22.③

23 다음 밑줄 친 부분이 어법에 맞게 사용된 문장은?

① 삼국은 안으로 서로 대립하거나 연맹관계를 맺고, 밖으로는 중국세력과 평화적 교섭을 하거나 <u>전쟁을 치르면서</u> 통일의 길로 나아갔다.

② 구성원들은 소외의식을 느끼지 않고 자기가 속한 집단의 <u>문제 해결과</u> 한 번 결정한 것을 실천하기 위해 적극적으로 나설 수 있을 것이다.

③ 그 나라 <u>주민과의 충돌이나</u> 민족의 정체성을 상실하는 등의 문제가 발생되기도 한다.

④ 대학은 모든 시대와 나라에서 형성된 가장 심오한 <u>진리탐구와</u> 치밀한 과학정신을 배양 형성하는 도장입니다.

TIP ② 문제 해결과 → 문제를 해결하고
③ 주민과의 충돌이나 → 주민과 충돌하거나
④ 진리탐구와 → 진리를 탐구하고

24 띄어쓰기를 포함하여 맞춤법이 모두 옳은 것은?

① 그는∨가만히∨있다가∨모임에∨온∨지∨두∨시간∨만에∨돌아가∨버렸다.

② 옆집∨김씨∨말로는∨개펄이∨좋다는데∨우리도∨언제∨한∨번∨같이∨갑시다.

③ 그가∨이렇게∨늦어지는∨걸∨보니∨무슨∨큰∨일이∨난∨게∨틀림∨없다.

④ 하늘이∨뚫린∨것인지∨몇∨날∨몇∨일을∨기다려도∨비는∨그치지∨않았다.

TIP ② 김씨 → 김 씨. 호칭어인 '씨'는 띄어 써야 옳다.
③ 큰 일 → 큰일, 틀림 없다 → 틀림없다. '큰일'은 '중대한 일'을 나타내는 합성어이므로 붙여 써야 하며 '틀림없다'는 형용사이므로 붙여 써야 한다.
④ 몇 일 → 며칠. '몇 일'은 없는 표현이다. 따라서 '며칠'로 적어야 옳다.

Answer 23.① 24.①

25 다음 중 밑줄 친 부분의 맞춤법 표기가 바른 것은?

① 땀을 너무 많이 흘려서 <u>호줄근하다.</u>
② <u>엇저녁</u>에 가족들과 운동을 했다.
③ 빨리 달리다가 벽에 <u>부딪쳤다.</u>
④ <u>며칠 간</u> 해외여행을 떠날 예정이다.

TIP ① 호줄근하다 → '호졸근하다'
② 엇저녁 → '엊저녁'
③ 부딪쳤다 → '부딪혔다'

26 밑줄 친 단어 중 우리말의 어문 규정에 따라 맞게 쓴 것은?

① <u>윗층</u>에 가 보니 전망이 정말 좋다.
② <u>뒷편</u>에 정말 오래된 감나무가 서 있다.
③ 그 일에 <u>익숙지</u> 못하면 그만 두자.
④ <u>생각컨대</u>, 그 대답은 옳지 않을 듯하다.

TIP ③ 어간의 끝음절 '하'가 아주 줄 적에는 준 대로 적는다〈한글 맞춤법 제40항 붙임2〉.
① 윗층 → 위층
② 뒷편 → 뒤편
④ 생각컨대 → 생각건대
※ 어간의 끝음절 '하'가 줄어드는 말

본말	준말
거북하지	거북지
생각하건대	생각건대
생각하다 못해	생각다 못해
깨끗하지 않다	깨끗지 않다
넉넉하지 않다	넉넉지 않다
못하지 않다	못지않다
섭섭하지 않다	섭섭지 않다
익숙하지 않다	익숙지 않다

Answer 25.④ 26.③

27 다음 중 맞춤법에 어긋나는 것은?

① 각별히   ② 틈틈히

③ 솔직히   ④ 조용히

TIP 부사의 끝음절이 분명히 '이'로만 나는 것은 '−이'로 적고, '히'로만 나거나 '이'나 '히'로 나는 것은 '−히'로 적는다〈한글맞춤법 제51항〉.

※ 부사화 접미사 '−이'와 '−히'의 구별요령

    ㉠ '−이'로 적는 경우
- 어근이 명사나 부사일 때
    예 간간이, 겹겹이, 낱낱이, 다달이, 샅샅이, 더욱이, 일찍이
- 용언의 기본형이 '−하다'로 끝나지 않을 때
    예 가깝다 : 가깝 + 이 → 가까이, 많다 : 많 + 이 → 많이
- 용언의 어근이 'ㅅ'으로 끝날 때
    예 깨끗하다 : 깨끗 + 이 → 깨끗이, 느긋하다 : 느긋 + 이 → 느긋이

    ㉡ '−히'로 적는 경우
- 용언의 기본형이 '−하다'로 끝날 때
    예 'ㄱ' 끝소리(족히, 넉넉히), 'ㄴ' 끝소리(간단히, 간편히), 'ㄹ' 끝소리(각별히, 간절히), 'ㅁ' 끝소리(심히, 과감히), 'ㅂ' 끝소리(갑갑히, 급히), 'ㅇ' 끝소리(건강히, 분명히), '모음' 끝소리(고요히, 영구히)
- 그 밖의 '−히'로만 적는 것
    예 속히, 극히, 작히, 딱히, 특히

---

28 밑줄 친 말이 표준어인 것은?

① 약물 문제로 이슈가 됐던 그는 얼마 지나지도 않아 <u>뉘연히</u> 대중 앞에 나타났다.

② 어떤 옷을 찾으려는 건지 그녀는 옷장 서랍을 전부 <u>뒤어내고</u> 있었다.

③ 그는 전 재산을 탕진하고 나서야 사업에 실패한 원인을 <u>깨단하게</u> 되었다.

④ <u>허구헌</u> 날 팔자 한탄만 하고 있어서야 조금의 발전도 기대할 수 없다.

TIP ③ 깨단하다 : 오랫동안 생각해 내지 못하던 일 따위를 어떠한 실마리로 말미암아 깨닫거나 분명히 알다.

① 뉘연히 → '버젓이'의 잘못

② 뒤어내고 → '뒤져내다(샅샅이 뒤져서 들춰내거나 찾아내다)'의 잘못

④ 허구헌 → '허구한'의 잘못

Answer 27.② 28.③

29 다음 중 복수표준어가 아닌 것은?

① 서럽다 – 섧다

② 엿가락 – 엿가래

③ 철딱서니 – 철때기

④ 나부랭이 – 너부렁이

TIP ③ '철따구니/철딱서니/철딱지'는 모두 표준어이며, '철때기'는 비표준어이다.

※ **복수표준어** … 한 가지 의미를 나타내는 여러 형태의 단어가 표준어로 인정되는 것을 말한다〈표준어규정 제 26 항〉.

예 넝쿨/덩굴, 고린내/코린내, 거슴츠레하다/게슴츠레하다, 가락엿/가래엿, 꼬까옷/때때옷/고까옷, 눈대중/눈어림/눈짐작, 닭의장/닭장, 벌레/버러지, 부침개질/부침질/지짐질, 생/새앙/생강, 아무튼/어떻든/어쨌든/하여튼/여하튼, 여쭈다/여쭙다, 우레/천둥, 자물쇠/자물통, 중신/중매, 한턱내다/한턱하다

30 외래어 표기법과 로마자 표기법이 맞는 것으로만 묶인 것은?

① gas – 가스, 전주(지명) – Jeonjoo

② center – 센터, 서산(지명) – Seosan

③ frypan – 후라이팬, 원주(지명) – Wonju

④ jumper – 점퍼, 청계천(지명) – Chonggyechon

TIP ① Jeonjoo → Jeonju

③ 후라이팬 → 프라이팬

④ Chonggyechon → Cheonggyecheon

03 고전 문법

01 음운

❶ 훈민정음(訓民正音)의 음운 체계

(1) 훈민정음의 제자 원리

① 초성(자음) ··· 발음 기관을 본뜬 것이다.

명칭	상형	기본자	가획자	이체자
어금닛소리[아음(牙音)]	혀 뿌리가 목구멍을 막는 모양	ㄱ	ㅋ	ㆁ
혓소리[설음(舌音)]	혀가 윗잇몸에 붙는 모양	ㄴ	ㄷ, ㅌ	ㄹ(반설)
입술소리[순음(脣音)]	입술 모양	ㅁ	ㅂ, ㅍ	
잇소리[치음(齒音)]	이 모양	ㅅ	ㅈ, ㅊ	ㅿ(반치)
목구멍소리[후음(喉音)]	목구멍 모양	ㅇ	ㆆ, ㅎ	

② 중성(모음) ··· 삼재(三才 : 天, 地, 人)의 상형 및 기본자를 합성했다.

구분	기본자	초출자	재출자
양성 모음	ㆍ	ㅗ, ㅏ	ㅛ, ㅑ
음성 모음	ㅡ	ㅜ, ㅓ	ㅠ, ㅕ
중성 모음	ㅣ		

③ 종성(자음) ··· 따로 만들지 않고 초성을 다시 쓴다[종성부용초성(終聲復用初聲)].

(2) 훈민정음 문자 체계

① 중성(모음) 체계

명칭 〳 소리의 성질	양성 모음	중성 모음	음성 모음
단모음	ㆍ, ㅏ, ㅗ	ㅣ	ㅡ, ㅓ, ㅜ
이중 모음	ㅑ, ㅛ		ㅕ, ㅠ

② 초성(자음) 체계

명칭 / 소리의 성질	전청 (全淸, 예사소리)	차청 (次淸, 거센소리)	불청불탁 (不淸不濁, 울림소리)
어금닛소리[牙音]	ㄱ	ㅋ	ㆁ
혓소리[舌音]	ㄷ	ㅌ	ㄴ
입술소리[脣音]	ㅂ	ㅍ	ㅁ
잇소리[齒音]	ㅅ, ㅈ	ㅊ	
목구멍소리[喉音]	ㆆ	ㅎ	ㅇ
반혓소리[半舌音]			ㄹ
반잇소리[半齒音]			ㅿ

❷ 표기법

(1) 표음적 표기법

① **8종성법** … 종성에서는 'ㄱ, ㆁ, ㄷ, ㄴ, ㅂ, ㅁ, ㅅ, ㄹ'의 8자만 허용되는 것이 원칙인데, 이는 체언과 용언의 기본 형태를 밝히지 않고 소리나는 대로 적는 것으로 표음적 표기라 할 수 있다.

② **이어적기(연철)** … 받침 있는 체언이나 용언의 어간에 모음으로 시작되는 조사나 어미가 붙을 때는 그 받침을 조사나 어미의 초성으로 이어 적었다.

(2) 표의적 표기법

① **8종성법의 예외(종성부용초성)**
  ㉠ 용비어천가와 월인천강지곡에 주로 나타나는데, 체언과 용언의 기본 형태를 밝혀 적은 일이 있다.
  ㉡ 반치음과 겹받침이 종성으로 적혀지는 일이 있었다.

② **끊어 적기(분철)** … 월인천강지곡에 나타나는 예로서 'ㄴ, ㄹ, ㅁ, ㅇ' 등의 받침소리에 한해 끊어 적는 일이 있었다.

02 형태

① 품사

(1) 체언의 형태 바꿈

① '능' 받침 체언 … 단독으로 쓰이거나 실질 형태소 앞에서는 'ㅎ'이 나타나지 않으나 조사와 결합될 때는 'ㅎ'이 나타난다.

> 예 하눓 + 이 → 하늘히(하ᄂ리×), 하눓 + 과 → 하늘콰(하늘화×), 하눓 + 은 → 하늘흔(하늘은×)

② 'ㄱ'의 덧생김 … 명사의 끝음절 모음이 탈락하고 'ㄱ'이 덧생긴다. 단, 공동, 비교, 접속의 조사 '와'하고 결합할 때는 단독형으로 쓰인다('ㄱ' 곡용어라고도 함).

> 예 나모(木) : 남기, 남ᄀᆯ, 남기라, 남기, 남ᄀᆫ, 나모와

③ 8종성 표기 … 'ㅌ, ㅍ, ㅈ, ㅊ' 받침이 자음 앞에 오면 8종성 대표음 'ㄱ, ㄴ, ㄷ, ㄹ, ㅁ, ㅂ, ㅅ, ㅇ'으로 변화되는 현상이다.

> 예 곳 + 과 > 곳과, 곳 + 이 > 고지(모음이 연음됨), 빛 + 과 > 빗과

④ 모음 탈락에 의한 형태 바꿈

　⊙ '른 / 르 → ㄹㅇ'의 바뀜 : 'ᄋ / 으'가 탈락하고 'ㄹ'이 앞 음절의 종성으로 가며, 조사의 초성은 후두 유성 마찰음 'ㅇ'으로 된다.

> 예 노릇(獐) : 놀이, 놀을, 놀이라, 노릇와

　⊙ '른 / 르 → ㄹㄹ'의 바뀜 : 'ᄋ / 으'가 탈락하고 'ㄹ'이 앞 음절의 종성으로 가며 'ㄹ'이 조사의 초성으로 덧들어간다.

> 예 ᄒᆞᄅᆞ(一日) : 흘리, 흘리라, 홀른, ᄒᆞᄅᆞ와

　⊙ 'ᅀᆞ / ᅀᅳ → ᅀᅌ의 바뀜 : 'ᄋ / 으'가 탈락하고 'ㄹ'이 앞 음절의 종성으로 가며, 조사의 초성은 후두 유성 마찰음 'ㅇ'으로 된다.

> 예 아ᅀᆞ(弟) : 앗이, 앗을, 앗이, 아ᅀᆞ와

(2) 조사

① 주격 조사 … '가'는 쓰이지 않았으며 '가'가 쓰인 것은 17세기 이후이다.

> 예 ᄉᆡ미 기픈, ᄃᆞ리 업건마ᄂᆞᆫ

② 서술격 조사 … 어간의 형태는 주격 조사와 동일하게 쓰였는데 평서형 종결 어미는 '-라'였다.

> 예 樓는 다라기라, 여슷찻 ᄒᆡ 乙酉ㅣ라, 齒는 니라.

③ 목적격 조사

환경	양성 모음	음성 모음
자음 뒤	울(사룷 믈)	을(꾸믈)
모음 뒤	룰(즈슨 룰)	를(거우루를)

④ 관형격 조사와 처소 부사격 조사

환경	형태		예
	관형격 조사	처소 부사격 조사	
양성 모음 뒤	익	애	도주긔
음성 모음 뒤	의	에	大衆의
'ㅣ' 모음 뒤	체언의 'ㅣ' 모음 탈락	예	가희, 그려긔

⑤ 모음과 'ㄹ' 아래에서 'ㄱ'이 탈락하는 조사 … '과 / 와', '곳 / 옷', '가 / 아', '고 / 오'

(3) 용언과 활용

① **자동사 · 타동사의 구별** … 목적어를 취하면 타동사, 취하지 않으면 자동사이다.
  예 艱難혼 사룸 보아둔(타동사) / 석 둘 사룻 시고 나아 가거시놀(자동사)

② **어간, 어미의 형태 바꿈**
  ㉠ **'르ㅇ' 활용** : '룩 / 르'로 끝나는 어간이 모음 어미 앞에서 '익 / 으'가 탈락하며 'ㄹ'이 앞 모음의 종성에 가서 끊어적기가 된다. 규칙 활용에 속한다.
    예 다루다(異), 오르다(登), 니르다(謂), 무르다(裁), 비브르다(飽)

  ㉡ **'르ㄹ' 활용** : '룩 / 르'로 끝나는 어간이 모음 어미 앞에서 '익 / 으'가 탈락하고 'ㄹ'이 끊어적기가 될 뿐 아니라, 'ㄹ'이 덧생긴다.
    예 샌루다(速), 무루다(乾), 모루다(不知)

  ㉢ **'그스다(引)'의 활용** : 어간 '스'의 모음 '으'가 탈락하고 'ㅿ'이 어간의 종성이 되어 모음 어미와 끊어서 적는다.
    예 그스 + 어→긋어, 그스 + 움→긋움

  ㉣ **어간 'ㄹ'의 탈락** : 어간이 'ㄹ'로 끝나는 용언의 'ㄹ' 탈락 조건은 'ㄴ'뿐만 아니라, 'ㄷ, ㅿ' 앞에서도 탈락하고 '-시-' 앞에서는 매개 모음을 취하고 'ㄹ'이 탈락하지 않는다.
    예 알 + 디→아디, 알 + 숩 + 고→아숩고, 날 + 익시 + 아→누르샤(ㅇ), 누샤(×)

  ㉤ **'ㅅ' 불규칙 활용** : 어간의 'ㅅ'이 'ㅿ'으로 바뀐다.
    예 짓 + 어→지어

  ㉥ **'ㅂ' 불규칙 활용** : 어간의 'ㅂ'이 'ㅸ'으로 바뀌는 것으로 성종 때부터는 'ㅸ'이 소멸되어 'ㅂ'이 '오 / 우'로 바뀐다.
    예 딥 + 어→더버 > 더워(성종 때)

  ㉦ **'ㄷ' 불규칙 활용** : 어간의 끝소리 'ㄷ'이 모음 앞에서 'ㄹ'로 바뀐다.
    예 듣 + 어→들어

(4) 선어말 어미

① 높임의 선어말 어미
  ㉠ 주체 높임의 선어말 어미 : -시-, -샤-
    예 늘+(으)샤+아→ㄴ르샤('아' 탈락), 가+샤+오딕→가샤딕('오' 탈락)
  ㉡ 상대 높임의 선어말 어미 : -이-, -잇-
    예 좀+으니+이+다→ㅈ무니이다
    예 믿+으니+잇+가→미드니잇가
  ㉢ 객체 높임의 선어말 어미 … 습, 줍, 숩
    예 막습거늘, 빗습더니 / 듣줍고, 맞줍더니 / 보숩게, 안숩고

② 시간 표현의 선어말 어미
  ㉠ 현재 시제
    • 동사 어간 + -ㄴ- 예 묻ㄴ다(묻는다)
    • 형용사에는 특별한 형태소가 붙지 않는다. 예 제 뜨들 시러 펴디 몯훓 노미 하니라(많다).
  ㉡ 미래 시제 : -리- 예 더욱 구드시리이다
  ㉢ 과거 시제 : 선어말 어미가 없이 과거가 표시된다. 예 네 아비 ㅎ마 주그니라(죽었다).

(5) 어말 어미

① 종결 어미

구분	평서형	의문형	명령형	청유형
ㅎ라체	ㅎ다	ㅎ녀(1인칭) / 혼다(2인칭) / 혼가(간접)	ㅎ라	ㅎ져
ㅎ쇼셔체	ㅎ이다	ㅎ니잇가	ㅎ쇼셔	ㅎ사이다

② 연결 어미
  ㉠ -ㄹ씨 : 원인을 나타낸다.
    예 불휘 기픈 남ㄱ 브ㄹ매 아니 뮐씨
  ㉡ -관딕 : 원인과 조건을 나타내며, 앞에는 의문사를 동반한다.
    예 엇던 功德을 닷관딕 能히 이 大神通力이 이시며
  ㉢ -ㄴ마른 : '-ㄴ마는'의 뜻이다.
    예 믈 깊고 빅 업건마른
  ㉣ -디비 : 앞 긍정, 뒤 부정(-ㄹ지언정)을 나타낸다.
    예 이에 든 사르믄 죽디비 나디 몯ㅎㄴ니라
  ㉤ -과뎌 : '희망'을 나타낸다.
    예 親友ㅣ ㄷ외와뎌 願ㅎ시니라
  ㉥ -디옷 : '-ㄹ수록'의 뜻이다.
    예 이 하늘돌히 놉디옷 목수미 오라ㄴ니
  ㉦ -오딕 : 설명, 인용을 나타낸다.
    예 산이 이쇼딕 일후미 鐵圍니

③ 전성 어미
　　㉠ 명사형 어미 : -음 / -움, -기, -디
　　　• -옴 / -움 : 현대 국어의 '(-으)ㅁ'과 같은 것으로, '-오 / -우'를 따로 분석하지 않는다.
　　　• -디 : '어렵다, 슬ㅎ다, 둏다' 앞에서만 쓰였다. 쓰임은 '-기'와 비슷하다.
　　㉡ 관형사형 어미 : -ㄴ, -ᇙ
　　　• 현재 : '-ᄂᆞ-' + '-ㄴ' → '논'('-ᄂᆞ-'가 선어말 어미이므로 '는'은 있을 수 없음)
　　　• 미래형은 세조 때까지만 '-ᇙ'으로 쓰였고, 그 후에는 '-ㄹ'만 쓰였다.
　　　• 관형사형의 명사적 쓰임
　　　　예 다ᅇᆞᆷ 업슨 긴 ᄀᆞᄅᆞᆷ 니섬니서 오놋다(다함이 없는 긴 강은 잇달아 흘러오는구나).

❷ 단어의 형성

(1) 파생법

① -(ᄋᆞ / 으)ㅁ … 명사화 접미사
　　예 그리(다) + ㅁ → 그림, 살(다) + 음 → 사름, 열(다) + 음 → 여름(實)

② -익 / 의 … 형용사 어근에 붙어 명사화가 된다.
　　예 높(다) + 익 → 노픽, 굽(다) + 의 → 구븨

③ -이 … 동사 어근에 붙어 명사화, 형용사 어근에 붙어 부사화가 된다.
　　예 글짓(다) + 이 → 글지싀(명사), 높(다) + 이 → 노피(부사)

④ ∅(영)접사 … 명사가 특별한 접사 없이 동사로 파생된다.
　　예 ᄀᆞ물 → ᄀᆞ물다, 깃 → 깃다(깃들이다), 빈 → 빈다, 신 → 신다, 안 → 안다

⑤ 어간형 부사 … 형용사 어간이 그대로 부사가 된다.
　　예 그르(誤), 바ᄅᆞ(正), ᄀᆞᆮ(如), 브르(飽), 빈브르(飽)

⑥ -ᄋᆞ- / -으- … 매개 모음과 형태가 같으나 사동 접미사로 쓰이는 일이 많다.
　　예 살(다) + ᄋᆞ → 사ᄅᆞ다(살리라), 길(다) + 으 → 기르다

⑦ -받- > -완- … 강세 접미사
　　예 니르받다 > 니르완다(일으키다), 믈리받다 > 믈리완다(물리치다)

(2) 합성법

① 동사 어간 + 동사 어간
　　예 듣보다, 굶빗다, 빌먹다, 죽살다

② 형용사 어간 + 형용사 어간
　　예 됴쿶다('둏-'+'궂-'), 흑덕다('흑-'+'덕-')

출 제 예 상 문 제

1 훈민정음에 대한 설명으로 옳지 않은 것은?

① 초성자는 훈민정음 해례본의 설명에 따르면 발음기관의 모양을 본떠 만들었다.

② 중성자는 훈민정음 해례본의 설명에 따르면 천지인(天地人) 삼재(三才)를 기본으로 만들었다.

③ 현대 한글맞춤법에 제시된 한글 자모의 순서는 '훈몽자회(訓蒙字會)'의 자모 순서와 같다.

④ 훈민정음이 처음 만들어졌을 때는 'ㄱ'을 '기역'이라 부르지 않았던 것으로 보인다.

> **TIP** ③ 현대 국어의 자모 순서는 1933년 '한글 맞춤법 통일안'에서 제시된 것을 따르고 있다.
> ※ **훈몽자회** ··· 조선 중종 22년(1527)에 최세진이 지은 한자 학습서로 자음의 순서는 'ㄱ, ㄴ, ㄷ, ㄹ, ㅁ, ㅂ, ㅅ, ㆁ, ㅋ, ㅌ, ㅍ, ㅈ, ㅊ, ㅿ, ㅇ, ㅎ'이다.

2 다음 중 훈민정음 기본자음에 해당하지 않는 것은?

① ㄱ
② ㄷ

③ ㅅ
④ ㅇ

> **TIP** 훈민정음 기본자음 ··· 훈민정음 해례 제자해(訓民正音 解例 題字解)에 의하면 초성 중 기본자는 ㄱ(아음)·ㄴ(설음)·ㅁ(순음)·ㅅ(치음)·ㅇ(후음)으로, 그 자음(字音)이 나타내는 음소(音素)를 조음할 때의 발음기관의 모양을 본떴다고 하였다.
> ㉠ **아음**(牙音) : ㄱ(혀뿌리가 목구멍을 막는 모양)
> ㉡ **설음**(舌音) : ㄴ(혀끝이 입천장에 닿는 모양)
> ㉢ **순음**(脣音) : ㅁ(입술모양)
> ㉣ **치음**(齒音) : ㅅ(이빨모양)
> ㉤ **후음**(喉音) : ㅇ(목구멍모양)

3 중세 국어의 표음주의 표기 체계상의 표현이라고 볼 수 없는 것은?

① 곶
② 닙

③ 시미
④ 스믓디

> **TIP** 중세 국어의 표기는 발음 위주의 표음적 표기를 기본으로 하였다.
> ① 종성부용초성에 의한 표의적 표기
> ②④ 8종성법
> ③ 이어적기(연철)로 표음적 표기

Answer 1.③ 2.② 3.①

4 15세기 '블'로 표기했던 것이 현재 '불'로 변하였다. 이러한 음운현상은?

① 원순모음화

② 축약

③ 이화현상

④ 모음충돌 회피

> **TIP** 원순모음화 … 양순음(兩脣音) 'ㅂ, ㅃ, ㅍ, ㅁ' 다음에서 비원순음 'ㅡ(·)'가 원순모음으로 바뀌는 음운현상이다.
> **예** 믈(水) → 물, 블(火) → 불, 플(草) → 풀
> ※ 이화현상 … 두 발음의 단조로움과 불명확함을 피하기 위하여 한 낱말 안의 같거나 비슷한 음운을 다른 음운으로 바꾸는 음운현상이다.
> **예** 거붑 → 거북, 붚 → 북, 서르 → 서로, 소곰 → 소금

5 다음 중 중세어의 표기법에 의해 바르게 표기된 것은?

① 가뢰다(日)

② ᄇᆞᅀᆞ아(碎)

③ 다ᄅᆞ아(異)

④ 일우다(成)

> **TIP** 한 형태소가 환경에 따라 달라지는 모습대로 적는 표기법을 표음적 표기라 하고, 형태소의 모습을 일정하게 고정시켜 적는 것을 표의적 표기라 한다.
> ※ 끊어적기와 이어적기 … 체언과 조사, 어간과 어미 등 실질형태소와 형식형태소의 연결에서 본 모습대로 적는 것을 끊어적기라 하고, 소리나는 대로 적는 것을 이어적기라 한다.
> ㉠ 끊어적기(분철) : ᄀᆞ롬 + 애 → ᄀᆞ롬애, 먹 + 어 → 먹어
> ㉡ 이어적기(연철) : ᄀᆞ롬 + 애 → 가ᄅᆞ매, 먹 + 어 → 머거

6 다음 중 'ㅎ' 종성체언의 형태로 보기 어려운 것은?

① 안팎

② 살코기

③ 머리털

④ 암탉

> **TIP** ③ 머리 + 털 ① 안ㅎ + 밖 ② 살ㅎ + 고리 ④ 암ㅎ + 닭

Answer 4.① 5.④ 6.③

7 사성법에 대한 설명으로 옳지 않은 것은?

① 음의 높낮이를 표시하기 위한 것이다.
② 글자의 왼쪽에 점을 찍는다.
③ 의미 분화의 기능이 있다.
④ 중세 국어의 평성은 오늘날 장음이다.

TIP ④ 중세 국어의 상성이 오늘날의 장음에 해당한다.

8 다음 중 어금닛소리(아음)이 아닌 것은?

① ㄱ   ② ㄷ
③ ㅋ   ④ ㆁ

TIP 어금닛소리(아음)에는 ㄱ(기본자), ㅋ(가획자), ㆁ(이체자)가 있다.

9 다음 소실 문자 중 가장 늦게 없어진 것은?

① ㅸ   ② ㆁ
③ ㆍ   ④ ㅿ

TIP 소실 문자가 없어진 순서는 ㆆ → ㅸ → ㅥ → ㆀ → ㅿ → ㆁ → ㆍ 이다.

10 다음 중 'ㅣ'모음 역행 동화가 아닌 것은?

① 져비 > 제비   ② 겨시다 > 계시다
③ 겨집 > 계집   ④ 둏다 > 좋다

TIP ④ 구개음화 현상이다.

Answer 7.④ 8.② 9.③ 10.④

11 다음 중 국어의 자모음 명칭을 최초로 규정한 문헌은?

① 자모변   ② 훈민정음 운해

③ 동국정운   ④ 훈몽자회

TIP 훈몽자회(訓蒙字會)

      ㉠ 어린이 한자 학습서
      ㉡ 8종성법을 사용
      ㉢ 향찰표기 음운이 실림
      ㉣ 훈민정음을 '반절(反切)'이라 명명함
      ㉤ 한글 자모(字母)의 명칭과 순서를 최초 규정

12 다음 (   ) 안에 알맞은 어형은?

즁싱 > (   ) > 즘승 > 짐승

① 중싱   ② 즘싱

③ 줌싱   ④ 줌슴

TIP •즁싱 → 즘싱(이화, 강화)
      •즘싱 → 즘승(유추현상)
      •즘승 → 짐승(전설모음)

13 훈민정음 창제의 의의는?

① 표음문자의 창안
② 성리학 이론의 도입
③ 국어의 전면적 문자화
④ 자음과 모음의 분리

TIP 표음문자란 말의 소리를 기호로 나타낸 글자를 말하는데, 표음문자의 창안을 통해 언어와 문자를 통일시켜 백성들이 쉽게 문자생활을 하게 되었다.

Answer 11.④ 12.② 13.①

14 16세기 국어의 특징이 아닌 것은?

① 모음조화현상이 현저히 문란해졌다.
② 'ㅿ'은 소멸되고 'ㆁ'은 사용되었다.
③ 성조체계는 잘 지켜졌다.
④ 끊어적기와 혼철이 자주 나타난다.

TIP ③ 성조는 15세기에만 지켜지고 성종판 '두시언해' 이후 소멸한다.
※ 16세기 국어의 특징
  ㉠ 음운상의 특징
  • 'ㆍ'음가의 동요로 인해 모음조화가 문란해졌다.
  • 'ㄱ' 탈락현상이 없어지기 시작하였다.
  • 된소리되기와 거센소리되기가 증가하였다.
  ㉡ 표기상의 특징
  • 성조를 표시하는 방점을 사용하였지만, 성조는 16세기에 거의 사라졌다.
  • 받침규정으로는 '8종성법'이 중심이 되었다.
  • 표음적 표기와 표의적 표기가 혼용되었다.
  ㉢ 문법상의 특징
  • 선어말어미 '-오-/-우-'가 쓰이는 경우가 줄어들었다.
  • 명사형 어미 '-옴/-움'의 사용이 규칙성을 잃었다.

Answer 14.③

CHAPTER 04 현대 문학

01 문학의 이해

❶ 문학의 본질과 특성

(1) 문학의 정의
작가의 체험을 통해 얻은 진실을 언어를 통해 표현하는 언어 예술이다.

(2) 문학의 본질

① 언어 예술 … 문학은 언어를 표현 매체로 하며 동시에 그것을 예술적으로 가다듬은 것이어야 한다.

② 개인 체험의 표현 … 개인의 특수한 체험이면서, 인류의 보편적 삶과 합일하는 체험이어야 한다.

③ 사상과 정서의 표현 … 미적으로 정화되고 정서화된 사상의 표현만이 문학이 될 수 있다.

④ 상상의 세계 … 작가의 상상에 의해 허구화된 세계의 표현이다.

⑤ 통합된 구조 … 모든 요소들이 유기적으로 결합되어 하나의 작품이 이루어진다.

(3) 문학의 갈래

① 언어 형태에 따른 갈래
  ㉠ 운문 문학 : 언어에 리듬감을 부여하여 정서적 · 감성적인 효과를 가져 오는 문학이다.
  ㉡ 산문 문학 : 언어에 리듬감이 없는 산문으로 된 문학이다.

② 언어의 전달 방식에 따른 갈래
  ㉠ 구비 문학 : 문자라는 기록 수단이 발명되기 이전에 입에서 입으로 전해진 문학이다.
  ㉡ 기록 문학 : 구비 문학을 기록하는 것에서 출발하여 본격적인 개인의 창의가 반영되는 문학이다.

③ 표현 양식에 따른 갈래
  ㉠ 3분법 : 서정 양식('시'가 대표적), 서사 양식('소설'이 대표적), 극 양식('희곡'이 대표적)
  ㉡ 4분법 : 시, 소설, 수필, 희곡

② 문학 작품의 해석

(1) 문학 이해의 여러 관점

① **문학 자체를 중시하는 관점** … 문학 작품을 이루는 여러 가지 외적 요소를 가급적으로 배제하고, 문학 작품 자체의 예술성을 밝히는 데 관심을 둔다.

    예 형식주의, 구조주의, 신비평

② **주체를 중시하는 관점** … 문학 행위의 적극적·소극적 주체로서의 작가와 독자에 중심을 둔다.

    예 표현주의, 심리학적 비평, 수용미학 등

③ **현실을 중시하는 관점** … 문학의 표현 대상인 현실에 주안점을 두는 문학 이해의 방법으로, 문학은 현실의 반영물이라는 것이 기본 전제를 이룬다.

    예 역사주의 비평, 현실주의 비평, 문학 사회학 등

(2) 문학 작품 이해의 실제 방법

① **생산론적 관점(표현론)** … 작품을 생산자인 작가의 체험과 밀접하게 관련시켜 해석하는 관점을 말한다.

② **수용론적 관점(효용론)** … 작가가 제시한 예술적 체험과 수용자의 일상적 경험이 맺고 있는 관계를 중심으로 작품을 해석하고, 작품을 대하는 독자의 수용 양상을 중시하는 관점을 말한다.

③ **반영론적 관점(모방론)** … 작품에 나타난 현실과 실제의 현실이 맺고 있는 관련성에 초점을 맞추는 해석 방법을 말한다.

④ **구조론적 관점(절대주의론)** … 작품을 구성하는 부분들의 상호 관계를 통해 전체의 의미를 해석하는 방법으로, 그 상호 관계는 언어의 결합 방식인 구조적 특성을 중요시한다.

⑤ **종합주의적 관점** … 인간의 모든 면을 다루고 있는 문학의 세계는 어느 하나의 관점으로 설명될 수 없을 만큼 깊고 복잡한 것이기 때문에 다각도에서 총체적으로 접근하려는 관점이다.

02 시

① 시의 기초

(1) 시의 본질

① **시의 정의** … 인간의 사상이나 감정을 운율이 있는 언어로 압축하여 표현한 운문 문학이다.

② 시의 특징

  ㉠ 시는 대표적인 언어 예술이며. 압축된 형식미를 갖추고 있다.
  ㉡ 시에는 운율이 있으며 시는 사상과 정서를 표현한 창작 문학이다.
  ㉢ 시는 심상, 비유, 상징 등에 형상화되고, 시인의 은밀한 독백으로 '엿듣는 문학'이다.
  ㉣ 시는 작품의 문맥에 의해 그 의미가 파악되는, 언어의 내포적 기능에 의존한다.

(2) 시의 갈래

① 형식상 갈래 … 정형시, 자유시, 산문시

② 내용상 갈래 … 서정시, 서사시, 극시

③ 성격상 갈래 … 순수시, 사회시(참여시)

④ 주제에 따른 갈래 … 주정시, 주지시, 주의시

❷ 시의 구성 요소

(1) 시의 운율

① 운율의 뜻 … 시에서 음악성을 나타나게 해 주는 것으로 자음과 모음을 규칙적으로 반복하는 운(韻)과 소리의 고저 · 장단 · 강약을 주기적으로 반복하는 율격으로 나뉜다.

② 운율의 갈래

  ㉠ 외형률 : 시어의 일정한 규칙에 따라 생기는 운율로 시의 겉모습에 드러난다.
    • 음수율 : 시어의 글자 수나 행의 수가 일정한 규칙을 가지는 데에서 오는 운율(3 · 4조, 4 · 4조, 7 · 5조 등)이다.
    • 음위율 : 시의 일정한 위치에 일정한 음을 규칙적으로 배치하여 만드는 운율(두운, 요운, 각운)이다.
    • 음성률 : 음의 길고 짧음이나, 높고 낮음, 또는 강하고 약함 등을 규칙적으로 배치하여 만드는 운율이다.
    • 음보율 : 우리 나라의 전통시에서 발음 시간의 길이가 같은 말의 단위가 반복됨으로써 생기는 음의 질서(평시조 4음보격, 민요시 3음보격)이다.
  ㉡ 내재율 : 일정한 규칙이 없이 각각의 시에 따라 자유롭게 생기는 운율로, 시의 내면에 흐르므로 겉으로는 드러나지 않는다.

(2) 비유(比喩, metaphor)

말하고자 하는 사물이나 의미를 다른 사물에 빗대어 표현하는 방법으로 직유법, 은유법, 의인법, 풍유법, 대유법 등이 사용된다.

(3) 상징(象徵, symbol)

① 상징은 일상 언어의 상징보다 더 함축적이고 암시적이다.

② 비유에서는 원관념 … 보조 관념은 1 : 1의 유추적 관계를 보이지만 상징에서는 1 : 다수의 다의적 관계이다.

③ 상징의 갈래

  ㉠ 관습적 상징(고정적 · 사회적 · 제도적 상징) : 일정한 세월을 두고 사회적 관습에 의해 공인되고 널리 보편화된 상징을 말한다.

  ㉡ 개인적 상징(창조적 · 문화적 상징) : 관습적 상징을 시인의 독창적 의미로 변용시켜 문화적 효과를 얻는 상징을 말한다.

(4) 시의 심상(心象)

① 심상(이미지, image)의 뜻 … 심상은 시어에 의해 마음속에 그려지는 감각적인 모습이나 느낌을 말한다.

② 심상의 갈래

  ㉠ 시각적 심상 : 색깔, 모양, 명암, 동작 등의 눈을 통한 감각적 표현을 말한다.

  ㉡ 청각적 심상 : 귀를 통한 소리의 감각적 표현을 말한다.

  ㉢ 후각적 심상 : 코를 통한 냄새의 감각적 표현을 말한다.

  ㉣ 촉각적 심상 : 살갗을 통한 감촉의 감각적 표현을 말한다.

  ㉤ 미각적 심상 : 혀를 통한 맛의 감각적 표현을 말한다.

  ㉥ 공감각적 심상 : 두 개 이상의 감각이 결합되어 표현되는 심상을 말한다.

03 소설

❶ 소설의 본질과 갈래

(1) 소설의 본질

① 소설의 정의 … 현실 세계에 있음직한 일을 작가의 상상에 따라 꾸며낸 이야기로, 독자에게 감동을 주고 인생의 진리를 나타내는 산문 문학이다.

② 소설의 특징 … 산문성, 허구성, 예술성, 진실성, 서사성, 모방성

(2) 소설의 갈래

① 길이상 갈래 … 원고지의 매수 및 구성방식에 따라 장편 소설, 중편 소설, 단편 소설, 콩트로 구분한다.

② 성격상 갈래

  ㉠ 순수 소설 : 작품의 예술성을 추구하는 본격 소설로 예술적 가치 이외의 것은 거부한다.

  ㉡ 목적 소설 : 예술적 기교보다는 작품 내용의 효용성, 정치적 목적성 등을 더 중시한다.

  ㉢ 대중(통속) 소설 : 남녀의 사랑이나 사건 중심으로 쓴 흥미 본위의 소설로 상업성을 추구하며 예술성보다는 쾌락성이나 효용성을 더 중시한다.

② 소설의 구성과 시점

(1) 소설의 구성(plot)

① **구성의 5단계** … 발단 → 전개 → 위기 → 절정 → 결말

② **구성의 유형**
- ㉠ **단순 구성** : 단일한 사건으로 구성되며, 주로 단편 소설에 쓰인다. 통일된 인상, 압축된 긴장감을 나타내는 구성 방법이다.
- ㉡ **복합 구성** : 둘 이상의 사건이 복잡하게 짜여져 구성되며, 주로 중편 소설이나 장편 소설에 쓰인다.
- ㉢ **액자식 구성** : 소설(外話) 속에 또 하나의 이야기(內話)가 포함되어 있는 구성이다.
- ㉣ **피카레스크식 구성** : 독립할 수 있는 여러 개의 사건이 인과 관계에 의한 종합적 구성이 아니라 산만하게 나열되어 있는 연작 형식의 구성이다.

(2) 소설의 시점

① **1인칭 주인공(서술자) 시점** … 주인공인 '나'가 자신의 이야기를 서술하는 시점으로 주관적이다.
- ㉠ 서술자와 주인공이 일치하여 등장 인물의 내면 세계를 묘사하는 데 효과적인 시점이다.
- ㉡ 독자에게 신뢰감과 친근감을 주며 이야기에 신빙성을 부여하지만, 객관성을 유지하기는 어렵다.
- ㉢ 고백 소설, 성장 소설, 일기체 소설, 심리 소설 등에 나타난다.

② **1인칭 관찰자 시점** … 등장 인물(부수적 인물)인 '나'가 주인공에 대해 이야기하는 시점으로 객관적인 관찰을 통해서 이루어진다.
- ㉠ '나'는 관찰자일 뿐이며 작품 전편의 인물의 초점은 주인공에게 있다.
- ㉡ '나'의 눈에 비친 외부 세계만을 다루어 '나'가 주인공의 모습과 행동을 묘사할 뿐 주인공의 내면은 알 수 없다.

③ **3인칭(작가) 관찰자 시점** … 서술자의 주관을 배제하는 가장 객관적인 시점으로 서술자가 등장 인물을 외부 관찰자의 위치에서 이야기하는 시점이다. 사건을 객관적으로 묘사하는 데 효과적이며, 서술자와 주인공의 거리가 가장 멀다.

④ **전지적 작가 시점** … 서술자가 인물과 사건에 대해 전지전능한 신의 입장에서 이야기하는 시점으로, 작중 인물의 심리를 분석하여 서술한다.
- ㉠ 서술자의 광범위한 참여로 독자의 상상적 참여가 제한된다.
- ㉡ 작가의 사상과 인생관이 직접 드러나며, 장편 소설에 주로 쓰인다.
- ㉢ 등장 인물의 운명까지 알 수 있으며, 아직 등장하지 않은 인물까지도 묘사한다.

❸ 소설의 인물

(1) 인물의 유형

① **평면적 인물** … 작품 속에서 처음부터 끝까지 성격이 일정한 인물이다.

② **입체적 인물** … 한 작품 속에서 성격이 발전하고 변화하는 인물이다.

③ **전형적 인물** … 사회의 어떤 집단이나 계층을 대표하는 인물이다.

④ **개성적 인물** … 개인으로서 독자적 성격과 개성을 지닌 인물이다.

⑤ **주동적 인물** … 작품의 주인공이자 사건의 주체로서 소설의 이야기를 이끌며 주제를 부각시키는 긍정적 성격의 인물이다.

⑥ **반동적 인물** … 작품 속에서 주인공의 의지, 행위에 대립하여 갈등을 일으키는 부정적 성격의 인물이다.

(2) 인물의 제시 방법

① **직접적 방법** … 작중 화자가 직접 설명하는 방법으로 해설적 방법, 또는 분석적 방법이라고도 한다. 이 방법은 작가의 견해 제시가 용이하나 추상적 설명이 되기 쉬우며, 전지적 작가 시점의 소설이나 고대 소설에서 많이 사용한다.

② **간접적 방법** … 인물의 말이나 행동 등을 보여줌으로써 묘사하는 방법으로 극적 방법이라고도 한다. 이 방법은 인물의 성격이 생생하게 드러나고 독자와의 거리가 좁혀지며, 작가 관찰자 시점의 소설이나 현대 소설에서 많이 사용된다.

(3) 인물과 갈등

① **내적 갈등** … 주인공과 환경, 상황 및 심리 의지의 대립으로 한 인물의 내면에서 일어나는 심리적 갈등을 말한다.

② **외적 갈등**
- ㉠ 주인공과 대립적 인물의 갈등(개인과 개인의 갈등)
- ㉡ 주인공과 사회적 환경의 갈등(개인과 사회의 갈등)
- ㉢ 개인이 운명적으로 겪는 갈등(개인과 운명의 갈등)

04 수필

① 수필의 본질과 갈래

(1) 수필의 본질

① 수필의 정의 ··· 인생이나 자연의 모든 사물에서 보고 듣고 느낀 것이나 경험한 것을 형식상의 제한이나 내용상의 제한을 받지 않고 붓 가는 대로 쓴 글이다.

② 수필의 특징
- ㉠ 개성적인 문학 : 작가의 심적 상태, 개성, 취미, 지식, 인생관 등이 개성 있는 문체로 드러나 보이는 글이다.
- ㉡ 무형식의 문학 : 짜임에 제약이 없고 다른 문장 형식을 자유로이 이용할 수 있다.
- ㉢ 제재의 다양성 : 인생이나 사회, 역사, 자연 등 세상의 모든 일이 제재가 될 수 있다.
- ㉣ 비전문적인 문학 : 작가와 독자가 전문적인 지식이나 훈련을 필요로 하지 않는 글이다.
- ㉤ 체험과 사색의 문학 : 글쓴이의 생활이나 체험, 생각이나 느낌을 솔직하게 서술한 글이다.
- ㉥ 자기 표현의 글 : 작가의 인생관이나 사상, 감정을 잘 드러낸다.

(2) 수필의 갈래

① 진술 방식(유형)에 따른 갈래
- ㉠ 교훈적 수필 : 필자의 오랜 체험이나 깊은 사색을 바탕으로 하는 교훈적인 내용을 담은 수필을 말한다.
- ㉡ 희곡적 수필 : 필자 자신이나 다른 사람이 체험한 어떤 사건을 생각나는 대로 서술하되, 그 사건의 내용 자체에 극적인 요소들이 있어서, 대화나 작품의 내용 전개가 다분히 희곡적으로 이루어지는 수필을 말한다.
- ㉢ 서정적 수필 : 일상생활이나 자연에서 느끼고 있는 감상을 솔직하게 주정적·주관적으로 표현하는 수필을 말한다.
- ㉣ 서사적 수필 : 인간 세계나 자연계의 어떤 사실에 대하여 대체로 필자의 주관을 개입시키지 않고, 객관적으로 서술하는 수필을 말한다.

② 주제의 범위에 따른 갈래
- ㉠ 경수필(miscellany, 비형식적 수필, 인포멀 에세이) : 우리가 보는 보통의 수필처럼 정서적인 경향을 띠는 수필로 개성적이고 체험적이며 예술성을 내포한 예술적인 글이다.
- ㉡ 중수필(essay, 형식적 수필, 포멀 에세이) : 가벼운 논문처럼 지적이며 논리적이고 객관적인 경향을 띠는 수필을 말한다.

③ 내용에 따른 갈래
- ㉠ **사색적 수필** : 철학적 사색이나 명상을 다룬다.
- ㉡ **묘사적 수필** : 대상을 있는 그대로 객관적으로 묘사한다.
- ㉢ **담화적 수필** : 항간에 떠도는 이야기를 작가의 관점으로 진술한다.
- ㉣ **비평적 수필** : 예술 작품에 대하여 자기의 의견 중심으로 쓴다.
- ㉤ **기술적 수필** : 작가의 주관, 인상, 기호 등을 배제하고 순수한 사실을 있는 그대로 진술한다.
- ㉥ **연단적 수필** : 연설문은 아니지만 연설문의 형식을 빌어 설득적인 어조로 쓴다.

❷ 수필의 구성 요소

(1) 수필의 구성 요소
주제, 제재, 구성, 문체로 구성된다.

(2) 수필의 구성 방법
① **단계식 구성**
- ㉠ **3단 구성** : 서두[도입 · 起], 본문[전개 · 敍], 결말[結]
- ㉡ **4단 구성** : 기, 승, 전, 결
② **전개식 구성** ··· 시간적 구성과 공간적 구성이 있으며, 주로 기행 수필이나 서사적 수필의 전개 방법으로 사용된다.
③ **열거식(병렬식) 구성** ··· 수필의 각 부분에 논리적인 연관성이 없을 때 구성하는 방법이다.
④ **극적 구성** ··· 소설, 희곡의 구성 원리를 이용해 서사적 사건의 박진감을 도모하는 구성으로, 부분적으로 사용되는 경우가 많다.

05 희곡 · 시나리오

❶ 희곡

(1) 희곡의 본질
① **희곡의 정의** ··· 연극의 대본으로 산문 문학의 한 갈래이면서 동시에 연극의 한 요소가 된다.

② 희곡의 특징

　　㉠ 무대 상연의 문학 : 희곡은 무대 상연을 전제로 한 문학, 즉 연극의 각본이다.

　　㉡ 행동의 문학 : 희곡에서의 행동은 압축과 생략, 집중과 통일이 이루어져야 하며, 배우의 연기에 의해 무대에서 직접 형상화된다.

　　㉢ 대사의 문학 : 소설에서는 마음껏 묘사와 설명을 할 수 있지만, 희곡에서는 오직 극중 인물의 대사와 행동만으로 이루어진다.

　　㉣ 현재화된 인생을 보여 주는 문학이다.

　　㉤ 내용이 막(幕, act)과 장(場, scene)으로 구분되는 문학이다.

　　㉥ 시간적 · 공간적 제약을 받는 문학이다.

　　㉦ 의지의 대립 · 갈등을 본질로 하는 문학이다.

③ 희곡의 구성 요소

　　㉠ 형식적 구성 요소 : 해설, 지문, 대사

　　㉡ 내용적 구성 요소 : 인물, 행동, 주제

(2) 희곡의 구성(plot)

① 희곡의 형식적 구분 단위

　　㉠ 장(場, scene) : 막의 하위 단위이며 희곡의 기본 단위이다. 전체 중 독립된 장면으로, 하나의 막 가운데에서 어떤 하나의 배경으로 진행되는 장면의 구분이다.

　　㉡ 막(幕, act) : 몇 개의 장으로 이루어지며, 휘장을 올리고 내리는 것으로 생기는 구분이다.

② 희곡의 구성 유형

　　㉠ 3분법(3막극) : 발단 → 상승(전개 · 위기) → 해결(결말)

　　㉡ 4분법(4막극) : 발단 → 전개 → 전환(위기 · 절정) → 결말

　　㉢ 5분법(5막극) : 발단 → 상승(전개) → 절정(위기) → 하강(반전) → 결말(대단원)

(3) 희곡의 갈래

① 내용에 따른 갈래

　　㉠ 희극(喜劇, comedy) : 인생의 즐거운 면을 내용으로 하는 희곡으로, 기지, 풍자, 해학의 수법으로 세태를 표현하는 골계미가 있다. 지적이며 행복한 결말을 맺는다.

　　㉡ 비극(悲劇, tragedy) : 인생의 불행한 면을 내용으로 하는 희곡으로 처음부터 비극을 예감하게 하는 비극적 성격자를 주인공으로 하여 불행하게 끝맺는다.

　　㉢ 희비극(喜悲劇, tragicomedy) : 비극과 희극이 합쳐진 극으로 대체로 처음에는 비극적으로 전개되나 작품의 전환점에 이르러 희극적인 상태로 전환되는 것이 많다.

② 장·막에 따른 갈래

ㄱ 단막극 : 1막으로 끝나는 희곡

ㄴ 장막극 : 2막 이상으로 끝나는 희곡

③ 창작 의도에 따른 갈래

ㄱ 창작 희곡(original drama) : 무대 상연을 목적으로 창작한 희곡이다.

ㄴ 각색 희곡 : 소설, 시나리오 등을 기초로 각색한 희곡이다.

ㄷ 레제드라마(lese drama) : 무대 상연을 목적으로 하지 않고, 읽히기 위한 목적으로 쓴 희곡이다.

② 시나리오

(1) 시나리오의 본질

① 시나리오의 정의 … 영화로 상연할 것을 목적으로 작가가 상상한 이야기를 장면의 차례, 배우의 대사, 동작, 배경, 카메라의 작동, 화면 연결 등을 지시하는 형식으로 쓴 영화의 대본이다.

② 시나리오의 특징

ㄱ 화면에 의하여 표현되므로 촬영을 고려해야 하고, 특수한 시나리오 용어가 사용된다.

ㄴ 주로 대사로 표현되며 시간적·공간적 배경의 제한을 적게 받는다.

ㄷ 등장 인물의 수에 제한을 받지 않는다.

ㄹ 시퀀스(sequence)나 화면(cut)과 장면(scene)을 단위로 한다.

ㅁ 직접적인 심리 묘사가 불가능하고, 장면과 대상에 의하여 간접적으로 묘사된다.

> **TIP** 시나리오의 용어
> ㄱ S#(scene number) : 장면 번호
> ㄴ W.O.(wipe out) : 한 화면의 일부가 닦아내는 듯이 없어지면서 다른 화면이 나타나는 수법
> ㄷ NAR(narration) : 해설
> ㄹ M.(music) : 효과 음악
> ㅁ E.(effect) : 효과음
> ㅂ O.L.(over lap) : 한 장면 위에 다음 장면이 겹치면서 장면이 전환되는 것
> ㅅ F.I.(fade in) : 어두운 화면이 점점 밝아지는 것
> ㅇ PAN(panning) : 카메라를 상하 좌우로 이동하는 것
> ㅈ C.U.(close up) : 어떤 인물이나 장면을 크게 확대하여 찍는 것
> ㅊ D.E.(double exposure) : 하나의 화면에 다른 화면이 겹쳐서 이루어지는, 이중 노출법에 의한 합성 화면

(2) 시나리오의 표현 요소

① 장면 지정 … 장면(scene) 번호가 붙는다. 사건의 배경이 되는 장면이 설정된다.

② 대사 … 등장 인물 간의 대화를 말한다.

③ 지문 … 여러 가지 촬영 방법과 영화의 상황을 지시하는 것으로 약정된 부호를 사용해야 한다.

출제예상문제

1 문학의 기원에 대한 이론 중에서 '모방본능설'을 주장한 사람은?

① 다윈(C. Darwin)

② 스펜서(Spencer)

③ 허드슨(W. H. Hudson)

④ 아리스토텔레스(Aristoteles)

TIP 문학의 기원(심리학적 기원설) … 모방 본능설(아리스토텔레스), 유희 본능설(스펜서, 칸트, 실러), 흡인 본능설(다윈 등 진화론자), 자기 표현 본능설(허드슨)

2 다음 중 문학 비평에서 빠지기 쉬운 오류와 관계없는 것은?

① 문학 작품 자체가 중요한 것이지 독자의 판단이나 심리적 반응은 작품 연구에 도움이 되지 않는다.

② 문학 연구 대상이 되는 작품들은 작가가 작품을 쓸 당시의 상태로 온전히 보존되어 있는 것만은 아니다.

③ 작품에 창조된 세계를 현실의 특정 대상과 결부시키려 하여 작자의 인생사에서 그 근원을 찾으려 한다.

④ 작가의 의도를 쉽게 알 수 없고 작품의 의도나 작가의 의도가 합치되지 않으므로 이를 배제해야 한다.

TIP ② 원전 비평의 전제에 해당한다.
　　① **감정의 오류** : 독자의 감정은 상대적이므로 작품의 진정한 의미와 일치하지 않는데도 독자 중심으로 작품을 이해할 때 생기는 오류이다.
　　③ **메시지 및 제재에 대한 선입관** : 작품에 창조된 세계를 현실의 특정 대상과 결부시키거나 작가의 인생사에서 작품 해석의 근원을 찾으려는 오류이다.
　　④ **의도의 오류** : 작가가 의도한 그대로 작품에 반영되지 않는데도 작가 중심으로 작품을 이해할 때 생기는 오류이다.

Answer 1.④ 2.②

3 다음 중 문학작품을 외재적 관점에서 바라보는 것이 아닌 것은?

① 반영론   ② 효용론

③ 구조론   ④ 표현론

> **TIP** 비평적 관점
> ㉠ 외재적 관점
>   • 표현론적 관점 : 작품을 시인이나 작가의 체험, 사상, 감정을 표현한 것으로 보는 관점
>   • 반영론적 관점 : 작품을 삶의 현실이 반영된 산물이라고 보는 관점
>   • 효용론적 관점 : 작품이 독자에게 어떤 효과를 어느 정도 주었느냐를 평가하는 관점
> ㉡ 내재적 관점
>   • 절대주의적 관점 : 작품 자체를 독립된 존재, 완결된 구조로 보는 관점

4 다음 중 시의 특성과 관계없는 것은?

① 정서화된 사상을 다룬다.   ② 압축, 절제된 언어로 표현된다.

③ 내면적 정서의 객관적 제시이다.   ④ 언어의 음악성과 회화성에 의존한다.

> **TIP** ③ 시의 정서는 주관적이다.
> ※ 시의 특성
>   ㉠ 대표적인 언어 예술이다.
>   ㉡ 운율이 있다.
>   ㉢ 사상과 정서를 표현한 창작 문학이다.
>   ㉣ 압축된 형식미를 갖추고 있다.
>   ㉤ 심상, 비유, 상징 등에 의해 형상화된다.
>   ㉥ 시인의 은밀한 독백으로 '엿듣는 문학'이다.
>   ㉦ 작품의 문맥에 의해 그 의미가 파악되는, 언어의 내포적 기능에 의존한다.

5 다음 중 시의 상징에 대한 설명으로 옳지 않은 것은?

① 보조 관념 자체가 독립한 것이다.

② 대상과 대상의 유추 관계에서 성립한다.

③ 작가가 문학 작품에서 만들어낸 상징을 창조적 상징이라고 한다.

④ 어떤 사물이 그 자체의 의미를 유지하면서 보다 포괄적인 다른 의미까지 띠는 현상이다.

> **TIP** ② 대상과 대상의 유추 관계가 성립하는 것은 비유이다.

Answer   3.③   4.③   5.②

6 다음 중 시의 이미지(심상)가 지니는 특성과 가장 관계 깊은 것은?

① 사실적   ② 지시적
③ 감각적   ④ 추상적

> **TIP** 시의 이미지(심상) … 시의 언어를 통해 어떤 대상이 마음 속에 재생되어 떠오르는 영상(형상)을 말한다. 구체적 · 감각적 · 시각적 특징
> 이 있다.

7 다음 중 시어의 함축적 의미가 지니는 특성이 아닌 것은?

① 대상의 지시   ② 암시적 의미
③ 새로운 의미   ④ 정서적 효과

> **TIP** ① 일상 언어의 주된 기능이다.
> ※ **시어의 함축적 의미** … 시어가 풍기는 분위기, 다의성, 비유적 · 상징적 의미 등을 포함한 개념으로, 언어의 기본적인 의미를 넘어
> 서서 시의 문맥 속에서 새롭게 갖게 된 의미를 뜻한다.

8 소설의 시점 중 작자와 작중 인물과의 거리가 가장 먼 것은?

① 1인칭 주인공 시점   ② 1인칭 관찰자 시점
③ 3인칭 관찰자 시점   ④ 전지적 작가 시점

> **TIP** ③ 3인칭(작가) 관찰자 시점은 작가가 인물에 개입하여 설명, 분석, 해석할 수 없다.

9 다음 중 단편 소설의 특징이 아닌 것은?

① 근대 서사 문학을 대표한다.
② 주제와 사상성에 역점을 둔다.
③ 전체를 알 수 있는 인생의 한 단면을 보여 준다.
④ 단일한 주제, 구성, 문체로 단일한 효과를 거둔다.

> **TIP** ② 주제와 사상성은 중편 소설, 장편 소설에서 중시된다.

Answer   6.③ 7.① 8.③ 9.②

10 다음 중 소설의 배경의 기능과 관계없는 것은?

① 분위기를 형성한다.
② 사건에 진실성을 부여한다.
③ 인물의 의식 형성에 영향을 준다.
④ 인물 사이의 갈등, 사건의 전개를 담당한다.

> **TIP** ④ 소설의 요소 중 구성에 대한 설명이다.
> ※ 배경의 기능
> ㉠ 사건의 전개와 인물의 행동에 생동감, 사실성(reality)을 부여한다.
> ㉡ 작품의 분위기를 조성한다.
> ㉢ 배경 자체가 상징적 의미로 주제를 암시하기도 한다.
> ㉣ 사건 전개의 기본 바탕을 제공함과 동시에 인물의 행동과 사건 전개의 제약 조건이 되기도 한다.
> ㉤ 배경은 주로 묘사와 서술에 의해 제시된다.

11 다음 중 수필의 특성과 관계없는 것은?

① 글쓴이의 개성이 드러난다.　　② 형식이 다양하므로 질서가 없다.
③ 여유 있는 마음에서 생겨나는 문학이다.　　④ 일상적으로 자주 쓰는 언어를 사용한다.

> **TIP** ② 수필은 주제가 있는 문학이며 나름대로의 체계와 방향을 가지고 있다.

12 다음과 같은 성격을 가진 수필은?

> 논리적인 사고에 의해 쓰여진 글로 객관적이고 사회성이 강한 시사성 글이다. 서정적이지 못하여 딱딱한 느낌이 강하며 독자들로 하여금 이야기와 재미를 유발시키기 보다는 교훈적인 측면과 교육적인 성격이 크게 작용한다.

① 나도향의 「그믐달」　　② 김소운의 「가난한 날의 행복」
③ 피천득의 「인연」　　④ 김종철의 「간디의 물레」

> **TIP** ④ 중수필
> ①②③ 경수필

Answer　10.④　11.②　12.④

13 다음 중 성격이 다른 수필은?

① 피천득의 「인연」　　　　　　② 몽테뉴의 「수상록」

③ 김태길의 「글을 쓴다는 것」　④ 김소운의 「가난한 날의 행복」

> **TIP** ③ 김태길의 「글을 쓴다는 것」은 중수필로 글쓰기가 가지는 덕성, 자신의 글쓰기 체험, 글쓰는 이가 주의해야 할 점들을 간결한 문체로 서술한 글이다.
> ①②④ 우리가 보는 보통의 수필처럼 정서적인 경향을 띠는 경수필로 개성적이고 체험적이며 예술성을 내포한 예술적인 글이다.

14 다음 중 수필이 갖추어야 할 요건이 아닌 것은?

① 지성과 격조　　　　　　　　② 엄격한 형식미

③ 사색과 명상　　　　　　　　④ 가치 있는 사상의 육화

> **TIP** ② 수필은 무형식을 그 형식적 특징으로 한다. 따라서 붓 가는 대로 생각에 비치는 모든 것들을 표현한다. 그러나 이는 수필에 형식이 필요없다는 말이 아니라 일정하게 규정하는 형식이 없다는 것을 뜻한다.

15 다음 중 희곡의 성격으로 옳지 않은 것은?

① 주관과 객관을 겸한 문학이다.

② 무대 상연을 전제로 한 문학이다.

③ 현재화된 인생을 보여 주는 문학이다.

④ 희곡의 형식적 구성 요소로 해설, 지문, 대사 등이 있다.

> **TIP** ① 희곡은 가장 객관적인 문학 양식이다.

16 다음 중 시나리오가 희곡과 다른 점은?

① 종합 예술이다.

② 장면 변화가 다양하다.

③ 구성 단계가 복잡하다.

④ 다른 예술을 전제로 한 문학이다.

> **TIP** ② 희곡은 시간과 공간의 제약이 있으므로 장면 변화를 장으로 규정하고 있다.

Answer　13.③　14.②　15.①　16.②

17 희곡과 소설의 차이점에 대한 다음 설명 중 옳지 않은 것은?

① 희곡은 시간 · 공간의 제약을 받으나, 소설은 자유롭다.

② 희곡은 현재형의 문학이나, 소설은 주로 과거 시제를 사용한다.

③ 희곡은 등장인물의 수에 제한이 없으나, 소설은 제약이 있다.

④ 희곡은 장면 전환이 자유롭지 못하나, 소설은 장면 전환이 자유롭다.

> **TIP** ③ 희곡은 등장 인물의 수에 제한을 받으나, 소설은 제한을 받지 않는다.

18 고전극의 삼일치에 대한 다음 설명 중 옳지 않은 것은?

① 시간, 장소, 행동의 일치를 말한다.

② 주로 표현주의 극에서 나타난다.

③ 아리스토텔레스가 「시학」에서 주장하였다.

④ 셰익스피어가 파괴한 이후 현대극에서 시간과 장소의 일치는 지켜지지 않는다.

> **TIP** ② 고전주의 극에서는 잘 지켜졌지만 현대 표현주의 극에서는 지켜지지 않는다.

19 다음 중 희곡에서 대사가 지닌 기능이 아닌 것은?

① 사건을 서술한다.

② 갈등을 표현한다.

③ 극의 분위기를 형성한다.

④ 인물의 성격을 부각시킨다.

> **TIP** ① 희곡에서 대사는 사건을 전개시키는 기능을 한다.
>
> ※ **대사의 기능**
>   ㉠ 사건을 진행시킨다.
>   ㉡ 인물의 생각, 성격, 사건의 상황을 드러낸다.
>   ㉢ 사건의 분위기를 형성한다.
>   ㉣ 주제를 제시한다.

Answer 17.③ 18.② 19.①

20 다음 중 독자에게 읽히기 위한 목적으로 쓰여진 시나리오는?

① 창작 시나리오

② 각색 시나리오

③ 레제 시나리오

④ 오리지널 시나리오

> **TIP** ① 처음부터 영화 제작을 위해 창작한 시나리오
> ② 소설이나 희곡 등을 기초로 영화 촬영이 가능하게 고친 시나리오
> ③ 독자에게 읽히기를 목적으로 한 시나리오

21 다음 비평의 종류 중 내재적 방법에 속하는 것은?

① 신비평

② 신화 비평

③ 역사주의 비평

④ 심리주의적 비평

> **TIP** 비평의 내재적(內在的) 방법은 오로지 그 작품 자체만 가지고 하는 비평(절대론)으로, 작품을 구성하고 있는 언어, 구조, 이미지, 운율, 행, 연 등을 중심으로 하는 비평을 말한다. 형식주의 비평(신비평)이 여기에 속한다.
> ②③④ 외재적 방법

CHAPTER 05 고전 문학

01 어학적인 글

❶ 세종어제 훈민정음(世宗御製 訓民正音)

(1) 훈민정음의 창제

① 창제자 및 협찬자
   ㉠ 창제자 : 세종 대왕
   ㉡ 협찬자 : 정인지, 성삼문, 신숙주, 이개, 최항, 박팽년, 강희안 등 집현전 학자

② 연대
   ㉠ 창제 · 반포 : 세종 25년(1443) 음력 12월에 예의본(例義本) 완성
   ㉡ 해례본(解例本) : 세종 28년(1446) 음력 9월 상한에 해례본 완성, 간행
   ㉢ 언해본(諺解本) : 세조 5년(1459)에 간행

③ 훈민정음 창제의 정신 … 자주 정신, 애민 정신, 실용 정신

④ 훈민정음 창제의 목적 : ₩일반 백성들의 원만한 문자 생활 도모, 자주(自主)·애민(愛民)·실용(實用) 정신의 구현(俱現), 우리 나라 한자음의 정리와 표기의 통일

⑤ 제자(制字)의 원리
   ㉠ 초성(初聲 : 첫소리) : 발음 기관의 모양을 본떴다.
   ㉡ 중성(中聲 : 가온딧소리) : '천(天)·지(地)·인(人)'의 삼재(三才)를 본떴다.

(2) 훈민정음 해례본의 구성

① 예의[(例義), 언해된 부분]
   ㉠ 어지(御旨) : 창제된 취지
   ㉡ 글자와 소리값 : 초성, 중성, 종성 글자와 소리값
   ㉢ 글자의 운용 : 나란히 쓰기, 이어 쓰기, 붙여 쓰기, 음절 이루기, 점찍기의 용법

② 해례(解例) … 언해되지 아니한 부분으로 '제자해(制字解), 초성해(初聲解), 중성해(中聲解), 합자해(合字解), 용자례(用字例)'로 구성되어 있다.

③ 정인지 서(序) … 훈민정음 제작 경위를 밝히고 있다.

❷ 용비어천가(龍飛御天歌)

(1) 개관

① 시기
- ㉠ 창작 시기 : 세종 27년(1445)
- ㉡ 간행 시기
  - 초간본 : 세종 9년(1447)
  - 중간본 : 광해군 4년(1612) – 만력본, 효종 10년(1659) – 순치본, 영조 41년(1765) – 건륭본

② 작자 … 정인지(1396 ~ 1478), 권제(1387 ~ 1445), 안지(1377 ~ 1464) 등

③ 체제
- ㉠ 구성 : 세종의 6대조인 목조부터 익조, 도조, 환조, 태조, 태종의 사적(史蹟)을 중국 역대 왕의 사적과 대비하여 서술하였다.
  - 서사 : 제1 · 2장 – 건국의 정당성과 영원성 송축
  - 본사 : 제3 ~ 109장 – 육조의 사적을 예찬
  - 결사 : 제110 ~ 125장 – 후대 왕에 대한 권계
- ㉡ 형식 : 2절 4구체의 대구로 이루어져 있다(단, 1장 3구체, 125장 9구체).
  - 전절 : 중국 역대 왕들의 사적을 찬양
  - 후절 : 6조의 사적을 찬양

(2) 의의
- ㉠ 훈민정음으로 기록된 최초의 작품이며 15세기 국어 연구에 귀중한 자료가 된다.
- ㉡ 월인천강지곡과 쌍벽을 이루면서 국문으로 된 최초의 악장 문학이다.

❸ 두시언해(杜詩諺解)

(1) 개관

① 원제(原題) … 분류두공부시(分類杜工部詩)언해로 두보의 시를 내용별로 분류하였다는 의미이다. 이는 25권 17책으로 되어 있다.

② 작자 … 두보(杜甫, 712 ~ 770)

③ 의의
- ㉠ 국문학상 최초의 번역 시집이며 한시 및 한문학 연구의 자료가 된다.
- ㉡ 국어학상 초간본과 중간본이 약 150년의 차이가 있어 임란 전후의 국어의 변화를 살피는 데 중요한 자료가 된다.

(2) 초간본과 중간본의 차이

구분		초간본	중간본
간행 연대		성종 12년(1481)	인조 10년(1632)
간행자		유윤겸, 조위, 의침	오숙, 김상복
판본		활판본(活版本)	목판본(木版本)
표기법		연철(連綴)	간혹 분철도 보임
방점		사용됨	없어짐
음운 변화	ㅿ, ㆁ	사용됨	'ㅇ'으로 바뀜
	자음 동화	두드러지지 않음	자주 나타남
	모음 조화	잘 지켜짐	파괴되어 감
	구개음화	나타나지 않음	가끔 나타남

02 운문 문학과 산문 문학

❶ 운문 문학

(1) 고대 가요

① 구지가(龜旨歌)
  ㉠ 갈래 : 4구체, 한역 시가
  ㉡ 연대 : 신라 유리왕 19년(42)
  ㉢ 주제 : 수로왕의 강림 기원
  ㉣ 성격 : 주술요, 노동요, 집단 무가
  ㉤ 의의 : 현재 전하는 가장 오래된 집단 무가이며 주술성을 가진 현전 최고의 노동요이다.
  ㉥ 작자 : 구간(九干)

② 공무도하가(公無渡河歌)
  ㉠ 갈래 : 한역가(漢譯歌), 서정시, 개인적인 서정 가요
  ㉡ 연대 : 고조선(古朝鮮)
  ㉢ 주제 : 임을 여읜 슬픔, 남편의 죽음을 애도
  ㉣ 성격 : 개인적, 서정적
  ㉤ 의의 : 황조가와 함께 우리 나라 최고의 서정 가요이며 원시적 · 집단적 서사시에서 서정시로 옮아가는
     과도기적 작품이다.
  ㉥ 작자 : 백수 광부(白首狂夫)의 처(妻)

③ 정읍사(井邑詞)

　　㉠ 갈래 : 백제 가요, 속요(俗謠)

　　㉡ 연대 : 백제 시대(고려 시대로 보는 설도 있음)

　　㉢ 주제 : 행상 나간 남편의 무사귀환을 기원

　　㉣ 성격 : 민요적

　　㉤ 의의

　　　• 현전 유일의 백제 노래이다.

　　　• 한글로 기록되어 전하는 가장 오래된 노래이다.

　　　• 시조 형식의 원형을 가진 노래이다(4음보의 형태).

　　㉥ 작자 … 어느 행상의 처

(2) 향가

① 서동요(薯童謠)

　　㉠ 갈래 : 4구체 향가

　　㉡ 연대 : 신라 진평왕 때

　　㉢ 주제 : 선화 공주의 은밀한 사랑, 선화 공주를 꾀어내기 위한 참요

　　㉣ 성격 : 참요(讖謠 – 있지도 않은 사실을 날조하여 헐뜯는 노래), 동요(童謠)

　　㉤ 의의

　　　• 현전 최고(最古)의 향가 작품이다.

　　　• 배경 설화에 신화적인 요소가 있는 향가이다.

　　　• 향가 중 민요체를 대표하는 작품이다.

　　㉥ 작자 : 서동(백제 무왕)

② 제망매가(祭亡妹歌)

　　㉠ 갈래 : 10구체 향가

　　㉡ 연대 : 신라 경덕왕 때

　　㉢ 주제 : 죽은 누이에 대한 추모의 정

　　㉣ 성격 : 추도가(追悼歌), 애상적, 종교적(불교적)

　　㉤ 의의

　　　• 향가 중 찬기파랑가와 함께 표현 기교 및 서정성이 뛰어나다.

　　　• 불교의 윤회 사상이 기저를 이루고 있다.

　　　• 정제된 10구체 향가로 비유성이 뛰어나 문학성이 높다.

(3) 고려 가요

① 가시리

    ㉠ 갈래 : 고려 가요

    ㉡ 연대 : 고려 시대

    ㉢ 주제 : 이별의 정한

    ㉣ 형태 : 전 4 연의 연장체(분연체)

    ㉤ 운율 : 3·3·2조의 3음보

    ㉥ 성격 : 이별의 노래, 민요풍

    ㉦ 의의 : 이별의 애달픔을 소박한 정조로 노래한 이별가의 절조

    ㉧ 작자 : 미상

② 청산별곡

    ㉠ 갈래 : 고려 가요, 장가, 서정시

    ㉡ 연대 : 고려 시대

    ㉢ 주제 : 삶의 고뇌와 비애, 실연의 애상, 삶의 고통과 그 극복에의 지향성, 현실에의 체념

    ㉣ 형태 : 전 8 연의 분절체, 매연 4구 3·3·2조의 3음보

    ㉤ 성격 : 평민 문학, 도피 문학

    ㉥ 의의 : 고려 가요 중 서경별곡과 함께 비유성과 문학성이 가장 뛰어나며, 고려인들의 삶의 애환을 반영한 작품이다.

    ㉦ 작자 : 미상

(4) 시조

① 도산십이곡(陶山十二曲)

    ㉠ 갈래 : 평시조, 연시조(전 12 수)

    ㉡ 주제 : 전 6곡(자연에 동화된 생활), 후 6곡(학문 수양 및 학문에 힘쓸 것을 다짐)

    ㉢ 성격 : 교훈가

    ㉣ 작자 : 이황

② 어부사시사(漁父四時詞)

    ㉠ 갈래 : 연시조[춘·하·추·동 각 10수(전 40 수)]

    ㉡ 주제 : 강호의 한정(閑情). 철따라 펼쳐지는 자연의 경치와 어부(漁父) 생활의 흥취

    ㉢ 성격 : 강호한정가

    ㉣ 작자 : 윤선도

(5) 가사

① 상춘곡(賞春曲)
　　㉠ 갈래 : 강호 가사, 양반 가사, 정격 가사
　　㉡ 연대 : 창작 – 성종(15세기), 표기 – 정조(18세기)
　　㉢ 주제 : 봄 경치의 완상과 안빈낙도(安貧樂道)
　　㉣ 형태 : 39행, 79구, 매행 4음보(단, 제12행은 6음보)의 정형 가사로, 4음보 연속체
　　㉤ 성격 : 묘사적, 예찬적, 서정적
　　㉥ 의의 : 가사 문학의 효시, 송순의 면앙정가에 영향을 주었다.
　　㉦ 작자 : 정극인(1401 ~ 1481) – 성종 때의 학자. 문인. 호는 불우헌

② 관동별곡(關東別曲)
　　㉠ 갈래 : 기행 가사, 정격 가사, 양반 가사
　　㉡ 연대 : 창작 – 선조 13년(1580), 표기 – 숙종
　　㉢ 주제 : 관동 지방의 절경과 풍류
　　㉣ 형태 : 3 · 4조의 4음보(295구)
　　㉤ 문체 : 가사체, 운문체, 화려체
　　㉥ 의의 : 서정적인 기행 가사로 우리말의 아름다움을 승화시킨 작품이다.
　　㉦ 작자 : 정철(1536 ~ 1593) – 시인. 호는 송강

❷ 산문 문학

(1) 설화

① 단군 신화
　　㉠ 갈래 : 건국 신화
　　㉡ 사상 : 숭천 사상, 동물 숭배 사상
　　㉢ 성격 : 설화적
　　㉣ 주제 : 단군의 건국 내력과 홍익인간의 이념
　　㉤ 의의 : 홍익인간의 건국 이념과, 천손의 혈통이라는 민족적 긍지가 나타나 있다.

② 조신의 꿈
　　㉠ 갈래 : 설화(전설), 사원 연기 설화
　　㉡ 사상 : 불교적, 서사적, 교훈적
　　㉢ 성격 : 액자식 환몽 구조
　　㉣ 주제 : 인생무상
　　㉤ 의의 : 환몽 소설의 연원이 되는 설화로 후에 김만중의 구운몽 및 이광수의 꿈이라는 소설에 영향을 주었고, 동일 모티브에 의한 다양한 변이 과정을 확인해 볼 수 있다.

(2) 가전체

① 화왕계
　ㄱ 작자 : 설총
　ㄴ 갈래 : 설화
　ㄷ 성격 : 우언적, 풍자적
　ㄹ 주제 : 임금에 대한 경계(또는 간언)
　ㅁ 의의 : 최초의 창작 설화로 가전체 문학의 효시가 된다.
　ㅂ 출전 : 삼국사기

② 국선생전
　ㄱ 작자 : 이규보
　ㄴ 갈래 : 가전
　ㄷ 성격 : 전기적, 교훈적
　ㄹ 주제 : 위국 충절의 교훈
　ㅁ 의의 : 의인화 기법
　ㅂ 출전 : 동문선

(3) 고대 소설

① 구운몽(九雲夢)
　ㄱ 갈래 : 고대 소설, 국문 소설, 염정 소설, 몽자류 소설, 영웅 소설
　ㄴ 연대 : 숙종 15년(1689) 남해 유배시
　ㄷ 주제 : 인생무상의 자각과 불법에의 귀의
　ㄹ 배경 : 당나라 때, 중국
　ㅁ 시점 : 전지적 작가 시점
　ㅂ 의의 : 몽자류 소설의 효시
　ㅅ 근원 설화 : 조신 설화
　ㅇ 사상 : 유·불·선 사상
　ㅈ 작자 : 김만중(1637 ~ 1692)

② 허생전(許生傳)
　ㄱ 갈래 : 고대 소설, 한문 소설, 풍자 소설, 단편 소설, 액자 소설
　ㄴ 연대 : 정조 4년(1780) 중국 여행 후
　ㄷ 주제 : 양반 및 위정자들의 무능력에 대한 비판과 자아 각성의 제시
　ㄹ 배경 : 17세기 효종 때, 서울을 중심으로 한반도 전역, 장기, 무인도
　ㅁ 시점 : 전지적 작가 시점
　ㅂ 의의 : 조선 시대 사실주의 소설의 전형을 보여 주고 있다.
　ㅅ 작자 : 박지원(1737 ~ 1805)

③ 춘향전(春香傳)

    ㉠ 갈래 : 고대 소설, 염정 소설, 판소리계 소설

    ㉡ 주제 : 신분을 초월한 남녀 간의 사랑, 지배 계층에 대한 서민의 항거

    ㉢ 배경 : 조선 후기, 전라도 남원

    ㉣ 시점 : 전지적 작가 시점

    ㉤ 의의 : 고대 소설 중 가장 사실적이며, 풍자적·해학적이다.

(4) 고대 수필

① 아기설(啞器說)

    ㉠ 갈래 : 설(設), 고대 수필

    ㉡ 주제 : 때에 맞게 말을 할 줄 아는 지혜의 필요성

    ㉢ 성격 : 교훈적, 풍자적, 비판적

    ㉣ 작자 : 안정복(1712 ~ 1791)

② 동명일기(東溟日記)

    ㉠ 갈래 : 고대 수필(여류 수필), 기행문

    ㉡ 주제 : 귀경대에서 본 일출의 장관

    ㉢ 성격 : 묘사적, 사실적, 주관적

    ㉣ 의의 : 순 한글 기행 수필로 세밀한 관찰과 사실적 묘사가 뛰어나다.

    ㉤ 작자 : 의유당(1727 ~ 1823)

(5) 판소리

① 흥보가

    ㉠ 갈래 : 판소리

    ㉡ 성격 : 풍자적, 해학적

    ㉢ 주제 : 형제간의 우애, 인고와 이타를 통한 빈부의 갈등 극복

    ㉣ 특징

      • 3·4, 4·4조의 가락을 중심으로 리듬감 있게 표현하였다.

      • 인물의 성격과 사건의 진행을 풍자와 해학을 통해 표현하였다.

      • 일상적인 언어와 현재형의 문장을 통해 사실적으로 표현하였다.

    ㉤ 출전 : 신재효 정리(성두본)

② 적벽가
    ㉠ 갈래 : 판소리 소설
    ㉡ 문체 : 가사체
    ㉢ 연대 : 조선 후기
    ㉣ 제재 : 삼국지연의의 적벽대전
    ㉤ 주제 : 가족에 대한 그리움
    ㉥ 출전 : 박봉술 창본

③ 춘향가
    ㉠ 갈래 : 판소리 사설
    ㉡ 문체 : 서사적, 운율적, 해학적, 풍자적
    ㉢ 연대 : 조선 후기
    ㉣ 배경 : 조선 숙종 때 전라도 남원과 한양
    ㉤ 주제 : 신분을 초월한 남녀 간의 사랑, 신분 갈등의 극복을 통한 인간 해방의 이상
    ㉥ 특징
     • 서민들의 현실적인 생활을 주로 그리고 있다.
     • 창가의 내용에는 극적 요소가 많고, 민속적이며 그 체제는 희곡적이며 문체는 운문체이다.
     • 풍자와 해학 등 골계적인 내용과 비장미, 숭고미 등이 다양하게 드러나 있다.
     • 판소리는 구비문학이기 때문에 부분의 독자성이 성립한다.
     • 평민계층이 사용하는 욕설이나 비속어 등과 양반계층이 주로 사용하는 한문구나 한자 성어 등이 공존한다.

(6) 민속극

① 꼭두각시 놀음
    ㉠ 갈래 : 전통 인형극
    ㉡ 성격 : 풍자적 · 골계적
    ㉢ 구성 : 전 8막, 2마당
    ㉣ 주제 : 일반 계층의 도덕적 허위와 횡포에 대한 비판과 풍자
    ㉤ 의의 : 우리나라 유일의 전통 인형극

② 봉산탈춤
    ㉠ 갈래 : 민속극, 가면극, 탈춤 대본, 전통극
    ㉡ 주제 : 무능한 양반에 대한 풍자
    ㉢ 성격 : 해학적, 풍자적, 서민적
    ㉣ 특징
     • 양반에 대한 풍자와 희롱, 도전적이고 공격적인 언어 표현이 나타난다.
     • 서민적인 비속어와 양반투의 어려운 한자어를 동시에 구사하고 있다.
     • 자유분방한 열거와 대구, 인용, 반어, 언어 유희, 익살, 과장 등이 풍부하게 나타나고 있다.

출 제 예 상 문 제

1 다음 중 훈민정음에 대한 설명으로 옳지 않은 것은?

① 훈민정음의 창제 이전에는 우리의 말과 글을 표현하는 수단이 달랐다.
② 초성과 중성은 모두 발음기관의 모양을 본떠 만들었다.
③ '백성을 가르치는 바른 소리'라는 뜻이다.
④ 자주적이고 주체적인 의식이 드러나 있다.

TIP ② 초성은 발음 기관을 상형 했으며, 중성은 천(天)·지(地)·인(人)을 본떠서 만들었다.

2 다음 중 연결이 옳지 않은 것은?

① 죽부인전 – 이곡 – 대나무 – 절개
② 국순전 – 임춘 – 술 – 간사한 관료 풍자
③ 공방전 – 임춘 – 엽전 – 재물욕 경계
④ 정시자전 – 석식영암 – 거북이 – 경솔한 행동

TIP ④ 정시자전(丁侍者傳)은 지팡이를 의인화하여 인재를 알아볼 줄 모르는 당시의 사회상을 풍자한 설화이다. 정(丁)이란 지팡이를 가리키는 말이고, 시자(侍者)란 귀한 사람을 모시는 사람을 뜻한다. 거북을 의인화한 가전체 문학은 청강사자현부전이다.

3 '용비어천가'에 대한 설명으로 옳지 않은 것은?

① 먼저 한문본을 간행한 뒤, 이를 훈민정음으로 국역하였다.
② 악장 문학의 대표이며, 중세 국어를 연구하는 데 귀중한 자료가 된다.
③ 조선 왕조 건국의 합리화와 왕업의 영광이 무궁하리라는 것을 노래하였다.
④ 세종 29년 5월에는 치화평, 봉래의, 여민락 등 악보를 만들어 연향에 쓰게 하였다.

TIP ① 「용비어천가」는 국문 가사 – 한문 가사 – 한문 주해의 순으로 진행되었다.
※ 「용비어천가(龍飛御天歌)」… 조선 왕조의 창업 사적을 찬양하고 후대의 왕에게 왕업의 수호를 권계(勸戒)한 내용의 악장 문학으로, 훈민정음으로 쓰여졌다(전125장의 장편 서사시).
　㉠ 제1장 해동장(海東章) : 새 왕조 창업의 천명성, 조선 건국의 정당성
　㉡ 제2장 근심장(根深章) : 조선의 영원한 발전 다짐
　㉢ 제67장 : 태조에의 천우신조, 위화도 회군을 합리화

Answer 1.② 2.④ 3.①

4 다음 가사 중 창작계층이 다른 하나는?

① 상춘곡

② 관동별곡

③ 일동장유가

④ 용부가

> **TIP** ④ **용부가**: 여성들의 비행에 대한 비판과 경계, 여자가 지녀야 할 바람직한 태도에 대한 깨우침을 주는 작품으로 계녀가사이며, 창작계층이 평민이다.
> ①②③ 창작계층이 양반인 작품이다.

5 4행의 민요적 성격의 향가가 아닌 것은?

① 모죽지랑가

② 서동요

③ 풍요

④ 헌화가

> **TIP** ① **모죽지랑가**: 8구체, 순수 서정시
> ② **서동요**: 4구체, 민요적 성격
> ③ **풍요**: 4구체, 노동하며 부르던 불교적 노래
> ④ **헌화가**: 4구체, 민요적 성격

6 다음 중 성격상 가장 이질적인 것은?

① 한림별곡

② 가시리

③ 청산별곡

④ 서경별곡

> **TIP** ① 최초의 경기체가 ②③④ 고려속요(가요)
> ※ **한림별곡**
> ㉠ **형식**: 경기체가
> ㉡ **성격**: 귀족문학
> ㉢ **주제**: 귀족들의 사치스런 생활상과 향락적이고 퇴영적인 기풍, 신진사류들의 의욕적 기개를 영탄
> ㉣ **의의**: 고려 고종 때 한림학사(翰林學士)들이 합작한 경기체가의 시초 작품으로 귀족의 생활감정을 표현, 이후의 가사문학에 영향을 줌
> ㉤ **구성**: 고려가요인 청산별곡과 같이 모두 8장[시부(詩賦)·서적(書籍)·명필(名筆)·명주(名酒)·화훼(花卉)·음악(音樂)·누각(樓閣)·추천(鞦韆)]으로 되어 있으며, 각 장은 크게 전대절과 후소절로 이루어진 6구체로 기본 음수율은 3·3·4조임
> ㉥ **출전**: 악학궤범과 악장가사에 국한문으로 '고려사', '악지'에는 한문과 이두로 각각 실려 전함

7 다음 중 '황조가'에 대한 설명으로 가장 옳지 않은 것은?

① 유리왕이 직접 지었다.

② 이민족 간의 화합을 그렸다.

③ 최초의 서정요 또는 서사시로서 평가되기도 한다.

④ 노래의 대상이 치희(雉姬)가 아닌 송씨(松氏)라는 설도 있다.

> **TIP** 황조가 … 고구려 유리왕이 지은 것으로써 최초의 서정요 또는 서사시로 평가된다. 이 노래의 대상은 치희(雉姬)가 아닌 송씨(松氏)라는 설도 있다.

8 다음 중 '한림별곡'을 가장 잘 설명한 것은?

① 고려속요로서 내용이 무척 음탕하다.

② 고려시대 가전체 문학의 하나로 무신들의 생활을 읊었다.

③ 고려시대 설화문학의 하나로 문인, 서적, 명주 등을 노래하였다.

④ 최초의 경기체가로 전 8연으로 되어 있고 연마다 주된 소재가 있다.

> **TIP** 한림별곡 … 경기체가의 효시가 되는 작품으로 기본 음수율은 3 · 3 · 4조라고 볼 수 있다. 전 8연으로 되어 있으며 각각 문인, 서적, 명필, 명주(술), 화훼(꽃), 음악, 누각, 추천(그네) 등을 노래하고 있다.

9 김만중이 속미인곡을 사미인곡보다 우수하게 평가한 이유는?

① 한자말을 쓰되 쉽게 썼으므로

② 우리말과 한자말을 적당히 썼으므로

③ 한자말보다 우리말을 더 많이 사용했기 때문에

④ 우리말보다 한자말을 더 많이 사용했기 때문에

> **TIP** 김만중은 그의 서포만필에서 "송강의 관동별곡과 전후미인곡은 우리 나라의 이소(離騷)다"라고 극찬하고 있는데, 특히 관동별곡과 사미인곡이 한자말을 많이 사용한 데 반해 속미인곡은 한자말보다 우리말을 많이 사용하고 있다는 점을 들어 속미인곡을 더 높이 평가하고 있다.

Answer 7.② 8.④ 9.③

10 박지원의 작품 중 직업에는 귀천이 없음을 드러내며 서민들에게 큰 힘을 주었던 작품은?

① 허생전, 양반전

② 예덕선생전, 광문자전

③ 호질, 열하일기

④ 역학대로전

> **TIP** 예덕선생전과 광문자전
> ㉠ **예덕선생전** : 인분수거꾼인 예덕선생을 통해서 하층민의 삶을 조명하고, 신분이 인간의 덕성을 가리지 못함을 이야기하고 있다.
> ㉡ **광문자전** : 걸인이지만 선하고 신의가 있는 광문을 통해서 신분중심 사회를 벗어난 새로운 인간상을 제시하고 있다.

11 다음 밑줄 친 '이것'에 해당하는 소설 형식은?

> 이것은 기이한 내용 전하는 이야기라는 뜻이다. 이것은 대표적으로 금오신화, 삼설기, 금령전, 안락국전 등이 있다. 몽환의 세계, 신선의 세계 등을 표현한 소설로 작자의 개성이 뚜렷하게 드러난다.

① 통속소설

② 전기소설

③ 가문소설

④ 본격소설

> **TIP** ① **통속소설** : 예술적 가치보다는 흥미 위주의 소설로 대중소설과 비슷하다.
> ③ **가문소설** : 고전소설 중 하나로 가문 내 구성원간의 갈등, 애정문제 등을 주제로 한 소설이다.
> ④ **본격소설** : 일상적 세태와 같은 것을 주제로 삼아 인간의 심리묘사를 주력하는 소설이다.

Answer 10.② 11.②

12 다음 중 여성 작가의 작품이 아닌 것은?

① 조침문

② 은세계

③ 한중록

④ 동명일기

TIP ② 은세계 : 이인직의 신소설로 미국에 유학 중인 남매를 통하여 국민의 동등한 권리와 자주독립을 고취한 정치소설이다.
① 조침문 : 일찍 과부가 된 유씨 부인(지은이)이 슬하에 자녀 없이 오직 바느질에 재미를 붙이고 지내다가, 시삼촌께서 주신 바늘 중 마지막 것을 부러뜨리고는 그 섭섭하고 안타까운 심정을 제문형식을 빌어서 쓴 수필이다. 여성 특유의 섬세한 감정과 치밀함이 엿보이며 미망인의 한이 자구(字句)마다 서려 있다.
③ 한중록 : 혜경궁 홍씨가 궁중의 비극적인 사건을 극적이고 서사적으로 그린 작품으로 여성 특유의 우아한 표현과 인간 내면에 흐르는 섬세한 정서가 드러나서 내간체의 전형적 문장으로 꼽힌다.
④ 동명일기 : 의유당 관북유람일기에 실려 있는 글로 의유당 남씨가 함흥 판관으로 부임해 가는 남편을 따라가 함흥의 명승고적을 살피고 느낀 바를 적은 순한글로 된 대표적인 내간체의 기행수필이다. 귀경대에서 일출을 구경하기까지의 여정이 사실적으로 묘사되어 있는 세련된 문체를 보이는 글이다.

13 다음 중 조신몽과 관련이 가장 적은 것은?

① 현대소설 못지않은 짜임새 있는 구성을 하고 있다.

② 삼국사기에 전하는 백제에서 생긴 이야기이다.

③ 문학본질에 접근한 작품(설화)이다.

④ 몽유록계 문학의 효시라 할 만하다.

TIP 삼국유사에 실려 있는 조신몽은 신라의 설화로서 일관된 주제와 플롯을 가지고 있으며, 문학사상 꿈을 소재로 한 몽유록계 문학의 효시라 할 수 있다.

14 다음 중 호질에 대해 가장 잘 설명한 것은?

① 연암 박지원의 작품으로 청나라의 문물제도를 찬양하고 있다.

② 내용은 정치, 경제, 군사, 천문, 지리 등 각 방면에 걸쳐 있다.

③ 열하일기 중에 실린 한문소설로서 주로 양반들의 위선을 폭로하고 있다.

④ 실학자 홍대용의 자극을 받아 쓴, 이용후생(利用厚生)을 주장하고 있는 작품이다.

TIP 호질 … 선비인 북곽선생과 과부의 부도덕한 행실을 호랑이가 꾸중하는 이야기로 당시의 부패한 양반들을 풍자·폭로하고 있는 연암 박지원의 한문소설이다.

Answer 12.② 13.② 14.③

06 한자 · 한문

01 한자

❶ 한자의 이해

(1) 한자의 3요소

한자는 표의 문자로서 모양(形) · 소리(音) · 뜻(義)의 3요소를 갖추고 있는 것이 그 특징이다.

(2) 한자어의 구성

① **병렬 관계(竝列關係)** … 같은 품사를 가진 한자끼리 연이어 결합된 한자어의 짜임을 말한다.

    ㉠ **유사 관계(類似關係)** : 뜻이 같거나 비슷한 한자끼리 연이어 결합된 한자어의 짜임

        예 家屋(가옥), 群衆(군중), 星辰(성신), 土地(토지), 海洋(해양), 繪畫(회화)

    ㉡ **대립 관계(對立關係)** : 뜻이 서로 반대 또는 상대되는 한자끼리 결합된 한자어의 짜임

        예 賞罰(상벌), 上下(상하), 善惡(선악), 因果(인과), 陰陽(음양), 天地(천지)

    ㉢ **대등 관계(對等關係)** : 뜻이 서로 대등한 한자끼리 연이어 결합된 한자어의 짜임

        예 父母(부모), 松柏(송백), 仁義(인의), 忠孝(충효), 眞善美(진선미), 紙筆硯墨(지필연묵)

    ㉣ **첩어 관계(疊語關係)** : 똑같은 글자가 겹쳐 이루어진 한자어의 짜임

        예 代代(대대), 年年(연년), 正正堂堂(정정당당)

    ㉤ **융합 관계(融合關係)** : 한자의 뜻이 융합되어 쪼갤 수 없는 관계

        예 光陰(광음), 琴瑟(금실), 春秋(춘추)

    ㉥ **일방 관계(一方關係)** : 한자가 병렬되었으나 한쪽의 뜻만 나타내는 말

        예 國家(국가), 多少(다소) - 조금(少의 뜻만 작용), 緩急(완급) - 위급함(急의 뜻만 작용)

② **수식 관계(修飾關係)** … 꾸미는 말과 꾸밈을 받는 말로 결합된 한자어의 짜임을 말한다.

    ㉠ 관형어(冠形語) + 체언(體言)

        예 家事(가사), 城門(성문), 吉夢(길몽), 明月(명월), 外貨(외화), 流水(유수)

    ㉡ 부사어(副詞語) + 용언(用言)

        예 廣告(광고), 徐行(서행), 雲集(운집), 疾走(질주), 必勝(필승)

③ 주술 관계(主述關係) … 주어와 서술어의 관계로 결합된 한자어의 짜임을 말한다.
　예 國立(국립), 夜深(야심), 人造(인조), 日出(일출), 年少(연소), 品貴(품귀)

④ 술목 관계(述目關係) … 서술어와 목적어의 관계로 결합된 한자어의 짜임을 말한다.
　예 交友(교우), 讀書(독서), 修身(수신), 愛國(애국), 成功(성공), 作文(작문)

⑤ 술보 관계(述補關係) … 서술어와 보어의 관계로 결합된 한자어의 짜임을 말한다.
　예 歸家(귀가), 登山(등산), 多情(다정), 有名(유명), 非凡(비범)

❷ 한자어

(1) 동자이음어(同字異音語)

- 覺
  - 깨달을 각 : 覺醒(각성)
  - 꿈깰 교 : 覺眼(교안)
- 降
  - 내릴 강 : 降等(강등)
  - 항복할 항 : 降服(항복)
- 更
  - 다시 갱 : 更新(갱신)
  - 고칠 경 : 變更(변경)
- 乾
  - 하늘 건 : 乾坤(건곤)
  - 마를 간 : 乾物(간물)
- 見
  - 볼 견 : 見學(견학)
  - 드러날 현 : 謁見(알현)
- 句
  - 글귀 구 : 文句(문구)
  - 글귀 귀 : 句節(귀절)
- 龜
  - 거북 귀 : 龜趺(귀부)
  - 땅이름 구 : 龜浦(구포)
- 金
  - 쇠 금 : 金庫(금고)
  - 성씨 김 : 金氏(김씨)
- 內
  - 안 내 : 室內(실내)
  - 궁궐 나 : 內人(나인)
- 丹
  - 붉을 단 : 丹靑(단청)
  - 꽃이름 란 : 牡丹(모란)
- 單
  - 홀로 단 : 簡單(간단)
  - 오랑캐임금 선 : 單于氏(선우씨)
- 宅
  - 집안 댁 : 宅內(댁내)
  - 집 택 : 住宅(주택)
- 度
  - 법도 도 : 制度(제도)
  - 헤아릴 탁 : 忖度(촌탁)

- 讀
  - 읽을 독 : 讀書(독서)
  - 구절 두 : 句讀(구두)
- 洞
  - 동리 동 : 洞里(동리)
  - 구멍 동 : 洞窟(동굴)
- 樂
  - 즐길 락 : 娛樂(오락)
  - 좋아할 요 : 樂山(요산)
- 率
  - 비례 률 : 比率(비율)
  - 거느릴 솔 : 統率(통솔)
- 木
  - 나무 목 : 草木(초목)
  - 모과 모 : 木瓜(모과)
- 反
  - 돌이킬 반 : 反擊(반격)
  - 뒤침 번 : 反沓(번답)
- 復
  - 회복할 복 : 復舊(복구)
  - 다시 부 : 復活(부활)
- 否
  - 아니 부 : 否定(부정)
  - 막힐 비 : 否運(비운)
- 北
  - 북녘 북 : 南北(남북)
  - 패할 배 : 敗北(패배)
- 寺
  - 절 사 : 寺刹(사찰)
  - 내관 시 : 內侍(내시)
- 殺
  - 죽일 살 : 殺人(살인)
  - 감할 쇄 : 相殺(상쇄)
- 索
  - 찾을 색 : 搜索(수색)
  - 적막할 삭 : 索莫(삭막)
- 塞
  - 막을 색 : 閉塞(폐색)
  - 변방 새 : 要塞(요새)

- 說 ┌ 말씀 설 : 說明(설명)
   └ 달랠 세 : 遊說(유세)

- 省 ┌ 살필 성 : 反省(반성)
   └ 덜 생 : 省略(생략)

- 食 ┌ 먹을 식 : 食事(식사)
   └ 밥 사 : 簞食(단사)

- 識 ┌ 알 식 : 識見(식견)
   └ 기록할 지 : 標識(표지)

- 辰 ┌ 때 신 : 生辰(생신)
   └ 별 진 : 辰宿(진수)

- 什 ┌ 열 사람 십 : 什長(십장)
   └ 세간 집 : 什器(집기)

- 惡 ┌ 악할 악 : 惡魔(악마)
   └ 미워할 오 : 憎惡(증오)

- 若 ┌ 같을 약 : 若干(약간)
   └ 땅이름 야 : 般若(반야)

- 葉 ┌ 잎 엽 : 落葉(낙엽)
   └ 성 섭 : 葉氏(섭씨)

- 易 ┌ 쉬울 이 : 容易(용이)
   └ 바꿀 역 : 貿易(무역)

- 切 ┌ 끊을 절 : 切斷(절단)
   └ 모두 체 : 一切(일체)

- 車 ┌ 수레 차 : 自動車(자동차)
   └ 수레 거 : 車馬費(거마비)

- 參 ┌ 참여할 참 : 參加(참가)
   └ 석 삼 : 參拾(삼십)

- 則 ┌ 법칙 칙 : 規則(규칙)
   └ 곧 즉 : 然則(연즉)

- 合 ┌ 합할 합 : 合同(합동)
   └ 흡 흡 : 五合(오흡)

- 行 ┌ 갈 행 : 行軍(행군)
   └ 항렬 항 : 行列(항렬)

(2) 상대어(相對語) · 반대어(反對語)

- 强(굳셀 강) ↔ 弱(약할 약)
- 開(열 개) ↔ 閉(닫을 폐)
- 去(갈 거) ↔ 來(올 래)
- 建(세울 건) ↔ 壞(무너뜨릴 괴)
- 傑(뛰어날 걸) ↔ 拙(못날 졸)
- 儉(검소할 검) ↔ 奢(사치할 사)
- 輕(가벼울 경) ↔ 重(무거울 중)
- 京(서울 경) ↔ 鄕(시골 향)
- 屈(굽을 곡) ↔ 沆(대항할 항)
- 貴(귀할 귀) ↔ 賤(천할 천)
- 勤(부지런할 근) ↔ 怠(게으를 태)
- 禽(날짐승 금) ↔ 獸(길짐승 수)
- 難(어려울 난) ↔ 易(쉬울 이)
- 斷(끊을 단) ↔ 繼(이을 계)
- 貸(빌릴 대) ↔ 借(빌 차)
- 同(같을 동) ↔ 異(다를 이)
- 鈍(둔할 둔) ↔ 敏(민첩할 민)

- 得(얻을 득) ↔ 失(잃을 실)
- 諾(승락할 낙) ↔ 拒(물리칠 거)
- 瞭(밝을 료) ↔ 曖(희미할 애)
- 忙(바쁠 망) ↔ 閑(한가할 한)
- 賣(팔 매) ↔ 買(살 매)
- 問(물을 문) ↔ 答(답할 답)
- 美(아름다울 미) ↔ 醜(추할 추)
- 潑(활발할 발) ↔ 萎(시들 위)
- 悲(슬플 비) ↔ 喜(기쁠 희)
- 貧(가난할 빈) ↔ 富(넉넉할 부)
- 勝(이길 승) ↔ 敗(패할 패)
- 視(볼 시) ↔ 聽(들을 청)
- 新(새 신) ↔ 舊(옛 구)
- 深(깊을 심) ↔ 淺(얕을 천)
- 逆(거스를 역) ↔ 順(좇을 순)
- 厭(싫을 염) ↔ 樂(좋아할 요)
- 凹(오목할 요) ↔ 凸(볼록할 철)

- 優(뛰어날 우) ↔ 劣(못날 렬)
- 友(벗 우) ↔ 敵(원수 적)
- 隱(숨을 은) ↔ 顯(나타날 현)
- 陰(그늘 음) ↔ 陽(볕 양)
- 利(이로울 리) ↔ 害(해로울 해)
- 因(까닭 인) ↔ 果(결과 과)
- 戰(싸울 전) ↔ 和(화목할 화)
- 絶(끊을 절) ↔ 續(이을 속)
- 靜(고요할 정) ↔ 騷(시끄러울 소)
- 淨(깨끗할 정) ↔ 汚(더러울 오)
- 統(합칠 통) ↔ 分(나눌 분)
- 虛(빌 허) ↔ 實(찰 실)
- 賢(어질 현) ↔ 愚(어리석을 우)
- 好(좋을 호) ↔ 惡(미워할 오)
- 禍(재앙 화) ↔ 福(복 복)
- 興(일어날 흥) ↔ 亡(망할 망)

- 可決(가결) ↔ 否決(부결)
- 謙遜(겸손) ↔ 傲慢(오만)
- 謙虛(겸허) ↔ 倨慢(거만)
- 供給(공급) ↔ 需要(수요)
- 屈服(굴복) ↔ 抗拒(항거)
- 歸納(귀납) ↔ 演繹(연역)
- 漠然(막연) ↔ 確然(확연)
- 模糊(모호) ↔ 分明(분명)
- 反目(반목) ↔ 和睦(화목)
- 潑剌(발랄) ↔ 萎縮(위축)
- 非凡(비범) ↔ 平凡(평범)
- 勝利(승리) ↔ 敗北(패배)
- 昇進(승진) ↔ 左遷(좌천)
- 永劫(영겁) ↔ 刹那(찰나)
- 愚昧(우매) ↔ 賢明(현명)
- 漸進(점진) ↔ 急進(급진)

(3) 한자 성어

- 刻骨難忘(각골난망) : 입은 은혜에 대한 고마움을 뼛속 깊이 새기어 잊지 않음
- 刻舟求劍(각주구검) : 판단력이 둔하여 세상일에 어둡고 어리석다는 말
- 甘呑苦吐(감탄고토) : 달면 삼키고 쓰면 뱉는다는 뜻으로 신의(信義)를 돌보지 않고 사리(私利)를 꾀한다는 말
- 隔靴搔癢(격화소양) : 신을 신은 채 가려운 발바닥을 긁음과 같이 일의 효과를 나타내지 못함을 이르는 말
- 見物生心(견물생심) : 물건을 보면 욕심이 생긴다는 말
- 見危致命(견위치명) : 나라의 위태로움을 보고는 목숨을 아끼지 않고 나라를 위하여 싸움
- 結草報恩(결초보은) : 죽어 혼령이 되어도 은혜를 잊지 않고 갚음
- 鷄卵有骨(계란유골) : 달걀 속에도 뼈가 있다는 뜻으로 뜻밖에 장애물이 생김을 이르는 말
- 孤掌難鳴(고장난명) : 손바닥 하나로는 소리가 나지 않는다는 뜻으로 상대가 없이 혼자 힘으로 일하기 어렵다는 말
- 過猶不及(과유불급) : 지나친 것은 미치지 못한 것과 같다는 말
- 管鮑之交(관포지교) : 제(齊)나라 관중(管仲)과 포숙(鮑叔)의 사귐이 매우 친밀했다는 고사에서 유래한 말로, 친구끼리의 매우 두터운 사귐을 이르는 말
- 刮目相對(괄목상대) : 눈을 비비고 다시 본다는 말로, 다른 사람의 학문이나 덕행이 크게 진보한 것을 말함
- 矯角殺牛(교각살우) : 뿔을 고치려다 소를 죽인다는 뜻으로, 작은 일에 힘쓰다 큰 일을 망친다는 말

- 敎學相長(교학상장) : 가르쳐 주거나 배우거나 다 나의 학업을 증진시킨다는 뜻
- 九折羊腸(구절양장) : 아홉 번 꼬부라진 양의 창자라는 뜻으로, 산길 따위가 몹시 험하게 꼬불꼬불한 것을 이르는 말
- 群鷄一鶴(군계일학) : 닭의 무리 속에 끼어 있는 한 마리의 학이란 뜻으로, 평범한 사람 가운데서 뛰어난 사람

- 爛商公論(난상공론) : 여러 사람들이 잘 의논함
- 難兄難弟(난형난제) : 누구를 형이라 할지 동생이라 해야 할지 분간하기 어렵다는 뜻으로 사물의 우열이 없다는 말
- 南柯一夢(남가일몽) : 꿈과 같이 헛된 한때의 부귀영화
- 男負女戴(남부여대) : 남자는 짐을 등에 지고 여자는 짐을 머리에 인다는 뜻으로 가난에 시달린 사람들이 살 곳을 찾아 떠돌아 사는 것을 이르는 말
- 囊中之錐(낭중지추) : 주머니 속에 든 송곳이라는 뜻으로 재주가 뛰어난 사람은 숨어 있어도 저절로 사람들이 알게 됨을 이르는 말
- 綠衣紅裳(녹의홍상) : 연두저고리에 다홍치마라는 뜻으로 곱게 차려 입은 복색을 이르는 말

- 多岐亡羊(다기망양) : 길이 여러 갈래여서 양을 잃는다는 뜻으로 학문의 길이 다방면이어서 진리를 깨치기 어려움을 이르는 말
- 簞食瓢飮(단사표음) : 도시락 밥과 표주박 물, 즉 변변치 못한 살림을 가리키는 말로 청빈한 생활을 이름
- 大器晩成(대기만성) : 큰 그릇은 이루어짐이 더디다는 뜻으로 크게 될 사람은 성공이 늦다는 말
- 塗炭之苦(도탄지고) : 진흙탕이나 숯불에 빠졌다는 뜻으로 몹시 고생스러움을 일컬음
- 同病相憐(동병상련) : 처지가 서로 비슷한 사람끼리 서로 동정하고 도움
- 同床異夢(동상이몽) : 같은 처지와 입장에서 저마다 딴 생각을 함
- 登高自卑(등고자비) : 높은 곳에 오르려면 낮은 곳에서부터 오른다는 뜻으로, 일을 순서대로 하여야 함을 이르는 말
- 燈下不明(등하불명) : 등잔 밑이 어둡다는 뜻으로 가까이 있는 것이 오히려 알아내기 어려움을 이르는 말

- 磨斧爲針(마부위침) : 아무리 이루기 힘든 일이라도 끊임없는 노력과 끈기 있는 인내가 있으면 성공하고야 만다는 뜻
- 馬耳東風(마이동풍) : 남의 말을 귀담아 듣지 않고 흘려버림
- 萬頃蒼波(만경창파) : 한없이 넓고 푸른 바다
- 明若觀火(명약관화) : 불을 보는 듯이 환하게 분명히 알 수 있음
- 矛盾撞着(모순당착) : 같은 사람의 문장이나 언행이 앞뒤가 서로 어그러져서 모순됨
- 目不忍見(목불인견) : 차마 눈 뜨고 볼 수 없는 참상이나 꼴불견
- 門前成市(문전성시) : 권세를 드날리거나 부자가 되어 집문 앞이 찾아오는 손님들로 가득 차서 시장을 이룬 것 같음

ㅂ

- 拍掌大笑(박장대소) : 손바닥을 치면서 크게 웃음
- 拔本塞源(발본색원) : 폐단의 근원을 아주 뽑아서 없애 버림
- 傍若無人(방약무인) : 언행이 방자하고 제멋대로 행동하는 사람
- 背恩忘德(배은망덕) : 은혜를 잊고 도리어 배반함
- 白骨難忘(백골난망) : 죽어서도 잊지 못할 큰 은혜를 입음
- 百年河淸(백년하청) : 아무리 세월이 가도 일을 해결할 희망이 없음
- 夫唱婦隨(부창부수) : 남편이 창을 하면 아내도 따라 하는 것이 부부 화합의 도리라는 것
- 附和雷同(부화뇌동) : 제 주견이 없이 남이 하는 대로 그저 무턱대고 따라함
- 氷炭之間(빙탄지간) : 얼음과 숯불처럼 서로 화합될 수 없음

ㅅ

- 四面楚歌(사면초가) : 한 사람도 도우려는 자가 없이 고립되어 곤경에 처해 있음
- 事必歸正(사필귀정) : 무슨 일이든지 결국은 옳은 대로 돌아간다는 뜻
- 死後藥方文(사후약방문) : 이미 때가 늦음
- 殺身成人(살신성인) : 절개를 지켜 목숨을 버림
- 三顧草廬(삼고초려) : 유비가 제갈량을 세 번이나 찾아가 군사로 초빙한 데에서 유래한 말로 인재를 얻기 위해 끈기 있게 노력한다는 말
- 三遷之敎(삼천지교) : 맹자의 어머니가 아들의 교육을 위하여 세 번 거처를 옮겼다는 고사에서 유래하는 말로 생활 환경이 교육에 있어 큰 구실을 한다는 말
- 桑田碧海(상전벽해) : 뽕나무밭이 변하여 바다가 된다는 뜻으로 세상일의 변천이 심하여 사물이 바뀜을 비유하는 말
- 塞翁之馬(새옹지마) : 세상일은 복이 될지 화가 될지 예측할 수 없다는 말
- 雪上加霜(설상가상) : 눈 위에 또 서리가 덮인다는 뜻으로 불행이 엎친 데 덮친 격으로 거듭 생김을 이르는 말
- 說往說來(설왕설래) : 서로 변론(辯論)을 주고받으며 옥신각신함
- 首丘初心(수구초심) : 고향을 그리워하는 마음을 일컫는 말
- 水深可知 人心難知(수심가지 인심난지) : 물의 깊이는 알 수 있으나 사람의 속마음은 헤아리기가 어렵다는 뜻
- 水魚之交(수어지교) : 교분이 매우 깊은 것을 말함[君臣水魚(군신수어)]
- 脣亡齒寒(순망치한) : 입술이 없으면 이가 시린 것처럼 서로 돕던 이가 망하면 다른 한쪽 사람도 함께 위험하다는 말
- 是是非非(시시비비) : 옳고 그름을 가림
- 識字憂患(식자우환) : 아는 것이 탈이라는 말로 학식이 있는 것이 도리어 근심을 사게 됨을 이름
- 十匙一飯(십시일반) : 열 사람이 한 술씩 보태면 한 사람 먹을 분량이 된다는 뜻으로 여러 사람이 힘을 합하면 한 사람을 쉽게 도울 수 있다는 말

ㅇ

- 我田引水(아전인수) : 제 논에 물대기. 자기에게 유리하도록 행동하는 것
- 安貧樂道(안빈낙도) : 빈궁한 가운데 편안하게 생활하여 도(道)를 즐김
- 羊頭狗肉(양두구육) : 양의 머리를 내걸고 개고기를 판다는 뜻으로 겉모양은 훌륭하나 속은 변변치 않음을 이르는 말
- 漁父之利(어부지리) : 도요새가 조개를 쪼아 먹으려다가 둘 다 물리어 서로 다투고 있을 때 어부가 와서 둘을 잡아갔다는 고사에서 나온 말로 둘이 다투는 사이에 제3자가 이득을 보는 것
- 言中有骨(언중유골) : 예사로운 말 속에 깊은 뜻이 있음
- 緣木求魚(연목구어) : 나무에 올라가 물고기를 구하듯 불가능한 일을 하고자 할 때를 비유하는 말
- 烏飛梨落(오비이락) : 까마귀 날자 배 떨어진다는 뜻으로 공교롭게도 어떤 일이 같은 때에 일어나 남의 의심을 받게 됨을 이르는 말
- 傲霜孤節(오상고절) : 서릿발 속에서도 굴하지 않고 외로이 지키는 절개라는 뜻으로 국화를 두고 하는 말
- 牛耳讀經(우이독경) : 쇠귀에 경 읽기라는 뜻으로 아무리 가르치고 일러 주어도 알아듣지 못함을 이르는 말[牛耳誦經 何能諦聽(우이송경 하능체청)]
- 有備無患(유비무환) : 어떤 일에 미리 준비가 있으면 걱정이 없다는 말
- 以心傳心(이심전심) : 마음과 마음이 서로 통함
- 李下不整冠(이하부정관) : 자두나무 아래에서는 갓을 고쳐 쓰지 말라는 뜻으로 남에게 의심받을 일을 하지 않도록 주의하라는 말
- 益者三友(익자삼우) : 사귀어 이롭고 보탬이 되는 세 벗으로 정직한 사람, 신의 있는 사람, 학식 있는 사람을 가리킴
- 一擧兩得(일거양득) : 하나의 행동으로 두 가지의 성과를 거두는 것
- 日就月將(일취월장) : 나날이 다달이 진보함

- 張三李四(장삼이사) : 장씨(張氏)의 삼남(三男)과 이씨(李氏)의 사남(四男)이라는 뜻으로 평범한 사람을 가리키는 말
- 賊反荷杖(적반하장) : 도둑이 도리어 매를 든다는 뜻으로 잘못한 사람이 도리어 잘한 사람을 나무라는 경우에 쓰는 말
- 轉禍爲福(전화위복) : 화를 바꾸어 복이 되게 한다는 뜻으로 궂은일을 당하였을 때 그것을 잘 처리하여 좋은 일이 되게 하는 것
- 切磋琢磨(절차탁마) : 학문과 덕행을 갈고 닦음을 가리키는 말
- 頂門一鍼(정문일침) : 정수리에 침을 놓는다는 뜻으로 따끔한 비판이나 충고를 뜻함
- 井底之蛙(정저지와) : 우물 안 개구리. 견문이 좁고 세상 형편을 모름
- 朝三暮四(조삼모사) : 간사한 꾀로 사람을 속여 희롱함. 눈앞에 당장 나타나는 차별만 알고 그 결과가 같음을 모름
- 走馬加鞭(주마가편) : 달리는 말에 채찍을 더한다는 뜻으로 잘하는 사람에게 더 잘하도록 하는 것을 일컬음
- 竹馬故友(죽마고우) : 죽마를 타고 놀던 벗, 즉 어릴 때 같이 놀던 친한 친구
- 地鹿爲馬(지록위마) : 중국 진나라의 조고(趙高)가 이세 황제(二世皇帝)의 권력을 농락하려고 일부러 사슴을 말이라고 속여 바쳤다는 고사에서 유래한 것으로 윗사람을 농락하여 권세를 마음대로 함을 가리킴
- 進退維谷(진퇴유곡) : 앞으로 나아갈 수도 뒤로 물러설 수도 없이 꼼짝할 수 없는 궁지에 빠짐[進退兩難(진퇴양난)]

- 滄海桑田(창해상전) : 푸른 바다가 변하여 뽕밭으로 된다는 뜻으로 세상일이 덧없이 바뀜을 이르는 말[桑田碧海(상전벽해)]
- 天高馬肥(천고마비) : 하늘이 높고 말이 살찐다는 뜻으로 가을철을 일컫는 말
- 千慮一得(천려일득) : 아무리 바보 같은 사람일지라도 한 가지쯤은 좋은 생각이 있다는 말
- 千慮一失(천려일실) : 여러 번 생각하여 신중하고 조심스럽게 한 일에도 때로는 한 가지 실수가 있음을 이르는 말
- 千載一遇(천재일우) : 천 년에나 한번 만날 수 있는 기회, 즉 좀처럼 얻기 어려운 기회
- 靑出於藍(청출어람) : 쪽에서 우러난 푸른빛이 쪽보다 낫다는 뜻으로 제자가 스승보다 더 뛰어남을 이르는 말
- 草綠同色(초록동색) : 풀과 녹색은 같은 빛임. 같은 처지나 같은 유의 사람들은 그들끼리 함께 행동한다는 말
- 寸鐵殺人(촌철살인) : 조그만 쇠붙이로 사람을 죽인다는 뜻으로 간단한 말이나 문장으로 사물의 가장 요긴한 데를 찔러 듣는 사람을 감동하게 하는 것
- 針小棒大(침소봉대) : 바늘을 몽둥이라고 말하듯 과장해서 말하는 것

- 他山之石(타산지석) : 다른 산에서 나는 하찮은 돌도 자기의 옥(玉)을 가는 데에 도움이 된다는 뜻으로 다른 사람의 하찮은 언행일지라도 자기의 지덕을 연마하는 데에 도움이 된다는 말
- 卓上空論(탁상공론) : 실현성이 없는 허황된 이론
- 吐盡肝膽(토진간담) : 솔직한 심정을 숨김없이 모두 말함

- 破竹之勢(파죽지세) : 대를 쪼개는 것처럼 거침없이 나아가는 세력
- 風樹之嘆(풍수지탄) : 부모가 이미 세상을 떠나 효도할 수 없음을 한탄함
- 風前燈火(풍전등화) : 바람 앞의 등불처럼 매우 위급한 경우에 놓여 있음을 일컫는 말
- 匹夫匹婦(필부필부) : 평범한 남자와 평범한 여자

ㅎ

- 下石上臺(하석상대) : 아랫돌을 빼서 윗돌을 괴고 윗돌을 빼서 아랫돌을 괸다는 뜻으로 임시변통으로 이리저리 둘러맞춤을 말함
- 夏爐冬扇(하로동선) : 여름의 화로와 겨울의 부채라는 뜻으로 쓸모없는 재능을 말함
- 鶴首苦待(학수고대) : 학의 목처럼 목을 길게 늘여 몹시 기다린다는 뜻
- 漢江投石(한강투석) : 한강에 돌 던지기라는 뜻으로 지나치게 미미하여 전혀 효과가 없음을 비유하는 말
- 虎死留皮(호사유피) : 범이 죽으면 가죽을 남김과 같이 사람도 죽은 뒤 이름을 남겨야 한다는 말[豹死留皮(표사유피)]
- 興盡悲來(흥진비래) : 즐거운 일이 다하면 슬픔이 옴, 즉 흥망과 성쇠가 엇바뀜을 일컫는 말

02 한문

① 한문의 기초

(1) 품사

① **명사** … 사람 · 사물의 이름을 나타내는 품사이다.
  - ㉠ **보통 명사** : 사물의 일반적인 이름(山, 水, 天, 地 등)
  - ㉡ **고유 명사** : 사람이나 사물의 고유한 이름(孔子, 韓國 등)
  - ㉢ **추상 명사** : 추상적인 관념을 나타낸다(仁, 義, 禮, 智, 信, 吉 등).
  - ㉣ **수량 명사** : 숫자(一, 二, 五, 十, 百, 千, 萬, 億 등)
  - ㉤ **의존 명사** : 반드시 수식어를 가진다(者, 然, 所, 以 등).

② **대명사** … 사람이나 사물의 이름을 대신 나타내는 품사이다.
  - ㉠ **인칭 대명사** : 1인칭(我, 吾, 子, 余, 己, 小人 등), 2인칭(汝, 女, 子, 君 등), 3인칭(他, 彼, 此 등)
  - ㉡ **지시 대명사** : 此, 是, 斯, 彼, 其 등
  - ㉢ **의문 대명사** : 誰, 孰, 何, 安 등

③ **동사** … 사람이나 사물의 동작이나 행위를 나타내는 품사이다.
  - ㉠ **자동사** : 목적어가 불필요하며 有, 無, 存, 在 등도 포함한다.
  - ㉡ **타동사** : 목적어가 필요하다.
  - ㉢ **조동사** : 동사 앞에서 동사의 행위를 돕는다.
    - 부정 : 不, 弗, 末 등
    - 가능 : 可, 能, 得, 足 등
    - 사역 : 使, 令, 敎, 遣 등
    - 욕망 : 欲, 願 등

④ **형용사** … 사람이나 사물의 상태나 성질을 나타내는 품사이다.
  - ㉠ **서술 형용사** : 서술어 역할
  - ㉡ **수식 형용사** : 명사 수식

⑤ **부사** … 동사나 형용사 및 다른 부사를 한정하는 품사이다.
  - ㉠ **정도 부사** : 最, 甚, 宜, 太, 至, 極, 必, 尙, 益 등
  - ㉡ **시간 부사** : 方, 始, 且, 旣, 已, 嘗, 會, 將, 遂 등
  - ㉢ **의문 부사** : 何, 豈, 安, 焉, 寧, 惡, 奚, 胡 등
  - ㉣ **가정 부사** : 若, 雖, 如, 苟, 良 등
  - ㉤ **강조 부사** : 且, 尙, 亦 등
  - ㉥ **발어 부사** : 夫, 槪, 凡, 蓋 등

⑥ **보조사** ··· 불완전한 동사 · 형용사의 뜻을 보충하여 주는 품사이다.
　　㉠ **가능** : 可, 能, 足, 得, 可以, 足以, 得以 등
　　㉡ **부정** : 不, 弗, 未, 非, 徵, 無, 末, 莫 등
　　㉢ **금지** : 勿, 無, 母, 莫, 不 등
　　㉣ **당위** : 可, 當, 宜, 應, 須 등
　　㉤ **피동** : 被, 見, 爲, 所 등
　　㉥ **사동** : 使, 令, 敎, 俾, 遣 등
　　㉦ **원망** : 欲, 幸, 願, 請 등
⑦ **접속사** ··· 단어와 단어, 문장과 문장을 연결하는 품사이며, 與, 且, 而, 則 등이 있다.
⑧ **감탄사** ··· 於, 惡, 嗚呼, 於乎, 噫 등이 있다.
⑨ **전치사** ··· 체언의 앞에 쓰여 문법적 관계를 구체적으로 표시하는 품사이다. 목적어, 보어 앞에 놓여 술어와의 관계를 정확히 하며(於, 于, 乎), 체언 앞에 놓여 부사어가 되게 한다(以, 與, 自, 從, 由, 爲).
⑩ **후치사** ··· 체언의 뒤에 쓰여 문법적 관계를 나타내는 품사이며 之, 者, 也, 也者, 乎 등이 있다.
⑪ **종결사** ··· 문장의 끝에 붙어 그 문장의 여러 형태를 나타내는 품사이다.
　　㉠ **단정 · 서술 종결사** : 也, 矣, 焉 등
　　㉡ **의문 종결사** : 乎, 與, 耶, 諸 등
　　㉢ **한정 종결사** : 耳, 爾, 已, 而已, 而已矣 등
　　㉣ **감탄 종결사** : 乎, 哉, 夫, 矣乎, 也哉 등

❷ 한문의 문장

(1) 구조

① **기본 구조**
　　㉠ **주술 구조** : 주어 + 서술어(형용사, 동사, 명사)
　　　　예 *天高*(하늘이 높다), *花落*(꽃이 진다), *李舜臣名將也*(이순신은 명장이다)
　　㉡ **주술보 구조** : 주어 + 서술어 + 보어
　　　　예 *吾登於南山*(내가 남산에 오르다), *君子安仁*(군자는 인에 편안하다)
　　㉢ **주술목 구조** : 주어 + 서술어 + 목적어
　　　　예 *農夫耕田*(농부가 밭을 간다), *余愛蘭*(나는 난초를 사랑한다)
　　㉣ **주술목보 구조** : 주어 + 서술어 + 목적어 + 보어
　　　　예 *孔子問禮於老子*(공자가 노자에게 예를 물었다), *王敎民樂*(왕이 백성에게 음악을 가르치다)
② **확장 구조** : 기본 구조에 관형어와 부사어가 결합되어 수식하거나 한정하는 구조
　　㉠ **주술 구조의 확장** 예 *淸天至高*(맑은 하늘이 지극히 높다), *挑花方落*(복숭아꽃이 바야흐로 진다)
　　㉡ **주술보 구조의 확장** 예 *吾登與汝於南山*(내가 너와 함께 남산에 오른다)
　　㉢ **주술목 구조의 확장** 예 *男兒須讀五車書*(사내아이는 모름지기 다섯 수레의 책을 읽어야 한다)
　　㉣ **주술목보 구조의 확장** 예 *先王親敎農事於庶民*(선대의 왕이 농사일을 여러 백성들에게 직접 가르쳤다)

(2) 형식

① **평서형** : 문장의 각 성분이 어순에 따라 평범하게 진술되고 종결되는 형식으로 긍정의 뜻을 나타냄

  예 聖人百世之師也(성인은 백세의 스승이다)

② **부정형** : 동작, 상태 등을 부정하는 뜻을 갖는 글의 형식(不, 未, 非, 無, 莫)

  ㉠ 단순 부정 예 吾盾之堅莫能陷也(내 방패의 견고함은 뚫을 수 없다)

  ㉡ 부분 부정 예 家貧不常得油(집이 가난하여 기름을 항상 얻지는 못했다)

  ㉢ 이중 부정(강한 긍정) 예 無不陷也(뚫지 못함이 없다)

③ **의문형**

  ㉠ 의문 대명사가 쓰인 경우 : 誰, 孰, 何, 安, 惡

    예 孰爲汝知多乎(누가 너더러 많이 안다고 하더냐?)

  ㉡ 의문 부사가 쓰인 경우 : 何, 何以, 如何 등

    예 何以附耳相語(왜 귀에 대고 말하는가?)

  ㉢ 의문 종결사가 쓰인 경우 : 乎, 耶, 諸, 與, 哉 등

    예 若寡人者可以保民乎(과인 같은 사람도 가히 백성을 보호할 수 있습니까?)

④ **반어형** : 어떤 문장을 강조하기 위해 반문의 뜻으로 나타내는 글의 형식

  ㉠ 반어 부사가 쓰인 경우 : 何, 安, 豈, 胡, 焉 등

  ㉡ 의문 종결사가 쓰인 경우 : 乎, 哉, 與 등

⑤ **비교형** : 비교의 뜻을 나타내는 문장 형식

  ㉠ 동등 비교 : 如, 若, 於, 似, 猶 등

    예 君子之交淡若水(군자의 사귐은 물처럼 담담하다)

  ㉡ 열등 비교 : 不若, 不如 등

    예 百聞不如一見(백 번 듣는 것이 한 번 보는 것만 못하다)

  ㉢ 우등 비교 : 於, 干, 乎 등

    예 霜葉紅於二月花(서리 맞은 잎이 이월의 꽃보다 더 붉다)

  ㉣ 최상급 비교 : 莫若, 莫如 등

    예 知子莫若其父(자식을 알기로는 그 아버지만한 사람이 없다)

⑥ **사동형** : 주체가 남에게 동작을 시키는 뜻을 나타내는 글의 형식

  ㉠ 사역 보조사가 쓰인 경우 : 使, 令, 敎, 俾 등

    예 天帝使我長百獸(하느님이 나로 하여금 백수의 우두머리가 되게 하였다)

  ㉡ 사역을 나타내는 동사가 쓰인 경우 : 遺, 命, 김, 說, 勸 등

    예 遺婢買肉而來(하녀를 보내어 고기를 사오게 하였다)

  ㉢ 문맥상 사동형인 경우

    예 死孔明走生仲達(죽은 공명이 산 중달을 달아나게 하였다)

⑦ **피동형** : 어떤 동작을 당하게 되는 뜻을 표현하는 문장 형식
　ㄱ **피동 보조사가 쓰인 경우** : 被, 見, 爲 등
　　예 匹夫見辱 拔劍而起(필부는 욕을 당하면 칼을 뽑고 일어선다)
　ㄴ **피동을 나타내는 전치사가 쓰인 경우** : 於, 乎, 干 등
　　예 君子役物 小人役於物(군자는 사물을 부리고 소인은 사물에 부림을 당한다)
　ㄷ **관용구** : 爲 ~ 所, 見 ~ 於(~ 에게 ~ 을 당하다)
　　예 吾嘗三仕三見逐於君(내가 일찍이 세 번 벼슬했으나 세 번 임금에게 내쫓겼다)
　ㄹ **문맥상 피동형인 경우**
　　예 仁則榮不仁則辱(어질면 영화롭고 어질지 못하면 욕을 당한다)

⑧ **가정형** : 어떤 조건을 설정하고 그 결과를 예상하거나 자신의 의지를 밝히는 문장 형식
　ㄱ **가정 부사가 쓰인 경우** : 若, 如, 苟, 雖, 使, 設使, 假令 등
　　예 春若不耕 秋無所望(봄에 농사짓지 않으면 가을에 바랄 것이 없다)
　ㄴ **접속사가 쓰인 경우** : 則
　　예 欲速則不達(빨리 하려고 하면 이루지 못한다)
　ㄷ **문맥상 가정형인 경우**
　　예 朝聞道 夕死可矣(아침에 도를 들으면 저녁에 죽어도 좋다)

⑨ **명령형** : 남에게 금지나 권유의 뜻을 나타내는 문장 형식
　ㄱ **금지형** : 勿, 毋, 莫, 無, 不 등
　　예 疑人莫用 用人勿疑(의심스러운 사람은 쓰지 말고, 쓴 사람은 의심하지 말라)
　ㄴ **권유형** : 當, 宜, 須, 請, 願 등
　　예 入云則入 坐云則坐(들어가라면 들어가고 앉으라면 앉아라)

⑩ **한정형** : 사물의 정도나 범위를 한정하는 뜻을 나타내는 문장 형식
　ㄱ **한정 부사가 쓰인 경우** : 惟, 唯, 只, 但 등
　　예 學者所患惟有立志不誠(학자가 근심할 바는 오직 뜻을 세움이 성실치 못한가에 있을 따름이다)
　ㄴ **한정 종결사가 쓰인 경우** : 耳, 已, 爾, 而已, 而已矣 등
　　예 夫子之道忠恕而已矣(부자의 도는 충과 서일 뿐이다)

⑪ **감탄형** : 감동이나 영탄을 표시하는 문장 형식
　ㄱ **감탄사가 쓰인 경우** : 嗚呼, 於乎, 噫, 干, 惡 등
　　예 噫天喪予!(아! 하늘이 나를 버리셨도다) 惡是何言也(아! 이게 무슨 말인가!)
　ㄴ **감탄 종결사가 쓰인 경우** : 哉, 夫, 乎, 與
　　예 甚矣吾衰也(심하도다! 나의 노쇠함이) 賢哉回也(어질도다! 안회여)

출제예상문제

1 다음 중 한자의 구성 원리가 같은 것끼리 짝지어진 것은?

① 上 − 百

② 左 − 前

③ 年 − 時

④ 分 − 土

> **TIP** ① 지사 − 형성, ② 회의 − 형성, ③ 형성 − 형성, ④ 회의 − 상형

2 다음 중 한자 숙어의 뜻으로 옳지 않은 것은?

① 鼎足之勢 : 두 세력이 맞서 대립한 형세

② 繁文縟禮 : 규칙이나 예절이 지나치게 형식적이어서 번거롭고 까다로움

③ 斯文亂賊 : 교리에 어긋나는 언동으로 유교를 어지럽히는 사람

④ 膠柱鼓瑟 : 고지식하여 융통성이 없음

> **TIP** ① 정족지세는 솥발처럼 셋이 맞서 대립한 형세를 이르는 말이다.
> ② 번문욕례
> ③ 사문난적
> ④ 교주고슬

Answer 1.③ 2.①

3 다음 중 호칭이 바르지 않은 것은?

① 仁兄 – 벗을 높이어 부를 때
② 萱堂 – 살아계신 자기 어머니
③ 家親 – 살아계신 자기 아버지
④ 春府丈 – 살아계신 남의 아버지

TIP ② 萱堂(훤당) … 살아계신 남의 어머니를 높여 부르는 말이다.

4 다음 한자표기와 뜻이 알맞지 않은 것은?

① 부패(腐敗) : 정치, 사상, 의식 따위가 타락함
② 부정(不定) : 올바르지 아니하거나 옳지 못함
③ 빈부(貧富) : 가난함과 부유함을 아울러 이르는 말
④ 보존(保存) : 잘 보호하고 간수하여 남김

TIP 부정(不定)은 일정하지 아니함을 뜻한다. 올바르지 아니하거나 옳지 못함은 부정(不正)이다.

Answer 3.② 4.②

5 밑줄 친 한자 성어의 쓰임이 옳지 않은 것은?

① 황제는 <u>논공행상(論功行賞)</u>을 통해 그의 신하를 벌하였다.

② 그들은 산야를 떠돌며 <u>초근목피(草根木皮)</u>로 목숨을 이어 나갔다.

③ 부모를 <u>반포지효(反哺之孝)</u>로 모시는 것은 자식의 마땅한 도리이다.

④ 오늘의 영광은 <u>각고면려(刻苦勉勵)</u>의 결과이다.

> **TIP** ① 논공행상(論功行賞) : 공로를 논하여 그에 맞는 상을 준다는 의미로 보기의 문장과는 어울리지 않는다.
> ② 초근목피(草根木皮) : 풀뿌리와 나무껍질이라는 뜻으로 곡식이 없어 산나물 따위로 만든 험한 음식을 이르거나 영양가가 적은 음식을 이르는 말로 쓰인다.
> ③ 반포지효(反哺之孝) : 까마귀가 다 자란 뒤에 자신의 늙은 부모에게 먹이를 물어다 주는 효성을 나타낸 말로 자식이 자라 부모를 봉양함을 의미한 말이다.
> ④ 각고면려(刻苦勉勵) : 몸과 마음을 괴롭히고 노력함, 매우 고생하여 힘써 정성을 들임을 의미하는 말이다.

6 '자연의 아름다운 경치를 몹시 사랑하고 즐기는 성벽'이라는 뜻으로 실제로 좋지 않은 습관을 가리킬 때 쓰이는 말은?

① 당구풍월(堂狗風月)

② 호각지세(互角之勢)

③ 근주자적(近朱者赤)

④ 연하고질(煙霞痼疾)

> **TIP** ① 당구풍월 : 서당 개 삼년이면 풍월을 읊는다는 뜻으로 그 분야에 대하여 경험과 지식이 전혀 없더라도 오래 있으면 생긴다는 말이다.
> ② 호각지세 : 역량이 서로 비슷비슷한 위세이다.
> ③ 근주자적 : 붉은 것을 가까이 하면 붉어진다는 뜻으로 주위 환경이 중요함을 비유적으로 이르는 말이다.

Answer 5.① 6.④

7 다음 중 '검소한 생활'을 강조한 것은?

① 欲速則不達

② 良藥於苦口

③ 奢者心常貧

④ 智者順時而謨

TIP ① 欲速則不達(욕속즉부달) : 일을 서두르면 이루지 못한다.
② 良藥於苦口(양약어고구) : 좋은 약은 입에 쓰다.
③ 奢者心常貧(사자심상빈) : 사치한 사람은 마음이 항상 가난하다.
④ 智者順時而謨(지자순시이모) : 지혜 있는 자는 때에 순응하여 일을 도모한다.

8 다음 고유어의 풀이가 옳지 않은 것은?

① 가시버시 : '부부(夫婦)'를 속되게 이르는 말

② 마뜩하다 : 제법 마음에 들다.

③ 부아 : 노엽거나 분한 마음

④ 안차다 : 겁이 많고 허점이 많다.

TIP ④ 안차다 : 겁 없고 아무지다.

Answer 7.③ 8.④

✳	출제경향

한국사 파트는 어렵지는 않지만 반드시 출제되는 영역 중에 하나이다. 난이도는 점차 상승하여 나오고 있으며 발생시기, 전쟁, 인물 등에 대한 문제는 한 문제 이상은 꼭 출제되는 편이다. 시기별로 발생한 사건과 문화재 등도 빈번하게 출제되니 상세하게 알아두는 것이 좋다.

제1과목

한국사

CHAPTER 01

선사시대의 문화와 국가의 형성

01 국가의 형성

❶ 우리나라의 선사시대

(1) 우리 민족의 기원
우리 조상들은 만주와 한반도를 중심으로 동북아시아에 넓게 분포하였으며 신석기시대부터 청동기시대를 거쳐 민족의 기틀이 형성되었다.

(2) 구석기시대
① **생활** ⋯ 주먹도끼 · 찍개 · 팔매돌 등은 사냥도구이고, 긁개 · 밀개 등은 대표적인 조리도구이며, 뗀석기와 동물의 뼈나 뿔로 만든 뼈도구를 사용하여 채집과 사냥을 하면서 생활하였다.

② **주거** ⋯ 동굴이나 바위 그늘에서 살거나 강가에 막집을 짓고 살았는데 후기의 막집에는 기둥자리, 담자리, 불땐 자리가 남아 있고 집터의 규모는 작은 것은 3 ~ 4명, 큰 것은 10명이 살 수 있을 정도의 크기였다.

③ **사회** ⋯ 무리생활을 했으며 평등한 공동체적 생활을 하였다.

④ **종교, 예술** ⋯ 풍성한 사냥감을 얻기 위한 주술적 의미로서 석회암이나 동물의 뼈 또는 뿔 등에 고래와 물고기를 새긴 조각품을 만들었다.

(3) 신석기시대
① **경제** ⋯ 활이나 창을 이용한 사냥과 작살, 돌이나 뼈로 만든 낚시 등을 이용한 고기잡이를 하였으며, 또한 가락바퀴나 뼈바늘이 출토되는 것으로 의복이나 그물을 제작하였다.

② **토기** ⋯ 이른 민무늬토기, 덧무늬토기, 눌러찍기토기 등이 발견되며 빗살무늬토기는 밑모양이 뾰족하며 크기가 다양하고, 전국 각지에 널리 분포되어 있다.

③ **주거** ⋯ 바닥이 원형 또는 둥근 네모꼴인 움집에서 4 ~ 5명 정도의 가족이 거주하였다. 남쪽으로 출입문을 내었으며, 화덕이나 출입문 옆에는 저장구덩을 만들어 식량이나 도구를 저장하였다.

④ **사회** ⋯ 혈연을 바탕으로 한 씨족이 족외혼을 통해 부족을 형성하였고, 평등한 사회였다.

⑤ 원시신앙의 출현
   ㉠ 애니미즘 : 자연현상, 자연물에 영혼이 있다고 믿어 재난을 피하거나 풍요를 기원하는 것으로 태양과 물에 대한 숭배가 대표적이다.
   ㉡ 영혼, 조상숭배 : 사람이 죽어도 영혼은 없어지지 않는다는 믿음을 말한다.
   ㉢ 샤머니즘 : 인간과 영혼 또는 하늘을 연결시켜 주는 존재인 무당과 그 주술을 믿는 것이다.
   ㉣ 토테미즘 : 자기 부족의 기원을 특정 동물과 연결시켜 그것을 숭배하는 믿음이다.

❷ 고조선과 청동기문화

(1) 청동기의 보급

① 사회 변화 … 생산경제의 발달, 청동기 제작과 관련된 전문 장인의 출현, 사유재산제도와 계급이 발생하게 되었다.

② 유물
   ㉠ 석기 : 반달돌칼, 바퀴날도끼, 홈자귀
   ㉡ 청동기 : 비파형 동검과 화살촉 등의 무기류, 거친무늬거울
   ㉢ 토기 : 미송리식 토기, 민무늬토기, 붉은간토기
   ㉣ 무덤 : 고인돌, 돌널무덤, 돌무지무덤

(2) 철기의 사용

① 철기문화의 보급 … 철제 농기구의 사용으로 농업이 발달하여 경제 기반이 확대되었으며, 철제 무기와 철제 연모의 사용으로 청동기는 의식용 도구로 변하였다.

② 유물 … 명도전, 오수전, 반량전을 통하여 중국과의 활발한 교류를 알 수 있으며 경남 창원 다호리 유적에서 나온 붓을 통해 한자를 사용했음을 알 수 있다.

③ 청동기의 독자적 발전 … 비파형 동검은 세형 동검으로, 거친무늬거울은 잔무늬거울로 형태가 변하였으며 거푸집도 전국의 여러 유적에서 발견되고 있다.

(3) 청동기·철기시대의 생활

① 경제생활의 발전 … 조, 보리, 콩, 수수 등 밭농사 중심이었지만 일부 저습지에서 벼농사가 시작되었다. 또한 사냥이나 고기잡이도 여전히 하고 있었지만 농경의 발달로 점차 그 비중이 줄어들었고 돼지, 소, 말 등의 가축의 사육이 증가되었다.

② 주거생활의 변화
  ㉠ 집터 유적 : 대체로 앞쪽에는 시냇물이 흐르고 뒤쪽에는 북서풍을 막아 주는 나지막한 야산이 있는 곳에 우물을 중심으로 자리잡고 있다.
  ㉡ 정착생활의 규모의 확대 : 집터는 넓은 지역에 많은 수가 밀집되어 취락형태를 이루고 있으며, 이는 농경의 발달과 인구의 증가로 정착생활의 규모가 점차 확대되었음을 보여 주는 것이다.

③ 사회생활의 변화 … 여성은 가사노동, 남성은 농경 · 전쟁에 종사하였다. 생산력의 증가에 따른 잉여생산물은 빈부의 격차와 계급의 분화를 촉진하였고 이는 무덤의 크기와 껴묻거리의 내용에 반영되었다.

④ 고인돌의 출현 … 고인돌은 청동기시대의 계급사회의 발생을 보여주는 대표적인 무덤으로 북방식 고인돌이 전형적인 형태이며 우리나라 전역에 걸쳐 분포되어 있는데 당시 지배층이 가진 정치권력과 경제력을 잘 반영해 주고 있다.

⑤ 군장의 출현 … 정치, 경제력이 우세한 부족이 선민사상을 가지고 주변의 약한 부족을 통합하거나 정복하고 공납을 요구하였으며 군장이 출현하게 되었다.

(4) 청동기 · 철기시대의 예술
청동으로 만든 도구의 모양이나 장식에는 미의식과 생활모습이 표현되었고, 흙으로 빚은 사람이나 짐승모양의 토우는 본래의 용도 외에도 풍요를 기원하는 주술적 의미를 가지고 있다. 울주반구대 바위그림은 사냥과 고기잡이의 성공과 풍성한 수확을 기원하였음을 알 수 있고, 고령 양전동 알터 바위그림은 태양 숭배와 풍요를 기원하는 의미를 가진다.

(5) 단군과 고조선
① 고조선의 건국 … 족장사회에서 가장 먼저 국가로 발전한 고조선은 단군왕검이 건국(B.C. 2333)하였다.

② 고조선의 발전 … 초기에는 요령지방, 후기에는 대동강 유역의 왕검성 중심으로 독자적인 문화를 이룩하면서 발전하였다. 부왕, 준왕 같은 강력한 왕이 등장하여 왕위를 세습하였고 상(相), 대부(大夫), 장군 등의 관직을 두었으며 요서지방을 경계로 하여 연(燕)과 대립하였다.

(6) 위만의 집권
① 위만 조선의 성립 및 발전 … 준왕을 축출하고 중국 유이민 집단인 위만이 왕이 되었으며 지리적인 이점을 이용한 중계무역의 이득을 독점하기 위해 한과 대립하였다.

② 고조선의 멸망 … 위만 조선에 위협을 느낀 한의 무제는 대규모 침략을 강행하였으나 고조선은 한의 군대에 맞서 완강하게 대항하여 장기간의 전쟁으로 지배층의 내분이 일어나 왕검성이 함락되어 멸망(B.C. 108)하였다. 고조선이 멸망하자 한은 고조선의 일부 지역에 군현을 설치하여 지배하고자 하였으나 고구려의 공격으로 소멸되었다.

(7) 고조선의 사회

① 8조법과 고조선의 사회상 … 권력과 경제력의 차이 및 사유 재산의 발생은 형벌과 노비가 생겨나게 하였다.

② 한 군현의 엄한 율령 시행 … 한 군현의 설치 후 억압과 수탈을 당하던 토착민들은 이를 피하여 이주하거나 단결하여 한 군현에 대항하였다. 이에 한 군현은 엄한 율령을 시행하여 자신들의 생명과 재산을 보호하려 하였으며 법 조항도 60여 조로 증가시켜 풍속도 각박해져 갔다.

02 여러 나라의 성장

❶ 부여

(1) 정치

① 왕 아래에는 가축의 이름을 딴 마가, 우가, 저가, 구가와 대사자, 사자 등의 관리가 있었다.

② 가(加)는 저마다 따로 행정구획인 사출도를 다스리고 왕이 직접 통치하는 중앙과 합쳐 5부를 이루었다.

③ 왕의 권력이 미약하여 제가들이 왕을 추대·교체하기도 하였다. 그러나 왕이 나온 대표 부족의 세력은 매우 강해서 궁궐, 성책, 감옥, 창고 등의 시설을 갖추고 있었다.

(2) 법률(부여의 4조목)

① 살인자는 사형에 처하고, 그 가족은 데려다 노비로 삼는다.

② 절도죄를 지은 자는 12배의 배상을 물린다.

③ 간음한 자는 사형에 처한다.

④ 부인이 투기가 심하면 사형에 처하되, 그 시체는 산 위에 버린다. 단, 그 여자의 집에서 시체를 가져가려면 소·말을 바쳐야 한다.

(3) 풍습

① 순장 : 왕이 죽으면 많은 사람들을 껴묻거리와 함께 묻는 순장의 풍습이 있었다.

② 흰 옷을 좋아했고, 형사취수와 일부다처제 풍습이 있었다.

③ 은력(殷曆)을 사용하였다.

④ 제천행사 : 12월에 하늘에 제사를 지내고 노래와 춤을 즐기는 영고를 열었다.

⑤ 우제점복 : 소를 죽여 그 굽으로 길흉을 점치기도 하였다.

② 고구려

(1) 정치
왕 아래 상가, 고추가 등의 대가들이 있었으며, 대가들은 독립적인 세력을 유지하였다. 이들은 각기 사자, 조의, 선인 등의 관리를 거느리고 있었다.

(2) 풍속
① **서옥제** : 혼인을 정한 뒤 신부집의 뒤꼍에 조그만 집을 짓고 거기서 자식을 낳고 장성하면 아내를 데리고 신랑집으로 돌아가는 제도이다.
② **제천행사** : 10월에는 추수감사제인 동맹을 성대하게 열었다.
③ **조상신 제사** : 건국 시조인 주몽과 그 어머니 유화부인을 조상신으로 섬겨 제사를 지냈다.

③ 옥저, 동예, 삼한

(1) 옥저
비옥한 토지를 바탕으로 농사를 지었으며, 어물과 소금 등 해산물이 풍부하였으며 민며느리제와 골장제(가족 공동무덤)가 유행하였다.

(2) 동예
① **경제** ⋯ 단궁(활)과 과하마(조랑말), 반어피(바다표범의 가죽) 등이 유명하였다.
② **풍속** ⋯ 무천이라는 제천행사를 10월에 열었으며 족외혼을 엄격하게 지켰다. 또한 각 부족의 영역을 함부로 침범하지 못하게 하고 만약 침범하면 노비와 소, 말로 변상하게 하였다(책화)

(3) 삼한
① **진(辰)의 성장과 발전** ⋯ 고조선 남쪽지역에는 일찍부터 진이 성장하고 있었는데 고조선 사회의 변동에 따라 대거 남하해 온 유이민에 의하여 새로운 문화가 보급되어 토착문화와 융합되면서 진이 발전하여 마한, 변한, 진한의 연맹체들이 나타나게 되었다.
② **삼한의 제정 분리** ⋯ 정치적 지배자 외에 제사장인 천군이 있었다. 그리고 신성지역으로 소도가 있었는데, 이곳에서 천군은 농경과 종교에 대한 의례를 주관하였다.
③ **삼한의 경제ㆍ사회상**
　㉠ 두레조직을 통하여 여러 가지 공동작업을 하였다.
　㉡ 제천행사 : 5월의 수릿날과 10월에 계절제를 열어 하늘에 제사를 지냈다.
　㉢ 변한의 철 생산 : 철이 많이 생산되어 낙랑, 왜 등에 수출하였고 교역에서 화폐처럼 사용되기도 하였다. 마산의 성산동 등지에서 발견된 야철지는 제철이 성하였음을 보여주고 있다.

출 제 예 상 문 제

1 밑줄 친 '이 시대'의 사회 모습으로 옳은 것은?

> <u>이 시대</u>의 황해도 봉산 지탑리와 평양 남경 유적에서 탄화된 좁쌀이 발견되는 것으로 보아 잡곡류 경작이 이루어졌음을 알 수 있다. 농경의 발달로 수렵과 어로가 경제 생활에서 차지하는 비중이 줄어들기 시작하였지만, 여전히 식량을 얻는 중요한 수단이었다. 한편 가락바퀴나 뼈바늘을 이용하여 옷이나 그물을 만드는 등 원시적인 수공업 생산이 이루어지기 시작하였다.

① 생산물의 분배 과정에서 사유 재산 제도가 등장하였다.
② 마을 주변에 방어 및 의례 목적으로 환호(도랑)를 두르기도 하였다.
③ 흑요석의 출토 사례로 보아 원거리 교류나 교역이 있었음을 알 수 있다.
④ 집자리는 주거용 외에 창고, 작업장, 집회소, 공공 의식 장소 등도 확인되었다.

TIP 밑줄 친 이 시대는 신석기 시대이다.
①②④ 청동기

2 다음 유물이 만들어진 시대의 사회상으로 옳은 것은?

> • 충북 청주 산성동 출토 가락바퀴   • 경남 통영 연대도 출토 치레걸이
> • 인천 옹진 소야도 출토 조개껍데기 가면   • 강원 양양 오산리 출토 사람 얼굴 조각상

① 한자의 전래로 붓이 사용되었다.
② 무덤은 일반적으로 고인돌이 사용되었다.
③ 조, 피 등을 재배하는 농경이 시작되었다.
④ 반량전, 오수전 등의 중국 화폐가 사용되었다.

TIP ③ 가락바퀴, 치레걸이, 조개껍데기 가면, 사람 얼굴 조각상과 같은 유물들은 모두 신석기시대를 대표하는 유물들이다. 또한 신석기시대부터 농경이 시작되었기 때문에 이 시대 사회상을 보여준다.

Answer 1.③ 2.③

3 고조선의 세력 범위가 요동반도에서 한반도에 걸쳐 있었음을 알게 해 주는 유물을 모두 고르면?

㉠ 조개 껍데기 가면	㉡ 거친무늬 거울
㉢ 비파형 동검	㉣ 미송리식 토기

① ㉠㉡

② ㉡㉢

③ ㉠㉡㉢

④ ㉡㉢㉣

TIP 요령지방에서 출토된 비파형동검을 조형으로 한 세형동검이 B.C. 3C 초부터 대동강 일대에서 나타나는 사실로서 알 수 있으며, 고인돌과 비파형동검, 미송리식 토기 등이 대표적인 고조선의 유물에 해당한다.

4 다음 중 단군신화와 관련한 역사적 사실로 옳지 않은 것은?

① 홍익인간의 정신은 평등이념을 성립하게 되었다.

② 사유재산의 성립으로 지배층은 농사일을 하지 않았다.

③ 선민사상을 가지고 있던 부족은 우월성을 과시했다.

④ 각 부족들은 특정한 동물이나 식물을 자신의 부족과 연결하여 숭배하고 있었다.

TIP 단군신화에 나타난 사회의 모습 … 구릉지대에 거주하면서 농경생활을 하고 있었고 선민사상을 가지고 있었으며 사유재산의 성립과 계급의 분화에 따라 사회생활을 주도하였다.

5 다음 중 신석기 시대에 대한 설명으로 옳지 않은 것은?

① 토기를 사용하여 음식을 조리하고 저장하게 되었다.

② 움집생활을 하였으며 중앙에 화로를 두었다.

③ 주식으로 어류를 먹었다.

④ 조, 피, 수수 등의 잡곡류의 경작과 개, 돼지 등을 목축하였다.

TIP 신석기 시대의 유적지인 황해도 봉산 지탑리와 평양 남경의 유적에서 탄화된 좁쌀이 발견된 것으로 보아 잡곡류를 경작하였다는 것을 알 수 있다.

Answer 3.④ 4.① 5.③

6 다음과 같은 사상이 등장한 사회의 모습은?

- 영혼이나 하늘을 인간과 연결시켜주는 무당과 그 주술을 믿었다.
- 사람이 죽어도 영혼은 사라지지 않는다고 믿었다.

---

① 무리를 이끄는 지도자는 권력을 가지고 있었다.
② 가락바퀴를 이용하여 의복을 제작하였다.
③ 동굴이나 강가에 막집을 짓고 살았다.
④ 벼농사가 일반적으로 행해졌다.

TIP 제시된 사상은 영혼불멸사상과 샤머니즘으로 신석기시대의 신앙의 형태이다.
①④ 청동기 ③ 구석기

7 다음 중 청동기시대에 등장한 신앙은?

① 토테미즘 　　　　　　　　　② 애니미즘
③ 선민사상 　　　　　　　　　④ 샤머니즘

TIP ③ **선민사상**: 청동기시대에 농경이 발달하고 사유재산이 형성되면서 계급이 등장하게 되었다. 이때 지배계층은 자신들이 신의 선택을 받은 특별한 존재라고 여겼다.
① **토테미즘**: 신석기시대의 신앙으로 특정한 동물이나 식물을 자신의 부족과 연결하여 숭배하는 것이다.
② **애니미즘**: 신석기시대의 자연물에 영혼이 존재한다는 사상으로 태양과 물에 대한 숭배가 두드러졌다.
④ **샤머니즘**: 인간과 영혼을 연결시켜주는 주술사와 그의 주술을 믿는 것으로 신석기 시대에 발생하였으며 숭배의 대상이다.

Answer 6.② 7.③

8 위만 조선이 한나라의 침입으로 왕검성이 함락되어 멸망하게 된 직접적인 원인으로 옳은 것은?

① 독자적인 문화를 발전시키지 못하였다.

② 철기 문화를 수용하지 못하여 군사력이 약하였다.

③ 상업과 무역이 발달하지 못하여 폐쇄적인 자급자족의 경제였다.

④ 예와 진의 무역을 막고 중계무역의 이득을 독점하였다.

TIP 위만 조선 … 본격적으로 철기문화를 수용하고 철기의 사용에 따른 무기생산과 농업이 발달하여 이에 따른 상업과 무역이 융성하였다. 중앙정치조직을 갖추고 우세한 무력을 기반으로 영토를 확장했으며 지리적 이점을 이용하여 예와 진이 직접 중국과 교역하는 것을 막고 중계무역의 이득을 독점하려 하였다. 이에 한나라의 무제는 대규모 공격을 감행하였는데 장기간의 전쟁으로 인한 고조선 지배층의 내분이 원인이 되어 B.C. 108년에 왕검성이 함락되면서 멸망하였다.

9 다음 중 신석기시대의 특징으로 옳지 않은 것은?

① 결혼의 상대를 다른 씨족에서 구하는 족외혼이 행해졌다.

② 씨족 중심의 혈연사회이다.

③ 자연물에 영혼이 있다고 믿는 애니미즘적인 신앙을 지니고 있었다.

④ 씨족장의 권위에 대하여 씨족원들은 무조건 복종하였다.

TIP ④ 신석기시대는 평등사회로 지배와 피지배관계가 발생하지 않았으며, 주로 연장자나 경험이 많은 이가 부족을 이끌었다.

10 다음 중 구석기시대에 관한 설명으로 옳지 않은 것은?

① 농경, 목축이 시작되었다.　　　　② 평등한 공동체적 생활을 하였다.

③ 뗀석기와 골각기를 사용하였다.　　④ 주술적인 조각품을 남겼다.

TIP ① 농경과 목축이 시작된 시기는 신석기시대이다.

Answer 8.④ 9.④ 10.①

02 통치구조와 정치활동

01 고대의 정치

① 고대국가의 성립

(1) 초기의 고구려

① **성장** : 졸본성에서 주변 소국을 통합하여 성장하였으며, 국내성으로 도읍을 옮겼다.

② **지배체제의 정비**

  ㉠ **태조왕(1세기 후반)** : 옥저와 동예를 복속하고, 독점적으로 왕위를 세습하였으며 통합된 여러 집단들은 5부 체제로 발전하였다.

  ㉡ **고국천왕(2세기 후반)** : 부족적인 전통의 5부가 행정적 성격의 5부로 개편되었고 왕위가 형제상속에서 부자상속으로 바뀌었으며, 족장들이 중앙귀족으로 편입하는 등 중앙집권화와 왕권 강화가 진전되었다.

(2) 초기의 백제

① **건국(B.C. 18)** : 한강 유역의 토착민과 고구려 계통의 북방 유이민의 결합으로 성립되었는데, 우수한 철기 문화를 보유한 유이민 집단이 지배층을 형성하였다.

② **고이왕(3세기 중엽)** : 한강 유역을 완전히 장악하고, 중국의 문물을 수용하였다. 율령을 반포하였으며 관등제를 정비하고 관복제를 도입하는 등 지배체제를 정비하였다.

(3) 초기의 신라

① **건국(B.C. 57)** : 경주의 토착집단과 유이민집단의 결합으로 건국되었다.

② **발전** : 박·석·김의 3성이 번갈아 왕위를 차지하다가 주요 집단들이 독자적인 세력 기반을 유지하면서 유력 집단의 우두머리는 왕(이사금)으로 추대되었다.

③ **지배체제의 정비**(내물왕, 4세기) : 활발한 정복활동을 통해 낙동강 유역으로 영역을 확장하고 김씨가 왕위를 세습하였으며 마립간의 칭호를 사용하였다.

(4) 초기의 가야

① **위치** : 낙동강 하류의 변한지역에서는 철기문화를 토대로 한 정치집단들이 등장하였다.

② **전기 가야연맹(금관가야 중심)** : 김해를 주축으로 하여 경남해안지대에 소국연맹체를 형성하였는데 농경문화의 발달과 철의 생산(중계무역 발달)으로 경제적인 발전을 이루었다. 그러나 백제와 신라의 팽창으로 세력이 약화되어(4세기 초) 고구려군의 가야지방 원정으로 몰락하게 되었다. 이에 따라 중심세력이 해체되어 낙동강 서쪽 연안으로 축소되었다.

❷ 삼국의 발전과 통치체제

(1) 삼국의 정치적 발전

① **고구려** … 4세기 미천왕 때 서안평을 점령하고 낙랑군을 축출하여 압록강 중류를 벗어나 남쪽으로 진출할 수 있는 발판을 마련하였고, 고국원왕 때는 전연과 백제의 침략으로 국가적 위기를 맞기도 하였다. 4세기 후반 소수림왕 때에는 불교의 수용, 태학의 설립, 율령의 반포로 중앙집권국가로의 체제를 강화하였다.

② **백제** … 4세기 후반 근초고왕은 마한의 대부분을 정복하였으며, 황해도 지역을 두고 고구려와 대결하기도 하였다. 또한 낙동강 유역의 가야에 지배권을 행사하였고, 중국의 요서지방과 산둥지방, 일본의 규슈지방까지 진출하였으며 왕위의 부자상속이 시작되었다.

③ **신라**
  ㉠ **지증왕(6세기 초)** : 국호(사로국 → 신라)와 왕의 칭호(마립간 → 왕)를 변경하고, 수도와 지방의 행정구역을 정리하였으며 대외적으로 우산국(울릉도)을 복속시켰다.
  ㉡ **법흥왕(6세기 중엽)** : 병부의 설치, 율령의 반포, 공복의 제정 등으로 통치질서를 확립하였다. 또한 골품제도를 정비하고, 새로운 세력을 포섭하고자 불교를 공인하였다. 독자적 연호인 건원을 사용하여 자주국가로서의 위상을 높였고 금관가야를 정복하여 영토를 확장시켜 중앙집권체제를 완비하였다.

(2) 삼국 간의 항쟁

① **고구려의 대제국 건설**
  ㉠ **광개토대왕(5세기)** : 영락이라는 연호를 사용하였고 만주지방에 대한 대규모 정복사업을 단행하였으며, 백제를 압박하여 한강 이남으로 축출하였다. 또한 신라에 침입한 왜를 격퇴함으로써 한반도 남부에까지 영향력을 확대하였다.
  ㉡ **장수왕(5세기)** : 남북조의 교류 및 평양 천도(427)를 단행하여 백제의 수도인 한성을 함락하였다. 죽령 ~ 남양만 이북을 확보(광개토대왕비와 중원고구려비 건립)하여 한강 유역으로 진출하였는데 만주와 한반도에 걸친 광대한 영토를 차지하여 중국과 대등한 지위의 대제국을 건설하였다.

② **백제의 중흥**

　　㉠ 5세기 후반 문주왕은 고구려의 남하정책으로 대외팽창이 위축되고 무역활동이 침체되어 서울을 웅진으로 천도하게 되고, 동성왕은 신라와 동맹을 강화하여 고구려에 대항, 무령왕은 지방의 22담로에 왕족을 파견하여 지방통제를 강화하는 등 체제를 정비하고자 하였다.

　　㉡ **성왕**(6세기 중반) : 사비로 천도하고, 남부여로 국호를 개칭하고 중앙은 22부, 수도는 5부, 지방은 5방으로 정비하였다. 불교를 진흥시키고, 일본에 전파하였으며, 중국의 남조와 교류하였다.

③ **신라의 발전**(진흥왕, 6세기)

　　㉠ **체제 정비** : 화랑도를 국가적 조직으로 개편하고, 불교를 통해 사상적 통합을 꾀하였다.

　　㉡ **영토 확장** : 한강 유역을 장악하여 경제적 기반을 강화하고 전략적 거점을 확보할 수 있었고 중국 교섭의 발판이 되었다. 북으로는 함경도, 남으로는 대가야를 정복하였다(단양적성비, 진흥왕순수비).

(3) 삼국의 통치체제

① **통치조직의 정비** … 삼국의 초기에는 부족 단위 각 부의 귀족들이 독자적으로 관리를 거느리는 방식으로 귀족회의에서 국가의 중요한 일을 결정하였다. 후에는 왕의 권한이 강화되면서 관등제와 행정구역이 정비되어 각 부의 귀족들은 왕권 아래 복속되고, 부족적 성격이 행정적 성격으로 개편되었다.

② **관등조직 및 중앙관제**

구분	관등	수상	중앙관서	귀족합의제
고구려	10여 관등	대대로(막리지)		제가회의
백제	16관등	상좌평	6좌평, 22부(시비천도 이후)	정사암회의
신라	17관등	상대등	병부, 집사부	화백회의

③ **지방제도**

　　㉠ **지방조직**

구분	관등	수상	중앙관서	귀족합의제
고구려	5부	5부(욕살)	3경(평양성, 국내성, 한성)	제가회의
백제	5부	5방(방령)	22담로(지방 요지)	정사암회의
신라	5부	6주(군주)	2소경[중원경(충주), 동원경(강릉)]	화백회의

　　㉡ **지방제도의 정비** : 최상급 지방행정단위로 부와 방 또는 주를 두고 지방장관을 파견하였고, 그 아래의 성이나 군에도 지방관을 파견하여 지방민을 직접 지배하였으나, 말단 행정단위인 촌은 지방관을 파견하지 않고 토착세력을 촌주로 삼았다. 그러나 대부분의 지역은 중앙정부의 지배가 강력히 미치지 못하여 지방세력가들이 지배하게 되었다.

④ **군사조직** … 지방행정조직이 그대로 군사조직이기도 하여 각 지방의 지방관은 곧 군대의 지휘관(백제의 방령, 신라의 군주)이었다.

❸ 대외항쟁과 신라의 삼국통일

(1) 고구려와 수 · 당의 전쟁

① **수와의 전쟁** … 고구려가 요서지방을 선제공격하자 수의 문제와 양제는 고구려를 침입해왔는데 을지문덕이 살수에서 큰 승리(612)를 거두었다.

② **당과의 전쟁** … 당 태종은 요동의 여러 성을 공격하고 전략상 가장 중요한 안시성을 공격하였으나 고구려에 의해 패(645)하였다.

(2) 백제와 고구려의 멸망

① **백제의 멸망** … 정치질서의 문란과 지배층의 향락으로 국방이 소홀해진 백제는 황산벌에서 신라에게 패하면서 결국 사비성이 함락되고 말았다.

③ **고구려의 멸망** … 지배층의 분열과 국력의 약화로 정치가 불안정한 틈을 타고 나 · 당연합군의 침입으로 평양성이 함락(668)되었다.

(3) 신라의 삼국통일

① **과정** … 당은 한반도에 웅진도독부, 안동도호부, 계림도독부를 설치하여 한반도를 지배하려 하였으나 신라 · 고구려 · 백제 유민의 연합으로 당 주둔군을 공격하여 매소성과 기벌포싸움에서 승리를 거두게 되고 당군을 축출하여 삼국통일을 이룩(676)하였다.

② **삼국통일의 의의와 한계** … 당의 축출로 자주적 성격을 인정할 수 있으며 고구려와 백제 문화의 전통을 수용하여 민족문화 발전의 토대를 마련하였다는 점에서 큰 의의가 있으나 외세의 협조를 받았다는 점과 대동강에서 원산만 이남에 국한된 불완전한 통일이라는 점에서 한계성을 가진다.

❹ 남북국시대의 정치 변화

(1) 통일신라의 발전

① 왕권의 전제화

　　㉠ 무열왕 : 통일과정에서 왕권을 강화하였으며 이후 직계자손이 왕위를 계승하게 되었다.

　　㉡ 유교정치이념의 수용 : 통일을 전후하여 유교정치이념이 도입되었고, 중앙집권적 관료정치의 발달로 왕권이 강화되어 갔다.

　　㉢ 집사부 시중의 기능 강화 : 상대등의 세력을 억제하였고 왕권의 전제화가 이루어졌다.

　　㉣ 신문왕 : 관료전의 지급, 녹읍의 폐지, 국학을 설립하여 유교정치이념을 확립시켰다.

② **정치세력의 변동** … 6두품은 학문적 식견을 바탕으로 왕의 정치적 조언자로 활동하거나 행정실무를 총괄하였다. 이들은 전제왕권을 뒷받침하고, 학문·종교분야에서 활약하였다.

③ **전제왕권의 동요** … 8세기 후반부터 진골귀족세력에 의한 녹읍제 부활, 사원의 면세전이 증가로 국가재정의 압박을 가져왔다. 귀족들의 특권적 지위 고수 및 향락과 사치가 계속되자 농민의 부담은 가중되었다.

(2) 발해의 건국과 발전

① **건국** … 고구려 출신의 대조영이 길림성에 건국하였으며 지배층은 고구려인, 피지배층은 말갈인으로 구성되었고, 고구려 문화와 유사성이 있다는 점에서 고구려 계승의식이 나타나고 있다.

② **발해의 발전**

　㉠ **영토 확장(무왕)** : 동북방의 여러 세력을 복속시켜 북만주 일대를 장악하였고, 당의 산둥반도를 공격하고, 돌궐·일본과 연결하여 당과 신라에 대항하였다.

　㉡ **체제 정비(문왕)** : 당과 친선관계로 문물을 수입, 중경에서 상경으로 천도, 신라와 대립관계 해소위한 상설교통로 개설하고 천통(고왕), 인안(무왕), 대흥(문왕), 건흥(선왕) 등 독자적인 연호를 사용하였다.

　㉢ **중흥기(선왕)** : 요동지방으로 진출하였으며 남쪽으로는 신라와 국경을 접할 정도로 넓은 영토를 차지하고, 지방제도를 완비하였다. 당에게서 '해동성국'이라는 칭호를 받았다.

　㉣ **멸망** : 거란의 세력 확대와 귀족들의 권력투쟁으로 국력이 쇠퇴하자 거란에 멸망당하였다.

(3) 남북국의 통치체제

① **통일신라**

　㉠ **중앙정치체제** : 전제왕권의 강화를 위해 집사부 시중의 지위 강화 및 집사부 아래에 위화부와 13부를 두고 행정업무를 분담하였으며 관리들의 비리와 부정 방지를 위한 감찰기관인 사정부를 설치하였다.

　㉡ **유교정치이념의 수용** : 국학을 설립하였다.

　㉢ **지방행정조직의 정비(신문왕)** : 9주 5소경으로 정비하여 중앙집권체제를 강화하였다. 지방관의 감찰을 위하여 외사정 파견, 상수리제도 실시, 향·부곡이라 불리는 특수행정구역도 설치하였다.

　㉣ **군사조직의 정비**

　　• 9서당 : 옷소매의 색깔로 표시하였는데 부속민에 대한 회유와 견제의 양면적 성격이 있다.

　　• 10정 : 9주에 각 1정의 부대를 배치하였으나 한산주에는 2정(남현정, 골내근정)을 두었다.

② **발해**

　㉠ **중앙정치체계** : 당의 제도를 수용하였으나 명칭과 운영은 독자성을 유지하였다.

　　• 3성 : 정당성(대내상이 국정 총괄), 좌사정, 우사정(지·예·신부)

　　• 6부 : 충부, 인부, 의부, 자부, 예부, 신부

　　• 중정대(감찰), 문적원(서적 관리), 주자감(중앙의 최고교육기관)

　㉡ **지방제도** : 5경 15부 62주로 조직되었고, 촌락은 주로 말갈인 촌장이 지배하였다.

　㉢ **군사조직** : 중앙군(10위), 지방군

(4) 신라 말기의 정치 변동과 호족세력의 성장

① **전제왕권의 몰락** … 진골귀족들의 반란과 왕위쟁탈전이 심화되고 집사부 시중보다 상대등의 권력이 더 커졌으며 지방민란의 발생으로 중앙의 지방통제력이 더욱 약화되었다.

② **농민의 동요** … 과중한 수취체제와 자연재해는 농민의 몰락을 가져오고, 신라 정부에 저항하게 되었다.

③ **호족세력의 등장** … 지방의 행정·군사권과 경제적 지배력을 가진 호족세력은 성주나 장군을 자처하며 반독립적인 세력으로 성장하였다.

④ **개혁정치** … 6두품 출신의 유학생과 선종의 승려가 중심이 되어 골품제 사회를 비판하고 새로운 정치이념을 제시하였다. 지방의 호족세력과 연계되어 사회 개혁을 추구하였다.

02 중세의 정치

❶ 중세사회의 성립과 전개

(1) 고려의 성립과 민족의 재통일

① **고려의 건국** … 왕건은 송악의 호족으로 궁예 휘하에서 한강 유역과 나주지방을 점령하여 후백제를 견제하고 궁예의 실정으로 정권을 장악하였다. 고구려의 후계자로 국호를 고려라 하고 송악에 도읍을 세웠다.

② **민족의 재통일** … 중국의 혼란기를 틈타 외세의 간섭 없이 통일이 성취되었다.

(2) 태조의 정책

① **취민유도(取民有度)정책** … 조세경감, 노비해방 및 빈민구제기관인 흑창을 설치하였다.

② **통치기반 강화**
 ㉠ **관제 정비** : 태봉의 관제를 중심으로 신라와 중국의 제도를 참고하여 정치제도를 만들고, 개국공신과 호족을 관리로 등용하였다.
 ㉡ **호족 통합** : 호족과 정략결혼을 하였으며 그들의 향촌지배권을 인정하고, 공신들에게는 역분전을 지급하였다.
 ㉢ **호족 견제** : 사심관제도(우대)와 기인제도(감시)를 실시하였다.
 ㉣ **통치 규범** : 정계, 계백료서를 지어 관리들이 지켜야 할 규범을 제시하였고, 후손들이 지켜야 할 교훈이 담긴 훈요 10조를 남겼다.

③ **북진정책** … 고구려를 계승하였음을 강조하여 국호를 고려라 하고 국가의 자주성을 강조하기 위해 천수(天授)라는 연호를 사용하였다.

(3) 광종의 개혁정치

왕권 안정과 중앙집권체제 확립을 위하여 노비안검법, 과거제도, 공복제도, 불교 장려, 제위보의 설치, 독자적 연호 사용, 송과 문화적 · 경제적 목적에서 외교관계를 수립하고 군사적으로 중립적 자세를 취하였다.

(4) 유교적 정치질서의 강화

① **최승로의 시무 28조** … 유교정치이념을 강조하고 지방관의 파견과 문벌귀족 중심의 정치를 이루게 되었다.

② **성종의 중앙집권화** … 6두품 출신의 유학자를 등용, 12목에 지방관의 파견, 향리제도 실시, 국자감과 향교의 설치 및 과거제도를 실시하고 중앙통치기구는 당, 태봉, 신라, 송의 관제를 따랐다.

❷ 통치체제의 정비

(1) 중앙의 통치조직

① **정치조직**(2성 6부)

　㉠ 2성

　　• 중서문하성 : 중서성과 문하성의 통합기구로 문하시중이 국정을 총괄하였다.
　　－재신 : 2품 이상의 고관으로 백관을 통솔하고 국가의 중요정책을 심의 · 결정하였다.
　　－낭사 : 3품 이하의 관리로 정책을 건의하거나, 정책 집행의 잘못을 비판하는 일을 담당하였다.
　　• 상서성 : 실제 정무를 나누어 담당하는 6부를 두고 정책의 집행을 담당하였다.

　㉡ **중추원**(추부) : 군사기밀을 담당하는 2품 이상의 추밀과 왕명 출납을 담당하는 3품의 승선으로 구성되었다.

　㉢ **삼사** : 화폐와 곡식의 출납에 대한 회계업무만을 담당하였다.

　㉣ **어사대** : 풍속을 교정하고 관리들의 비리를 감찰하는 감찰기구이다.

　㉤ **6부** : 상서성에 소속되어 실제 정무를 분담하던 관청으로 각 부의 장관은 상서, 차관은 시랑이었다.

② **귀족 중심의 정치**

　㉠ **귀족합좌 회의기구**(중서문하성의 재신, 중추원의 추밀)

　　• 도병마사 : 재신과 추밀이 함께 모여 회의로 국가의 중요한 일을 결정하는 곳이다. 국방문제를 담당하는 임시기구였으나, 도평의사사(도당)로 개편되면서 구성원 확대와 국정 중요사항을 담당하는 최고정무기구로 발전하였다.

　　• 식목도감 : 임시기구로서 재신과 추밀이 국내 정치에 관한 법의 제정과 시행규정을 다루던 회의기구였다.

　㉡ **대간**(대성)**제도** : 어사대의 관원과 중서문하성의 낭관으로 구성되었다. 비록 직위는 낮았지만 왕, 고위관리들의 활동을 지원하거나 제약하여 정치 운영의 견제와 균형을 이루었다.

　　• 서경권 : 관리의 임명과 법령의 개정이나 폐지 등에 동의하는 권리

　　• 간쟁 : 왕의 잘못을 말로 직언하는 것

　　• 봉박 : 잘못된 왕명을 시행하지 않고 글로 써서 되돌려 보내는 것

(2) 지방행정조직의 정비

① 정비과정
- ㉠ 초기 : 호족세력의 자치로 이루어졌다.
- ㉡ 성종 : 12목을 설치하여 지방관을 파견하였다.
- ㉢ 현종 : 4도호부 8목으로 개편되어 지방행정의 중심이 되었고, 그 후 전국을 5도와 양계, 경기로 나눈 다음 그 안에 3경·4도호부·8목을 비롯하여 군·현·진을 설치하였다.

② 지방조직
- ㉠ 5도(일반행정구역) : 상설 행정기관이 없는 일반 행정 단위로서 안찰사를 파견하여 도내의 지방을 순찰하게 하였다. 도에는 주와 군(지사)·현(현령)이 설치되고, 주현에는 지방관을 파견하였지만 속현에는 지방관을 파견하지 않았다.
- ㉡ 양계(군사행정구역) : 북방의 국경지대에는 동계와 북계의 양계를 설치하여 병마사를 파견하고, 국방상의 요충지에 군사특수지역인 진을 설치하였다.
- ㉢ 8목 4도호부 : 행정과 군사적 방비의 중심적인 역할을 맡은 곳이다.
- ㉣ 특수행정구역
  - 3경 : 풍수설과 관련하여 개경(개성), 서경(평양), 동경(경주, 숙종 이후 남경)에 설치하였다.
  - 향·소·부곡 : 천민의 집단거주지역이었다.
- ㉤ 지방행정 : 실제적인 행정사무는 향리가 실질적으로 처리하여 지방관보다 영향력이 컸다(속현, 향, 소, 부곡 등).

(3) 군역제도와 군사조직

① 중앙군
- ㉠ 2군 6위 : 국왕의 친위부대인 2군과 수도 경비와 국경 방어를 담당하는 6위로 구성되었다.
- ㉡ 직업군인 : 군적에 올라 군인전을 지급받고 군역을 세습하였으며, 군공을 세워 신분을 상승시킬 수 있는 중류층이었다. 이들은 상장군, 대장군 등의 무관이 지휘하였다.

② 지방군
- ㉠ 주진군(양계) : 상비군으로 좌군, 우군, 초군으로 구성되어 국경을 수비하는 의무를 지녔다.
- ㉡ 주현군(5도) : 지방관의 지휘를 받아 치안과 지방방위·노역에 동원되었고 농민으로 구성하였다.

(4) 관리임용제도

① 과거제도(법적으로 양인 이상이면 응시가 가능)
- ㉠ 제술과 : 문학적 재능과 정책을 시험하는 것이다.
- ㉡ 명경과 : 유교경전에 대한 이해능력을 시험하는 것이다.
- ㉢ 잡과 : 기술관을 선발하는 것으로 백정이나 농민이 응시하였다.

② 음서제도 … 공신과 종실의 자손 외에 5품 이상의 고관의 자손은 과거를 거치지 않고 관직에 진출할 수 있는 제도이다.

❸ 문벌귀족사회의 성립과 동요

(1) 문벌귀족사회의 성립

① 지방호족 출신이 중앙관료화된 것으로, 신라 6두품 계통의 유학자들이 과거를 통해 관직에 진출하여 성립되었으며, 대대로 고위관리가 되어 중앙정치에 참여하게 되고, 과거와 음서를 통해 관직을 독점하였다.

② 문벌귀족사회의 모순
   ㉠ 문벌귀족의 특권 : 정치적으로 과거와 음서제를 통해 고위 관직을 독점하며 경제적으로 과전, 공음전, 사전 등의 토지 겸병이 이루어지고, 사회적으로 왕실 및 귀족들 간의 중첩된 혼인관계를 이루었다.
   ㉡ 측근세력의 대두 : 과거로 진출한 지방 출신의 관리들이 국왕을 보좌하면서 문벌귀족과 대립하였다.
   ㉢ 이자겸의 난, 묘청의 서경천도운동 : 문벌귀족과 측근세력의 대립으로 발생한 사건들이다.

(2) 이자겸의 난과 서경천도운동

① 이자겸의 난(인종, 1126) … 문종 ~ 인종까지 경원 이씨가 80여년간 권력을 독점하였다. 여진(금)의 사대관계 요구에 이자겸 정권은 굴복하여 사대관계를 유지하였으나, 인종의 척준경 회유로 이자겸의 왕위찬탈 반란은 실패로 돌아가게 되었다. 그 결과 귀족사회의 동요가 일어나고 묘청의 서경천도운동의 계기가 되었다.

② 묘청의 서경천도운동(1135) … 서경(평양) 천도, 칭제건원, 금국 정벌을 주장하였으나 문벌귀족의 반대에 부딪혔으며, 김부식이 이끄는 관군에 의해 진압되고 말았다.

(3) 무신정권의 성립

① 무신정변(1170) … 숭문천무정책으로 인한 무신을 천시하는 풍조와 의종의 실정이 원인이 되어 문신 중심의 귀족사회에서 관료체제로 전환되는 계기가 되었으며 전시과체제가 붕괴되고 무신에 의해 토지의 독점이 이루어져 사전과 농장이 확대되었다.

② 사회의 동요 … 무신정권에 대한 반발로 김보당의 난과 조위총의 난이 일어났으며, 신분해방운동으로 농민(김사미 · 효심의 난) · 천민의 난(망이 · 망소이의 난)이 일어났다.

③ 최씨 정권
   ㉠ 최씨 정권의 기반
   • 정치적 : 교정도감(최충헌)과 정방(최우), 서방(최우)을 중심으로 전개되었다.
   • 경제적 : 광대한 농장을 소유하였다.
   • 군사적 : 사병을 보유하고 도방을 설치하여 신변을 경호하였다.
   ㉡ 한계 : 정치적으로 안정되었지만 국가 통치 질서는 오히려 약화되었다.

④ 대외관계의 변화

(1) 거란의 침입과 격퇴

① **고려의 대외정책** … 친송배요정책으로 송과는 친선관계를 유지했으나 거란은 배척하였다.

② **거란의 침입과 격퇴**

    ㉠ **1차 침입** : 서희의 담판으로 강동 6주를 확보하였으며, 거란과 교류관계를 맺었다.

    ㉡ **2차 침입** : 고려의 계속되는 친송정책과 강조의 정변을 구실로 침입하여 개경이 함락되었고, 현종의 입조(入朝)를 조건으로 퇴군하였다.

    ㉢ **3차 침입** : 현종의 입조(入朝)를 거부하여 다시 침입하였으나 강감찬이 귀주대첩으로 큰 승리를 거두어 양국은 강화를 맺었다.

    ㉣ **결과 및 영향** : 고려, 송, 거란 사이의 세력 균형을 유지되고 고려는 나성과 천리장성(압록강 ~ 도련포)을 축조하여 수비를 강화하였다.

(2) 여진 정벌과 9성 개척

윤관이 여진을 토벌하여 동북 9성을 축조하지만 고려를 침략하지 않고 조공을 바치겠다는 조건으로 여진에게 9성을 돌려주었다. 여진은 거란을 멸한 뒤 고려에게 군신관계를 요구하자 이자겸은 금의 요구를 받아들였다.

(3) 몽고와의 전쟁

① **몽고와의 전쟁**

    ㉠ **원인** : 몽고의 과중한 공물 요구와, 몽고의 사신 저고여가 피살되는 사건이 일어났다.

    ㉡ **몽고의 침입**

      • 제1차 침입(1231) : 몽고 사신의 피살을 구실로 몽고군이 침입하였고 박서가 항전하였으나, 강화가 체결되고 철수되었다.

      • 제2차 침입(1232) : 최우는 강화로 천도하였고, 용인의 김윤후가 몽고의 장군 살리타를 죽이고 몽고 군대는 쫓겨갔다.

      • 제3차 ~ 제8차 침입 : 농민, 노비, 천민들의 활약으로 몽고를 끈질기게 막아냈다.

    ㉢ **결과** : 전 국토가 황폐화되고 민생이 도탄에 빠졌으며 대장경(초판)과 황룡사의 9층탑이 소실되었다.

② **삼별초의 항쟁**(1270 ~ 1273) … 몽고와의 굴욕적인 강화를 맺자 진도로 옮겨 저항하였다. 여·몽연합군의 공격으로 진도가 함락되자 제주도로 가서 김통정의 지휘하에 계속 항쟁하였으나 진압되었다.

(4) 홍건적과 왜구의 침입

① **홍건적의 격퇴** … 제1차 침입은 모거경 등 4만군이 서경을 침입하였으나, 이승경, 이방실 등이 격퇴하였으며 제2차 침입은 사유 등 10만군이 개경을 함락하였으나, 정세운, 안우, 이방실 등이 격퇴하였다.

② **왜구의 침략** … 잦은 왜구의 침입에 따른 사회의 불안정은 시급히 해결해야 할 국가적 과제였다. 왜구를 격퇴하고 이 문제를 해결하는 과정에서 신흥무인세력이 성장하였다.

⑤ 고려후기의 정치 변동

(1) 원(몽고)의 내정 간섭

① 정치적 간섭
  ㉠ 일본 원정 : 두 차례의 원정에 인적 · 물적 자원이 수탈되었으나 실패하였다.
  ㉡ 영토의 상실과 수복
   • 쌍성총관부 : 원은 화주(영흥)에 설치하여 철령 이북 땅을 직속령으로 편입하였는데, 공민왕(1356) 때 유인우가 무력으로 탈환하였다.
   • 동녕부 : 자비령 이북 땅에 차지하여 서경에 두었는데, 충렬왕(1290) 때 고려의 간청으로 반환되었다.
   • 탐라총관부 : 삼별초의 항쟁을 평정한 후 일본 정벌 준비를 위해 제주도에 설치하고(1273) 목마장을 두었다. 충렬왕 27년(1301)에 고려에 반환하였다.
  ㉢ 관제의 개편 : 관제를 격하시키고(3성 → 첨의부, 6부 → 4사) 고려를 부마국 지위의 왕실호칭을 사용하게 하였다.
  ㉣ 원의 내정 간섭
   • 다루가치 : 1차 침입 때 설치했던 몽고의 군정지방관으로 공물의 징수 · 감독 등 내정간섭을 하였다.
   • 정동행성 : 일본 원정준비기구로 설치된 정동행중서성이 내정간섭기구로 남았다. 고려 · 원의 연락기구였다.
   • 이문소 : 정동행성에 설립된 사법기구로 고려인을 취조 · 탄압하였다.
   • 응방 : 원에 매를 생포하여 조달하는 기구였으나 여러 특권을 행사해 폐해가 심하였다.

② 사회 · 경제적 수탈 ··· 금 · 은 · 베 · 인삼 · 약재 · 매 등의 막대한 공물의 부담을 가졌으며, 몽고어 · 몽고식 의복과 머리가 유행하고, 몽고식 성명을 사용하는 등 풍속이 변질되었다.

(2) 공민왕의 개혁정치

① 반원자주정책 ··· 친원세력의 숙청, 정동행서 이문소를 폐지, 몽고식 관제의 폐지, 원의 연호 · 몽고풍을 금지, 쌍성총관부를 공격하여 철령 이북의 땅을 수복하고 요동지방을 공격하여 요양을 점령하였다.

② 왕권강화책 ··· 정방을 폐지, 성균관을 통한 유학교육을 강화 및 과거제도를 정비하고 신돈을 등요하여 전민변정도감을 설치한 개혁은 권문세족들의 경제기반을 약화시키고 국가재정수입의 기반을 확대하였다.

③ 개혁의 실패원인 ··· 개혁추진세력인 신진사대부 세력이 아직 결집되지 못한 상태에서 권문세족의 강력한 반발을 효과적으로 제어하지 못하였고, 원나라의 간섭 등으로 인해 실패하고 말았다.

(3) 신진사대부의 성장

① 학문적 실력으로 과거를 통하여 중앙에 진출한 지방의 중소지주층과 지방향리 출신이 많았다. 성리학 수용, 불교 폐단 비판, 권문세족의 비리 · 불법을 견제하였다. 신흥무인세력과 시련을 해결하고자 하였다.

② 한계 ··· 권문세족의 인사권 독점으로 관직의 진출이 제한되었고, 과전과 녹봉도 제대로 받지 못하는 등 경제적 기반이 미약하다는 한계를 가졌다.

(4) 고려의 멸망

우왕 말에 명은 쌍성총관부가 있던 땅에 철령위를 설치하여 명의 땅으로 편입하겠다고 통보하였다. 이에 최영은 요동정벌론을, 이성계는 4불가론을 주장하지만 최영의 주장에 따라 요동정벌군이 파견되자 위화도 회군으로 이성계가 장악하였다. 급진개혁파(혁명파)는 정치적 실권을 장악하고 온건개혁파를 제거 한 후 도평의사사를 장악하여 공양왕의 왕위를 물려받아 조선을 건국하였다.

03 근세의 정치

❶ 근세사회의 성립과 전개

(1) 국왕 중심의 통치체제정비와 유교정치의 실현

① 태조 … 국호를 '조선'이라 하고 수도를 한양으로 천도하였으며 3대 정책으로 숭유억불정책, 중농억상정책, 사대교린정책을 실시하였다.

② 태종 … 왕권 확립을 위해 개국공신세력을 견제하고 숙청하였으며 6조직계제를 실시, 사간원을 독립시켜 대신들을 견제하고, 신문고의 설치, 양전사업의 실시 및 호패법을 시행하고 사원전의 몰수, 노비 해방, 사병을 폐지하였다.

③ 세종 … 집현전을 설치, 한글 창제 및 6조직계제를 폐지하고 의정부서사제(재상합의제)로 정책을 심의하였으며, 국가행사를 오례에 따라 거행하였다.

(2) 문물제도의 정비

① 세조 … 왕권의 재확립과 집권체제의 강화를 위하여 6조직계제를 실시하고 집현전과 경연을 폐지하였으며, 경국대전의 편찬에 착수하였다.

② 성종 … 홍문관의 설치, 경연의 활성화 및 경국대전의 완성 · 반포를 통하여 조선의 기본통치방향과 이념을 제시하였다.

❷ 통치체제의 정비

(1) 중앙정치체제

① 양반관료체제의 확립 … 경국대전으로 법제화하고 문 · 무반이 정치와 행정을 담당하게 하였으며, 18품계로 나누어 당상관(관서의 책임자)과 당하관(실무 담당)으로 구분하였다.

② 의정부와 6조

　　㉠ **의정부** : 최고 관부로서 재상의 합의로 국정을 총괄하였다.

　　㉡ **6조** : 직능에 따라 행정을 분담하였다.

　　　• **이조** : 문관의 인사(전랑이 담당), 공훈, 상벌을 담당하였다.

　　　• **호조** : 호구, 조세, 회계, 어염, 광산, 조운을 담당하였다.

　　　• **예조** : 외교, 교육, 문과과거, 제사, 의식 등을 담당하였다.

　　　• **병조** : 국방, 통신(봉수), 무과과거, 무관의 인사 등을 담당하였다.

　　　• **형조** : 형률, 노비에 대한 사항을 담당하였다.

　　　• **공조** : 토목, 건축, 수공업, 도량형, 파발에 대한 사항을 담당하였다.

③ **언론학술기구** … 삼사로 정사를 비판하고 관리들의 부정을 방지하였다.

　　㉠ **사간원(간쟁) · 사헌부(감찰)** : 서경권을 행사하였다(관리 임명에 동의권 행사).

　　㉡ **홍문관** : 학문적으로 정책 결정을 자문하는 기구이다.

④ **왕권강화기구** … 승정원(왕명 출납), 국왕 직속 의금부(죄인 관리), 한성부(서울의 행정 · 치안 담당)가 있다.

⑤ **그 밖의 기구** … 역사서의 편찬과 보관을 담당하는 춘추관, 최고 교육기관인 성균관인 성균관 등이 있다.

(2) **지방행정조직**

① **지방조직** … 전국을 8도로 나누고, 하부에 부 · 목 · 군 · 현을 설치하였다.

　　㉠ **관찰사(감사)** : 8도의 지방장관으로서 행정, 군사, 감찰, 사법권을 행사하였다. 수령에 대한 행정을 감찰하는 역할을 담당하였다.

　　㉡ **수령** : 부 · 목 · 군 · 현에 임명되어 지방관으로 행정 · 사법 · 군사권을 행사하였다.

　　㉢ **향리** : 6방에 배속되어 향역을 세습하면서 수령을 보좌하였다(아전).

② **향촌사회**

　　㉠ **면 · 리 · 통** : 향민 중에서 책임자를 선임하여, 수령의 명령을 받아 인구 파악과 부역 징발을 주로 담당하게 하였다.

　　㉡ **양반 중심의 향촌사회질서 확립**

　　　• **경재소** : 유향소와 정부 간 연락을 통해 유향소를 통제하여 중앙집권을 효율적으로 강화하였다.

　　　• **유향소(향청)** : 향촌양반의 자치조직으로 좌수와 별감을 선출하고, 향규를 제정하며, 향회를 통한 여론의 수렴과 백성에 대한 교화를 담당하였다.

(3) **군역제도와 군사조직**

① **군역제도**

　　㉠ **양인개병제** : 양인(현직 관료와 학생을 제외한 16세 이상 60세 이하의 남자)의 신분이면 누구나 병역의 의무를 지는 제도이다.

ⓒ 보법 : 정군(현역 군인)과 보인(정군의 비용 부담)으로 나눈다.
ⓒ 노비 : 권리가 없으므로 군역이 면제되고, 특수군(잡색군)으로 편제되었다.

② 군사조직
　ⓐ 중앙군(5위) : 궁궐과 서울을 수비하며 정군을 중심으로 갑사(시험을 거친 직업군인)나 특수병으로 지휘
　　책임을 문관관료가 맡았다.
　ⓑ 지방군 : 병영(병마절도사)과 수영(수군절도사)으로 조직하였다.
　ⓒ 잡색군 : 서리, 잡학인, 신량역천인(신분은 양인이나 천한 일에 종사), 노비 등으로 조직된 일종의 예비
　　군으로 유사시에 향토방위를 담당한다(농민은 제외).

③ 교통 · 통신체계의 정비
　ⓐ 봉수제(통신) : 군사적 목적으로 설치하였으며, 불과 연기를 이용하여 급한 소식을 알렸다.
　ⓑ 역참 : 물자 수송과 통신을 위해 설치되어 국방과 중앙집권적 행정 운영이 한층 쉬워졌다.

(4) 관리등용제도
① 과거 … 문과는 예조에서 담당하였으며 무과는 병조에서 담당하고 28명을 선발하였다. 또한 잡과는 해당
　관청에서 역과, 율과, 의과, 음양과의 기술관을 선발하였다.
② 취재 … 재주가 부족하거나 나이가 많아 과거 응시가 어려운 사람이 특별채용시험을 거쳐 하급 실무직에
　임명되는 제도이다.
③ 음서와 천거 … 과거를 거치지 않고 고관의 추천을 받아 간단한 시험을 치른 후 관직에 등용되거나 음서를
　통하여 관리로 등용되는 제도이다. 그러나 천거는 기존의 관리들을 대상으로 하였고, 음서도 고려시대에
　비하여 크게 줄어들었고 문과에 합격하지 않으면 고관으로 승진하기 어려웠다.
④ 인사관리제도의 정비
　ⓐ 상피제 : 권력의 집중과 부정을 방지하였다.
　ⓑ 서경제 : 사헌부와 사간원에서 관리 임명시에 심사하여 동의하는 절차로서 5품 이하 관리 임명시에 적
　　용하는 것이다.
　ⓒ 근무성적평가 : 하급관리의 근무성적평가는 승진 및 좌천의 자료가 되었다.

❸ 사림의 대두와 붕당정치

(1) 훈구와 사림
① 훈구세력 … 조선 초기 문물제도의 정비에 기여하였으며 고위관직을 독점 및 세습하고, 왕실과의 혼인으로
　성장하였다.
② 사림세력 … 여말 온건파 사대부의 후예로 길재와 김종직에 의해 영남과 기호지방에서 성장한 세력이다.

(2) 사림의 정치적 성장

① 사화의 발생

    ㉠ **무오사화**(1498)·**갑자사화**(1504) : 연산군의 폭정으로 발생하였으며 영남 사림은 몰락하게 되었다.

    ㉡ **조광조의 개혁정치** : 현량과를 실시하여 사림을 등용하여 급진적 개혁을 추진하였다. 위훈삭제사건으로 훈구세력을 약화시켰으며, 공납의 폐단을 시정, 불교와 도교행사를 폐지하고, 소학교육을 장려하고, 향약을 보급하였다. 그러나 훈구세력의 반발을 샀으며 기묘사화(1519)로 조광조는 실각되고 말았다.

    ㉢ **을사사화**(명종, 1545) : 중종이 다시 사림을 등용하였으나 명종 때 외척 다툼으로 을사사화가 일어나고 사림은 축출되었다.

② **결과** … 사림은 정치적으로 위축되었으나 중소지주를 기반으로 서원과 향약을 통해 향촌에서 세력을 회복하게 되었다.

(3) 붕당의 출현(사림의 정계 주도)

① **동인과 서인** … 척신정치의 잔재를 청산하기 위한 방법을 둘러싸고 대립행태가 나타났다.

    ㉠ **동인** : 신진사림 출신으로서 정치 개혁에 적극적이며 수기(修己)를 강조하고 지배자의 도덕적 자기 절제를 강조하고 이황, 조식, 서경덕의 학문을 계승하였다.

    ㉡ **서인** : 기성사림 출신으로서 정치 개혁에 소극적이며 치인(治人)에 중점을 두고 제도 개혁을 통한 부국안민에 힘을 썼고 이이, 성혼의 문인들을 중심으로 구성되었다.

② **붕당의 성격과 전개** … 정파적 성격과 학파적 성격을 지닌 붕당은 초기에는 강력한 왕권으로의 형성이 불가능하였으나, 중기에 이르러 왕권이 약화되고 사림정치가 전개되면서 붕당이 형성되었다.

(4) 붕당정치의 전개

① 동인의 분당은 정여립의 모반사건을 계기로 세자책봉문제를 둘러싸고 시작되었다. 남인은 온건파로 초기에 정국을 주도하였으며 북인은 급진파로 임진왜란이 끝난 뒤부터 광해군 때까지 정권을 장악하였다.

② **광해군의 개혁정치** … 명과 후금 사이의 중립외교를 펼쳤으며, 전후복구사업을 추진하였으나 무리한 전후복구사업으로 민심을 잃은 광해군과 북인세력은 서인이 주도한 인조반정으로 몰락하였다.

③ 주로 서인이 집권하여 남인 일부가 연합하고, 상호비판 공존체제가 수립되었던 것이 서인과 남인의 경신환국으로 정치 공존이 붕괴되었다.

(5) 붕당정치의 성격

비변사를 통한 여론 수렴이 이루어졌으며, 3사의 언관과 이조전랑의 정치적 비중이 증대되었고 재야의 여론이 수렴되어 재야의 공론주도자인 산림이 출현하였고, 서원과 향교를 통한 수렴이 이루어졌다. 그러나 국가의 이익보다는 당파의 이익을 앞세워 국가 발전에 지장을 주기도 하였고, 현실문제보다는 의리와 명분에 치중하였으며 지배층의 의견만을 정치에 반영하였다.

❹ 조선 초기의 대외관계

(1) 명과의 관계
명과의 관계에서는 사대외교를 중국 이외의 주변 민족에게는 교린정책을 기본으로 하였다.

(2) 여진과의 관계

① 대여진정책 ··· 회유책으로 귀순을 장려하였고, 북평관을 세워 국경무역과 조공무역을 허락하였으며 강경책으로 본거지를 토벌하고 국경지방에 자치적 방어체제를 구축하여 진·보를 설치하였다.

② 북방개척
  ㉠ 4군 6진 : 최윤덕, 김종서 등은 압록강에서 두만강에 이르는 4군 6진을 설치하였다.
  ㉡ 사민정책 : 삼남지방의 주민을 강제로 이주시켜 북방 개척과 국토의 균형 있는 발전을 꾀하였다.
  ㉢ 토관제도 : 토착인을 하급관리로 등용하는 것이다.

(3) 일본 및 동남아시아와의 관계

① 대일관계
  ㉠ 왜구의 토벌 : 수군을 강화하고 화약무기를 개발해 오던 조선은 왜구가 무역을 요구해오자 제한된 무역을 허용하였으나 왜구의 계속된 약탈로 이종무가 쓰시마섬을 토벌하였다(세종).
  ㉡ 교린정책 : 3포(부산포, 제포, 염포)를 개항하여, 계해약조를 맺고 조공무역을 허용하였다.

② 동남아시아와의 교역 ··· 조공, 진상의 형식으로 물자 교류를 하고 특히 불경, 유교경전, 범종, 부채 등을 류큐(오키나와)에 전해주어 류큐의 문화 발전에 기여하였다.

❺ 양 난의 극복과 대청관계

(1) 왜군의 침략

① 조선의 정세
  ㉠ 왜구 약탈 : 3포왜란(임신약조) → 사량진왜변(정미약조) → 을묘왜변(교역 중단)
  ㉡ 국방대책 : 3포왜란 이후 군사문제를 전담하는 비변사가 설치되었다.
  ㉢ 16세기 말 : 사회적 혼란이 가중되면서 국방력이 약화되어 방군수포현상이 나타났다

② 임진왜란(1592) ··· 왜군 20만이 기습하고 정발과 송상현이 분전한 부산진과 동래성의 함락과 신립의 패배로 국왕은 의주로 피난하였다. 왜군은 평양, 함경도까지 침입하였고 명에 파병을 요청하였다.

(2) 수군과 의병의 승리

① 수군의 승리
  ㉠ 이순신(전라좌수사)의 활약 : 판옥선과 거북선을 축조하고, 수군을 훈련시켰다.
  ㉡ 남해의 재해권 장악 : 옥포(거제도)에서 첫 승리를 거두고, 사천(삼천포, 거북선을 이용한 최초의 해전), 당포(충무), 당항포(고성), 한산도대첩(학익진 전법) 등지에서 승리를 거두어 남해의 제해권을 장악하였고 전라도지방을 보존하였다.

② 의병의 항쟁
  ㉠ 의병의 봉기 : 농민이 주축이 되어 전직관리, 사림, 승려가 주도한 자발적인 부대였다.
  ㉡ 전술 : 향토지리와 조건에 맞는 전술을 사용하였다. 매복, 기습작전으로 아군의 적은 희생으로 적에게 큰 타격을 주었다.
  ㉢ 의병장 : 곽재우(의령), 조헌(금산), 고경명(담양), 정문부(길주), 서산대사 휴정(평양, 개성, 한성 등), 사명당 유정(전후 일본에서 포로 송환) 등이 활약하였다.
  ㉣ 전세 : 관군이 편입되어 대일항전이 조직화되고 전력도 강화되었다.

(3) 전란의 극복과 영향

① 전란의 극복
  ㉠ 조·명연합군의 활약 : 평양성을 탈환하고 행주산성(권율) 등지에서 큰 승리를 거두었다.
  ㉡ 조선의 군사력 강화 : 훈련도감과 속오군을 조직하였고 화포 개량과 조총을 제작하였다.
  ㉢ 휴전회담 : 왜군은 명에게 휴전을 제의하였으나, 무리한 조건으로 3년만에 결렬되었다.
  ㉣ 정유재란 : 왜군은 조선을 재침하였으나 이순신에게 명량·노량해전에서 패배하였다.

② 왜란의 영향
  ㉠ 국내적 영향 : 인구와 농토가 격감되어 농촌의 황폐화, 민란의 발생 및 공명첩의 대량 발급으로 인하여 신분제의 동요, 납속의 실시, 토지대장과 호적의 소실, 경복궁, 불국사, 서적, 실록 등의 문화재가 소실·약탈당했으며, 일본을 통하여 조총, 담배, 고추, 호박 등이 전래되었다.
  ㉡ 국제적 영향 : 일본은 문화재를 약탈하고, 성리학자와 도공을 납치하여 일본 문화가 발전하는 계기가 되었으나 명은 여진족의 급성장으로 인하여 쇠퇴하였다.

(4) 광해군의 중립외교

① 내정개혁 ··· 양안(토지대장)과 호적을 재작성하여 국가재정기반을 확보하고, 산업을 진흥하였으며 동의보감(허준)을 편찬하고 소실된 사고를 5대 사고로 재정비하였다.

② 대외정책 ··· 임진왜란으로 조선과 명이 약화되자 여진이 후금을 건국하였다(1616). 후금은 명에 전쟁을 포고하고 명은 조선에 원군을 요한다. 조선은 명의 원군 요청을 거절하면서 후금과 친선하는 중립 정책을 취한다. 광해군의 중립외교는 국내에 전쟁의 화가 미치지 않아 왜란 후의 복구사업에 기여하였다.

(5) 호란의 발발과 전개

① **정묘호란**(1627) … 명의 모문룡 군대의 가도 주둔과 이괄의 난 이후 이괄의 잔당이 후금에 건너가 조선 정벌을 요구한 것으로 발생하였으며, 후금의 침입에 정봉수, 이립 등이 의병으로 활약하였다. 후금의 제 의로 쉽게 화의(정묘조약)가 이루어져 후금의 군대는 철수하였다.

② **병자호란**(1636) … 후금의 군신관계 요구에 조선이 거부한 것이 발단이 되어 발생하였으며, 삼전도에서 항 복하고 청과 군신관계를 맺게 되었으며 소현세자와 봉림대군이 인질로 끌려갔다.

(6) 북벌운동의 전개

① 서인세력(송시열, 송준길, 이완 등)은 군대를 양성하는 등의 계획을 세웠으나 실천하지 못하였다.

② **효종의 북벌계획** … 이완을 훈련대장으로 임명하고 군비를 확충하였으나 효종의 죽음으로 북벌계획은 중단 되었다.

04 정치상황의 변동

1 통치체제의 변화

(1) 정치구조의 변화

① **비변사의 기능 강화** … 중종 초 여진족과 왜구에 대비하기 위해 설치한 임시기구였으나, 임진왜란을 계기 로 문무고관의 합의기구로 확대되었다. 군사뿐만 아니라 외교, 재정, 사회, 인사 등 거의 모든 정무를 총 괄하였으며, 왕권의 약화, 의정부 및 6조 기능의 약화를 초래하였다.

② **정치 운영의 변질** … 3사는 공론을 반영하기보다 각 붕당의 이해관계를 대변하기에 급급하고 이조·병조의 전랑 역시 상대 붕당을 견제하는 기능으로 변질되어 붕당 간의 대립을 격화시켰다.

(2) 군사제도의 변화

① **중앙군**(5군영)

ㄱ **훈련도감** : 삼수병(포수·사수·살수)으로 구성되었으며, 직업적 상비군이었다.

ㄴ **어영청** : 효종 때 북벌운동의 중추기관이 되었다. 기·보병으로 구성되며, 지방에서 교대로 번상하였다.

ㄷ **총융청** : 북한산성 등 경기 일대의 방어를 위해 속오군으로 편성되었다.

ㄹ **수어청** : 정묘호란 후 인조 때 설치되어 남한산성을 개축하고 이를 중심으로 남방을 방어하기 위해 설 치되었다.

ㅁ **금위영** : 숙종 때 수도방위를 위해 설치되었다. 기·보병 중심의 선발 군사들로 지방에서 교대로 번상 케 하였다.

② 지방군(속오군)

　㉠ 지방군제의 변천

　　• 진관체제 : 세조 이후 실시된 체제로 외적의 침입에 효과가 없었다.

　　• 제승방략체제(16세기) : 유사시에 필요한 방어처에 각 지역의 병력을 동원하여 중앙에서 파견되는 장수가 지휘하게 하는 방어체제이다.

　　• 속오군체제 : 진관을 복구하고 속오법에 따라 군대를 정비하였다.

　㉡ 속오군 : 양천혼성군(양반, 농민, 노비)으로서, 농한기에 훈련하고 유사시에 동원되었다.

(3) 수취제도의 개편

① 전세제도의 개편 … 전세를 풍흉에 관계없이 1결당 미곡 4두로 고정시키는 영정법은 전세율이 다소 낮아졌으나 농민의 대다수 전호들에게 도움이 되지 않고 세가 추가 징수되어 부담이 증가하였다.

② 공납제도의 개편 … 방납의 폐단으로 토지의 결수에 따라 미, 포, 전을 납입하는 대동법을 시행하였는데 그 결과 농민의 부담을 감소하였으나 지주에게 부과된 대동세가 소작농에게 전가되는 경우가 있었으며, 조세의 금납화 촉진, 국가재정의 회복 및 상공업의 발달과 상업도시의 발전을 가져왔다. 그러나 진상 · 별공은 여전히 존속하였다.

③ 군역제도의 개편 … 균역법(군포 2필에서 1필로 내게 함)의 실시로 일시적으로 농민부담은 경감되었으나 폐단의 발생으로 인하여 전국적인 저항을 불러왔다.

❷ 정쟁의 격화와 탕평정치

(1) 탕평론의 대두

공리공론보다 집권욕에만 집착하여 균형관계가 깨져서 정쟁이 끊이지 않고 사회가 분열되었으며, 이에 강력한 왕권을 토대로 세력 균형을 유지하려는 탕평론이 제기되었다. 숙종은 공평한 인사 관리를 통해 정치집단 간의 세력 균형을 추구하려 하였으나 명목상의 탕평책에 불과하여 편당적인 인사 관리로 빈번한 환국이 발생하였다.

(2) 영조의 탕평정치

① 탕평파를 육성하고, 붕당의 근거지인 서원을 정리하였으며, 이조전랑의 후임자 천거제도를 폐지하였다. 그 결과 정치권력은 국왕과 탕평파 대신에게 집중되었다. 또한 균역법의 시행, 군영의 정비, 악형의 폐지 및 사형수에 대한 삼심제 채택, 속대전을 편찬하였다.

② 한계 … 왕권으로 붕당 사이의 다툼을 일시적으로 억제하기는 하였으나 소론 강경파의 변란(이인좌의 난, 나주괘서사건)획책으로 노론이 권력을 독점하게 되었다.

(3) 정조의 탕평정치

① **정치세력의 재편** … 탕평책을 추진하여 벽파를 물리치고 시파를 고루 기용하여 왕권의 강화를 꾀하였다. 또한 영조 때의 척신과 환관 등을 제거하고, 노론과 소론 일부, 남인을 중용하였다.

② **왕권 강화 정책** … 규장각의 육성, 초계문신제의 시행, 장용영의 설치, 수원 육성, 수령의 권한 강화, 서얼과 노비의 차별 완화, 금난전권 폐지, 대전통편, 동문휘고, 탁지지 등을 편찬하였다.

❸ 정치질서의 변화

(1) 세도정치의 전개(19세기)

정조가 죽은 후 정치세력 간의 균형이 다시 깨지고 몇몇 유력가문 출신의 인물들에게 집중되었다. 순조 때에는 정순왕후가 수렴청정을 하면서 노론 벽파가 정권을 잡았으나, 정순왕후가 죽자 순조의 장인인 김조순을 중심으로 안동 김씨의 세도정치가 시작되었으며 헌종, 철종 때까지 풍양조씨, 안동 김씨의 세도정치가 이어졌다.

(2) 세도정치의 폐단

① 수령직의 매관매직으로 탐관오리의 수탈이 극심해지고 삼정(전정, 군정, 환곡)이 문란해졌으며, 그 결과 농촌경제는 피폐해지고, 상품화폐경제는 둔화되었다.

② **세도정치의 한계** … 고증학에 치중되어 개혁의지를 상실하였고 지방의 사정을 이해하지 못했다.

출 제 예 상 문 제

1 다음 중 고구려와 관련된 것은?

① 소도   ② 영고

③ 동맹   ④ 무천

> **TIP** ① **소도** : 삼한의 신성지역으로 천군이 지배하는 곳을 의미한다.
> ② **영고** : 부여의 제천의식이다.
> ④ **무천** : 동예의 제천의식이다.

2 고구려와 신라의 관계를 다음과 같이 알려주고 있는 삼국시대의 금석문은?

> • 고구려의 군대가 신라 영토에 주둔했던 것으로 이해할 수 있는 기록이 보인다.
> • 고구려가 신라의 왕을 호칭할 때 '동이 매금(東夷 寐錦)'이라고 부르고 있다.
> • 고구려가 신라의 왕과 신하들에게 의복을 하사하는 의식을 거행한 것으로 보인다.

① 광개토왕비

② 집안고구려비

③ 중원고구려비

④ 영일냉수리비

> **TIP** 중원고구려비 … 충청북도 충주시에 있는 고구려의 고비(古碑)로서 현재 국보 제205로 지정되어 있다. 이 비는 고구려 비(碑) 중 한반도에서 발견된 유일한 예로 고구려가 당시 신라를 「동이(東夷)」라 칭하면서 신라왕에게 종주국으로서 의복을 하사했다는 내용이 실려 있는데 이는 「삼국사기(三國史記)」를 비롯한 여러 문헌에는 실려 있지 않은 사실이다. 또한 '신라토내당주(新羅土內幢主)'하는 직명으로 미루어 신라 영토 안에 고구려 군대가 주둔하였음을 확인할 수 있는 등의 내용이 담겨 있어 고구려사를 연구하는 데 많은 영향을 주었다.

Answer 1.③ 2.③

3 (가) ~ (다)는 고려시대 대외관계와 관련된 자료이다. 이를 시기 순으로 바르게 나열한 것은?

> (가) 윤관이 "신이 여진에게 패한 이유는 여진군은 기병인데 우리는 보병이라 대적할 수 없었기 때문입니다."라고 아뢰었다.
>
> (나) 서희가 소손녕에게 "우리나라는 고구려의 옛 땅이오. 그러므로 국호를 고려라 하고 평양에 도읍하였으니, 만일 영토의 경계로 따진다면, 그대 나라의 동경이 모두 우리 경내에 있거늘 어찌 침식이라 하리요."라고 주장하였다.
>
> (다) 유승단이 "성곽을 버리며 종사를 버리고, 바다 가운데 있는 섬에 숨어 엎드려 구차히 세월을 보내면서, 변두리의 백성으로 하여금 장정은 칼날과 화살 끝에 다 없어지게 하고, 노약자들은 노예가 되게 함은 국가를 위한 좋은 계책이 아닙니다."라고 반대하였다.

① (가) → (나) → (다)　　　　　② (나) → (가) → (다)

③ (나) → (다) → (가)　　　　　④ (다) → (나) → (가)

TIP (나) 서희(942~998)는 거란의 침입(993) 때 활약했던 인물이다.
(가) 윤관(?~1111)은 1107년 20만 대군을 이끌고 여진을 정복하고 고려의 동북 9성을 설치하여 고려의 영토를 확장시킨 인물이다.
(다) 유승단(1168~1232)은 1232년 최우가 재추회의를 소집하여 강화도로 천도를 논의할 때 반대했던 인물이다.

4 다음 왕과 왕의 업적이 바르게 연결된 것은?

① 조선 현종 – 진대법

② 고려 성종 – 문신월과법

③ 조선 세조 – 경국대전 반포

④ 신라 문무왕 – 녹읍 폐지

TIP ② 문신월과법은 고려 성종이 문신들에게 시부(시와 문장)를 지어 바치게 한 제도이다.
① 진대법 우리나라 최초 빈민 구제 제도로 을파소의 건의에 따라 고구려 고국천왕이 실현함
③ 경국대전은 세조 때 편찬 작업을 시작하여 성종 때 반포됨
④ 녹읍은 관료에게 직무의 대가로 지급한 논밭으로 신라 신문왕이 689년 폐지함

Answer　3.②　4.②

5 고려의 대외관계에 대한 설명으로 옳지 않은 것은?

① 송과는 문화적 · 경제적으로 밀접한 유대를 맺었다.

② 거란의 침입에 대비하여 광군을 조직하기도 하였다.

③ 송의 판본은 고려의 목판인쇄 발달에 영향을 주었다.

④ 고려는 송의 군사적 제의에 응하여 거란을 협공하였다.

> **TIP** 송은 고려에 대하여 정치 · 군사적 목적을 고려는 송에 대하여 경제 · 문화적 외교 목적을 갖고 있었다. 즉, 송의 국자감에 유학생을 파견한다든가 의술 및 약재 수입, 불경 · 경서 · 사서 등의 서적 구입에 대외관계를 구축하는 등 경제 · 문화 관계는 유지하였으나 군사적으로 송을 지원하지는 않았다.

6 다음 여러 왕들의 정책들과 정치적 목적이 가장 유사한 것은?

> • 신라 신문왕 : 문무 관리에게 관료전을 지급하고 녹읍을 폐지하였다.
> • 고려 광종 : 과거 제도를 시행하고 관리의 공복을 제정하였다.
> • 조선 태종 : 6조 직계제를 확립하고 사병을 혁파하였다.

① 집사부 시중보다 상대등의 권력을 강화하였다.

② 향약과 사창제를 실시하고 서원을 설립하였다.

③ 장용영을 설치하고 규장각을 확대 개편하였다.

④ 중방을 실질적인 최고 권력 기관으로 만들었다.

> **TIP** ㉠ 신문왕은 왕권 강화의 차원으로 녹읍제를 폐지하고 관료전의 지급을 실시하였다.
> ㉡ 광종은 신진관료 양성을 통한 왕권의 강화를 목적으로 하여 무력이 아닌 유교적 학식을 바탕으로 정치적 식견과 능력을 갖춘 관료층의 형성을 위해 과거제도를 실시하였으며 공복을 제정하여 관료제도의 질서를 통한 왕권의 확립을 꾀하였다.
> ㉢ 태종은 국정운영체제를 도평의사사에서 의정부서사제로, 다시 이를 6조직계제로 고쳐 왕권을 강화하였으며, 사원의 토지와 노비를 몰수하여 전제개혁을 마무리하고, 개인의 사병을 혁파하고 노비변정도감이라는 임시관청을 통해 수십만의 노비를 해방시키는 등 국가 재정과 국방을 강화하기 위한 노력을 하였다.

Answer 5.④ 6.③

7 일본에 사신을 보내면서 스스로를 '고려국왕 대흠무'라고 불렀던 발해 국왕대에 있었던 통일신라의 상황으로 옳은 것은?

① 귀족세력의 반발로 녹읍이 부활되었다.

② 9주 5소경 체제의 지방행정조직을 완비하였다.

③ 의상은 당에서 귀국하여 영주에 부석사를 창건하였다.

④ 장보고는 청해진을 설치하고 남해와 황해의 해상무역권을 장악하였다.

> **TIP** ① 발해 문왕(737 ~ 793)은 스스로를 황제라 칭하였으며, 이 시기 통일신라에서는 757년 경덕왕 시절 내외관의 월봉인 관료전이 폐지되고 녹읍이 부활하였다.
> ②③ 7C
> ④ 신라 하대

8 다음 중 고려의 대간제도에 대한 설명으로 옳은 것은?

① 왕권 보좌의 역할만을 담당하였다.   ② 서경과 간쟁의 권한을 행사하였다.

③ 재신과 추밀들로 구성되었다.   ④ 법제 · 격식문제를 협의하였다.

> **TIP** ① 왕권의 보좌뿐 아니라 견제의 역할까지 담당하였다.
> ③ 도병마사와 관련있다.
> ④ 식목도감에서 담당하였다.

9 고구려가 삼국항쟁의 주도권을 장악하고 있던 시기의 사실로 옳은 것은?

① 나 · 제동맹이 강화되었다.

② 수나라가 고구려를 침공하였다.

③ 화랑도가 국가조직으로 확대되었다.

④ 집사부가 설치되었다.

> **TIP** ① 고구려 장수왕의 남하정책을 막기 위해 신라(눌지왕)와 백제(비유왕)는 433년에 처음으로 나 · 제동맹을 맺었고, 동부여를 복속시켜 고구려의 최대의 영토를 확보한 문자왕 2년에 서로 결혼동맹(신라 소지왕, 백제 동성왕)을 맺음으로써 동맹을 강화하였다.

10 다음 설명하는 '왕'의 재위기간에 있었던 사실로 옳은 것은?

> 이 왕은 장희빈을 왕비로 책봉하였다. 환국을 직접 주도하면서 정국을 이끌었다.

① 붕당정치 폐해를 경계하고자 탕평책을 실시하였다.
② 금위영을 설치하여 5군영 체제를 확립하였다.
③ 일본과의 무역을 재개하기 위해 기유약조를 체결하였다.
④ 균역법을 실시하여 농민의 군역 부담을 덜어주었다.

TIP 설명하고 있는 왕은 숙종이다.
① 탕평책은 영조가 당쟁을 해소하기 위해 실시한 정책
③ 기유약조는 광해군 때 일본과 맺은 조약
④ 균역법은 영조 때 군역의 부담을 덜어주기 위해 만든 세법

11 영조 집권 초기에 일어난 다음 사건과 관련된 설명으로 옳지 않은 것은?

> 충청도에서 정부군과 반란군이 대규모 전투를 벌였으며 전라도에서도 반군이 조직되었다. 반란에 참가한 주동자들은 비록 정쟁에 패하고 관직에서 소외되었지만, 서울과 지방의 명문 사대부 가문 출신이었다. 반군은 청주성을 함락하고 안성과 죽산으로 향하였다.

① 주요 원인 중의 하나는 경종의 사인에 대한 의혹이다.
② 반란군이 한양을 점령하고 왕이 피난길에 올랐다.
③ 탕평책을 추진하는데 더욱 명분을 제공하였다.
④ 소론 및 남인 강경파가 주동이 되어 일으킨 것이다.

TIP 이인좌의 난(영조 4년, 1728년) … 경종이 영조 임금에게 독살되었다는 경종 독살설을 주장하며 소론과 남인의 일부가 영조의 왕통을 부정하여 반정을 시도한 것이다. 영조의 즉위와 함께 실각 당하였던 노론이 다시 집권하고 소론 대신들이 처형을 당하자 이에 불만을 품은 이인좌 등이 소론·남인세력과 중소상인, 노비를 규합하여 청주에서 대규모 반란을 일으켜 한성을 점령하려고 북진하다가 안성과 죽산전투에서 오명환이 지휘한 관군에게 패하여 그 목적이 좌절되었다.

Answer 10.② 11.②

12 18세기 조선 사상계의 동향에 대한 설명으로 옳지 않은 것은?

① 북학사상은 인물성동론을 철학적 기초로 하였다.

② 낙론은 대의명분을 강조한 북벌론으로 발전되어 갔다.

③ 인물성이론은 대체로 충청도지역 노론학자들이 주장했다.

④ 송시열의 유지에 따라 만동묘를 세워 명나라 신종과 의종을 제사지냈다.

> **TIP** ② 북벌의 대의명분을 강조한 것은 호론에 해당한다.
>
> ※ **낙론** … 화이론을 극복하고 북학사상의 내제적 요인으로 인간과 짐승이 본질적으로 같은 품성을 갖는다고 파악하였다. 또한 인간과 자연 사이에 도덕적 일체화를 요구하여 심성위주의 사고에서 벗어나 새로운 물론을 성립시켰으며 이로 인해 자연관의 변화, 경제지학, 상수학 등에 대한 관심을 증대시키고 이를 기반으로 북학사상을 수용하였다. 성인과 범인의 마음이 동일하다는 것을 강조하고 당시 성장하는 일반민의 실체를 현실로 인정하며 이들을 교화와 개혁책으로 지배질서에 포섭하여 위기를 타개해 나가려 하였다.

13 보기의 대화를 읽고 대화내용에 해당하는 시기의 사건으로 옳은 것은?

> A : 현량과를 실시해서, 이 세력들을 등용하여 우리들의 세력이 약해졌어.
> B : 맞아. 위훈삭제로 우리 공을 깎으려고 하는 것 같아.

① 기묘사화가 발생하였다.

② 조광조 등 사림들이 개혁정치를 펼쳤다.

③ 훈구파가 제거되었다.

④ 김종직의 '조의제문'이 문제가 되어 일어났다.

> **TIP** **기묘사화** … 1519년(중종 4)에 일어났는데, 조광조의 혁신정치에 불만을 품은 훈구세력이 위훈삭제 사건을 계기로 계략을 써서 중종을 움직여 조광조 일파를 제거하였다. 이로 인하여 사림세력은 다시 한 번 크게 기세가 꺾였다.
>
> ※ **위훈삭제 사건** … 중종반정 때 공이 없음에도 공신이 된 76명의 훈(勳)을 깎은 사건이다.

Answer 12.② 13.②

14 보기의 내용에 해당하는 역사적 사실로 옳은 것은?

> 혜공왕의 등극 후 왕권투쟁이 빈번해지면서 민란이 발생하였다.

① 녹읍이 폐지되었다.
② 시중의 권한이 강해졌다.
③ 호족이 성장하였다.
④ 6두품의 권한이 강해졌다.

TIP 신라 하대는 왕위쟁탈전이 심해, 왕권은 불안정하고 지방의 반란은 지속되었다. 이에 호족세력은 스스로 성주나 장군으로 자처하며 반독립적인 세력으로 성장하게 되었는데, 지방의 행정과 군사권을 장악하고 경제적 지배력도 행사하였다.

15 조선을 다른 시대와 구분하여 근세라고 부르는 근본적인 이유는?

① 양인의 수가 더욱 증가하고 권익이 더욱 신장되었다.
② 강한 민족의식이 성장하였다.
③ 모든 지역에 지방관을 파견하여 중앙집권적 통치를 하였다.
④ 민족의 독창적 문화를 형성하였다.

TIP ① 봉건적 중세사회와 비교해 볼 때 조선을 근세사회로 구분 지울 수 있는 가장 근본적인 이유는 양인의 수적 증가와 권익신장이다.
  ※ 근세사회의 특징
   ㉠ 정치면
    • 왕권중심으로 권력구조를 바꾸고, 중앙집권적으로 제도를 개편하여 관료체제의 기틀을 마련하였다.
    • 중앙집권체제의 원만한 운영을 위해 왕권과 신권의 조화에 노력하여 모범적인 유교정치를 추구하였다.
   ㉡ 사회면
    • 양인의 수가 증가하고 양인의 권익이 더욱 신장되었을 뿐 아니라, 자영농의 수가 전보다 더 늘어났고, 경작권이 보장되었다.
    • 과거제도가 정비되면서 능력이 보다 존중되었다.
   ㉢ 문화면 : 교육의 기회가 확대되었고, 민족적 자각을 바탕으로 민족문화의 확고한 기반을 마련하였다.

Answer 14.③ 15.①

16 다음 아래 각 시기의 사건에 대한 설명으로 옳은 것은?

① ㉠ 시기에 북인정권이 외교정책을 추진했다.
② ㉡ 시기에 송시열이 북벌론을 주장하였다.
③ ㉢ 시기에 서인이 집권하였다.
④ ㉣ 시기에 예송논쟁이 펼쳐졌다.

TIP ② ㉢시기에 북벌론이 주장되었다.
③ ㉢시기에 예송논쟁이 있었다.
④ ㉣시기에 서인이 집권하였다.

17 발해를 우리 민족사의 일부로 포함시키고자 할 때 그 증거로 제시할 수 있는 내용으로 옳은 것은?

㉠ 발해의 왕이 일본에 보낸 외교문서에서 '고(구)려국왕'을 자처하였다.
㉡ 발해 피지배층은 말갈족이었다.
㉢ 발해 건국주체세력은 고구려 지배계층이었던 대씨, 고씨가 주류를 이루었다.
㉣ 수도상경에 주작 대로를 만들었다.

① ㉠㉣
② ㉠㉢
③ ㉠㉡
④ ㉠㉣

TIP 발해가 건국된 지역은 고구려 부흥운동이 활발하게 일어난 요동지역이었다. 발해의 지배층 대부분은 고구려 유민이었으며 발해의 문화는 고구려적 요소를 많이 포함하고 있었다.

18 삼국통일 후에 신라는 다음과 같은 정책을 실시하게 된 궁극적인 목적으로 옳은 것은?

> • 문무왕은 고구려, 백제인에게도 관직을 내렸다.
> • 옛 고구려, 백제 유민을 포섭하려 노력했다.
> • 고구려인으로 이루어진 황금서당이 조직되었다.
> • 말갈인으로 이루어진 흑금서당이 조직되었다.

① 민족융합정책　　　　　　　　② 전제왕권강화
③ 농민생활안정　　　　　　　　④ 지방행정조직의 정비

TIP 삼국통일 이후 신라의 9서당은 중앙군사조직에 신라인뿐만 아니라 고구려·백제인·말갈인 등 다른 국민까지 포함시켜 조직함으로써 다른 국민에 대한 우환을 경감시키고 중앙병력을 강화할 수 있었다. 그러나 가장 궁극적인 목적은 민족융합에 있었다고 할 수 있다.

　※ 황금서당과 흑금서당
　　㉠ 황금서당(黃衿誓幢) : 통일 신라 시대에 둔 구서당의 하나로 신문왕 3년(683)에 고구려의 포로 및 투항자(投降者)로 편성하였으며, 군복 깃의 빛깔은 황적색이었다.
　　㉡ 흑금서당(黑衿誓幢) : 통일 신라 시대에 둔 구서당의 하나로 말갈(靺鞨) 사람으로 편성하였으며 군복 깃의 빛깔은 흑적색이었다.

19 다음 설명하는 ㉠ 왕의 업적으로 옳지 않은 것은?

> ___㉠___은/는 한명회, 권람 등과 함께 일으킨 정변을 통해 왕위에 올랐으며 김종서, 황보인 등 재상에게 정치의 실권을 넘어가자 어린 왕을 내쫓고 왕이 되었다.

① 현직 관리에게만 수조권을 지급하는 직전법을 실시하였다.
② 영토 개척을 위해 4군 6진을 설치하였다.
③ 국방력 강화를 위해 호패법을 시행하였다.
④ 경국대전 편찬 작업을 진행하였다.

TIP ② 설명하고 있는 왕은 세조이다. 세종 때 여진족을 몰아내기 위해 설치된 4군 6진은 왕권강화 목적으로 세조가 6조 직계제로 바꿈
　① 직전법은 새로운 관리에게 지급할 토지가 부족해지는 상황이 나타나자 실시함
　③ 호패법은 조세 징수와 군역 부과를 효과적으로 하기위해 시행함
　④ 당시까지의 모든 법을 전체적으로 조화시켜 경국대전 편찬 작업을 시작함

Answer　18.①　19.②

20 다음 보기의 내용을 순서대로 바르게 나열한 것은?

> ㉠ 세조를 비방한 조의제문을 사초에 기록한 것을 트집잡아 훈구파가 연산군을 충동질하여 사림파를
> 제거하였다.
> ㉡ 연산군의 생모 윤씨의 폐출사건을 들추어서 사림파를 제거하였다.
> ㉢ 조광조 등이 현량과를 실시하여 사림을 등용하여 급진적 개혁을 추진하자 이에 대한 훈구세력의 반
> 발로 조광조는 실각되고 말았다.
> ㉣ 인종의 외척인 윤임과 명종의 외척인 윤형원의 왕위계승 문제가 발단이 되었는데, 왕실 외척인 척
> 신들이 윤임을 몰아내고 정국을 주도하여 사림의 세력이 크게 위축되었다.
> ㉤ 심의겸과 김효원 사이에 이조 전랑직의 대립으로 붕당이 발생하여 동인과 서인이 나뉘었다.

① ㉠ − ㉡ − ㉢ − ㉣ − ㉤
② ㉡ − ㉠ − ㉢ − ㉣ − ㉤
③ ㉡ − ㉢ − ㉠ − ㉣ − ㉤
④ ㉤ − ㉣ − ㉢ − ㉡ − ㉠

TIP 조선시대의 사화

㉠ **무오사화** : 1498년(연산군 4)에 일어났는데, 김종직의 제자인 김일손이 사관으로 있으면서 김종직이 지은 조의제문을 사초에 올린
일을 빌미로 훈구세력이 사림파 학자들을 죽이거나 귀양보냈다.

㉡ **갑자사화** : 1504년(연산군 10)에 일어났는데, 연산군이 그의 생모인 윤씨의 폐출사사사건을 들추어서 자신의 독주를 견제하려는
사림파의 잔존세력을 죽이거나 귀양보냈다.

㉢ **기묘사화** : 1519년(중종 4)에 일어났는데, 조광조의 혁신정치에 불만을 품은 훈구세력이 위훈 삭제 사건을 계기로 계략을 써서
중종을 움직여 조광조 일파를 제거하였다. 이로 인하여 사림세력은 다시 한 번 크게 기세가 꺾였다.

㉣ **을사사화** : 1545년(명종 즉위년)에 일어났는데, 중종의 배다른 두 아들의 왕위 계승을 에워싼 싸움의 결과로 일어났다. 인종과 명
종의 왕위계승문제는 그들 외척의 대립으로 나타났고, 이에 당시의 양반관리들이 또한 부화뇌동하여 파를 이루었다. 인종이 먼저
즉위하였다가 곧 돌아간 뒤를 이어 명종이 즉위하면서 집권한 그의 외척세력이 반대파를 처치하였다. 이 때에도 사림세력이 많
은 피해를 입었다.

Answer 20.①

03 경제구조와 경제활동

01 고대의 경제

❶ 삼국의 경제생활

(1) 삼국의 경제정책

① **정복활동과 경제정책** ··· 정복지역의 지배자를 내세워 공물을 징수하였고 전쟁포로들은 귀족이나 병사에게 노비로 지급하였다.

② **수취체제의 정비** ··· 노동력의 크기로 호를 나누어 곡물 · 포 · 특산물 등을 징수하고 15세 이상 남자의 노동력을 징발하였다.

③ **농민경제의 안정책** ··· 철제 농기구를 보급하고, 우경이나 · 황무지의 개간을 권장하였으며, 저수지를 축조하였다.

④ **수공업** ··· 노비들이 무기나 장신구를 생산하였으며, 수공업 생산을 담당하는 관청을 설치하였다.

⑤ **상업** ··· 도시에 시장이 형성되었으며, 시장을 감독하는 관청을 설치하였다.

⑥ **국제무역** ··· 왕실과 귀족의 수요품을 중심으로 공무역의 형태로 이루어졌다. 고구려는 남북조와 북방민족을 대상으로 하였으며 백제는 남중국, 왜와 무역하였고 신라는 한강 확보 이전에는 고구려, 백제와 교류하였으나 한강 확보 이후에는 당항성을 통하여 중국과 직접 교역하였다.

(2) 경제생활

① **귀족의 경제생활** ··· 자신이 소유한 토지와 노비, 국가에서 지급받은 녹읍과 식읍을 바탕으로 하였으며 귀족은 농민의 지배가 가능하였으며, 기와집, 창고, 마구간, 우물, 주방을 설치하여 생활하였다.

② **농민의 경제생활** ··· 자기 소유의 토지(민전)나 남의 토지를 빌려 경작하였으며, 우경이 확대되었다. 그러나 수취의 과중한 부담으로 생활개선을 위해 농사기술을 개발하고 경작지를 개간하였다.

❷ 남북국시대의 경제 변화

(1) 통일신라의 경제정책

① 수취체제의 변화

  ㉠ 조세 : 생산량의 10분의 1 정도를 수취하였다.

  ㉡ 공물 : 촌락 단위로 그 지역의 특산물을 징수하였다.

  ㉢ 역 : 군역과 요역으로 이루어져 있었으며, 16 ~ 60세의 남자를 대상으로 하였다.

② 민정문서

  ㉠ 작성 : 정부가 농민에 대한 조세와 요역 부과 자료의 목적으로 작성된 것으로 추정되며, 자연촌 단위로 매년 변동사항을 조사하여 3년마다 촌주가 작성하였다. 토지의 귀속관계에 따라 연수유전답, 촌주위답, 관모전답, 내시령답, 마전 등으로 분류되어 있다.

  ㉡ 인구조사 : 남녀별, 연령별로 6등급으로 조사하였다. 양인과 노비, 남자와 여자로 나누어 기재되어 있다.

  ㉢ 호구조사 : 9등급으로 구분하였다.

③ 토지제도의 변화

  ㉠ 관료전 지급(신문왕) : 식읍을 제한하고, 녹읍을 폐지하였으며 관료전을 지급하였다.

  ㉡ 정전 지급(성덕왕) : 왕토사상에 의거 백성에게 정전을 지급하고, 구휼정책을 강화하였다.

  ㉢ 녹읍 부활(경덕왕) : 녹읍제가 부활되고 관료전이 폐지되었다.

(2) 통일신라의 경제

① 경제 발달

  ㉠ 경제력의 성장

  • 중앙 : 동시(지증왕) 외에 서시와 남시(효소왕)가 설치되었다.

  • 지방 : 지방의 중심지나 교통의 요지에서 물물교환이 이루어졌다.

  ㉡ 무역의 발달

  • 대당 무역 : 나·당전쟁 이후 8세기 초(성덕왕)에 양국관계가 재개되면서 공무역과 사무역이 발달하였다. 수출품은 명주와 베, 해표피, 삼, 금·은세공품 등이었고 수입품은 비단과 책 및 귀족들이 필요로 하는 사치품이었다.

  • 대일 무역 : 초기에는 무역을 제한하였으나, 8세기 이후에는 무역이 활발하였다.

  • 국제무역 : 이슬람 상인이 울산을 내왕하였다.

  • 청해진 설치 : 장보고가 해적을 소탕하였고 남해와 황해의 해상무역권을 장악하여 당, 일본과의 무역을 독점하였다.

② **귀족의 경제생활**

    ⊙ **귀족의 경제적 기반** : 녹읍과 식읍을 통해 농민을 지배하여 조세와 공물을 징수하고, 노동력을 동원하였으며 국가에서 지급한 것 외에도 세습토지, 노비, 목장, 섬을 소유하기도 하였다.

    ⓛ **귀족의 일상생활** : 사치품(비단, 양탄자, 유리그릇, 귀금속)을 사용하였으며 경주 근처의 호화주택과 별장을 소유하였다(안압지, 포석정 등).

③ **농민의 경제생활**

    ⊙ **수취의 부담** : 전세는 생산량의 10분의 1 정도를 징수하였으나, 삼베·명주실·과실류를 바쳤고, 부역이 많아 농사에 지장을 초래하였다.

    ⓛ **농토의 상실** : 8세기 후반 귀족이나 호족의 토지 소유 확대로 토지를 빼앗겨 남의 토지를 빌려 경작하거나 노비로 자신을 팔거나, 유랑민이나 도적이 되기도 하였다.

    ⓒ **향·부곡민** : 농민보다 많은 부담을 가졌다.

    ⓔ **노비** : 왕실, 관청, 귀족, 사원(절) 등에 소속되어 물품을 제작하거나, 일용 잡무 및 경작에 동원되었다.

(3) 발해의 경제 발달

① **수취제도**

    ⊙ **조세** : 조·콩·보리 등의 곡물을 징수하였다.

    ⓛ **공물** : 베·명주·가죽 등 특산물을 징수하였다.

    ⓒ **부역** : 궁궐·관청 등의 건축에 농민이 동원되었다.

② **귀족경제의 발달** … 대토지를 소유하였으며, 당으로부터 비단과 서적을 수입하였다.

③ **농업** … 밭농사가 중심이 되었으며 일부지역에서 철제 농기구를 사용하고, 수리시설을 확충하여 논농사를 하기도 하였다.

④ **목축·수렵·어업** … 돼지·말·소·양을 사육하고, 모피·녹용·사향을 생산 및 수출하였으며 고기잡이도구를 개량하고, 숭어, 문어, 대게, 고래 등을 잡았다.

⑤ **수공업** … 금속가공업(철, 구리, 금, 은), 직물업(삼베, 명주, 비단), 도자기업 등이 발달하였다.

⑥ **상업** … 도시와 교통요충지에 상업이 발달하고, 현물과 화폐를 주로 사용하였으며, 외국 화폐가 유통되기도 하였다.

⑦ **무역** … 당, 신라, 거란, 일본 등과 무역하였다.

    ⊙ **대당 무역** : 산둥반도의 덩저우에 발해관을 설치하였으며, 수출품은 토산품과 수공업품(모피, 인삼, 불상, 자기)이며 수입품은 귀족들의 수요품인 비단, 책 등이었다.

    ⓛ **대일 무역** : 일본과의 외교관계를 중시하여 활발한 무역활동을 전개하였다.

    ⓒ **신라와의 관계** : 필요에 따라 사신이 교환되고 소극적인 경제, 문화 교류를 하였다.

02 중세의 경제

❶ 경제 정책

(1) 전시과 제도

① 전시과 제도 특징 … 토지소유권은 국유를 원칙으로 하나 사유지가 인정되었다. 수조권에 따라 공·사전을 구분하여 수조권이 국가에 있으면 공전, 개인·사원에 속해 있으면 사전이라 하였다. 경작권은 농민과 외거노비에게 있었다. 관직 복무와 직역에 대한 대가로 지급되었기 때문에 세습이 허용되지 않았다.

② 토지제도의 정비과정

ⓐ 역분전(태조) : 후삼국 통일과정에서 공을 세운 사람들에게 충성도와 인품에 따라 경기지방에 한하여 지급하였다.

ⓑ 시정전시과(경종) : 관직이 높고 낮음과 함께 인품을 반영하여 역분전의 성격을 벗어나지 못하였고 전국적 규모로 정비되었다.

ⓒ 개정전시과(목종) : 관직만을 고려하여 지급하는 기준안을 마련하고, 지급량도 재조정하였으며, 문관이 우대되었고 군인전도 전시과에 규정하였다.

ⓓ 경정전시과(문종) : 현직 관리에게만 지급하고, 무신에 대한 차별대우가 시정되었다.

ⓔ 녹과전(원종) : 무신정변으로 전시과체제가 완전히 붕괴되면서 관리의 생계 보장을 위해 지급하였다.

ⓕ 과전법(공양왕) : 권문세족의 토지를 몰수하여 공전에 편입하고 경기도에 한해 과전을 지급하였다. 이로써 신진사대부의 경제적 토대가 마련되었다.

(2) 토지의 소유

고려는 국가에 봉사하는 대가로 관료에게 전지와 시지를 차등있게 나누어 주는 전시과와 개인 소유의 토지인 민전을 근간으로 운영하였다.

❷ 경제활동

(1) 귀족의 경제생활

대대로 상속받은 토지와 노비, 과전과 녹봉 등이 기반이 되었으며 노비에게 경작시키거나 소작을 주어 생산량의 2분의 1을 징수하고, 외거노비에게 신공으로 매년 베나 곡식을 징수하였다.

(2) 농민의 경제생활

민전을 경작하거나, 국유지나 공유지 또는 다른 사람의 토지를 경작하여, 품팔이를 하거나 가내 수공업에 종사하였다. 삼경법이 일반화되었고 시비법의 발달, 윤작의 보급 및 이앙법이 남부지방에서 유행하였다.

(3) 수공업자의 활동

① **관청수공업** … 공장안에 등록된 수공업자와 농민 부역으로 운영되었으며, 주로 무기, 가구, 세공품, 견직물, 마구류 등을 제조하였다.

② **소(所)수공업** … 금, 은, 철, 구리, 실, 각종 옷감, 종이, 먹, 차, 생강 등을 생산하여 공물로 납부하였다.

③ **사원수공업** … 베, 모시, 기와, 술, 소금 등을 생산하였다.

④ **민간수공업** … 농촌의 가내수공업이 중심이 되었으며(삼베, 모시, 명주 생산), 후기에는 관청수공업에서 제조하던 물품(놋그릇, 도자기 등)을 생산하였다.

(4) 상업활동

① **도시의 상업활동** … 개경, 서경(평양), 동경(경주) 등 대도시에 서적점, 약점, 주점, 다점 등의 관영상점이 설치되었고 비정기 시장도 활성화되었으며 물가조절 기구인 경사서가 설치되었다.

② **지방의 상업활동** … 관아 근처에서 쌀, 베를 교환하는 시장이 열렸으며 행상들의 활동도 두드러졌다.

③ **사원의 상업활동** … 소유한 토지에서 생산한 곡물, 승려 · 노비들이 만든 수공업품을 민간에 판매하였다.

④ **고려 후기의 상업활동** … 벽란도가 교통로와 산업의 중심지로 발달하였고, 국가의 재정수입을 늘리기 위하여 소금의 전매제가 실시되었고, 관청 · 관리 등은 농민에게 물품을 강매하거나, 조세를 대납하게 하였다.

(5) 화폐 주조와 고리대의 유행

① **화폐 주조 및 고리대의 성행** … 자급자족적 경제구조로 유통이 부진하였고 곡식이나 삼베가 유통의 매개가 되었으며, 장생고라는 서민금융기관을 통해 사원과 귀족들은 폭리를 취하여 부를 확대하였는데 이로 인하여 농민은 토지를 상실하거나 노비가 되기도 하였다.

② **보(寶)** … 일정한 기금을 조성하여 그 이자를 공적인 사업의 경비로 충당하는 것을 말한다.
　　㉠ **학보(태조)** : 학교 재단
　　㉡ **광학보(정종)** : 승려를 위한 장학재단
　　㉢ **경보(정종)** : 불경 간행
　　㉣ **팔관보(문종)** : 팔관회 경비
　　㉤ **제위보(광종)** : 빈민 구제
　　㉥ **금종보** : 현화사 범종주조 기금

(6) 무역활동

① 벽란도가 국제무역항으로 번성하게 되었다.

② 고려는 문화적 · 경제적 목적으로 송은 정치적 · 군사적 목적으로 친선관계를 유지하였다.

③ 거란과 여진과는 은과 농기구, 식량을 교역하였다. 일본과 11세기 후반부터 김해에서 내왕하면서 수은·유황 등을 가지고 와서 식량·인삼·서적 등과 바꾸어 갔으며 아라비아(대식국)는 송을 거쳐 고려에 들어와 수은·향료·산호 등을 판매하였다. 또한 이 시기에 고려의 이름이 서방에 알려졌다.

④ 원 간섭기의 무역 ··· 공무역이 행해지는 한편 사무역이 다시 활발해졌고, 상인들이 독자적으로 원과 교역하면서 금, 은, 소, 말 등이 지나치게 유출되어 사회적으로 물의가 일어날 정도였다.

03 근세의 경제

① 경제정책

(1) 과전법의 시행과 변화

① 과전법의 시행 ··· 국가의 재정기반과 신진사대부세력의 경제기반을 확보하기 위해 시행되었다. 경기지방의 토지에 한정되었고 과전을 받은 사람이 죽거나 반역을 한 경우에는 국가에 반환하고 토지의 일부는 수신전, 휼양전, 공신전 형태로 세습이 가능하였다.

② 과전법의 변화 ··· 토지가 세습되자 신진관리에게 나누어 줄 토지가 부족하게 되었다.
   ㉠ 직전법(세조) : 현직 관리에게만 수조권을 지급하였고 수신전과 휼양전을 폐지하였다.
   ㉡ 관수관급제(성종) : 관청에서 수조권을 행사하고, 관리에게 지급하여 국가의 지배권이 강화하였다.
   ㉢ 직전법의 폐지(16세기 중엽) : 수조권 지급제도가 없어졌다.

③ 지주제의 확산 ··· 직전법이 소멸되면서 고위층 양반들이나 지방 토호들은 토지 소유를 늘리기 시작하여 지주전호제가 일반화되고 병작반수제가 생겼다.

(2) 수취체제의 확립

① 조세 ··· 토지 소유자의 부담이었으나 지주들은 소작농에게 대신 납부하도록 강요하는 경우가 많았다.
   ㉠ 과전법 : 수확량의 10분의 1을 징수하고, 매년 풍흉에 따라 납부액을 조정하였다.
   ㉡ 전분6등법·연분9등법(세종) : 1결당 최고 20두에서 최하 4두를 징수하였다.
   • 전분6등법
   − 토지의 비옥한 정도에 따라 6등급으로 나누고 그에 따라 1결의 면적을 달리하였다.
   − 모든 토지는 20년마다 측량하여 대장을 만들어 호조, 각도, 각 고을에 보관하였다.
   • 연분9등법
   − 한 해의 풍흉에 따라 9등급으로 구분하였다.
   − 작황의 풍흉에 따라 1결당 최고 20두에서 최하 4두까지 차등을 두었다.
   ㉢ 조세 운송 : 군현에서 거둔 조세는 조창(수운창·해운창)을 거쳐 경창(용산·서강)으로 운송하였으며, 평안도와 함경도의 조세는 군사비와 사신접대비로 사용하였다.

② **공납** … 중앙관청에서 지역의 토산물을 군현에 물품과 액수를 할당하여 징수하는 것으로 납부기준에 맞는 품질과 수량을 맞추기 어려워 농민들의 부담이 컸다.

③ **역** … 16세 이상의 정남에게 의무가 있다.
　　㉠ **군역** : 정군은 일정 기간 군사복무를 위하여 교대로 근무했으며, 보인은 정군이 복무하는 데에 드는 비용을 보조하였다. 양반, 서리, 향리는 군역이 면제되었다.
　　㉡ **요역** : 가호를 기준으로 정남의 수를 고려하여 뽑았으며, 각종 공사에 동원되었다. 토지 8결당 1인이 동원되었고, 1년에 6일 이내로 동원할 수 있는 날을 제한하였으나 임의로 징발하는 경우도 많았다.

④ **국가재정** … 세입은 조세, 공물, 역 이외에 염전, 광산, 산림, 어장, 상인, 수공업자의 세금으로 마련하였다. 세출은 군량미나 구휼미로 비축하고 왕실경비, 관리의 녹봉, 의료비 등으로 지출하였다.

❷ 양반과 평민의 경제활동

(1) 양반 지주의 생활
농장은 노비의 경작과 주변 농민들의 병작반수의 소작으로 행해졌으며 노비는 재산의 한 형태로 구매, 소유 노비의 출산 및 혼인으로 확보되었고, 외거노비는 주인의 땅을 경작 및 관리하고 신공을 징수하였다.

(2) 농민생활의 변화
① **농업기술의 발달**
　　㉠ **밭농사** : 조·보리·콩의 2년 3작이 널리 행해졌다.
　　㉡ **논농사** : 남부지방에 모내기 보급과 벼와 보리의 이모작으로 생산량이 증가되었다.
　　㉢ **시비법** : 밑거름과 덧거름을 주어 휴경제도가 거의 사라졌다.
　　㉣ **농기구** : 쟁기, 낫, 호미 등의 농기구도 개량되었다.
② **상품 재배** … 목화 재배가 확대되어 의생활이 개선되었고, 약초와 과수 재배가 확대되었다.

(3) 수취제도의 문란
① **공납의 폐단 발생** … 중앙관청의 서리들이 공물을 대신 납부하고 수수료를 징수하는 방납이 증가할수록 농민의 부담이 증가되었다. 이에 이이·유성룡은 공물을 쌀로 걷는 수미법을 주장하였다.
② **군역의 변질**
　　㉠ **군역의 요역화** : 농민 대신에 군인을 각종 토목공사에 동원시키게 되어 군역을 기피하게 되었다.
　　㉡ **대립제** : 보인들에게서 받은 조역가로 사람을 사서 군역을 대신시키는 현상이다.
　　㉢ **군적수포제** : 장정에게 군포를 받은 수입으로 군대를 양성하는 직업군인제이다. 군대의 질 하락, 모병제화로 농민의 부담이 가중되는 결과를 낳았다.
③ **환곡** … 농민에게 곡물을 빌려 주고 10분의 1 정도의 이자를 거두는 제도로서 지방 수령과 향리들이 정한 이자보다 많이 징수하는 폐단을 낳았다.

04 경제상황의 변동

① 수취체제의 개편

(1) 영정법의 실시(1635)

① 배경 … 15세기의 전분 6등급과 연분 9등급은 매우 번잡하여 제대로 운영되지 않았고, 16세기에는 아예 무시된 채 최저율의 세액이 적용하고 풍흉에 관계없이 전세로 토지 1결당 미곡 4두를 징수하였다.

② 결과 … 전세율은 이전보다 감소하였으나 여러 명목의 비용을 함께 징수하여 농민의 부담은 다시 증가하였으며 또한 지주전호제하의 전호들에겐 적용되지 않았다.

(2) 공납의 전세화

① 방납의 폐단을 시정하고 농민의 토지 이탈을 방지하기 위해서 대동법을 실시하였다. 과세기준이 종전의 가호에서 토지의 결수로 바뀌어 농민의 부담이 감소하였다.

② 영향 … 공인의 등장, 농민부담의 경감, 장시와 상공업의 발달, 상업도시의 성장, 상품ㆍ화폐경제의 성장, 봉건적 양반사회의 붕괴 등에 영향을 미쳤으나 현물 징수는 여전히 존속하였다.

③ 의의 … 종래의 현물 징수가 미곡, 포목, 전화 등으로 대체됨으로써 조세의 금납화 및 공납의 전세화가 이루어졌다.

(3) 균역법의 시행

① 균역법의 실시 … 농민 1인당 1년에 군포 1필을 부담 하였으며 지주에게는 결작으로 1결당 미곡 2두를 징수하고, 상류층에게 선무군관이라는 창호로 군포 1필을 징수하였으며 어장세, 선박세 등 잡세 수입으로 보충하였다.

② 결과 … 농민의 부담은 일시적으로 경감하였지만 농민에게 결작의 부담이 강요되었고 군적의 문란으로 농민의 부담이 다시 가중되었다.

② 서민경제의 발전

(1) 양반 지주의 경영 변화

상품화폐경제의 발달로 소작인의 소작권을 인정하고, 소작료 인하 및 소작료를 일정액으로 정하는 추세가 등장하게 되었으며, 토지 매입 및 고리대로 부를 축적하거나, 경제 변동에 적응하지 못한 양반이 등장하였다.

(2) 농민경제의 변화

① 모내기법의 확대 … 이모작으로 인해 광작의 성행과 농민의 일부는 부농으로 성장하였다.

② 상품작물의 재배 … 장시가 증가하여 상품의 유통(쌀, 면화, 채소, 담배, 약초 등)이 활발해졌다.

③ 소작권의 변화 … 소작료가 타조법에서 도조법으로 변화하였고, 곡물이나 화폐로 지불하였다.

④ 몰락 농민의 증가 … 부세의 부담, 고리채의 이용, 관혼상제의 비용 부담 등으로 소작지를 잃은 농민은 도시에서 상공업에 종사하거나, 광산이나 포구의 임노동자로 전환되었다.

(3) 민영수공업의 발달

① 민영수공업 … 관영수공업이 쇠퇴하고 민영수공업이 증가하였다.

② 농촌수공업 … 전문적으로 수공업제품을 생산하는 농가가 등장하여, 옷감과 그릇을 생산하였다.

③ 수공업 형태의 변화 … 상인이나 공인으로부터 자금이나 원료를 미리 받고 제품을 생산하는 선대제수공업이나 독자적으로 제품을 생산하고 판매하는 독립수공업의 형태로 변화하였다.

(4) 민영 광산의 증가

① 광산 개발의 증가 … 민영수공업의 발달로 광물의 수요가 증가, 대청 무역으로 은의 수요가 증가, 상업자본의 채굴과 금광 투자가 증가하고, 잠채가 성행하였다.

② 조선 후기의 광업 … 덕대가 상인 물주로부터 자본을 조달받아 채굴업자와 채굴노동자, 제련노동자 등을 고용하여 분업에 토대를 둔 협업으로 운영하였다.

❸ 상품화폐경제의 발달

(1) 사상의 대두

① 상품화폐경제의 발달 … 농민의 계층 분화로 도시유입인구가 증가되어 상업활동은 더욱 활발해졌으며 이는 공인과 사상이 주도하였다.

② 사상의 성장 … 초기의 사상은 농촌에서 도시로 유입된 인구의 일부가 상업으로 생계를 유지하여 시전에서 물건을 떼어다 파는 중도아(中都兒)가 되었다가, 17세기 후반에는 시전상인과 공인이 상업활동에서 활기를 띠자 난전이라 불리는 사상들도 성장하였고 시전과 대립하였다. 이후 18세기 말, 정부는 육의전을 제외한 나머지 시전의 금난전권을 폐지하였다.

(2) 장시의 발달

① 15세기 말 개설된 장시는 18세기 중엽 전국에 1,000여개 소가 개설되었으며, 보통 5일마다 열렸는데 일부 장시는 상설 시장이 되기도 하였으며, 인근의 장시와 연계하여 하나의 지역적 시장권을 형성하였다.

② **보부상의 활동** … 농촌의 장시를 하나의 유통망으로 연결하여 생산자와 소비자를 이어주는 데 큰 역할을 하였고, 자신들의 이익을 지키기 위하여 보부상단 조합을 결성하였다.

(3) 포구에서의 상업활동

① **포구의 성장**

    ㉠ **수로 운송** : 도로와 수레가 발달하지 못하여 육로보다 수로를 이용하였다.

    ㉡ **포구의 역할 변화** : 세곡과 소작료 운송기지에서 상업의 중심지로 성장하였다.

    ㉢ **선상, 객주, 여각** : 포구를 거점으로 상행위를 하는 상인이 등장했다.

② **상업활동**

    ㉠ **선상** : 선박을 이용하여 포구에서 물품을 유통하였다.

    ㉡ **경강상인** : 대표적인 선상으로 한강을 근거지로 소금, 어물과 같은 물품의 운송과 판매를 장악하여 부를 축적하였고 선박의 건조 등 생산분야에까지 진출하였다.

    ㉢ **객주, 여각** : 선상의 상품매매를 중개하거나, 운송 · 보관 · 숙박 · 금융 등의 영업을 하였다.

(4) 중계무역의 발달

① **대청 무역** … 7세기 중엽부터 활기를 띄었으며, 공무역에는 중강개시, 회령개시, 경원개시 등이 있고, 사무역에는 중강후시, 책문후시, 회동관후시, 단련사후시 등이 있었다. 주로 수입품은 비단, 약재, 문방구 등이며 수출품은 은, 종이, 무명, 인삼 등이었다.

② **대일 무역** … 왜관개시를 통한 공무역이 활발하게 이루어졌고 조공무역이 이루어졌다. 조선은 수입한 물품들을 일본에게 넘겨 주는 중계무역을 하고 일본으로부터 은, 구리, 황, 후추 등을 수입하였다.

③ **상인들의 무역활동** … 의주의 만상, 동래의 내상 개성의 송상 등이 있다.

(5) 화폐 유통

① **화폐의 보급** … 인조 때 동전이 주조되어, 개성을 중심으로 유통되다가 효종 때 널리 유통되었다. 18세기 후반에는 세금과 소작료도 동전으로 대납이 가능해졌다.

② **동전 부족(전황)** … 지주, 대상인이 화폐를 고리대나 재산 축적에 이용하자 전황이 생겨 이익은 폐전론을 주장하기도 하였다.

③ **신용화폐의 등장** … 상품화폐경제의 진전과 상업자본의 성장으로 대규모 상거래에 환 · 어음 등의 신용화폐를 이용하였다.

출 제 예 상 문 제

1 신라사 연구의 중요한 자료인 민정문서에 대한 설명으로 옳은 것은?

① 천민집단 및 노비의 노동력은 기록하지 않았다.

② 인구를 연령별로 6등급으로 조사 · 기록하였다.

③ 소백산맥 동쪽에 있는 중원경의 촌락기록이다.

④ 5년마다 촌락의 노동력과 생산력을 지방관이 조사 · 기록하였다.

> **TIP** ② 인정(人丁)은 연령과 성별에 따라 6등급으로 구분되었다.
>
> ① 평민 이외에 향 · 부곡민 및 노비의 노동력을 철저히 기록하여 국가부역과 조세기준을 마련하였다.
>
> ③ 신라장적은 서원경과 부근 3개촌의 민정문서이다.
>
> ④ 평민 이외에 향 · 부곡민 및 노비의 노동력을 철저히 기록하여 국가의 부역과 조세기준을 마련하였다.

2 다음 중 고려의 수취제도에 대한 설명으로 옳은 것은?

① 어민과 상인은 수취에서 제외되었다.

② 조세는 비옥도에 관계없이 면적에 따라 징수하였다.

③ 지방에서 거둔 조세는 조운을 통해 개경으로 옮겨졌다.

④ 국가가 백성의 노동력을 동원할 때에는 반드시 대가를 지불하였다.

> **TIP** ③ 고려는 수취를 통해 거둔 조세를 각 군현의 농민을 동원하여 조창까지 옮긴 다음, 조운을 통해서 개경의 좌우창으로 운반하여 보관하였다.
>
> ① 어민에게 어염세를 걷거나 상인에게 상세를 거두어 재정에 사용하였다.
>
> ② 조세는 논과 밭으로 나누고 비옥한 정도에 따라 3등급으로 나누어 부과하였다.
>
> ④ 역은 국가에서 백성의 노동력을 무상으로 동원하였다.

Answer 1.② 2.③

3 통일신라시대 귀족경제의 변화를 말해주고 있는 밑줄 친 '이것'에 대한 설명으로 옳은 것은?

> 전제왕권이 강화되면서 신문왕 9년(689)에 이것을 폐지하였다. 이를 대신하여 조(租)의 수취만을 허락하는 관료전이 주어졌고, 한편 일정한 양의 곡식이 세조(歲租)로서 또한 주어졌다. 그러나 경덕왕 16년(757)에 이르러 다시 이것이 부활되는 변화과정을 겪었다.

① 이것이 폐지되자 전국의 모든 국토는 '왕토(王土)'라는 사상이 새롭게 나오게 되었다.
② 수급자가 토지로부터 조(租)를 받을 뿐 아니라, 그 지역의 주민을 노역(勞役)에 동원할 수 있었다.
③ 삼국통일 이후 국가에 큰 공을 세운 육두품 신분의 사람들에게 특별히 지급하였다.
④ 촌락에 거주하는 양인농민인 백정이 공동으로 경작하였다.

TIP 녹읍은 신라 및 고려 초기 관리들에게 관직 복무의 대가로 일정 지역의 경제적 수취를 허용한 특정 지역이다.

4 다음에서 설명하는 제도가 시행되었던 왕대의 상황에 대한 설명으로 옳은 것은?

> 양인들의 군역에 대한 절목 등을 검토하고 유생의 의견을 들었으며, 개선 방향에 관한 면밀한 검토를 거친 후 담당 관청을 설치하고 본격적으로 시행하였다. 핵심 내용은 1년에 백성이 부담하는 군포 2필을 1필로 줄이는 것이었다.

① 증보문헌비고가 편찬, 간행되었다.
② 노론의 핵심 인물이 대거 처형당하였다.
③ 통공정책을 써서 금난전권을 폐지하였다.
④ 청계천을 준설하여 도시를 재정비하고자 하였다.

TIP 서문은 영조시대 백성에게 큰 부담이 된 군포제도를 개혁한 균역법에 대한 설명이다. 이 시대에는 도성의 중앙을 흐르는 청계천을 준설하는 준천사업을 추진하였고 1730년을 전후하여 서울인구가 급증하고 겨울용 뗄감의 사용량이 증가하면서 서울 주변 산이 헐벗게 되고 이로 인하여 청계천에 토사가 퇴적되어 청계천이 범람하는 사건이 발생하였다.

Answer 3.② 4.④

5 고려시대의 경제 활동에 대한 설명으로 옳지 않은 것은?

① 전기에는 관청 수공업과 소 수공업 중심으로 발달하였다.

② 상업은 촌락을 중심으로 발달하였다.

③ 대외 무역에서 가장 큰 비중을 차지한 것은 송과의 무역이었다.

④ 사원에서는 베, 모시, 기와, 술, 소금 등의 품질 좋은 제품을 생산하였다.

TIP 고려시대에는 상품화폐경제가 발달하지 못하였고 상업은 촌락이 아니라 도시를 중심으로 발달하였다.

6 다음과 같은 문화 활동을 전후한 시기의 농업 기술 발달에 관한 내용으로 옳은 것을 모두 고르면?

> • 서예에서 간결한 구양순체 대신에 우아한 송설체가 유행하였다.
> • 고려 태조에서 숙종 대까지의 역대 임금의 치적을 정리한 「사략」이 편찬되었다.

> ㉠ 2년 3작의 윤작법이 점차 보급되었다.
> ㉡ 원의 「농상집요」가 소개되었다.
> ㉢ 우경에 의한 심경법이 확대되었다.
> ㉣ 상품 작물이 광범위하게 재배되었다.

① ㉠㉡

② ㉡㉢

③ ㉠㉡㉢

④ ㉡㉢㉣

TIP 구양순체는 고려 전기의 유행서체이며 송설체가 유행한 시기는 고려 후기에 해당한다. 또한 13세기 후반 성리학의 수용으로 대의명분과 정통의식을 고수하는 성리학과 사관이 도입되었는데 이제현의 「사략」은 이 시기의 대표적인 역사서이다. 따라서 고려 후기의 농업 기술 발달에 관한 내용을 선택하여야 하며 상품작물이 광범위하게 재배된 것은 조선 후기의 특징에 해당하므로 제외하여야 한다.

※ 고려 후기의 농업 발달
    ㉠ 밭농사에 2년 3작의 윤작법이 보급되었다.
    ㉡ 원의 사농사에서 편찬한 화북지방의 농법 「농상집요」를 전통적인 것을 보다 더 발전시키려는 노력의 일단으로 소개 보급하였다.
    ㉢ 소를 이용한 심경법이 널리 보급되었다.

Answer 5.② 6.③

7 보기의 세 사람이 공통적으로 주장한 내용으로 옳은 것은?

유형원, 이익, 정약용

① 자영농을 육성하여 민생을 안정시키자고 주장하였다.
② 상공업의 진흥과 기술혁신을 주장하였다.
③ 개화기의 개화사상가들에 의해 계승되었다.
④ 농업부문에서 도시제도의 개혁보다는 생산력 증대를 중요시 하였다.

TIP 중농학파(경세치용)
　㉠ 농촌 거주의 남인학자들에 의해 발달
　㉡ 국가제도의 개편으로 유교적 이상국가의 건설을 주장
　㉢ 토지제도의 개혁을 강조하여 자영농의 육성과 농촌경제의 안정을 도모
　㉣ 대원군의 개혁정치, 한말의 애국계몽사상, 일제시대의 국학자들에게 영향

8 조선시대 토지제도에 대한 설명이다. 변천순서로 옳은 것은?

㉠ 국가의 재정기반과 신진사대부세력의 경제기반을 확보하기 위해 시행되었다.
㉡ 현직관리에게만 수조권을 지급하였다.
㉢ 관청에서 수조권을 행사하여 백성에게 조를 받아, 관리에게 지급하였다.
㉣ 국가가 관리에게 현물을 지급하는 급료제도이다.

① ㉠ - ㉡ - ㉢ - ㉣
② ㉡ - ㉠ - ㉢ - ㉣
③ ㉢ - ㉡ - ㉠ - ㉣
④ ㉣ - ㉡ - ㉢ - ㉠

TIP 토지제도의 변천
　㉠ 통일신라시대 : 전제왕권이 강화되면서 녹읍이 폐지되고 신문왕 관료전이 지급되었다.
　㉡ 고려시대 : 역분전 → 시정전시과 → 개정전시과 → 경정전시과 → 녹과전 → 과전법의 순으로 토지제도가 변천되었다.
　㉢ 조선시대 : 과전법 → 직전법 → 관수관급제 → 직전법의 폐지와 지주제의 확산 등으로 이루어졌다.

Answer 7.① 8.①

9 영조 때 실시된 균역법에 대한 설명으로 옳지 않은 것은?

① 군포를 1년에 2필에서 1필로 경감시켰다.

② 균역법의 실시로 모든 양반에게도 군포를 징수하였다.

③ 균역법의 시행으로 감소된 재정은 어장세·염전세·선박세로 보충하였다.

④ 결작이라 하여 토지 1결당 미곡 2두를 부과하였다.

TIP ② 균역법의 시행으로 감소된 재정은 결작(토지 1결당 미곡 2두)을 부과하고 일부 상류층에게 선무군관이라는 칭호를 주어 군포 1 필을 납부하게 하였으며 선박세와 어장세, 염전세 등으로 보충하였다.

10 다음 중 민정문서(신라장적)에 대한 설명으로 옳은 것은?

① 천민 집단과 노비의 노동력은 기록하지 않았다.

② 소백 산맥 동쪽에 있는 중원경과 그 주변 촌락의 기록이다.

③ 인구를 연령별로 6등급으로 나누어 작성하였다.

④ 5년마다 촌락의 노동력과 생산력을 지방관이 작성하였다.

TIP ③ 연령과 성별에 따라 6등급으로, 호는 인구수에 따라 9등급으로 나누어 기록하였다.

11 신문왕 때 폐지되었던 녹읍이 경덕왕 때 다시 부활한 이유로 옳은 것은?

① 왕권 강화   ② 귀족 세력의 반발

③ 피정복민의 회유   ④ 농민의 생활 안정

TIP ② 경덕왕때 귀족의 반발로 녹읍제가 부활되어 국가경제가 어렵게 되었다.

Answer 9.② 10.③ 11.②

12 다음은 통일신라 때의 토지 제도에 대한 설명이다. 이에 관한 설명으로 옳은 것은?

> 통일 후에는 문무 관료들에게 토지를 나누어 주고, 녹읍을 폐지하는 대신 해마다 곡식을 나누어 주었다.

① 농민 경제가 점차 안정되었다.
② 귀족들의 농민 지배가 더욱 강화되었다.
③ 귀족들의 기반이 더욱 강화되었다.
④ 귀족에 대한 국왕의 권한이 점차 강화되었다.

TIP 제시된 내용은 관료전을 지급하는 대신 녹읍을 폐지한 조치에 대한 설명이다. 녹읍은 토지세와 공물은 물론 농민의 노동력까지 동원할 수 있었으나 관료전은 토지세만 수취할 수 있었다.

13 다음에서 발해의 경제생활에 대한 내용으로 옳은 것을 모두 고르면?

> ㉠ 밭농사보다 벼농사가 주로 행하였다.
> ㉡ 제철업이 발달하여 금속가공업이 성행하였다.
> ㉢ 어업이 발달하여 먼 바다에 나가 고래를 잡기도 하였다.
> ㉣ 가축의 사육으로 모피, 녹용, 사향 등이 생산되었다.

① ㉠㉡   ② ㉠㉢
③ ㉠㉣   ④ ㉡㉢㉣

TIP ㉠ 발해의 농업은 기후가 찬 관계로 콩, 조 등의 곡물 생산이 중심을 이루었고 밭농사가 중심이 되었다.

CHAPTER
04
사회구조와 사회생활

01 고대의 사회

❶ 신분제 사회의 성립

(1) 삼국시대의 계층구조

① **귀족** … 왕족을 비롯한 옛 부족장 세력이 중앙의 귀족으로 재편성되어 정치권력과 사회·경제적 특권을 향유하였다.

② **평민** … 대부분 농민으로서 신분적으로 자유민이었으나, 조세를 납부하고 노동력을 징발당하였다.

③ **천민** … 노비들은 왕실과 귀족 및 관청에 예속되어 신분이 자유롭지 못하였다.

❷ 삼국사회의 풍습

(1) 고구려

① **형법** … 반역 및 반란죄는 화형에 처한 뒤 다시 목을 베었고, 그 가족들은 노비로 삼았다. 적에게 항복한 자나 전쟁 패배자는 사형에 처했으며, 도둑질한 자는 12배를 배상하도록 하였다.

② **풍습** … 형사취수제, 서옥제가 있었고 자유로운 교제를 통해 결혼하였다.

(2) 백제

① **형법** … 반역이나 전쟁의 패배자는 사형에 처하고, 도둑질한 자는 귀양을 보내고 2배를 배상하게 하였으며, 뇌물을 받거나 횡령을 한 관리는 3배를 배상하고 종신토록 금고형에 처하였다.

② **귀족사회** … 왕족인 부여씨와 8성의 귀족으로 구성되었다.

(3) 신라

① **화백회의** … 여러 부족의 대표들이 함께 모여 정치를 운영하던 것이 기원이 되어, 국왕 추대 및 폐위에 영향력을 행사하면서 왕권을 견제 및 귀족들의 단결을 굳게 하였다.

② **골품제도** … 관등 승진의 상한선이 골품에 따라 정해져 있어 개인의 사회활동과 정치활동의 범위를 제한하는 역할을 하였다.

③ **화랑도** … 귀족의 자제 중에서 선발된 화랑을 지도자로 삼고, 귀족은 물론 평민까지 망라한 많은 낭도들이 그를 따랐다. 진흥왕 때 국가적 차원에서 그 활동을 장려하여 조직이 확대되었고, 원광은 세속 5계를 가르쳤으며, 화랑도 활동을 통해 국가가 필요로 하는 인재가 양성되었다.

❸ 남북국시대의 사회

(1) 통일신라와 발해의 사회

① 통일 후 신라 사회의 변화

　㉠ **신라의 민족통합책** : 백제와 고구려 옛 지배층에게 신라 관등을 부여하였고, 백제와 고구려 유민들을 9 서당에 편성시켰다.

　㉡ **통일신라의 사회모습** : 전제왕권이 강화 되었고 6두품이 학문적 식격과 실무 능력을 바탕으로 국왕을 보좌하였다.

② **발해의 사회구조** … 지배층은 고구려계가 대부분이었으며, 피지배층은 대부분이 말갈인으로 구성되었다.

(2) 통일신라 말의 사회모순

① **호족의 등장** … 지방의 유력자들을 중심으로 무장조직이 결성되었고, 이들을 아우른 큰 세력가들이 호족으로 등장하였다.

② **빈농의 몰락** … 토지를 상실한 농민들은 소작농이나 유랑민, 화전민이 되었다.

③ **농민봉기** … 국가의 강압적인 조세 징수에 대하여 전국 각지에서 농민봉기가 일어나게 되었다.

02 중세의 사회

❶ 고려의 신분제도

(1) 귀족

① **귀족의 특징** … 음서나 공음전의 혜택을 받으며 고위 관직을 차지하여 문벌귀족을 형성하였으며, 가문을 통해 특권을 유지하고, 왕실 등과 중첩된 혼인관계를 맺었다.

② **귀족층의 변화** … 무신정변을 계기로 종래의 문벌귀족들이 도태되면서 무신들이 권력을 장악하게 되었으나 고려 후기에는 무신정권이 붕괴되면서 등장한 권문세족이 최고권력층으로서 정계 요직을 장악하였다.

③ **신진사대부** … 경제력을 토대로 과거를 통해 관계에 진출한 향리출신자들이다.

(2) 중류

중앙관청의 서리, 궁중 실무관리인 남반, 지방행정의 실무를 담당하는 향리, 하급 장교 등이 해당되며, 통치체제의 하부구조를 맡아 중간 역할을 담당하였다.

(3) 양민

① **양민** … 일반 농민인 백정, 상인, 수공업자를 말한다.

② **백정** … 자기 소유의 민전을 경작하거나 다른 사람의 토지를 빌려 경작하였다.

③ **특수집단민** … 향·부곡(농업에 종사), 소(수공업·광업에 종사), 역과 진의 주민(육로교통과 수로교통에 종사)가 있다.

(4) 천민

① **공노비** … 공공기관에 속하는 노비이다.

② **사노비** … 개인이나 사원에 예속된 노비이다.

③ **노비의 처지** … 매매·증여·상속의 대상이며, 부모 중 한 쪽이 노비인 경우에는 자식도 노비가 될 수밖에 없었다.

❷ 백성들의 생활모습

(1) 농민의 공동조직

① **공동조직** … 일상의례와 공동노동 등을 통해 공동체의식을 함양하였다.

② **향도** … 불교의 신앙조직으로, 매향활동을 하는 무리들을 말한다.

(2) 사회시책과 사회제도

① **사회시책** … 농번기에 잡역을 면제하여 농업에 전념할 수 있도록 배려하였고, 재해 시 조세와 부역을 감면해 주었다. 또한 법정 이자율을 정하여 고리대 때문에 농민이 몰락하는 것을 방지하였다. 황무지나 진전을 개간할 경우 일정 기간 면세해 주었다.

② 사회제도

 ㉠ 의창 : 흉년에 빈민을 구제하는 춘대추납제도이다.

 ㉡ 상평창 : 물가조절기관으로 개경과 서경 및 각 12목에 설치하였다.

 ㉢ 의료기관 : 동·서대비원, 혜민국을 설치하였다.

 ㉣ 구제도감, 구급도감 : 재해 발생 시 백성을 구제하였다.

 ㉤ 제위보 : 기금을 조성하여 이자로 빈민을 구제하였다.

(3) 법률과 풍속 및 가정생활

① **법률과 풍속** … 중국의 당률을 참작한 71개조의 법률이 시행되었으나 대부분은 관습법을 따랐고, 장례와 제사에 대하여 정부는 유교적 의례를 권장하였으나, 민간에서는 토착신앙과 융합된 불교의 전통의식과 도교의 풍습을 따랐다.

② **혼인과 여성의 지위** … 일부일처제가 원칙이었으며, 왕실에서는 근친혼이 성행하였고 부모의 유산은 자녀에게 골고루 분배되었으며, 아들이 없을 경우 딸이 제사를 받들었다.

❸ 고려 후기의 사회 변화

(1) 무신집권기 하층민의 봉기
수탈에 대한 소극적 저항에서 대규모 봉기로 발전하였으며, 만적의 난, 공주 명학소의 망이·망소이의 봉기, 운문·초전의 김사미와 효심의 봉기 등이 대표적이다.

(2) 몽고의 침입과 백성의 생활
최씨무신정권은 강화도로 서울을 옮기고 장기항전 태세를 갖추었으며, 지방의 주현민은 산성이나 섬으로 들어가 전쟁에 대비하였으나 몽고군들의 살육으로 백성들은 막대한 희생을 당하였다.

(3) 원 간섭기의 사회 변화

① **신흥귀족층의 등장** … 원 간섭기 이후 전공을 세우거나 몽고귀족과의 혼인을 통해서 출세한 친원세력이 권문세족으로 성장하였다.

② **원의 공녀 요구** … 결혼도감을 통해 공녀로 공출되었고 이는 고려와 원 사이의 심각한 사회문제로 대두되었다.

③ **왜구의 출몰(14세기 중반)** … 원의 간섭하에서 국방력을 제대로 갖추기 어려웠던 고려는 초기에 효과적으로 왜구의 침입을 격퇴하지 못하였으며, 이들을 소탕하는 과정에서 신흥무인세력이 성장하였다.

03 근세의 사회

① 사회정책과 사회시설

(1) 사회정책 및 사회제도
① **목적** … 성리학 명분론에 입각한 사회신분질서 유지와 농민 생활 안정으로 농본정책을 실시하는 것이다.
② **사회시책** … 지주의 토지 겸병을 억제하고, 농번기에 잡역의 동원을 금지시켰으며, 재해 시에는 조세를 감경해 주기도 하였다.
③ **환곡제 실시** … 춘궁기에 양식과 종자를 빌려 준 뒤에 추수기에 회수하는 제도로 의창과 상평창을 실시하여 농민을 구휼하였다.
④ **사창제** … 향촌의 농민생활을 안정시켜 양반 중심의 향촌질서가 유지되었다.
⑤ **의료시설** … 혜민국, 동·서대비원, 제생원, 동·서활인서 등이 있었다.

(2) 법률제도
① **형법** … 대명률에 의거하여 당률의 5형 형벌과 반역죄와 강상죄와 같은 중죄에는 연좌제가 적용되었다.
② **민법** … 지방관이 관습법에 따라 처리하였다.
③ **상속** … 종법에 따라 처리하였으며, 제사와 노비의 상속을 중요시하였다.
④ **사법기관**
    ㉠ **중앙** : 사헌부·의금부·형조(관리의 잘못이나 중대사건을 재판), 한성부(수도의 치안), 장례원(노비에 관련된 문제)이 있다.
    ㉡ **지방** : 관찰사와 수령이 사법권을 행사하였다.

② 향촌사회의 조직과 운영

(1) 향촌사회의 모습
① **향촌의 편제** … 행정구역상 군현의 단위인 향은 중앙에서 지방관을 파견하였으며, 촌에는 면·리가 설치되었으나 지방관은 파견되지 않았다.
② **향촌자치**
    ㉠ **유향소** : 수령을 보좌, 향리를 감찰, 향촌사회의 풍속교정기구이다.
    ㉡ **경재소** : 중앙정부가 현직 관료로 하여금 연고지의 유향소를 통제하게 하는 제도이다.
    ㉢ **유향소의 변화** : 경재소가 혁파되면서 향소·향청으로 명칭이 변경, 향안 작성, 향규를 제정하였다.

③ **향약의 보급** … 면리제와 병행된 향약조직이 형성되었고, 중종 때 조광조에 의하여 처음 시행되었으며, 군현 내에서 지방 사족의 지배력 유지수단이 되었다.

(2) 촌락의 구성과 운영

① **촌락** … 농민생활 및 향촌구성의 기본 단위로서 동과 리(里)로 편제되었으며 면리제와 오가작통법을 실시하였다.

② **촌락의 신분 분화**
   ㉠ **반촌** : 주로 양반들이 거주하였으며, 18세기 이후에 동성 촌락으로 발전하였다.
   ㉡ **민촌** : 평민과 천민으로 구성되었고 지주의 소작농으로 생활하였다.

③ **촌락공동체**
   ㉠ **사족** : 동계 · 동약을 조직하여 촌락민을 신분적, 사회 · 경제적으로 지배하였다.
   ㉡ **일반 백성** : 두레 · 향도 등 농민조직을 형성하였다.

④ **촌락의 풍습**
   ㉠ **석전(돌팔매놀이)** : 상무정신 함양 목적, 국법으로는 금지하였으나 민간에서 계속 전승되었다.
   ㉡ **향도계 · 동린계** : 남녀노소를 불문하고 며칠 동안 술과 노래를 즐기는 일종의 마을 축제였는데, 점차 장례를 도와주는 기능으로 전환되었다.

❹ 성리학적 사회질서의 강화

(1) 예학과 족보의 보급

① **예학** … 성리학적 도덕윤리를 강조하고, 신분질서의 안정을 추구하였다.
   ㉠ **기능** : 가부장적 종법질서를 구현하여 성리학 중심의 사회질서 유지에 기여하였다.
   ㉡ **역할** : 사림은 향촌사회에 대한 지배력 강화, 정쟁의 구실로 이용, 양반 사대부의 신분적 우월성 강조, 가족과 친족공동체의 유대를 통해서 문벌을 형성하였다.

② **보학** … 가족의 내력을 기록하고 암기하는 것으로 종족의 종적인 내력과 횡적인 종족관계를 확인시킨다.

(2) 서원과 향약

① **서원**
   ㉠ **목적** : 성리학을 연구하고 선현의 제사를 지내며, 교육을 하는 데 그 목적이 있다.
   ㉡ **기능** : 유교를 보급하고 향촌 사림을 결집시켰으며, 지방유학자들의 위상을 높이고 선현을 봉사하는 사묘의 기능이 있었다.

② 향약

　　㉠ 역할 : 풍속의 교화, 향촌사회의 질서 유지, 치안을 담당하고 농민에 대한 유교적 교화 및 주자가례의
　　　　대중화에 기여하였다.

　　㉡ 문제점 : 토호와 향반 등 지방 유력자들의 주민 수탈 위협의 수단이 되었고, 향약 간부들의 갈등을 가
　　　　져와 풍속과 질서를 해치기도 하였다.

04 사회의 변동

❶ 사회구조의 변동

(1) 신분제의 동요

① 조선의 신분제 … 법제적으로 양천제를, 실제로는 양반, 중인, 상민, 노비의 네 계층으로 분화되어 있었다.

② 양반층의 분화 … 권력을 장악한 일부의 양반을 제외한 다수의 양반(향반, 잔반)이 몰락하였다.

③ 신분별 구성비의 변화 … 양반의 수는 증가하고, 상민과 노비의 수는 감소하였다.

(2) 중간계층의 신분상승운동

① 서얼 … 임진왜란 이후 납속책과 공명첩을 통한 관직 진출, 집단상소를 통한 청요직에의 진출을 요구, 정
조 때 규장각 검서관으로 진출하기도 하였다.

② 중인 … 신분 상승을 위한 소청운동을 전개하였다. 역관들은 청과의 외교업무에 종사하면서 서학 등 외래 문
물의 수용을 주도하고 성리학적 가치 체계에 도전하는 새로운 사회의 수립을 추구하였다.

(3) 노비의 해방

① 노비 신분의 변화 … 군공과 납속 등을 통한 신분 상승의 움직임 및 국가에서는 공노비를 입역노비에서 신
공을 바치는 납공노비로 전환시켰다.

② 공노비 해방 … 노비의 도망과 합법적인 신분 상승으로 순조 때 중앙관서의 노비를 해방시켰다.

③ 노비제의 혁파 … 사노비의 도망이 일상적으로 일어나던 것이 갑오개혁(1894) 때 노비제는 폐지되었다.

(4) 가족제도의 변화와 혼인

① 가족제도의 변화

　　㉠ 조선 중기 … 혼인 후 남자가 여자 집에서 생활하는 경우가 있었으며 아들과 딸이 부모의 재산을 똑같
　　　　이 상속받는 경우가 많았다.

ⓒ 17세기 이후 : 성리학적 의식과 예절의 발달로 부계 중심의 가족제도가 확립되었다. 제사는 반드시 장자가 지내야 한다는 의식이 확산되었고, 재산 상속에서도 큰 아들이 우대를 받았다.

ⓒ 조선 후기 : 부계 중심의 가족제도가 더욱 강화되었으며, 양자 입양이 일반화되었다.

② 가족윤리 … 효와 정절을 강조하였고, 과부의 재가는 금지되었으며, 효자와 열녀를 표창하였다.

③ 혼인풍습 … 일부일처를 기본으로 남자의 축첩이 허용되었고, 서얼의 차별이 있었다.

❷ 향촌질서의 변화

(1) 양반의 향촌지배 약화

① **양반층의 동향** … 족보의 제작 및 청금록과 향안을 작성하여 향약 및 향촌자치기구의 주도권을 장악하였다.

② **향촌지배력의 변화** … 부농층은 관권과 결탁하여 향안에 참여하고 향회를 장악하고자 하였으며 향회는 수령의 조세징수자문기구로 전락하였다.

(2) 부농층의 대두

경제적 능력으로 납속이나 향직의 매매를 통해 신분 상승을 이루고 향임을 담당하여 양반의 역할을 대체하였으며 향임직에 진출하지 못한 곳에서도 수령이나 기존의 향촌세력과 타협하여 상당한 지위를 확보했다.

(3) 농민층의 분화

① **농민의 사회적 현실** … 농민들은 자급자족적인 생활을 하였으나, 양 난 이후 국가의 재정 파탄과 기강 해이로 인한 수취의 증가는 농민의 생활을 어렵게 하였고, 대동법과 균역법이 효과를 거두지 못하자 농민의 불만은 커져 갔다.

② **농민층의 분화** … 부농으로 성장하거나, 상공업으로 생활을 영위 및 도시나 광산의 임노동자가 되기도 했다.

(4) 지주와 임노동자

① **지주** … 광작을 하는 대지주가 등장하였으며, 재력을 바탕으로 공명첩을 사거나 족보를 위조하여 양반의 신분을 획득한 부농층이 나타났다.

② **임노동자** … 토지에서 밀려난 다수의 농민은 임노동자로 전락하였다.

❸ 사회 변혁의 움직임

(1) 사회불안의 심화
정치기강이 문란해지고, 재난과 질병이 거듭되어 굶주려 떠도는 백성이 속출하였으나 지배층의 수탈은 점점 심해지면서 농민의식이 향상되어 곳곳에서 적극적인 항거운동이 발생하였다.

(2) 예언사상의 대두
비기·도참을 이용한 말세의 도래, 왕조의 교체 및 변란의 예고 등 낭설이 횡행하였으며 현세의 어려움을 미륵신앙에서 해결하려는 움직임과 미륵불을 자처하며 서민을 현혹하는 무리가 등장하였다.

(3) 천주교의 전파
① 17세기에 중국을 방문한 우리나라 사신들에 의해 서학으로 소개되었다. 18세기 후반 남인계열의 실학자들이 신앙생활을 하고 이승훈이 베이징에서 영세를 받고 돌아온 이후 신앙 활동이 더욱 활발해졌다.

② 천주교 신앙의 전개와 박해
   ㉠ 초기 : 제사 거부, 양반 중심의 신분질서 부정, 국왕에 대한 권위 도전을 이유로 사교로 규정하였다.
   ㉡ 정조 때 : 시파의 집권으로 천주교에 관대하여 큰 탄압이 없었다.
   ㉢ 순조 때 : 벽파의 집권으로 대탄압을 받았으며 실학자와 양반계층이 교회를 떠나게 되었다.
   ㉣ 세도정치기 : 탄압의 완화로 백성들에게 전파, 조선 교구가 설정되었다.

(4) 동학의 발생
① 창시 ··· 1860년 경주의 몰락양반 최제우가 창시하였다.

② 교리와 사상 ··· 신분차별·노비제도 타파, 여성·어린이 인격 존중을 추구하였다. 유불선으로 주문과 부적 등 민간신앙의 요소들이 결합되고 사회모순의 극복 및 일본과 서양국가의 침략을 막자고 주장하였다.

③ 정부의 탄압 ··· 혹세무민을 이유로 최제우를 처형하였다.

(5) 농민의 항거
① 배경 ··· 사회 불안이 고조되자 유교적 왕도정치가 점점 퇴색되었고 탐관오리의 부정, 삼정의 문란, 극도에 달한 수령의 부정은 중앙권력과 연결되어 갈수록 심해져 갔다.

② 홍경래의 난 : 몰락한 양반 홍경래의 지휘 아래 영세농민과 중소상인, 광산노동자들이 합세하여 일으킨 봉기였으나 5개월 만에 평정되었다.

③ 임술농민봉기(1862) : 진주에서 시작되어 탐관오리와 토호가 탐학에 저항하였으며 한때 진주성을 점령하기도 하였다.

출 제 예 상 문 제

1 통일신라 말의 사회상황에 대한 설명으로 옳지 않은 것은?

① 귀족들의 농장이 확대됨에 따라 자영농이 몰락하였다.

② 지방의 유력자들을 중심으로 무장조직이 결성되었고, 이들을 아우른 큰 세력가들이 호족으로 등장하였다.

③ 정부는 자연재해가 심한 지역에 조세를 면해주고 굶주리는 농민을 구휼하여 큰 효과를 거두었다.

④ 토지를 상실한 농민들은 소작농이나 유랑민, 화전민이 되었으며, 일부는 노비가 되기도 하였다.

TIP ③ 정부는 수리시설을 정비하고 자연재해가 심한 지역에 조세를 면해주었으며, 굶주리는 농민을 구휼하였으나 큰 효과를 거두지는 못하였다.

2 다음에서 설명하는 신라의 제도는?

> • 씨족사회의 전통을 발전시켰다.
> • 사회적 대립과 갈등을 조절하였다.
> • 민간문화의 수준을 한층 높였다.
> • 계급 간의 대립과 갈등을 완화하였다.

① 화랑도　　　　　　　　　　　② 골품제

③ 화백제　　　　　　　　　　　④ 집사부

TIP 화랑도는 원시사회의 청소년 집단에서 유래하였다. 귀족의 자제 중에서 선발된 화랑을 지도자로 삼고 귀족은 물론 평민까지 많은 낭도들이 따랐다. 여러 계층이 같은 조직에서 일체감을 갖고 활동함으로써 계층 간의 대립과 갈등을 조절하고 완화시켰다.

Answer 1.③ 2.①

3 조선시대 순조의 재위 기간에 일어난 사실로 옳은 것은?

① 최제우가 동학을 창도하였다.

② 공노비 6만 6천여 명을 양인으로 해방시켰다.

③ 미국 상선 제너럴셔먼호가 격침되었다.

④ 삼정 문제를 해결하기 위해 삼정이정청을 설치하였다.

TIP ② 순조는 1801년(순조 1)에 궁방과 관아에 예속되어 있던 공노비를 혁파하였다.

4 고구려에 대한 설명으로 옳은 것은?

① 국동대혈에서 제사를 지내는 의례가 있었다.

② 가족 공동의 무덤인 목곽에 쌀을 부장하였다.

③ 특산물로는 단궁 · 과하마 · 반어피 등이 유명하였다.

④ 남의 물건을 훔쳤을 때에는 50만 전을 배상토록 하였다.

TIP ① 고구려 ② 옥저 ③ 동예 ④ 고조선

5 조선 전기의 상업 활동에 대한 설명으로 옳은 것은?

① 공인(貢人)의 활동이 활발해졌다.

② 시전이 도성 내 특정 상품 판매의 독점권을 보장받기도 하였다.

③ 개성의 송상, 의주의 만상은 대외 무역을 통해 대상인으로 성장하였다.

④ 경강상인들은 경강을 중심으로 매점 활동을 통해 부유한 상업 자본가로 성장하였다.

TIP ①③④ 조선 후기의 상업 활동에 대한 설명이다.

※ 조선 전기의 상업 활동
   ㉠ 통제 경제와 시장 경제를 혼합한 형태로 장시의 전국적 확산과 대외무역에서 사무역이 발달하였다.
   ㉡ 지주제의 발달, 군역의 포납화, 농민층의 분화와 상인 증가, 방납의 성행 등으로 장시와 장문이 발달하게 되었다.
   ㉢ 시정세, 궁중과 부중의 관수품조달 등의 국역을 담당하는 대가로 90여종의 전문적인 특정 상품에 대한 독점적 특권을 차지한 어용상인인 시전이 발달하였다.
   ㉣ 5일마다 열리는 장시에서 농산물, 수공업제품, 수산물, 약제 같은 것을 종 · 횡적으로 유통시키는 보부상이 등장하였다.

Answer 3.② 4.① 5.②

6 다음의 내용과 관련 있는 것은?

> 향촌의 덕망이 있는 인사들로 구성되어 지방민의 자치를 허용하고 자율적인 규약을 만들었고, 중집권과 지방자치는 효율적으로 운영하였다.

> ㉠ 승정원　　　　　　　　㉡ 유향소
> ㉢ 홍문관　　　　　　　　㉣ 경재소

① ㉠㉡

② ㉡㉣

③ ㉠㉢

④ ㉠㉣

TIP ㉡ 유향소 : 수령을 보좌하고 향리를 감찰하며, 향촌사회의 풍속을 교정하기 위한 기구이다.
　　　㉣ 경재소 : 중앙정부가 현직 관료로 하여금 연고지의 유향소를 통제하게 하는 제도로서, 중앙과 지방의 연락업무를 맡거나 수령을 견제하는 역할을 하였다.

7 다음 중 고려시대의 신분에 대한 내용으로 옳은 것은?

① A는 정 3품의 아버지에게서 공음전을 세습 받았다.

② B는 백정으로 소를 잡는 직업에 종사하였다.

③ C는 솔거노비로 지방에 거주하며 농업에 종사하였다.

④ D는 부곡민으로 양민에 비해 세금혜택을 받는 대신 다른 지역으로 자유로운 이주가 가능했다.

TIP ② 고려시대의 백정은 일반 주·부·군현에 거주하며 농업에 종사하는 일반 농민을 가리켰다.
　　　③ 솔거노비는 사노비로서 주인집에 거주하며 독립적인 재산을 소유하는 것이 불가능했다.
　　　④ 향·부곡·소민은 일반 양민에 비해 더 많은 세금을 부담하였으며 다른 지역으로의 이주가 금지되어있었다.

Answer　6.② 7.①

8 다음 중 고려말 농장에 대한 설명으로 옳지 않은 것은?

① 농장의 경작인은 모두 노비였다.

② 농장은 면세, 탈세, 면역과 관련이 깊었다.

③ 농장은 무인정권과 몽고지배하에서 더욱 확대되었다.

④ 농장은 부역동원과 국가재정에 많은 지장을 초래하였다.

TIP ① 농장의 경작은 노비뿐만 아니라 토지를 잃은 농민이나 군역을 피하려는 사람들이 농장에 들어감으로써 농장의 소작인이 되었다. 그들은 귀족의 비호 아래 군역, 요역 등이 면제되었으므로 국가재정을 파탄시켰다.

9 다음 중 서원에 대한 설명으로 옳지 않은 것은?

① 국가로부터 토지와 노비를 받는 관학기관이었다.

② 지방문화의 발전과 확대에 기여하였다.

③ 학파 및 당파의 결속을 강화하는 구실을 하였다.

④ 선현을 제사하고 유생들이 학문을 논하는 기관이었다.

TIP ① 서원은 중종 38년 풍기군수 주세붕이 고려 유신 안향을 모시기 위해 세운 백운동 서원이 효시이다. 사액서원의 경우 서적, 토지, 노비 등을 주는 것이 관례이지만, 이것은 양반들 스스로 조직한 것이지 관학기관은 아니었다.

10 다음 중 신라 하대의 6두품의 성향으로 옳은 것은?

① 각 지방에서 반란을 일으켰다.

② 새로운 정치 질서의 수립을 시도하지만 탄압과 배척을 당하자 점차 반신라적 경향으로 바뀌었다.

③ 화백회의의 기능을 강화시켰다.

④ 진골에 대항하여 광권과 결탁하였다.

TIP 6두품의 성향

신라 중대	신라 하대
• 진골귀족에 대항하여 왕권과 결탁 • 학문적 식견과 실무능력을 바탕으로 국왕 보좌 • 집사부 시중 등 관직을 맡으며 정치적으로 진출 • 행정실무 담당	• 중앙권력에서 배제 • 호족과 연결 • 합리적인 유교이념을 내세움 • 개혁이 거부되자 반신라적 경향으로 바뀜 • 선종의 등장에 주된 역할을 함

Answer 8.① 9.① 10.②

11 다음 중 동학사상에 대한 설명으로 옳지 않은 것은?

① 철학적으로는 주기론, 종교적으로는 샤머니즘과 도교에 가까운 편이었다.

② 서학을 배격하고 서양과 일본의 침투를 경계하여 정부로부터 환영을 받았다.

③ 전통적인 민족신앙을 토대로 유·불·도교 사상 등을 종합하였다.

④ 인내천사상과 운수사상을 바탕으로 봉건적 사회체제에 반대하였다.

TIP ② 동학은 인간평등사상을 제창하고, 운수사상을 내세워 조선 왕조를 부정하였기 때문에 정부는 교주인 최제우를 혹세무민의 죄목으로 처형하였다.

12 다음 중 조선후기 가족제도에 관한 설명으로 옳은 것은?

① 남귀여가혼이 일반적으로 행해졌다.

② 아들과 딸이 부모 재산을 똑같이 상속받았다.

③ 제사는 형제가 돌아가면서 지내거나 책임을 분담하였다.

④ 아들이 없는 집안에서는 양자를 들이는 것이 일반화되었다.

TIP 조선후기의 가족제도
ⓐ **조선초기~중기**: 혼인 후 여자집에서 생활(남귀여가혼), 자녀균분상속, 제사의 자녀분담
ⓑ **17세기 이후**: 부계 중심의 가족제도의 확립, 친영제도의 정착, 장자 우대
ⓒ **조선후기**: 부계 중심의 가족제도 강화, 서얼차별, 과부재가 금지

Answer 11.② 12.④

05 민족문화의 발달

01 고대의 문화

❶ 학문과 사상 · 종교

(1) 한자의 보급과 교육

① **한자의 전래** … 한자는 철기시대부터 지배층을 중심으로 사용되었다가 삼국시대에는 이두 · 향찰이 사용되었다.

② **교육기관의 설립과 한자의 보급**
- ㉠ 고구려 : 태학(수도)에서는 유교경전과 역사서를 가르쳤으며 경당(지방)에서는 청소년에게 한학과 무술을 가르쳤다.
- ㉡ 백제 : 5경 박사 · 의박사 · 역박사에서는 유교경전과 기술학 등을 가르쳤으며, 사택지적 비문에는 불당을 세운 내력을 기록하고 있다.
- ㉢ 신라 : 임신서기석을 통해 청소년들이 유교경전을 공부하였던 사실을 알 수 있다.

③ **유학의 교육**
- ㉠ 삼국시대 : 학문적으로 깊이 있게 연구된 것이 아니라, 충 · 효 · 신 등의 도덕규범을 장려하였다.
- ㉡ 통일신라 : 신문왕 때 국학이라는 유학교육기관을 설립하였고, 경덕왕 때는 국학을 태학이라고 고치고 박사와 조교를 두어 논어와 효경 등 유교경전을 가르쳤으며, 원성왕 때 학문과 유학의 보급을 위해 독서삼품과를 마련하였다.
- ㉢ 발해 : 주자감을 설립하여 귀족 자제들에게 유교경전을 교육하였다.

(2) 역사 편찬과 유학의 보급

① **삼국시대** … 학문이 점차 발달되고 중앙집권적 체제가 정비됨에 따라 왕실의 권위를 높이고 백성들의 충성심을 모으기 위해 편찬 하였으며 고구려에는 유기, 이문진의 신집 5권, 백제에는 고흥의 서기, 신라에는 거칠부의 국사가 있다.

② 통일신라

    ㉠ 김대문 : 화랑세기, 고승전, 한산기를 저술하여 주체적인 문화의식을 드높였다.

    ㉡ 6두품 유학자 : 강수(외교문서를 잘 지은 문장가)나 설총(화왕계 저술)이 활약하여 도덕적 합리주의를 제시하였다.

    ㉢ 도당 유학생 : 김운경, 최치원이 다양한 개혁안을 제시하였다. 특히 최치원은 당에서 빈공과에 급제하고 계원필경 등 뛰어난 문장과 저술을 남겼으며, 유학자이면서도 불교와 도교에 조예가 깊었다.

③ 발해 … 당에 유학생을 파견하였고 당의 빈공과에 급제한 사람도 여러 명 나왔다.

(3) 불교의 수용

① 수용 … 고구려는 소수림왕(372), 백제는 침류왕(384), 신라는 법흥왕(527) 때 수용되었다.

② 불교의 영향

    ㉠ 새로운 국가정신의 확립과 왕권 강화의 결과를 가져왔다.

    ㉡ 신라 시대의 불교는 업설, 미륵불신앙이 중심교리로 발전하였다.

(4) 불교사상의 발달

① 원효 … 불교의 사상적 이해기준을 확립시켰고(금강삼매경론, 대승기신론소), 종파 간의 사상적인 대립을 극복하고 조화시키려 애썼으며, 불교의 대중화에 이바지하였다(아미타신앙).

② 의상 … 화엄일승법계도를 통해 화엄사상을 정립하였고, 현세에서 고난을 구제한다는 관음사상을 외치기도 하였다.

③ 혜초 … 인도에 가서 불교를 공부하였으며, 왕오천축국전을 저술하기도 하였다.

(5) 선종과 풍수지리설

① 선종 … 참선을 중시했고 실천적 경향이 강하였으며, 호족세력과 결합하였다.

② 풍수지리설 … 신라말기의 도선과 같은 선종 승려들이 중국에서 풍수지리설을 들여왔다.

    ㉠ 성격 : 도읍, 주택, 묘지 등을 선정하는 인문지리적 학설을 말하며, 도참사상과 결합하기도 하였다.

    ㉡ 국토를 지방 중심으로 재편성하는 주장으로 발전하였다.

❷ 과학기술의 발달

(1) 천문학과 수학

① 천문학의 발달 … 농경과 밀접한 관련이 있었으며, 고구려의 천문도·고분벽화, 신라의 천문대를 통해 천문학이 발달했음을 알 수 있다.

② **수학의 발달** ⋯ 수학적 지식을 활용한 조형물을 통해 높은 수준으로 발달했음을 알 수 있다.
　　㉠ **고구려** : 고분의 석실과 천장의 구조
　　㉡ **백제** : 정림사지 5층 석탑
　　㉢ **신라** : 황룡사지 9층 목탑, 석굴암의 석굴구조, 불국사 3층 석탑, 다보탑

(2) 목판인쇄술과 제지술의 발달

① **배경** ⋯ 불교의 발달로 불경의 대량인쇄를 위해 목판인쇄술과 제지술이 발달하였다.

② **무구정광대다라니경** ⋯ 세계에서 가장 오래된 목판인쇄물이며, 닥나무 종이를 사용하였다.

(3) 금속기술의 발달

① **고구려** ⋯ 철의 생산이 중요한 국가적 산업이었으며, 우수한 철제 무기와 도구가 출토되었다. 고분벽화에는 철을 단련하고 수레바퀴를 제작하는 기술자의 모습이 묘사되어 있다.

② **백제** ⋯ 금속공예기술이 발달하였다(칠지도, 백제 금동대향로).

③ **신라** ⋯ 금세공기술이 발달하고(금관), 금속주조기술도 발달하였다(성덕대왕 신종).

(4) 농업기술의 혁신

① 철제 농기구의 보급으로 농업생산력이 증가하였다.

② **삼국의 농업기술** ⋯ 쟁기, 호미, 괭이 등의 농기구가 보급되어 농업 생산이 증가되었다.

❸ 고대인의 자취와 문화

(1) 고분과 고분벽화

① **고구려** ⋯ 초기에는 돌무지무덤으로, 장군총이 대표적이며 후기에는 굴식 돌방무덤으로 무용총(사냥그림), 강서대묘(사신도), 쌍영총, 각저총(씨름도) 등이 대표적이다.

② **백제** ⋯ 한성시대에는 계단식 돌무지무덤으로서 서울 석촌동에 있는 무덤은 고구려 초기의 고분과 유사하며 웅진시대에는 굴식 돌방무덤과 벽돌무덤이 유행하였다. 사비시대에는 규모는 작지만 세련된 굴식 돌방무덤을 만들었다.

③ **신라** ⋯ 거대한 돌무지 덧널무덤을 만들었으며, 삼국통일 직전에는 굴식 돌방무덤도 만들었다.

④ **통일신라** ⋯ 굴식 돌방무덤과 화장이 유행하였으며, 둘레돌에 12지 신상을 조각하였다.

⑤ **발해** ⋯ 정혜공주묘(굴식 돌방무덤 · 모줄임 천장구조), 정효공주묘(묘지 · 벽화)가 유명하다.

(2) 건축과 탑

① 삼국시대
- ㉠ 사원 : 신라의 황룡사는 진흥왕의 팽창의지를 보여주고, 백제의 미륵사는 무왕이 추진한 백제의 중흥을 반영하는 것이다.
- ㉡ 탑 : 불교의 전파와 함께 부처의 사리를 봉안하여 예배의 주대상으로 삼았다.
  - 고구려 : 주로 목탑 건립(현존하는 것은 없음)
  - 백제 : 목탑형식의 석탑인 익산 미륵사지 석탑, 부여 정림사지 5층 석탑
  - 신라 : 몽고의 침입 때 소실된 황룡사 9층 목탑과 벽돌모양의 석탑인 분황사탑

② 통일신라
- ㉠ 건축 : 불국토의 이상을 조화와 균형감각으로 표현한 사원인 불국사, 석굴암 및 인공 연못인 안압지는 화려한 귀족생활을 보여 준다.
- ㉡ 탑 : 감은사지 3층 석탑, 불국사 석가탑, 양양 진전사지 3층 석탑이 있다.
- ㉢ 승탑과 승비 : 신라 말기에 선종이 유행하면서 승려들의 사리를 봉안하는 승탑과 승비가 유행하였다.

③ 발해 … 외성을 쌓고, 주작대로를 내고, 그 안에 궁궐과 사원을 세웠다.

(3) 불상 조각과 공예

① 삼국시대 … 불상으로는 미륵보살반가상을 많이 제작하였다. 그 중에서도 금동미륵보살반가상은 날씬한 몸매와 자애로운 미소로 유명하다.

② 통일신라
- ㉠ 석굴암의 본존불과 보살상 : 사실적 조각으로 불교의 이상세계를 구현하는 것이다.
- ㉡ 조각 : 태종 무열왕릉비의 받침돌, 불국사 석등, 법주사 쌍사자 석등이 유명하다.
- ㉢ 공예 : 상원사 종, 성덕대왕 신종 등이 유명하다.

③ 발해
- ㉠ 불상 : 흙을 구워 만든 불상과 부처 둘이 앉아 있는 불상이 유명하다.
- ㉡ 조각 : 벽돌과 기와무늬, 석등이 유명하다.
- ㉢ 공예 : 자기공예가 독특하게 발전하였고 당에 수출하기도 했다.

(4) 글씨 · 그림과 음악

① 서예 … 광개토대왕릉 비문(웅건한 서체), 김생(독자적인 서체)이 유명하다.

② 그림 … 천마도(신라의 힘찬 화풍), 황룡사 벽에 그린 소나무 그림(솔거)이 유명하다.

③ 음악과 무용 … 신라의 백결선생(방아타령), 고구려의 왕산악(거문고), 가야의 우륵(가야금)이 유명하다.

02 중세의 문화

❶ 유학의 발달과 역사서의 편찬

(1) 유학의 발달

① **고려 초기의 유학** … 유교주의적 정치와 교육의 기틀이 마련되었다.
   ⊙ **태조 때** : 신라 6두품 계열의 유학자들이 활약하였다.
   ⊙ **광종 때** : 유학에 능숙한 관료를 등용하는 과거제도를 실시하였다.
   ⓒ **성종 때** : 최승로의 시무 28조를 통해 유교적 정치사상이 확립되고 유학교육기관이 정비되었다.

② **고려 중기** … 문벌귀족사회의 발달과 함께 유교사상이 점차 보수적 성격을 띠게 되었다.
   ⊙ **최충** : 9재학당 설립, 훈고학적 유학에 철학적 경향을 가미하기도 하였다.
   ⊙ **김부식** : 보수적이고 현실적인 성격의 유학을 대표하였다.

(2) 교육기관

① **초기(성종)** … 지방에는 지방관리와 서민의 자제를 교육시키는 향교를, 중앙에는 국립대학인 국자감이 설치되었다.

② **중기**
   ⊙ 최충의 9재 학당 등의 사학 12도가 융성하여 관학이 위축되었다.
   ⊙ **관학진흥책** : 7재 개설 및 서적포, 양현고, 청연각을 설치하였고, 개경에서는 경사 6학과 향교를 중심으로 지방교육을 강화시켰다.

③ **후기** … 교육재단인 섬학전을 설치하고, 국자감을 성균관으로 개칭하였으며, 공민왕 때에는 성균관을 순수 유교교육기관으로 개편하였다.

(3) 역사서의 편찬

① **삼국사기(김부식)** … 기전체로 서술되었고, 신라 계승의식과 유교적 합리주의 사관이 짙게 깔려 있다.

② **해동고승전(각훈)** … 삼국시대의 승려 30여명의 전기를 수록하였다.

③ **동명왕편(이규보)** … 고구려 동명왕의 업적을 칭송한 영웅 서사시로서, 고구려 계승의식을 반영하고 고구려의 전통을 노래하였다.

④ **삼국유사(일연)** … 단군의 건국 이야기를 수록하였고, 불교사를 중심으로 서술되었다.

⑤ **제왕운기(이승휴)** … 우리나라 역사를 단군부터 서술하면서 중국사와 대등하게 파악하려 하였다.

(4) 성리학의 전래

① **성리학** … 송의 주희가 집대성하고 인간의 심성과 우주의 원리문제를 철학적으로 탐구하는 신유학이다.

② **영향**

  ㉠ 현실 사회의 모순을 시정하기 위한 개혁사상으로 신진사대부들은 성리학을 수용하게 되었다.

  ㉡ 권문세족과 불교의 폐단을 비판(정도전의 불씨잡변)하였다.

  ㉢ 국가사회의 지도이념이 불교에서 성리학으로 바뀌게 되었다.

❷ 불교사상과 신앙

(1) 불교정책

① **태조** … 훈요 10조에서 불교를 숭상하고, 연등회와 팔관회 등 불교행사를 개최하였다.

② **광종** … 승과제도, 국사 · 왕사제도를 실시하였다.

③ **사원** … 국가가 토지를 지급했으며, 승려에게 면역의 혜택을 부여하였다.

(2) 불교통합운동과 천태종

① **화엄종, 법상종 발달** … 왕실과 귀족의 지원을 받았다.

② **천태종** … 대각국사 의천이 창시하였다.

  ㉠ **교단통합운동** : 화엄종 중심으로 교종통합, 선종의 통합을 위해 국청사를 창건하여 천태종을 창시하였다.

  ㉡ **교관겸수 제창** : 이론의 연마와 실천을 강조하였다.

③ **무신집권 이후의 종교운동**

  ㉠ **지눌** : 당시 불교계의 타락을 비판하고, 조계종 중심의 선 · 교 통합, 돈오점수 · 정혜쌍수를 제창하였다.

  ㉡ **혜심** : 유불일치설을 주장하고 심성의 도야를 강조하였다.

(3) 대장경 간행

① **초조대장경** … 현종 때 거란의 퇴치를 염원하며 간행하였으나 몽고의 침입으로 소실되었다.

② **속장경(의천)** … 교장도감을 설치하여 속장경을 간행하였는데, 몽고 침입시 소실되었다.

③ **팔만대장경(재조대장경)** … 대장도감을 설치하여 부처의 힘으로 몽고의 침입을 극복하고자 하였다.

(4) 도교와 풍수지리설

① **도교** … 국가의 안녕과 왕실의 번영을 기원하였는데 교단이 성립되지 못하여 민간신앙으로 전개되었다.

② **풍수지리설** … 서경천도와 북진정책 추진의 이론적 근거가 되었다.

❸ 과학기술의 발달

(1) 천문학과 의학

① **천문학** ··· 사천대를 설치하여 관측업무를 수행하였고, 당의 선명력이나 원의 수시력 등 역법을 수용하였다.

② **의학** ··· 태의감에서 의학을 교육하고, 의과를 시행하고, 향약구급방과 같은 자주적 의서를 편찬하였다.

(2) 인쇄술의 발달

① **목판인쇄술** ··· 대장경을 간행하였다.

② **금속활자인쇄술** ··· 직지심체요절(1377)은 현존하는 세계 최고(最古)의 금속 활자본이다.

③ **제지술의 발달** ··· 닥나무 재배, 종이 제조의 전담관서 설치로 제조한 우수한 종이를 중국에 수출하였다.

(3) 농업기술의 발달

① **권농정책** ··· 농민생활의 안정과 국가재정의 확보를 위해 실시하였다.

② **농업기술의 발달**
　　㉠ **토지의 개간과 간척** : 묵은땅, 황무지, 산지 등을 개간하였으며 해안지방의 저습지를 간척하였다.
　　㉡ **수리시설의 개선** : 김제의 벽골제와 밀양의 수산제를 개축하였다.
　　㉢ **농업기술의 발달** : 1년 1작이 기본이었다. 논농사는 직파법을 실시하고 말기에 남부 일부 지방에 이앙법이 보급되어 실시하였다. 밭농사는 2년 3작의 윤작법과 우경에 의한 깊이갈이가 보급되었다.
　　㉣ **농서의 도입** : 이암은 원의 농상집요를 소개 · 보급하였다.

(4) 화약무기의 제조와 조선기술

① 최무선은 화통도감을 설치하여 화약과 화포를 제작하였고 진포싸움에서 왜구를 격퇴하였다.

② 대형 범선이 제조되었고 대형 조운선이 등장하였다.

❹ 귀족문화의 발달

(1) 문학의 성장

① **전기**
　　㉠ **한문학** : 광종 때부터 실시한 과거제로 한문학이 크게 발달하였고, 성종 이후 문치주의가 성행함에 따라 한문학은 관리들의 필수교양이 되었다.
　　㉡ **향가** : 균여의 보현십원가가 대표적이며, 향가는 점차 한시에 밀려 사라지게 되었다.

② **중기** … 당의 시나 송의 산문을 숭상하는 풍조가 나타났다.

③ **무신집권기** … 현실도피적 경향의 수필문학(임춘의 국순전, 이인로의 파한집)이 유행하였다.

④ **후기** … 신진사대부와 민중이 주축이 되어 수필문학, 패관문학, 한시가 발달하였으며, 사대부문학인 경기체가 및 서민의 감정을 자유분방하게 표현한 속요가 유행하였다.

(2) 건축과 조각

① **건축** … 궁궐과 사원이 중심이 되었으며, 주심포식 건물(안동 봉정사 극락전, 영주 부석사 무량수전, 예산 수덕사 대웅전)과 다포식 건물(사리원 성북사 응진전)이 건축되었다.

② **석탑** … 신라 양식을 계승하였으나 독자적인 조형감각을 가미하여 다양한 형태로 제작되었다(불일사 5층 석탑, 월정사 팔각 9층 석탑, 경천사 10층 석탑).

③ **승탑** … 선종의 유행과 관련이 있다(고달사지 승탑, 법천사 지광국사 현묘탑).

④ **불상** … 균형을 이루지 못하여 조형미가 다소 부족한 것이 많았다(광주 춘궁리 철불, 관촉사 석조 미륵보살 입상, 안동 이천동 석불, 부석사 소조아미타여래 좌상).

(3) 청자와 공예

① **자기공예** … 상감청자가 발달하였다.

② **금속공예** … 은입사 기술이 발달하였다(청동 은입사 포류수금문 정병, 청동향로).

③ **나전칠기** … 경함, 화장품갑, 문방구 등이 현재까지 전해진다.

(4) 글씨 · 그림과 음악

① **서예** … 전기에는 구양순체가 유행했으며 탄연의 글씨가 뛰어났고, 후기에는 송설체가 유행했으며, 이암이 뛰어났다.

② **회화** … 전기에는 예성강도, 후기에는 사군자 중심의 문인화가 유행하였다.

③ **음악**

　㉠ **아악** : 송에서 수입된 대성악이 궁중음악으로 발전된 것이다.

　㉡ **향악(속악)** : 우리 고유의 음악이 당악의 영향을 받아 발달한 것으로 동동 · 대동강 · 한림별곡이 유명하다.

03 근세의 문화

① 민족문화의 융성

(1) 한글의 창제
① **배경** … 한자음의 혼란을 방지하고 피지배층에 대한 도덕적인 교화에 목적이 있었다.
② **보급** … 용비어천가 · 월인천강지곡 등을 제작하고, 불경, 농서, 윤리서, 병서 등을 간행하였다.

(2) 역사서의 편찬
① **건국 초기** … 왕조의 정통성을 확보하고 성리학적 통치규범을 정착시키기 위한 것이었다. 정도전의 고려국사와 권근의 동국사략이 대표적이다.
② **15세기 중엽** … 고려역사를 자주적 입장에서 재정리하였고 고려사, 고려사절요, 동국통감이 간행되었다.
③ **16세기** … 사림의 정치 · 문화 의식을 반영하였고, 박상의 동국사략이 편찬되었다.
④ **실록의 편찬** … 국왕 사후에 실록청을 설치하여 편찬하였다.

(3) 지리서의 편찬
① **목적** … 중앙 집권과 국방 강화를 위하여 지리지와 지도의 편찬에 힘썼다.
② **지도** … 혼일강리역대국도지도, 팔도도, 동국지도, 조선방역지도 등이 있다.
③ **지리지** … 신찬팔도지리지, 동국여지승람, 신증동국여지승람, 해동제국기 등이 있다.

(4) 윤리 · 의례서와 법전의 편찬
① **윤리 · 의례서** … 유교적인 사회질서 확립을 위해 편찬하였으며, 삼강행실도, 이륜행실도, 동몽수지 등의 윤리서와 의례서로는 국조오례의가 있다.
② **법전의 편찬**
　㉠ **초기 법전** : 정도전의 조선경국전, 경제문감, 조준의 경제육전이 편찬되었다.
　㉡ **경국대전** : 구성된 법전으로 유교적 통치 질서와 문물제도가 완성되었음을 의미한다.

❷ 성리학의 발달

(1) 조선 초의 성리학

① 관학파(훈구파) ··· 정도전, 권근 등의 관학파는 다양한 사상과 종교를 포용하고, 주례를 중시하였다.

② 사학파(사림파) ··· 길재 등은 고려말의 온건개혁파를 계승하여 교화에 의한 통치를 강조하였고, 성리학적 명분론을 중시하였다.

(2) 성리학의 융성

① 이기론의 발달
   - ㉠ 주리론 : 기(氣)보다는 이(理)를 중심으로 이론을 전개하였다.
   - ㉡ 주기론 : 이(理)보다는 기(氣)를 중심으로 세계를 이해하였다.

② 성리학의 정착
   - ㉠ 이황
     - 인간의 심성을 중시하였고, 근본적이며 이상주의적 성격이 강하였다.
     - 주자서절요, 성학십도 등을 저술하여 이기이원론을 더욱 발전시켜 주리철학을 확립하였다.
   - ㉡ 이이
     - 기를 강조하여 일원론적 이기이원론을 주장하였으며 현실적이고 개혁적인 성격이 강하였다.
     - 동호문답, 성학집요 등을 저술하였다.

(3) 학파의 형성과 대립

① 동인
   - ㉠ 남인 : 이황학파, 서인과 함께 인조반정에 성공하였다.
   - ㉡ 북인 : 서경덕학파, 조식학파, 광해군 때 사회개혁을 추진하였다.

② 서인 ··· 이이학파·성혼학파로 나뉘고, 인조반정으로 집권하였으며, 송시열 이후 척화론과 의리명분론을 강조하였다.

(4) 예학의 발달

① 성격 ··· 유교적 질서를 유지하였고, 예치를 강조하였다.

② 영향 ··· 각 학파 간 예학의 차이가 예송논쟁을 통해 표출되었다.

❸ 불교와 민간신앙

(1) 불교의 정비

① **불교 정책** … 사원의 토지와 노비를 회수하고, 사찰 및 승려 수를 제한하였으며, 도첩제를 실시하였다.

② **정비과정** … 선·교 양종에 36곳 절만 인정하고, 적극적인 불교비판으로 불교의 입지는 좁아졌다.

(2) 도교와 민간신앙

① **도교** … 소격서를 설치하고 참성단에서 일월성신에 대해 제사를 지내는 초제를 시행하였다.

② **풍수지리설과 도참사상** … 한양 천도에 반영되었고, 산송문제를 야기하기도 하였다.

③ **민간신앙** … 무격신앙, 산신신앙, 삼신숭배, 촌락제가 성행하게 되었다.

❹ 과학기술의 발달

(1) 천문·역법과 의학

① **각종 기구의 발명·제작**
  ㉠ **천체관측기구** : 혼의, 간의
  ㉡ **시간측정기구** : 해시계(앙부일구), 물시계(자격루)
  ㉢ **강우량측정기구** : 측우기(세계 최초)
  ㉣ **토지측량기구** : 인지의, 규형(토지 측량과 지도 제작에 활용)

② **역법** … 중국의 수시력과 아라비아의 회회력을 참고한 칠정산을 발달시켰다.

③ **의학분야** … 향약집성방과 의방유취가 편찬되었다.

(2) 농서의 편찬과 농업기술의 발달

① **농서의 편찬**
  ㉠ **농사직설** : 최초의 농서로서 독자적인 농법을 정리(씨앗의 저장법·토질의 개량법·모내기법)하였다.
  ㉡ **금양잡록** : 금양(시흥)지방을 중심으로 경기지방의 농사법을 정리하였다.

② **농업기술의 발달** … 2년 3작(밭농사), 이모작·모내기법(논농사), 시비법, 가을갈이가 실시되었다.

(3) 병서 편찬과 무기 제조

① **병서의 편찬** … 총통등록, 병장도설이 편찬되었다.

② **무기 제조** … 최해산은 화약무기를 제조하였고, 화포가 만들어졌다.

③ **병선 제조** … 태종 때에는 거북선과 비거도선을 제조하여 수군의 전투력을 향상시켰다.

❺ 문학과 예술

(1) 다양한 문학

① 15세기 ··· 격식을 존중하고, 질서와 조화를 내세웠다.
   ㉠ 악장과 한문학 : 용비어천가, 월인천강지곡, 동문선
   ㉡ 시조문학 : 김종서 · 남이(패기 넘침)
   ㉢ 설화문학 : 관리들의 기이한 행적, 서민들의 풍속 · 감정 · 역사의식을 담았다(서거정의 필원잡기, 김사습의 금오신화)

② 16세기 ··· 사림문학이 주류를 이루었다.
   ㉠ 시조문학 : 황진이, 윤선도(오우가 · 어부사시사)
   ㉡ 가사문학 : 송순, 정철(관동별곡 · 사미인곡 · 속미인곡)

(2) 왕실과 양반의 건축

① 15세기 ··· 궁궐 · 관아 · 성곽 · 성문 · 학교건축이 중심이 되었고, 건물은 건물주의 신분에 따라 일정한 제한을 두었다.

② 16세기 ··· 서원건축은 가람배치양식과 주택양식이 실용적으로 결합된 독특한 아름다움을 지녔으며, 옥산서원(경주) · 도산서원(안동)이 대표적이다.

(3) 분청사기 · 백자와 공예

① 분청사기 ··· 안정된 그릇모양이었으며 소박하였다.

② 백자 ··· 깨끗하고 담백하며 선비취향이었다.

③ 공예 ··· 목공예, 화각공예, 자개공예가 주류를 이루었다.

(4) 그림과 글씨

① 그림
   ㉠ 15세기 : 안견(몽유도원도), 강희안(고사관수도), 강희맹 등이 있다.
   ㉡ 16세기 : 산수화와 사군자가 유행하였으며, 이암, 이정, 황집중, 어몽룡, 신사임당 등이 있다.

② 글씨 ··· 안평대군(송설체), 양사언(초서), 한호(석봉체)가 유명하였다.

04 문화의 새 기운

❶ 성리학의 변화

(1) 성리학의 교조화 경향
① 서인의 의리명분론 강화 … 송시열은 주자중심의 성리학을 절대화하였다.
② 성리학 비판
    ㉠ 윤휴 : 유교경전에 대한 독자적으로 해석하였다.
    ㉡ 박세당 : 양명학과 조장사상의 영향을 받아 주자의 학설을 비판하였으나 사문난적으로 몰렸다.
③ 성리학의 발달
    ㉠ 이기론 중심 : 이황학파의 영남 남인과 이이학파인 노론 사이에 성리학의 이기론을 둘러싼 논쟁이 치열하게 전개되었다.
    ㉡ 심성론 중심 : 인간과 사물의 본성이 같은가, 다른가 등의 문제를 둘러싸고 충청도 지역의 호론과 서울 지역의 낙론이 대립하였다.

(2) 양명학의 수용
① 성리학의 교조화와 형식화를 비판하였고, 실천성을 강조하였다.
② 강화학파의 형성 … 18세기 초 정제두가 양명학 연구와 제자 양성에 힘써 강화학파라 불리는 하나의 학파를 이루었으나 제자들이 정권에서 소외된 소론이었기 때문에 그의 학문은 집안의 후손들과 인척을 중심으로 가학(家學)의 형태로 계승되었다.

❷ 실학의 발달

(1) 실학의 등장
    ① 배경 … 사회모순의 해결이 필요했으며, 성리학의 한계가 나타났다.
    ② 새로운 문화운동 … 현실적 문제를 연구했으며, 이수광의 지봉유설, 한백겸의 동국지리지가 편찬되었다.
    ③ 성격 … 민생안정과 부국강병이 목표였고, 비판적 · 실증적 논리로 사회개혁론을 제시하였다.

(2) 농업 중심의 개혁론(경세치용학파)
① 특징 … 농민의 입장에서 토지제도의 개혁을 추구하였다.

② 주요 학자와 사상

　㉠ 유형원 : 반계수록을 저술, 균전론 주장, 양반문벌제도 · 과거제도 · 노비제도의 모순을 비판하였다.

　㉡ 이익 : 이익학파를 형성하고 한전론을 주장, 6종의 폐단을 지적했다.

　㉢ 정약용 : 실학을 집대성, 목민심서 · 경세유표를 저술, 여전론을 주장하였다.

(3) 상공업 중심의 개혁론(이용후생학파, 북학파)

① 특징 … 청나라 문물을 적극적으로 수용하여 부국 강병과 이용 후생에 힘쓰자고 주장하였다.

② 주요 학자와 사상

　㉠ 유수원 : 우서를 저술, 상공업 진흥 · 기술혁신을 강조, 사농공상의 직업평등과 전문화를 주장하였다.

　㉡ 홍대용 : 임하경륜 · 의산문답을 저술, 기술혁신과 문벌제도를 철폐, 성리학 극복을 주장하였다.

　㉢ 박지원 : 열하일기를 저술, 상공업의 진흥 강조(수레와 선박의 이용 · 화폐유통의 필요성 주장), 양반문
벌제도의 비생산성 비판, 농업 생산력 증대에 관심(영농방법의 혁신 · 상업적 농업의 장려 · 수리시설의
확충)을 가졌다.

　㉣ 박제가 : 북학의를 저술, 청과의 통상 강화, 수레와 선박 이용, 소비권장을 주장하였다.

(4) 국학 연구의 확대

① 국사

　㉠ 이익 : 실증적 · 비판적 역사서술, 중국 중심의 역사관을 비판하였다.

　㉡ 안정복 : 동사강목을 저술하였고 고증사학의 토대를 닦았다.

　㉢ 이긍익 : 조선시대의 정치와 문화를 정리하여 연려실기술을 저술하였다.

　㉣ 이종휘와 유득공 : 이종휘의 동사와 유득공의 발해고는 각각 고구려사와 발해사 연구를 중심으로 연구
시야를 만주지방까지 확대하여 한반도 중심의 협소한 사관을 극복하고자 했다.

　㉤ 김정희 : 금석과안록을 지어 북한산비가 진흥왕순수비임을 고증하였다.

③ 국토에 대한 연구

　㉠ 지리서 : 한백겸의 동국지리지, 정약용의 아방강역고, 이중환의 택리지가 편찬되었다.

　㉡ 지도 : 동국지도(정상기), 대동여지도(김정호)가 유명하다.

④ 언어에 대한 연구 … 신경준의 훈민정음운해, 유희의 언문지, 이의봉의 고금석림이 편찬되었다.

⑤ 백과사전의 편찬 … 이수광의 지봉유설, 이익의 성호사설, 서유구의 임원경제지, 홍봉한의 동국문헌비고가
편찬되었다.

❸ 과학기술의 발달

(1) **천문학과 지도제작기술의 발달**

① 천문학 ··· 김석문 · 홍대용의 지전설은 근대적 우주관으로 성리학적 세계관을 비판하였다.

② 역법과 수학 ··· 시헌력(김육)과 유클리드 기하학을 도입하였다.

③ 지리학 ··· 곤여만국전도(세계지도)가 전래되어 세계관이 확대되었다.

(2) **의학의 발달과 기술의 개발**

① 의학 ··· 허준은 동의보감, 허임은 침구경험방, 정약용은 마과회통, 이제마는 동의수세보원을 저술하였다.

② 정약용의 기술관 ··· 한강에 배다리를 설계하고, 수원 화성을 설계 및 축조하였다(거중기 사용)

(3) **농서의 편찬과 농업기술의 발달**

① 농서의 편찬
  - ㉠ 신속의 농가집성 : 벼농사 중심의 농법이 소개되고, 이앙법 보급에 기여하였다.
  - ㉡ 박세당의 색경 : 곡물재배법, 채소, 과수, 원예, 축산, 양잠 등의 농업기술을 소개하였다.
  - ㉢ 홍만선의 산림경제 : 농예, 의학, 구황 등에 관한 농서이다.
  - ㉣ 서유구 : 해동농서와 농촌생활 백과사전인 임원경제지를 편찬하였다.

② 농업기술의 발달
  - ㉠ 이앙법, 견종법의 보급으로 노동력이 절감되고 생산량이 증대되었다.
  - ㉡ 쟁기를 개선하여 소를 이용한 쟁기를 사용하기 시작하였다.
  - ㉢ 시비법이 발전되어 여러 종류의 거름이 사용됨으로써 토지의 생산력이 증대되었다.
  - ㉣ 수리시설의 개선으로 저수지를 축조(당진의 합덕지, 연안의 남대지 등)하였다.
  - ㉤ 황무지 개간(내륙 산간지방)과 간척사업(해안지방)으로 경지면적을 확대시켰다.

❹ 문학과 예술의 새 경향

(1) **서민문화의 발달**

① 배경 ··· 서당교육이 보급되고, 서민의 경제적 · 신분적 지위가 향상되었다.

② 서민문화의 대두 ··· 중인층(역관 · 서리), 상공업 계층, 부농층의 문예활동과 상민, 광대들의 활동이 활발하였다.

③ 문학상의 특징 ··· 인간감정을 적나라하게 표현하고 양반들의 위선적인 모습을 비판하며, 사회의 부정과 비리를 풍자 · 고발하였다. 서민적 주인공이 등장했으며, 현실세계를 배경으로 설정하였다.

(2) 판소리와 탈놀이

① 판소리 … 서민문화의 중심이 되었으며, 직접적이고 솔직하게 감정을 표현하였다. 다섯마당(춘향가 · 심청가 · 흥보가 · 적벽가 · 수궁가)이 대표적이며, 신재효는 판소리 사설을 창작하고 정리하였다.

② 탈놀이 · 산대놀이 … 승려들의 부패와 위선을 풍자하고, 양반의 허구를 폭로하였다.

(3) 한글소설과 사설시조

① 한글소설 … 홍길동전, 춘향전, 별주부전, 심청전, 장화홍련전 등이 유명하였다.

② 사설시조 … 남녀 간의 사랑, 현실에 대한 비판을 거리낌 없이 표현하였다.

③ 한문학 … 정약용은 삼정의 문란을 폭로하는 한시를 썼고, 박지원은 양반전, 허생전, 호질을 통해 양반사회의 허구성을 지적하며 실용적 태도를 강조하였다.

(4) 진경산수화와 풍속화

① 진경산수화 … 우리나라의 고유한 자연을 표현하였고, 정선의 인왕제색도 · 금강전도가 대표적이다.

② 풍속화 … 김홍도는 서민생활을 묘사하였고, 신윤복은 양반 및 부녀자의 생활과 남녀 사이의 애정을 표현하였다.

③ 민화 … 민중의 미적 감각과 소박한 정서를 표현하였다.

④ 서예 … 이광사(동국진체), 김정희(추사체)가 대표적이었다.

(5) 백자 · 생활공예와 음악

① 자기공예 … 백자가 민간에까지 널리 사용되었고, 청화백자가 유행하였으며 서민들은 옹기를 많이 사용하였다.

② 생활공예 … 목공예와 화각공예가 발전하였다.

③ 음악 … 음악의 향유층이 확대되어 다양한 음악이 출현하였다. 양반층은 가곡 · 시조, 서민들은 민요를 애창하였다.

출 제 예 상 문 제

1 신라 하대 불교계의 새로운 경향을 알려주는 다음의 사상에 대한 설명으로 옳은 것은?

> 불립문자(不立文字)라 하여 문자를 세워 말하지 않는다고 주장하고, 복잡한 교리를 떠나서 심성(心性) 을 도야하는 데 치중하였다. 그러므로 이 사상에서 주장하는 바는 인간의 타고난 본성이 곧 불성(佛性) 임을 알면 그것이 불교의 도리를 깨닫는 것이라는 견성오도(見性悟道)에 있었다.

① 전제왕권을 강화해주는 이념적 도구로 크게 작용하였다.

② 지방에서 새로이 대두한 호족들의 사상으로 받아들여졌다.

③ 왕실은 이 사상을 포섭하려는 노력에 관심을 기울이지 않았다.

④ 인도에까지 가서 공부해 온 승려들에 의해 전파되었다.

TIP 위에 설명된 사상은 신라 하대에 유행한 선종(禪宗)에 관한 것으로 선종은 문자에 의존하지 않고 오직 좌선만을 통해 부처의 깨달음 에 이르려는 종파이다. 6세기 초에 인도에서 중국으로 건너 온 보리달마를 초조(初祖)로 한다. 선종사상은 절대적인 존재인 부처에 귀의하려는 것이 아니라 각자가 가지고 있는 불성(佛性)의 개발을 중요시하는 성향을 지녔기에 신라 하대 당시 중앙정부의 간섭을 배제하면서 지방에서 독자적인 세력을 구축하려 한 호족들의 의식구조와 부합하였다. 이로 인해 신라 말 지방호족의 도움으로 선종 은 크게 세력을 떨치며 새로운 사회의 사상적 토대를 마련하였다.

2 조선 후기 천주교와 관련된 설명으로 옳지 않은 것은?

① 기해사옥 때 흑산도로 유배를 간 정약전은 그 지역의 어류를 조사한 「자산어보」를 저술하였다.

② 안정복은 성리학의 입장에서 천주교를 비판하는 「천학문답」을 저술하였다.

③ 1791년 윤지충은 어머니 상(喪)에 유교 의식을 거부하여 신주를 없애고 제사를 지내 권상연과 함께 처형을 당하였다.

④ 신유사옥 때 황사영은 군대를 동원하여 조선에서 신앙의 자유를 보장받게 해달라는 서신을 북경 에 있는 주교에게 보내려다 발각되었다.

TIP ① 정약전은 신유사옥(1801)으로 인해 흑산도로 귀양을 간 후 그 곳에서 자산어보를 지었다.

Answer 1.② 2.①

3 다음 중 학자에 대한 설명과 대표저서의 연결이 옳은 것은?

① 유수원의 「우서」 – 절약보다 소비를 권장하였다.
② 홍대용의 「의산문답」 – 기술의 혁신과 문벌제도의 철폐 및 지전설을 주장하였다.
③ 박지원의 「열하일기」 – 상공업의 진흥과 기술혁신, 사농공상의 직업평등화를 주장하였다.
④ 박제가의 「북학의」 – 양반 문벌 제도의 비생산성을 비판하였다.

TIP ① 유수원은 상공업의 진흥과 기술혁신, 사농공상의 직업평등화를 주장하였다.
③ 박지원은 상공업의 진흥과 수레·선박·화폐 이용의 주장 및 양반 문벌제도의 비생산성을 비판하였다.
④ 박제가는 청과의 통상을 주장하며 절약보다 적절한 소비를 권장하였다.

4 다음 중 해외로 유출된 우리 문화재는?

① 신윤복의 미인도
② 안견의 몽유도원도
③ 정선의 인왕제색도
④ 강희안의 고사관수도

TIP 현재 안견의 몽유도원도(夢遊桃源圖)는 일본 덴리대학(天理大學) 중앙도서관에 소장되어 있으며 우리나라에서는 2009년 한국박물관 개관 100주년 기념 특별전으로 전시된 적이 있었다.

5 다음 중 「삼국사기」와 「삼국유사」에 대한 비교로서 옳지 않은 것은?

① 전자는 관찬사서이고, 후자는 사찬사서이다.
② 전자에 비하여 후자는 민족의식이 강하게 나타났다.
③ 두 사서는 삼국시대의 역사를 다룬 점에서 일치한다.
④ 전자는 정치사 중심이고, 후자는 문화사적인 내용을 많이 다루었다.

TIP ㉠ 「삼국사기」: 인종 때 김부식이 중국 「사기」의 체제를 모방하여 유교사관의 입장에서 삼국시대의 역사를 정리한 것이다. 정사체인 기전체 사서로 본기·열전·지·표로 구분 저술하였는데, 삼국 가운데 신라를 정통으로 삼았다(전 50권으로 사대주의적 기술).
㉡ 「삼국유사」: 충렬왕 때(1285) 일연이 불교사의 입장에서 저술한 것으로 단군의 이야기를 최초로 수록하여 민족의 자주성을 강조하였다. 향가 14수가 수록되었으며 「삼국사기」에서 찾아볼 수 없는 고대문화에 관계되는 중요한 사실을 수록하고 있다.

Answer 3.② 4.② 5.③

6 신라의 독서삼품과에 대한 설명으로 옳은 것은?

① 이 제도는 적절하게 실시되어 유학의 발달에 큰 공헌을 하였다.

② 6두품을 관리로 선발하려는 목적에서 시행되었다.

③ 골품보다 유학실력에 따라 관리를 채용하려는 제도이다.

④ 이 제도의 실시로 골품이 낮은 사람이나 평민이 관리로 많이 채용되었다.

TIP ③ 신라하대(원성왕 때)에 들어와서 실시된 독서삼품과는 학문성적에 따라 관리를 임명하는 새로운 제도였다.

7 다음 중 고려 문화의 성격으로 옳지 않은 것은?

① 법전 편찬이 활발하였다.

② 지방문화의 생명은 소박성에 있었다.

③ 불교 · 유교문화가 융합되었다.

④ 유학과 한문학이 발달하였다.

TIP ① 법전의 편찬이 활발했던 것은 조선시대이다. 고려 문화는 기록에 의한 문학활동이 크게 확대되었으며, 불교미술 및 공예가 발달하였다.

8 다음 역사서 저자들의 정치적 입장에 관한 설명으로 옳지 않은 것은?

① 「여사제강」 – 서인의 입장에서 북벌운동을 지지하였다.

② 「동사(東事)」 – 붕당정치를 비판하였다.

③ 「동사강목」 – 성리학적 명분론을 비판하였다.

④ 「동국통감제강」 – 남인의 입장에서 왕권 강화를 주장하였다.

TIP 동사강목은 17세기 이후 축적된 국사연구의 성과를 계승 발전시켜 역사인식과 서술내용 면에서 가장 완성도가 높은 저술로서 정통론인식과 문헌고증방식의 양면을 집대성한 대표적인 통사이다. 단군 → 기자 → 마한 → 통일신라 → 고려까지의 유교적 정통론을 완성하였으며 위만조선을 찬탈왕조로 다루고 발해를 말갈왕조로 보아 우리 역사에서 제외시켰는데 이는 조선의 성리학자로서의 명분론에 입각한 것이었다.

Answer   6.③ 7.① 8.③

9 19세기는 서민문학의 전성기라고 할 수 있다. 이에 관한 설명 중 옳지 않은 것은?

① 종합예술적 성격을 띤 가면극이 유행했다.
② 판소리는 사대부층을 중심으로 크게 환영받았다.
③ 판소리 사설의 창작과 정리에 공이 큰 사람은 신재효였다.
④ 한 편의 이야기를 창과 이야기로 엮어 나가면서 불렀던 판소리가 중심이었다.

TIP ② 판소리는 사대부층보다는 일반 서민층으로부터 크게 환영받았다.

10 다음은 고려시대의 목조건축물이다. 다포양식의 건축물은?

① 봉정사 극락전
② 수덕사 대웅전
③ 성불사 응진전
④ 부석사 무량수전

TIP ③ 기둥과 기둥 사이에 공포를 짜 올리는 다포 양식으로 하중이 고르게 분산되어 지붕이 더욱 커졌다. 이는 중후하고 장엄한 느낌을 준다.
①②④ 기둥 위에만 공포를 짜 올리는 주심포 양식으로 하중이 기둥에만 전달되어 기둥은 굵으며 배흘림 양식이다.

Answer 9.② 10.③

06 근현대사의 이해

01 국제 질서의 변동과 근대 국가 수립 운동

❶ 제국주의 열강의 침략과 조선의 대응

(1) 흥선대원군의 개혁 정치

① 흥선대원군 집권 당시 국내외 정세
- ㉠ 국내 정세 : 세도 정치의 폐단 → 삼정의 문란으로 인한 전국적 농민 봉기 발생, 평등사상 확산(천주교, 동학)
- ㉡ 국외 정세 : 제국주의 열강의 침략적 접근 → 이양선 출몰, 프랑스, 미국 등 서구열강의 통상 요구

② 흥선대원군의 내정 개혁
- ㉠ 목표 : 세도정치 폐단 시정 → 전제 왕권 강화, 민생 안정
- ㉡ 정치 개혁
  - 세도 정치 타파 : 안동 김씨 세력의 영향력 축소, 당파와 신분을 가리지 않고 능력별 인재 등용
  - 관제 개혁 : 비변사 기능 축소(이후 철폐) → 의정부와 삼군부의 기능 부활
  - 법전 편찬 : 통치 체제 재정비 → '대전회통', '육전조례'
- ㉢ 경복궁 중건
  - 왕실의 권위 회복 → 재원 조달을 위해 원납전 강제 징수, 당백전 발행, 부역 노동 강화, 양반 묘지림 벌목
  - 결과 : 물가 폭등(당백전 남발), 부역 노동 강화로 인한 민심 악화 등으로 양반과 백성 반발 초래

③ 민생 안정을 위한 노력
- ㉠ 서원 철폐
  - 지방 양반세력의 근거지로서 면세 혜택 부여 → 국가 재정 악화 문제 초래, 백성 수탈 심화
  - 전국의 서원 중 47개소만 남기고 모두 철폐 → 양반층 반발, 국가 재정 확충에 기여
- ㉡ 수취 체제의 개편 : 삼정의 문란 시정
  - 전정 : 양전 사업 시행 → 은결을 찾아내어 조세 부과, 불법적 토지 겸병 금지
  - 군정 : 호포제(호 단위로 군포 징수) 실시 → 양반에게 군포 징수
  - 환곡 : 사창제 실시, 마을(里) 단위로 사창 설치 → 지방관과 아전의 횡포 방지

(2) 통상 수교 거부 정책과 양요

① 배경 ⋯ 서구 열강의 통상 요구, 러시아가 청으로부터 연해주 획득, 천주교 교세 확장 → 열강에 대한 경계심 고조

② 병인양요(1866)
　㉠ 배경 : 프랑스 선교사의 국내 활동(천주교 확산), 흥선대원군이 프랑스를 이용하여 러시아를 견제하려 하였으나 실패 → 병인박해(1866)로 천주교 탄압
　㉡ 전개 : 병인박해를 계기로 로즈 제독이 이끄는 프랑스 함대가 강화도 침략 → 문수산성(한성근), 정족산성(양헌수) 전투에서 프랑스군에 항전
　㉢ 결과 : 프랑스군은 외규장각 도서를 비롯한 각종 문화재 약탈

③ 오페르트 도굴 사건(1868)
　㉠ 배경 : 독일 상인 오페르트의 통상 요구를 조선이 거절
　㉡ 전개 : 오페르트 일행이 흥선대원군 아버지 묘인 남연군 묘 도굴을 시도하였으나 실패
　㉢ 결과 : 서양에 대한 반감 고조, 조선의 통상 수교 거부 정책 강화

④ 신미양요(1871)
　㉠ 배경 : 평양(대동강)에서 미국 상선 제너럴 셔먼호의 통상 요구 → 평안도 관찰사 박규수의 통상 거부 → 미국 선원들의 약탈 및 살상 발생 → 평양 군민들이 제너럴 셔먼호를 불태움
　㉡ 전개 : 미국이 제너럴 셔먼호을 계기로 배상금 지불, 통상 수교 요구 → 조선 정부 거부 → 미국 함대의 강화도 침략 → 초지진, 덕진진 점령 → 광성보 전투(어재연) → 미군 퇴각(어재연 수(帥)자기 약탈)
　㉢ 결과 : 흥선대원군은 전국에 척화비 건립 (통상 수교 거부 의지 강화)

❷ 문호 개방과 근대적 개화 정책의 추진

(1) 조선의 문호 개방과 불평등 조약 체결

① 통상 개화론의 대두와 흥선대원군의 하야
　㉠ 통상 개화론 : 북학파 실학 사상 계승 → 박규수, 오경석, 유홍기 등이 문호 개방과 서양과의 교류 주장 → 개화파에 영향 : 통상 개화론의 영향을 받아 급진 개화파(김옥균, 박영효, 홍영식, 서광범 등), 온건 개화파(김홍집, 김윤식, 어윤중 등)로 분화
　　• 온건개화파 : 점진적 개혁 추구(청의 양무운동 모방) → 동도서기론 주장
　　• 급진개화화 : 급진적 개혁 추구(일본의 메이지유신 모방) → 문명개화론 주장, 갑신정변을 일으킴
　㉡ 흥선대원군 하야 : 고종이 친정을 실시하며 통상 수교 거부 정책 완화

② 강화도 조약(1876. 조 · 일수호 조규)
　㉠ 배경 : 일본의 정한론(조선 침략론) 대두와 운요호 사건(1875)

ⓛ 내용 : 외국과 체결한 최초의 근대적 조약, 불평등 조약
- '조선은 자주국' : 조선에 대한 청의 종주권 부정, 일본의 영향력 강화
- '부산 이외에 2개 항구 개항' : 경제적, 군사적, 정치적 목적을 위해 각각 부산, 원산, 인천항 개항
- '해안 측량권 허용 및 영사 재판권(치외법권) 인정' : 불평등 조약
ⓒ 부속 조약
- 조·일 수호 조규 부록 : 개항장에서 일본 화폐 사용, 일본인 거류지 설정(간행이정 10리)을 규정
- 조·일 무역 규칙 : 양곡의 무제한 유출 허용, 일본 상품에 대한 무관세 적용

③ 서구 열강과의 조약 체결
ⓐ 조·미 수호 통상 조약(1882)
- 제2차 수신사로 파견된 김홍집이 황준헌의 '조선책략' 유입·유포, 청의 알선
- 내용 : 치외 법권(영사 재판권)과 최혜국 대우 인정, 수출입 상품에 대한 관세 부과, 거중 조정
- 성격 : 서양과 맺은 최초의 조약이자 불평등 조약
- 영향 : 미국에 보빙사 파견, 다른 서구 열강과 조약 체결에 영향
ⓛ 다른 서구 열강과의 조약 체결
- 영국(1882), 독일(1882), 러시아(1884), 프랑스(1886)
- 성격 : 최혜국 대우 등을 인정한 불평등 조약

(2) 개화 정책의 추진

① 외교 사절단 파견
ⓐ 수신사 : 일본에 외교 사절단 파견 → 제1차 김기수(1876), 제2차 김홍집(1880) 파견
ⓛ 조사시찰단(1881) : 일본의 근대 문물 시찰, 개화 정책에 대한 정보 수집을 목적으로 파견 – 비밀리에 파견(박정양, 어윤중, 홍영식)
ⓒ 영선사(1881) : 청의 근대 무기 제조술 습득을 목적으로 파견(김윤식) → 귀국 후 기기창 설치
ⓔ 보빙사(1883) : 조미수호통상조약 체결 후 미국 시찰 → 민영익, 홍영식, 유길준 등

② 정부의 개화 정책
ⓐ 통리기무아문(1880) 및 12사 설치 : 개화 정책 총괄
ⓛ 군제 개편 : 신식 군대인 별기군 창설(일본인 교관 초빙), 구식 군대인 5군영은 2영(무위영, 장어영)으로 개편
ⓒ 근대 시설 : 기기창(근대 신식 무기 제조), 박문국(한성순보 발행), 전환국(화폐 발행), 우정총국(우편)

(3) 개화 정책에 대한 반발

① 위정척사 운동의 전개 … 성리학적 질서를 회복하고 서양 문물의 유입 반대 → 양반 유생 중심(반외세)
ⓐ 통상 반대 운동(1860년대) : 서구 열강의 통상 요구 거부 → 이항로, 기정진 등
ⓛ 개항 반대 운동(1870년대) : 강화도 조약 체결을 전후로 개항 반대 주장 → 최익현(왜양일체론 주장)

ⓒ 개화 반대 운동(1880년대) : '조선책략' 유포 반대, 미국과의 수교 거부(영남만인소) → 이만손, 홍재학
ⓔ 항일 의병 운동(1890년대) : 을미사변, 단발령(을미개혁)에 반발 → 유인석, 이소응 등

② 임오군란(1882) ⋯ 반외세, 반정부 운동
ⓖ 배경 : 개항 이후 일본으로의 곡물 유출로 물가가 폭등하여 민생 불안정, 구식군인에 대한 차별대우
ⓛ 전개 : 구식 군인의 봉기, 도시 빈민 합세 → 별기군 일본 교관 살해, 일본 공사관과 궁궐 습격 → 명성
황후 피신 → 흥선대원군의 재집권(신식 군대 및 개화 기구 폐지) → 청군 개입(흥선대원군을 청으로 납
치) → 민씨 정권 재집권(친청 정권 수립)
ⓒ 결과
- 제물포 조약 체결(1882) : 일본에 배상금 지불, 일본 공사관 경비를 위해 일본군의 조선 주둔 허용
- 청의 내정 간섭 심화 : 청군의 주둔 허용, 청의 고문 파견(마건상과 묄렌도르프)
- 조 · 청 상민 수륙 무역 장정 체결(1882) : 청 상인의 내지 통상권 허용 → 청의 경제적 침투 강화

(4) 갑신정변(1884)

① 배경 ⋯ 친청 정권 수립과 청의 내정 간섭 심화로 개화 정책 후퇴, 급진 개화파 입지 축소, 청 · 프 전쟁

② 전개 ⋯ 급진 개화파가 우정총국 개국 축하연에 정변 일으킴 → 민씨 고관 살해 → 개화당 정부 수립 →
14개조 개혁 정강 발표 → 청군의 개입으로 3일만에 실패 → 김옥균, 박영효는 일본 망명

③ 갑신정변 14개조 개혁 정강 ⋯ 위로부터의 개혁
ⓖ 정치적 개혁 : 친청 사대 정책 타파, 내각 중심의 정치 → 입헌 군주제 지향
ⓛ 경제적 개혁 : 모든 재정의 호조 관할(재정 일원화), 지조법(토지세) 개정, 혜상공국 혁파, 환곡제 개혁
ⓒ 사회적 개혁 : 문벌 폐지, 인민 평등권 확립, 능력에 따른 인재 등용 → 신분제 타파 주장

④ 결과
ⓖ 청의 내정 간섭 심화, 개화 세력 약화, 민씨 재집권
ⓛ 한성 조약(1884) : 일본인 피살에 대한 배상금 지불, 일본 공사관 신축 비용 부담
ⓒ 톈진 조약(1884) : 한반도에서 청 · 일 양국 군대의 공동 출병 및 공동 철수 규정

⑤ 의의와 한계
ⓖ 의의 : 근대 국가 수립을 위한 최초의 근대적 정치 · 사회 개혁 운동
ⓛ 한계 : 급진 개화파의 지나친 일본 의존적 성향과 토지 개혁의 부재 등으로 민중 지지 기반 결여

(5) 갑신정변 이후의 국내외 정세

① 거문도 사건(1885~1887) ⋯ 갑신정변 이후 청 견제를 위해 조선이 러시아와 비밀리에 교섭 진행 → 러시
아 견제를 위해 영국이 거문도 불법 점령 → 청 중재로 영국군 철수

② 한반도 중립화론 ⋯ 한반도를 둘러싼 열강의 대립이 격화되자 이를 막기 위해 조선 중립화론 제시 → 독일
영사 부들러와 유길준에 의해 제시

❸ 구국 운동과 근대 국가 수립 운동의 전개

(1) 동학 농민 운동

① 농촌 사회의 동요 … 지배층의 농민 수탈 심화, 일본의 경제 침탈로 곡가 상승, 수공업 타격(면직물 수입)

② 동학의 교세 확장 및 교조 신원 운동

   ㉠ 동학의 교세 확장 : 교리 정비(동경대전, 용담유사), 교단 조직(포접제)
   ㉡ 교조 신원 운동 : 교조 최제우의 억울한 누명을 풀고 동학의 합법화 주장
   • 전개 : 삼례집회(1892) → 서울 복합 상소(1893) → 보은 집회(1893)
   • 성격 : 종교적 운동 → 정치적, 사회적 운동으로 발전(외세 배척, 탐관오리 숙청 주장)

③ 동학 농민 운동의 전개

   ㉠ 고부 농민 봉기 : 고부 군수 조병갑의 횡포(만석보 사건) → 전봉준 봉기(사발통문) → 고부 관아 점령 및 만석보 파괴 → 후임 군수 박원명의 회유로 농민 자진 해산 → 안핵사 이용태 파견
   ㉡ 제1차 봉기 : 안핵사 이용태의 농민 탄압 → 동학 농민군 재봉기하여 고부 재점령
   • 백산 집결 : 동학 농민군이 보국안민, 제폭구민의 기치를 걸고 격문 발표, 호남 창의소 설치 → 이후 황토현, 황룡촌 전투에서 관군 격파 → 전주성 점령(폐정개혁안 12개조 요구)
   • 전주 화약 체결 : 정부는 청에 군사 요청 → 청 · 일 양군 출병(톈진조약) → 전주 화약 체결(집강소 설치)
   ㉢ 제2차 봉기 : 전주 화약 체결 후 정부는 청 · 일 양군의 철수 요구 → 일본이 거부하고 경복궁 무단 점령(청일전쟁)
   • 삼례 재봉기 : 일본군 축출을 위해 동학 농민군 재봉기 → 남접(전봉준)과 북접(손병희) 합세하여 서울로 북상
   • 우금치 전투(공주) : 관군과 일본군의 화력에 열세 → 동학 농민군 패배, 전봉준을 비롯한 지도부 체포

④ 동학 농민 운동의 의의와 한계

   ㉠ 의의 : 반봉건 운동(신분제 폐지, 악습 철폐 요구), 반외세 운동(일본 및 서양 침략 반대) → 이후 동학 농민군의 일부 요구가 갑오개혁에 반영, 잔여 세력 일부는 항일 의병 운동에 가담
   ㉡ 한계 : 근대 사회 건설을 위한 구체적인 방안을 제시하지 못함

(2) 갑오 · 을미개혁

① 배경 … 갑신정변 및 동학 농민 운동 이후 내정 개혁의 필요성 대두 → 교정청(자주적 개혁) 설치(1894. 6)

② 제1차 갑오개혁 … 일본군의 경복궁 무단 점령, 개혁 강요 → 제1차 김홍집 내각 수립(민씨 정권 붕괴, 흥선대원군 섭정), 군국기무처 설치

   ㉠ 정치 : 왕실 사무(궁내부)와 국정 사무(의정부) 분리, 6조를 8아문으로 개편, 과거제 폐지 등
   ㉡ 경제 : 탁지아문으로 재정 일원화, 은 본위 화폐제 채택, 도량형 통일, 조세 금납화 시행
   ㉢ 사회 : 신분제 철폐(공사 노비제 혁파), 봉건적 악습 타파(조혼 금지, 과부 재가 허용), 고문 및 연좌제 폐지

③ **제2차 갑오개혁** ··· 청·일 전쟁에서 일본의 승세로 내정 간섭 강화 → 제2차 김홍집·박영효 연립 내각 수립(흥선대원군 퇴진, 군국기무처 폐지, 홍범 14조 반포)

    ㉠ **정치** : 내각 제도 실시(의정부), 8아문을 7부로 개편, 지방 행정 체계 개편(8도 → 23부), 지방관 권한 축소, 재판소 설치(사법권을 행정권에서 분리)

    ㉡ **군사** : 훈련대와 시위대 설치

    ㉢ **교육** : 교육입국 조서 반포, 신학제(한성 사범 학교 관제, 소학교 관제, 외국어 학교 관제) 마련

④ **을미개혁(제3차 갑오개혁)**

    ㉠ **배경** : 청·일 전쟁에서 일본이 승리 → 일본의 랴오둥반도 차지(시모노세키 조약) → 러시아 주도의 삼국 간섭 → 랴오둥반도 반환 → 조선에서는 친러내각 수립 → 을미사변(명성황후 시해) → 김홍집 내각 수립

    ㉡ **주요 개혁 내용**

      • 정치 : '건양' 연호 사용

      • 군사 : 시위대(왕실 호위), 친위대(중앙), 진위대(지방) 설치

      • 사회 : 태양력 사용, 소학교 설치, 우체사 설립(우편 제도), 단발령 실시

    ㉢ **결과** : 아관파천(1896) 직후 개혁 중단 → 김홍집 체포 및 군중에 피살

⑤ **갑오개혁의 의의와 한계**

    ㉠ **의의** : 갑신정변과 동학 농민 운동의 요구 반영(신분제 철폐), 여러 분야에 걸친 근대적 개혁

    ㉡ **한계** : 일본의 강요에 의해 추진, 일본의 조선 침략을 용이하게 함, 국방력 강화 개혁 소홀

(3) 독립 협회

① **독립 협회의 창립**

    ㉠ **배경** : 아관파천 직후 러시아를 비롯한 열강의 이권 침탈 가속화, 러·일의 대립 격화

    ㉡ **과정** : 미국에서 귀국한 서재필이 독립신문 창간 → 독립문 건립을 명분으로 독립 협회 창립(1896)

② **독립 협회 활동** ··· 자주 국권, 자유 민권, 자강 개혁 운동을 통해 민중 계몽 → 강연회·토론회 개최

    ㉠ **자주 국권 운동** : 고종 환궁 요구, 러시아의 절영도 조차 저지 및 열강 이권 침탈 저지(만민 공동회 개최)

    ㉡ **자유 민권 운동** : 언론·출판·집회·결사의 자유 주장

    ㉢ **자강 개혁 운동** : 헌의 6조 결의(관민 공동회 개최), 의회 설립 운동 전개(중추원 관제 개편)

③ **독립 협회 해산** ··· 보수 세력 반발(독립 협회가 공화정 도모한다고 모함) → 고종 해산 명령 → 황국협회의 만민공동회 습격

④ **의의와 한계** ··· 열강의 침략으로부터 국권 수호 노력

    ㉠ **의의** : 민중 계몽을 통한 국권 수호와 민권 신장에 기여

    ㉡ **한계** : 열강의 침략적 의도를 제대로 파악하지 못함, 외세 배척이 러시아에 한정

(4) 대한제국(1897~1910)

① 대한 제국 수립 … 아관파천으로 국가적 위신 손상→고종의 환궁 요구 여론 고조→고종이 경운궁으로 환궁

    ㉠ 대한제국 선포 : 연호를 '광무'로 제정→환구단에서 황제 즉위식 거행, 국호를 '대한제국'으로 선포

    ㉡ 대한국 국제 반포(1899) : 황제의 무한 군주권(전제 군주제) 규정

② 광무개혁 … 구본신참(舊本新參)의 원칙에 따른 점진적 개혁 추구

    ㉠ 내용
- 정치 : 황제권 강화(대한국 국제)
- 군사 : 원수부 설치(황제가 직접 군대 통솔), 시위대 · 진위대 증강
- 경제 : 양전 사업 추진(토지 소유자에게 지계 발급), 식산흥업(근대적 공장과 회사 설립), 금본위 화폐제
- 교육 : 실업학교 설립(상공 학교, 광무 학교), 기술 교육 강조, 해외에 유학생 파견
- 사회 : 근대 시설 도입(전차 · 철도 부설, 전화 가설 등 교통 · 통신 시설 확충)

    ㉡ 의의와 한계
- 의의 : 자주독립과 상공업 진흥 등 근대화를 지향한 자주적 개혁
- 한계 : 집권층의 보수적 성향, 열강의 간섭 등으로 개혁 성과 미흡

❹ 일제의 국권 침탈과 국권 수호 운동

(1) 일제의 침략과 국권 피탈

① 러 · 일 전쟁(1904)과 일본의 침략

    ㉠ 한반도를 둘러싼 러 · 일 대립 격화 : 제1차 영 · 일동맹(1902), 러시아의 용암포 조차 사건(1903)

    ㉡ 러 · 일 전쟁(1904. 2) : 대한제국 국외 중립 선언→일본이 러시아를 선제공격

    ㉢ 일본의 한반도 침략
- 한 · 일 의정서(1904. 2) : 한반도의 군사적 요충지를 일본이 임의로 사용 가능
- 제1차 한 · 일 협약(1904. 8) : 고문 정치 실시 (외교 고문 美. 스티븐스, 재정 고문 日.메가타 파견)

    ㉣ 일본의 한국 지배에 대한 열강의 인정
- 가쓰라 · 태프트 밀약(1905. 7) : 일본은 미국의 필리핀 지배 인정, 미국은 일본의 한국 지배를 인정
- 제2차 영 · 일 동맹(1905. 8) : 일본은 영국의 인도 지배 인정, 영국은 일본의 한국 지배를 인정

    ㉤ 포츠머스 조약 체결(1905. 9) : 러 · 일 전쟁에서 일본 승리→일본의 한국 지배권 인정

② 일제의 국권 침탈

    ㉠ 을사늑약(제2차 한일협약. 1905. 11) : 통감 정치 실시
- 내용 : 통감부 설치(대한제국 외교권 박탈), 초대 통감으로 이토 히로부미 부임
- 고종의 대응 : 조약 무효 선언, 미국에 헐버트 파견, 헤이그 특사 파견(이준, 이상설, 이위종. 1907)
- 민족의 저항 : 민영환과 황현의 자결, 장지연의 '시일야방성대곡'(황성신문), 오적 암살단 조직(나철, 오기호), 스티븐스 저격(장인환 · 전명운. 1908), 안중근의 이토 히로부미 처단(1909)

ⓛ **한·일 신협약**(정미 7조약, 1907. 7) : 차관 정치 실시

　• 배경 : 헤이그 특사 파견 → 고종의 강제 퇴위, 순종 즉위

　• 내용 : 행정 각 부처에 일본인 차관 임명, 대한 제국 군대 해산(부속 각서) → 이후 기유각서(1909) 체결

ⓒ **한국 병합 조약**(1910. 8) : 친일 단체(일진회 등)의 합방 청원 → 병합조약 체결 → 조선 총독부 설치

(2) 항일 의병 운동

① **을미의병** … 을미사변, 단발령 실시(1895)를 계기로 발생

　㉠ **중심세력** : 유인석, 이소응 등의 양반 유생층

　㉡ **활동** : 친일 관리 처단, 지방 관청과 일본 거류민, 일본군 공격

　㉢ **결과** : 아관 파천 이후 고종이 단발령 철회, 의병 해산 권고 조칙 발표 → 자진 해산 → 일부는 활빈당 조직

② **을사의병** … 을사늑약 체결(1905)에 반발하며 발생, 평민 출신 의병장 등장

　㉠ **중심세력** : 최익현·민종식(양반 유생), 신돌석(평민 출신) 등

　㉡ **활동** : 전북 태인에서 거병(최익현), 홍주성 점령(민종식), 태백산 일대 평해·울진에서 활양(신돌석)

③ **정미의병** … 고종의 강제 퇴위, 대한 제국의 군대 해산(1907)을 계기로 발생

　㉠ **특징** : 해산 군인의 가담으로 의병의 전투력 강화(의병 전쟁), 각국 영사관에 국제법상 교전 단체로 인정할 것 요구

　㉡ **13도 창의군 결성**(총대장 이인영, 군사장 허위) : 서울 진공 작전 전개(1908) → 일본군에 패배

③ **호남 의병** … 13도 창의군 해산 이후 호남 지역이 의병 중심지로 부상 → 일제의 '남한 대토벌 작전'(1909)으로 위축

④ **의병 운동의 의의와 한계**

　㉠ **의의** : '남한 대토벌 작전' 이후 만주와 연해주 등지로 이동하여 무장 독립 투쟁 계승

　㉡ **한계** : 양반 유생 출신 의병장의 봉건적 신분 의식의 잔존으로 세력 약화

(3) 애국 계몽 운동

① **성격** … 사회진화론의 영향(약육강식) → 점진적 실력 양성(교육, 식산흥업)을 통한 국권 수호 추구

② **애국 계몽 운동 단체**

　㉠ **보안회**(1904) : 일제의 황무지 개간권 요구 반대 운동 전개 → 성공

　㉡ **헌정 연구회**(1905) : 의회 설립을 통한 입헌 군주제 수립 추구 → 일제의 탄압

　㉢ **대한 자강회**(1906) : 헌정 연구회 계승, 전국에 지회 설치 → 고종 강제 퇴위 반대 운동 전개

　㉣ **신민회**(1907)

　　• 안창호, 양기탁 등을 중심으로 공화정에 입각한 근대 국가 설립을 목표로 비밀 결사 형태로 조직

　　• 학교 설립(오산 학교, 대성 학교), 민족 산업 육성(태극 서관, 자기 회사 운영), 국외 독립운동 기지 건설(남만주 삼원보에 신흥 강습소 설립)하고 일제가 조작한 105인 사건으로 와해(1911)

　㉤ **언론 활동** : 대한매일신보, 황성신문 등이 일제 침략 비판, 국채 보상 운동 지원

③ 의의와 한계
  ㉠ 의의 : 국민의 애국심 고취와 근대 의식 각성, 식산흥업을 통한 경제 자립 추구, 민족 운동 기반 확대
  ㉡ 한계 : 실력 양성(교육, 식산흥업)에만 주력, 의병 투쟁에 비판적인 태도를 취함

(4) 독도와 간도
① 독도
  ㉠ 역사적 연원 : 신라 지증왕 때 이사부가 우산국 복속, 조선 숙종 때 안용복이 우리 영토임을 확인
  ㉡ 대한 제국 칙령 제41호(1900) : 울릉도를 울도군으로 승격, 독도가 우리 영토임을 선포
  ㉢ 일제의 강탈 : 러 · 일 전쟁 중 일본이 불법적으로 편입(시네마 현 고시 제 40호. 1905)
② 간도 … 백두산정계비문(1712)의 토문강 해석에 대한 조선과 청 사이의 이견 발생으로 영유권 분쟁 발생
  ㉠ 대한 제국의 대응 : 이범윤을 간도 관리사로 임명, 간도를 함경도 행정 구역으로 편입
  ㉡ 간도 협약(1909) : 남만주 철도 부설권을 얻는 대가로 일제가 간도를 청의 영토로 인정

❺ 개항 이후 경제 · 사회 · 문화의 변화

(1) 열강의 경제 침탈
① 청과 일본의 경제 침탈
  ㉠ 개항 초 일본의 무역 독점 : 강화도 조약 및 부속 조약
    • 치외 법권, 일본 화폐 사용, 무관세 무역 등의 특혜 독점
    • 거류지 무역 : 개항장 10리 이내로 제한→조선 중개 상인 활양(객주, 여각, 보부상 등)
    • 중계 무역 : 영국산 면제품 수입, 쌀 수출(미면 교환 경제)→곡가 폭등, 조선 가내 수공업 몰락
  ㉡ 일본과 청의 무역 경쟁 : 임오군란 이후 청 상인의 조선 진출 본격화→청 · 일 상권 경쟁 심화
    • 조 · 청 상민 수륙 무역 장정(1882) : 청 상인의 내지 통상권 허용(양화진과 한성에 상점 개설)
    • 조 · 일 통상 장정(1883) : 조 · 일 무역 규칙 개정, 관세권 설정, 방곡령 규정, 최혜국 대우 인정
② 제국주의 열강의 이권 침탈
  ㉠ 배경 : 아관 파천 이후 열강이 최혜국 대우 규정으로 각종 분야(삼림, 광산, 철도 등)에서 이권 침탈
  ㉡ 일본의 재정 및 금융 지배
    • 재정 지배 : 차관 강요(시설 개선 등의 명목)를 통한 대한 제국 재정의 예속화 시도
    • 금융 지배 : 일본 제일 은행 설치(서울. 인천 등)
    • 화폐 정리 사업(1905) : 백동화를 일본 제일 은행권으로 교환(재정 고문 메가타 주도) → 민족 자본 몰락
  ㉢ 일본의 토지 약탈 : 철도 부지와 군용지 확보를 위해 조선의 토지 매입, 동양 척식 주식회사 설립
    (1908)

(2) 경제적 구국 운동

① 방곡령 선포(1889~1890) … 일본으로의 곡물 유출 심화로 곡가 폭등, 농민 경제 악화

　　㉠ 과정 : 함경도, 황해도 등지의 지방관이 방곡령을 선포함(조ㆍ일 통상 장정 근거)

　　㉡ 결과 : 일본이 '1개월 전 통보' 규정 위반으로 방곡령 철회 요구→방곡령 철회, 일본에 배상금 지불

② 상권 수호 운동 … 열강의 내지 진출 이후 국내 상권 위축

　　㉠ 시전 상인 : 일본과 청 상인의 시전 철수 요구, 황국 중앙 총상회 조직(1898)

　　㉡ 객주, 보부상 : 상회사 설립 → 대동 상회, 장통 상회 등

　　㉢ 민족 자본, 기업 육성 : 민족 은행과 회사를 설립(조선 은행 등) → 1890년대 이후

③ 이권 수호 운동

　　㉠ 독립 협회 : 만민 공동회 개최 → 러시아의 절영도 조차 요구 저지, 한ㆍ러 은행 폐쇄

　　㉡ 황무지 개간권 요구 반대 운동(1904) : 일제의 황무지 개간권 요구 압력에 반대→농광 회사, 보안회 설립

④ 국채 보상 운동(1907) … 일본의 차관 강요에 의한 대한 제국 재정의 일본 예속 심화

　　㉠ 과정 : 대구에서 시작(서상돈 중심) → 국채 보상 기성회 설립(서울) → 대한매일신보 후원

　　㉡ 결과 : 전국적인 금주, 금연, 가락지 모으기 운동으로 확산 → 통감부의 탄압과 방해로 실패함

(3) 근대 시설과 문물의 수용

① 근대 시설의 도입

　　㉠ 교통 : 전차(서대문~청량리. 1889), 경인선(1899)으로 철도 부설(경부선 1905, 경의선 1906)

　　㉡ 통신 : 우편(우정총국. 1884), 전신(1885), 전화(경운궁. 1898)

　　㉢ 전기 : 경복궁에 전등 설치(1887), 한성 전기 회사 설립(1898)

　　㉣ 의료 : 광혜원(제중원으로 개칭. 1885), 세브란스 병원(1904), 대한의원(1907)

　　㉤ 서양식 건축물 : 독립문(1896), 명동성당(1898), 덕수궁 석조전(1910) 등이 만들어짐

② 언론 활동 … 일제의 신문지법(1907) 제정 이전까지 활발한 활동

　　㉠ 한성순보(1883) : 최초의 신문으로 관보의 성격(정부 정책 홍보)을 지님 → 순한문, 박문국에서 발행

　　㉡ 독립신문(1896) : 독립협회가 발간한 최초의 민간 사설 신문 → 한글판, 영문판 발행

　　㉢ 제국신문(1898) : 서민층과 부녀자 대상으로 한 계몽적 성격의 신문 → 순한글

　　㉣ 황성신문(1898) : 양반 지식인을 대상으로 간행, 장지연의 '시일야방성대곡' 게재 → 국한문 혼용

　　㉤ 대한매일신보(1904) : 영국인 베델과 양기탁의 공동 운영, 일제의 국권 침탈 비판 → 순한글

③ 교육 기관

　　㉠ 1880년대 : 원산 학사(최초의 근대학교. 덕원 주민), 동문학(외국어 교육), 육영공원(근대적 관립 학교)

　　㉡ 1890년대 : 갑오개혁(교육입국조서 반포, 한성사범학교, 소학교 설립), 대한제국(각종 관립학교 설립)

　　㉢ 1900년대 : 사립 학교 설립 → 개신교(배재학당, 이화학당, 숭실학교), 민족지사(대성학교, 오산학교 등)

(4) 문화와 종교의 새 경향

① 문화의 새 경향 … 신소설(혈의 누 등), 신체시(해에게서 소년에게) 등장, 창가 및 판소리 유행

② 국학 연구
  ⊙ 국어 : 국문 연구소(지석영 · 주시경, 1907), 조선 광문회(최남선, 1910)
  ⓒ 국사
    • 근대 계몽 사학 발달, 민족 의식 고취
    • 위인전 간행(을지문덕전, 이순신전), 외국 역사 소개(월남 망국사 등), 신채호(독사신론, 민족주의 역사학)

③ 종교계의 변화
  ⊙ 유교 : 박은식 '유교 구신론' 저술 → 성리학의 개혁과 실천 유학 주장(양명학) 개신교 의료 · 교육 활동을 전개함
  ⓒ 불교 : 한용운 '조선불교 유신론' 저술 → 조선 불교의 개혁 주장
  ⓒ 천도교 : 손병희가 동학을 천도교로 개칭 → '만세보' 간행
  ② 대종교 : 나철, 오기호가 창시 → 단군 신앙 바탕, 국권 피탈 이후 민주로 이동하여 무장 독립 투쟁 전개
  ⑩ 천주교 : 사회 사업 실시(양로원, 고아원 설립)
  ⑭ 개신교 : 교육 기관 설립, 세브란스 병원 설립

02 일제의 강점과 민족 운동의 전개

❶ 일제의 식민 통치와 경제 수탈

(1) 일제의 무단 통치와 경제 수탈(1910년대)

① 일제의 식민 통치 기관 … 조선 총독부(식민통치 최고 기관, 1910), 중추원(조선 총독부 자문 기구)

② 무단 통치 … 헌병 경찰제 도입(즉결 처분권 행사), 조선 태형령 제정, 관리 · 교원에게 제복과 착검 강요, 언론 · 집회 · 출판 · 결사의 자유 제한, 한국인의 정치 단체와 학회 해산

③ 제1차 조선 교육령 … 한국인에 대한 차별 교육 실시(고등 교육 제한), 보통 교육과 실업 교육 강조, 일본어 교육 강조, 사립학교 · 서당 탄압

④ 경제 수탈
  ⊙ 토지 조사 사업(1910 ~ 1918) : 공정한 지세 부과와 근대적 토지 소유권 확립을 명분으로 시행 → 실제로는 식민 지배에 필요한 재정 확보
    • 방법 : 임시 토지 조사국 설치(1910), 토지 조사령 공포(1912) → 기한부 신고제로 운영
    • 전개 : 미신고 토지, 왕실 · 관청 소유지(역둔토), 공유지 조선 총독부로 편입 → 동양척식주식회사로 이관

- 결과 : 조선 총독부의 지세 수입 증가, 일본인 이주민 증가, 조선 농민의 관습적 경작권 부정, 많은 농민들이 기한부 소작농으로 전락하거나 만주·연해주 등지로 이주
  ○ 각종 산업 침탈
  - 회사령 (1910) : 한국인의 회사 설립 및 민족 자본의 성장 억압 → 허가제로 운영
  - 자원 침탈 : 삼림령, 어업령, 광업령, 임업령, 임야 조사령 등 제정

(2) 일제의 민족 분열 통치와 경제 수탈(1920년대)

① 문화 통치
  ㉠ 배경 : 3·1 운동(1919) 이후 무단 통치에 대한 한계 인식, 국제 여론 악화
  ㉡ 목적 : 소수의 친일파를 양성하여 민족 분열의 획책을 도모한 기만적인 식민 통치
  ㉢ 내용과 실상
  - 문관 총독 임명 가능 : 실제로 문관 총독이 임명된 적 없음
  - 헌병 경찰제를 보통 경찰제로 전환 : 경찰 수와 관련 시설, 장비 관련 예산 증액
  - 언론·집회·출판·결사의 자유 부분적 허용(신문 발간 허용) : 검열 강화, 식민통치 인정하는 범위 내에서 허용
  - 보통학교 수업 연한 연장(제2차 조선 교육령), 대학 설립 가능 : 고등교육 기회 부재, 한국인 취학률 낮음
  - 도·부·면 평의회, 협의회 설치 : 일본인, 친일 인사만 참여(친일 자문 기구)
  ㉣ 영향 : 일부 지식인들이 일제와 타협하려 함 → 민족 개조론, 자치론 주장

② 경제 수탈
  ㉠ 산미 증식 계획(1920 ~ 1934)
  - 배경 : 일본의 공업화로 자국 내 쌀 부족 현상을 해결하기 위해 시행
  - 과정 : 농토 개간(밭 → 논), 수리 시설(수리 조합 설립) 확충, 품종 개량, 개간과 간척으로 식량 증산
  - 결과 : 수탈량이 증산량 초과(국내 식량 사정 악화) → 한국인의 1인당 쌀 소비량 감소, 만주 잡곡 유입 증가, 식량 증산 비용의 농민 전가 → 소작농으로 전락하는 농민 증가, 소작농의 국외 이주 심화
  ㉡ 회사령 폐지(허가제 → 신고제. 1920), 일본 상품에 대한 관세 철폐 : 일본 자본의 침투 심화

(3) 일제의 민족 말살 통치(1930년대 이후)

① 민족 말살 통치
  ㉠ 배경 : 대공황(1929) 이후 일제의 침략 전쟁 확대(만주 사변, 중·일 전쟁, 태평양 전쟁)
  ㉡ 목적 : 한국인의 침략 전쟁 동원 → 한국인의 민족의식 말살, 황국 신민화 정책 강요
  - 내선일체·일선동조론 강조, 창씨개명, 신차 참배, 궁성 요배, 황국 신민 서사 암송, 국어·국사 교육 금지
  - 병참기지화 정책 : 전쟁 물자 공급을 위해 북부 지방에 중화학 공업 시설 배치
  ㉢ 결과 : 공업 생산이 북부 지역에 편중, 산업 간 불균형 심화(소비재 생산 위축)

② 경제 수탈

  ㉠ 남면북양 정책 : 일본 방직 산업의 원료 확보를 위해 면화 재배와 양 사육 강요

  ㉡ 농촌 진흥 운동(1932~1940) : 식민지 지배 체제의 안정을 위해 소작 조건 개선 제시 → 성과 미흡

  ㉢ 국가 총동원법 제정(1938) : 중·일 전쟁 이후 부족한 자원 수탈을 위해 제정 → 인적·물적 자원 수탈 강화

   • 인적 수탈 : 강제 징용 및 징병, 지원병제(학도 지원병제 포함), 징병제, 국민 징용령, 여자 정신 근로령

   • 물적 수탈 : 공출제 시행(미곡, 금속류), 식량 수탈(산미 증식 계획 재개, 식량 배급제 실시 등), 국방 헌금 강요

③ 식민지 억압 통치 강화

  ㉠ 민족 언론 폐간 : 조선일보·동아일보 폐간(1940)

  ㉡ 조선어 학회 사건(1942) : 치안 유지법 위반으로 조선어 학회 회원들 구속 → 우리말 큰사전 편찬 실패

❷ 3·1 운동과 대한민국 임시 정부의 활동

(1) 1910년대 국내/국외 민족 운동

① 국내 민족 운동

  ㉠ 일제 탄압 강화 : 남한 대토벌 작전과 105인 사건 등으로 국내 민족 운동 약화 → 국외로 이동

  ㉡ 비밀 결사 단체

   • 독립 의군부(1912) : 고종의 밀명을 받아 임병찬이 조직 → 의병 전쟁 계획, 복벽주의 추구

   • 대한 광복회(1915) : 김좌진, 박상진이 군대식 조직으로 결성 → 친일파 처단, 군자금 모금, 공화정 추진

   • 기타 : 조선 국권 회복단(단군 숭배. 1915), 송죽회, 기성단, 자립단 등이 조직됨

② 국외 민족 운동

  ㉠ 만주 지역 : 북간도(서전서숙, 명동학교, 중광단), 서간도(삼원보 중심, 경학사·부민단, 신흥강습소 조직)

  ㉡ 중국 관내 : 상하이 신한 청년당 → 김규식을 파리 강화 회의에 대표로 파견함

  ㉢ 연해주 지역 : 신한촌 건설(블라디보스토크), 권업회 조직 → 이후 대한 광복군 정부(이상설, 이동휘 중심) 수립

  ㉣ 미주 지역 : 대한인 국민회, 대조선 국민 군단(박용만)

(2) 3·1 운동(1919)

① 배경

  ㉠ 국내 : 일제 무단 통치에 대한 반발 고조, 고종의 사망

  ㉡ 국외 : 윌슨의 민족 자결주의 대두, 레닌의 약소민족 해방 운동 지원, 파리강화회의에 김규식 파견(신한 청년당) 동경 유학생들에 의한 2·8 독립 선언, 만주에서 대한 독립 선언 제창

② 과정 ··· 초기 비폭력 만세 시위 운동 → 이후 무력 투쟁의 성격으로 전환
   ㉠ 준비 : 고종 황제 독살설 확산, 종교계 및 학생 중심으로 만세 운동 준비
   ㉡ 전개 : 민족 대표가 종로 태화관에서 독립 선언서 낭독 → 탑골공원에서 학생·시민들 만세 운동 전개
   ㉢ 확산 : 도시에서 농촌으로 확산 → 농민층이 가담하면서 무력 투쟁으로 전환 → 일제 탄압(제암리 사건)
      → 국외 확산

③ 의의 및 영향
   ㉠ 국내 : 최대 규모의 민족 운동, 대한민국 임시 정부 수립에 영향, 식민 통치 방식 변화(무단 통치 → 문
      화 통치), 독립 운동의 분수령 역할 → 무장 투쟁, 노동·농민 운동 등 다양한 민족 운동 전개
   ㉡ 국외 : 중국의 5·4 운동, 인도의 비폭력·불복종 운동 운동 등에 영향

(3) 대한민국 임시 정부 수립과 활동

① 여러 임시 정부 수립 ··· 3·1 운동 이후 조직적인 독립운동의 필요성 자각
   ㉠ 대한 국민 의회(1919. 3) : 연해주 블라디보스토크에서 조직 → 손병희를 대통령으로 선출
   ㉡ 한성 정부(1919. 4) : 서울에서 13도 대표 명의로 조직 → 집정관 총재로 이승만 선출
   ㉢ 상하이 임시 정부(1919. 4) : 상하이에서 국무총리로 이승만 선출

② 대한민국 임시 정부의 활동
   ㉠ 연통제, 교통국 운영 : 국내외를 연결하는 비밀 행정 및 통신 조직
   ㉡ 군사 활동 : 광복군 사령부, 국무원 산하에 군무부 설치하고 직할 군단 편성(서로 군정서·북로 군정서)
   ㉢ 외교 활동 : 파리 강화 회의에 독립 청원서 제출(김규식), 미국에 구미 위원부를 설치(이승만)
   ㉣ 독립 자금 모금 : 독립 공채(애국 공채) 발행, 국민 의연금을 모금
   ㉤ 기타 : 독립신문 발간

③ 국민 대표 회의(1923)
   ㉠ 배경 : 연통제와 교통국 해체 후 자금 조달 곤란, 외교 활동 성과 미흡
     • 독립운동 방법론을 둘러싼 갈등 발생 : 외교 독립론과 무장 독립론의 갈등
     • 이승만의 국제 연맹 위임 통치 청원(1919)에 대한 내부 반발
   ㉡ 과정 : 임시 정부의 방향을 둘러싼 창조파와 개조파의 대립 심화
     • 개조파 : 현 임시 정부를 유지하며 드러난 문제점 개선 주장
     • 창조파 : 현 임시 정부의 역할 부정, 임시 정부의 위치를 연해주로 옮겨야 한다고 주장
   ㉢ 결과 : 회의가 결렬 및 독립운동가 다수 이탈

④ 대한민국 임시 정부의 개편
   ㉠ 배경 : 국민 대표 회의 결렬 이후 독립 운동가들의 임시 정부 이탈 심화 → 이승만 탄핵 → 제2대 대통
      령으로 박은식 선출 후 체제 개편 추진
   ㉡ 체제 개편 : 대통령제(1919) → 국무령 중심 내각 책임제(1925) → 국무위원 중심의 집단 지도 체제
     (1927) → 주석 중심제(1940) → 주석·부주석제(1944)

❸ 국내 민족 운동의 전개

(1) 실력 양성 운동

① **실력 양성 운동의 대두** … 사회 진화론의 영향 → 식산흥업, 교육을 통해 독립을 위한 실력 양성

② **물산 장려 운동**
    ㉠ **배경** : 회사령 폐지(1920), 일본 상품에 대한 관세 철폐(1923)로 일본 자본의 한국 침투 심화 → 민족 기업 육성을 통해 경제적 자립 실현하고자 함
    ㉡ **과정** : 평양에서 조선 물산 장려회 설립(조만식, 1920) → 전국적으로 확산
    ㉢ **활동** : 일본 상품 배격, '내 살림 내 것으로, 조선 사람 조선 것'을 기치로 토산품 애용 장려, 금주 · 단연 운동 전개
    ㉣ **결과** : 토산품 가격 상승, 사회주의 계열 비판(자본가와 일부 상인에게만 이익), 일제의 탄압으로 실패

③ **민립 대학 설립 운동**
    ㉠ **배경** : 일제의 식민지 우민화 교육(보통 교육, 실업 교육 중심) → 고등 교육의 필요성 제기
    ㉡ **과정** : 조선 민립 대학 기성회 조직(이상재, 1920) → 모금 운동('한민족 1천만이 한 사람이 1원씩')
    ㉢ **결과** : 일제의 방해로 성과 저조 → 일제는 한국인들의 불만을 무마하기 위해 경성 제국 대학 설립

④ **문맹 퇴치 운동** … 문자 보급을 통한 민중 계몽 추구
    ㉠ 야학 운동(주로 노동자, 농민 대상), 한글 강습회
    ㉡ **문자 보급 운동** : 조선일보 주도 → '한글 원본' 발간('아는 것이 힘, 배워야 산다')
    ㉢ **브나로드 운동** : 동아일보 주도 → 학생들이 참여하여 농촌 계몽 운동 전개

(2) 민족 협동 전선 운동의 전개

① **사회주의 사상 수용**
    ㉠ **배경** : 러시아 혁명 이후 약소국가에서 사회주의 사상 확산(레닌의 지원 선언)
    ㉡ **전개** : 3 · 1 운동 이후 청년 · 지식인층을 중심 사회주의 사상 수용 → 조선 공산당 결성(1925)
    ㉢ **영향** : 이념적 차이로 인하여 민족 운동 세력이 민족주의 계열과 사회주의 계열로 분화 → 이후 일제는 사회주의 세력을 탄압하기 위해 치안 유지법 제정(1925)

② **6 · 10 만세 운동**(1926)
    ㉠ **배경** : 일제의 수탈과 차별적인 식민지 교육에 대한 불만 고조, 사회주의 운동 확대, 순종 서거
    ㉡ **전개** : 학생과 사회주의 계열, 천도교 계열이 순종 인산일을 계기로 대규모 만세 시위 계획 → 시민 가담
    ㉢ **의의** : 학생들이 독립 운동의 주체 세력으로 부상, 민족주의 계열과 사회주의 계열의 연대 계기(민족유일당)

③ 신간회 결성(1927 ~ 1931)

   ㉠ 배경
- 국내 : 친일 세력의 자치론 등장, 치안 유지법 → 민족주의와 사회주의 세력 연대의 필요성 공감
- 국외 : 중국에서 제1차 국·공 합작 실현

   ㉡ 활동 : 정우회 선언을 계기로 비타협적 민족주의 세력과 사회주의 세력 연대 → 신간회 결성
- 이상재를 회장으로 선출하고 전국 각지에 지회 설치
- 강령 : 정치적·경제적 각성, 민족의 단결 강화, 기회주의 일체 배격
- 전국적 연회·연설회 개최, 학생·농민·노동·여성 등의 운동 지원, 조선 형평 운동 지원
- 광주 학생 항일 운동에 조사단을 파견하여 지원

   ㉢ 해체 : 일부 지도부가 타협적 민족주의 세력과 연대 시도, 코민테른 노선 변화 → 사회주의자 이탈 → 해체

   ㉣ 의의 : 민족 유일당 운동 전개, 국내에서 가장 규모가 큰 합법적 항일 민족 운동 단체

④ 광주 학생 항일 운동(1929)

   ㉠ 배경 : 차별적 식민 교육, 학생 운동의 조직화, 일본인 남학생의 한국인 여학생 희롱이 발단

   ㉡ 전개 : 광주 지역 학생들 궐기 → 신간회 및 여러 사회단체들의 지원 → 전국적으로 확산

   ㉢ 의의 : 3·1 운동 이후 국내 최대 규모의 항일 민족 운동

(3) 민족 문화 수호 운동

① 한글 연구

   ㉠ 조선어 연구회(1921) : 가갸날 제정함, 잡지 "한글" 간행

   ㉡ 조선어 학회(1931) : 조선어 연구회 계승, 한글 맞춤법 통일안과 표준어 제정, 우리말 큰사전 편찬 시도 → 일제에 의한 조선어 학회 사건(1942)으로 강제 해산

② 국사 연구

   ㉠ 식민 사관 : 식민 통치의 정당화를 위해 우리 역사 왜곡 → 조선사 편수회 → 정체성론, 당파성론, 타율성론

   ㉡ 민족주의 사학 : 한국사의 독자성과 주체성 강조
- 박은식 : 근대사 연구, 민족혼을 강조 → '한국통사', '한국독립운동지혈사' 저술
- 신채호 : 고대사 연구, 낭가사상 강조 → '조선사연구초', '조선상고사' 저술
- 정인보 : 조선 얼 강조, 조선학 운동 전개

   ㉢ 사회 경제 사학 : 마르크스의 유물 사관 수용
- 백남운 : 식민 사관인 정체성론 비판 → '조선 사회 경제사' 저술, 세계사의 보편적 발전 법칙에 따라 한국사 이해

   ㉢ 실증 사학 : 객관적 사실 중시
- 진단 학회 : 이병도, 손진태 등이 결성 → '진단 학보' 발간

③ 종교 활동

　⊙ **불교** : 일제의 사찰령으로 탄압 → 한용운이 중심이 되어 조선 불교 유신회 조직

　⊙ **원불교** : 박중빈이 창시 → 개간 사업, 미신 타파, 저축 운동 등 새생활 운동 전개

　⊙ **천도교** : 소년 운동 주도, 잡지 '개벽' 발행

　⊙ **대종교** : 단군 숭배, 중광단 결성(북간도)함 → 이후 북로 군정서로 확대 · 개편 → 항일 무장 투쟁 전개

　⊙ **개신교** : 교육 운동, 계몽 운동을 전개 → 신사 참배 거부

　⊙ **천주교** : 사회사업 전개(고아원, 양로원 설립), 항일 무장 투쟁 단체인 의민단 조직

④ 문화 활동

　⊙ **문학** : 동인지 발간, 신경향파 문학 등장(1920년대) → 저항문학(이육사, 윤동주) · 순수문학(1930년대)

　⊙ **영화** : 나운규의 '아리랑(1926)'

❹ 국외 민족 운동의 전개

(1) 1920년대 무장 독립 투쟁

① 봉오동 전투와 청산리 대첩

　⊙ **봉오동 전투(1920.6)** : 대한 독립군(홍범도), 군무 도독부군(최진동), 국민회군(안무) 연합부대가 봉오동에서 일본군 격파

　⊙ **청산리 대첩(1920. 10)** : 봉오동 전투에서 패배한 일본이 만주에 대규모로 일본군 파견(훈춘사건)

　　－ 북로 군정서(김좌진), 대한 독립군(홍범도) 등 연합 부대 청산리 일대에서 일본군에게 크게 승리

② 독립군의 시련

　⊙ **간도 참변(1920. 경신참변)** : 봉오동 전투, 청산리 대첩에서 패배한 일본군의 복수 → 간도 이주민 학살

　⊙ **독립군 이동** : 일본군을 피해 독립군은 밀산에서 대한독립군단 결성(총재 서일) → 소련령 자유시로 이동

　⊙ **자유시 참변(1921)** : 독립군 내부 분열, 러시아 적군과의 갈등 → 적군에 의해 강제 무장 해제 당함

③ **독립군 재정비** ⋯ 간도 참변, 자유시 참변으로 약화된 독립군 재정비 필요성 대두

　⊙ 3부 성립

　　• 자치 정부의 성격 → 민정 기능과 군정 기능 수행

　　• 참의부(대한민국 임시 정부 직속), 정의부, 신민부

　⊙ **미쓰야 협정(1925)** : 조선 총독부와 만주 군벌 장작림 사이에 체결 → 독립군 체포 · 인도 합의, 독립군 위축

　⊙ 3부 통합

　　• 국내외에서 민족 협동 전선 형성(민족 유일당 운동)

　　• 국민부(남만주) : 조선 혁명당, 조선 혁명군(양세봉) 결성

　　• 혁신의회(북만주) : 한국 독립당, 한국 독립군(지청천) 결성

(2) 1930년대 무장 독립 투쟁

① 한·중 연합 작전
  ㉠ 배경 : 일제가 만주 사변(1931) 후 만주국을 수립하자 중국 내 항일 감정 고조→한·중 연합 전선 형성
  ㉡ 전개
    • 남만주 : 조선 혁명군(양세봉)이 중국 의용군과 연합→흥경성·영릉가 전투 등에서 승리
    • 북만주 : 한국 독립군(지청천)이 중국 호로군과 연합→쌍성보·사도하자·대전자령 전투 등에서 승리
  ㉢ 결과 : 한중 연합군의 의견 대립, 일본군의 공격으로 세력 약화→일부 독립군 중국 관내로 이동

② 만주 항일 유격 투쟁
  ㉠ 사회주의 사상 확산 : 1930년대부터 조선인 사회주의자들이 중국 공산당과 연합하여 항일 운동 전개→
    동북 항일 연군 조직(1936)
  ㉡ 조국 광복회 : 동북 항일 연군 일부와 민족주의 세력이 연합→국내 진입(1937. 보천보 전투)

③ 중국 관내의 항일 투쟁
  ㉠ 민족 혁명당(1935) : 민족 협동 전선 아래 독립군 통합을 목표로 조직→한국독립당, 조선혁명군 등 참여
    • 김원봉, 지청천, 조소앙 중심(좌우 합작)→이후 김원봉이 주도하면서 지청천, 조소앙 이탈
    • 이후 조선 민족 혁명당으로 개편→조선 민족 전선 연맹 결성(1937)→조선 의용대 결성(1938)
  ㉡ 조선 의용대(1938. 한커우) : 김원봉 등이 중국 국민당 정부의 지원을 받아 조직
    • 중국 관내에서 조직된 최초의 한인 독립군 부대→이후 한국 광복군에 합류(1942)
    • 분화 : 일부 세력이 중국 화북 지방으로 이동→조선 의용군으로 개편됨(조선 독립 동맹의 군사 기반)
  ㉢ 조선 의용군(1942)
    • 조선 의용대 일부와 화북 사회주의자들이 연합하여 옌안에서 조직
    • 중국 공산당과 연합하여 항일 투쟁 전개, 해방 이후에는 북한 인민군으로 편입

(3) 의열 투쟁과 해외 이주 동포 시련

① 의열단(1919) ··· 김원봉을 중심으로 만주 지린에서 비밀 결사로 조직
  ㉠ 목표 : 민중의 직접 혁명을 통한 독립 추구(신채호 '조선 혁명 선언')
  ㉡ 활동 : 조선 총독부의 주요 인사·친일파 처단, 식민 통치 기구 파괴→김익상, 김상옥, 나석주 등의
    의거
  ㉢ 변화 : 개별적인 무장 활동의 한계 인식→체계적 군사 훈련을 위해 김원봉을 중심으로 황푸 군관 학교
    입교→이후 조선 혁명 간부 학교 설립함(독립군 간부 양성)→민족 혁명당 결성 주도

② 한인 애국단(1931) ··· 김구가 주도
  ㉠ 활동 : 일왕 암살 시도(이봉창), 상하이 홍커우 공원 의거(1932. 윤봉길)
  ㉡ 의의 : 대한민국 임시 정부와 독립군에 대한 중국 국민당 정부의 지원 약속→한중 연합작전의 계기

③ 해외 이주 동포의 시련
  ㉠ **만주** : 한인 무장 투쟁의 중심지 → 일본군의 간도 참변으로 시련
  ㉡ **연해주** : 중 · 일 전쟁 발발 이후 소련에 의해 중앙아시아로 강제 이주(1937)
  ㉢ **일본** : 관동 대지진 사건(1923)으로 많은 한국인들 학살
  ㉣ **미주** : 하와이로 노동 이민 시작(1900년대 초) → 독립운동의 재정을 지원함

(4) 대한민국 임시정부 재정비와 건국 준비 활동
① **충칭 임시 정부** ⋯ 주석 중심제로 개헌, 전시 체제 준비
  ㉠ **한국 독립당**(1940) : 김구, 지청천, 조소앙의 중심으로 결성
  ㉡ **대한민국 건국 강령 발표**(1941) : 민주 공화국 수립 → 조소앙의 삼균주의 반영
  ㉢ **민족 협동 전선 성립** : 김원봉의 조선 의용대를 비롯한 민족혁명당 세력 합류 → 항일 투쟁 역량 강화
② **한국 광복군**(1940)
  ㉠ **조직** : 중국 국민당 정부의 지원으로 조직된 정규군으로 조선 의용대 흡수, 총사령관에 지청천 임명
  ㉡ **활동**
    • 대일 선전 포고, 연합 작전 전개(인도, 미얀마에서 선전 활동, 포로 심문 활동 전개)
    • 국내 진공 작전 준비 : 미국 전략 정보국(OSS)의 지원으로 국내 정진군 편성 → 일제 패망으로 작전 실패
③ **조선 독립 동맹**(1942)
  ㉠ **조직** : 화북 지역의 사회주의자들 중심으로 조직 → 김두봉 주도
  ㉡ **활동** : 항일 무장 투쟁 전개(조선 의용군), 건국 강령 발표(민주 공화국 수립, 토지 분배 등의 원칙 수립)
④ **조선 건국 동맹**(1944)
  ㉠ **조직** : 국내 좌우 세력을 통합하여 비밀리에 조직 → 여운형이 주도
  ㉡ **활동** : 국외 독립운동 세력과 연합 모색, 민주 공화국 수립 표방 → 광복 직후 조선 건국 준비 위원회로 발전

03 대한민국의 발전과 현대 세계의 변화

❶ 대한민국 정부 수립과 6 · 25 전쟁

(1) 광복 직후 국내 상황
① **광복** ⋯ 우리 민족의 지속적 독립운동 전재, 국제 사회의 독립 약속(카이로 회담, 얄타 회담, 포츠담 회담)

② **38도선의 확정** ··· 광복 후 북위 38도선을 기준으로 미군과 소련군의 한반도 주둔

　㉠ 미군 : 38도선 이남에서 미군정 체제 실시 → 대한민국 임시 정부 부정, 조선 총독부 체제 답습

　㉡ 소련군 : 북위 38도선 이북에서 군정 실시 → 김일성 집권 체제를 간접적으로 지원

③ **자주적 정부 수립 노력**

　㉠ 조선 건국 준비 위원회 : 조선 건국 동맹 계승·발전 → 여운형, 안재홍 중심의 좌우 합작 단체

　　• 활동 : 전국에 지부를 설치하고 치안, 행정 담당

　　• 해체 : 좌익 세력 중심으로 운영되면서 우익 세력 이탈 → 조선 인민 공화국 선포(1945. 9) 후 해체

　㉡ 한국 민주당 : 송진우·김성수를 비롯한 보수 세력이 결성 → 미 군정과 협력

　㉢ 독립 촉성 중앙 협의회 : 이승만 중심

　㉣ 임시 정부 요인 : 개인 자격으로 귀국 → 한국 독립당을 중심으로 김구를 비롯한 임시 정부 요인 활동

(2) 통일 정부 수립을 위한 노력

① **모스크바 3국 외상 회의**(1945. 12)

　㉠ 결정 사항 : 민주주의 임시 정부 수립, 미·소 공동 위원회 설치, 최대 5년간 한반도 신탁 통치 결의

　㉡ 국내 반응 : 신탁 통치를 둘러싼 좌·우익의 대립 심화로 국내 상황 혼란

　　• 좌익 세력 : 초기에는 반탁 주장 → 이후 찬탁 운동으로 변화

　　• 우익 세력 : 반탁 운동 전개(김구, 이승만 등)

② **제1차 미·소 공동 위원회**(1946. 3) ··· 임시 정부 수립에 참여할 단체 선정을 위해 개최 → 미·소 의견 대립으로 결렬

③ **좌우 합작 운동**(1946)

　㉠ 배경 : 제1차 미·소 공동 위원회 결렬, 이승만의 정읍 발언(남한 만의 단독 정부 수립 주장)

　㉡ 좌우 합작 위원회 결성 : 미 군정의 지원 하에 여운형과 김규식(중도 세력) 등이 주도하여 결성

　　• 좌우 합작 7원칙 발표 : 토지제도 개혁, 반민족 행위자 처벌 등을 규정

　　• 결과 : 토지 개혁에 좌익과 우익의 입장 차이, 여운형의 암살, 제2차 미소 공동 위원회 성과 미흡으로 실패

④ **남한 만의 단독 총선거와 남북 협상**

　㉠ 한국 문제의 유엔 상정 : 미국이 한반도 문제를 유엔에 상정

　　• 유엔 총회 : 인구 비례에 따른 총선거 실시안 통과 → 유엔 한국 임시 위원단 파견 → 소련은 위원단의 입북 거절

　　• 유엔 소총회 : '위원단이 접근 가능한 지역의 총선거' 결의 → 남한만의 단독 총선거 실시

　㉡ 남북 협상(1948) : 김구와 김규식이 남한만의 단독 총선거에 반대하며 남북 정치 회담 제안

　　• 과정 : 김구와 김규식이 평양 방문 → 남북 협상 공동 성명 발표(단독 정부 수립 반대, 미·소 양군 공동 철수)

　　• 결과 : 성과를 거두지 못함, 김구 암살(1949. 6) → 통일 정부 수립 노력 실패

(3) 대한민국 정부 수립

① 정부 수립을 둘러싼 갈등
  ㉠ 제주 4·3 사건(1948) : 제주도 좌익 세력 등이 단독 선거 반대, 통일 정부 수립을 내세우며 무장봉기
    → 제주 일부 지역에서 선거 무산, 진압 과정에서 무고한 양민 학살
  ㉡ 여수·순천 10·19 사건(1948) : 제주 4·3 사건 진압을 여수 주둔 군대에 출동 명령 → 군대 내 좌익
    세력이 반발하며 봉기

② 대한민국 정부 수립
  ㉠ 5·10 총선거(1948) : 우리나라 최초의 민주적 보통 선거 → 2년 임기의 제헌 국회의원 선출(198명)
    • 과정 : 제헌 국회에서 국호를 '대한민국'으로 결정, 제헌 헌법 제정
    • 한계 : 김구, 김규식 등의 남북 협상파와 좌익 세력이 선거에 불참
  ㉡ 제헌 헌법 공포(1948. 7. 17) : 3·1 운동 정신과 대한민국 임시 정부의 법통을 계승한 민주 공화국 규정
    • 국회에서 정·부통령을 선출, 삼권 분립과 대통령 중심제 채택
  ㉢ 정부 수립(1948. 8. 15) : 대통령에 이승만, 부통령에 이시영 선출

③ 북한 정부 수립
  ㉠ 북조선 임시 인민 위원회 수립(1946) : 토지 개혁과 주요 산업 국유화 추진
  ㉡ 북조선 인민 위원회 조직(1947) : 최고 인민 회의 구성과 헌법 제정 → 조선 민주주의 인민 공화국 선포
    (1948. 9. 9)

(4) 제헌 국회 활동

① 친일파 청산을 위한 노력
  ㉠ 반민족 행위 처벌법 제정(1948. 9) : 반민족 행위자(친일파) 처단 및 재산 몰수
  ㉡ 반민족 행위 특별 조사 위원회 활동 : 이승만 정부의 비협조와 방해로 친일파 청산 노력 실패

② 농지 개혁(1949) … 유상매수, 유상분배로 농지 개혁 시행 → 가구당 농지 소유 상한을 3정보로 제한

(5) 6·25 전쟁과 그 영향

① 6·25 전쟁 배경
  ㉠ 한반도 정세 : 미·소 양군 철수 후 38도선에서 소규모 군사 충돌, 미국이 애치슨 선언 선포(1950)
  ㉡ 북한의 전쟁 준비 : 소련과 중국의 지원을 받음
  ㉢ 남한의 상황 : 좌익 세력 탄압, 국군 창설, 한·미 상호 방위 원조 협정 체결(1950. 1)

② 전쟁 과정
  ㉠ 전개 : 북한의 무력 남침(1950. 6. 25) → 서울 함락 → 유엔 안전 보장 이사회의 유엔군 파견 결정 →
    낙동강 전투 → 인천 상륙 작전(서울 수복) → 38도선 돌파 → 압록강 유역까지 진격 → 중국군 참전
    (1950. 10. 25) → 1·4 후퇴 → 서울 재탈환(1951. 3) → 38도선 일대에서 전선 고착

ⓒ 정전 협정 : 소련이 유엔에서 휴전 제의 → 포로 교환 방식, 군사 분계선 설정 문제로 협상 지연 → 이승만 정부가 휴전 반대 성명을 발표하고 반공 포로 석방 → 협청 체결(군사 분계선 설정)

ⓒ 전쟁 피해 : 인명 피해 및 이산가족 문제 발생, 산업 시설 및 경제 기반 붕괴로 열악한 환경 초래

③ **영향** … 한 · 미 상호 방위 조약 체결(1953. 10), 남북한의 독재 체제 강화

② 자유 민주주의 시련과 발전

(1) 이승만 정부

① **발췌 개헌(1952)**

　ㄱ 배경 : 제2대 국회의원 선거(1950. 5) 결과 이승만 반대 성향의 무소속 의원 대거 당선 → 국회의원에 의한 간선제 방식으로 이승만의 대통령 재선 가능성이 희박

　ㄴ 과정 : 6 · 25 전쟁 중 임시 수도인 부산에서 자유당 창당 후 계엄령 선포 → 야당 국회의원 연행 · 협박

　ㄷ 내용 및 결과 : 대통령 직선제 개헌안 통과 → 이승만이 제2대 대통령에 당선

② **사사오입 개헌(1954)**

　ㄱ 배경 : 이승만과 자유당의 장기 집권 추구를 위해 대통령 중임 제한 규정의 개정 필요

　ㄴ 과정 : 개헌 통과 정족수에 1표 부족하여 개헌안 부결 → 사사오입 논리를 내세워 통과

　ㄷ 내용 및 결과 : 초대 대통령에 한해 중임 제한 규정 철폐 → 이승만이 제3대 대통령에 당선

③ **독재 체제의 강화** … 1956년 정 · 부통령 선거에서 민주당의 장면이 부통령에 당선, 무소속 조봉암의 선전 → 진보당 사건(조봉암 탄압), 정부에 비판적인 경향신문 폐간, 국가 보안법 개정(1958)

④ **전후 복구와 원조 경제**

　ㄱ 전후 복구 : 산업 시설과 사회 기반 시설 복구, 귀속 재산 처리 등

　ㄴ 원조 경제 : 미국이 잉여 농산물 제공 → 삼백 산업(밀, 사탕수수, 면화) 발달

⑤ **북한의 변화**

　ㄱ 김일성 1인 독재 체제 강화 : 반대 세력 숙청, 주체사상 강조

　ㄴ 사회주의 경제 체제 확립 : 소련 · 중국의 원조, 협동 농장 체제 수립, 모든 생산 수단 국유화

(2) 4 · 19 혁명과 장면 내각

① **4 · 19 혁명(1960)**

　ㄱ 배경 : 1960년 정 · 부통령 선거에서 이승만과 이기붕을 당선시키기 위해 3 · 15 부정 선거 실행

　ㄴ 전개 : 부정 선거 규탄 시위 발생 → 마산에서 김주열 학생의 시신 발견 → 전국으로 시위 확산 → 비상 계엄령 선포 → 대학 교수들의 시국 선언 발표 및 시위 참여 → 이승만 하야

　ㄷ 결과 : 허정 과도 정부 구성 → 내각 책임제와 양원제 국회 구성을 골자로 한 개헌 성립

　ㄹ 의의 : 학생과 시민 주도로 독재 정권을 붕괴시킨 민주 혁명

② 장면 내각(1960)
　　㉠ 성립 : 새 헌법에 따라 치른 7·29 총선에서 민주당 압승 → 대통령 윤보선 선출, 국무총리 장면 지정
　　㉡ 정책 : 경제 개발 계획 마련, 정부 규제 완화
　　㉢ 한계 : 부정 선거 책임자 처벌에 소극적, 민주당 구파와 신파의 대립으로 인한 정치 불안 초래

(3) 5·16 군사 정변과 박정희 정부
① 5·16 군사 정변(1961) ··· 박정희를 중심으로 군부 세력 정변 → 국가 재건 최고회의 설치(군정 실시)
　　㉠ 정치 : 부패한 공직자 처벌, 구정치인의 활동 금지
　　㉡ 경제 : 경제 개발 5개년 계획을 추진
　　㉢ 개헌 : 대통령 중심제와 단원제 국회 구성을 주요 내용으로 하는 개헌 단행
② 박정희 정부
　　㉠ 성립 : 민주 공화당 창당 → 박정희가 대통령에 당선(1963)
　　㉡ 한·일 국교 정상화(1965) : 한·미·일 안보 체제 강화, 경제 개발에 필요한 자금을 확보 목적
　　　• 과정 : 김종필·오히라 비밀 각서 체결 → 한·일 회담 반대 시위(6·3 시위. 1964) → 계엄령 선포
　　　• 결과 : 한·일 협정 체결
　　㉢ 베트남 전쟁 파병(1964~1973) : 미국의 요청으로 브라운 각서 체결(경제·군사적 지원 약속) → 경제 성장
　　㉣ 3선 개헌(1969) : 박정희가 재선 성공 후에 3선 개헌안 통과 → 개정 헌법으로 3선 성공(1971)
③ 유신 체제
　　㉠ 유신 체제 성립 : 1970년대 냉전 완화(닉슨 독트린), 경제 불황
　　　• 과정 : 비상 계엄령 선포, 국회 해산, 정당·정치 활동 금지 → 유신 헌법 의결·공고(1972) → 통일 주체 국민 회의에서 박정희를 대통령으로 선출
　　　• 내용 : 대통령 간선제(통일 주체 국민 회의에서 선출), 대통령 중임 제한 조항 삭제, 대통령 임기 6년, 대통령에게 긴급조치권, 국회 해산권, 국회의원 1/3 추천권 부여
　　㉡ 유신 체제 반대 투쟁 : 개헌 청원 100만인 서명 운동 전개, 3·1 민주 구국 선언
　　　→ 긴급 조치 발표, 민청학련 사건과 인혁당 사건 조작
　　㉢ 유신 체제 붕괴
　　　• 배경 : 국회의원 선거에서 야당 득표율 증가(1978), 경제위기 고조(제2차 석유 파동), YH 무역 사건 과정에서 김영삼의 국회의원 자격 박탈 → 부·마 항쟁 발생
　　　• 결과 : 박정희 대통령 피살(1979. 10·26 사태)로 유신 체제 붕괴

(4) 5·18 민주화 운동과 자유 민주주의의 발전
① 민주화 열망의 고조
　　㉠ 12·12 사태(1979) : 10·26 사태 직후 전두환 중심의 신군부 세력이 권력 장악
　　㉡ 서울의 봄(1980) : 신군부 퇴진, 유신 헌법 폐지를 요구하며 시위 → 비상계엄령 선포 및 전국 확대

② 5·18 민주화 운동(1980)

    ㉠ 배경 : 신군부 세력 집권과 비상계엄 확대에 반대하는 광주 시민들을 계엄군이 과잉 무력 진압

    ㉡ 의의 : 1980년대 민주화 운동의 기반이 됨

③ 전두환 정부

    ㉠ 신군부 집권 과정 : 국가 보위 비상 대책 위원회(국보위) 설치 → 삼청교육대 설치, 언론 통폐합 등

    ㉡ 전두환 집권 : 통일주체 국민회의에서 전두환을 11대 대통령으로 선출(1980. 8)

     • 개헌 : 대통령을 선거인단에 의해 선출, 대통령 임기는 7년 단임제 적용

     • 개헌 이후 : 대통령 선거인단에서 전두환을 12대 대통령으로 선출(1981. 2)

    ㉢ 전두환 정부 정책

     • 강압책 : 언론 통제, 민주화 운동 탄압

     • 유화책 : 두발과 교복 자율화, 야간 통행금지 해제, 프로야구단 창단, 해외여행 자유화

④ 6월 민주 항쟁(1987)

    ㉠ 배경 : 대통령 직선제 개헌 운동 고조, 박종철 고문 치사 사건 발생

    ㉡ 4·13 호헌 조치 : 전두환 정부는 대통령 직선제 개헌안 요구를 거부하고 간선제 유지를 발표
     → 시민들의 반발 확산, 이한열 사망 → 호헌 철폐 요구하며 시위 확산

    ㉢ 6·29 민주화 선언 : 민주 정의당 대통령 후보인 노태우가 대통령 직선제 개헌 요구 수용

    ㉣ 결과 : 대통령 직선제, 5년 단임제의 개헌 실현

(5) 민주화 진전

① 노태우 정부

    ㉠ 성립 : 야권 분열 과정에서 노태우가 대통령에 당선 → 이후 3당 합당(노태우, 김영삼, 김종필)

    ㉡ 성과 : 북방 외교 추진(공산권 국가들과 수교), 서울 올림픽 개최, 5공 청문회, 남북한 유엔 동시 가입

② 김영삼 정부 … 지방자치제 실시, 금융실명제 시행, OECD(경제협력개발기구) 가입, 외환위기(IMF) 초래

③ 김대중 정부

    ㉠ 성립 : 선거를 통한 최초의 평화적 여야 정권 교체가 이루어짐

    ㉡ 성과 : 국제 통화 기금(IMF) 지원금 조기 상환, 국민 기초 생활 보장법 제정, 대북 화해 협력 정책(햇볕 정책) → 제1차 남북 정상 회담 개최, 6·15 남북 공동 선언 채택(2000)

④ 노무현 정부 … 권위주의 청산 지향, 제2차 남북 정상 회담 개최, 10·4 남북 공동 선언 채택(2007)

⑤ 이명박 정부 … 한·미 FTA 추진, 기업 활동 규제 완화

❸ 경제 발전과 사회 · 문화의 변화

(1) 경제 발전 과정

① 경제 개발 5개년 계획

   ⊙ 제1차, 2차 경제 개발 5개년 계획(1962~1971) : 노동집약적 경공업 육성, 수출 주도형 산업 육성 정책 추진
     • 베트남 경제 특수 효과, 사회 간접 자본 확충(경부 고속 국도 건설. 1970)
     • 외채 상환 부담 증가, 노동자의 저임금, 정경 유착 등의 문제가 나타남
   ⓒ 제3차, 4차 경제 개발 5개년 계획(1972~1911) : 자본집약적 중화학 공업 육성, 수출액 100억 달러 달성(1977)
     • 정경 유착, 저임금 · 저곡가 정책으로 농민 · 노동자 소외, 빈부 격차 확대, 2차례에 걸친 석유 파동으로 경제 위기

② 1980년대 경제 변화 ··· '3저 호황'(저유가, 저금리, 저달러) 상황 속에서 자동차, 철강 산업 등이 발전

③ 1990년대 이후 경제 변화

   ⊙ 김영삼 정부 : 경제협력개발기구(OECD) 가입, 외환 위기 발생 → 국제 통화 기금(IMF)의 긴급 금융 지원
   ⓒ 김대중 정부 : 금융 기관과 대기업 구조 조정(실업률 증가), 국제 통화 기금(IMF) 지원금 조기 상환

(2) 사회 · 문화의 변화

① **급속한 산업화 · 도시화** ··· 주택 부족, 교통 혼잡, 도시 빈민 등의 사회적 문제 발생

② **농촌의 변화** ··· 이촌향도 현상으로 농촌 인구 감소, 고령화 문제 출현, 도농 간 소득 격차 확대

③ **새마을 운동**(1970) ··· 농촌 환경 개선과 소득 증대 목표(근면 · 자조 · 협동)

④ **노동 문제** ··· 산업화로 노동자 급증, 열악한 노동 환경(저임금 · 장시간 노동) → 전태일 분신 사건(1970) → 6월 민주 항쟁 이후 노동 운동 활발

(3) 통일을 위한 노력

① 7 · 4 남북 공동 성명(1972) … 평화 통일 3대 원칙 합의(자주 통일, 평화 통일, 민족적 대단결)
 → 남북 조절 위원회 설치

② **전두환 정부** … 이산가족 고향 방문단과 예술 공연단 교환(1985)

③ **노태우 정부**(1991) … 남북한 유엔 동시 가입, 남북 기본 합의서 채택(남북 사이 화해와 불가침, 교류와
 협력)

④ **김영삼 정부** … 북한에 경수로 원자력 발전소 건설 사업 지원

⑤ **김대중 정부** … 대북 화해 협력 정책(햇볕 정책), 금강산 관광 사업 시작, 남북 정상 회담 개최(6 · 15 남
 북 공동 선언)
 ㉠ **6 · 15 남북 공동 선언**(2000) : 남측의 연합제 통일안과 북측의 연방제 통일안의 공통성 인정
 ㉡ 개성 공단 건설, 이산가족 상봉, 경의선 복구 사업 진행

⑥ **노무현 정부** … 제2차 남북 정상 회담(2007) → 10 · 4 남북 공동 선언

출 제 예 상 문 제

1 다음 중 광무개혁이 추진된 시기에 일어난 사건과 관련된 것을 고르면?

① 상공업의 육성과 양전사업

② 물산장려운동과 민립대학설립운동

③ 모스크바 3국외상회의

④ 가쓰라 · 태프트밀약

TIP 광무개혁은 1896년 아관파천 직후부터 1904년 러일전쟁 발발까지 주로 보수파에 의해 추진된 제도 개혁이다.
② 물산장려운동은 1920년 평양에서 시작되어 1923년 전국으로 확산되었다.
③ 미 · 영 · 소의 3국 외상들은 1945년 12월 모스크바에 모여 한반도의 전후 문제를 상의하였다.
④ 1905년 7월 29일 일본 총리 가쓰라와 미국 육군장관 W.H. 태프트 사이에 맺어진 비밀협약이다.

2 다음 밑줄 친 '이것'이 의미하는 것은?

> 이것은 고종 때 설치되었던 상설 조폐기관이다. 이것은 조선사회에 근대적 화폐제도 도입에 선구적인 역할을 했다.

① 우정총국

② 제중원

③ 기기창

④ 전환국

TIP ① 우정총국 : 고종 21년 설치된 우체 업무를 담당하는 관청
② 제중원 : 고종 22년 개원한 최초의 서양식 국립병원
③ 기기창 : 고종 20년 설치된 무기를 제조하는 관서로 기기국 부속 공장

Answer 1.① 2.④

3 3·1운동을 일으키게 된 시대적 배경이 될 수 없는 것은?

① 동경 유학생들의 2·8선언
② 중화민국의 대일본 선전포고
③ 해외에서의 항일민족운동
④ 윌슨 미국 대통령의 민족자결주의

TIP 3·1운동의 배경에는 윌슨의 민족자결주의, 파리강화회의에 대표 파견, 국내외의 독립운동 준비, 2·8독립선언, 고종의 독살설 등이 있다.

4 대한민국 정부 수립 이후에 일어난 사건을 〈보기〉에서 모두 고른 것은?

─────── 보기 ───────

㉠ 반민족 행위 특별 조사 위원회 설치
㉡ 농지 개혁법 시행
㉢ 안두희의 김구 암살
㉣ 제주 4·3 사건 발생
㉤ 여수·순천 10·19 사건 발생

① ㉠㉡㉤
② ㉠㉡㉢㉤
③ ㉠㉡㉣㉤
④ ㉠㉡㉢㉣㉤

TIP ㉣ 제주 4·3 사건은 1948년에 일어난 사건으로 대한민국 정부 수립(1948년 8월 15일) 이전이다.
㉠ 1948년 10월
㉡ 1949년 제정, 1950 ~ 1957년 시행
㉢ 1949년 6월
㉤ 1948년 10월

Answer 3.③ 4.②

5 다음 중 조약과 그에 대한 설명이 옳은 것은?

① 가쓰라·태프트밀약 – 영국과 일본 간에 영국은 일본, 일본은 대한제국의 침략을 묵인하였다.
② 포츠머스조약 – 러시아가 한반도 문제에 개입하는 것을 일본이 허락하였다.
③ 한·일의정서 – 이후 스티븐스와 메가다가 고문정치를 하게 되었다.
④ 을사조약 – 외교권 박탈을 위해 일제가 강제로 조약을 체결하였다.

> **TIP** ① 미국과 일본 간의 밀약으로 미국의 필리핀, 일본의 대한제국에 대한 우위권을 인정하였다.
> ② 러시아와 일본의 조약으로 일본의 대한제국에 대한 독점권을 인정하였다.
> ③ 한·일협정서 체결 이후 고문정치를 하였다.

6 독립협회가 주장한 내용과 거리가 먼 것은?

① 개인의 생명과 재산의 자유권을 주장했다.
② 국민주권론을 토대로 국민참정권을 주장했다.
③ 중추원을 개편하여 의회를 설립할 것을 주장했다.
④ 군주제를 폐지하고 공화제를 실시할 것을 주장했다.

> **TIP** 독립협회는 전제군주제를 입헌군주제로 개혁하고, 행정·재정제도를 근대적으로 개혁하며, 신교육과 산업개발의 필요성을 역설하였다.

7 대한민국 임시정부 제2대 대통령, 독립운동가이자 역사학자 박은식이 '국어와 국사가 살아 있으면 그 나라는 망하지 않는다'는 신념과 함께 저술한 책은 무엇인가?

① 동사강목   ② 한국사신론
③ 백록담   ④ 한국통사

> **TIP** ④ 「한국통사」: 1915년 중국 상해에서 출판된 박은식이 지은 한국 최근세사에 대한 역사서이다.
> ① 「동사강목」: 조선후기 순암 안정복이 고조선으로부터 고려말까지를 다룬 역사책
> ② 「한국사신론」: 1961년 발행한 이기백의 한국사 개설서
> ③ 「백록담」: 1941년 정지용이 발표한 두 번째 시집

Answer 5.④ 6.④ 7.④

8 다음 중 방곡령 선포에 관련된 내용으로 옳지 않은 것은?

① 일본 상인들이 농촌시장으로 침투하여 지나친 곡물을 반출해가자 곡물가격이 폭등하였다.
② 방곡령은 흉년이 들면 중앙정부에서 직접 실시하였다.
③ 방곡령을 실시하기 1개월 전에 통고해야하는 조·일통상정정의 의무를 어겨 외교문제가 되었다.
④ 결국 방곡령을 철회하고 배상금을 지불하였다.

TIP ② 방곡령은 흉년이 들면 지방관의 직권으로 실시할 수 있었다.

9 다음 법령에 대한 설명으로 옳지 않은 것은?

> 제1조 일본 정부와 통모하여 한·일 합병에 적극 협력한 자, 한국의 주권을 침해하는 조약 또는 문서에 조인한 자와 모의한 자는 사형 또는 무기 징역에 처하고, 그 재산과 유산의 전부 혹은 2분의 1 이상을 몰수한다.
> 제2조 일본 정부로부터 작위를 받은 자 또는 일본 제국 의회의 의원이 되었던 자는 무기 또는 5년 이상의 징역에 처하고 그 재산과 유산의 전부 혹은 2분의 1 이상을 몰수한다.
> 제3조 일본 치하 독립운동자나 그 가족을 악의로 살상·박해한 자 또는 이를 지휘한 자는 사형, 무기 또는 5년 이상의 징역에 처하고 그 재산의 전부 혹은 일부를 몰수한다.

① 이 법령에 따라 특별 재판부가 설치되었다.
② 이 법령의 제정은 제헌헌법에 명시된 사항이었다.
③ 이 법령에 따라 반민족행위자들이 실형을 선고받았다.
④ 이 법령은 여수·순천 10·19 사건 직후에 국회에서 통과되었다.

TIP 제시된 사료는 1948년 9월 제정된 「반민족행위처벌법」이다.
④ 여수·순천 사건은 1948년 10월 19일 전라남도 여수에 주둔하던 국방경비대 제14연대에 소속의 군인들이 제주 4·3 사건 진압을 거부하며 일으킨 반란 사건이다.

10 다음 내용이 포함된 개혁에 대한 설명으로 옳지 않은 것은?

> • 공 · 사 노비 제도를 모두 폐지하고, 인신매매를 금지한다.
> • 연좌법을 폐지하여 죄인 자신 외에는 처벌하지 않는다.
> • 과부의 재혼은 귀천을 막론하고 그 자유에 맡긴다.

① 중국 연호의 사용을 폐지하였다.
② 독립협회 활동의 영향을 받았다.
③ 군국기무처의 주도 하에 추진되었다.
④ 동학농민운동의 요구를 일부 수용하였다.

TIP 제시된 내용이 포함된 개혁은 1894년에 일어난 제1차 갑오개혁이다.
② 독립협회는 1896년에 창립되었다.

11 다음 ㉠의 추진 결과 나타난 현상으로 옳지 않은 것은?

> 일본은 1910년대 이후 자본주의 경제가 급속하게 발전하면서 농민들이 도시에 몰려 식량 조달에 큰 차질이 빚어졌다. 이를 해결하기 위해 ___㉠___을 추진하였는데, 이는 토지 개량과 농사 개량을 통해 식량 생산을 대폭 늘려 일본으로 더 많은 쌀을 가져가고 우리나라 농민 생활도 안정시킨다는 목표로 추진되었다.

① 쌀 생산량의 증가보다 일본으로의 수출량 증가가 두드러졌다.
② 만주로부터 조, 수수, 콩 등의 잡곡 수입이 증가하였다.
③ 한국인의 1인당 연간 쌀 소비량이 이전보다 줄어들었다.
④ 많은 수의 소작농이 이를 통해 자작농으로 바뀌었다.

TIP ㉠은 1920년대에 실시한 산미증식계획이다. 산미증식계획으로 증산량보다 많은 양을 수탈해 갔기 때문에 조선의 식량 사정은 악화되어 만주에서 잡곡을 수입하게 되었다. 이 사업의 결과, 수리조합비와 토지개량사업비를 농민에게 전가하여 농민의 몰락이 가속화되었고 많은 수의 자작농이 소작농으로 바뀌었다.

Answer 10.② 11.④

12 다음은 일제 강점기 국외 독립운동에 관한 사실들이다. 이를 시기 순으로 바르게 나열한 것은?

> ㉠ 대한민국 임시 정부가 지청천을 총사령으로 하는 한국광복군을 창설하였다.
> ㉡ 블라디보스토크에서 이상설, 이동휘 등이 중심이 된 대한 광복군 정부가 수립되었다.
> ㉢ 홍범도가 이끄는 대한 독립군을 비롯한 연합 부대는 봉오동 전투에서 대승을 거두었다.
> ㉣ 양세봉이 이끄는 조선 혁명군은 중국 의용군과 연합하여 영릉가 전투에서 일본군을 무찔렀다.

① ㉠ – ㉣ – ㉡ – ㉢

② ㉡ – ㉢ – ㉣ – ㉠

③ ㉢ – ㉡ – ㉣ – ㉠

④ ㉣ – ㉢ – ㉠ – ㉡

TIP ㉠ 한국광복군은 1940년 중국 충칭에서 조직되었다.
㉡ 대한광군군정부는 1914년 러시아 블라디보스토크에 세워졌던 망명 정부이다.
㉢ 봉오동 전투는 1920년 6월 7일 만주 봉오동에서 홍범도의 대한독립군이 일본 정규군을 대패시킨 전투이다.
㉣ 영릉가 전투는 1932년 4월 남만주 일대에서 활동하던 조선혁명군이 중국 요령성 신빈현 영릉가에서 일본 관동군과 만주국군을 물리친 전투이다.

13 다음은 간도와 관련된 역사적 사실들이다. 옳지 않은 것은?

① 1909년 일제는 청과 간도협약을 체결하여 남만주의 철도 부설권을 얻는 대가로 간도를 청의 영토로 인정하였다.

② 조선과 청은 1712년 "서쪽으로는 압록강, 동쪽으로는 토문강을 국경으로 한다."는 내용의 백두산정계비를 세웠다.

③ 통감부 설치 후 일제는 1906년 간도에 통감부 출장소를 두어 간도를 한국의 영토로 인정하였다.

④ 1902년 대한제국 정부는 간도관리사로 이범윤을 임명하는 한편, 이를 한국 주재 청국 공사에게 통고하고 간도의 소유권을 주장하였다.

TIP ③ 통감부 설치 후 일제는 1907년 8월 23일에 간도용정에 간도통감부 출장소를 설치하고, 간도는 조선의 영토이며 출장소를 설치한 것은 간도조선인을 보호하기 위한 것이라 천명하고 청과 외교교섭을 시작했다.

Answer 12.② 13.③

14 다음에 제시된 개혁 내용을 공통으로 포함한 것은?

> • 청과의 조공 관계 청산
> • 인민 평등 실현
> • 혜상공국 혁파
> • 재정의 일원화

① 갑오개혁의 홍범 14조
② 독립협회의 헌의 6조
③ 동학 농민 운동의 폐정개혁안
④ 갑신정변 때의 14개조 정강

TIP 제시된 지문은 갑신정변 때 개화당 정부의 14개조 혁신 정강의 내용이다.

15 1919년 3 · 1운동 전후의 국내외 정세에 대한 설명으로 옳지 않은 것은?

① 일본은 시베리아에 출병하여 러시아 영토의 일부를 점령하고 있었다.
② 러시아에서는 볼셰비키가 권력을 장악하여 사회주의 정권을 수립하였다.
③ 미국의 윌슨 대통령이 민족자결주의를 내세워 전후 질서를 세우려 하였다.
④ 산동성의 구 독일 이권에 대한 일본의 계승 요구는 5 · 4 운동으로 인해 파리평화회의에서 승인 받지 못하였다.

TIP 파리평화회의는 제1차 세계대전 종료 후, 전쟁에 대한 책임과 유럽 각국의 영토 조정, 전후의 평화를 유지하기 위한 조치 등을 협의한 1919 ~ 1920년 동안의 일련의 회의 일체를 말한다. 이 회의에서 국제문제를 풀어나갈 원칙으로 미국의 윌슨 대통령이 14개 조항을 제시하였는데 각 민족은 정치적 운명을 스스로 결정할 권리가 있다는 민족자결주의와 다른 민족의 간섭을 받을 수 없다는 집단안전보장원칙을 핵심으로 주장하였고 이는 3 · 1운동에 영향을 주었다.

Answer 14.④ 15.④

16 1950년대 이후 한국사회의 상황에 대한 설명으로 옳은 것은?

① 1950년에 시행된 농지 개혁으로 토지가 없던 농민이 토지를 갖게 되었다.

② 1960년대에 임금은 낮았지만 낮은 물가 덕분으로 노동자들이 고통을 겪지는 않았다.

③ 1970년대에 이르러 정부는 노동 3권을 철저히 보장하는 정책을 채택하였다.

④ 1980년대 초부터는 노동조합을 자유롭게 설립할 수 있게 되었다.

TIP 농지 개혁은 논과 밭을 대상으로 3정보를 초과하는 농가의 토지나 부재지주의 토지를 국가에서 유상으로 매수하고 이들에게 지가증권을 발급하는 제도이다. 농지의 연 수확량의 150%를 한도로 5년간 보상하고 국가에서 매수한 농지는 영세농민에게 3정보를 한도로 유상분배하며 그 대가로 5년간 수확량의 30%씩 상환곡으로 수납하게 하였다. 그러나 개혁 자체가 농민이 배제된 지주층 중심으로 이루어져 소기의 목적을 달성할 수는 없었다.

17 6 · 25 전쟁 이전 북한에서 일어난 다음의 사건들을 연대순으로 바르게 나열한 것은?

㉠ 북조선 5도 행정국 설치

㉡ 토지개혁 단행

㉢ 북조선 노동당 창당

㉣ 조선공산당 북조선 분국 조직

---

① ㉠㉡㉢㉣

② ㉠㉡㉣㉢

③ ㉡㉠㉣㉢

④ ㉣㉠㉡㉢

TIP ㉣ 1945년 10월
㉠ 1945년 11월
㉡ 1946년 3월
㉢ 1946년 8월

Answer 16.① 17.④

18 다음 보기의 내용과 같은 시기에 일어난 역사적 사실로 옳은 것은?

> 비밀결사조직으로 국권회복과 공화정체의 국민국가 건설을 목표로 하였다. 국내적으로 문화적·경제적 실력양성운동을 펼쳤으며, 국외로 독립군기지 건설에 의한 군사적인 실력양성운동에 힘쓰다가 105인사건으로 해체되었다.

① 차관제공에 의한 경제예속화정책에 반대하여 국민들이 국채보상기성회를 조직하여 모금운동을 벌였다.
② 자주제가 강화되고 소작농이 증가하면서, 고율의 소작료로 인하여 농민들이 몰락하였다.
③ 노동자들은 생존권을 지키기 위하여 임금인상이나 노동조건 개선 등을 주장하는 노동운동을 벌였다.
④ 일본 상품을 배격하고 국사품을 애용하자는 운동을 전개하였다.

TIP ① 일제의 화폐 정리 및 금융 지배에 대해 1907년 국채보상운동을 전개하여 일제의 침략정책에 맞섰으나 일제의 방해로 중단되었다.
  ※ **신민회** … 비밀결사조직으로 국권 회복과 공화정체의 국민국가 건설을 목표로 하였다. 국내적으로 문화적·경제적 실력양성운동을 펼쳤으며, 국외로 독립군기지 건설에 의한 군사적인 실력양성운동에 힘쓰다가 105인사건으로 해체되었다.

19 다음 중 '을사조약' 체결 당시의 사건에 대한 설명으로 옳은 것은?

① 영국은 일본의 한국에 대한 지배권을 인정하였다.
② 구식군대가 차별대우를 받았다.
③ 일본의 한국에 대한 지배권을 인정하며, 미국의 필리핀 지배를 확인하였다.
④ 러시아, 프랑스, 독일이 일본에 압력을 가했다.

TIP 러·일전쟁에서 승리한 일본은 조선의 독점적 지배권을 인정받고 조선의 외교권을 박탈하고 통감부를 설치하였다. 이에 초대 통감으로 이토 히로부미가 부임하였으며 고종황제는 조약의 부당성을 알리기 위해 1907년에 개최된 헤이그 만국평화회의에 밀사를 파견하였다.

Answer 18.① 19.①

20 다음과 같은 식민 통치의 근본적 목적으로 옳은 것은?

> • 총독은 원래 현역군인으로 임명되는 것이 원칙이었으나, 문관도 임명될 수 있게 하였다.
> • 헌병 경찰이 보통 경찰로 전환되었다.
> • 민족 신문 발행을 허가하였다.
> • 교육은 초급의 학문과 기술교육만 허용되었다.

① 소수의 친일분자를 키워 우리 민족을 이간하여 분열시키는 것이 목적이었다.
② 한반도를 대륙 침략의 병참기지로 삼고 태평양전쟁을 도발하였다.
③ 한국의 산업을 장악하여 상품시장화 하였다.
④ 1910년대의 무단통치에 대한 반성으로 시행하였다.

TIP 문화통치(1919 ~ 1931)
　　㉠ 발단 : 3 · 1운동과 국제 여론의 악화로 제기되었다.
　　㉡ 내용
　　　• 문관총독의 임명을 약속하였으나 임명되지 않았다.
　　　• 헌병경찰제를 보통경찰제로 바꾸었지만 경찰 수나 장비는 증가하였다.
　　　• 교육은 초급의 학문과 기술교육만 허용되었다.
　　㉢ 본질 : 소수의 친일분자를 키워 우리 민족을 이간질하여 분열시켰다.

21 다음 보기의 내용과 관련 있는 단체의 업적으로 옳은 것은?

> 동학농민전쟁의 주체이며, 최시형의 뒤를 이은 3세 교주 손병희는 3 · 1운동 민족대표 33인 중의 한 사람이었다.

① 미신타파
② 고아원 설립
③ 북로군정서 중광단
④ 개벽, 만세보

TIP 천도교는 제 2 의 3 · 1운동을 계획하여 자주독립선언문을 발표하였다. 개벽, 어린이, 학생 등의 잡지를 간행하여 민중의 자각과 근대문물의 보급에 기여하였다.

Answer 20.① 21.④

22 다음 보기의 기본 강령으로 활동한 사회단체에 대한 설명으로 옳은 것은?

> 1. 우리는 정치적 · 경제적 각성을 촉진한다.
> 2. 우리는 단결을 공공히 한다.
> 3. 우리는 기회주의를 일체 거부한다.

① 비밀 결사 조직으로 국외 독립 운동 기지 건설에 앞장섰다.

② 실력양성운동을 전개하였다.

③ 입헌정체와 정치의식을 고취시켰다.

④ 노동쟁의, 고각쟁의를 지원하는 등 노동운동과 농민운동을 지도하였다.

TIP 신간회는 민족주의 진영과 사회주의 진영은 민족유일당, 민족협동전선이라는 표어 아래 이상재, 안재홍 등을 중심으로 신간회를 결성하였다. 노동운동과 농민운동을 지도하였고 광주학생항일운동의 진상단을 파견하였다.

23 다음 중 민족기업에 관한 설명으로 옳지 않은 것은?

① 민족기업은 순수한 한국인만으로 운영되었다.

② 지주 출신 기업인이 지주와 거상의 자본을 모아 대규모 공장을 세웠다.

③ 대규모 공장은 평양의 메리야스공장 및 양말공장, 고무신공장들이었다.

④ 3 · 1운동 이후 민족산업을 육성하여 경제적 자립을 도모하려는 움직임이 고조되어 갔다.

TIP ③ 메리야스공장, 양말공장 등은 서민 출신의 상인들이 1 ~ 2대에서 3 ~ 4대의 기계로 제품을 생산하는 정도에 불과하였다.

Answer　22.④　23.③

24 다음 중 시기별로 볼 때 제일 나중에 일어난 것은?

① 88올림픽

② 6 · 29선언

③ 12 · 12사태

④ 5 · 18민주화운동

TIP 서울아시안게임, 4.13호헌조치, 88올림픽, 제6공화국 출범, IMF 경제 신탁통치 시대 순으로 진행된다.

㉠ 88올림픽은 1988 .9.17 ~ 1988 . 10 .2. 서울에서 개최된 제24회 올림픽

㉡ 6 · 29선언은 1987.6.29. 노태우 대통령 후보가 발표한 특별 선언

㉢ 12 · 12사태는 1979.12.12. 일어난 군사반란사건

㉣ 5 · 18민주화운동는 1980 .5 .8 ~ 1980. 5. 27에 일어난 민주화운동

㉤ 한일국교정상화는 1965.6.22. 계약한 조약

25 다음 중 독립협회에 관한 설명으로 옳지 않은 것은?

① 자주국권운동을 전개하였다.

② 박정양의 진보적 내각이 수립되었다.

③ 최초의 근대적 민중대회인 만민공동회를 개최하였다.

④ 일본의 황무지 개간권 요구를 저지시켰다.

TIP ④ 보안회에 관한 설명이다.

Answer 24.① 25.④

26 다음 중 노동운동과 관련된 설명으로 옳지 않은 것은?

① 1950년대 이후 빈부의 격차가 커지자, 상대적 빈곤감을 느끼는 계층들의 불만을 자아내게 되었다.

② 1960년대는 공업화 초기로 실업자가 일자리를 얻게 되고, 절대빈곤인구가 감소되어 갔다.

③ 1970년대 이후부터는 빈부의 격차가 커지고, 상대적 빈곤감을 느끼게 되었다.

④ 1980년대 이후에는 정부의 탄압으로 노동운동이 활성화되지 못하였다.

> **TIP** ④ 1987년 이후 정치적 민주화가 추진되면서 노동운동도 임금의 인상, 노동 조건의 개선, 기업가의 경영 합리화 등을 목표로 활성화 되었다.

27 다음 중 신간회의 기본강령으로 옳은 것은?

① 민족산업의 육성운동 전개

② 민립대학 설립운동 전개

③ 여성 노동자의 권익 옹호 새 생활개선

④ 민족의 단결, 정치·경제적 각성 촉구

> **TIP** 신간회 강령
> ㉠ 정치적·경제적 각성을 촉구함
> ㉡ 단결을 공고히 함
> ㉢ 기회주의를 일체부인함

28 다음 중 성격이 다른 한 단체를 고르면?

① 조선어연구회　　　　　　　　　② 조선사편수회

③ 조선어학회　　　　　　　　　　④ 진단학회

> **TIP** ② 다른 단체들은 모두 일제강점기에 민족문화의 수호를 위해 활동한 단체들이다.
> ※ **조선사편수회** … 일제가 조선 역사를 왜곡하고 일제 식민통치를 합리화하기 위해 1922년에 만든 조선사편찬위원회가 확대·개편된 기관이다.

Answer 26.④ · 27.④ · 28.②

29 다음은 어느 신문의 사설이다. 밑줄 친 것과 관련된 운동으로 옳은 것은?

> 1931년부터 4년간에 걸쳐 벌인 <u>브나로드 운동</u>은 대표적인 계몽운동이었다. 남녀 청년학도들이 계몽대, 강연대를 조직하여 삼천리 방방곡곡을 누비며 우리글, 우리 역사를 가르치고 농촌위생, 농촌경제개발에 앞장섰던 이 운동은 지식인과 학생이 이 땅에서 일으킨 최초의 민중운동이었다.

① 언론사 중심의 문맹퇴치운동이 전개되었다.
② 사회운동계열이 주도하였다.
③ 이 운동의 영향으로 민립대학설립운동이 추진되었다.
④ 이 시기에 언론과 지식인과 학생이 주도한 만세시위가 확산되고 있었다.

TIP '브나로드'는 '민중 속으로'라는 러시아 말에서 유래된 것으로 일제강점기에 동아일보사가 주축이 되어 전국적 문맹퇴치운동으로 전개되었다. 브나로드 운동은 문자교육과 계몽활동(미신 타파, 구습 제거, 근검 절약 등)을 병행한 대표적인 농촌계몽운동이다.

30 다음 중 연결이 옳지 않은 것은?

① 한일의정서 – 군사기지 점유
② 제1차 한일협정서 – 사법권, 경찰권박탈
③ 제2차 한일협정서 – 외교권박탈
④ 한일신협약 – 차관정치, 군대해산

TIP 제1차 한·일협약 체결(1904. 8)은 러·일전쟁 중 체결되었으며 일본 정부가 추천하는 외교와 재정고문을 두는 고문정치가 시작되었다.

Answer 29.① 30.②

사회문제는 매번 출제되며 난이도도 높아진 편이다. 세분화되어 문제가 출제되며 기본적으로 사회에 대한 간단한 지식을 알고 있어야 문제를 푸는 것에 어려움이 없다. 특히나 정치와 법에 관련된 문제는 매해 출제되기에 잘 알아두고 있는 것이 좋다.

제2과목

사회(정치와 법)

CHAPTER 01 민주정치와 법

01 정치

❶ 정치의 의미와 기능

(1) 정치의 본질

① 정치의 의미
- ㉠ 일상적 의미 : 소수 정치인이나 고위 공무원에 의하여 이루어지는 정치를 의미한다.
- ㉡ 본질적 의미 : 개인 · 집단 간의 갈등을 해결해 나가는 과정을 의미한다.
- ㉢ 정치의 기능 : 갈등을 해소하고 사회의 안정을 이룰 수 있다.

② 참여의 여건
- ㉠ 정치 참여자 : 소수의 특정 계층에서 다양한 계층으로 확대되었다.
- ㉡ 갈등의 평화적 해결 : 참여자들 간의 타협, 법과 제도를 통한 해결 등이 있다.

③ 참여의식
- ㉠ 정치참여의 의의 : 시민이 주인인 민주사회에서의 정치과정은 시민의 의사에 따라 움직여야 한다.
- ㉡ 정치적 무관심 : 소수집단에 의한 정치는 독재정부를 출현시킬 수 있다.
- ㉢ 우리나라의 정치참여 : 과거 시민은 정치지배의 대상으로 인식되어 왔으나, 오늘날에는 시민의 참여의식
  이 개선되고 있다.

(2) 정책결정과 결정의 정당성

② 정책결정 ⋯ 공공목표의 달성 및 공공문제의 해결을 위한 정부의 활동방향을 뜻한다.

② 정책결정의 정당성
- ㉠ 의의 : 일부 집단이 아닌 대다수 시민의 이익 또는 공익에 부합하도록 정책결정을 하여야 한다.
- ㉡ 부당한 정책결정에 대한 저항권
  - 저항권 행사의 요건 : 정부가 시민의 의사에 배치되는 정책결정을 내렸을 경우, 시민은 주권자로서 저항권
    을 행사할 수 있으며, 이는 로크의 저항권 사상을 근거로 한다.
  - 저항권 행사의 유의점 : 저항권 행사는 국가권력의 행사가 불법이라는 것이 객관적으로 명백하고 그것을 구
    제할 수 있는 다른 방법이 없는 경우에 최후의 수단으로 이용되어야 한다.

(3) 정치의 기능

① **사회적 갈등 해결 및 질서유지** … 홉스에 따르면 자연 상태는 '만인의 만인에 대한 투쟁 상태'이며 국가는 이러한 상태를 극복하기 위한 인위적이고 정치적인 산물로, 국가 작용인 정치 역시 이러한 기능을 한다고 본다.

② **지배와 통제** … 근대 시민사회의 성립 이후 20세기 초까지는 입법·사법·행정 작용을 중심으로 국가의 정치 기능을 이해하였다.

③ **정부 정책의 감시와 비판 및 정치적 의사 형성** … 시민단체 등 여러 집단의 정치 참여가 활발한 오늘날에는 다양한 정치의 기능이 생겨나고 있다.

④ **규범적 기능** … 사회적 조건을 개선하고 바람직한 미래의 비전을 제시한다.

02 민주주의

❶ 민주주의의 원리와 유형

(1) 민주주의의 이념

① 민주주의의 의미

    ㉠ **민주주의** : 고대 그리스어의 demos(민중)와 kratos(권력)의 합성어로, 다수의 민중이 지배하기도 하고 지배받기도 하는 정치형태를 의미한다.

    ㉡ **고대 그리스 아테네의 민주주의**
- 민회와 평의회를 통한 직접 민주정치가 이루어졌다.
- 아테네의 직접 민주정치는 소규모 공동체였기 때문에 가능했다.
- 여자와 노예 그리고 외국인은 정치에 참여할 수 없는 제한된 민주주의였다.

    ㉢ **근대 민주주의**
- 시민혁명 이후 민주주의로 기본적 인권이 보장되는 실천원리로 작용하였다.
- 재산소유정도에 따라 선거권이 결정되어 다수의 노동자, 농민, 빈민들의 정치참여가 제한되었다.

    ㉣ **오늘날의 민주주의**
- 국가 의사결정을 국민의 합의에 두는 특정한 정치형태라는 의미(정치형태로서의 의미)
- 자유, 평등과 같은 기본이념을 민주적 방식으로 실현시킨다는 의미(이념실현으로서의 의미)
- 국민의 정신적 자세, 생활태도, 행동양식 등을 민주적으로 수행하는 생활양식이라는 의미(생활양식으로서의 의미)

② 자유와 평등
- ㉠ **사회계약설** : 자연법론자들에 의하여 주장된 것으로 국가가 결성되기 이전의 상태에서 개인은 아무런 제약이나 차별 없이 평등했으며, 국가의 결성은 자유·평등한 사람들 간의 계약에 의해 이루어졌다는 것으로, 권력보다 자유를 우선시했다.
- ㉡ **자유권의 발달** : 자연권을 근거로 신앙, 양심의 자유가 요구되었다.
- ㉢ **자유권의 변천** : 소극적 자유에서 적극적 자유로 변화하였다.
- ㉣ **평등권의 변천** : 신 앞에서의 평등에서 법 앞에서의 평등으로 변화하였다.
- ㉤ **실질적 평등** : 기회의 균등, 능력에 따른 평등을 의미한다.

(2) 민주주의와 기본권

① 기본권
- ㉠ **인간존중** : 인간이라는 그 자체만으로도 존중되어야 한다.
- ㉡ **기본적 인권** : 프랑스인권선언, 세계인권선언 등이 대표적이다.

② 기본권의 변천
- ㉠ **자유권적 기본권** : 프랑스인권선언의 영향을 받아 국가권력으로부터 개인의 자유를 보장하고자 한 것으로 신체의 자유, 종교의 자유, 재산권의 보장 등이 그 핵심이다.
- ㉡ **사회권적 기본권** : 산업혁명 이후 인간적인 삶을 누리지 못하는 노동자가 생겨나면서 관심을 갖게 되었으며, 사회 혼란을 막고, 사회적 약자를 보호하고자 한 것이다. 독일의 바이마르 헌법에서 최초 규정되었으며, 교육의 권리, 근로의 권리, 사회보장을 받을 권리 등을 그 기본으로 한다.
- ㉢ **참정권** : 정치적으로 소외되었던 시민들의 지속적인 선거권 획득을 위한 운동의 결과로 20세기에는 보통선거가 확립되었다.

(3) 민주주의의 유형

① 직접 민주주의와 대의 민주주의
- ㉠ **직접 민주주의** : 공동체의 정치적 의사를 토론을 통해 시민이 직접 결정하는 방식으로 고대 그리스의 아테네가 그 기원이다. 모든 국민에게 참정권을 부여하는 오늘날과 달리 여자, 노예, 외국인 등에게는 시민권을 부여하지 않아 제한된 민주주의라는 평가를 받는다.
- ㉡ **대의 민주주의** : 국민의 대표를 선출하여 입법부를 구성하고 입법부에서 국가 정책에 관한 주요 사항을 결정하는 방식으로, 국민의 대표인 의회를 통해 주권을 행사한다.

② **참여 민주주의** … 오늘날에는 시민단체 등 비정부 기구의 정치와 현상 및 개인 또는 소집단 차원에서 자발적으로 정치에 참여하여 정치적 의사결정에 영향을 미치기도 한다.

③ **전자 민주주의** … 인터넷 등 전자매체를 이용하여 정치과정에 직접 참여하는 민주주의로, 사이버 민주주의, 정보 민주주의, 원격 민주주의 등의 개념이 포함된다.

② 민주정치의 발전

(1) 아테네의 민주정치

① 직접 민주정치
- ㉠ 민회 : 아테네 최고의 주권기구로, 법제정 및 정책의 심의 결정을 담당하였다.
- ㉡ 추첨제, 수당제, 중임제한 등을 통해 아테네의 시민들은 가문, 재산 등에 관계없이 모든 시민이 국정에 참여할 수 있었다.
- ㉢ 도편추방제 : 국민소환방식에 해당하는 도편추방제로 독재정치의 출현을 막고 시민들이 직접 정치를 통제할 수 있는 수단으로 활용하였다. 하지만 정적제거의 수단으로 악용되는 폐해가 있다.

② 제한 민주정치 … 일정한 연령(만18세)에 도달한 성인 남자만이 정치에 참여할 수 있었으며, 여자와 노예, 외국인은 정치에 참여할 수 없었다.

(2) 시민혁명의 의미와 배경

① 의미 … 봉건 사회 내부에서 성장한 신흥 시민 계급인 부르주아가 중심이 되어 절대왕정을 타도하고 국가 권력을 장악한 역사적 변혁으로, 이를 통해 시민사회가 성립되었다.

② 자본주의적 경제의 발전 … 자본주의의 발달로 부르주아의 영향력이 커지면서 자유와 평등을 보장하는 제도를 요구하였다.

③ 계몽사상 … 절대군주제에 대한 비판과 과거의 폐단을 극복하기 위한 합리적인 국가 건설의 사상적 바탕을 이루었다.

④ 로크의 사회계약설 … 권력의 원천을 국민의 동의에 두고 국민과 정부의 계약에 의해 국가권력이 구성된다고 주장하였다.

⑤ 천부인권설 … 인간은 태어나면서부터 불가침의 자연법상의 권리를 갖고 있다는 관점이다.

⑥ 입헌주의 … 기본적 인권을 보장하고 국가 권력의 분립을 규정한 헌법을 제정하여 국가를 운영하자는 이념이다.

(3) 근대 민주정치의 특징과 한계

① 특징
- ㉠ 간접 민주정치 지향
- ㉡ 정치형태로서의 의미만 가지고 있었던 기존의 민주주의 이념에 자유와 평등과 같은 기본적 인권이 보장되는 새로운 실천원리라는 의미가 추가
- ㉢ 법치주의 확립 및 국민주권 구현
- ㉣ 개인주의와 자유주의의 확산

② 한계 : 여전히 시민권은 부르주아들로 한정하고 경제적 부에 따라 선거권을 차등 분배

❸ 정치권력과 법치주의

(1) 정치권력의 의미와 성격

① **의미** : 공동체의 목적을 실현하기 위해 국가가 행사할 수 있는 강제력으로, 사회에서 발생하는 이해관계의 대립을 조정한다.

② **정치권력의 성격** : 포괄성(사회 구성원 전체에게 적용), 강제성(개인의 의사와 관계없이 행사), 지속성(권력의 소재와 관련 없이 지속됨)

ⓔ **정당성** : 국민들로부터 위임된 정당한 권력

(2) 정치권력의 정당성

① **의미** … 정부의 결정이 시민이 합당한 것으로 수용하는 것으로 국민의 자발적 동의와 지지를 통해 형성한다. 정당성이 없는 정치권력은 진정한 정치권력으로 볼 수 없다.

② **정당성 확보 요건**

ⓖ 실질적으로 합법적이고 도덕적인 권력획득 및 행사·유지가 이루어져야 한다.

ⓛ 권력에 대한 국민의 지속적 감시와 비판이 필요하다.

③ **정당성과 도덕성의 관계** … 정치권력이 도덕성을 확립하면 국민의 동의와 지지를 얻게 되고, 이 때 정당성 확보가 가능하다.

④ **정당성과 합법성의 관계** … 정당성을 확보하지 못하고 법적 근거만을 가진 채 국민을 지배하면 형식적 합법성만을 가진 권력이 된다. 실질적 합법성을 가진 권력이 되기 위해서는 법적 근거가 요구된다.

⑤ **정치권력에 대한 저항권 행사**

ⓖ **저항권** : 정당하지 못한 정치권력이나 정부정책에 대해 주권자로서의 시민이 불신임하고 거부할 수 있는 권리

ⓛ **유래** : 로크의 사회계약설에서 유래하며 미국의 독립전쟁이나 프랑스 시민혁명의 사상적 배경을 둔다.

(3) 법치주의의 의미와 기능

① **법치주의의 의미** … 국가가 국민의 자유와 권리를 제한하거나 국민에게 새로운 의무를 부과할 때, 객관적인 기준으로서 법에 의하거나 법에 근거가 있어야 한다는 원리로, 권력 통제를 통해 국민의 자유와 권리를 보장하는 것이 목적이다.

② **기능** … 국가 권력의 발동 및 국가 권력의 제한과 통제의 근거가 된다.

③ **법치주의의 주요 내용** … 법률의 우위, 법률에 의한 행정, 법률에 의한 재판

출 제 예 상 문 제

1 우리 헌법의 기본원리의 하나인 자유 민주주의의 필수적인 내용을 옳게 고른 것은?

> ㉠ 권력의 분립과 견제　　　　　㉡ 국민의 인간다운 생활
> ㉢ 법치주의　　　　　　　　　　㉣ 사법권의 독립
> ㉤ 최저임금제 시행

① ㉠㉡㉢　　　　　　　　　　② ㉠㉢㉣
③ ㉡㉢㉣　　　　　　　　　　④ ㉡㉣㉤

> **TIP** 자유 민주주의의 필수적인 내용 … 인간의 존엄과 가치를 존중하기 위한 기본적 인권의 보장, 상향식(上向式) 의사형성과정의 보장, 권력의 분립과 견제, 법치주의, 법률에 의한 행정, 사법권의 독립 등이다.
> ㉡㉤ 복지국가의 지향원리이다.

2 다음의 주장이 비판하고 있는 사항을 보완하기 위해 가장 적절한 방안은?

> • 의사는 대표될 수 없다.
> • 투표하기 전에는 자유로우나 투표가 끝나면 노예가 된다.

① 중요한 국가정책은 국민투표를 실시한다.
② 진정한 자유를 위해서는 정부가 존재하지 않아야 한다.
③ 인간존중을 위하여 권력분립제도를 채택한다.
④ 선거제도를 적극적으로 활용한다.

> **TIP** 제시된 내용은 루소의 간접 민주정치에 대한 비판으로 현대 민주정치는 이를 보완하기 위하여 직접 민주정치제도를 보충적으로 채택하고 있다. 종류로는 국민투표, 국민소환, 국민발안 등이 있는데 우리나라는 국민투표제만을 실시하고 있다.

Answer 1.② 2.①

3 고대 그리스 아테네의 민주정치에 대한 설명으로 옳은 것은?

① 고대 그리스의 민주정치는 이미 주어진 것으로서의 공동체를 전제하는 것이 아니고, 사회를 새로이 구성하는 원리로서의 성격이 두드러진다.

② 고대 그리스에서는 선거에 의해 공직자를 결정하였으며, 우연에 의한 추첨제, 윤번제 등은 비민주적으로 간주되어 널리 이용되지 못하였다.

③ 소크라테스를 죽게 한 민주정치의 실패를 경험한 플라톤은 철인정치를 주장하면서 민주정치에 부정적이었다.

④ 고대 그리스에는 많은 폴리스가 존재했고 민주정치란 여러 정치형태 중의 하나에 불과하였지만, 민주주의의 이념인 자유와 평등은 보편적 원리로 그리스 전체를 지배하였다.

TIP 직접 민주정치
　㉠ 도시국가의 구성형태
　　• 도시국가의 성격 : 시민공동체
　　• 도시국가의 규모 : 소규모 공동체
　　• 시민 : 외적의 방어, 공무의 집행, 재판 등의 공적인 일에 종사(18세~20세 이상의 남자에게만 시민권 부여)
　　• 노예 : 농토의 경작
　㉡ 아테네의 직접 민주정치
　　• 시민 전원이 참여(실제 시민이란 18세 이상의 성인남자로, 부녀자와 외국인에게는 참정권이 없었으며 노예는 제외)
　　• 윤번제 적용
　　• 다스리는 사람과 다스림을 받는 사람이 동일
　① 그리스의 도시국가는 농촌과 대립되는 도시도 아니고, 오늘날의 주권국가와도 다른 시민공동체였다.
　② 공직자를 추첨제로 선임하고 윤번제를 적용하였기 때문에, 아테네 시민들은 대부분 일생에 한 번 정도는 공직을 맡을 수 있었다.
　④ 아테네에서 시민이란 18세 이상의 성인남자에 한하였고, 부녀자와 외국인에게는 참정권이 없었으며 노예는 제외되어 있었다.

Answer 3.③

4 다음의 내용에서 철수에게 필요한 민주적 생활양식은?

> 철수는 자신의 주장만이 절대적으로 옳다는 것을 보여 주려고 소신을 빙자하여 남을 도외시하였다.

① 상대주의 + 타협원리
② 관용주의 + 개방주의
③ 주인의식
④ 다원주의

TIP 상대주의와 타협
    ㉠ **상대주의**: 나의 생각만이 절대적이라고 생각하지 않고, 각자의 인격과 견해를 서로 존중하면서 비판과 관용을 통하여 각 개인이나 집단 간의 이해를 조정해 나가는 것이다.
    ㉡ **타협**: 구체적 목적에 대한 각자의 처지를 조정하여 대립을 해소하는 기술로서 원만한 문제해결과 올바른 인간관계의 수립과정이다.

5 "의사는 대표될 수 없다."라고 하여 간접 민주정치를 비판하고 직접 민주정치를 옹호한 철학자는?

① 로크
② 루소
③ 홉스
④ 몽테스키외

TIP 홉스, 로크, 루소의 비교

구분	홉스	로크	루소
인간의 본성	성악설(이기적, 충동적)	백지설(자연 빛으로서의 이성)	성선설(이성, 박애)
자연상태	투쟁, 고독	자유, 평등 → 자연권유지 불완전	자유, 평화 → 불평등관계
옹호체제	절대군주제	제한군주체제, 입헌군주제	국민주권주의, 직접 민주정치
사회계약	• 전부양도설 • 자연권의 전면적 양도 • 각 개인의 자연권 포기	• 일부양도설 • 자연권을 국가나 국왕에게 신탁 • 자연권의 보장	• 모든 사람의 의지를 종합·통일 • 공동합의로 자연권 위임, 시민적 자유 획득(교환설) • 모든 사람들의 자연에의 복귀

  ① 로크는 간접 민주정치와 2권분립을 주장했다.
  ③ 홉스는 군주주권설을 주장했다.
  ④ 몽테스키외는 3권분립을 주장했다.

Answer 4.① 5.②

6 다음 중 평등의 성격을 옳게 나열한 것을 고르면?

㉠ 상대적	㉡ 비례적
㉢ 실질적	㉣ 절대적
㉤ 비교적	㉥ 형식적

① ㉠㉡㉢　　　　　　　　　　② ㉡㉢㉣
③ ㉢㉡㉥　　　　　　　　　　④ ㉢㉣㉤

TIP 평등
　㉠ 개념 : 누구든지 성별, 종교, 사회적 신분 등 불합리한 이유 때문에 차별을 받아서는 안된다는 것을 의미한다. 상대적 · 비례적 평등을 실현하도록 노력해야 한다.
　㉡ 법 앞의 평등의 의미 : 법적으로 차별대우를 받지 않는다는 뜻으로 인격의 평등, 기회의 균등, 능력에 따른 평등, 곧 합리적 차별대우를 말한다.

7 다음 중 정치권력의 정당성에 중요한 요소는?

① 국민의 동의와 지지
② 경제발전
③ 경제적인 독창성 형성
④ 정치질서의 안정

TIP 정치권력의 정당성 요소
　㉠ 정치권력을 정당하게 행사하려는 신념이 있어야 한다.
　㉡ 국민이 그 권력을 정당한 것으로 동의하고 지지하여야 한다.
　㉢ 집권층은 국민의 기본적 인권을 보장해야 한다.
　㉣ 국민이 자율적으로 정치권력을 규제할 수 있어야 한다.

Answer 6.① 7.①

8 다음 중 대의정치에 대한 설명으로 거리가 먼 것은?

① 국민의 대표자가 국가를 운영한다.

② 국민의 정치적 무관심을 초래할 수 있다.

③ 국민자치의 원리를 가장 충실히 반영한다.

④ 국민의 의사가 정확히 전달되기 어렵다.

TIP 대의정치(간접 민주정치) … 국민이 선출한 대표자가 국가를 운영하는 방식으로, 민주정치를 효율적으로 실현하는 방법의 하나이다. 단점으로 국민의 의사가 정확히 전달되기 어려운 점이 있고, 직접 국정에 참여하지 못하므로 국민의 정치적 무관심을 초래할 수도 있다. 단점의 보완방법으로는 직접 민주정치방법의 도입, 지방자치제도의 병행 등이 있다.

9 다음 중 민주정치제도의 원리로 그 설명이 옳지 않은 것은?

① 권력분립의 원리 – 견제와 균형의 관계를 유지한다.

② 대표의 원리 – 선거구민의 의사를 그대로 전달한다.

③ 입헌주의의 원리 – 헌법에 따라 정치를 한다.

④ 지방자치의 원리 – 중앙정부와 지방자치의 상호견제로 권력을 분산한다.

TIP 대표와 대리의 구분
㉠ 대표 : 선거구민을 대표해서 국정에 참가하는 사람으로, 국민 전체의 이익을 위해 스스로의 양심에 따라 판단하며 선거구민의 이해관계에 의해서 구속받지 아니한다.
㉡ 대리 : 선거구민의 의사를 그대로 전달하는 사람이다

Answer 8.③ 9.②

10 아테네에서 직접 민주정치가 탄생할 수 있었던 요건으로서 관계가 적은 것은?

① 민회가 통치기구의 중심이었다.

② 다른 도시국가보다 영토가 크고 인구가 많았다.

③ 여자, 노예, 어린이, 외국인 등은 참정권이 없었다.

④ 시민은 독립적 농민으로 보통은 경작을 하였다.

TIP ② 인구가 많거나 국가의 영토가 크면 국민의 직접참여가 현실적으로 불가능하다.

11 다음 글을 읽고 내용과 관계가 있는 것을 모두 고르면?

사회가 발전해감에 따라 국민의 활동은 정치, 경제, 사회문화, 교육 등 많은 분야로 세분화되고 기능이 전문화되어 가고 있다. 다원주의는 이들 각 활동분야가 각각 자율성을 유지해 가면서 다른 분야에 예속되지 않을 것을 보장하자는 원리이다. 따라서 민주정치이념을 제대로 실현하려는 사회는 제도적으로 다원주의를 보장하여야 한다.

㉠ 경제적 부는 민주주의의 중요한 토대이다.
㉡ 다원주의의 인정은 권력의 집중화를 막는다.
㉢ 다양한 이익들의 사회적 조화는 가능하다.
㉣ 모든 개인은 사회적 기본권을 가진다.
㉤ 민주주의는 올바른 상대주의에 입각하고 있다.

① ㉠㉡㉢   ② ㉠㉢㉤

③ ㉡㉢㉤   ④ ㉢㉣㉤

TIP 다원주의는 철학상의 다원론에서 나온 것으로, 사회를 구성하는 여러 요소들은 서로 독립적이어서 다른 것으로 환원될 수 없다는 사상이다.

Answer 10.② 11.③

CHAPTER 02 민주정치의 과정과 참여

01 정부와 정치

❶ 정부 형태와 정치 제도

(1) 의원내각제

① **의미** … 행정권을 담당하는 내각이 입법부인 의회의 신임에 의해 구성되고 존립되는 정부 형태로, 입법부와 행정부가 밀접한 관계를 가지고 국정을 운영한다.

② **특징** … 의회 다수당의 대표가 수상이 되어 내각을 구성하고 내각은 행정권을 담당한다. 내각과 의회는 법률안제출권 및 의회발언권에 대한 권리가 있으며 서로 연대책임을 지는 등 기능상 협동관계이다.

(2) 대통령 중심제

① **의미** … 국민이 선출한 대통령이 일정한 임기동안 책임지고, 행정권을 담당하는 제도로, 대통령이 국가의 대표인 동시에 행정부의 수반으로 그 권한을 행사한다.

② **목적** … 권력 집중으로 인한 자의적 전제를 방지하고 국민의 자유와 권리를 최대한 보장한다.

③ **대통령제의 일반적인 특징**(우리나라 대통령제와는 다름)
   ㉠ 대통령의 지위는 국가 원수이자 행정부의 수반이다.
   ㉡ 내각 또는 각료는 대통령에 의하여 임명되며, 대통령에게 책임을 져야한다.
   ㉢ 권력분립의 원칙상 서로 다른 부를 제압하는 일을 방지하기 위해 각료는 의원을 겸직할 수 없다.
   ㉣ 입법, 행정, 사법의 3권이 완전히 독립된 동격의 기관으로 분리되어 있다.

(3) 우리나라의 정부 형태

① **대통령 중심제** … 입법부와 행정부의 구성이 엄격히 분립되어 있다.
   ㉠ 행정권은 대통령을 수반으로 하는 정부에 속한다〈헌법 제66조 제4항〉.
   ㉡ 법률안에 이의가 있을 때에는 대통령은 15일 이내에 이의서를 붙여 국회로 환부하고, 재의를 요구할 수 있다〈헌법 제53조 제2항〉.
   ㉢ 입법권은 국회에 속한다〈헌법 제40조〉.

② **의원내각제적 요소 가미** : 국무총리제, 행정부의 법률안 제출권, 국회의원의 각료 겸직 가능, 국무 위원의 국회 출석 발언권, 국무 회의에서 국정 심의, 국회의 동의에 의한 국무총리 임명, 국회의 국무총리와 국무위원 해임 건의권

② 선거

(1) 민주정치와 선거

① 선거
  ㉠ 대의민주제 : 국민이 직접 국정에 참여하는 것이 아니라, 선거를 통해 선출된 대표자가 국정을 담당하는 것을 말한다.
  ㉡ 민주정치와 선거 : 선거는 국민이 정책결정과정에 참여하는 기본적인 행위이며, 주권을 행사하는 기본적인 수단이 된다.
  ㉢ 선거권의 행사
    • 국정참여의 기회 : 선거는 국민이 국가 정책결정과정에 참여할 수 있는 중요한 기회이다.
    • 국민의 권리와 의무 : 선거권의 행사는 국민으로서의 권리인 동시에 의무이다.

② 선거의 기능 … 대표자 선출 기능, 정당성 부여 기능, 대표자 통제 기능, 주권의식 향상 기능 등이 있다.

③ 공명선거의 필요성
  ㉠ 민주선거의 4원칙 : 보통선거, 평등선거, 직접선거, 비밀선거
  ㉡ 공명선거의 필요성 : 민주정치의 정착을 위해서 반드시 요구된다.

(2) 우리나라의 선거제도

① 선거방식
  ㉠ 대통령 선거제도 : 제6공화국 이후 국민의 직접선거로 선출한다.
  ㉡ 국회의원 선거제도 : 제6공화국 이후 소선거구제를 채택하였다.

📢 TIP 선거구제의 종류

구분	대선거구제	소선거구제
대표인 수	4인 이상의 다수	1선거구에서 1인의 대표 선출
장점	• 사표의 감소 • 부정선거 가능성 감소 • 인물 선택의 폭 증대 • 소수자 보호	• 양당제 확립으로 정국 안정 • 선거관리 용이, 선거비용 절약 • 후보자에 대한 인물파악 용이 • 투표율 높음
단점	• 군소 정당의 출현으로 정국 불안 • 선거비용이 많이 듦 • 선거 무관심	• 소수당에 불리 • 의원의 질적 저하 • 부정선거 가능성 높음

② 선거관리위원회 … 정치적으로 중립적인 국가기관의 기능을 담당하며 선거, 국민투표의 공정한 관리 및 정치자금의 사무 등을 처리한다.

③ 선거공영제와 선거구법정주의
  ㉠ 선거공영제 : 선거과정의 공정성을 확보하고자 한다.
  ㉡ 선거구법정주의 : 선거구 획정을 법률로써 정해 놓았다.

(3) 선거문화와 민주정치

① 우리나라의 선거 실상

　　㉠ **과거의 선거** : 국민의 정부 선택보다 정치적 정당성에 더 큰 의의를 부여하였으며, 선거풍토의 타락 등이 문제점이었다.

　　㉡ **현재의 선거** : 국민의 의식수준과 정부의 개혁의지가 향상되었다.

② 바람직한 선거문화

　　㉠ **국민의식의 중요성**

　　　• 올바른 선거문화풍토의 조성 : 선거문화는 입후보자와 유권자의 의식이나 행동방식에 의해 결정된다.

　　　• 입후보자의 선거의식 : 법 준수, 국민의 선거에 대한 관심과 합리적 판단이 요구된다.

　　　• 유권자의 선거의식 : 유권자가 행사하는 표는 국가의 운명을 좌우하는 중요한 정치적 의사표시이므로 소중하게 행사하고, 선거 후에도 계속해서 국정활동을 감시해야 한다.

　　㉡ **공명한 선거와 정치발전**

　　　• 민주정치의 발전과 선거 : 공명한 선거의 실시는 어느 국가든 민주정치 발전을 위하여 반드시 거쳐야 하는 과정이다.

　　　• 국가권력의 정당성과 선거 : 국민의 자유로운 의사결정과 후보자들의 공정한 경쟁을 통해서 대표가 선출되고 정부가 구성될 때, 국가권력의 정당성이 확립되고 민주정치는 발전하게 된다.

　　　• 민주정치의 확립과 선거 : 선거기능이 제대로 발휘될 때, 참다운 의미의 민주정치가 확립되었다고 할 수 있다.

02 정당, 이익집단, 시민단체, 여론

① 정당

(1) 민주정치와 정당

① 정당의 의의와 역할

　　㉠ **정당** : 정치적 견해를 같이하는 사람들이 정권을 획득함으로써 자신들의 정강을 실현하는 것을 목적으로 조직한 단체를 말한다.

　　㉡ **정당의 기능** : 대표자 선출, 여론 형성, 정부와 의회의 매개역할을 담당한다.

② 민주국가의 정당제도

　　㉠ **원칙** : 일반적으로 복수정당제를 채택한다.

　　㉡ **분류** : 일당제, 양당제, 다수정당제 등이 있다.

TIP 양대정당제와 다수정당제의 비교

구분	양대정당제	다수정당제
장점	• 정국이 안정됨 • 책임정치가 가능 • 정권의 평화적 교체가 원활	• 국민 각층의 의견 반영 가능 • 소수자의 이익도 보장 • 정당 간 대립 시 제3자가 중재
단점	• 국민 각층의 의견 반영 곤란 • 다수당 횡포 → 소수 이익의 보장 곤란 • 양당 충돌 시 해결 곤란	• 정국 불안 가능성(프랑스 제3·4공화국) • 강력한 정책 실현 곤란

③ **정당정치와 정치자금** … 정치자금의 공개 및 양성화로 돈 안 드는 선거풍토 정착, 정치자금의 자발적 지원 등이 요구된다.

④ **한국 정당정치의 발전과제**

　㉠ 한국 정당정치의 특성 : 짧은 정당의 수명, 국민의사의 불충분한 반영, 비민주적 구조 등

　㉡ 발전과제 : 이념과 정책을 중시하는 정치풍토가 조성되어야 한다.

❷ 이익집단 및 시민단체

(1) 민주정치와 이익집단

① **이익집단과 정치과정**

　㉠ 이익집단(압력단체) : 이해관계를 공유하는 사람들이 공동의 이익을 실현하기 위하여 정부의 정책에 영향력을 행사하려는 집단이다.

　㉡ 정당과의 관련성 : 이익집단은 그들이 추구하는 이익을 실현하기 위해 정당을 이용하며, 정당은 지지기반을 확보하기 위해 이익집단과 결합한다.

② **이익집단의 출현원인과 종류**

　㉠ 출현원인 : 이익의 다원화, 지역대표의 결함보완, 민주정치의 발달, 정부기능의 통제필요 등이 있다.

　㉡ 종류

　　• 친목을 목적으로 하는 집단 : 정치성 정도가 낮으며, 스포츠클럽, 친목회, 동호회 등이 있다.

　　• 특정한 신분의 이익을 목적으로 하는 집단 : 정치적으로 압력을 행사하며 노동자조합, 농민조합, 전문가집단 등이 있다.

　　• 특정한 이익을 목적으로 하는 집단 : 정치적으로 압력을 행사하며 환경단체 등 각종 시민단체가 있다.

③ **이익집단의 이익실현**

　㉠ 이익집단의 목표달성 : 구성원들의 적극적인 활동과 지도력이 요구된다.

　㉡ 이익실현의 방법 : 정부에 직접 압력을 행사하거나 여론을 형성하여 정부가 이익집단의 요구를 인식하고 받아들이게 하는 간접적 방법, 개인적 친분을 활용하거나 대표단을 파견하는 방법을 이용한다.

④ 공익과 이익집단
  ㉠ 공익을 위한 이익집단 : 정치과정에서 경제적, 사회적, 직업적으로 나타나는 특수한 이익들을 그 성격에 따라 골고루 대표하는 역할을 수행한다.
  ㉡ 공익을 저해하는 이익집단 : 소수의 이익을 보호하기 위한 집단이다.

⑤ 시민단체의 특징과 과제
  ㉠ 등장 : 참여 민주주의가 등장하면서 시민의 정치참여가 활성화되고, 이에 따라 정치뿐만 아니라 경제, 환경, 인권, 복지 등 다양한 분야에 대한 요구가 증가하였다. 그러나 이처럼 다양한 요구를 수용하기 위해서는 정부와 정치권의 능력에 한계가 있었고, 이에 시민은 자발적으로 단체를 만들어 정치과정에 참여하였다.
  ㉡ 특징 : 시민 단체는 공공선과 공익 추구를 목적으로 한다는 점에서 단체 구성원의 이익 추구를 목적으로 하는 이익집단과 구별되는 특징을 가진다.
  ㉢ 영향력과 과제
    • 시민 단체는 정치권력의 집중과 남용을 감시하고, 부정부패 척결, 깨끗한 선거문화 조성 등 정치 민주화에 이바지 하였으며, 그린피스, 유니세프 등 국제 연대 활동에 적극 참여한다.
    • 그러나 최근에는 시민의 자발적인 참여가 점점 줄어들어 시민 단체의 활동이 위축되는 경향이 있다. 또한 단체 운영에 필요한 회비와 후원금도 부족한 상황이다.

❸ 여론

(1) 여론과 여론정치

① 여론 … 쟁점에 대해 다수의 사회구성원들이 가지는 공통된 의견을 말한다.

② 여론의 중요성과 기능
  ㉠ 여론의 중요성
    • 민주주의가 발전하면서 대중매체의 발달에 따라 점차 그 중요성이 확대되고 있다.
    • 여론의 중요성을 강조한 격언과 우리나라 학자
      − 서양 : 민중의 소리는 신의 소리다.
      − 동양 : 민심은 곧 천심(天心)
      − 이율곡, 정약용, 조광조
  ㉡ 여론의 기능 : 정치의 방향을 제시하는 정치적 기능, 문화적 기능, 집단행동의 통일성을 확보하는 통일적 기능 그리고 구성원들이 느끼는 심리적 안정감의 기능이 있다.

③ 여론과 사회 안정
  ㉠ 사회구성에 관련된 본질적인 문제 : 기본권 보장, 언론의 자유 등이 있다.
  ㉡ 민주사회의 다양한 의견 : 대화와 타협으로 해결한다.
  ㉢ 이익집단과 정당의 활동 : 대화와 타협을 주도하고, 국민을 설득하고자 노력한다.

④ 여론정치
  ㉠ 정당, 언론 등의 의견집단이 여론 형성을 주도한다.
  ㉡ **여론정치** : 국민의 여론을 파악하여 정책에 반영하는 정치를 뜻한다.
  ㉢ **여론의 문제점** : 여론은 조작가능성 등 내재적 취약성을 가지며, 소수의 의견이 여론이 될 수 있으며, 선전에 의해 왜곡될 수 있다.

(2) 여론과 언론

① **민주정치와 언론의 자유**
  ㉠ **언론의 여론 형성에의 역할** : 사회적 사실을 신속 · 정확하게 전달하고 사회적 쟁점을 규정하며 해설과 비판 등을 제공한다.
  ㉡ **언론의 국민여론 조작** : 정치세력의 선전도구로 전락하거나 허위사실을 유포하기도 한다.
  ㉢ **언론의 자유** : 정치권력에 대한 비판 기능(감시역할 수행), 엄밀하고 정확한 보도로 사건이 재발하지 않도록 감시하는 역할을 수행한다.

② **언론의 책임** … 언론은 공정성 · 정확성 · 신속성을 확보하고 공익을 위해 기능해야 하며, 시민은 언론에 대해 비판과 감시를 해야 한다.

02 정치참여와 정치문화

① 정치참여

(1) 정치과정에의 참여

① **정치참여의 중요성**
  ㉠ **정치참여** : 국민은 선거, 언론매체, 정당, 단체 등을 통해 정치에 참여할 수 있다.
  ㉡ 정치참여는 민주정치를 위한 전제조건이 된다.
  ㉢ 시민 스스로가 다스림과 동시에 다스림을 받는다는 원리에 근거한다.

② **정치참여의 방법과 요건**
  ㉠ **투표** : 가장 보편적 · 적극적 · 기본적인 정치참여의 방법으로 거의 모든 국가에서 실시하고 있다.
  ㉡ **기타 정치참여방법** : 정치에 대한 토론, 선거운동에 직접 참여, 정당활동, 여론 형성, 청원, 집회나 시위 등이 있다.
  ㉢ **진정한 정치참여의 요건**
    • 개인의 이익뿐만 아니라 정치 공동체의 이익에 기여하여야 한다.
    • 정당한 절차를 거쳐 확정된 법이나 정책을 준수하면서 참여한다. 자신의 의사와 다르거나 자신의 이익에 배치된다는 이유로 법을 지키지 않거나 따르지 않는 것은 민주정치에 역행하는 행위이다.

(2) 참여와 정치발전

① 대의 민주정치와 참여

　　㉠ **시민참여의 한계** : 시민은 대표선출이나 투표 이외에는 영향력을 행사하기 어려우며, 그 표현방식에도 한계가 있다.

　　㉡ **대의 민주정치의 위기** : 시민의 대표로서 공공의사결정을 책임져야 할 입법부가 사회문제를 직접 해결하지 못하고, 행정부가 공공의사결정을 실질적으로 좌우하게 되는 현상이 발생하였다.

　　㉢ **시민참여의 증가** : 민주주의 사회의 위기의식이 확산되면서 정치참여가 확산되었다.

② 참여와 정치발전

　　㉠ **정치발전** : 사회의 공공문제를 해결할 수 있는 정치체제의 능력이 신장되는 것을 말한다.

　　㉡ **정치발전의 조건** : 정부의 정책결정능력의 강화, 정부 조직구조와 기능의 분화, 국민통합, 참여의 활성화 등이 있다.

　　㉢ **정치발전과 참여** : 정치참여가 활성화되어야 정치가 발전할 수 있다.

③ 참여의 한계와 안정

　　㉠ **참여의 궁극적 목표** : 다수 시민의 이익, 즉 공익증진에 기여하는 것이다.

　　㉡ **과도한 참여의 부작용** : 참여는 공익증진을 위한 바람직한 수단이지만, 대중의 과도한 참여는 사회 및 정치의 갈등을 가져오기도 한다. 따라서 참여와 안정의 조화가 필요하다.

03 정치문화

(1) 정치문화

① **정치문화** : 시민들의 정치생활양식, 정치와 정부에 대하여 시민들이 지니고 있는 태도 및 가치관을 의미한다.

② 정치문화의 유형

　　㉠ **향리형 정치문화** : 정치적 역할이 미분화된 전근대적 전통사회에서 보이는 정치문화로, 정치적 의식과 참여정도가 모두 낮다.

　　㉡ **신민형 정치문화** : 중앙집권적 권위주의사회에서 두드러진 정치문화로 정치적 의식은 높으나 참여정도가 낮다.

　　㉢ **참여형 정치문화** : 민주사회의 특징적인 정치문화로, 정치적 의식과 참여정도가 모두 높다.

출 제 예 상 문 제

1 의원내각제의 특성에 대한 설명으로 옳은 것은?

① 내각이 의회에 존립을 의존하게 되므로 민주적 요청에 부적합하다.

② 의회와 내각이 대립하는 경우 신속한 해결이 불가능하다.

③ 내각이 의회에 연대 책임을 지므로 책임정치를 시행할 수 있다.

④ 의회가 정권획득의 투쟁의 장소로 변질될 우려가 적다.

TIP ① 내각이 국민의 대표 기관인 의회에 그 존립과 존속을 의존하게 되므로 민주적 요청에 가장 적합하다.

② 의회와 내각이 대립하는 경우 불신임 결의와 의회해산으로 정치적 대립을 신속하게 해결할 수 있다.

④ 의회가 정권획득을 위한 투쟁의 장소가 될 수 있다는 점이 의원내각제의 단점이다.

2 다음은 어느 정치 참여 주체의 가상 활동일지이다. 이 참여 주체로 적절한 것은?

> 1월 : 국회의원 선거 공약 발표
> 3월 : 국회의원 선거에 참여
> 7월 : ○○법 개정을 위한 서명 운동 시작
> 8월 : 여의도 공원에서 홍보 대회
> 9월 : 여의도 공원에서 장외 집회
> 11월 : 예산안 심의에 참여

① 정당   ② 언론

③ 감사원   ④ 시민 단체

TIP 정당은 대표자를 선출하고, 여론을 형성하며, 정부와 의회의 매개역할을 담당한다.

Answer 1.③ 2.①

3 다음 중 정당과 압력단체의 내용으로 옳지 않은 것은?

① 압력단체는 입법이나 정책결정에 혼란을 가중시키는 단점이 있다.

② 정당은 특수이익을 목적으로 하나 압력단체는 정권획득을 목표로 한다.

③ 정당은 정책에 대해 정치적 책임을 지지만 압력단체는 책임을 지지 않는다.

④ 정당은 국민전체의 이익을 추구하나 압력단체는 특정한 직업적 이익을 추구한다.

> **TIP** ② 정당은 정권획득을 위하여 국민전체의 이익을 추구하지만 압력단체는 특정한 이익을 추구한다.
> ※ 압력단체(이익집단)과 정당
> ㉠ **공통점** : 정부의 정책결정에 영향력을 행사한다.
> ㉡ **차이점**
> • 압력단체 : 자신들의 특수한 이익을 추구하는 것이 목표이다.
> • 정당 : 선거에 승리하여 정권을 획득하는 것이 목표이며, 사회 구성원 모두에게 영향을 주는 광범위한 영역에 관심을 둔다.
> ㉢ **관련성** : 압력단체는 정당을 이용해 자신들의 이익추구를 실현하고 정당은 지지기반을 넓히기 위해 이익집단을 활용한다.

4 다음 글과 같은 상황에서 나타날 수 있는 국민의 정치적 행동을 가장 적절하게 추론한 것은?

> 민주국가의 헌법은 사람에 의한 지배가 아닌 법에 의한 지배를 규정함으로써 권력의 절대화를 막아 국민의 기본적 인권을 보장하려 하고 있다. 그러나 만일 국민의 자유와 권리를 지켜주기보다는 침해하고 제한하는 것으로만 일관한다면 그러한 법 집행은 불신의 대상이 되며 나아가 국민은 법으로부터 멀어지고 정치적 불만이 점점 커지게 되는 것이다.

① 입법활동의 공정성을 촉구한다.

② 사법부의 조직개편을 요구한다.

③ 행정체계의 형평성을 비판한다.

④ 정치권력의 정당성을 문제삼는다.

> **TIP** 정부권력의 정당성이 부족하다는 것은 국민들의 지지와 동의가 부족하다는 것이다.

Answer 3.② 4.④

5 다음 중 정치문화의 유형에 대한 설명으로 옳은 것은?

① 정치문화는 나라마다 전통에 의해 뚜렷이 나타난다.

② 선진국은 일반적으로 참여형 정치문화의 속성이 강하게 나타난다.

③ 민주정치의 발전을 위해서는 정치문화가 신민형으로 변화하는 것이 바람직하다.

④ 정치에 관심을 가지고 적극적으로 참여하는 태도를 지니는 정치문화를 향리형 정치문화라 한다.

TIP 대부분 선진국일수록 참여형 정치문화의 속성이 강하고 후진국일수록 신민형이나 향리형 정치문화의 속성이 강하다.

※ 정치문화의 유형
   ㉠ 향리형 : 전근대적 전통사회에 나타나며 후진국형이다. 스스로 정치에 참여할 수 있다고 기대하지 않으며, 참여에도 소극적인 유형이다.
   ㉡ 신민형 : 중앙집권적 권위주의 사회에 나타나며 후진국형이다. 공동체에 대한 의식은 있으나 능동적으로 참여하지는 않는 유형이다.
   ㉢ 참여형 : 민주사회에 나타나며 선진국형이다. 공동체에 대한 명확한 인식과 정치 참여에도 능동적인 유형이다.

6 다음의 내용들이 추구하는 공통적인 목적은?

• 선거공영제
• 보통선거, 평등선거, 직접선거, 비밀선거
• 선거구법정주의

---

① 후보자의 난립예방

② 기회권의 평등

③ 공정한 선거관리

④ 돈 안 드는 선거풍토로 개선

TIP ③ 제시된 내용들은 선거과정의 공정성을 확보하기 위해서 필요한 것들이다.

Answer 5.② 6.③

7 다음 중 국민의 의견이 국정에 반영되기 위한 방법으로 옳지 않은 것은?

① 집회나 시위

② 정치토론회 개최

③ 이익집단의 이익 실현

④ 언론 및 출판에 대한 강제

TIP ④ 모든 국민은 언론 및 출판의 자유와 집회 및 결사의 자유를 가진다〈헌법 제21조〉.

8 시민의 정치참여가 정치발전에 크게 이바지한 것과 관계가 없는 것은?

① 대의민주정치 보완 기능

② 시민의 이익을 적극적으로 옹호하고 증진

③ 시민의 주권의식을 증대로 정치발전

④ 정책결정에 혼란을 가중

TIP 정치참여의 방법
ⓐ **선거에의 참여**: 국민은 누구나 선거에 참여한다.
ⓑ **직접적으로 정치담당**: 스스로 정치인이 되어 정책결정과정에 참여할 수 있다.
ⓒ **언론매체를 통한 참여**: 잡지나 신문, 방송 등을 통해 정부의 정책을 지지하거나 비판할 수 있다.
ⓓ **정당, 단체를 통한 참여**: 정당이나 단체를 결성하여 자신의 정치적 의사를 실현할 수 있다.

9 어떤 나라가 선거구마다 5인의 대표자를 선출하던 방식에서 선거구마다 1인의 대표자를 선출하는 방식으로 변경하였을 때 예상되는 결과로 옳은 것은?

① 국민의 다양한 의사가 잘 반영

② 양당제의 확립이 용이

③ 사표가 감소

④ 소수당에 유리해 정국의 불안이 우려

TIP 대선거구제와 소선거구제의 장·단점

구분	대선거구제	소선거구제
대표자수	4인 이상의 다수인을 선출	1선거구에서 1인의 대표선출
장점	• 사표의 감소(비례대표제와 결부된 경우) • 부정선거 가능성 감소 • 인물선택의 폭 증대 • 소수자를 보호할 수 있음	• 양당제가 확립되어 정국안정 도모 • 선거관리 용이, 선거비용 절약 • 후보자에 대한 인물파악 용이 • 투표율이 높음
단점	• 군소정당의 쉬운 출현으로 정국불안의 조장 우려 • 선거비용이 많이 들고 관리가 어려움 • 후보자 식별 곤란, 선거인의 무관심	• 사표발생률이 높고, 소수당에 불리 • 의원의 질적 저하 초래 • 부정선거의 위험성이 많음 • 게리맨더링의 가능성

Answer 7.④ 8.④ 9.②

10 대중 민주주의에 기여하게 된 선거제도로 옳은 것은?

> 근대에는 중소상공업자들이 정치세력의 주체였다. 현대는 정치세력의 주체가 표면적으로 대중으로 옮아갔다. 그래서 각종 정책결정에 대중의 의사가 중요한 결정요소가 되었다.

① 직접선거
② 평등선거
③ 보통선거
④ 비밀선거

TIP 보통선거 … 일정 연령에 도달한 사람은 성별·재산·종교·교육에 관계없이 누구나 선거를 할 수 있는 제도이다. 이것 때문에 정치인은 뭇사람들(대중)을 정치적 계산에 넣을 수밖에 없게 되었다. 반면, 대중은 특정세력이나 권력집단에 의해 의사결정을 쉽게 바꾸는 경향이 있어 언론 등 여론형성매체의 힘을 기하급수적으로 키우는 결과를 낳았다.

11 민주국가에서의 정당의 성격으로 옳지 않은 것은?

① 정권획득의 목표를 공개적으로 내세운다.
② 여론을 형성·조직화함으로써 국정을 지지·통제한다.
③ 전국적 조직과 함께 활동이 상의하달방식을 취한다.
④ 국민적 이익을 추구하며 정부구성능력을 보유해야 한다.

TIP 정당
　㉠ **정당의 뜻** : 정당은 정치적 견해를 같이 하는 사람들이 정권을 획득함으로써 자신의 정강을 실현할 것을 목적으로 모인 단체이다.
　㉡ **정당정치** : 현대민주정치는 대의정치이며, 대의정치는 정당을 통하여 이루어지므로 민주정치를 정당정치라고도 한다.
　㉢ **정당의 성격 및 기능**
　　• 정권획득을 목표로 하고 그것을 공개적으로 내세움
　　• 조직이 민주적이며 국민전체의 이익을 도모한다는 정강을 가짐
　　• 국민여론을 형성하고 조직화하여 정부에 전달함
　　• 정부와 의회 간의 매개역할

Answer 10.③ 11.③

12 헌법재판소가 다음과 같은 결정을 내린 것은 민주선거의 4대 원칙 중 어떤 원칙에 위배되기 때문인가?

> '경기 안양시 동안구 선거구'의 경우 전국 선거구의 평균인구수로부터 +57%의 편차를 보이고 있으므로, 그 선거구의 획정은 국회의 재량의 범위를 일탈한 것으로서 청구인의 헌법상 보장된 선거권 및 평등권을 침해하는 것임이 분명하다.

① 비밀선거　　　　　　　　　　　② 평등선거
③ 직접선거　　　　　　　　　　　④ 보통선거

TIP 선거구 획정에 관하여 국회의 광범위 재량이 인정되지만 그 재량에는 평등선거의 실현이라는 헌법적 요청에 의하여 일정한 한계가 있을 수밖에 없는 바, 선거구 획정에 있어서 인구비례원칙에 의한 투표가치의 평등은 헌법적 요청으로서 다른 요소에 비하여 기본적이고 일차적인 기준이기 때문에, 합리적 이유 없이 투표가치의 평등을 침해하는 선거구 획정은 자의적인 것으로서 헌법에 위반된다[헌재 2001.10.25, 2000헌마92 · 240(병합)].

13 현재 우리나라가 채택하고 있는 국회의원선거방법으로 옳지 않은 것은?

① 지역대표제　　　　　　　　　　② 선거구법정주의
③ 소수대표제　　　　　　　　　　④ 소선거구제

TIP ③ 득표순위에 따라 대표자를 선출할 수 있는 제도로 대선거구제를 전제로 한다.
① 지역적 구성을 표준으로 하여 선거구를 설정하고 그 안에서 대표자를 선출하는 선거방법으로 지역구의원이 선출된다.
② 선거구를 특정한 정당이나 후보자에게 유리한 일이 없도록 하기 위해, 선거구를 국회가 법률로써 정하는 제도이다.
④ 한 선거구에서 다수표를 얻은 한 사람의 대표를 선출하는 제도로 다수대표제와 결합되며 우리나라에서 사용되는 선거방법이다.

14 다음 중 선거구법정주의를 채택하는 근본적인 이유는?

① 선거비용을 국가가 부담하여 선거의 공정을 기하기 위해
② 투표 등 선거절차를 간편화하기 위해
③ 군소정당의 난립을 방지하기 위해
④ 특정한 정당에게 유리한 일이 없도록 하기 위해

TIP 선거구법정주의 … 선거구가 특정한 정당이나 후보자에게 유리한 일이 없도록 하기 위해 선거구를 국회가 법률로써 정하는 것으로, 대부분의 국가가 이 제도를 채택하고 있다.

Answer 12.② 13.③ 14.④

15 다음 중 바람직한 정치참여의 태도는?

① 권리를 정당하게 행사하면서 의무를 성실히 이행한다.

② 사회를 위해서는 권리를 포기할 수 있다.

③ 의무수행보다 정당한 권리를 행사한다.

④ 자유보다는 먼저 책임을 완수해야 한다.

TIP 정치참여

ⓐ 의미 : 민주정치의 참여란 모든 개인이 자신의 권리를 충분히 행사하면서 의무를 성실하게 이행하는 일이다. 이러한 참여의식은 비단 권리행사에만 국한되는 것이 아니고, 민주시민으로서 지켜야 할 필수적인 것이다.

ⓑ 방법 : 선거, 정당 및 사회단체의 구성, 대중매체를 통한 지지·비판 등을 통해서 참여한다.

16 현대 민주정치의 과정에서 보기의 용어들이 공통적으로 관련이 있는 것은?

㉠ 선거	㉡ 정당
㉢ 언론	㉣ 압력단체
㉤ 대중운동	

① 정책심의기관이다.

② 정책집행기관이다.

③ 시민운동의 일환이다.

④ 국민의 참여수단이다.

TIP 현대 민주정치의 과정에서 국민들은 다양한 방법과 절차로 정치에 참여하고 있다.

17 현대사회에서 정치적 무관심이 확대되는 원인은?

① 경제적 부의 증대

② 대중매체의 발달

③ 정치과정의 비대화와 복잡화

④ 국민들의 의식상승

TIP 현대사회는 복잡화, 세분화, 다양화의 영향으로 정치과정에 변화를 가져왔다.

Answer 15.① 16.④ 17.③

03 우리나라의 헌법

01 헌법

❶ 우리나라 헌법

(1) 헌법의 의미와 특징

　　㉠ 고유한 의미의 헌법 : 국가의 최고 기관을 조직 · 구성하는 근본이 되고, 하고 이들 기관의 행위 및 상호관계를 규정한다.

　　㉡ 근대적 · 입헌주의적 의미의 헌법 : 근대적 의미의 헌법이 국가 권력을 조직하는 측면보다는 국가 권력을 제한하는 면에 더욱 중점을 둔다면 입헌주의적 의미의 헌법은 국민주권의 원칙, 기본권보장의 원칙, 권력분립의 원칙에 초점을 맞춘다.

　　㉢ 현대적 의미의 헌법 : 국민에게 인간다운 생활 보장, 국민의 복지 향상, 실질적 평등의 보장을 중시한다.

　　㉣ 헌법의 의의

구분		내용
정치적 의의		• 헌법의 내용과 목적이 국가의 청설이라는 정치적 성격을 지님 • 정치활동을 주도하며 사회 통합을 실현
법적 의의	최고 규범	• 모든 법령의 제정 근거 • 법령의 정당성 평가
	조직 수권규범	국가 통치 조직에 권한을 부여
	권력 제한 규범	• 국가 권력의 분립과 상호 견제 • 국민의 기본권을 실질적으로 보장

　　㉤ 특징 : 현행 헌법은 1948년 7월 17일 제정 이후 1987년 6월 민주 항쟁을 계기로 9차 개정이 이루어졌다. 대통령 직선제, 국회 권한 강화, 헌법 재판소 신설, 사생활의 비밀과 자유, 연좌제 금지, 형사 피고인의 무죄 추정, 구속 적부 심사 청구권의 확대, 환경권, 평생 교육권 등을 보장하고 있다.

(2) 우리나라 헌법 기본 원리

① 국민주권주의 … 국가의 의사를 결정하는 최고 권력인 주권이 국민에게 있다.

　　㉠ 국민자치 : 대의 민주주의, 간접 민주주의의 채택

　　㉡ 공정한 선거제도 : 국민주권주의의 확립을 위한 가장 기초적인 제도이다.

ⓒ 수평적인 권력 분립 : 입법, 사법, 행정의 3권 분립

ⓔ 수직적인 권력 분립 : 지방자치제도의 실시

ⓜ 복수정당제도의 도입 : 국민들의 다양한 정치적 견해가 반영

② **자유 민주주의** ··· 개인의 자유를 옹호하고 존중하는 '자유주의'와 국가 권력 창출과 권력의 정당성이 국민의 합의에 의해 이루어진다는 '민주주의'가 결합된 원리이다.

    ⓐ **기본적 인권의 보장** : 인간의 존엄성과 인격의 존중

    ⓑ 권력분립의 원리, 책임정치의 원리

    ⓒ **법치행정** : 행정은 법률에 근거가 있는 경우에 법률에 규정된 절차에 따라 행해야 한다.

    ⓔ **정당 활동의 자유의 보장** : 우리 헌법은 복수 정당제와 더불어 정당의 설립과 활동의 자유를 보장

    ⓜ **자유 민주주의 실현을 위한 제도** : 소극적으로 표현의 자유와 언론의 자유 보장, 정치과정의 공개, 민주적 정당제도의 보장이 있다. 적극적으로 탄핵제도, 위헌법률심사제도, 헌법소원제도, 위헌 정당 강제 해산제도, 저항권의 행사 등이 있다.

③ **복지국가의 원리** ··· 인간의 존엄성을 유지할 수 있는 기본적 생활을 보장하고, 국민의 생활여건을 개선하는 것이 국가의 책임이며, 그것에 대한 요구가 국민의 정당한 권리로 인정된다는 원리이다.

    ⓐ **사회적 기본권의 규정** : 인간다운 생활을 할 권리, 사회 보장 제도를 통해 실질적 구현

    ⓑ **재산권의 제한** : 재산권이 무제한적으로 보장되는 권리가 아니라 사회적 구속성을 가지고 있음을 명시

    ⓒ 시장경제질서의 원리를 원칙으로 하되, 경제의 민주화를 위한 국가의 규제와 조정을 정당화

④ **문화국가의 원리** ··· 국가가 국민의 교육, 과학 및 생활을 보장하여 사회와 문화 발전을 적극 도모한다는 원리이다.

    ⓐ **의의** : 국가로부터 문화의 자율성 보장과 국가가 문화를 형성하고 보호하는 이중적인 의미를 갖는다.

    ⓑ **문화국가를 실현하기 위한 원칙**

      • 문화의 자율성을 보장 : 국가는 문화에 대하여 중립성을 지켜야 하며 간섭해서는 안 된다.

      • 국가는 문화를 보호 · 육성하기 위한 경제적 지원을 책임진다.

      • 문화적 기본권을 보장한다.

⑤ **국제 평화주의** ··· 국제 협조와 국제평화의 지향을 이념적 기반으로 하려는 원리이다.

    ⓐ **국제평화주의와 침략전쟁의 부인** : 적의 직접적 공격을 격퇴하기 위한 방위전쟁(자위전쟁)은 인용

    ⓑ **국제법 존중주의** : 우리나라가 가입한 조약과 일반적으로 승인된 국제법규가 국내법과 같은 효력을 가진다는 의미

    ⓒ **외국인의 법적 지위 보장** : 상호주의(상대국의 자국민 보호 정도에 맞추어 상대국 국민의 보호 수준을 결정하려는 입장)의 원리에 따라 규정

⑥ **평화통일의 원리** ··· 자유 민주적 기본질서에 입각하여 평화적 통일을 추구한다는 원리로 우리나라의 국가적 목표인 동시에 헌법의 기본원리이다.

2 기본권의 보장과 제한

(1) 국민의 기본권

① 기본권 … 우리 헌법은 천부인권 사상을 표현한 헌법 제10조와 실정법 사상을 표현한 헌법 제37조 제2항을 두어 둘 간의 조화를 이루고 있다.

② 기본권의 내용

　㉠ 일반적이고 원칙적 규정〈헌법 제10조〉: 인간으로서의 존엄과 가치 존중, 행복추구권

　㉡ 평등의 권리 : 본질적으로 기본권으로 "모든 국민은 법 앞에서 평등하다〈헌법 제11조 제1항〉."의 평등은 누구든지 성별, 종교, 사회적 신분 등에 의해 차별받지 않는 상대적·비례적·실질적 평등을 의미한다.

　㉢ 자유권적 기본권 : 평등권과 더불어 본질적인 기본권으로 국가권력으로부터의 개인의 자유를 보장하며, 핵심적이고 소극적이며 포괄적인 권리이다. 종류로는 신체의 자유, 거주·이전의 자유, 직업선택의 자유, 주거의 자유, 사생활 비밀과 자유의 불가침, 통신의 자유, 양심의 자유, 종교의 자유, 언론·출판·집회·결사의 자유, 학문과 예술의 자유, 재산권보장 등이 있다.

　㉣ 참정권 : 민주국가에 있어서 국민이 국가의 정치에 참여할 수 있는 능동적 권리로 공무원 선거권, 공무담임권, 국민 투표권 등이 있다.

　㉤ 사회적 기본권 : 인간다운 생활을 위해 국가에 대하여 어떤 보호나 생활수단의 제공을 요구할 수 있는 적극적 권리이며 열거적 권리(개별적 권리)로 인간다운 생활을 할 권리, 교육을 받을 권리, 근로의 권리, 근로자의 노동 3권, 환경권, 혼인·가족·모성·보건에 관한 권리 등이 있다.

　㉥ 청구권적 기본권 : 국민의 침해당한 기본권의 구제를 국가에 대해 청구하는 적극적 권리이며 기본권을 보장하기 위한 수단적 기본권으로 청원권, 재판청구권, 형사보상청구권, 국가배상청구권, 범죄피해자의 국가구조청구권 등이 있다.

(2) 기본권 보장을 위한 제도와 기본권의 제한

① 기본권 침해의 법적 구제

　㉠ 청원제도 : 국민이 국가기관에 대해서 의견을 표명하거나 희망을 요구하는 것으로 청원의 대상은 행정기관, 입법기관, 법원 등이다.

　㉡ 위헌법률 심판제도

　　• 헌법재판기관이 법률이 헌법에 위반되는지의 여부를 심사하여 헌법에 위반되는 것으로 인정되는 경우 그 법률의 효력을 상실하게 하는 제도

　　• 위헌법률심판제청권자는 법원으로, 법원이 위헌법률심사제청권을 행사하려면 현재 재판 중인 구체적인 사건에서 판단기준이 되는 법률의 위헌여부가 재판의 결과에 영향을 끼치는 경우여야 한다.

　　• 위헌결정 시 즉시 효력이 상실되지만, 헌법불합치결정 시에는 법이 개정 될 때까지 한시적 효력이 있음

　㉢ 행정 쟁송제 : 행정청의 위법, 부당한 처분으로 인해 권리를 침해당한 사람이 이의 시정을 구하는 제도로 행정심판과 행정소송 등이 있다.

ⓔ 헌법소원
- 권리구제형 헌법소원 : 공권력의 행사 또는 불행사로 인하여 헌법에 보장된 기본권을 침해당한 국민이 그 권리를 구제 받기 위하여 헌법재판소에 직접 심판을 청구하는 헌법소원
- 위헌법률 심사형 헌법소원 : 위헌적 법률로 인하여 기본권을 침해당한 국민이 법원에 위헌법률심판제청을 해줄 것을 신청하였으나 법원이 이를 기각한 경우 직접 헌법재판소에 심판을 청구하는 헌법소원

② 기본권의 제한

구분	내용
목적상	• 국가안전보장, 질서유지, 공공복리를 위한 경우에만 기본권을 제한할 수 있다. −국가안전보장 : 외부로부터 국가의 독립, 영토의 보전, 헌법에 의해 설치된 국가 기관의 유지 −질서유지 : 타인의 권리 유지, 도덕질서 유지, 사회 공공질서 유지를 포함한 공공의 질서 유지 −공공복리 : 국가 구성원 전체를 위한 행복과 이익
형식상	• 원칙 : 기본권 제한은 국회가 제정한 법률에 의해야만 한다. • 예외 : 대통령의 긴급명령, 긴급 재정 경제 명령으로도 기본권을 제한할 수 있으며, 비상계엄 시에는 영장 제도나 언론·출판·집회·결사의 자유에 대한 특별조치가 가능하다.
방법상	• 과잉금지의원칙 : 국가의 권력은 무제한적으로 행사되어서는 안 되며, 이는 반드시 정당한 목적을 위하여 필요한 범위 내에서만 행사되어야 한다. • 국가 권력이 기본권을 제한할 때에는 목적의 정당성, 방법의 적정성, 피해의 최소성, 법익균형성을 지켜야 한다. • 기본권을 제한할 때 기본권의 본질적인 내용은 침해할 수 없다.

02 국가기관

❶ 국회

(1) 국회의 구성과 운영

① 국회의 구성
  ㉠ **국회의 성격** : 국민의 대표기관, 회의제 입법기관, 민주정치의 핵심기관, 국정의 통제기관
  ㉡ **국회의 구성** : 단원제와 양원제가 있으며, 현재 우리나라는 단원제를 채택하고 있다.
  ㉢ **우리나라 국회의 구성**
  • 국회의 구성 : 선거에 의해 선출되는 임기 4년의 지역대표(지역구의원)와 각 정당의 득표율 등에 비례하여 선출되는 비례대표의원(전국구의원)으로 구성된다.
  • 국회의 기관 : 의장 1인과 부의장 2인, 교섭단체, 각종 위원회가 마련되어 있다.

ⓔ 국회의 의사결정
- 일반 의결 정족수 : 재적의원 과반수의 출석과 출석위원 과반수의 찬성으로 의결, 가부동수일 경우 부결
- 특별의결 정족수
  - 대통령 거부 법률안의 재의결 : 재적의원 과반수 출석, 출석의원 2/3 이상 찬성
  - 헌법개정안의결, 국회의원제명, 대통령 탄핵소추 의결 : 재적의원의 2/3 이상 찬성
  - 계엄해제요구, 국회의장 및 부의장선거 : 재적의원 과반수 찬성
  - 대통령 선거에서 투표자가 2인일 경우 : 재적의원 과반수 출석, 출석의원 다수 찬성
  - 대통령 이외의 탄핵소추발의 : 재적의원 1/3 이상 발의, 재적의원 과반수의 찬성
  - 임시국회의 집회요구 : 재적의원 1/4 찬성
  - 국회 의사정족수 : 재적의원 1/5 찬성
  - 국회 의사비공개결정 : 출석의원 과반수 찬성

② 국회의 회의
  ⊙ 의사공개의 원칙 : 국회의 회의는 공개한다. 단, 국가의 안정보장을 위해서라면 공개하지 않을 수도 있는데 이때에는 출석의원 과반수의 찬성이나, 의장의 결정이 필요하다.
  ⓛ 회기계속의 원칙 : 국회의 한 회기 중에 의결하지 못한 안건에 대하여 회기가 끝났더라도 폐기하지 않고 다음 회기에서 계속해서 심의하는 원칙으로 국회의원의 임기가 만료된 때에는 적용되지 않는다.
  ⓒ 일사부재의의 원칙 : 국회에서 부결된 안건은 같은 회기 내에 다시 제출할 수 없는 원칙으로 소수파의 의사진행 방해를 방지하기 위한 것이다.

(2) 국회의 입법과정
① 국회의 권한 : 국민의 대표기관으로 대표적으로 헌법개정권을 포함한 입법권을 행사하는 것이다.
② 입법과정 : 법률안의 제출과 심의 → 의결 → 공포 → 효력 발생
③ 거부권 : 대통령은 이송된 날로부터 15일 이내에 국회에 보내어 재의결을 요구할 수 있으며, 재의결한 법률은 다시 거부할 수 없으며, 5일 이내에 공포하여야 한다.

(3) 국회의 권한과 기능
① 입법에 관한 권한 : 법률안 제안·의결·공포권, 헌법개정안의 제안·의결권, 조약 체결·비준에 대한 동의권 등을 갖는다.
② 재정에 관한 권한 : 조세법률제정권, 예산안의 심의·확정권, 결산심사권 등을 갖는다.
③ 일반 국무에 관한 권한 : 중요 공무원 임명에 대한 동의권, 중요 헌법기관의 구성권, 국정조사·감사권, 계엄해제요구권, 탄핵소추의결권 등을 갖는다.
④ 국회의원의 특권 : 면책특권, 불체포특권 등이 있다.

❷ 행정부, 법원과 헌법재판소

(1) 행정부

① 행정부의 구성

ㄱ 의원내각제 : 의회의 다수당이 행정부인 내각을 구성하는 의회중심의 일원적 정치체제를 뜻한다.
- 특징
  - 의회중심주의로 행정권은 의회의 다수당이 구성하는 내각이 담당한다.
  - 내각은 의회에 대해 연대적 책임을 진다.
  - 의회는 내각불신임권을, 내각은 의회해산권과 법률안의 제안권을 행사한다.
  - 의원과 각료는 겸직이 가능하다.
- 장점 : 정치적 책임에 민감하며 의회와 내각의 협조가 용이하다.
- 단점 : 다수당의 횡포 우려, 군소정당 난립 시 정국의 불안, 신속한 정책결정의 곤란 등이 있다.

ㄴ 대통령제 : 국민이 선출한 대통령이 행정부 수반이 되어 정책을 수행하는 정치체제를 뜻한다.
- 특징
  - 엄격한 권력분립이 이루어진다.
  - 국민에 대한 정치적 책임을 지나 의회에 대한 책임은 지지 않는다.
  - 의회의 정부불신임권과 정부의 의회해산권을 인정하지 않는다.
  - 의원과 각료의 겸직을 금지한다.
  - 대통령은 법률안거부권을 가지며, 의회는 대통령에 대한 탄핵소추권을 가진다.
- 장점 : 임기 동안 정국안정, 국회 다수파의 횡포방지 등이 있다.
- 단점 : 정치적 책임에 민감하지 못함, 정부와 국회의 조화 곤란 등이 있다.

② 행정과 법치행정

ㄱ 행정 : 법률을 집행하고 국가목적이나 공익을 적극적으로 실현하기 위해서 여러 가지 정책을 세우고, 실현하는 국가작용을 의미한다.

ㄴ 현대복지국가의 정부업무 : 효율성이 강조되며 전문적 행정 관료가 주도한다.

ㄷ 법치행정 : 행정권도 법의 구속을 받고, 법을 준수해야 한다는 것을 의미한다.
- 필요성 : 적법성, 타당성, 정당성을 갖춘 행정을 도모한다.
- 한계점 : 법치행정이 단순히 규칙에 의한 행정 또는 행정에 의한 지배로 타락되어서는 안 된다.

③ 행정부와 대통령

ㄱ 행정부의 조직과 권한
- 행정부 : 법률과 정책의 내용을 구체적으로 집행하는 국가기관이다.
- 국무총리 : 국회의 동의를 얻어 대통령이 임명한다.
- 국무회의 : 국정의 최고 심의기관으로, 대통령의 신중한 권한행사와 국정통일을 위해 주요 정책을 심의한다.

- 감사원 : 합의제 기관으로서, 대통령에 소속된 헌법상의 필수기관이다.
  - 권한 : 국가의 세입·세출의 결산, 국가 및 법률이 정한 단체에 대한 회계검사권과 행정기관 및 공무원에 대한 직무감찰권이 있다.
  - 특징 : 형식상 대통령에 소속되어 있지만, 직무에 관해서는 독립적인 지위를 갖는 기관이다.
- ⓒ 대통령의 지위와 권한
  - 대통령의 지위 : 행정부수반으로서의 지위와 국가원수로서의 지위가 있다.
  - 대통령의 권한
    - 행정부수반으로서의 권한 : 행정의 최고지휘감독권, 국군통수권, 공무원임면권, 대통령령발포권, 법령집행권 등
    - 국가원수로서의 권한
      - 대외적 국가대표권 : 조약체결·비준권, 외교사절의 신임·접수·파견권, 선전포고와 강화권 등
      - 국가·헌법수호권 : 긴급재정·경제처분 및 명령권, 계엄선포권, 위헌정당해산제소권 등
      - 국정조정권 : 국민투표부의권, 헌법개정안제안권, 임시국회소집요구권 등
      - 헌법기관구성권 : 일정한 헌법기관의 구성
- ⓒ 대통령의 의무와 특권
  - 대통령의 권한수행 : 대통령은 국가의 원수로서, 개별적인 행정업무를 넘어서 국가적 차원의 정치적 판단을 기초로 헌법적 권한을 수행하게 된다.
  - 대통령의 권한행사방식 : 국무회의의 심의, 국회의 동의와 승인, 문서와 부서, 자문기관의 자문 등을 통해서 행해진다.
  - 대통령의 신분상 특권 : 중죄가 아닌 경우 대통령 지위를 보장하여 책임을 완수하게 하기 위해 주어진다.
    - 형사상의 소추 : 대통령은 내란 또는 외환의 죄를 범한 경우를 제외하고는 재직 중 형사상의 소추를 받지 아니한다.
    - 민사상의 소추 : 재직 중에 민사상의 소추는 받을 수 있으며, 재직 중에 범한 범죄에 대해서 퇴직 후에 소추할 수 있다.
- ② 행정의 견제와 통제
  - 현대복지국가 : 행정권력의 비대화현상이 초래된다.
  - 행정권력 비대화의 통제 : 민주적 통제의 필요성이 요청된다.

(3) 법원과 헌법재판소

① 사법권

ⓐ 사법의 의의

- 사법 : 국가통치기능의 하나로서, 무엇이 법인가를 판단하고 선언하는 작용을 일컫는 말이다.
- 법원 : 사법권을 가지며, 삼권분립의 기초 위에서 국민의 권익과 자유를 보호하려는 국가작용을 실천하는 국가기관이다.
- 심급제도의 운용 : 공정하고 정확한 재판을 하기 위해 심급제도를 두어 여러 번 재판을 받을 수 있도록 하고 있다.

ⓛ 사법권의 독립
- 사법권 독립 : 재판의 독립을 의미한다.
- 사법권 독립의 의의 : 행정권의 영향을 배제하고 독립된 법원이 법과 양심에 따라 공정하고 정당한 재판을 하는 것을 의미한다.
- 사법권 독립의 내용 : 헌법적 규정(독립의 원칙), 법의 독자성 요구(기본권의 실현), 법 적용의 공평성(정의 구현) 등이 있다.

② 법원의 조직과 재판
ⓗ 법관의 자격과 지위
- 재판의 독립 : 구체적인 재판에서 법관의 독립으로 발현된다.
- 재판의 독립 내용
  - 법관의 임기 : 헌법으로 규정한다.
  - 법관의 자격 : 법률로 정하도록 규정한다.
- 법관의 독립 : 법관은 헌법, 법률, 양심에 따라 심판할 의무를 지닌다.
- 법관의 임명절차 : 헌법으로 규정한다.
ⓛ **법원의 조직** … 대법원, 고등법원, 지방법원 및 지방법원지원, 가정법원, 특별법원 등이 있다.
ⓒ 재판의 종류
- 재판의 종류 : 민사재판, 형사재판, 행정재판, 선거재판
- 민주재판제도의 2대 원칙 : 공개재판주의, 증거재판주의
- 법원의 권한 : 재판에 관한 권한, 명령·규칙·처분심사권, 위헌법률심사제청권, 법원의 자율권(규칙 제정 권, 법원 행정권)

③ **헌법재판소** … 사법적 절차에 따라 헌법의 해석과 관련된 모든 사건을 결정하는 헌법기관이다.

출 제 예 상 문 제

1 다음 중 우리나라 헌법의 기본권에 대한 사상은?

① 실정법은 부당한 자연법을 개정하는 기준이 된다.

② 실정법상 권리와 천부인권(자연법)의 조화로 보고 있다.

③ 실정법보다 자연법이 항상 우선한다.

④ 자연법보다 실정법을 중시하고 있다.

TIP ① 자연법은 실정법이 지향하는 보편적 기준으로 실정법을 제정하거나 개정하는 기준이 된다.
③④ 자연법의 정신은 실정법을 통해서 구체화되고 실정법의 내용은 자연법에 근거해야 한다.
※ 헌법 제10조와 제37조 제2항
　　㉠ 헌법 제10조 : 모든 국민은 인간으로서의 존엄과 가치를 가지며, 행복을 추구할 권리를 가진다. 국가는 개인이 가지는 불가침의 기본적 인권을 확인하고 이를 보장할 의무를 진다.
　　㉡ 헌법 제37조 제2항 : 국민의 모든 자유와 권리는 국가안전보장, 질서유지 또는 공공복리를 위하여 필요한 경우에 한하여 법률로써 제한할 수 있으며, 제한하는 경우에도 자유와 권리의 본질적인 내용을 침해할 수 없다.

2 기본권 보장을 위한 기본권에 속하는 것은?

① 공무담임권

② 언론 · 출판 · 집회 · 결사의 자유

③ 환경권

④ 재판청구권

TIP 청구권적 기본권
　　㉠ 성격 : 침해당한 기본권의 구제를 국가에 대해 청구하는 적극적 권리로서, 그 자체가 권리의 목적이 아니라 다른 기본권을 보장하기 위한 수단적 성격의 기본권이다.
　　㉡ 내용 : 청원권, 재판청구권, 형사보상청구권, 국가배상청구권, 구속적부심사청구권, 변호인의 조력을 받을 권리, 타인의 범죄행위로 인한 피해에 대해 국가구조를 받을 권리 등이다.

Answer 1.② 2.④

3 인간이 누려야 할 기본권의 궁극적인 목적은?

① 법 앞에서의 평등
② 정치에의 능동적인 참여
③ 침해당한 권리의 구제
④ 인간으로서의 존엄과 가치 존중

TIP ④ 우리 헌법은 천부인권 사상을 표현한 헌법 제10조와 실정법 사상을 표현한 헌법 제37조 제2항을 두어 둘 간의 조화를 이루고 있다.
기본권에 대한 일반적이고 원칙적인 규정으로 헌법 제10조에서는 '모든 국민은 인간으로서의 존엄과 가치를 가지며, 행복을 추구할
권리를 가진다. 국가는 개인이 가지는 불가침의 기본적 인권을 확인하고 이를 보장할 의무를 진다.'라고 정의하고 있다.

4 기본권 침해시 국가기관에 취할 수 있는 행동에 관한 설명 중 옳은 것은?

① 청원 – 국가기관에 문서로 한다.
② 헌법소원 – 대법원에 청구한다.
③ 행정소송 – 행정기관에 청구한다.
④ 행정상 손해배상 – 적법한 행정행위에 의해 가해진 손해를 전보하여 주는 것이다.

TIP ② 헌법소원은 헌법재판소에 구제를 청구한다.
③ 행정소송은 법원에 구제를 청구한다.
④ 행정상 손해배상은 위법한 행정행위에 의해 가해진 손해를 전보하여 주는 것이다.

5 다음 보기의 설명에 해당하는 것은?

> 일정한 기준 이하의 빈곤자에게 보험료를 부담할 수 없는 사람의 보호를 전적으로 국가가 맡아 부조하는 것이다.

① 의료보호
② 국민연금
③ 고용보험
④ 국민건강보험

TIP ① 의료보호제도는 1977년 의료보호법의 제정으로 그 보호내용이 확대되고 보호의 질적 개선이 이루어졌으며, 1986년부터는 저소
득층에까지 확대 실시하고 있다.
②③④ 사회보험제도이다.

Answer 3.④ 4.① 5.①

6 인터넷상의 주민번호 도용 등 개인정보를 도용하는 문제에 관해 국가가 입법을 마련할 경우 이는 무엇을 위한 정책인가?

① 정보화의 발전

② 정보화의 안전화

③ 사생활 보호

④ 공공기관의 보호

TIP 개인정보(사생활) 보호를 위함이다.

7 다음 중 '법의 사회화' 또는 '사법의 공법화'현상과 관련하여 나타난 법에 해당하는 것은?

① 행정법

② 노동법

③ 민사소송법

④ 형사소송법

TIP 사회법 … 자본주의의 문제점을 합리적으로 해결하기 위하여 비교적 근래에 등장한 법으로 사법과 공법의 성격을 모두 가지고 있는 법이다(노동법, 경제법, 사회보장법 등).

8 국민의 의무를 헌법에 규정하고 있는 근본적인 목적은?

① 국가의 목적달성을 위하여

② 헌법에 규정이 없는 새로운 의무를 부과하지 못하도록 하기 위해서

③ 국민 모두가 국민된 도리를 다하게 하기 위하여

④ 국민에게 의무의 중요성을 인식시키기 위하여

TIP 국민의 기본적 의무를 헌법에 규정하고 있는 것은 국민에게 의무를 강조하자는 데에 그 뜻이 있는 것이 아니라 헌법에 규정된 경우와 헌법이 정하는 방법과 절차에 의하지 아니하고는 새로운 의무를 부과하지 못하게 하려는 데 원래의 목적이 있다.

Answer 6.③ 7.② 8.②

9 다음 중 사회법에 속하는 것은?

① 행정소송법

② 국가배상법

③ 형사보상법

④ 의료급여법

TIP 사회법의 종류
　ⓐ **노동법** : 근로기준법, 노동조합 및 노동관계조정법, 노동위원회법
　ⓑ **경제법** : 독점규제 및 공정거래에 관한 법률
　ⓒ **사회보장법** : 국민기초생활보장법, 의료급여법, 산업재해보상보험법

10 "사회 있는 곳에 법이 있다."라고 할 때의 법이 내포하고 있는 뜻은?

① 종교적 규범을 의미한다.

② 모든 사회의 규범을 의미한다.

③ 국가의 최고규범인 헌법을 의미한다.

④ 국가기관에 의해 성문화된 실정법을 의미한다.

TIP "사회 있는 곳에 법이 있다." … 인간의 사회생활과 규범과의 관계를 잘 설명해 주고 있는 법언으로 인간이 공동생활을 영위하기 위해서는 무엇인가 통일적인 사회질서가 존재하지 않으면 안 된다는 의미이다. 여기에서 법은 일체의 사회규범을 뜻한다.

04 개인생활과 법

01 민법

❶ 민법의 기초 이해

(1) 민법의 의미

① **공법**(公法)**과 사법**(私法)**의 구분**

　㉠ **공법** : 국가와 같은 공적 기관이 개입하여 사회질서 및 공공의 생활을 규율하는 법으로, 헌법, 형법, 행정법 등이 이에 해당한다.

　㉡ **사법** : 개인 간의 법적 관계를 규율하는 법으로, 민법, 상법 등이 이에 해당한다.

② **민법** : 개인 간의 법적 관계를 규율함에 있어 일반적으로 적용되는 법으로, 로마 제국 시대의 시민법이 유럽으로 보급되고, 시민 혁명을 거치면서 형성되었다.

(2) 민법의 원칙

① **근대 민법의 3대 원칙**

　㉠ **소유권 절대의 원칙**(사유 재산권 존중의 원칙) : 개인의 사유 재산에 대한 절대적 지배를 인정하며, 국가나 타인의 간섭을 배제한다.

　㉡ **사적 자치의 원칙**(계약 자유의 원칙) : 계약 체결 여부, 상대방 선택, 계약 내용 형성 등 개인은 자신의 자유로운 의사에 기초하여 법률관계를 형성할 수 있다.

　㉢ **과실 책임의 원칙**(자기 책임의 원칙) : 개인이 타인에게 끼친 손해에 대해서는 고의 또는 과실이 있을 때만 책임을 지며, 타인의 행위에 대해서는 책임을 지지 않는다.

② **근대 민법의 3대 원칙의 실천에 따른 제약**

　㉠ 법률행위나 계약이 강행 법규, 선량한 풍속, 그 밖의 사회 질서에 반하면 무효이다.

　㉡ 채무의 이행에는 신의와 성실이 요구된다.

　㉢ 소유권의 행사에는 법률의 제한이 따르며, 소유권을 타인에게 해를 끼칠 목적으로 행사할 수 없다.

② 계약과 불법 행위

(1) 계약의 의미와 과정

① 계약의 의미와 특징

ㄱ 의미 : 계약이란 거래를 하고 관계를 맺기 위한 사람과 사람 사이의 일정한 합의 또는 약속을 말한다.

ㄴ 특징 : 기본적으로 계약 당사자들의 의사가 가장 중요하며, 당사자들이 원하는 대로 법적인 관계를 형성할 수 있는 계약 자유의 원칙을 가진다. 당사자의 합의만으로도 법적 효력이 인정되면 계약서가 반드시 요구되는 것은 아니다.

② 계약 성립의 조건

ㄱ 성립조건 : 자유로운 의사에 합치하며 사회 질서에 반하지 않고 일정한 형식을 갖출 경우 계약이 성립한다. 반사회적이거나 일정한 형식을 갖추지 못한 경우, 필요한 내용을 다 담지 못한 경우 법적 효력이 발생하지 않는다.

ㄴ 계약서 : 계약서에는 일반적으로 계약한 사람(대개 이름 외 주소나 주민등록번호 포함), 계약의 내용, 계약한 날짜를 명시하고 확인의 의미로 서명이나 도장을 찍는다.

ㄷ 공증 : 계약의 내용을 국가가 지정한 사람이 확인하는 제도로, 다툼 발생 시 법정에서 증거로 활용된다.

③ 미성년자와의 계약

ㄱ 원칙 : 미성년자는 행위 무능력자로 단독으로 법적 계약을 맺을 수 없으며 법정 대리인의 동의가 필요하다. 법정 대리인의 동의가 없는 계약은 취소할 수 있다.

ㄴ 예외 : 미성년자에게 처분이 허락된 재산의 처분, 허락된 영업에 관한 법률 행위, 단순히 권리만을 얻거나 의무를 면하는 행위, 임금의 청구, 혼인 이후의 민법상 법률 행위는 미성년자가 단독으로 할 수 있다.

ㄷ 거래 상대방 보호 : 미성년자를 보호하기 위한 제도로 인해 거래 상대방이 피해를 입는 것을 방지하기 위해 다음의 조치를 취할 수 있다.

- 최고(催告)권 : 미성년자의 상대방이 미성년자의 법정 대리인에 대해 계약 취소 여부를 묻고 기한 내에 확답이 없을 경우, 추인으로 간주하여 거래를 확정할 수 있다.
- 철회권 : 미성년자의 법정 대리인의 조치를 기다리지 않고 거래 자체를 철회할 수 있다.
- 취소권의 배제 : 미성년자가 변조나 위조 등과 같은 적극적인 사술(詐術) 행위로 법률 행위를 맺은 경우 미성년자의 법정 대리인의 취소권이 배제된다.

(2) 불법 행위의 이해

① **의미** … 고의 또는 과실로 위법하게 타인에게 손해를 입힌 가해자의 행위

② **성립 요건** … 가해 행위, 위법성, 고의 또는 과실, 손해의 발생, 가해 행위와 손해 간의 인과 관계, 책임 능력

③ **특수한 불법 행위** … 일반적인 불법 행위의 성립 요건과 달리 책임의 성립 요건이 경감되거나 타인의 가해 행위에 대해서도 책임을 지는 경우

책임무능력자의 감독자의 책임	다른 자에게 손해를 가한 사람이 미성년자, 심신상실자의 책임능력에 따라 책임이 없는 경우에는 그를 감독할 법정 의무가 있는 자가 그 손해를 배상할 책임이 있다. 다만, 감독의무를 게을리하지 아니한 경우에는 그러하지 아니하다〈민법 제755조 제1항〉.
사용자의 배상책임	타인을 사용하여 어느 사무에 종사하게 한 자는 피용자가 그 사무집행에 관하여 제삼자에게 가한 손해를 배상할 책임이 있다. 그러나 사용자가 피용자의 선임 및 그 사무 감독에 상당한 주의를 한 때 또는 상당한 주의를 하여도 손해가 있을 경우에는 그러하지 아니하다〈민법 제756조 제1항〉.
공작물 등의 점유자·소유자 책임	• 공작물의 설치 또는 보존의 하자로 인하여 타인에게 손해를 가한 때에는 공작물점유자가 손해를 배상할 책임이 있다. 그러나 점유자가 손해의 방지에 필요한 주의를 해태하지 아니한 때에는 그 소유자가 손해를 배상할 책임이 있다〈민법 제758조 제1항〉. • 동물의 점유자는 그 동물이 타인에게 가한 손해를 배상할 책임이 있다. 그러나 동물의 종류와 성질에 따라 그 보관에 상당한 주의를 해태하지 아니한 때에는 그러하지 아니한다〈민법 제759조 제1항〉.
공동불법 행위자의 책임	• 수인이 공동의 불법행위로 타인에게 손해를 가한 때에는 연대하여 그 손해를 배상할 책임이 있다〈민법 제760조 제1항〉. • 공동 아닌 수인의 행위 중 어느 자의 행위가 그 손해를 가한 것인지를 알 수 없는 때에도 전항과 같다〈민법 제760조 제2항〉.

(3) 손해 배상

① **의미** … 타인에게 입힌 손해를 전보(塡補)하고, 손해 발생 이전과 똑같은 상태로 회복시키는 것

② **손해 배상의 범위**

㉠ 채무불이행으로 인한 손해배상은 통상의 손해를 그 한도로 한다.

㉡ 특별한 사정으로 인한 손해는 채무자가 그 사정을 알았거나 알 수 있었을 때에 한하여 배상의 책임이 있다.

③ **손해 배상의 방법** … 금전 배상이 원칙이며, 명예훼손의 경우에는 손해 배상과 함께 사죄 광고 등과 같은 명예회복에 필요한 처분을 명할 수 있다.

❸ 개인 간의 분쟁 해결

(1) 개인 간의 분쟁 해결을 위한 간편한 절차

① **내용 증명 우편** … 우체국에서 발송인이 언제, 누구에게, 어떤 내용의 문서를 발송했는지 증명해주는 제도

② **민사 조정 제도** … 소송 이전에 법관이나 조정 위원회에서 타협안을 제시하여 당사자들이 수용하도록 하는 제도

③ **소액 사건 심판** … 2천만 원 이하의 작은 액수를 빌려 준 경우

(2) 민사 소송의 이해

① **민사 소송** … 개인 간의 문제에 대해 법원이 개입하여 분쟁을 해결 · 조정해주는 정식 절차로 가장 강제적인 분쟁 해결 수단이다.

② **절차** … 재산 확보 → 재판 및 판결 → 강제 집행

(3) 분쟁을 해결하는 다른 방법

① **대안적 분쟁 해결 방법**
- ㉠ 협상 : 분쟁 당사자들이 대화를 나누어 자율적으로 해결책 모색
- ㉡ 조정 : 분쟁과 관련이 없는 타인이 당사자 간의 대화를 주선하는 경우로 주로 민사 사건에 활용
- ㉢ 중재 : 제3자에게 결정을 맡기는 해결 방식으로 법적 구속력이 있으며, 주로 언론 문제나 노동 문제의 해결에 활용

② **법률 구조 기관**
- ㉠ 대한 법률 구조 공단 : 민사 사건과 형사 사건에 모두 관여하며 무료 법률 상담 등을 제공하는 비영리 공익 법인이다.
- ㉡ 한국 가정 법률 상담소 : 가정 문제를 비롯하여 법률문제 전반에 대한 상담 및 교육을 담당한다.
- ㉢ 대한 변호사 협회 : 현직 변호사들이 법률 상담을 제공하고 법률 구조 대상자를 선정하여 변호사 선임 및 소송에 필요한 각종 비용을 지원한다.

02 생활 속의 법

① 가족관계와 법

(1) 출생

① **출생시점** … 민법은 태아가 살아 있는 상태로 완전히 어머니의 몸 밖으로 나온 때를 출생시점으로 보는 완전 노출설의 입장을 취한다. 태아의 경우 상속, 불법 행위로 인한 손해 배상 청구 등의 경우에 예외적으로 권리 능력을 인정한다.

② **이름 짓기** … 한글 또는 한자 사용이 가능하며, 성을 제외하고 5자 이내로 제한한다.

③ **출생신고** … 출생증명서를 갖추고 주민 센터에서 신고하며, 출생 후 1개월 내에 신고하지 않으면 과태료가 부과된다.

④ **인지** … 혼인 외의 관계에서 태어난 자녀에 대해서는 아버지나 어머니가 자신의 자녀라고 인정하는 절차를 거쳐야 부모와 관련된 법적 권리를 보장받을 수 있다.

⑤ 입양의 경우 양자는 친자녀와 동등한 법적 권리를 가진다.

(2) 결혼과 이혼

① 결혼

ⓐ **결혼(법률혼)의 성립요건**

구분	내용
실질적 요건	• 혼인하겠다는 의사의 합치가 있어야 함 • 법적으로 혼인이 제한되는 친족 관계가 없어야 함 • 혼인 가능 연령(만 18세, 미성년자의 경우 부모의 동의 필요)에 도달해야 함
형식적 요건	혼인 신고

ⓑ **사실혼과 동거**: 혼인 신고 없이 결혼 생활을 하는 사실혼의 경우 제한적 범위에서만 법적 보호를 받으며, 동거의 경우 법적 보호를 받지 못한다.

ⓒ **결혼의 효력**

- 친족 관계의 발생
- 부부 동거, 부양, 협조, 정조를 지킬 의무 발생
- 성년의제 : 만 18~19세의 미성년자가 혼인하면 민법상 성인으로 간주되어 단독으로 법률 행위가 가능하다.
- 부부 간의 계약 취소권 : 부부사이에서 혼인 중에 맺은 계약은 언제든지 부부의 일방이 취소 할 수 있다.
- 부부간의 일상 가사 대리권 : 가정생활에 필요로 하는 통상적 사무의 수행은 부부 서로가 상대방을 대리할 수 있다.

② 이혼

ⓐ **협의상 이혼** : 부부의 의사 합치에 의한 이혼으로 이유나 원인을 묻지 않는다. 이혼 의사 확인 후 자녀 양육 문제를 결정하고 법원에 서류를 제출하면, 이혼숙려기간 거쳐 가정 법원에서 이혼 의사 여부를 공적으로 확인한다. 3개월 이내에 등록기준지 또는 주소지 관할 구청에 신고하면 이혼의 과정이 완료된다.

ⓑ **재판상 이혼** : 부부관계가 파탄의 상태에 이르러 부부관계를 더 이상 유지할 수 없지만, 협의를 통한 이혼이 불가능 할 때 주소지 관할 법원에 이혼소송을 청구하여 판결로써 부부관계를 해소할 수 있다.

ⓒ **이혼의 효력**

- 혼인에 의해 성립한 부부 사이의 모든 권리와 의무, 친족관계 소멸
- 부부 공동 재산에 대한 분할 청구권
- 유책 배우자에 대한 위자료 청구 및 손해배상청구권 발생

(3) 사망과 상속

① **사망시점** … 사망시점에 대해서는 심장과 폐의 기능이 다하는 시점인 심폐 기능 정지설(민법에서의 일반설)과 뇌의 기능이 돌이킬 수 없는 손상으로 정지되는 시점인 뇌사설(제한적 인정)이 인정된다.

② **유언** … 유언자의 사망과 동시에 일정한 법률 효과를 발생시키기 위한 것으로 자필 증서, 녹음, 공정 증서, 비밀 증서 등과 같은 법에서 정한 형식이나 절차에 맞게 한 유언만 효력을 인정한다.

③ **상속** ··· 고인의 재산에 관한 권리와 의무가 배우자 및 일정한 범위의 친족에게 승계되는 것으로 재산뿐만 아니라 빚도 상속된다.

　㉠ **종류**
　　• 유언 상속 : 피상속인의 유언이 있을 경우 유류분(법정 상속인에게 법으로 보장되는 부분)을 제외하고 유언에 따름
　　• 법정 상속 : 피상속인의 유언이 없을 경우 법에 정해진 대로 상속이 이루어짐

　㉡ **상속인 보호**
　　• 상속포기 : 법정 상속을 받지 않겠다는 표시
　　• 한정승인 : 상속받을 재산 범위 내에서만 빚을 갚겠다는 표시
　　• 상속 여부의 재결정 : 뒤늦게 피상속인의 빚이 재산보다 더 많다는 것을 알게 된 경우, 일정 기간 내에 상속 여부를 재결정 할 수 있다.

　㉢ **상속분과 기여상속분** : 성별, 결혼 여부 등에 관계없이 모두 균등하게 상속받으며, 배우자는 상속분의 50%를 더 받는다. 고인을 특별히 부양하였거나 고인의 재산 형성에 이바지한 공로가 인정되는 상속인에 대해서는 법에 정한 상속분보다 일정액을 더 상속받도록 기여상속분을 인정한다.

❷ 부동산 관련 법

(1) 부동산 물권
① **물권법정주의**

구분	내용
점유권	물건을 사실상 지배하고 있을 때, 그 상태를 보호해 주기 위한 권리
소유권	대표적 물권으로 물건을 직접적 및 배타적으로 사용, 수익, 처분하거나 그 밖의 방법으로 지배할 수 있는 권리
제한물권	• 물건의 한정된 면만 지배할 수 있는 권리 • 용익물권 : 타인의 물건(토지 또는 건물)을 일정 범위 내에서 사용, 수익할 수 있는 물권으로 지상권, 지역권, 전세권 등이 해당 • 담보물권 : 목적물을 자기 채권의 담보에 제공함을 목적으로 하는 물권으로, 유치권, 저당권 등이 해당

② **물권의 효력**
　㉠ **상호간의 우선적 효력** : 시간적으로 앞서서 성립한 물권은 뒤에 성립한 물권에 우선한다.
　㉡ **물권과 채권간의 우선적 효력** : 동일물에 대하여 물권과 채권이 병존하는 경우에는 그 성립 시기에 관계없이 항상 물권이 우선한다.

③ 공시

　　㉠ 의미 : 물권의 변동은 거래의 안전을 위하여 당사자는 물론 제3자도 쉽게 그 변동관계를 알 수 있도록 해주는 것으로 언제나 외부에서 인식할 수 있는 방법을 수반해야 한다.

　　㉡ 공시의 방법

구분	물권의 공시	물권변동의 공시
동산	점유	인도
부동산	등기	등기

(2) 부동산 매매와 등기

① 등기 … 등기부라는 공적 장부에 부동산과 관련된 권리를 기재하는 것으로, 필요한 경우 다른 사람이 열람할 수 있으며 부동산의 거래는 등기부상에 내용이 기재되어야만 법적 효력이 발생한다.

② 등기부 등본의 구성 … 갑구와 을구에 관계없이 먼저 등기가 된 권리가 우선 보호된다.

구분	내용
표제부	소재지, 면적, 용도, 구조 등이 변경된 순서대로 기재
갑구	소유권에 관한 사항이 접수된 날짜순으로 기재
을구	저당권, 전세권 등 같은 소유권 이외의 권리에 관한 사항 기재

③ 부동산 거래의 절차

　　㉠ 탐색 : 위치, 가격 등을 탐색

　　㉡ 등기부 열람 : 토지나 건물의 소유자 확인, 권리설정관계의 유무 파악

　　㉢ 토지대장 열람 : 등기부와 다른 점 확인, 해당 구청에서 열람

　　㉣ 매매계약 체결 : 매도인이 실소유자가 맞는지 반드시 확인

　　㉤ 계약금 지불 : 계약서 작성 후 통상 매매가의 10%

　　㉥ 중도금 지급 : 계약일과 잔금일의 중간쯤 매매가의 40%

　　㉦ 잔금 지급 : 매매대상물을 인도하는 날, 등기서류 및 부동산 인수

　　㉧ 등기 : 신청서, 등기원인을 증명하는 서면, 매도인의 등기필증(집문서, 땅문서), 매매용 인감증명서 등을 첨부하여 지방법원관할 등기소에 신청

(3) 부동산 임대차

① 의미 … 임대인이 임차인에게 건물이나 토지 등을 빌려 주고 임차인이 그 대가를 지급하기로 하는 계약으로, 통상적인 전월세 계약을 임대차 계약으로 볼 수 있다.

② 임대차 계약 시 주의사항
　㉠ 등기부 등본을 열람하거나 발급받아 계약 해지 시에 보증금을 안전하게 돌려받을 수 있는지를 확인
　㉡ 등기부 등본에 기재가 안 된 선순위의 임차권자의 보증금이 얼마나 되는지, 해당 부동산이 경매될 경우 매각금액 예측
　㉢ 잔금 지급 시에 주민 등록 전입신고를 하면서 임대차 계약서에 확정일자를 받음
　㉣ 주택 임대차 보호법상의 대항력을 인정받으려면 현실로 주택을 인도받아야 함

③ 주택 임대차 보호법
　㉠ 목적 : 세입자의 주거 및 보증금의 회수를 보장하고, 과도한 집세 인상 등에서 세입자를 보호하기 위하여 제정
　㉡ 대항력 : 계약 기간까지 그 주택에 거주할 수 있고, 계약기간이 지났더라도 임차 보증금을 돌려 줄때까지 계속 거주할 수 있는 권리
　㉢ 우선변제권 : 임차 주택이 경매 처분될 경우 자신의 임대차 보증금을 후순위 저당권에 우선하여 우선 돌려받을 수 있는 권리
　㉣ 계약기간특례 : 계약기간이 없거나 2년 미만으로 정한 임대차는 그 기간을 2년으로 본다. 또 임대인이 기간 만료 전 갱신 거절이나 조건 변경의 통지를 하지 않았을 경우 이전과 같은 조건으로 다시 계약한 것으로 본다.
　㉤ 임차권 승계 : 임차인의 사실혼 배우자도 임차인이 사망한 경우 임차권을 승계할 수 있다.
　㉥ 소액보증금 최우선 변제권 : 일정 범위의 소액 보증금은 다른 담보물권자보다도 우선하여 최우선으로 변제받을 수 있다.

출 제 예 상 문 제

1 밑줄 친 ㉠, ㉡에 대한 설명으로 옳은 것은?

> 갑과 을은 법률상의 부부이다. 혼인 생활을 유지하던 중 갑은 을의 심각한 부정행위를 알게 되어 을에게 ㉠ 협의상 이혼을 요구하였다. 하지만 을은 이를 거절하였고, 이에 갑은 가정법원에 ㉡ 재판상 이혼을 청구하였다.

① ㉠의 효력은 법원에서 이혼 의사 확인을 받은 즉시 발생한다.

② ㉠과 달리 ㉡에서만 을은 갑에게 재산 분할을 청구할 수 있다.

③ ㉠, ㉡ 모두 법원을 거쳐야만 혼인 관계를 해소할 수 있다.

④ ㉡은 법률로 정한 이혼의 사유나 원인을 필요로 하지 아니한다.

TIP ㉠의 협의상 이혼은 이유나 원인, 동기는 법적으로 규정되어 있지 않으며 이혼의사에 대한 합의를 필요로 한다. ㉡의 재판상 이혼은 민법 제840조에 규정된 사유가 있어야 한다. 협의상 이혼은 부부가 판사 앞에 출석하여 협의이혼의사를 확인받아야 하며, 재판상 이혼은 조정 또는 이혼소송 절차를 통해 확정된다. ㉠, ㉡ 모두 법원을 거쳐야만 혼인 관계를 해소할 수 있다.

① ㉠의 효력은 법원에서 이혼 의사 확인 및 이혼 숙려 기간 진행, 가정법원의 협의이혼의사 확인, 행정관청에 이혼신고를 해야 효력이 발생한다.

② 재산 분할은 협의상 이혼, 재판상 이혼 모두 행사할 수 있다.

④ 재판상 이혼은 법률로 정한 이혼의 사유나 원인을 필요로 한다.

Answer 1.③

2 다음 밑줄 친 내용이 담고 있는 의미는?

> 민법 제2조는 "권리행사와 의무이행은 신의에 좇아 성실히 하여야 한다.", "권리는 남용하지 못한다."
> 라고 규정하여 <u>신의성실</u>과 권리남용 금지의 원칙을 규정하고 있다.

① 정의와 형평
② 도덕적 양심
③ 국가안전보장
④ 법률

TIP 신의성실은 원래 사람의 행위나 태도에 대한 윤리적·도덕적 평가를 나타내는 말이지만, 민법 제2조의 신의성실은 구체적인 사건에서 객관적인 법률을 무차별적으로 적용함으로써 발생하는 부작용을 회피하기 위한, 즉 정의와 형평을 의미한다.

3 다음과 같은 판결의 근거가 될 수 있는 법의 원리는?

> 토지소유자가 자신의 친딸에게 그 소유의 대지 위에 건물을 신축하도록 승낙하여 딸이 건물을 짓고 소유권보존등기를 하였는데, 그 딸의 채권자의 강제경매신청에 의하여 그 건물을 경락받은 제3자에게 토지소유자가 지어서 얼마 되지 않은 건물의 철거를 요구하는 것은 특별한 사정이 없는 한 이 원칙에 어긋난다.

① 신의성실의 원칙
② 권리남용금지의 원칙
③ 자력구제금지의 원칙
④ 공공복리적합의 원칙

TIP 민법 제2조 제1항의 "권리의 행사와 의무의 이행은 신의에 좇아 성실히 하여야 한다."는 규정은 민법 전체를 지배하는 원칙으로서 사권(私權)의 사회성·공공성으로부터 도출된다는 원칙이다. 따라서 채권자의 강제경매신청에 의하여 그 건물을 경락받은 제3자에게 토지소유자가 건물의 철거를 요구하는 것은 민법 제2조 제1항의 신의성실의 원칙에 위배된다고 할 수 있다(1991. 6. 11. 91다 9299).

Answer 2.① 3.①

4 다음의 '권리내용' 진술에서 공통적인 성격으로 옳은 것은?

> • 타인소유 토지를 통행도로로 이용할 때 그 토지를 대상으로 생긴 권리
> • 타인의 토지를 빌려 건물을 신축할 때 빌린 토지에 대해서 건축주가 갖는 권리
> • 채무불이행으로 채무자의 집을 매각하여 충당키로 한 계약에서 채권자가 채무자의 집에 대해 갖는 권리

① 지역권, 청구권　　　　　　　　　② 채권, 소유권

③ 용익물권, 담보물권　　　　　　　④ 제한물권, 용익물권

TIP 용익물권과 담보물권
　㉠ **용익물권** : 타인의 물건을 일정한 목적을 위하여 사용, 수익하는 것을 내용으로 하는 물권이다.
　　• **지상권** : 건물이나 수목을 소유하기 위하여 다른 사람의 토지를 이용하는 권리
　　• **지역권** : 자기집에 드나들기 위하여 다른 사람의 토지를 통행하는 경우와 같이 서로 인접한 토지에서 자기 편익을 위하여 다른 사람의 토지를 이용할 수 있는 권리
　　• **전세권** : 전세금을 지불하고 다른 사람의 부동산을 그 용도에 따라 사용, 수익할 수 있는 권리
　㉡ **담보물권** : 자기 채권을 확보하기 위해 다른 사람 소유의 물건에 제한을 가하는 물권이다.
　　• **유치권** : 다른 사람의 동산을 점유한 자가 그 물건 때문에 생긴 채권을 변제받을 때까지 그 물건을 자기의 지배하에 두는 권리
　　• **질권** : 채권의 담보로 받은 동산을 채권자가 가지고 있다가 채권의 변제가 없을 때에는 그 물건을 처분하여 우선변제를 받을 수 있는 권리
　　• **저당권** : 가옥을 담보로 하여 은행 등에서 돈을 빌려주는 경우와 같이 채권의 담보로 내놓은 부동산을 그 제공자의 사용 · 수익에 맡겨두면서 채권의 변제가 없을 때, 그 물건에서 다른 채권자보다 우선적으로 변제를 받을 수 있는 권리

5 다음 중 우리 민법상 민사에 관하여 법률에 규정이 없으면 제1차로 어느 것이 적용되는가?

① 관습법

② 명령

③ 조례

④ 조리

TIP 민법은 개인 상호 간의 사적 생활관계를 규율하는 일반사법으로, 민사에 관하여 법률에 규정이 없는 경우에는 관습법의 적용을 받는다.

Answer 4.③ 5.①

6 개인 간의 생활관계를 규율하는 법의 내용으로 설명이 옳은 것은?

① 물권이 변동될 때는 공시의 원칙에 따라 모두 등기해야 한다.

② 민사상의 분쟁해결은 자력구제의 원칙을 적용한다.

③ 전세권, 질권, 유치권 등은 모두 제한물권이다.

④ 채권의 발생은 계약으로 성립되고, 인도로써 소멸된다.

> **TIP** ③ **제한물권**: 물권의 한정된 면만 지배할 수 있는 권리로서 용익물권(지상권, 지역권, 전세권), 담보물권(유치권, 질권, 저당권)이 있다.
> ① **물권변동**: 공시의 원칙에 따라 부동산은 등기, 동산은 인도한다.
> ② **민사상 분쟁해결**: 자력구제금지의 원칙이 적용된다.
> ④ **채권발생**은 계약, 채권소멸은 변제로써 소멸된다.

7 다음 중 민법에 있어서 권리의 주체, 객체 및 법률행위에 대한 내용으로 옳은 것은?

① 물건이라 함은 유체물 및 전기, 기타 관리할 수 있는 자연물을 말한다.

② 법률행위는 누구나 자신의 창의와 책임하에 자유의사에 따라 행동하는 것을 원칙으로 한다.

③ 권리능력을 가진 자는 누구나 단독으로 법률행위를 할 수 있다.

④ 민법상 권리의 주체는 모든 자연인에 한한다.

> **TIP** ① 민법에서 물건이라 함은 유체물 및 전기, 기타 관리할 수 있는 자연력을 말한다〈민법 제98조〉.
> ③ 법률행위는 당사자가 의사능력 및 행위능력을 가지고 있어야 한다.
> ④ 민법상 권리의 주체는 자연인과 법인이다.

8 다음 중 원칙적으로 무효법률행위에 해당되는 것은?

① 착오에 의한 의사표시   ② 사기나 강압에 의한 계약

③ 한정치산자나 금치산자   ④ 지나치게 불공정한 계약

> **TIP** **원칙적인 무효행위** … 사회질서에 반하는 계약, 지나치게 불공정한 계약, 강행법규를 위반한 계약, 선량한 풍속을 해치는 계약
> ①②③ 취소법률행위이다.

Answer   6.③   7.②   8.④

CHAPTER 05 사회생활과 법

01 형법

❶ 범죄의 성립과 형사 절차

(1) 형법의 의의

① **범죄와 형벌** … 범죄란 법률로 정해진 공권력을 동원해서라도 금지해야 하는 행동이며, 범죄가 저질러졌을 때 동원되는 공권력을 형벌이라고 한다.

② **죄형법정주의**

 ㉠ 의미 : 어떤 행위가 범죄가 되고 그 범죄에 대하여 어떤 처벌을 할 것인가는 미리 성문의 법률로 규정되어 있어야 한다는 근대 형법의 최고 원칙으로, "법률이 없으면 범죄도 없고 형벌도 없다."라는 말로 요약될 수 있다.

 ㉡ 목적 : 국가 형벌권의 확장과 남용 방지하여 국민의 자유와 인권 보장하기 위함이다.

 ㉢ 원칙

  • 관습 형법 금지의 원칙 : 법관이 적용할 형벌에 관한 법은 반드시 성문의 법률이어야 하고, 관습법이나 불문법을 적용할 수 없다.

  • 명확성의 원칙 : 형법에 의하여 금지되는 행위가 무엇인지, 또 그 행위로 부과될 형벌의 종류와 형기가 명확하여 누구나 알 수 있어야 한다.

  • 유추 해석 금지의 원칙 : 법률에 규정되지 않은 사항에 대해 그것과 유사한 성질을 가지는 사항에 관한 법률을 자의적으로 해석하여 적용할 수 없다. 단, 행위자에게 유리한 우추해석은 가능하다.

  • 형벌 효력 불소급의 원칙 : 형벌 법규는 그 시행 이후에 이루어진 행위에 대해서만 적용되고, 이전의 행위에까지 소급하여 적용할 수 없다. 단, 행위자에게 신법이 유리한 경우에는 신법을 적용한다.

  • 적정성의 원칙 : 법률 자체가 적정해야 하고 범죄와 형벌 간에 균형이 이루어져야 한다.

③ **범죄 성립의 3요소**

 ㉠ 구성 요건 해당성 : 구성 요건이란 형법의 규정에 범죄로 규정한 행위로, 즉 형벌 법규에 규정되어 있는 위법 행위의 정형을 말한다. 구성 요건에 해당하면 위법성이 추정된다.

  • 객관적 요소(행위, 인과관계, 결과 등)와 주관적 요소(고의, 과실)가 필요하다.

  • 살해행위, 재물절취 등이 해당한다.

ⓛ 위법성 : 구성 요건에 해당하는 행위가 전체 법질서로부터 부정적 가치판단이 내려지면 위법성이 인정된다. 단 구성 요건에 해당하는 행위 중 예외적으로 위법성이 인정되지 않는 위법성 조각 사유(정당방위, 긴급피난, 정당행위, 자구행위, 피해자 승낙)가 있으면 범죄가 성립하지 않는다.

ⓒ 책임성 : 어떠한 행위를 이유로 그 행위자가 사회적으로 비난받을 만한 책임이 있어야 하며, 행위자가 법 규범의 의미 및 내용을 이해하여 당해 행위를 법률이 금지하고 있다는 것을 인식할 수 있는 통찰능력이 없는 경우나 행위 시의 구체적인 사정으로 보아 행위자가 범죄 행위를 하지 않고 적법행위를 할 것을 기대할 수 있는 가능성이 없는 경우에는 책임성 조각 사유가 된다. 심신미약자, 농아자 등은 책임성 감경 사유에 해당한다.

④ 형벌과 보안 처분

㉠ 형벌의 종류

종류		내용
생명형	사형	범죄자의 생명을 박탈하는 형벌로, 형법 중에서 최고형
자유형	징역	범죄자를 교도소 내에 가두어 노역을 하게 하는 형벌
	금고	징역형과 마찬가지로 구금형에 해당하지만 교도소에서 노역을 시키지 않는다는 점에서 구별됨
	구류	1일 이상 30일 미만의 기간 동안 교도소 등의 수용 시설에 구금시키는 형벌
명예형	자격상실	• 법원으로부터 사형·무기징역·무기금고의 형의 선고가 있을 때에는 그 효력으로서 당연히 일정한 자격을 상실시키는 형벌 • 공무원이 되는 자격, 공법상의 선거권과 피선거권, 법률로 요건을 정한 공법상의 업무에 관한 자격, 법인의 이사, 감사 또는 기타 법인의 업무에 관한 검사역이나 재산 관리인이 되는 자격 등
	자격정지	일정 자격을 일정 기간 정지시키는 형벌
재산형	벌금	금전으로 과해진 형벌(5만 원 이상)
	과료	일정한 액수를 기준으로 벌금보다 상대적으로 가벼운 재산형(2천 원~5만 원 미만)
	몰수	유죄판결을 선고할 때 범죄 행위에 제공하였거나, 제공하려고 한 물건, 또는 범죄로 말미암아 생겼거나 범죄로 인해 취득한 물건, 그 밖에 이러한 물건의 대가로 취득한 물건을 범죄자의 수중으로부터 국가에 귀속시키는 형벌

ⓒ 보안처분 : 범죄로부터 사회를 방위하고 범죄자를 사회로 복귀시키기 위해 형벌과 함께 혹은 형벌을 대신하여 부과하는 예방적 조치이다. 책임을 전제로 하는 형벌과는 달리 장래의 범죄적 위험성을 기초로 하며, 보호관찰, 사회봉사, 수강명령, 치료 감호 등이 있다.

(2) 형사 절차의 이해

① 수사 절차와 피해자의 권리

㉠ 수사의 의미와 절차 : 수사란 범죄가 저질러졌을 가능성이 있는 경우에 실제 범죄 행위 여부를 확인하는 활동으로, 피해자의 고소 또는 제3자의 고발로 수사가 개시되면, 입건 → 구속과 불구속 → 송치 → 구속 적부 심사를 거쳐 기소여부가 결정된다.

ⓛ 피의자의 권리 보호
- 무죄 추정의 원칙 : 피의자는 유죄 판결이 확정될 때까지 무죄로 추정한다.
- 진술 거부권(묵비권) : 피의자는 진술을 강요당하지 않을 권리가 있다.
- 변호인의 도움을 받을 권리 : 누구든지 변호인의 도움을 받을 권리가 있다.
- 구속 적부 심사 제도 : 체포, 구속된 피의자는 절차의 적법성을 심사해 줄 것을 법원에 신청할 수 있다.
- 미란다 원칙 : 체포 또는 신문 시 피의자에게 체포 및 구속 이유, 변호인의 도움을 받을 권리, 묵비권 행사의 권리 등을 고지해야 한다.

② 형사 재판 절차
ⓐ 기소와 불기소 : 기소란 피의자에게 혐의가 있어 유죄 판결을 기대하며 검사가 재판을 청구하는 것을 말한다. 불기소란 기소하지 않고 사건을 종결하는 것으로, 무혐의 처분이나 기소 유예 등이 이에 해당한다.
ⓛ 형사 재판의 절차 : 기소 → 법원 구성 → 재판의 시작 → 검사의 논거 → 피고인의 반박 → 심증 형성 → 법원의 선고

③ 형의 선고와 집행
ⓐ 형의 선고 : 피고인의 죄가 인정되는 경우 실형을 선고하거나 집행 유예, 선고 유예 등의 유죄 선고를 할 수 있으며, 기소한 사건에 대해 죄를 인정할 만한 증거가 없는 경우 무죄를 선고한다.
ⓛ 상소 : 제1심 판결 선고에 대한 이의 제기는 항소, 제2심 판결에 대한 이의 제기는 상고라고 한다.
ⓒ 형의 집행 : 징역형 또는 금고형의 경우 교도소에 수감한다. 교도소에 갇힌 수형자가 잘못을 뉘우치고 모범적으로 수감 생활을 하는 경우, 법원이 선고한 기간이 지나기 전에 임시로 석방하는 가석방 제도가 있다.

④ 즉결 심판과 국민 참여 재판
ⓐ 즉결 심판
- 20만 원 이하의 벌금형, 30일 이내의 구류형 등이 예상되는 경미한 범죄에 대하여 정식 재판 절차를 거치지 않고 판사가 그 자리에서 바로 형을 선고하는 절차로 즉결 심판 또는 줄여서 즉심이라고 한다.
- 즉결 심판 절차는 약식 절차와 달리 반드시 검사가 청구하지 않아도 되고 경찰서장의 청구에 의해 이루어질 수 도 있다.
- 피고인은 즉결 심판에 이의가 있다면 정식 재판을 청구할 수 있다.
ⓛ 국민 참여 재판
- 일반 시민이 배심원으로 참여하여 유무죄에 관한 평결을 내리고, 유죄로 평결이 내려진 피고인에 대해 선고할 적정한 형벌을 담당 재판관과 토의하는 제도이다.
- 배심원은 만 20세 이상의 국민이면 누구나 가능하며(단, 전과자나 변호사·경찰관 등의 직업을 가진 사람은 예외), 배심원 평결의 효력은 재판부에 권고의 효력만 있다.

(3) 범죄 피해자의 보호와 형사 보상

① 범죄 피해자 구조와 보호
    ㉠ 범죄 피해자 구조 제도 : 범죄로 인해 사망, 상해 또는 재산상의 피해를 보고도 가해자를 알 수 없거나 가해자가 가난하여 피해를 보상받지 못하는 경우, 국가가 피해자 또는 유족에게 구조금을 지급한다. 단, 피해자와 가해자가 친족 관계이거나 범죄를 유발한 경우에는 제외한다.
    ㉡ 범죄 피해자 보호법 : 피해자 상담, 긴급 구호, 의료 및 경제적 지원 등의 정책 시행
    ㉢ 피해자 지원 센터 : 민간 주도로 범죄 피해자를 지원

② 형사 보상 및 명예 회복 제도
    ㉠ 형사 보상 제도 : 불기소 처분이나 무죄 판결을 받은 사람에게 국가가 그에 대한 보상을 해주는 제도
    ㉡ 보상 청구
      • 피고인 : 재판이 확정된 사실을 안 날로부터 3년, 재판이 확정된 날로부터 5년 이내에 무죄 판결을 한 법원에 청구
      • 피의자 : 불기소 처분 통지를 받은 날로부터 3년 이내에 그 처분을 한 검사가 소속된 지검의 피의자 보상 심의회에 청구
    ㉢ 명예 회복 제도 : 형사 보상 제도의 보완책으로 무죄 판결이 확정된 때로부터 3년 이내에 자신을 기소한 검사가 소속된 지검에 무죄판결 관련 재판서를 법무부 홈페이지에 게시해 줄 것을 청구할 수 있다.

③ 배상 명령 제도 … 피해자가 형사 재판 과정에서 간단한 신청만으로 민사상 손해 배상 명령까지 받아낼 수 있는 제도로, 피고인의 재판이 진행 중인 법원에 2심 변론이 끝나기 전까지 배상 명령 신청서를 제출(형사 재판의 증인으로 출석하고 있는 경우에는 구두로도 신청 가능)하면 가능하다.

❷ 법치 행정과 행정 구제

(1) 법치 행정과 시민 참여

① 행정의 원리
    ㉠ 민주행정의 원리 : 국민 주권의 원리에 따라 행정은 국민 모두의 이익과 의사가 반영되는 방향으로 진행되어야 한다.
    ㉡ 법치행정의 원리 : 행정기관의 행정 작용이 법에 위배되어서는 안 되며, 미리 정해진 법률에 의거하여 행정권이 발동되어야 한다.
    ㉢ 복지 행정의 원리 : 행정은 국민의 소극적인 자유권 보호 작용에 머무르는 것이 아니라, 적극적으로 국민의 인간다운 생활을 보장해야 한다. 우리 헌법의 관련 규정으로, 인간다운 생활을 할 권리, 행복추구권, 사회권적 기본권의 보장, 국가의 사회 보장 의무 등이 있다.
    ㉣ 사법 국가주의 : 국민의 권리 보호에 중점을 둔 것으로, 행정에 대한 재판을 행정 재판소에서 하는 행정 국가주의를 지양하고 행정에 대한 개괄적 사법심사를 인정한다.
    ㉤ 지방 분권주의 : 지방 자치 단체는 주민의 복리에 관한 사무를 처리하고, 재산을 관리하며 법령의 범위 안에서 자치에 관한 규정을 제정할 수 있다〈헌법 제117조〉.

② 행정에의 시민 참여
  ⑦ 거버넌스(governance) : 행정에 시민의 참여가 일반화되는 것으로 전통적인 통치인 거번먼트(government)와 구별하여 부르는 용어
  ⓛ 장점 : 분쟁의 예방, 효율적이고 합리적인 행정 작용 도모, 행정에 대한 민주적 통제
  ⓒ 참여 방법 : 청문, 공청회, 의견 제출 등

③ 행정 정보 공개 제도
  ⑦ 의의 : 국민의 알 권리 보장, 행정의 민주화 및 공정화 실현
  ⓛ 한계 : 일반 회사가 아닌 공공 기관에만 청구 가능

(2) 다양한 행정 구제 제도

① 행정상 손해배상제도 … 국가 또는 공공단체의 위법한 행정작용으로 인하여 발생한 개인의 손해를 국가 등의 행정기관이 배상하여 주는 제도이다.
  ⑦ 공무원의 위법한 직무행위로 인한 손해배상 : 국가나 지방자치단체는 공무원 또는 공무를 위탁받은 사인(이하 공무원)이 직무를 집행하면서 고의 또는 과실로 법령을 위반하여 타인에게 손해를 입히거나, 「자동차손해배상 보장법」에 따라 손해배상의 책임이 있을 때에는 이 법에 따라 그 손해를 배상하여야 한다. 다만, 군인·군무원·경찰공무원 또는 예비군대원이 전투·훈련 등 직무 집행과 관련하여 전사·순직하거나 공상을 입은 경우에 본인이나 그 유족이 다른 법령에 따라 재해보상금·유족연금·상이연금 등의 보상을 지급받을 수 있을 때에는 이 법 및 「민법」에 따른 손해배상을 청구할 수 없다〈국가배상법 제2조〉.
  ⓛ 영조물의 설치·관리상의 하자로 인한 손해배상 : 도로·하천, 그 밖의 공공의 영조물의 설치나 관리에 하자가 있기 때문에 타인에게 손해를 발생하게 하였을 때에는 국가나 지방자치단체는 그 손해를 배상하여야 한다〈국가배상법 제5조〉.

② 행정상 손실보상제도 … 공공필요에 의한 적법한 공권력 행사에 의하여 개인의 재산에 가하여진 특별한 손해에 대하여 전체적인 평등부담의 견지에서 행하여지는 재산적 보상을 말한다.
  ⑦ 손실보상의 요건 : 손실보상을 받기 위해서는 공공필요를 위해 재산권에 대해 적법한 공권력의 침해가 있고 이로 인한 개인이 특별한 희생이 있어야 한다.
  ⓛ 손실보상의 기준 : 학설은 헌법 제23조 제3항에서 규정하고 있는 정당한 보상에 대하여 완전보상설과 상당보상설이 대립하고 있는데, 현재는 완전보상설이 다수설이라고 할 수 있다.
  ⓒ 손실보상의 절차 및 방법 : 손실보상의 절차에 대해서는 일반법이 없고 각 단행법에서 당사자 간의 협의, 행정청의 재결, 또는 행정 소송에 의하는 경우 등을 개별적으로 규정하고 있다. 손실보상의 지급 방법은 금전보상을 원칙으로 한다.
  ② 손실보상에 대한 구제 : 재산권 수용 자체에 불복이 있는 경우 행정심판을 제기하여 이의신청을 하거나 행정소송을 제기할 수 있으며, 보상금의 액수에 대해서만 불만이 있는 경우, 공법상 당사자소송에 의해 토지소유자와 사업시행자가 대등한 관계에서 증액 또는 감액을 다툴 수 있다.

③ 행정 쟁송 … 행정상 법률관계에 있어서의 다툼을 심리·판정하는 절차이다.
  ㉠ 행정 심판 : 행정기관이 행정법상의 분쟁에 대하여 심리·판정하는 절차이다.
  ㉡ 행정 소송 : 법원이 행정법상의 분쟁에 대하여 심리·판정하는 절차이다.
  ㉢ 행정심판과 행정소송

구분	행정심판	행정소송
공통점	소송대상의 개괄주의, 불고불리의 원칙, 불이익변경금지의 원칙, 직권증거조사주의, 단기제소기간, 집행부정지원칙, 사정재결·사정판결	
본질	행정통제적 성격	행정구제적 성격
대상	위법·부당한 처분, 부작위	위법한 처분, 부작위
판정기관	재결청	법원
절차	약식쟁송	정식쟁송
제소기간	처분이 있음을 안 날로부터 90일, 처분이 있은 날로부터 180일 이내	• 행정심판을 거치는 경우 : 재 결서의 정본을 송달받은 날로부터 90일, 재결이 있은 날로부터 1년 이내 • 행정심판을 거치지 않는 경우 : 처분 등이 있음을 안 날로부터 90일, 처분 등이 있은 날로부터 1년 이내
심리	구술·서면심리	구두변론
공개	비공개원칙	공개원칙
내용	적극적 변경 가능	소극적 변경(일부 취소)만 가능
종류	취소심판, 무효등확인심판, 의무이행심판, 당사자심판, 민중심판, 기관심판	취소소송, 무효등확인소송, 부작위위법확인소송, 당사자소송, 민중소송, 기관소송

02 생활 속의 법

❶ 청소년의 권리와 학교생활

(1) 청소년의 법적 지위와 권리

① 청소년 보호법상의 보호
  ㉠ 목적 : 보편적 인권의 주체인 청소년이 경험과 판단 능력의 부족으로 유해 환경에 노출되거나 범죄의 피해자가 되는 것을 방지하기 위함
  ㉡ 주요내용
    • 만19세 미만의 청소년에게 술과 담배의 판매 금지
    • 선량한 풍속을 해칠 우려가 있는 장소 출입 금지 및 풍기 문란 행위 규제
    • 음란물(도서 및 음반) 등 소지, 제작, 판매, 대여, 관람금지

② 청소년 근로의 보호
  ㉠ 고용 가능 연령 : 만 15세 이상, 단 15세 미만이라도 고용노동부장관이 발급한 취직 인허증이 있으면 고용 가능
  ㉡ 근로기준법에서 보호대상이 되는 연소자(15세 이상~18세 미만의 미성년자)의 근로계약
    • 근로계약 체결 : 18세 미만의 미성년자는 법정대리인의 동의가 있어야 근로계약이 유효(18세 이상의 미성년자의 경우 법정대리인의 동의 없이 근로 계약의 단독 체결이 가능)
    • 법정 대리인의 대리권 : 법정대리인이 미성년자를 대리하여 근로 계약의 체결 불가능
    • 18세 미만의 미성년자의 근로시간 : 1일 7시간, 1주일에 40시간을 초과하지 못한다. 다만, 당사자 간의 합의에 의하여 1일에 1시간, 1주일에 6시간을 한도로 연장이 가능하다.
    • 사용자는 임산부와 18세 미만자를 오후 10시부터 오전 6시까지의 사이 및 휴일에 근로시키지 못한다. 다만, 본인의 동의와 고용노동부장관의 인가를 받은 경우에는 가능하다.
③ 청소년 범죄 사건의 처리 … 청소년의 건전한 육성을 위해 성인보다 완화된 절차를 밟는다는 것이 특징으로, 형사 처분에 관한 특별 조치를 적용, 가정 법원 소년부에서 재판을 받는다.
  ㉠ 결정 전 조사 제도 : 검사가 사건의 처분을 결정하기에 앞서 피의자의 주거지 또는 검찰청 소재지를 담당하는 보호 관찰소의 장, 소년 분류 심사원장, 소년원장 등에게 피의자의 품행, 경력, 생활환경 등에 대해 조사하는 제도
  ㉡ 선도 조건부 기소 유예 : 사건의 죄질 및 범법 의도를 살펴 재범 가능성이 희박하다고 여겨지는 19세 미만의 청소년 범죄자에 예방 위원의 선도를 조건으로 기소를 유예하는 제도

(2) 학교생활과 법
① 학생의 권리와 의무
  ㉠ 권리
    • 인권 : 학생은 피교육자인 동시에 인권의 주체로, 학생을 포함한 학습자의 기본적 인권은 학교 교육 또는 사회 교육의 과정에서 존중되고 보호되어야 한다.
    • 학습권 : 교육을 받을 수 있도록 국가의 적극적인 배려를 요구할 수 있는 적극적인 권리로, 교사의 수업을 수강할 수 있는 수학권, 학교 시설 이용권, 자치 활동권, 교육의 기회 균등권 등이 인정된다.
  ㉡ 의무 : 교칙준수, 교원의 교육과 연구 활동 방해 금지, 학내 질서 유지 등
② 학생의 징계
  ㉠ 징계의 사유
    • 품행이 불량하여 개전의 가망이 없다고 인정된 자
    • 정당한 이유 없이 결석이 잦은 자
    • 학칙을 위반한 자
  ㉡ 징계의 종류 : 교내 봉사, 사회봉사, 특별 교육 이수, 1회 10일 이내 연간 30일 이내의 출석정지, 퇴학처분(의무 교육 대상자 제외)
  ㉢ 징계의 절차와 방법

- 학교장은 학생의 인격이 존중되는 교육적인 방법으로 징계 결정
- 사유의 경중에 따라 단계별로 적용하여 학생에게 개전의 기회 부여
- 의견 진술권 : 해당 학생 또는 학부모에게 의견 진술의 기회 부여

❷ 소비자의 권리와 법

(1) 소비자의 권리

① 소비자기본법상의 소비자 권리
  - ㉠ **안전할 권리** : 물품 또는 용역으로 인한 생명·신체 또는 재산에 대한 위해로부터 보호받을 권리
  - ㉡ **알권리** : 물품 등을 선택함에 있어 필요한 지식 및 정보를 제공받을 권리
  - ㉢ **선택할 권리** : 물품 등을 사용함에 있어서 거래의 상대방, 구입 장소, 가격, 거래조건 등을 자유로이 선택할 권리
  - ㉣ **의견을 반영할 권리** : 소비생활에 영향을 주는 국가 및 지방자치단체의 정책과 사업자의 사업 활동 등에 대하여 의견을 반영시킬 권리
  - ㉤ **피해를 보상받을 권리** : 물품 등의 사용으로 인하여 입은 피해에 대하여 신속·공정한 절차에 따라 적절한 보상을 받을 권리
  - ㉥ **교육을 받을 권리** : 합리적인 소비 생활을 위하여 필요한 교육을 받을 권리
  - ㉦ **단체를 조직·활동할 권리** : 소비자 스스로의 권익을 증진하기 위하여 단체를 조직하고 이를 통하여 활동할 수 있는 권리
  - ㉧ 안전하고 쾌적한 소비생활 환경에서 소비할 권리

② **국가 및 지방자치단체와 사업자의 의무**
  - ㉠ **국가 및 지방자치단체** : 소비자 관계 법령 마련 및 필요한 행정 조직을 정비하고, 소비자의 자주적 조직 활동을 지원해야 한다.
  - ㉡ **사업자** : 국가 정책에 적극적으로 협조하고 소비자의 의견을 수렴하며 소비자 피해 발생 시 신속하고 정당한 피해 보상이 될 수 있도록 노력해야 한다.

③ **한국 소비자원** … 소비자의 권익을 증진하고 소비 생활의 향상을 도모하며 국민 경제의 발전에 이바지하고자 국가가 설립한 전문 기관으로 소비자 상담 및 분쟁의 조정, 소비자 관련 정책 연구 및 건의, 소비자에 대한 교육 등을 담당한다.

(2) 소비자 권리의 보호

① 공정거래와 소비자 보호
  ㉠ **필요성** : 경제발전과 산업 구조 고도화, 기업 간의 과열 경쟁으로 인한 상품의 허위·과장 광고 등으로 인한 소비자의 피해가 증가하는 추세이다.
  ㉡ **독점 규제 및 공정거래에 관한 법률** : 부당한 공동 행위 및 불공정 거래 행위 규제하여 자유롭고 공정한 경쟁을 촉진하고, 국민 경제의 균형 있는 발전 및 창의적 기업 활동의 보장, 소비자 보호 등의 근거가 된다.

② 소비자 피해의 구제
  ㉠ 품질 보증 기간 또는 유효 기간 이내의 제조, 유통 과정이나 용역의 이용 과정에서 발생한 소비자의 피해에 대하여 사업자가 행하는 수리나 교환, 환불이나 배상, 해약 등
  ㉡ 당사자 간의 합의
  ㉢ 민간 소비자단체를 통한 조정과 소비자 분쟁 조정위원회에 조정신청
  ㉣ 한국소비자보호원에 피해구제신청
  ㉤ 국가기관에 있는 소비자보호를 위한 기구를 통한 조정신청
  ㉥ **민사소송** : 민사조정제도, 소액사건심판제도

③ 제조물 책임법과 리콜제도
  ㉠ **제조물 책임법** : 상품의 대량 생산 및 복잡한 유통 구조로 발생한 제조물의 결함으로 인한 피해에 대해 제조자나 유통 관여자에게 배상 책임을 강제하는 법으로, 사후적 구제방법의 성격을 가진다.
  ㉡ **리콜제도** : 결함 있는 제품을 회수하여 무상으로 수리해 주거나, 유통을 막는 제도로, 소비자 보호를 위한 사전적 예방 조치이다.

❸ 근로자의 권리와 법

(1) 근로의 권리와 노동3권

① **근로권** ··· 근로의 능력과 의사를 가진 자가 사회적으로 근로 기회의 보장을 요구할 수 있는 권리

② **노동3권**(근로3권)
  ㉠ **단결권** : 근로자들이 자주적으로 노동조합을 설립할 수 있는 권리
  ㉡ **단체 교섭권** : 근로자가 근로 조건을 유지, 개선하기 위하여 조합원이 단결하여 사용자와 교섭할 수 있는 권리로, 노동조합이 합리적인 조건으로 교섭을 요청할 때 사용자는 정당한 이유 없이 이를 거부 또는 회피할 수 없다.
  ㉢ **단체 행동권** : 근로자가 사용자에 대해서 근로 조건에 관한 자기 측의 주장을 관철하기 위하여 단결권을 배경으로 각종 쟁의 행위를 할 수 있는 권리

(2) 근로자 권리의 보호

① 근로기준법
  ㉠ 의미 : 최저 근로 조건을 정하고 감독관청으로 하여금 근로 감독을 실시하게 하여 근로자를 보호하려는 법으로, 개별적 근로관계에 있어서 근로자의 근로 조건과 그 밖의 생활 조건을 일정한 수준 이상으로 유지하는 것을 목적으로 한다.
  ㉡ 기본원칙
    • 최저 근로 기준 : 근로기준법에서 정하는 근로 조건은 최저 수준으로, 당사자는 이 기준을 이유로 근로 조건을 저하시킬 수 없다.
    • 자유로운 합의 : 근로 조건은 근로자와 사용자가 동등한 지위에서 자유의사에 의해 결정해야 한다.
    • 계약의 성실 이행 의무 : 근로자와 사용자는 단체협약, 취업 규칙과 근로 계약을 준수해야 하며 성실하게 이행할 의무가 있다.
    • 차별 대우 금지 : 근로자에게 남녀 차별적 대우를 하지 못하며, 기타 국적, 신앙, 사회적 신분 등을 이유로 근로 조건에 대한 차별적 대우를 할 수 없다.
    • 강요, 폭행 금지 : 사용자는 폭행 등의 수단으로 근로자의 자유의사에 반하는 근로를 강요할 수 없으며, 어떠한 이유로도 근로자에 대한 폭행이나 구타 행위가 정당화되지 않는다.

② 근로자 권리의 보호 절차
  ㉠ 부당해고 : 노동 위원회에 구제 신청, 법원에 해고 무효 확인 소송
  ㉡ 부당 노동 행위 : 노동 위원회에 사건 진정, 소송제기
  ㉢ 임금 체불 : 노동부에 진정, 민사 소송, 사용자 형사 처벌
  ㉣ 성희롱 : 행위 중지 요구 → 회사 내 고충처리기관이나 사업주에게 시정조치 요구 → 국가인권위원회에 진정

출 제 예 상 문 제

1 다음 상황에 처한 갑이 이용할 수 있는 제도에 해당하는 것은?

> 갑은 을에게 사기를 당하여 200만 원의 직접적인 물적(物的) 피해를 입었다. 을은 사기죄로 기소되었다. 을이 형사처벌을 받는다고 하더라도 갑이 피해를 배상받으려면 따로 민사 소송 절차를 밟는 것이 원칙이다. 하지만 민사소송은 많은 시간과 노력이 드는 절차이기 때문에 갑이 을로부터 신속, 간이하게 손해배상을 받기가 어렵다.

① 범죄피해자구조제도   ② 형사보상제도

③ 국가배상제도   ④ 배상명령제도

TIP ④ 배상명령이란 형사재판 과정에서 민사소송절차를 접목시킨 것으로 형사사건의 피해자에게 손해가 발생한 경우 법원의 직권 또는 피해자의 신청에 의해 신속하고 간편한 방법으로 피고인에게 민사적 손해배상을 명하는 절차로서 「소송촉진 등에 관한 특례법」에 따라 규율된다.
① 범죄피해자구조제도는 타인의 범죄행위로 생명·신체에 피해를 받은 국민이 국가로부터 구조를 받을 수 있는 제도다.
② 형사보상제도는 국가의 형사절차상의 과오로 형사피의자 또는 형사피고인이 입은 정신적, 물질적 피해를 국가가 보상하는 제도를 의미한다.
③ 국가배상제도는 국민이 공무원의 직무상 불법 행위로 피해를 입었을 때에 국가 또는 공공단체에 그 피해에 대한 배상을 청구할 수 있는 제도다.

2 근로자의 근로의욕을 향상시키고 기본적 생활을 보장·향상시키며, 균형 있는 국민경제의 발전을 이룩하기 위하여 일정한 근로조건과 최소한의 한계를 규정하고 있는 법은?

① 직업안정법   ② 근로기준법

③ 노동조합 및 노동관계조정법   ④ 노동위원회법

TIP ① 모든 근로자가 각자의 능력을 계발·발휘할 수 있는 직업에 취업할 기회를 제공하고, 산업에 필요한 노동력의 충족을 지원함으로써 근로자의 직업안정을 도모하고 국민경제의 발전에 이바지하기 위한 법이다.
③ 근로자의 단결권·단체교섭권·단체행동권을 보장하여 근로조건의 유지·개선과 근로자의 경제적·사회적 지위의 향상을 도모하고, 노동관계를 공정하게 조정하여 노동쟁의를 예방·해결함으로써 산업평화의 유지와 국민경제의 발전에 이바지하기 위한 법이다.
④ 노동관계에 있어서 판정 및 조정업무의 신속·공정한 수행을 위하여 노동위원회를 설치하고 그 운영에 관한 사항을 규정함으로써 노동관계의 안정과 발전에 이바지하기 위한 법이다.

Answer   1.④ 2.②

3 "행정행위는 행정주체가 국민에 대하여 명령·강제하는 법의 집행으로 일단 유효하고 적법한 것으로 추정된다."와 관련이 깊은 것은?

① 행정행위의 기술성

② 행정행위의 타당성

③ 행정행위의 자율성

④ 행정행위의 공정성

> **TIP** 행정행위는 하자가 있더라도 권한이 있는 기관에 의해 취소되기 전까지는 일단 유효하고 적법한 것으로 간주되는 것을 행정행위의 공정력(공정성)이라 한다.

4 행정행위에 대한 설명으로 옳지 않은 것은?

① 행정행위는 행정주체가 행정목적을 달성하기 위해 법을 집행하는 공법행위이다.

② 행정행위는 행정주체와 국민의 대등한 당사자 사이의 행위이다.

③ 행정행위는 반드시 법에 근거를 두어야 한다.

④ 비록 잘못된 행정행위일지라도 일단 유효하고 적법한 것으로 추정된다.

> **TIP** 행정행위
> ㉠ 개념 : 행정주체가 국민에 대하여 명령·강제하고, 권리·이익을 부여하는 법의 집행을 말하는데, 행정처분이라고도 한다.
> ㉡ 행정행위의 성립 : 행정행위는 공권력을 사용하기 때문에 반드시 법에 근거를 두어야 하고, 법이 정하는 절차에 적합해야 한다.

5 행정주체가 법의 절차에 따라 도시계획사업을 추진하는 경우, 어떤 절차에 따라 개인의 사유재산의 희생을 행정적으로 구제할 수 있는가?

① 손실보상   ② 손해배상

③ 민사소송   ④ 행정심판

> **TIP** 손실보상 … 적법한 공권력 행사에 의해 가하여진 사유재산상의 특별한 희생에 대하여 사유재산의 보장과 공평부담의 견지에서 행정주체가 이를 조정하기 위하여 행하는 재산적 보상이다.

Answer 3.④ 4.② 5.①

6 다음 중 헌법상 탄핵소추의 대상으로 볼 수 없는 것은?

① 대통령
② 국무총리
③ 감사원장
④ 국회의원

> **TIP** 탄핵소추 … 헌법과 법률이 정한 공무원이 직무집행시 헌법과 법률을 위반한 때에 국회에서 소추와 헌법재판소의 심판으로 공무원을 파면시키는 제도이다.

7 형벌의 목적과 가장 관련이 없는 것은?

① 사회질서 유지
② 손해의 전보
③ 법률상 이익 박탈
④ 범죄의 예방

> **TIP** 형벌
> ㉠ 개념 : 국가가 일정한 범죄행위에 대응하여 그 행위자에게 법률상의 이익을 박탈하는 제재를 가하는 것이다. 형벌의 주체는 국가이고 객체는 범죄이다.
> ㉡ 목적 : 범죄자의 교화와 범죄예방 및 사회질서의 유지를 목적으로 한다.

8 다음 중 형벌의 종류를 연결한 것으로 옳지 않은 것은?

① 생명형 – 사형
② 신체형 – 구류, 몰수
③ 자유형 – 징역, 금고
④ 명예형 – 자격정지

> **TIP** 형벌의 분류 … 생명형(사형), 자유형(징역, 금고, 구류), 재산형(벌금, 과료, 몰수), 명예형(자격정지, 자격상실)이 있다.

Answer 6.④ 7.② 8.②

9 다음 보기의 상황에서 적용되는 행정구제제도는?

> 지방자치단체가 건설한 교량이 시공자의 흠으로 붕괴되어 지역주민들에게 상해를 입혔을 때 지방자치단체가 상해를 입은 주민들의 피해를 구제해 주었다.

① 흠 있는 직무행위로 인한 손해배상
② 적법한 행정작용으로 인한 손실보상
③ 손해전보제도는 국민의 재산성에 국한함
④ 흠 있는 행정작용으로 인한 행정쟁송

TIP 행정구제제도
　　㉠ 행정구제 : 행정작용으로 권리나 이익을 침해당한 국민이 행정기관이나 법원에 대하여 그것의 취소 · 변경, 손해배상, 손실보상을 요구하는 절차(국민의 기본권을 보장)이다.
　　㉡ 손해전보제도
　　　• 손해배상제도 : 공무원의 위법한 직무행위, 국가 또는 단체가 관리 · 경영하는 사업 또는 설비의 설치 · 관리의 흠으로 인한 손해를 배상해주는 제도
　　　• 손실보상제도 : 적법한 행정작용으로 인한 희생을 보상하는 제도
　　㉢ 행정쟁송제도
　　　• 행정심판제도 : 위법하거나 부당한 행정처분으로 말미암아 권익을 침해당한 경우 시정을 구하는 절차
　　　• 행정소송제도 : 행정심판에 의하여 구제받지 못했을 때, 최종적으로 법원에 구제를 청구하는 제도

10 다음 중 공무원 징계인 파면과 해임의 차이를 적절하게 제시한 것은?

① 공무원 연금법상 연금의 지급 여부
② 공무원 신분을 박탈당하느냐의 여부
③ 공무원 신분을 회복할 수 있느냐의 여부
④ 공무원 직무상의 위법한 행위인가의 여부

TIP 파면과 해임은 공무원직을 박탈당한다는 점에서는 같다. 차이점으로는 파면은 연금지급이 금지되고 해임은 연금이 지급되며, 공무원이 될 수 없는 기간이 파면은 5년, 해임은 3년이다.

Answer 9.① 10.①

난이도 있는 경제문제는 자주 출제되지는 않는 편이다. 하지만 난이도가 높을 때에는 1~2문제 가량 출제되어 난이도를 높이므로 기본적인 흐름을 알아두고 있는 것이 문제를 푸는 것에 도움이 된다. 또한 기본적인 용어에 대한 정의를 알아두는 것이 좋다.

제3과목

사회(경제)

CHAPTER 01 경제생활과 경제문제의 이해

01 경제생활과 경제문제

1 경제생활

(1) 경제활동의 이해

① **경제활동의 의미**
- ㉠ 경제활동 : 인간에게 필요한 물품이나 서비스를 생산, 분배, 소비하는 사람의 모든 활동을 의미한다.
- ㉡ 경제원칙 : 최소의 비용으로 최대의 효과를 달성하려는 인간 활동의 원리이다.

② **경제활동의 과정**
- ㉠ 생산 : 재화나 용역을 창출하는 일체의 활동을 의미한다.
- ㉡ 분배 : 생산활동에 대한 기여를 시장가격으로 보상받는 것을 의미한다.
- ㉢ 소비 : 분배된 소득으로 필요한 재화와 서비스를 구입해서 사용·소모하는 것을 의미한다.

③ **경제활동의 주체와 객체**
- ㉠ 경제주체 : 경제활동에 참여하는 경제단위로 가계(소비의 주체), 기업(생산의 주체), 정부(생산과 소비의 주체), 외국(교역의 주체)이 이에 해당한다.
- ㉡ 경제객체 : 경제주체의 경제활동대상이 되는 물적 단위로, 재화(생산된 물품)와 용역(서비스)을 의미한다.

(2) 희소성과 경제문제

① **희소성과 경제재**
- ㉠ 경제문제 : 물질적 수단의 희소성 때문에 발생된다.
- ㉡ 희소성의 원칙 : 인간의 무한한 욕구에 비하여 이를 충족시킬 수 있는 자원이 상대적으로 부족한 현상을 의미한다.
- ㉢ 경제활동의 대상 : 경제적 가치가 있는 것(경제재)이다.

② **기본적 경제문제**
- ㉠ 자원배분의 문제 : 무엇을, 얼마나 생산할 것인가 하는 문제로 최대 생산의 문제(효율성)와 관련된다.
- ㉡ 생산방법의 문제 : 어떻게 생산해야 할 것인지를 결정하는 문제로 최소 비용의 문제(효율성)와 관련된다.

ⓒ 소득분배의 문제 : 생산물을 누구에게 분배해야 할 것인지를 결정해야 하는 문제로 공평 분배의 문제(형평성)와 관련된다.

ⓒ 경제문제의 해결원칙 : 효율성, 형평성, 자주성 등이 있다.

③ 선택과 기회비용

　　㉠ 합리적 선택 : 자원배분이 효율적으로 이루어지도록 하는 선택이며, 만족을 극대화시킬 수 있는 선택을 의미한다.

　　㉡ 기회비용 : 어떤 재화나 용역을 선택하기 위하여 포기하거나 희생한 재화 또는 용역의 가치이다.

❷ 경제체제와 경제목표

(1) 경제체제

① 전통경제체제

　　㉠ 의의 : 전통과 관습에 의해서 경제문제를 해결한다.

　　㉡ 특징

　　　• 경제활동의 변화가 크지 않고 구성원의 자발적 선택을 찾아보기 어렵다.

　　　• 변화보다 전통의 연속성과 안정성을 중요하게 생각한다.

② 명령경제체제(계획경제체제)

　　㉠ 의의 : 중앙정부의 명령과 지시에 의해서 경제문제를 해결한다.

　　㉡ 특징

　　　• 개인의 소유권이 제한되어 개인 및 기업이 생산수단을 소유할 수 없다.

　　　• 개인의 선택의 자유가 제한되어 본인의 의사와 무관한 작업을 하게 된다.

　　　• 개인의 이윤추구 동기를 약화시켜 경제성장 동력을 상실하는 한계가 있다.

③ 시장경제체제

　　㉠ 의의 : 개인이 자신의 이익을 추구하기 위해 의사결정을 내려 경제문제를 해결한다.

　　㉡ 특징

　　　• 소비자는 시장가격에 의해 소비를 결정하고 만족의 극대화를 추구한다.

　　　• 생산자는 소비자가 원하는 상품을 생산하여 이윤의 극대화를 추구한다.

　　　• 정부는 외교, 국방, 치안, 경제적 약자 보호의 영역에서만 역할을 한다(작은 정부).

④ 혼합경제체제

　　㉠ 의의 : 명령경제체제와 시장경제체제의 요소를 적절히 결합하여 경제문제를 해결한다.

　　㉡ 특징

　　　• 시장경제체제를 바탕으로 공공부문의 생산, 시장의 보완에 정부의 적극적 역할을 강조한다(큰 정부).

　　　• 경제 대공황을 극복하기 위해 정부가 시장에 직접 개입한 것을 계기로 등장하였으며, 대부분의 나라가 채택하는 방식이다.

(2) 우리나라의 경제체제와 경제제도

① 선택의 자유 보장 … 경제적 자유를 통해 자신의 이익을 추구할 권리를 가진다.

② 시장경제체제를 유지하기 위해 필요한 경제제도

　　㉠ 사유재산권 : 개인 또는 민간 기업이 재산을 소유하고 그것을 자유롭게 관리·사용·처분할 수 있는 권리를 말한다.

　　　　• 사람들은 자신의 재산을 축적하고, 보유 중인 재산을 더 가치 있게 만들려는 동기를 부여한다.

　　　　• 재산 가치를 증가시키기 위해 노력하는 과정에서 보유재산이 다른 사람에게 유익하게 사용된다.

　　　　• 사유재산의 보장으로 다른 사람과의 교환도 발생한다.

　　㉡ 경쟁 : 시장경제체제에서 개인의 이익추구는 경쟁을 전제로 한다.

　　　　• 기업의 생산성을 제고하며, 경쟁력이 떨어지는 기업을 시장에서 솎아내 희소한 자원이 낭비되지 않게 한다.

　　　　• 소비자의 만족도를 높이는 상품 개발, 생산방법 혁신을 통해 저렴한 상품을 생산한다.

　　　　• 재화의 가격에 타당한 가치를 느끼는 소비자만이 구입하게 하여 재화가 꼭 필요한 사람에게 배분된다.

　　　　• 우리나라는 공정한 경쟁을 촉진하기 위해 공정거래법을 제정하였다.

③ 정부의 시장참여

　　㉠ 공공부문의 생산 : 국방, 치안, 교육, 사회간접자본 등

　　㉡ 개인의 자유를 일부 제한 : 사회적으로 금기시되거나 유해한 상품의 거래와 소비 규제

　　㉢ 국가경제를 이상적인 상태로 이끌기 위해 다양한 경제정책 시행

　　　　• 세금 징수, 재정 지출 통한 특정계층의 경제생활 지원

　　　　• 연구개발비 지원으로 민간부문의 기술개발 촉진, 환경보전을 위한 투자와 규제

(3) 다양한 경제목표

① 국가의 경제목표

　　㉠ 효율성 : 주어진 자원으로 최대효과를 달성하거나 의도한 효과를 최소비용으로 달성하는 상태를 말한다.

　　㉡ 형평성 : 구성원들이 공정한 대우를 받는 상태를 말한다.

　　㉢ 물가안정 : 인플레이션 발생(가계 구매력 약화, 소비와 투자 억제), 디플레이션 발생(장기간의 경기침체에 빠져 투자·고용 위축, 기업·금융기관 부실화)가 있다.

　　㉣ 경제성장 : 일자리의 안정성과 질적 개선에 기여, 기업의 부실위험 감소, 삶의 풍요 제공

　　㉤ 완전고용 : 실업자가 없는 상태(전직과 개인사정으로 쉬는 사람이 있으므로 현실성 없음)

② 경제목표 간의 충돌(상충관계)

　　㉠ 효율성과 형평성 : 능력에 따른 보상은 효율성을 높이지만, 형평성의 달성에는 부적절하다.

　　㉡ 완전고용과 물가안정 : 통화량을 늘리면 고용은 증대되나 물가안정을 이루기 어렵다.

02 경제문제

① 경제 문제의 합리적 해결

(1) 합리적 선택

① 비용과 편익

    ㉠ 기회비용 : 어떤 것을 선택하기 위해 포기한 것들 가운데 가장 가치 있는 것을 말한다.

      • 암묵적 비용 : 어떤 것을 선택함으로써 포기한 다른 기회나 가치

      • 명시적 비용 : 현금의 지출과 같이 직접 명시적으로 지불한 비용

    ㉡ 매몰비용 : 지불하고 난 뒤 회수할 수 없는 비용을 말한다.

    ㉢ 편익 : 경제행위를 통해 얻게 되는 이득이나 만족을 말한다.

    ㉣ 순 편익 : 편익에서 비용을 뺀 것을 말한다.

    ㉤ 합리적 선택 : 편익과 비용을 비교하여 편익이 비용보다 크면 선택하고 여러 대안 중에 가장 순 편익이 큰 것을 선택한다(매몰비용은 고려하지 말아야 한다).

② 합리적 의사결정

    ㉠ 문제 인식 : 직면한 희소성의 문제가 무엇이고, 추구하는 목적이 무엇인지 정확히 인식한다.

    ㉡ 대안 나열 : 취할 수 있는 선택 대안들을 나열한다.

    ㉢ 기준 설정 : 나열한 대안의 특성과 장단점을 평가하기 위한 기준을 마련한다.

    ㉣ 대안 평가 : 자료와 정보를 수집해 각 선택 대안을 구체적으로 평가하여 의사결정표를 작성한다.

    ㉤ 최종 선택 : 의사결정표에서 가장 높은 점수를 얻은 대안을 선택한다.

(2) 경제적 유인

① 경제적 유인

    ㉠ 의의 : 편익이나 비용에 변화를 주어 사람들의 행동 및 선택을 유도하거나 바꿀 수 있는 요인이 유인이며, 돈과 관련된 것을 경제적 유인이라 한다.

      • 긍정적 유인 : 보상이나 이득처럼 편익이 증가하여 어떤 행위를 더하게 한다.

      • 부정적 유인 : 벌금이나 손실처럼 비용이 증가하여 어떤 행위를 덜하게 한다.

    ㉡ 효과 : 경제적 유인은 사람들의 선택에 영향을 주므로 시장경제의 원동력으로 평가된다.

② 경제적 유인의 사례

    ㉠ 시장경제와 유인

      • 유가 상승 → 소비자는 대중교통 이용, 연비 좋은 차 구매 → 버스 · 택시 운행 늘리고, 운전기사 채용 확대 → 자동차회사는 연비 개선된 차량 생산 → 에너지회사는 대체 에너지 개발에 박차

- 경제 주체들이 더 많은 이득을 얻기 위해 경제적 유인에 자발적으로 반응 → 경제 전체적으로 효율성이 높아진다.
- ⓛ 정부의 유인책 사례 : 과속 운전 범칙금 부과, 쓰레기종량제, 전력요금누진제, 환경오염세, 예방주사 접종비용 지불 등
- ⓒ 정책의 간접 효과 : 간접 효과가 가져온 손해가 긍정적인 직접 효과를 압도해서 전혀 다른 결과가 나타날 수 있어, 정부는 간접 효과까지 따져보고 정책을 채택해야 한다.
  예 영국 정부의 창문세

② 비교우위와 절대우위

(1) 비교우위와 거래의 이득

① **생산 가능 곡선** : 기업이 주어진 생산요소를 최대로 생산할 수 있는 상품의 조합들을 연결한 선이다.
  ⊙ **형태** : 자원의 희소성으로 우하향 형태를 나타낸다(음의 기울기).
  ⓛ **생산 가능 곡선의 이해**

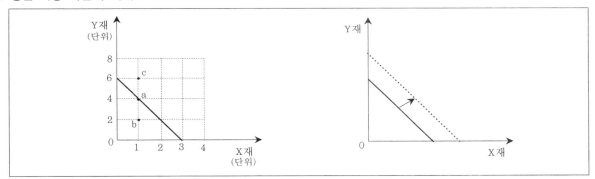

- a : 효율적인 생산 조합
- b : 비효율적인 생산 조합
- c : 불가능한 생산 조합
- 생산 가능 곡선의 기울기 : 기울기의 절댓값은 X재를 1단위 더 생산할 때 발생하는 기회비용
- X재를 1단위 더 생산하는 기회비용은 Y재 2단위
- 경제가 성장하게 되면 생산 가능 곡선이 바깥쪽으로 이동

(2) 절대 우위와 비교 우위

① **절대 우위** : 동일한 자원을 이용하여 다른 생산자보다 더 많이 생산할 수 있는 능력이나 동일한 양을 생산하면서 자원을 더 적게 사용하는 능력을 말한다.
② **비교 우위** : 다른 생산자보다 작은 기회비용으로 생산할 수 있는 능력을 말한다.
  ⊙ X재의 생산을 늘리기 위해 발생하는 기회비용이 상대방보다 작은 경우에 X재 생산에 비교우위가 있다.
  ⓛ 한 사람이 상대방에 비해 두 재화에 생산의 절대 우위를 가져도 비교우위를 가질 수는 없다

출 제 예 상 문 제

1 펜 1개의 값은 1,000원, 노트 1개의 값은 200원이다. '펜 6개와 노트 2개를 사야하는지, 펜 4개와 노트 3개를 사야하는지' 고민하다가 펜 4개와 노트 3개를 사기로 했다면 노트 1개의 기회비용은 얼마인가?

① 펜 1자루
② 펜 2자루
③ 펜 3자루
④ 펜 4자루

> **TIP** 기회비용 … 경제활동에서 어떤 것을 선택함으로써 포기하게 되는 것의 가치를 말한다. 노트 2개를 사는 경우와 노트 3개를 사는 경우 전자는 펜 6개를 살 수 있고, 후자는 펜 4개를 살 수 있다. 따라서 노트 1개를 더 사기 위해서 포기한 펜이 2개이므로 펜 2개가 기회비용이다. 합리적 선택이 되기 위해서는 선택에서 오는 이득이 기회비용보다 커야 한다.

2 경제체제에 대한 설명으로 옳지 않은 것은?

① 경제체제란 경제생활양식을 그 특질에 따라 통일적으로 파악한 것이다.
② 혼합경제체제는 자본주의체제와 사회주의체제의 단점을 서로 보완한 것으로 대부분의 국가들이 운영하고 있는 경제체제이다.
③ 시장경제체제는 시민사회의 형성과 산업혁명을 통해 성립되었으며, 그 주체가 개인이다.
④ 부의 불평등을 불러온다는 문제점이 있다.

> **TIP** ④ 계획경제는 정부가 주체가 되어 공익과 형평성에 가치를 둔다는 장점이 있지만, 비효율적이라는 문제점이 있다. 부의 불평등은 시장경제의 단점이다.

Answer 1.② 2.④

3 다음 중 서구 여러 나라의 근대시민계급에 대한 설명으로 옳지 않은 것은?

① 처음에는 중앙집권적 민족국가를 형성하는 절대군주에 적극 협력하였다.

② 경제활동에 있어서 보호무역을 주장하였다.

③ 산업혁명 이후부터 부의 축적이 강화되면서 절대군주와 대립하였다.

④ 자유와 평등을 보장하는 정치제도를 요구하였다.

> **TIP** ② 개별경제주체가 자유로운 계약에 기초하여 합리적으로 경제활동을 수행하는 자본주의 시장경제를 주장하였다.

4 경제생활이란 대가를 지불해야만 하는 것이라는 관점에서 볼 때 경제생활의 출발점은?

① 형평성   ② 효율성
③ 기회비용   ④ 희소성

> **TIP** 희소성의 원칙 … 무한한 인간의 욕망에 비해 이를 충족시켜 줄 재화와 용역이 상대적으로 부족하기에 가치를 가진다는 원리로서, 경제문제를 발생시키는 출발점으로 선택의 의미인 경제원칙을 제기한다.

5 효율성만을 중시하는 성장 위주의 경제정책으로 나타난 결과로 보기 어려운 것은?

① 소득분배의 불공평

② 도시와 농촌의 불균형

③ 정부 내지 관(官)의 지도력 약화

④ 내수산업과 수출산업의 불균형

> **TIP** 효율성만을 중시하는 성장 위주의 경제정책으로 나타난 결과
> ㉠ 소득분배의 불공평(계층 간의 격차 심화)이 나타났다.
> ㉡ 도시와 농촌의 격차가 심화되었다.
> ㉢ 내수산업과 수출산업의 불균형이 이루어졌다.
> ㉣ 대기업과 중소기업의 격차가 심화되었다.
> ㉤ 기본적 수요충족에서의 불평등이 심화되었다.
> ㉥ 기업 간의 임금격차가 심화되었다.

Answer 3.② 4.④ 5.③

6 다음 중 경제활동을 가장 잘 설명한 것은?

① 경제원칙에 입각한 행위
② 재화와 용역을 유상으로 조달하는 인간의 행위
③ 시장에서 상품을 구입하고 판매하는 행위
④ 이윤을 극대화하려는 행위

TIP 물이나 공기 등과 같이 대가 없이 재화나 용역을 얻는 경우는 경제활동이 아니다.

7 시장경제체제에서 경제의 기본문제들을 해결하는 과정을 잘못 설명한 것은?

① 생산방법은 생산요소의 가격에 맞는 것을 선택한다.
② 값을 치를 수 있는 자를 위해 생산이 이루어진다.
③ 소득분배의 몫은 생산가격에 따라 결정된다.
④ 노동력, 토지, 자본 등의 가격이 곧 소득이 된다.

TIP 시장경제체제하에서의 기본적인 경제문제해결은 보이지 않는 손에 의해 이루어진다.

8 경제문제에 대한 설명으로 옳지 않은 것은?

① 모든 사회에는 생산량, 생산방법, 분배 등의 문제가 존재한다.
② 무엇을 얼마나 생산할 것인가의 문제에서는 선택한 재화의 생산경비가 기회비용이다.
③ 누구를 위하여 생산할 것인가의 문제는 효율성과 형평성의 문제이다.
④ 생산량과 생산방법에 대한 합리적 결정은 최소희생으로 최대효과를 얻으려는 것이다.

TIP ② 얻을 수 있으나 다른 선택을 위해 포기하거나 희생된 재화 또는 용역이 기회비용이다.

Answer   6.② 7.③ 8.②

9 보이지 않는 손(Invisible hand)에 관한 설명 중 옳지 않은 것은?

① 시장가격을 의미한다.

② 화폐를 의미한다.

③ 재화와 서비스의 가격을 결정하는 역할을 한다.

④ 경제활동을 하는 데 있어서 국가개입을 최소화한다.

> **TIP** 보이지 않는 손 … 애덤 스미스가 그의 저서 '국부론'에서 사용한 말로 보이지 않는 손은 시장가격을 의미하며, 시장을 국가의 간섭 없이 내버려두면 자연스레 공급과 수요가 균형을 이루고 가격이 결정되어 합리적이고 효율적인 경제상태가 마련된다는 이론이다.

10 다음 중 경제적이라는 개념을 가장 잘 설명하고 있는 것은?

① 수요공급의 법칙에 따라 행동한다.

② 경제체제의 이념에 맞게 행동한다.

③ 최소비용으로 최대효과를 얻는다.

④ 효율성과 공평성 모두를 고려한다.

> **TIP** 경제적인 것과 경제는 다르다. 전자는 경제원칙과 관련된 행동을 의미한다면 후자는 생산, 소비, 분배활동을 의미한다.

11 다음 중 의미가 다른 하나는?

① 사회정의   ② 공공복리

③ 소득재분배   ④ 경제성장

> **TIP** 효율성은 기회비용을 고려하여 경제원칙에 따라 선택할 때 이루어진다.

Answer 9.② 10.③ 11.④

CHAPTER 02 경제 주체의 역할과 의사결정

01 가계의 역할과 의사결정

❶ 가계의 소비활동

(1) 가계와 경제활동

① **소비생활** … 욕구를 충족시키기 위하여 이루어지는 경제활동이다.

② **소비지출의 원천** … 가계소득(임금·이자·지대·이윤)이 소비의 원천을 이룬다.

③ **가계소득의 차이** … 생산요소의 종류와 질에 따라 가계의 소득이 달라진다.

(2) 소비와 국민경제

① **소비와 저축**

   ㉠ **가계소득의 지출** : 생산요소를 제공하고 얻은 소득을 재화와 용역의 소비에 지출하고, 나머지는 저축한다.

   ㉡ **가계소득과 저축** : 가계소득이 증가하면 소비가 증가하게 된다. 따라서 장래의 예비를 위한 저축이 필요하다.

② **소비와 국민경제**

   ㉠ **가계의 소비와 저축**

     • 저축의 증가 : 대출 증가 → 기업 투자 증가 → 경제성장

     • 저축의 감소 : 대출 감소 → 기업 투자 감소 → 경제위축

   ㉡ **소비성향** : 소득 중에서 소비가 차지하는 비율(C / Y)

   ㉢ **저축성향** : 소득 중에서 저축이 차지하는 비율(S / Y)

   ㉣ **소비성향과 생산활동** : 소비성향이 확산되면 상품에 대한 수요가 증대되고 경제가 활성화되거나 물가가 상승된다.

02 기업의 역할과 의사결정

❶ 기업의 생산활동

(1) 기업과 경제활동

① 생산
   - ㉠ 재화의 생산 : 인간생활에 유용한 유형의 재화를 직접 만들어내는 활동이다.
   - ㉡ 용역의 생산 : 인간의 활동 즉, 무형재의 재산(보관·저장·운반·판매 등의 간접적 생산활동 포함)을 의미한다.
   - ㉢ 생산요소의 구입 : 가계로부터 토지, 노동, 자본 등을 구입하고 그 대가로 지대, 임금, 이자 등을 지불한다.
   - ㉣ 생산의 주체 : 기업(생산을 위한 조직체)

② 기업
   - ㉠ 기업의 목적 : 이윤 추구
   - ㉡ 극대 이윤을 위한 기업의 결정 : 총수입을 늘리고 총비용을 줄이는 방향에서 결정해야 총이윤을 극대화시킬 수 있다.

❷ 기업의 형태 및 종류

(1) 기업의 형태

① 민간기업과 정부기업(기업의 소유 및 운영 주체에 따른 분류)
   - ㉠ 민간기업 : 민간이 소유, 운영하는 기업으로서 일반적으로 이윤 추구를 목적으로 한다.
   - ㉡ 정부기업 : 정부가 소유, 운영하는 기업으로서 민간기업에 맡기는 것이 부적절한 재화와 서비스의 생산을 담당한다.

(2) 종류

① 개인기업 … 기업 운영에 필요한 자본 전액을 개인이 출자하고, 기업 운영에 따른 위험부담도 모두 개인이 지는 기업형태로 소규모 기업이 이에 속한다.

② 회사기업 … 많은 사람이 자본을 출자하고 선정된 전문가에게 경영을 맡기는 기업형태이다. 위험부담이 분산될 수 있으며, 대규모 기업이 이에 속한다. 회사는 구성원의 회사 채권에 대한 책임 정도에 따라, 합명·합자·유한·주식회사로 나뉜다.

03 정부의 역할과 의사결정

① 정부의 역할

(1) 시장경제의 효율성

① 경쟁시장의 균형
- ㉠ 경쟁시장 : 개별 기업이나 소비자가 시장가격에 영향을 줄 수 없는 시장이다.
- ㉡ 균형가격의 형성(시장의 균형) : 수요량과 공급량이 같아지면 균형가격이 형성된다.

② 경쟁시장의 효율성
- ㉠ 경쟁시장의 원리 : 경쟁시장에서 생산자와 소비자는 모두 시장정보를 바탕으로 개인의 이익을 추구·지향하며 이를 통하여 사회적 이익을 실현하려고 한다. 생산자는 이윤을 극대화 하고자 하며, 소비자는 만족의 극대화를 추구한다.
- ㉡ 개인과 사회 이익의 실현 : 생산자와 소비자의 경쟁적 이익 추구 행위는 사회 전체적으로 희소한 재화와 용역의 효율적 배분을 실현시켜 준다.

② 경제적 역할

(1) 정부의 경제적 역할

① **경쟁체제의 유지와 보호** … 정부는 공정한 경쟁 유지, 개인의 재산권 보호, 자유로운 경제활동 보장, 화폐의 공급 및 통화량을 조절하는 기능을 담당한다.

② **경제활동의 규제** … 정부는 독과점 기업의 담합, 불공정한 거래 활동, 공해 유발행위의 규제 등 바람직하지 않은 경제활동에 적절한 규제를 행한다.

③ **사회간접자본의 건설** … 철도, 도로, 항만, 댐 등과 같은 사회간접자본의 건설과 시설 유지 및 관리는 정부나 공기업이 수행하는 중요한 경제적 기능이다.

(2) 정부에 의한 생산

① 재화나 용역의 생산을 민간기업이 담당할 경우 나타날 수 있는 폐단을 막기 위하여 정부나 공기업이 사업자가 되어 직접 생산, 공급한다.

② 작은 기업들이 나누어 생산하는 것보다는 하나의 대기업이 도맡아 하는 것이 비용이 적게 든다.

③ 민간기업이 규모의 경제가 존재하는 사업을 맡으면 이윤극대화를 위해 생산량을 제한하고 가격을 지나치게 올릴 수 있으므로, 이것을 방지하기 위하여 정부나 공기업이 직접 생산, 공급한다.

④ **경제의 안정** ··· 정부는 물가를 안정시키고, 국민경제의 균형적 발전을 도모하는 역할을 수행한다.

    ⊙ **긴축정책** : 경기가 과열되어 물가가 빠르게 오르는 인플레이션이 나타날 때 정부는 재정 및 금융활동에서 긴축정책을 채택한다.

    ⓒ **확장정책** : 불경기가 심화되어 도산하는 기업이 많아지고 실업자가 증가할 경우, 정부는 기업의 생산을 원활하게 하고 근로자에게 일자리를 더 많이 만들어 주기 위해 재정 및 금융활동에서 확장정책을 채택한다.

⑤ **공정한 분배** ··· 누진소득세제도 채택, 생계비 보조, 사회보장제도 등 소득재분배정책을 실시하고 있다.

출 제 예 상 문 제

1 경제주체에 대한 설명으로 옳지 않은 것은?

① 가계는 소비주체   ② 기업은 생산주체

③ 정부는 공공서비스의 소비주체   ④ 외국은 교역주체

TIP ③ 정부는 국방, 치안, 의료, 교육 등의 공공서비스를 생산하는 동시에 이를 위해 필요한 자원을 활용한다.

2 다음 중 기업의 사회적 책임으로 옳지 않은 것은?

① 근로자, 소비자들의 권리보호

② 기업이윤의 사회환원을 통한 공익활동에의 참여

③ 기술혁신을 통한 값싸고 품질좋은 상품의 공급

④ 독과점방지를 통한 시장에서의 공정한 경쟁력 추구

TIP 기업의 사회적 책임은 생산활동을 하면서 사회구성원으로서 지켜야 할 책임이다.

3 기업의 생산활동에서 합리적인 선택이 필요한 이유로 옳은 것은?

① 국민의 복지증진을 위하여

② 소비자의 권익 보호를 위하여

③ 기업의 사회적 책임을 다하기 위하여

④ 이윤극대화 추구를 위하여

TIP 기업의 목적은 극대 이윤 추구이다. 따라서 기업은 이 목적을 달성하기 위하여 합리적인 생산방법을 선택한다.

Answer 1.③ 2.④ 3.④

4 주식회사의 특징으로 옳지 않은 것은?

① 많은 사람이 출자하여 대규모 자금조달이 용이하다.
② 회사의 손실에 대해 자기가 출자한 한도 내에서 책임을 진다.
③ 무한책임사원으로 구성된 인적 회사이다.
④ 소유와 경영이 분리되어 운영되는 회사이다.

> **TIP** ③ 주식회사는 많은 출자자들이 동원될 수 있고 소유와 경영이 분리되어 위험부담을 분산할 수 있는 물적 회사이다.

5 회사기업이 민간기업으로서 중요한 위치를 차지하게 된 배경과 관련이 없는 것은?

① 기업의 경제규모 확대
② 산업기술의 고도화
③ 대자본의 필요성
④ 노동조합의 활성화

> **TIP** 많은 사람이 자본을 출자하ㄴ고 선정된 전문가에게 경영을 맡기는 기업형태를 회사기업이라 한다. 기업의 경제규모가 커지고 산업 기술이 고도화되면서 기업은 많은 자본을 필요로 하게 되고 사업에 따르는 위험부담도 커지게 되었다. 따라서 많은 사람들로부터 자금이 조달될 수 있고 위험부담도 분산시킬 수 있는 회사기업이 민간기업으로서 중요한 위치를 차지하게 되었다.

6 주식회사에서 회사의 운영을 책임지고 있는 곳은?

① 이사회   ② 주주
③ 감사   ④ 주식

> **TIP** 주식을 소유한 사람을 주주라 하고 주주는 이사를 선임하여 이사회를 구성하고 이사회가 회사운영의 책임을 맡는다.

Answer 4.③ 5.④ 6.①

7 민간기업과 정부기업으로 구분하는 기준으로 옳은 것은?

① 고정자본시설
② 운영주체
③ 회사의 규모
④ 투자규모

TIP 기업의 형태는 여러 가지가 있으나, 크게 소유 및 운영주체형태에 따라 민간기업과 정부기업으로 구분할 수 있다.

8 정부에서 고율의 세금부과로 사치품의 범람을 막으려는 재정정책을 실시할 때 기대되는 효과는?

① 소득재분배
② 경제안정
③ 효율적인 자원배분
④ 물가안정

TIP 재정정책의 기능
　㉠ **경제안정화**
　　• 불황기 : 조세인하, 재정지출 증가
　　• 호황기 : 조세인상, 재정지출 감소
　㉡ **경제발전** : 정부의 재정 투자·융자를 통해 경제성장에 기여한다.
　㉢ **소득재분배**
　　• 세입면 : 누진세 적용, 특별소비세 부과
　　• 세출면 : 사회보장비 지급
　㉣ **자원배분**
　　• 세입면 : 사치품에 대한 세율인상, 필수품에 대한 세율인하
　　• 세출면 : 공공주택부문 등에 정부자금 사용

Answer 7.② 8.③

9 다음 중 재정에 관한 내용으로 옳은 것은?

① 우리나라 세출구조의 특징은 정부주도의 경제개발비의 비중이 점차 높아지고 있어 경직성을 띠고 있는 것이다.

② 간접세의 비율이 높아진 관계로 소득분배를 많이 개선시켰다.

③ 직접세 위주의 조세정책은 간접세에 비해 보다 많은 조세저항을 가져온다.

④ 국민경제가 불경기일 때 긴축재정은 물가를 안정시키고 경기를 회복시킨다.

TIP ① 경제개발비의 비중이 낮아지고 있는 것은 경제개발을 이끌어 나가는 데 있어서 민간부문의 역할이 증대되고 정부의 역할이 감소하는 추세에 있기 때문이다.
② 직접세의 비율이 높을수록 소득재분배효과가 있다(종합소득세, 법인세, 상속세, 재산세 등).
④ 불경기일 때 정부는 경기회복을 위해서 조세인하, 재정지출 증가 등의 팽창정책을 실시하여 경제안정화를 추구하고 호경기 때에는 반대로 조세인상, 재정지출 감소의 긴축재정을 펼친다.
※ 재정과 예산
ㄱ 재정 : 정부의 활동과 관련된 정부의 경제활동
 • 세입(재정수입) : 정부의 수입
 • 세출(재정지출) : 정부의 지출
ㄴ 예산 : 일정기간(보통 1년)의 정부의 재정수입 · 지출에 대한 계획서

10 경제주체들의 공정한 경쟁여건을 조성하기 위한 정부의 규제로 적절하지 않은 것은?

① 담합행위에 대하여 법으로 금지한다.

② 개인의 조림사업을 지원해 준다.

③ 소비자의 권리를 보호해 준다.

④ 대기업의 부당한 거래조건의 강요를 규제한다.

TIP ② 바람직한 경제활동으로 정부가 장려 또는 권장하는 사례이다.

Answer 9.③ 10.②

11 공공재 생산을 정부가 주관해야 하는 이유로 옳은 것은?

① 수익자부담의 원칙이 적용될 수 없기 때문이다.
② 기업에 맡기면 너무 과다한 이윤을 얻기 때문이다.
③ 소비자들의 욕망이 무한하기 때문이다.
④ 소비자들의 소비억제를 유도하기 위해서이다.

TIP 공공재 … 정부예산을 통하여 공급되는 재화로 비배제성을 가지고 있으므로 수익자부담 적용이 어려워 정부가 주관해야 한다.

12 정부가 공공사업을 위하여 지출액을 증가시킬 경우의 효과로 옳은 것은?

① 실업자 증가
② 지속적인 불황
③ 가처분소득의 증가
④ 빈부의 차이 증가

TIP 정부가 지출을 확대하면 통화량의 증가로 소득증대를 가져와 가처분소득이 증가한다.

13 소득효과가 가장 큰 재정지출수단으로 옳은 것은?

① 비례세율에 의한 지출
② 누진세율에 의한 지출
③ 단일세율에 의한 지출
④ 간접세율에 의한 지출

TIP 소득과 관계있는 누진세율 적용이 가장 효과가 크다.

Answer 11.① 12.③ 13.②

14 다음과 같은 정책을 실시할 때 추구하는 목표로 가장 알맞은 것은?

> 수질오염의 주요 원인이 되는 합성세제에 적절한 소비세를 부과하였다.

① 효율적인 자원배분
② 공정한 소득재분배
③ 경제의 발전
④ 소비자보호

> **TIP** 사회적 비용은 줄이고 사회적 효용은 증가시키기 위한 활동으로서 자원을 효율적으로 배분하기 위한 정책이다.

15 오늘날 정부의 경제적 역할이라고 할 수 없는 것은?

① 국방·치안 등의 공적서비스 공급
② 사회간접자본시설의 확충
③ 불공평한 소득분배의 시정
④ 최소한의 공공재공급으로 민간기업의 자율성 보장

> **TIP** ④ 오늘날 정부는 충분한 공공재를 공급하기 위하여 노력하며 민간기업을 적절히 통제하는 역할을 하고 있다.

Answer 14.① 15.④

CHAPTER

03 시장과 경제활동

01 시장

1 시장의 수요와 공급 · 가격 탄력성

(1) 시장의 형태

① 시장형태

 ㉠ **완전경쟁시장** : 다수의 거래자들이 참여하고 동질의 상품이 거래되며, 거래자들이 상품의 가격, 품질 등에 대한 완전한 정보를 지니고, 거래자들이 시장에 자유로이 들어가거나 나갈 수 있는 시장을 말한다(주식시장, 쌀시장).

 ㉡ **불완전 경쟁시장**

  • 독점시장 : 한 기업이 한 상품을 도맡아 시장에 공급하는 경우에 발생, 가격의 차별화가 가능하다(전력, 상 · 하수도, 담배).

  • 독점적 경쟁시장 : 많은 기업들이 각기 질적인 측면에서 조금씩 다른 상품을 공급하는 시장형태로 상품의 차별화가 이루어진다(주유소, 약국).

  • 과점시장 : 소수의 기업들이 공급에 참여하여 경쟁하는 시장형태로 과점기업들은 서로 담합하기도 하고, 독자적인 행동을 취하기도 한다(가전제품, 자동차).

② **시장형태의 결정요인** … 상품의 공급자와 수요자의 수, 상품의 동질성 정도, 신규 공급자의 시장진입 정도, 기존 기업들의 행동양태 등이 있다.

(2) 시장형태의 특징

① **완전경쟁시장 특징**

 ㉠ 수요자와 공급자의 수가 많아야 한다.

 ㉡ 완전경쟁시장에서 거래되는 같은 상품은 품질과 판매 조건 등이 모두 같아야 한다.

 ㉢ 신생기업이 시장으로 들어오는 것과 비능률적인 기업이 시장에서 나가는 것이 자유로워야 한다.

 ㉣ 상품의 가격, 품질 등 시장정보에 대하여 수요자와 공급자가 모두 잘 알고 있어야 한다.

② **독점시장** … 한 상품의 공급이 하나의 기업에 의해서만 이루어지는 시장형태로, 정부가 투자한 공기업, 경쟁 기업의 파산, 특허권과 판권에 의한 독점, 공익을 위한 정부의 독점 등에 의해 생성된다(전력 · 상수도 · 담배 · 철도사업 등).

③ 독점기업의 가격결정
　㉠ 독점기업의 특징 : 독점기업은 한 상품의 유일한 공급자이므로 가격과 공급량을 마음대로 정할 수 있어 독점기업의 수요곡선은 우하향 형태를 띤다.
　㉡ 독점기업의 가격결정 : 최대 이윤을 보장하는 수준에서 생산량과 가격을 결정한다.
　　• 생산비가 드는 경우 : 한계수입과 한계비용이 일치하는 수준에서 최적 산출량이 결정, 수요곡선과 만나는 점에서 독점가격이 결정된다.
　　• 생산비가 들지 않는 경우 : 한계수입 = 한계비용 = 0이기 때문에 한계수입이 0일 때의 생산량이 최적 산출량이 된다.
④ **독점적 경쟁시장** … 상품의 특수성에 따른 차별화, 가격 변동에 민감한 반응, 단기적인 시장 지배력의 행사 등의 특징이 있다.
⑤ **과점시장** … 소수의 기업만이 서로 경쟁하면서 한 상품을 생산, 공급하는 시장형태로, 제조업의 주요 업종들이 과점시장의 형태를 이루고 있다. 과점기업 간의 행동 예측 곤란, 높은 가격과 적은 공급량, 과점기업 간의 담합 등 복잡성과 다양성이 나타난다.

02 수요와 공급

❶ 수요

(1) 수요의 개념
① **수요계획** … 수요자의 구매계획을 의미한다.

② **수요법칙**
　㉠ 수요법칙 : 상품 가격과 수요량 사이에 역의 관계(상품의 가격이 오르면 수요량을 줄이고, 가격이 내리면 수요량을 늘리는 것)가 성립하는 현상을 말한다.
　㉡ 수요곡선 : 동일한 가격수준에서 소비자의 수요량을 모아 합계한 것이다.

(2) 변동 및 가격탄력성

① 수요의 변동과 수요량의 변동

　㉠ **수요의 변동** : 가격 이외의 요인(기호 변화, 소득 증감, 인구 증감, 대체재와 보완재 가격의 등락 등)이 변동함으로써 일어나는 변동을 뜻하며, 수요곡선의 이동으로 나타난다.

　　• 수요의 증가요인 : 소비자의 기호상승, 소득증가, 인구증가, 대체재 가격상승, 보완재 가격하락, 재화의 용도확대 등

　㉡ **수요량의 변동** : 상품의 가격변동에 대응하는 수요량을 나타내는 수요곡선상의 이동을 뜻한다.

② **수요의 가격탄력성** ⋯ 상품의 가격이 변동될 때 수요량이 변동되는 민감도를 나타낸다.

　㉠ 탄력성의 크기

　　• $eD = \infty$: 완전탄력적, 수요곡선은 수평
　　• $eD > 1$: 탄력적, 가격변동률 < 수용량의 변동률(사치품)
　　• $eD = 1$: 단위탄력적, 수요곡선은 직각쌍곡선
　　• $eD < 1$: 비탄력적, 가격변동률 > 수용량의 변동률(생활필수품)
　　• $eD = 0$: 완전비탄력적, 수요곡선은 수직

　㉡ 수입과의 관계 : 탄력성이 1보다 큰 탄력적 상품의 경우 가격이 하락하면, 총수요가 늘어 판매수입이 증가하나, 탄력성이 1보다 작은 비탄력적 상품의 경우 가격이 하락해도 수요가 많이 늘지 않아 판매수입은 감소한다.

❷ 공급

(1) **공급의 개념**

① **공급계획** ⋯ 공급자의 판매계획을 의미한다.

② **공급법칙**

　㉠ **공급법칙** : 한 상품의 가격이 오르면 그 상품의 공급량이 증가하고, 가격이 떨어지면 공급량이 감소하는 현상(정의 관계)을 말한다.

ⓛ **공급곡선** : 동일한 가격수준에서 개별공급곡선을 합하여 나타낸다(개별공급곡선의 수평적 합계).

(2) 변동 및 가격탄력성

① **공급의 변동과 공급량의 변동**

　㉠ **공급의 변동** : 가격 외의 다른 요인(생산요소가격, 소비자 취향, 생산기술의 변화 등)이 변동함으로써 일어
　　나는 공급량의 변동으로 공급곡선 자체의 이동을 표시된다.

　　• 공급의 증가요인 : 생산요소가격 하락, 생산기술의 진보, 정부의 보조금 지급, 다른 재화의 가격하락 등

　㉡ **공급량의 변동** : 다른 조건이 일정할 때에 상품 자체의 가격이 변하면 공급량이 변하는데 이러한 변동
　　은 공급곡선상의 움직임으로 표시된다.

② **공급의 가격탄력성** … 상품의 가격이 변동될 때 공급량이 변동되는 민감도를 나타내는 지표이다. 공급의
　탄력성이 농산물은 작고 공산품은 크다. 또한 공급이 고정되어 있는 재화는 탄력성이 0이다.

03 균형가격

① 시장 균형 가격의 결정과 변동

(1) 가격의 기능

① **시장** … 수요자와 공급자가 만나 거래가 이루어지는 장소 또는 범위를 말한다.

② **가격의 기능**

　㉠ **가격** : 시장에서 상품 한 단위와 교환되는 화폐단위

　㉡ **가격의 역할**

　　• **신호등 역할** : 생산자와 소비자가 경제활동을 어떻게 조절할 것인지를 알려 주는 역할을 한다.

　　• **생산물의 배분** : 인위적인 간섭 없이 생산물 배분에 있어서 가장 가격을 높게 지불하려는 사람들의 순으로 공급해 주는 기능을 수행한다.

③ **시장가격의 결정**

　㉠ **초과공급과 가격** : 수요부족현상이 발생하여 가격이 하락한다.

　㉡ **초과수요와 가격** : 공급부족현상이 발생하여 가격이 상승한다.

　㉢ **균형가격의 결정** : 시장 공급량과 시장 수요량이 같은 상태에서 균형가격이 결정된다.

(2) 시장 균형 가격의 변동

① **시장의 균형 가격의 변동**

구분		공급		
		불변	증가	감소
수요	불변	균형 가격 불변 균형 거래량 불변	균형 가격 하락 균형 거래량 증가	균형 가격 상승 균형 거래량 감소
	증가	균형 가격 상승 균형 거래량 증가	균형 가격 불분명 균형 거래량 증가	균형 가격 상승 균형 거래량 불분명
	감소	균형 가격 하락 균형 거래량 감소	균형 가격 하락 균형 거래량 불분명	균형 가격 불분명 균형 거래량 감소

② **생산 요소 시장에서의 수요와 공급** … 생산 요소 시장에서의 가격은 생산 요소에 대한 수요와 공급에 의해 결정되며, 노동 시장의 가격은 임금, 자본 시장의 가격은 이자율, 토지 시장의 가격은 지대라고 한다.

③ **생산 요소 시장에서 가격 변동** … 수출 경기가 좋아져 기업의 신규 고용이 증가하면 기업의 노동에 대한 수요가 증가한다. 그러나 노동 공급 곡선은 경기의 영향을 받지 않으므로 변화하지 않는다. 노동의 수요

곡선이 오른쪽으로 이동하면 균형 가격과 균형 거래량이 증가하고, 노동자들의 임금과 고용량도 동반 상승한다.

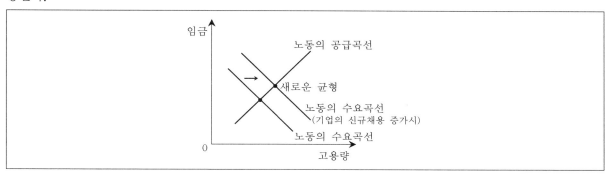

② 시장의 한계와 보완

(1) 시장의 실패

① **불완전한 경쟁시장** … 자원의 비효율적 배분, 공급의 제한과 가격의 상승, 품질의 하락과 비효율성을 증대시킨다.

② **사회적 비용의 발생**
  ㉠ **외부효과**
  • 사회적 비용이 발생하는 경우(외부불경제) : 개인의 행위가 정당한 가격의 지불 없이 사회 또는 다른 개인에게 불리한 효과를 미치는 경우이다.
  • 사회적 수익이 발생하는 경우(외부경제) : 어떤 개인의 행위가 정당한 가격의 지불 없이 사회 또는 다른 개인에게 이익을 주는 경우이다.
  ㉡ **환경오염** : 외부효과로 인해 사회적 비용이 발생하는 대표적인 경우이다.

③ **공공재의 공급** … 교육, 국방, 치안, 도로 등과 같이 공익과 관련되어 있는 재화를 공공재라 하며, 공공재는 시장에 의해서 자율적으로 공급되기 어렵다.

④ **시장의 실패** … 시장의 가격기능이 경제의 기본 문제를 자연스럽게 해결하지 못하거나 최선의 답을 제시하지 못하는 경우를 말한다. 독과점 기업, 해로운 외부효과, 공공재공급 등에서 시장실패가 나타난다.

(2) 정부의 규제

① **정부규제의 필요성** … 시장의 실패가 나타나면서 정부의 규제가 필요(인·허가, 가격통제, 독과점 및 불공정거래 규제 등)해졌다.

② 정부의 인·허가

　㉠ 특정 업자에 대한 인·허가 : 정부의 규제 가운데 대표적인 것은 특정 산업부문에서의 기업활동을 특정한 업자에게만 인·허가하는 방법이다.

　㉡ 인·허가 규제를 하는 이유 : 과당 경쟁의 방지, 공익 목적의 실현, 자원의 효율적 관리, 전략 산업의 육성 등을 위해 규제한다.

③ 가격통제 … 정부가 최고가격(소비자 보호) 또는 최저가격(생산자 보호)을 정해 가격을 규제하는 방식이다.

　㉠ 가격규제가 필요한 경우 : 소비자의 보호, 독점기업의 규제, 근로자의 생활 보장, 경기변동의 조정 등을 위해 규제가 필요하다.

　㉡ 가격규제의 부작용 : 많은 인력과 비용에 따른 비효율성, 수요와 공급의 불균형, 암시장 형성 등

　㉢ 가격통제의 예 : 근로자 최저임금제 도입, 금융기관의 최고 이자율 설정 등

④ 불공정 거래 및 독과점 규제

　㉠ 자원배분의 비효율화 방지 : 기업 간의 담합행위를 금지하고 기업의 결합·합병을 규제한다.

　㉡ 힘의 우위를 이용한 불공정 거래의 방지 : 정부는 시정명령을 내릴 수 있다.

(3) 공기업의 필요성과 민영화

① 공기업의 필요성

　㉠ 공기업 운영의 필요성 : 효율성과 공익성이 높으며 독점기업의 횡포 방지, 공공이익의 보호, 재화의 안정적 공급 등의 역할을 한다.

　㉡ 공기업의 형태와 종류

　　• 정부가 직접 수행하는 사업 : 철도, 우편, 상·하수도, 청소사업 등이 있다.

　　• 정부가 주식을 보유하는 사업 : 전력, 가스, 전화, 도로사업, 토지 및 주택개발사업, 자원개발사업, 방송사업 등이 있다.

　　• 수익을 주목적으로 하는 사업 : 담배, 인삼 등의 전매사업이 해당된다.

　　• 정책목적을 위해 설립하는 사업 : 한국은행, 주택은행 등이 있다.

② 규제 완화의 필요성 … 규제의 현실적 곤란성, 정부 규제의 남발 경향, 경제적 여건과 구조의 변화, 정부 기구의 비대화 현상에 따른 자원낭비 우려 등으로 인해 규제를 완화할 필요성이 대두되고 있다.

③ 공기업의 민영화

　㉠ 공기업의 부작용 : 경쟁이 배제된 경우가 많아 조직이 방만해지고 관료화되어 비효율적이 될 가능성이 높다.

　㉡ 공기업의 민영화 효과 : 경쟁원리를 도입하여 서비스의 개선, 가격의 인하, 경영의 효율화에 많은 성과를 거두고 있다.

출 제 예 상 문 제

1 다음 중 완전경쟁시장의 특징이 아닌 것은?

① 수요자와 공급자의 수가 많다.

② 거래되는 상품이 동질의 상품이다.

③ 새로운 기업의 시장 진입이 자유롭다.

④ 가격경쟁이나 비가격경쟁이 심하게 나타난다.

TIP ④ 가격경쟁이나 비가격경쟁이 심하게 나타나는 것은 독점적 경쟁시장의 특징이다.

2 다음 상황으로 나타나는 결과는?

• 주식상장을 하는 기업이 늘고 있다.

• 외국자본의 주식투자가 늘고 있다.

---

① 주식거래량은 증가하고, 주가지수는 상승한다.

② 주식거래량은 감소하고, 주가지수는 상승한다.

③ 주식거래량은 증가하나, 주가지수는 알 수 없다.

④ 주식거래량은 감소하나, 주가지수는 알 수 없다.

TIP 설문의 상황은 주식의 수요와 공급이 모두 증가하고 있음을 나타낸다. 따라서 수요곡선과 공급곡선 모두 우측으로 이동하여 주식거래량은 증가하나, 수요량과 공급량의 변화는 알 수 없으므로 주가지수는 알 수 없다.

Answer 1.④ 2.③

3 다음 그림에서 커피의 수요곡선이 D에서 D₁으로 이동하였을 때 그 원인으로 보기 어려운 것은?

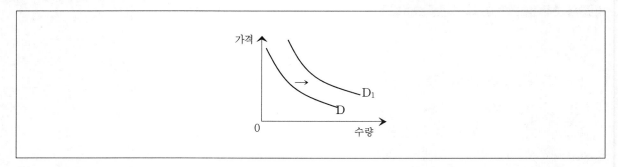

① 커피소비자들의 소득의 증가　　　　② 커피소비인구의 증가

③ 홍차가격의 상승　　　　　　　　　④ 커피가격의 하락

TIP 수요의 증가요인 … 인구의 증가, 대체재의 가격상승, 보완재의 가격하락 등이 수요를 증가시키는 요인이다.
④ 가격의 하락은 생산비가 감소되어 공급이 증가할 경우이고, 반대로 공급이 감소할 경우 가격은 상승한다.

4 다음의 내용을 종합하여 개념정의를 한다면?

- A는 집주변 공한지를 이용하여 지난해 작황소득이 좋았던 고구마를 심기로 했다.
- B는 생산공장을 확장하면서 노동인력과 기계설비 양자를 놓고 선택의 고민을 하던 중에 장기적으로 보아서 인건비 상승이 우려되어 당장은 투자비가 더 들지만 기계설비 쪽을 선택하였다.

① 시장지배　　　　　　　　　　　　② 시장실패

③ 수요공급　　　　　　　　　　　　④ 가격기능

TIP 가격과 경제문제
㉠ 가격의 기능 : 시장경제체제하에서 기본적인 경제문제를 해결, 가격의 자유로운 변동은 인위적인 계획이나 명령에 의하지 않고도 해결되도록 한다.
㉡ 경제문제해결
　•생산선택의 문제해결
　•생산방법의 문제해결
　•소득분배의 문제해결

Answer　3.④　4.④

5 다음의 조건의 쌀시장에서 발생될 수 있는 경제현상은?

> • 식생활의 개선으로 빵의 수요가 급증
> • 쌀시장의 개방

① 가격하락, 거래량증가
② 가격하락, 거래량감소
③ 가격상승, 거래량증가
④ 가격상승, 거래량감소

TIP 식생활의 개선으로 빵의 수요가 급증하면 결국은 가격이 하락하게 되고, 쌀시장이 개방되면 거래량이 감소하게 된다.

6 다른 생산요소를 고정시켜 놓고 노동투입을 증가시키면 결국 한계비용은 체증하게 된다. 그 이유는?

① 고정비용이 증가해서
② 한계생산성이 체감해서
③ 생산기술이 향상되고 전문화되어서
④ 한계생산균등의 법칙이 적용되어서

TIP 한계생산체감의 법칙과 한계생산균등의 법칙
  ㉠ 한계생산체감의 법칙 : 다른 생산요소를 고정시키고 노동투입만을 계속 증가시키면 그 생산요소의 한계생산은 점점 감소하게 되는
    현상이다. 모든 생산활동에는 이 법칙이 적용되기 때문에 합리적인 생산활동을 모색하게 된다.
  ㉡ 한계생산균등의 법칙 : 각 생산요소의 한계생산이 같아지도록 결합하는 것이 최적의 상태이다.

Answer 5.② 6.②

7 효용의 개념에 대한 설명 중 옳지 않은 것은?

① 재화는 효용이 인정되나, 용역에는 효용이 인정되지 않는다.

② 효용은 수량적으로 측정할 수 없는 것이다.

③ 어떤 재화의 소비로부터 얻게 되는 효용의 총량을 총효용이라고 한다.

④ 소비자가 재화나 용역의 소비로부터 느끼는 만족도가 효용이다.

> **TIP** 효용의 종류와 개념
> ㉠ **효용** : 소비자가 재화나 용역의 소비로부터 느끼는 만족 또는 즐거움의 크기이다.
> ㉡ **총효용** : 어떤 재화의 소비로부터 얻게 되는 효용의 총량이다.
> ㉢ **한계효용** : 재화 1단위를 더 소비함으로써 얻어지는 총효용의 증가분이다.
>
> $$한계효용 = \frac{총효용의\ 증가분}{소비량의\ 증가분}$$
>
> ㉣ **재화의 소비와 총효용** : 일반적으로 재화의 소비량이 늘면 총효용은 증가한다. 그러나 일정량 소비 후에는 오히려 감소한다(한계효용체감의 법칙).

8 생산량의 변화에 따라 변하는 가변비용으로 옳은 것은?

① 공장구입비

② 원자재구입비

③ 자본설비구입비

④ 기계설비도입비

> **TIP** 기술개발비, 공장구입비, 자본설비구입비, 기계설비도입비 등은 고정비용에 포함된다.

Answer 7.① 8.②

9 독점적 경쟁시장에서의 가격은 완전경쟁시장에서의 가격보다 다소 높을 수 있지만 바람직한 점도 있다. 이 독점적 경쟁시장의 장점은?

① 수요자 기호에 맞추어 다양한 상품이 공급된다.

② 공급자가 일방적으로 가격을 결정한다.

③ 동일한 상품에 대하여 가격차별이 가능하다.

④ 소수의 기업이 담합으로 이윤을 증대시킬 수 있다.

TIP ②③ 독점시장 ④ 과점시장

※ **독점적 경쟁시장** … 수요자 입장에서 볼 때 많은 기업들이 제각기 조금씩 다른 상품을 공급하는 시장형태로 양장점, 주유소, 병원, 약방 등에서 찾아볼 수 있다.

ⓐ 장점 : 완전경쟁시장에서는 동질의 상품만이 공급되는 데 반하여 독점적 경쟁시장에서는 수요자들의 기호에 맞추어 선택할 수 있는 다양한 상품이 공급된다.

ⓑ 단점 : 독점적 경쟁시장에서는 상품의 차별화라는 독점적 요소 때문에 완전경쟁시장에 비하여 상품의 가격이 다소 높아져 수요자의 부담이 늘어난다.

10 수요량과 공급량을 결정짓는 가장 중요한 요인은?

① 임금수준   ② 소득수준

③ 재화의 가격   ④ 소비자의 기호

TIP 수요량과 공급량을 결정짓는 가장 중요한 요인은 가격이며 나머지는 수요나 공급의 변동요인이다.

CHAPTER

04 국민 경제의 이해

01 경제 상황

❶ 국민 경제 순환과 경제 성장

(1) 국민 경제의 활동과 경제지표

① **국민경제지표** … 국민경제활동을 총량화한 수치로 국민경제의 상태 파악이 가능하다.

② **국내총생산(GDP)** … 한 나라의 국경 안에서 일정기간에 걸쳐 새로이 생산한 재화와 용역의 부가가치 또는 모든 최종재의 값을 화폐단위로 합산한 것을 의미한다.

　㉠ 국민경제의 전체적인 생산수준을 나타내며, 국내에서 생산된 재화와 용역의 생산물 가치가 포함된다.

　㉡ 국내총생산 = 각 생산단계의 부가가치의 합계 = 최종 생산물 가치의 합계 = 총생산물액 − 중간 생산물액

　㉢ **삼면등가의 법칙** : 국내총생산은 생산, 분배, 지출의 어느 측면에서 측정하더라도 같은 금액이 된다.

　㉣ **국내총생산의 한계** : 국내총생산은 계산상의 어려움으로 시장 외의 거래가 제외되며, 복지수준과 소득분배 파악이 불가능하다.

③ **국민총생산(GNP)** … 한 나라의 국민이 국내와 국외에서 생산한 것의 총합을 의미한다.

④ **국민소득의 기타 개념**

　㉠ **국민순생산(NNP)** : 국민총생산에서 감가상각비를 제외한 금액으로 국민경제의 순생산액이다.

> 📢TIP 국민순생산(NNP) = 국민총생산 − 감가상각비
> = 소비 + 순투자
> = 순생산물의 합계
> = 순부가가치의 합계

　㉡ **국민소득(NI)** : 국민순생산에서 간접세를 빼고 정부보조금을 더한 합계액으로 요소소득의 합계액이다.

　㉢ **개인소득(PI)** : 개인이 실제로 받는 소득이다.

　㉣ **가처분소득(DI)** : 개인이 자유롭게 처분할 수 있는 소득이다.

　㉤ **1인당 국민총생산** : 국민총생산을 국민수로 나눈 것으로 그 나라 국민들의 생활수준을 알 수 있으며, 보통 국제비교를 위해 미 달러화로 표시한다.

(2) 경기 순환과 안정화 정책

① 경기순환과 경기의 네 측면
  ㉠ 경기 : 국민경제의 총체적인 활동수준을 의미한다.
  ㉡ 경기순환 : 국민경제에 있어서 어느 정도의 규칙성을 가지고 호황과 불황이 반복되는 과정을 뜻한다.
  ㉢ 경기순환의 네 국면
    • 호경기 : 생산, 고용, 판매 등의 경제활동이 가장 활발한 시기
    • 후퇴기 : 전반적인 경제활동이 점차 위축되는 시기
    • 불경기 : 전반적인 경제활동이 침체된 시기
    • 회복기 : 생산, 고용, 판매 등의 경제활동이 점진적으로 활발해지는 시기

  ㉣ 경기순환의 유형

종류	주기	원인
콘드라티예프 파동	약 50년(주기가 가장 김)	기술혁신, 전쟁, 혁명 등 사회변동
쿠즈네츠 파동	약 20년	인구증가율, 경제성장률의 변동
주글라 파동	10~20년(주순환)	기업의 설비투자 변동
키친 파동	3~4(소순환)	재고, 이자율의 변동

② 경기안정화 정책
  ㉠ 경기안정화 정책 : 국민경제의 지속적 · 안정적인 성장을 위한 일련의 정책으로 재정정책, 금융정책 등이 있다.
  ㉡ 경기안정화 정책의 수단
    • 경기 과열 시 : 재정지출 축소, 금리 · 세율 인상 → 민간투자와 소비 억제 → 경기 진정
    • 경기 불황 시 : 정부투자 및 소비지출 확대, 금리 · 세율 인하 → 민간투자와 소비 증대 → 경기 회복
  ㉢ 미국의 뉴딜(New Deal) 정책
    • 1929년 발생한 경제 불황을 타개하기 위해 미국의 루즈벨트 대통령이 실시한 경제회복정책이다.
    • 적자재정을 실시하여 새로운 도로와 댐을 건설하고 구매력을 살려 다시 이 구매력을 수요로 연결했다.
    • 케인즈(J. M. Keynes)의 수정자본주의에 이론적 기초를 두었다.

(3) 경제의 성장

① 경제성장과 성장률

ⓐ 경제성장 : 국민경제 생산능력의 확대를 통한 성장을 의미한다.

ⓑ 경제성장률 : 국내총생산의 증가율로, 이때의 성장률은 물가의 변동을 제외한 실질 성장률이어야 한다.

$$실질\ 경제성장률 = \frac{금년도\ 국내총생산 - 전년도\ 국내총생산}{전년도국내총생산} \times 100$$

② 경제성장의 요인

ⓐ 생산요인 : 토지, 자원, 인력, 자본, 기술 등이 있다.

- 경제성장 초기단계 : 인력과 자본의 기여도가 기술보다 높다.
- 산업구조의 고도화 단계 : 기술 진보의 중요성이 점차 커지고 있다.

ⓑ 경제 외적인 요인 : 기업가정신, 정부의 정책과 법제 · 사회적 관행, 원만한 노사관계, 경제주체의 강한 의지 등이 있다.

③ 경제성장과 경제발전

ⓐ 경제성장 : 국민경제의 생산이 양적으로 증가하는 것을 의미한다.

ⓑ 경제발전 : 경제성장이 사회발전과 함께 이루어지는 경제의 질적 성장과정을 의미한다.

02 실업과 인플레이션

❶ 실업

(1) 총수요와 총공급

① 총수요 … 국민경제의 모든 경제주체들이 소비와 투자를 목적으로 사려고 하는 재화와 용역의 총량이다.

총수요 = 민간 소비 + 민간 투자 + 정부 지출 + 수출

② 총공급 … 한 나라의 모든 경제주체들이 공급하는 재화와 용역의 총량이다.

총공급 = 국내총생산 + 수입

③ 총수요와 총공급의 변동

ⓐ 총수요 > 총공급 : 인플레이션이 발생된다.

ⓑ 총수요 < 총공급 : 실업이 증가하고 물가가 하락한다.

(2) 실업과 물가

① 고용과 실업

　㉠ 실업 : 노동자가 일자리를 가지고 있지 않은 상태를 뜻한다.

　㉡ 실업의 종류

　　• 자발적 실업 : 개인의 여가를 누리기 위해 스스로 일하지 않으려고 하는 상태

　　• 비자발적 실업 : 개인이 일하려는 의지는 있으나 일자리를 찾지 못하는 상태

　㉢ 실업의 폐해 : 장기간의 실업은 개인적으로는 경제적 곤란과 사회적으로는 인력의 낭비를 야기한다.

　㉣ 경제활동참가율과 고용률 · 실업률

　　• 경제활동참가율 = (경제활동인구 / 15세 이상 인구) × 100

　　• 고용률 = (취업자수 / 15세 이상 인구) × 100

　　• 실업률 = (실업자수 / 경제활동인구) × 100

② 물가와 물가지수

　㉠ 물가 : 개별적인 상품의 가격을 종합하여 평균한 것이다.

　㉡ 물가지수 : 물가수준을 나타내는 지표이다.

$$물가지수 = \frac{비교시의\ 물가지수}{기준시의\ 물가지수} \times 100$$

❷ 인플레이션

(1) 인플레이션의 원인과 영향

① 인플레이션의 의미와 종류

　㉠ 인플레이션 : 물가수준이 상당히 높은 비율로 지속적으로 오르는 현상을 말한다.

　㉡ 인플레이션의 원인

　　• 초과수요 : 총수요가 총공급을 웃도는 초과수요에서 비롯된다.

　　• 생산비의 상승 : 원자재 값, 임금 등의 상승으로 생산비가 높아짐에 따라 물가가 오르게 된다.

　　• 독과점기업의 시장 지배 : 독과점기업들이 시장을 지배하여 시장의 수요와 공급과는 관계없이 평균비용에 일정한 이윤율을 더하여 높은 가격을 결정함으로써 물가가 오르기도 한다.

　　• 해외 인플레이션의 국내 파급 : 해외 원자재 가격의 급격한 인상으로 인플레이션이 국내에 파급되는 경우도 있다.

② 인플레이션의 부정적 영향

　㉠ 부와 소득의 불공평한 재분배 : 실물자산(부동산, 상품 재고 등) 소유자, 채무자가 유리하다.

　㉡ 장래 가격에 대한 예측 곤란 : 저축 감소, 소비 증가, 금리 상승, 생산비 상승으로 예측이 곤란하다.

© 국제수지의 악화 : 수출이 위축되고 수입이 증가한다.

② 국민경제성장 저해 : 근로의욕이 상실되고 투자활동이 위축되는 등 국민경제성장에 악영향을 미친다.

③ 인플레이션 해결책 … 소비억제, 저축 장려, 통화량 감축, 대출억제, 폭리단속, 토지가격규제, 공공요금대 책 등이 있다.

(2) 물가안정대책

① 물가안정의 필요성

   ⊙ 물가불안 : 경제주체들이 자신의 이해득실을 고려하여 제각기 행동하기 때문에 국민경제의 악순환을 초 래한다.

   © 물가안정정책 : 정부의 경제정책과 함께 각 경제주체들의 협조가 필요하다.

② 경제주체의 역할

   ⊙ 정부의 역할 : 정부가 직접 가격결정에 개입, 금융·재정정책을 통한 총수요 관리 및 안정적인 공급 기 반 확충 등 경제안정화 정책을 실시한다.

   © 기업의 역할 : 공정한 경쟁, 경영혁신 등을 통해 물가를 안정시킨다.

   © 가계의 역할 : 건전한 소비풍조조성 등이 필요하다.

   ② 근로자의 역할 : 생산성의 범위를 벗어난 임금인상요구를 자제한다.

출 제 예 상 문 제

1 다음 글을 통해 알 수 있는 국제 경제의 특성으로 가장 적절한 것은?

> 중동의 원유 가격 변동은 세계 각국 경제에 영향을 미친다. 원유 가격이 오르면 세계 각국의 물가가 오르고 경기가 침체되는 경우가 많다.

① 지역주의 심화

② 상호 의존성 증대

③ 지역 간의 격차 심화

④ 세계 시장의 경쟁 격화

TIP ② 국제경제가 세계화로 변화되면서 전 세계가 하나의 단일시장으로 통합되어 국제표준이 형성되고 국가 간 재화, 자본, 노동, 서비스 등의 생산요소가 자유롭게 이동하게 되었다. 따라서 국가 간 상호의존성이 심화되고 지구촌이 시장화 되면서 세계표준이 보편화가 되었다.

2 GDP에 대한 설명으로 잘못된 것은?

① 한 나라의 국민이 국내와 국외에서 생산한 것의 총합을 의미한다.

② 국민경제 전체적인 생산수준을 나타낸다.

③ 국내에서 생산된 재화와 용역의 생산물 가치가 포함된다.

④ 각 생산단계의 부가가치의 합계 혹은 최종 생산물 가치의 합계로, 총 생산물액 – 중간 생산물액을 말한다.

TIP ① 국민총생산인 GNP에 대한 설명이다. 국내총생산인 GDP는 한 나라의 국경 안에서 일정기간에 걸쳐 새로이 생산한 재화와 용역의 부가가치 또는 모든 최종재의 값을 화폐단위로 합산한 것을 의미한다.

Answer 1.② 2.①

3 인플레이션이 국민경제에 미치는 영향으로 옳지 않은 것은?

① 사업가가 고정봉급자보다 유리하다.
② 임금과 부동산가격이 급격히 상승한다.
③ 수입은 감소하고 수출은 증가한다.
④ 물가가 상승하여 경제적 불안요소로 작용한다.

TIP 인플레이션 … 물가가 상승하고 화폐가치는 하락하는 현상으로 수입은 증가하고 수출은 감소한다.

4 과소비가 국민경제에 미치는 영향으로 옳지 않은 것은?

① 물가상승
② 부동산시장의 침체
③ 근로자 임금상승욕구의 증대
④ 사치품 수입으로 인한 국제수지의 악화

TIP 과소비는 물가상승, 임금상승, 부동산가격 상승, 기업의 투자자금 부족 등의 결과를 가져온다.

5 소득 중에서 음식비가 차지하는 비중과 가장 관계가 깊은 것은?

① 제본스법칙   ② 슈바베법칙
③ 엥겔법칙   ④ 고센법칙

TIP ③ 음식비가 차지하는 비중
　　① 일물일가의 법칙
　　② 근로자의 소득과 주거비에 대한 지출의 관계법칙
　　④ 욕망포화의 법칙

Answer 3.③ 4.② 5.③

6 다음 중 경기침체와 생산활동의 위축으로 실업률이 증가한 상황에서 가장 적절한 경제정책은?

① 세율의 인상
② 재할인율의 인상
③ 지급준비율의 인하
④ 유가증권의 매각

TIP 경기침체시 정부는 투자 및 소비지출을 늘리고 금리와 세율을 인하하여 민간투자와 소비의 증대를 유도한다.

7 수정자본주의의 내용 중 유효수요의 증가를 통한 가장 중요한 정부정책은?

① 재정지출과 공공사업 추진
② 복지정책 실시
③ 주요 산업의 국유화
④ 경제계획의 수립

TIP **재정정책과 공공투자정책** ⋯ 자본주의국가들이 공황극복을 위하여 대규모의 재정지출로 공공사업을 일으켜 유효수요를 증대시킴으로써 실업자를 구제하려는 정책을 추진하는 것으로, 미국에서 실시한 뉴딜(New Deal)정책이 그 대표적인 예이다.

8 민간의 경제활동이 과열되어 물가상승 등의 문제가 발생할 경우 이를 억제하기 위한 정책은?

① 긴축재정과 흑자예산
② 팽창재정과 균형예산
③ 적극재정과 적자예산
④ 팽창재정과 흑자예산

TIP 경기과열시에는 총수요억제 및 소비억제를 위하여 정부지출보다 수입을 늘리는 흑자예산을 편성하고 긴축재정을 실시한다.

Answer 6.③ 7.① 8.①

9 경기침체 시 경기회복을 위한 정책으로 가장 바람직한 방법은?

① 개인의 소득에 대한 추가적인 세금 부과
② 직접세율의 인상
③ 부가가치세 세율의 인상
④ 중앙은행으로부터의 정부차입금 증가

TIP 경기회복을 위한 정책은 통화량 증대가 필요한 것이며, ①②③은 경기과열 시 필요한 정책이다.

10 경기침체 시 경제안정을 위한 정부의 경기조절대책으로 옳은 것은?

① 재할인율 인상
② 긴축재정
③ 확장재정
④ 유가증권 매각

TIP 정부의 경기조절대책
　　㉠ 경기침체시 : 확장재정, 재할인율 인하, 지급준비율 인하, 유가증권 매입 등
　　㉡ 경기과열시 : 긴축재정, 재할인율 인상, 지급준비율 인상, 유가증권 매각 등

11 국민총생산을 증가시킬 수 있는 방법 중 단기간에 할 수 있는 것은?

① 자본의 기간투자를 증대시킨다.
② 자연자원의 양적 공급을 증가시킨다.
③ 고용을 증가시켜 자본량을 늘린다.
④ 단기간의 생산기능을 향상시킨다.

TIP 국민총생산을 증대시키기 위해서는 생산요소를 양적으로 늘리거나, 그것을 활용하는 기술을 향상시켜야 한다.

Answer 9.④ 10.③ 11.③

366 PART.03 일반상식

12 경기가 침체되어 있을 때 수요가 급증하는 상황에서 채택할 수 있는 정책적 수단은?

① 중앙정부의 세율을 높인다.

② 지급준비율을 내린다.

③ 재할인율을 높인다.

④ 은행대출의 최고금액을 올린다.

TIP ② 지급준비율을 조절할 경우 은행이 대출할 수 있는 자금량과 은행수지에 끼치는 영향이 매우 크다. 지급준비율을 인하하면 일반 은행의 대출이 증가되어 통화량이 증가한다.

※ 경기대책

구분	경기과열시(인플레이션)	경기침체시(디플레이션)
재정정책	긴축재정, 세율인상	적극재정, 세율인하
금융정책	• 지급준비율 · 재할인율 인상 • 유가증권 매각	• 지급준비율 · 재할인율 인하 • 유가증권 매입
공공투자정책	대규모 공공사업 억제	대규모 공공사업 추진

13 다음에서 물가상승을 유발시킬 가능성이 가장 큰 정책으로 옳은 것은?

① 지급준비율의 인하 ② 세출의 축소

③ 국 · 공채의 매각 ④ 부가가치세율의 인상

TIP 지급준비율의 인하, 국 · 공채의 매입, 재할인율 인하 등은 통화증가의 요인으로 물가상승을 초래한다.

14 국내총생산(GDP)에 포함되지 않는 것은?

① 자기소유 건물의 임대료 ② 도로 건설

③ 노동자에 대한 현물 지급 ④ 증여, 상속

TIP ④ 밀수, 밀매, 도박, 상속, 증여 등은 국내총생산에 포함되지 않는다.

Answer 12.② 13.① 14.④

05 세계 시장과 한국 경제

01 세계 시장 경제

① 국제교역

(1) 국제교역의 필요성

① **국민경제** ⋯ 다른 나라와 상호교류 하는 개방경제를 지향한다.

② **국제경제** ⋯ 국가 상호 간의 인적 · 물적 교류에 의한 활발한 국제경제가 이루어지고 있다.

③ **국제거래의 특징**

ㄱ 국가 간의 생산요소의 이동은 다른 나라의 법규에 따라야 하므로, 국내에서 만큼 자유롭지 못하다.

ㄴ 국가 간에는 부존자원, 생산기술 등의 차이가 있으므로, 각국 상품의 생산비와 가격에 차이가 있다.

(2) 국제교역의 대상

상품뿐만 아니라 생산요소, 서비스, 지적 소유권에 이르기까지 매우 다양하다.

(3) 국제교역의 발생

① **국제교역의 발생원인** ⋯ 자국의 이익 추구, 생산비와 가격의 차이 등으로 인하여 국가 간의 무역이 발생한다.

② **국제분업** ⋯ 생산비가 싼 비교우위상품을 중심으로 국제 분업이 발생하므로 각국이 상대적으로 생산비가 적게 드는 상품을 생산, 교환하면 양국이 모두 이익을 얻게 된다.

(4) 무역마찰

① **무역마찰의 발생원인** ⋯ 각국의 이해관계가 서로 대립되어 국가 간에 무역마찰이 발생한다.

② **선 · 후진국 간의 무역마찰**

ㄱ **후진국** : 자국 제품의 수출 기간산업과 수입대체산업을 보호, 육성하기 위하여 수입품에 관세를 부과한다.

ㄴ **선진국** : 증대를 위해 무역장벽을 낮추어 달라는 협상을 요구한다.

③ 자유무역주의와 보호무역주의

　　㉠ **자유무역주의** : 무역에 참가하는 모든 나라가 이익을 얻을 수 있으므로 무역거래를 자유롭게 해야 한다는 주장으로 영국의 스미스가 제창했다. 국내 상업, 생산향상, 기술개발 자극, 물가안정 등의 장점이 있으나, 장기적인 면에서의 국제수지 악화가능성, 국내산업의 기반약화 등의 단점이 있다.

　　㉡ **보호무역주의** : 국제경제력을 갖출 때까지 국내 산업을 보호·육성하고, 대외무역을 통제해야 한다는 주장으로 19세기 후반 독일의 리스트 등에 의해 체계화되었다. 국내 산업을 보호할 수는 있으나 국내기업의 독과점초래, 국제경쟁력 약화 등의 단점이 있다.

　　㉢ **보호무역정책** : 수입품에 대하여 일정 비율의 세금을 징수하는 관세부과조치나 국내 생산업체에 수출보조금과 수입보조금을 지불하는 방법을 사용하고 있다.

(5) 국제거래

① 경상거래

　　㉠ **무역거래** : 재화의 수출입을 말하며, 국제거래 중에서 가장 대표적이다.

　　㉡ **무역외거래** : 운수, 통신, 보험, 관광 등 용역의 수출입이나 해외투자수익, 차관, 이자 등의 수입과 지급을 말한다.

　　㉢ **이전거래** : 국가 간에 반대급부 없이 수취되거나 지급되는 증여, 무상원조, 이민송금 등의 일방적 거래를 말한다.

② **자본거래** … 기업의 해외 직접투자와 금융기관을 통한 간접투자로 구분된다.

　　㉠ **장기자본거래** : 상환기간이 1년 이상인 자본의 이동이다.

　　㉡ **단기자본거래** : 상환기간이 1년 미만인 일시적인 자본의 이동이다.

(6) 국제수지와 구성

① **국제수지** … 일정 기간 동안에 한 나라가 받은 외화와 지급한 외화의 차액을 국제수지라 한다.

② 국제수지의 구성

　　㉠ **경상수지** : 재화 및 서비스의 거래에 따른 외화의 수취와 지급을 말한다.

　　㉡ **자본수지** : 차관, 해외투자 등 자본거래에 의한 외화의 수치와 지급을 말한다.

　　㉢ **종합수지** : 경상수지와 자본수지의 합을 말한다.

　　㉣ **기초수지** : 경상수지와 장기자본수지를 합하여 말한다.

③ 국제수지 불균형의 문제점

　　㉠ 대내적인 측면

　　　• 국제수지 흑자 : 통화량 증대를 가져와 경제안정을 저해한다.

　　　• 국제수지 적자 : 통화량 감소를 가져와 경제위축을 초래한다.

　　㉡ **대외적인 측면** : 만성적인 국제수지 흑자나 적자는 무역마찰을 가져오는 원인이 된다.

❷ 환율의 결정과 변동

(1) 국제거래 결제수단

① **결제수단** … 국제거래에서의 대금의 결제는 각국이 화폐제도를 달리 하고 있으므로 국제통화인 외화를 사용한다.

② **결제방법** … 외화로 표시된 수표나 어음(외국환, 외환)으로 결제한다.

③ **주사용 외화** … 미국의 달러($), 영국의 파운드(£), 독일의 마르크(DM), 일본의 엔(¥)

(2) 환율의 의미와 결정

① **환율** … 통화제도가 다른 나라와 거래를 위해 정해 놓은 자국 화폐와 외국 화폐와의 교환 비율을 뜻한다.

② **환율의 표시** … 외국 화폐 1단위와 교환되는 자국 화폐의 단위로 표시한다.

③ **환율의 결정** … 각국의 화폐가 가지는 구매력으로 결정되는 것이 바람직하다.

④ **환율제도**
- ㉠ **고정환율제도** : 한 나라의 환율을 정부(중앙은행)가 결정, 고시하여 운영하는 제도이다. 수·출입 계획을 세우기가 쉽고 국제 거래가 촉진되며 국내 경제가 안정되나, 무역 분쟁의 원인이 될 수 있다.
- ㉡ **변동환율제도** : 외환시장에서 수요·공급의 법칙에 따라 한 나라의 환율이 적정 수준으로 변동하는 제도이다. '보이지 않는 손'에 의한 자동적 균형유지가 이루어지고 국제수지의 불균형이 조절되나 수·출입 계획을 세우기가 어렵고, 환율의 변동으로 인해 경제가 불안정하다는 단점이 있다.

(3) 환율의 변동(평가절하와 평가절상)

구분	환율인상(평가절하)	환율인하(평가절상)
의미	우리나라 원화 가치의 하락 (1달러 : 700원 → 1달러 : 900원)	우리나라 원화 가치의 상승 (1달러 : 700원 → 1달러 : 500원)
효과	• 수출↑, 수입↓ (국제수지 개선) • 수입원자재의 가격상승으로 물가상승 • 외채상환 부담증가 • 통화량증가, 물가상승 • 해외여행 불리	• 수출↓, 수입↑ • 수입원자재의 가격하락으로 물가안정 • 외채상환 부담감소 • 통화량감소, 물가하락 • 해외여행 유리

02 국제 경제 환경 변화

① 국제 경제 변화

(1) 국제 경제 질서의 변화

① **자유무역의 확대** … 국제 분업의 발달과 GATT체제 아래 자유무역이 확대되었다.

② **신보호주의의 등장**
- ㉠ **신보호주의 등장 원인** : 선진국의 경기 침체, 선진국의 일부 산업에서의 경쟁력 상실, 선진국간의 무역 마찰 심화 등이 원인이 되었다.
- ㉡ **신보호주의 정책** : 국가와 상품에 따라 선별적으로 취해지는데 신흥공업국의 수출품에 대한 수입 규제, 선진국의 제조업 보호를 위한 비관세 장벽, 신흥공업국에 대한 관세 장벽 등의 방식으로 행해진다.

(2) 국제무역의 전개과정

① **남북문제의 대두** : GATT체제하의 관세인하교섭이 선진국 상호 간에 이루어짐에 따라 후진국의 이익을 경시하여 소득격차가 크게 확대되었다.

② **무역마찰의 발생** : 세계무역의 다극화 현상으로 생겨났으며 각국 간의 무역 불균형현상이 두드러졌다.

③ **새로운 자유무역 질서의 성립** : 무역질서의 재편에 대한 노력으로 우르과이라운드협상이 타결됨에 따라 1995년 세계무역기구(WTO)체제가 구축되어 새로운 자유무역 질서가 성립되었다.

② 국제 경제 협력

(1) 지역적인 경제통합

① **경제통합** : 국가와 국가 간에 존재하는 무역 장벽을 헐어 버리고, 자유무역의 무차별 원칙을 지역적으로 적용하려는 국제관계를 뜻한다.

② **경제통합의 형태**
- ㉠ **자유무역지역** : 가맹국 간에 관세가 완전히 철폐되어 자유무역이지만 비가맹국은 공동관세가 아닌 독자적인 관세정책을 인정한다. 유럽자유무역지역(EFTA), 북미자유무역지역(NAFTA) 등이 있다.
- ㉡ **관세동맹** : 가맹국 간에 자유무역으로 비가맹국은 공동관세로 중앙아메리카공동시장(CACM)이 있다.
- ㉢ **공동시장** : 관세동맹에서 생산요소의 이동까지 자유로운 형태의 유럽공동시장(EC)이 있다.
- ㉣ **경제동맹** : 공동시장에서 국가 간에 재정·금융정책까지 상호협조하는 형태로 유럽연합(EU)이 있다.

(2) 국제경제협력 증대
경제통합의 형태는 아니지만 특정 지역 내의 국가들이 경제협력기구를 만들어, 국제경제관계를 더욱 긴밀히 하고 있다(OECD, ASEAN).

출 제 예 상 문 제

1 환율상승(평가절하)했을 때의 내용으로 옳지 않은 것은?

① 물가의 상승

② 수입업체의 이윤 증가

③ 외채상환 비용부담 증가

④ 유학간 자녀의 해외송금비용 증가

> **TIP** ② 수입품의 국내가격 상승으로 수입업체의 이윤은 감소하게 된다.
>
> ※ **환율인상**(평가절하) … 1달러가 500원에서 1,000원이 된 경우로 우리나라의 원화가치가 달러에 대해 하락한 것을 말한다.
>   ㉠ **수출증가** : 국내에서 500원이던 재화의 국제가격이 1달러에서 0.5달러로, 달러화 표시가격이 하락하여 수출이 증가한다.
>   ㉡ **수입감소** : 외국에서 2달러인 재화의 수입가격이 1,000원에서 2,000원으로, 원화표시가격이 상승하여 수입이 감소한다.
>   ㉢ **외채상환부담 증가** : 1달러를 상환할 경우 부담액이 500원에서 1,000원으로 상승한다.
>   ㉣ **해외여행 불리** : 100만원을 해외여행에 지출할 경우 해외에서 쓸 수 있는 돈이 2,000달러에서 1,000달러로 감소한다.
>   ㉤ **물가의 상승** : 수출증가와 수입감소로 통화량이 증가하여 물가가 오른다.

2 환율이 인상되었을 때 나타나는 현상은?

① 수입원자재 가격의 상승으로 국내물가는 오른다.

② 수출품에 대한 해외수요의 감소로 수출은 줄어든다.

③ 수입품에 대한 국내수요의 증가로 수입은 늘어난다.

④ 이미 도입된 외국자본에 대한 상환부담은 감소한다.

> **TIP** 환율인상(평가절하)이 되면 수입상품의 원화가격이 오르므로 수입이 감소되고, 수출상품의 외화가격을 내릴 수 있으므로 수출이 증가하게 되어 국제수지가 호전된다. 그러나 수입가격이 오르면 국내물가도 따라서 오르게 되어 물가안정을 저해하기도 한다.

Answer 1.② 2.①

3 국제수지의 불균형을 조절하기 위해서 다음과 같은 방법을 썼을 때 국내물가를 상승시킬 우려가 가장 큰 것은?

① 균형환율정책　　　　　　　　　② 금융확장정책
③ 수입자유화정책　　　　　　　　④ 긴축재정정책

TIP 금융확장정책
　　㉠ 정의 : 실업이 늘어나는 등 불황의 문제가 커질 경우에 중앙은행이 경기를 자극하기 위하여 시중의 자금사정을 풀어주는 금융정책이다.
　　㉡ 방법 : 국·공채나 통화안정증권의 매입, 지급준비율 인하, 재할인율 인하 등이 있다.

4 우리나라가 미국에 대하여 원화의 평가절상을 꺼리는 근본이유는?

① 국내물가의 안정을 위하여　　　　② 외채의 상환부담을 감소시키기 위하여
③ 수출증대를 지속하기 위하여　　　④ 국제경제의 협력을 강화하기 위하여

TIP 평가절상(환율인하) … 자국화폐의 대외가치 상승 → 수출감소·수입증가 → 국제수지 악화, 수입원자재의 가격 하락 → 국내물가의 하락 → 물가안정, 원화가치의 상승 → 외채상환부담의 감소

5 우리나라가 외국에 빌려준 돈에 대한 이자를 받아서 다른 나라에 직접 투자를 하였다. 이러한 경우에 국제수지표에서는 어떤 항목이 어떻게 변동되겠는가?

① 무역수지 수취↑, 자본수지 지급↑
② 무역외수지 수취↑, 자본수지 지급↑
③ 이전거래 수취↑, 무역외수지 지급↑
④ 자본수지 수취↑, 자본수지 지급↑

TIP 국제수지 … 1년간 한 나라가 수취한 외화와 지급한 외화의 차액을 말한다.
　　㉠ 무역외수지
　　　• 무역외거래에서의 수취 : 우리 선박에 의한 해상운임, 해외공장 설립에 따른 투자수익, 외국에 빌려준 돈에 대한 이자
　　　• 무역외거래에서의 지급 : 외국 선박에 의한 해상운임, 해외차관에 의한 이자
　　㉡ 자본수지
　　　• 외화의 수취 : 차관을 도입
　　　• 외화의 지급 : 차관에 대한 원금상환, 외국에 직접 투자

Answer　3.②　4.③　5.②

6 국제수지가 흑자일 경우 나타나는 경제적 상황으로 옳은 것은?

① 한국은행의 외환보유고가 감소한다.

② 환율이 상승하여 가격경쟁력이 증대된다.

③ 국내물가가 하락한다.

④ 시중의 통화량이 증가하여 유효수요가 증가한다.

TIP 국제수지가 흑자이면 외환보유고가 증가하고 시중의 통화량이 증가하여 물가가 상승한다.

7 다음 중 국제무역의 원인으로 옳지 않은 것은?

① 생산기술의 차이

② 부존자원의 차이

③ 물가상승률의 차이

④ 비교생산비의 차이

TIP ③ 물가상승률의 차이는 수출과 수입에 영향은 주지만, 국제무역의 원인은 되지 않는다.

8 다음 중 평가절상에 관한 설명으로 옳은 것은?

① 수출이 증가한다.

② 국내 물가가 상승한다.

③ 유학생 자녀를 둔 경우 송금 부담이 증가한다.

④ 원자재를 수입해서 사업하는 회사의 경우 유리하다.

TIP ①②③ 평가절하가 국내 경제에 미치는 영향에 대한 설명이다.

Answer 6.④ 7.③ 8.④

9 다음 중 무역외수지의 항목에 해당하지 않는 것은?

① 해외여행경비

② 운임 및 보험료의 지급

③ 북한의 경수로 건설에 대한 무상지원

④ 동남아 투자에 따른 수익

TIP 무역외수지의 항목에 해당하는 것으로는 운수, 통신, 보험, 관광 등 용역의 수출입이나 해외투자수익, 차관이자 등의 수입과 지출이 있다.

10 우리나라 무역수지를 흑자로 되게 하는 요인으로 보기 어려운 것은?

① 재할인율의 중단

② 원화의 평가절상

③ 국제금리의 하락

④ 원유가격의 하락

TIP ② 원화의 평가절상(환율인하)은 수입을 촉진시켜 무역수지가 악화될 수 있다.

사회·문화 파트에서는 자주 문제가 출제되는 편은 아니다. 하지만 광범위한 일반상식 과목을 진행하기 때문에 잘 알아두고 있다면 문제를 푸는 것에 많은 도움을 받을 수 있다. 기본적인 흐름과 용어에 대한 정의를 정확하게 알아두고 있는 것이 도움이 된다.

제4과목

사회(사회·문화)

01 사회 · 문화현상의 탐구

01 사회 · 문화현상의 이해 및 연구

① 사회 · 문화현상의 이해

(1) 자연현상과 사회 · 문화현상의 의미와 특징

구분	자연현상	사회 · 문화현상
의미	인간의 의지는 무관한 보편적인 자연법칙에 따르는 자연계의 모든 현상	인간에 의해 인위적으로 창조되는 모든 현상
지배법칙의 내용과 성격	• 사실법칙 : 자연적 사실을 지배하는 법칙 • 인과법칙 : 원인과 그로 인한 결과가 존재한다는 법칙 • 필연법칙 : 우연이나 예외가 없는 법칙 • 존재법칙 : 사실상 그러함을 나타내는 법칙	• 규범법칙 : 인간의 행위의 기준이 되는 법칙 • 당위법칙 : 마땅히 행해야 하는 법칙 • 목적법칙 : 반대현상이 발생할 가능성이 있는 법칙 • 자유법칙 : 자유의지에 따라 예외가 존재할 수 있는 법칙
특징	• 몰가치적(가치중립적)이고 보편적이다. • 인간이 창조해낸 가치 기준과는 무관하게 존재한다. • 고정성과 불변성이 있다. • 규칙성의 발견 및 예측이 용이하다. • 관찰과 실험, 특히 통제된 실험을 통한 조사가 가능하다. • 확실성의 원리에 의해 이론화된다.	• 가치함축적이고 가치판단적이다. • 인간이 창조해낸 가치기준으로 특수성을 지닌다. • 유동성과 가변성이 있다. • 규칙성의 발견 및 예측이 곤란하다. • 통제된 실험이 불가능(조사 · 관찰 · 답사 · 사례연구 등)하다. • 확률의 원리에 의해 이론화된다.

② **사회과학의 세분화 · 전문화** … 사회과학은 사회 · 문화 현상을 과학적으로 탐구하려는 학문이다. 사회 · 문화 현상이 점점 복잡해지고 다양해지자 그에 따라 세분화 되고 전문화 되었다.

   ㉠ **정치학** : 권력, 공공정책, 정치적 의사결정과정을 연구 대상으로 하는 학문이다.

   ㉡ **경제학** : 인간의 경제활동에 기초를 둔 사회적 질서를 연구 대상으로 하는 학문이다.

   ㉢ **사회학** : 인간의 사회적 공동생활을 연구하는 학문이다.

   ㉣ **문화 인류학** : 인류의 생활 및 역사를 문화적인 면에서 비교하고 연구하는 학문이다.

❷ 사회 · 문화현상을 보는 관점

(1) 거시적 관점과 미시적 관점

구분	거시적 관점	미시적 관점
내용	사회 체계 전체의 수준에서 탐구하려는 관점	개인 및 개인 간의 상호작용에 초점을 맞추어 탐구하려는 관점
관심대상	계층구조, 사회조직, 사회제도	개인의 태도나 행동, 개인 간의 상호작용
관련이론	기능론, 갈등론	교환이론, 상징적 상호작용론

(2) 사회 · 문화 현상을 보는 관점들의 조화와 균형

① 거시적 관점과 미시적 관점의 비교

구분	거시적 관점(기능론과 갈등론)	미시적 관점(상징적 상호 작용론과 교환 이론)
특징	개인을 구속하는 사회의 구조에 초점을 둔다.	개인의 능동적 사고 과정과 선택 그리고 타인과의 상호작용과정에 초점을 둔다.
단점	개인의 주체적 능동성을 간과하였다.	개인을 구속하고 통제하는 거시적 구조를 설명하지 못하였다.

② 사회 · 문화 현상을 보는 관점들의 조화와 균형 … 사회문화현상에 대하여 종합적으로 인식하고, 균형 잡힌 시각을 가지고 개인과 사회의 관계를 보려면 거시적 관점과 미시적 관점을 종합하여 보아야한다.

❸ 사회 · 문화 현상의 연구 방법

(1) 사회과학의 연구방법

① **실증적 연구방법**(양적 접근법) … 자료를 계량화하여 분석하는 연구방법으로 사회현상에 관한 일반적인 법칙을 발견한다.

② **해석적 연구방법**(질적 접근법) … 연구자의 직관적인 통찰에 의해 사회현상의 의미를 해석하고 이해하려는 연구방법이다.

(2) 자료수집방법

① **질문지법** … 조사하고자 하는 내용을 설문지로 만들어, 이를 조사 대상자가 직접 기입하게 하는 방법이다.

② **면접법** … 연구자와 조사대상자가 직접 만나 필요한 정보를 대화를 통해 수집하는 방법이다.

③ **참여관찰법** ··· 연구자가 사회현상을 직접 보고 듣고 느끼면서 자료를 수집하는 방법이다.

④ **문헌연구법** ··· 역사적인 문헌을 수집하거나 이미 발표된 통계자료를 수집하는 방법이다.

⑤ **실험법** : 인간행위에 일정한 자극을 주고 이에 대한 반응을 구함으로써 자료를 수집하는 방법이다.

02 사회 · 문화현상의 탐구

❶ 사회 · 문화 현상의 탐구 절차

(1) 연역적 방법과 귀납적 방법

① **연역적 방법** : 보편적인 원리에서 가설을 설정하고 출발하여 연구하고 일반적인 법칙이나 이론을 찾아내는 방법이다.

② **귀납적 방법** : 개별사례의 관찰을 총괄하여 공통된 성질을 일반적인 법칙으로 확립하는 방법이다.

(2) 탐구절차

① **양적 연구방법의 탐구절차** ··· 문제제기 및 연구 주제 선정 → 가설 설정 → 연구 설계 자료수집방법 → 자료 수집 및 분석 → 가설 검증 및 일반화

② **질적 연구 방법의 탐구 절차** ··· 문제제기 및 연구주제 선정 → 연구 설계 → 자료 수집 및 분석 → 결론

❷ 탐구 태도

(1) 사회 · 문화 현상의 탐구에서 필요한 연구자의 태도

① 성찰적 태도

② 객관적인 태도

③ 개방적인 태도

④ 상대주의적인 태도

⑤ 조화의 중요성을 인식하는 태도

(2) 사회·문화 현상의 탐구에서 가치중립문제

① **사실과 가치**
  ㉠ **사실**: 실재하는 어떤 것의 객관적 상태를 있는 그대로 설명해 주는 명제로, 경험적 증거를 바탕으로 하여 참과 거짓을 객관적으로 규명할 수 있다.
  ㉡ **가치**: 사물이나 사건, 행위나 사람, 관행, 제도 등에 대한 주관적 평가의식을 담고 있는 명제로, 평가적 용어가 사용된다.

② **가치중립** ··· 가치로부터 자유로운 상태, 즉 가치의 영향이 배제된 상태를 뜻한다.

③ **가치개입** ··· 특정한 가치를 전제로 그것과의 연관성 속에서 의사결정에 임하는 것이다.

④ **과학과 가치의 문제**
  ㉠ **가치중립의 필요성**: 사회과학의 탐구목적은 사회·문화현상을 기술하고 그 속에서 법칙을 찾는 것이므로 연구자의 주관적인 가치가 배제되어야 한다(연구자의 주관적 가치 때문에 사실을 왜곡하여 자료를 수집해서는 안 된다).
  ㉡ **가치중립성을 지키기 어려운 이유**: 사회현상 자체에 가치가 내포, 연구자 자신이 사회현상 내부에서 관찰, 연구 주제와 대상의 선택에서 연구자의 가치판단이 불가피할 수밖에 없기 때문이다.

출 제 예 상 문 제

1 다음 사회현상의 탐구과정 중 가치중립이 필요한 곳은?

> 문제제기 → 가설의 설정 → 자료수집 및 해석 → 결론도출 → 대안모색
>   ⊙   ⓛ   ⓒ   ⓔ

① ㉠

② ㉡

③ ㉢

④ ㉣

TIP 가치중립은 가치의 영향이 배제된 상태, 즉 가치로부터 자유로운 상태를 말한다. 사회현상의 탐구과정 중 자료의 수집 및 해석단계는 연구자의 가치가 개입될 경우 과학적 연구에 객관성이 결여되어 사실을 왜곡할 위험이 있다. 즉, 본인이 설정한 가치에 유리한 자료만을 증거로 채택하고 불리한 자료는 무시하여 잘못된 결론도출에 이를 수 있다. 따라서 연구자의 가치중립적 자세는 올바른 결론도출에 꼭 필요한 요소이다.

2 다음 중 실증적 연구방법에 대한 설명으로 옳은 것은?

① 직관적인 통찰에 의하여 연구한다.

② 사회현상에 대한 의미를 파악한다.

③ 경험적인 자료를 계량화하여 분석하고 개념의 조작적 정의를 통해 법칙을 발견한다.

④ 비공식적 자료를 활용한다.

TIP 실증적 연구방법(양적 접근법) ··· 경험적 자료를 계량화하여 분석하고 연역적 추론과정을 통하여 사회현상의 일반적인 법칙을 발견하여 설명하려는 연구방법이다.
①②④는 해석적 연구방법(질적 접근법)에 대한 설명이다.

Answer 1.③ 2.③

3 우리가 무심코 사용하는 말 중에는 특정집단과 국가의 가치관이나 편견이 개입된 것들이 많이 있다. 다음 중 이러한 사례로 보기 어려운 것은?

① 대한민국의 주권은 국민에 있다.

② 중국인들은 우리 민족을 동이족이라 불렀다.

③ 대한민국은 극동지역에 위치한 반도국이다.

④ 콜럼버스는 1492년 아메리카대륙을 발견했다.

TIP ④ 역사적 사실에 대한 것으로 가치관이나 편견이 개입되었다고 할 수 없다. 물론 아메리카 대륙은 원주민 입장에서는 발견이 아니고, 유럽의 입장에서 보면 발견이 되나, 이는 가치관이나 편견의 문제는 아니다.

4 다음 중 해석적 연구방법으로 옳은 것은?

① 직관적 통찰   ② 법칙 발견

③ 통계적 연구   ④ 조작적 정의

TIP 해석적 연구방법 … 연구자의 직관적인 통찰에 의하여 사회현상의 의미를 해석함으로써 사회현상을 이해하는 연구방법이다.

5 사회현상에 대한 탐구는 일반적 법칙을 발견하는 일 못지않게 사회적 의미를 파악하는 일도 중요하다. 그 까닭으로 가장 적절한 것은?

① 사회현상에는 인과법칙이 존재할 수 없기 때문에

② 사회현상은 실증적 방법을 통하여서는 탐구할 수 없기 때문에

③ 사회현상은 가치와 목적이 개입되어 있기 때문에

④ 사회현상의 탐구과정에서 연구자의 관점을 배제할 수 있기 때문에

TIP 사회현상은 가치와 목적이 개입되어 있기 때문에 사회적 의미를 파악하는 일도 중요하다.

Answer 3.④ 4.① 5.③

6 비교적 소수의 응답자로부터 깊이 있는 정보를 얻고자 할 때 가장 적절하게 쓰일 수 있는 정보수집방법은?

① 질문지법   ② 면접법
③ 참여관찰법   ④ 문헌연구법

> **TIP** 면접법 … 많은 사람으로부터 비슷한 정보를 얻고자 할 때보다는 비교적 소수의 응답자로부터 깊이 있는 정보를 얻고자 할 때 더 적절하게 쓰일 수 있다.

7 사회현상을 바르게 인식하기 위해서는 새로운 사실 또는 다른 사람들의 주장을 편견없이 받아들이는 태도가 필요한데, 이와 관계 깊은 사회현상의 인식태도는?

① 객관적인 태도   ② 개방적인 태도
③ 상대주의적인 태도   ④ 특수성을 고려하는 태도

> **TIP** 개방적인 태도 … 여러 가지 가능성이 공존할 수 있다는 사실을 인정하는 태도이다. 즉, 사회현상은 다소의 공통성도 가지지만 모두가 다른 특성을 가지기 때문에 사회현상을 바르게 인식하기 위해서는 새로운 사실 또는 다른 사람의 주장을 편견 없이 받아들이고 경험적으로 실증될 때까지는 가설로서만 받아들이는 태도를 지녀야 한다.

8 다음 중 사회 · 문화현상을 탐구하는 태도로 옳지 않은 것은?

① 사회 · 문화현상의 특수성을 고려한다.
② 가능한 한 선입관이나 편견을 배제한다.
③ 부분적인 가치를 지닌 특정한 이론은 그대로 받아들인다.
④ 사회 · 문화현상 그 자체를 있는 그대로 정확하게 인식하는 단계에서는 냉정한 제3자의 입장에 서야 한다.

> **TIP** ③ 부분적인 가치를 지닌 어떤 특정한 이론을 무비판적으로 받아들이거나 다른 사람의 주장을 무조건 배격하는 일은 피해야 한다.
> ※ 사회 · 문화현상을 탐구하는 태도 … 객관적인 태도, 개방적인 태도, 상대주의적 태도, 조화의 중요성을 인식하는 태도가 요구된다.

Answer   6.② 7.② 8.③

9 다음의 두 가지 성질이 모두 사회현상이 지닐 수 있는 특징이라고 생각되는 것은?

① 구속법칙 – 당위법칙

② 목적법칙 – 필연법칙

③ 특수성 – 존재법칙

④ 특수성 – 보편성

TIP 사회현상의 특수성과 보편성
  ㉠ 특수성 : 문화적·역사적 배경과 사고 및 행동양식이 상이하다.
  ㉡ 보편성 : 인류공통의 이상과 목표를 추구하는 사회과학이다.

10 다음의 내용과 관련이 있는 것은?

> '사람을 해치지 말라', '이웃을 사랑해야 한다' 등과 같이 '마땅히 그러해야 한다', '마땅히 그렇게 해야 한다' 등이 그 예이다.

① 사실법칙   ② 당위법칙

③ 존재법칙   ④ 인과법칙

TIP ①③④ 자연을 지배하고 있는 법칙의 내용들이다.

11 사회현상의 탐구와 자연현상의 탐구가 서로 다르다고 보는 사람들이 중시하는 입장은?

① 일반적인 법칙발견   ② 행위의 의미파악

③ 탐구의 목적과 주제   ④ 주어진 환경과 조건

TIP 의미의 파악을 통한 연구 … 사회현상을 모두 자연과학과 똑같은 방법으로 탐구할 수 있는지와 그 방법이 과연 타당한지에 대해서는 의문을 제기하는 학자들이 있는데, 그들의 주장에 의하면 사회현상은 인간의 의식과 의지를 바탕으로 일어나며, 인간의 행위에는 주어진 환경과 조건, 그리고 자신의 행위에 대한 해석과 의미가 담겨 있기 때문에 자연 과학적 방법과는 다른 방법으로 탐구해야 한다는 것이다.

Answer 9.④ 10.② 11.②

12 사회현상의 탐구과정에 대한 진술로 옳지 <u>않은</u> 것은?

① 시대와 사회를 초월하는 보편적 가치를 지닌 사회현상도 있음을 인정한다.

② 연구의 결과 얼마나 사실과 일치하느냐의 문제는 연구가 얼마나 체계적이냐에 달려 있다.

③ 연구가 얼마나 정밀성이 있느냐의 문제는 측정의 단위가 얼마나 정확한가에 달려 있다.

④ '신은 있는가', '인생의 궁극적인 목적은 무엇인가' 등은 경험적으로 증명할 수 없으므로 연구의
   대상으로 삼지 않는다.

TIP 사회현상 탐구의 객관성과 체계성
 　㉠ 객관성 : 연구자 자신의 단순한 감정이나 느낌을 배제한다.
 　㉡ 정확성 · 정밀성 : 연구결과와 사실과의 일치여부의 문제이다.
 　㉢ 체계성 : 부분적 지식과 전체와의 적절한 연계성이 문제이다.

13 다음 내용을 읽고 사회과학연구에서 연구자의 주관이나 가치관이 개입될 수도 있는 단계를 고르면?

> 모든 사회현상이 객관적 성격을 가지고 있지는 않지만 사회현상 중에서도 자연현상과 마찬가지로 객관
> 화시킬 수 있는 분야가 있다. 인구의 수, 연령 및 성별로 구분된 분포형태라든가, 봉급과 물가의 현황, 생산구
> 조, 노동조건 등은 객관성을 갖는다. 뿐만 아니라 역사학에서의 전쟁과정이나 동맹의 내용, 정치학에서
> 의 선거제도 등도 객관적 사실로 파악된다. 이처럼 사회과학에서도 여러 현상들이 객관성을 가지며 관
> 찰자의 편견을 배제시킬 수 있는 장점을 가지기 때문에 사회과학자들은 가능한 한 많은 사회현상을 객
> 관적인 방법으로 연구하려 한다.

① 개념의 규정

② 가설의 설정

③ 대책의 수립

④ 자료의 수집

TIP 연구과정에서 중요한 것은 객관성이다. 그러나 연구결과를 어디에 어떻게 적용시키는가는 연구자의 주관에 의해 결정될 수도 있다.

CHAPTER 02 개인과 사회 구조

01 개인

1 인간의 사회적 성장

(1) 사회화

① 사회화의 의미와 종류

　㉠ 사회화의 의미 : 개인이 사회적 상호작용을 통해서 그 사회의 행동방식과 사고방식을 학습해가는 과정이다.

　㉡ 사회화의 종류

구분	내용	예
탈사회화	새로운 문화나 환경에 적응하기 위해 이미 배웠던 것을 버리는 과정	군 생활
예기 사회화	지위 변화에 따른 역할을 미리 배우고 준비하는 과정	교육 실습, 신부 수업
재사회화	새로운 환경에 적응하고자 새로운 규범과 가치, 지식 등을 학습 하는 과정	교도소에서 복역할 경우

　㉢ 사회화 과정

　　• 1차적 사회화 : 유아기에 가족과 주변의 가까운 사람들에 의해 이루어지며 이시기에 습득되는 사회화 내용은 인성의 기본 틀을 형성한다.
　　• 2차적 사회화 : 아동기 이후부터 의도적인 교육과 훈련, 일상의 경험을 통해 평생 이루어진다.

② 사회화를 바라보는 관점

　㉠ 거시적 관점

구분	기능론	갈등론
사회화의 의미	• 합의와 균형을 강조 • 다양한 개인들의 행동을 원만하게 조정, 통합 하는 과정	지배 계급의 문화를 전수하여 지배층의 지배를 정당화 시키는 과정
사회화의 기능	• 개인을 사회에 적응 통합시켜 사회를 유지함 • 사회 구조의 안정과 질서를 유지시킴	기득권을 가진 집단의 이익이 지켜지는 상태를 유지, 강화하기 위한 내용을 전달함
사회화의 내용	사회의 안정과 질서유지 및 통합에 필수적으로 개인과 사회의 필요에 따라 합의된 것	기득권층의 이익이나 의사를 대변하여 기득권층에 유리한 이데올로기 전파

ⓛ 미시적 관점
- 사회화란 타인들의 반응에 따라 어떻게 생각하고 행동하는 것이 바람직한지 내면화하는 과정이다.
- 사회화에서 인간의 자아형성과 상징적 상호작용의 중요성을 강조한다.
- 사회화는 개인을 사회적 성원으로 성장시키고 사회적 소속감을 형성한다.

(2) 사회화 기관

① 사회화 기관의 의미와 종류
ㄱ 사회화 기관의 의미 : 개인의 사회화를 담당하는 기관이다.
ㄴ 주요사회화기관

사회화 기관	주요사회화 내용	사회화 기관	주요사회화 내용
가족	기본적인 욕구충족, 정서적 반응방식 습득	학교	지식과 기술 습득, 진로 및 직업 선택, 역할 규범 학습
또래집단	언어, 규칙과 가치관습득	대중매체	새로운 정보와 지식 및 생활 양식 습득

② 사회화 기관의 분류
ㄱ 1차적 사회화 기관과 2차적 사회화 기관

구분	1차적 사회화 기관	2차적 사회화 기관
특징	자연발생적으로 형성, 전인격적 관계	인위적으로 형성, 형식적 비인격적 관계
기능	• 기초적인 사회화 담당 • 기본적 인성과 정체성 형성	• 전문적, 고차원적인 사회화 담당 • 사회생활을 위한 지식과 기능 습득
종류	가족, 친족, 또래집단	학교, 정당, 직장, 대중매체 등

ㄴ 공식적 사회화 기관과 비공식적 사회화 기관

구분	공식적 사회화 기관	비공식적 사회화 기관
특징	사회화를 주목적	부수적으로 수행하는 사회화
종류	학교, 유치원 등	가족, 직장, 대중매체, 군대

(3) 지위와 역할, 역할 갈등

① 지위
ㄱ 지위 : 지위의 의미 한 개인이 집단이나 사회적 관계 속에서 차지하고 있는 위치이다.
ㄴ 지위의 종류

구분	귀속 지위	성취 지위
의미	태어나면서부터 자연적으로 획득하는 지위	개인의 재능과 노력에 의해 후천적으로 획득하는 지위
특징	전통 사회에서 중요시	현대사회에서 중요시

② 역할

  ㉠ **역할** : 지위에 따라 사회가 기대하는 일정한 행위 유형이다.

  ㉡ **역할행동**(역할 수행) : 개인이 자신에게 부여된 역할을 실제로 행동에 옮기는 방식으로 개인의 성격, 습관, 나이 등에 따라 각기 다르게 나타난다.

③ 역할 갈등

  ㉠ **역할 갈등** : 한 사람이 수행해야 할 여러 가지 역할들이 서로 모순을 일으켜 역할 수행자가 갈등을 느끼게 되는 현상을 의미한다.

  ㉡ 역할 갈등의 유형

구분	역할긴장	역할모순
지위의 수	하나의 지위	여러 개의 지위
의미	한 개인이 가지고 있는 하나의 지위에서 서로 상반되는 역할이 요구될 때 발생하는 역할 갈등	한 개인이 가지고 있는 여러 가지 지위에 따라 기대되는 역할들이 서로 상충 될 경우에 발생하는 역할 갈등

  ㉢ 역할 갈등의 해결

    • 사회적으로는 어느 것을 우선시 하는 것이 바람직한지에 대한 합의와 기타의 역할을 다른 방법으로 수행할 만한 제도적 뒷받침이 마련되어야한다.

    • 개인적으로는 역할의 우선순위를 정하여 중요한 것부터 처리해 나가거나, 여러 가지 역할 가운데 하나를 선택하여 수행해야 한다.

❷ 개인과 사회의 관계

(1) 사회적 상호작용

① **사회적 상호작용** … 사회생활을 하면서 사람들 간에 서로 영향을 주고받으면서 행동을 교환하는 것이다.

② 사회적 상호작용의 유형

  ㉠ **협동** : 공동의 목표를 달성하기 위해 구성원들이 서로 힘을 합치는 것이다. 평등한 참여 기회가 보장되며 목표 달성 시, 그 혜택을 공평하게 나눠야 잘 이루어진다.

  ㉡ **경쟁** : 둘 이상의 행위자 혹은 집단이 공통의 규칙에 따라 동일한 목표를 서로 먼저 차지하기 위해 애쓰는 것이다. 심할 경우 갈등으로 발전할 수 있다.

  ㉢ **갈등** : 목표나 이해관계가 충돌하여 상대방을 강제로 굴복시키거나 제거해서 목표를 달성하려는 것이다. 사회 분열과 혼란을 초래하기도 하지만 사회문제를 파악하고 해결방안을 모색함으로써 사회발전에 기여한다는 긍정적인 작용도 한다.

(2) 개인과 사회의 관계

① 개인과 사회를 보는 입장

구분	사회 실재론	사회 명목론
내용	• 사회는 실제로 존재 • 사회는 개인들의 행위 양식이나 특성들만으로는 설명 불가 • 개인은 사회를 구성하는 하나의 단위에 불과하며 사회가 개인보다 우선시 됨	• 사회는 명목상으로만 존재 • 사회는 개인의 행위와 동기에 근거하여 설명됨 • 실재하는 것은 개인뿐이고 사회는 개인들의 단순한 집합체에 붙여진 이름에 불과하며 개인이 사회보다 더 근원적임
특징	• 개인보다 사회가 중요 • 사회현상을 파악 할 때 사회 조직이나 사회 집단을 탐구한다.	• 사회보다 개인이 중요 • 사회현상을 파악할 때 개인들의 특성을 탐구
관점	사회유기체설, 전체주의의 토대	개인주의, 자유주의의 토대, 사회계약설, 공리주의
장점	사회 통합에 기여	민주주의 발전에 기여
문제점	• 전체를 위한 개인의 희생을 정당화함 • 인간의 주체적이고 능동적인 사고와 행위의 측면을 간과함	• 극단적인 개인주의로 빠질 우려 • 개인의 행위에 대한 사회구조나 사회제도의 영향력을 간과함

② 개인과 사회를 보는 바람직한 관점
  ㉠ 사회는 개인 없이 존재할 수 없고, 개인은 사회 없이 인간다운 삶을 누릴 수 없다.
  ㉡ 사회명목론이나 사회 실재론 중 하나의 관점만을 적용할 경우, 현상을 바르게 이해할 수 없다.
  ㉢ 개인과 사회의 밀접한 상호 연관성에 중점을 두고 개인과 사회의 관계를 이해해야한다.

02 사회집단과 사회구조

❶ 사회 집단

(1) 사회 집단

① 사회 집단 … 두 사람 이상의 소속감과 공동체 의식으로 지속적인 상호작용을 하는 사람의 집합체이다.

② 사회집단의 유형
  ㉠ 내집단, 외집단 : 구성원의 소속감을 기준으로 분류(섬너)

구분	내집단(공동체의식)	외집단(적대의식)
특성	• 강한 소속감과 공동체 의식, 유대감과 동료애, 애착심을 가진 집단 • 자아 정체감 형성, 판단과 행동의 기준을 배우게 함	• 이질감과 적대감을 가진 집단 • 적대의식이나 공격적 태도를 가지기도 하며, 집단 결속의 필요성을 가져오기도 함
예	친족, 이웃, 학교	게임의 상대편, 적군

ⓛ 1차 집단, 2차 집단 : 접촉방식을 기준으로 분류(쿨리)

구분	1차 집단(원초집단)	2차 집단
형성방법	자연발생적 형성	특정 목적달성을 위한 인위적 형성
친밀도	친밀한 대면관계	친밀감이 낮은 형식적 관계
목적	관계자체가 목적	목적 달성을 위한 수단
관계	자기 노출수준이 높고, 타인에 대한 지식과 관계가 포괄적	타인에 대한 지식과 관계가 부분적, 간접적
통제	관습 도덕 등 비공식적 관계	법 규칙 등 공식적 통제
실례	가족, 또래 집단, 이웃	학교, 회사, 군대, 국가 등

ⓒ 공동사회와 이익사회 결합의지에 따른 분류(퇴니스)

구분	공동사회(자연발생)	이익사회(인위적 형성)
형성방법	본질적, 자연적인 의지로 형성	의도적, 선택적으로 형성
결합목적	결합자체	특수목적달성
인간관계	• 서로 친밀함 • 정서적, 영구적인 인간관계 • 신뢰와 협동심이 강함	수단적, 형식적, 타산적, 목표지향적
특성	• 상호이해와 관습이 집단 구성의 바탕 • 가입과 탈퇴가 자유롭지 못함	• 효율성, 전문성 지향 • 구성원들의 이해관계에 따른 계약과 규칙이 집단구성의 바탕
실례	가족, 촌락	회사, 정당, 학교

ⓔ 준거집단 : 개인의 판단과 행동의 기준이 되는 집단으로, 준거집단은 그 개인이 소속하고 있는 집단일 수도 있고 그렇지 않을 수도 있다.

② 사회조직

(1) 사회조직 특징

① 사회조직 … 공식적인 목표와 과업의 효율적 달성이 1차적 관심이며 구성원의 지위와 역할이 명백하게 구별되고 절차와 규범에 따른 구성원들의 형식적·비인격적 관계가 형성되며 구성원의 개인적 행동을 상당히 제한하는 집단이다.

② 사회조직의 유형

ⓐ 공식 조직 : 뚜렷한 목표달성을 위해 의도적으로 형성하고, 구성원의 지위와 역할이 명확하게 구분되고 전문화되고, 효율적인 과업수행을 위해 성원들의 활동을 제한한다.

ⓑ 비공식 조직 : 공식 조직 내에서 개인적인 관심이나 취미에 따라 형성하고, 구성원의 만족감·사기를 높여 효율성을 높인다.

ⓒ 자발적 결사체 : 공동의 이해나 목표를 추구하는 사람들이 스스로 만든 집단을 의미한다.

(2) 관료제와 탈관료제

① **관료제의 특징과 장점** … 대규모 조직을 합리적으로 운영하는 방식으로 가장 발달된 조직형태이다.
  ㉠ 특성 : 과업의 전문화, 권한과 책임에 따른 위계의 서열화, 문서화된 규약과 절차에 따른 업무수행, 지위획득 기회의 균등, 경력에 따른 보상 등이 있다.
  ㉡ 기능
    • 효율성 : 거대한 집단적 과업을 안정된 속에서 효율적으로 처리할 수 있다.
    • 표준화 : 업무가 표준화되어서 구성원이 바뀌어도 과업수행에 차질이 없다.

② **관료제의 역기능** … 수단을 지나치게 강조하여 본래 목표보다 더 중시하는 현상이 나타난다.
  ㉠ 무사안일주의(비능률성) : 구성원들은 자기에게 유리한 것은 과장하고, 불리한 것은 축소시켜 조직의 목표와 과업을 달성하는 데 지장을 초래할 수 있다.
  ㉡ 인간소외 : 인간을 주어진 규칙과 절차만을 지키는 객체로 전락시킬 수 있다.
  ㉢ 창의성 저하 : 규격화된 행동을 요구하며 진취적이고 독창적인 사고를 방해한다.

③ **탈관료제** … 변화에 빠르게 적응하며 조직의 구성과 해체가 자유롭다. 수평적 관계로 효율적인 의사소통 및 빠른 업무처리가 가능하며 개인과 조직의 경쟁력 강화, 창의력 증진, 구성원의 능력과 업적에 따른 보상이 가능하다.
  ㉠ 형태
    • 팀제조직 : 문제를 해결하기 위해 다양한 전문 인력들에 의해 임시적으로 조직되는 조직형태이다.
    • 네트워크형 조직 : 실제 업무 담당자와 최고 경영층이 유기적인 관계를 맺어 신속하고 효율적인 의사 결정을 내릴 수 있는 조직 형태이다.
    • 아메바형 조직 : 자율성과 유연성을 기본 원칙으로 하여 조직 편성의 변경, 분할, 증식이 수시로 일어난다.
    • 오케스트라형 조직 : 구성원들이 협동하고 동등한 지위와 책임을 가진다.
  ㉡ 역기능 : 소속부서가 자주 바뀌어 심리적 불안감 가중, 공동 작업으로 인해 책임의 경계가 불분명하다.

❸ 사회구조의 의미와 특징

(1) 사회구조의 의미와 특징

① **사회적 관계** … 개인의 생존과 활동 과정에서 이루어지는 주변과의 상호 작용이 지속적으로 일어나면서 형성된 관계를 말한다.

② **사회구조** … 하나의 사회 내에서 개인들이나 집단들이 상호 관계를 맺고 있는 방식이 정형화되어 안정된 틀을 이루고 있는 조직적인 총체를 말한다.

③ 사회구조와 개인 및 집단 간의 상호작용

　　㉠ 사회구조는 구성원의 행동을 규정 : 사회구조가 일상생활에서 개인의 사회적 행위에 대하여 영향력을 행사한다.

　　㉡ 개인이 사회구조를 변화 : 인간에게는 자율성과 독립적 의지가 있어서 사회구조를 바꿀 수 있는 원동력이 되기도 한다.

(2) 일탈 행동의 원인과 대책

① 일탈 행동의 의미와 특징

　　㉠ 의미 : 한 사회의 구성원들이 인정하는 사회 규칙이나 사회적 규범에 어긋나는 행동

　　㉡ 특징

　　　• 일탈행동의 여부는 역사적 조건, 시대적 상황과 지역에 따라 달라진다.

　　　• 개인적 긴장 야기, 사회문제로 확산될 수 있다

　　　• 일탈행동을 통해 사회문제 표면화가 일어나고 이를 해결함으로써 사회발전을 가능하게 한다.

② 일탈 행동의 원인

　　㉠ 거시적 측면 : 일탈의 원인을 사회구조의 틀에서 찾는다. (관련이론 : 기능론, 갈등론)

　　㉡ 미시적 측면 : 일탈의 원인을 개인들 간의 상호관계에서 찾는다. (관련이론 : 상징적 상호작용론)

③ 일탈 행동의 원인에 대한 이론

　　㉠ 기능론

이론	일탈의 의미 및 원인	일탈에 대한 대책
아노미론	• 목표와 수단이 어긋나서 규범부재나 혼란의 상태에 있을 때, 일탈행동 발생 • 사회의 규범이 약화되거나 부재할 때, 또는 두 가지 이상의 규범이 동시에 존재할 때 행동지침을 잃게 되는 현상을 아노미로 규정	• 사회적 합의에 바탕을 둔 지배적 규범의 정립필요 • 다양한 사회적 욕구를 공평하게 해소 시켜줄 수 있는 사회제도의 정립
사회병리론	사회를 하나의 유기체와 같이 보고, 어느 집단이나 제도 등이 제 역할을 해주지 못하는 것을 일탈행위로 간주	도덕교육의 강화와 올바른 사회화
사회해체론	사회변동으로 인해 기존의 사회구조가 해체되어 제 기능을 담당하지 못할 때 일탈 행동 발생	사회체계의 불균형제거와 균형 상태를 회복하려는 제도적 노력 필요

ⓛ 갈등론

	일탈의 의미 및 원인	일탈에 대한 대책
집단 갈등론	지배적인 사회집단 혹은 계층의 가치와 규범, 이해관계가 법과 같은 강제성 있는 사회 규범으로 만들어지기 때문에 지배 집단이 정해 놓은 규범에 상충되는 행위를 함으로써 일탈 행동 발생	공정한 법 제정과 시행 및 사회 불평등 구조 해소
가치갈등론	지배집단이 갖고 있는 가치와 피지배집단이 갖고 있는 가치가 존재하며 지배집단의 가치에서 벗어난 행동을 일탈행동으로 봄	두 집단의 지배와 피지배의 역학관계 해소

ⓒ 상징적 상호작용론

이론	일탈의 의미 및 원인	일탈에 대한 대책
낙인이론	사회가 일탈행위자로 낙인찍을 경우, 스스로 체념하고 일탈행동을 반복하게 된다.	부정적 낙인에 대한 신중한 판단
차별적교제 이론	개인이 일탈유형과 지속적으로 접촉하면서 사회규범에 동조적인 행동유형과 멀어지고 일탈행동을 하게 됨	일탈행위자와의 접촉차단

④ 일탈 행동의 기능

ⓐ 역기능 : 사회의 기본 질서와 규범파괴, 혼란 야기, 사회결속 약화

ⓑ 순기능 : 범죄자에 대한 낙인과 엄격한 제재로 다른 구성원에게 범죄 예방효과가 나타난다. 사회문제를 표면화하여 발전에 기여한다.

출 제 예 상 문 제

1 관료제와 탈관료제에 대한 설명으로 가장 옳은 것은?

① 관료제는 업무의 세분화와 전문화를 강조한다.

② 탈관료제는 관료제에 비해 연공서열에 따른 보상을 중시한다.

③ 탈관료제는 관료제와 달리 조직 운영의 효율성을 추구한다.

④ 탈관료제는 업무 수행 방식의 표준화를 중시한다.

> **TIP** ① 관료제는 조직을 효율적, 합리적으로 관리하기 위한 하나의 방식으로 업무의 세분화와 전문화를 강조한다. 탈관료제란 관료제의 역기능을 극복하기 위해 등장한 것으로 팀제 조직, 네트워크 조직, 아메바형 조직, 오케스트라형 조직 등으로 세분화된다.
> ② 관료제는 탈관료제에 비해 연공서열에 따른 보상을 중시한다.
> ③ 관료제와 탈관료제 모두 조직 운영의 효율성을 추구한다. 다만, 탈관료제는 보다 유연하고 빠른 적응력을 강조한다.
> ④ 업무 수행 방식의 표준화를 중시하는 것은 관료제다.

2 다음 중 관료제에 대한 설명으로 옳지 않은 것은?

① 업무의 분화와 전문화로 효율화를 추구한다.

② 조직 내의 모든 지위가 권한과 책임에 따라 위계서열화 되어 있다.

③ 공정한 경쟁을 통하여 귀속지위를 획득할 수 있다.

④ 승진과 보수는 근무경력과 능력에 의한다.

> **TIP** ③ 관료제에서의 지위는 공개경쟁을 통한 공평한 기회가 부여되며, 이때의 지위는 귀속지위가 아닌 성취지위이다.

Answer 1.① 2.③

3 사회구조에 대한 설명으로 옳지 않은 것은?

① 사회구조에 대한 기능론적 관점은 사회를 하나의 유기체로 보고 변화의 속성을 강조한다.

② 사회구조에 대한 갈등론적 관점은 갈등과 강제의 속성이 있다.

③ 사회구조는 구성원이 바뀌더라도 비교적 오랫동안 지속되는 특징을 지닌다.

④ 사회구조는 안정성과 변화의 가능성을 함께 지닌다.

> **TIP** ① 변화의 속성을 강조하는 것은 갈등론적 관점이다.
> ※ 사회구조
> ㉠ 개념 : 인간의 사회관계가 통일적이고 조직적인 총체를 이루고 있는 상태를 말한다.
> ㉡ 특징 : 지속성, 안정성, 변동의 가능성을 지닌다.
> ㉢ 기능론적 관점
> • 사회는 하나의 유기체
> • 각 부분은 상호의존관계
> • 전체적인 균형과 통합 유지(지속성과 안정성 추구)
> • 합의에 의한 협동적 관계
> ㉣ 갈등론적 관점
> • 대립적 불균형 상태
> • 갈등 · 강제 · 변동관계
> • 긴장 · 마찰에 의한 변화
> • 강제에 의한 종속관계

4 집단은 하나의 사회단위로서 소멸되지 않고 유지 · 발전되어 간다. 그 요인이 아닌 것은?

① 구성원의 이동제한

② 구성원들의 합의와 동조

③ 적당한 방식의 보상과 제재

④ 집단의 지도력

> **TIP** 집단의 유지 · 발전요인
> ㉠ 구성원들의 합의와 동조
> ㉡ 집단의 적절한 크기
> ㉢ 집단의 지도력
> ㉣ 적당한 방식의 보상과 제재

Answer 3.① 4.①

5 '다른 집 아이들은 어찌되던 우리 집 아이만 좋고 괜찮으면 그만이다'라고 생각하는 형태는 다음 중 어디에 해당하는가?

① 아노미   ② 집단이기주의

③ 문화지체   ④ 문화해체

TIP ① 사회구성원들의 목표와 수단이 어긋나서 규범의 부재 또는 혼란의 상태를 보이는 것을 뜻한다.
　　③ 문화변동의 속도와 관련하여 비물질적인 제도나 가치의 변화가 물질적 측면의 변화를 따르지 못해 간격이 점점 커지는 현상이다.
　　④ 외래문화가 수용되어 종래의 문화체계까지 변동이 일어나 기존문화체계의 통합성마저 분리하게 되는 문화변용을 말한다.
　　※ 집단이기주의
　　　　⊙ 의의 : 한 집단이 전체 사회의 공동의 이익과 발전은 고려하지 않고, 자기 집단의 이익과 발전만을 추구하는 것을 말한다.
　　　　⊙ 형태 : 가족이기주의와 지역이기주의 등이 있다.

6 다음의 내용을 충족시키는 가장 적절한 개념은?

• 동물에게서는 발견되지 않는다.
• 사고, 의지와 관계가 있다.
• 생각과 느낌의 흐름을 파악한다.

---

① 생리적 욕구   ② 사회적 존재

③ 상징체계   ④ 자기성찰력

TIP 생각과 느낌의 흐름을 파악한다는 것에 착안한다.

Answer 5.② 6.④

7 다음에서 협동의 조건이 되는 것만을 옳게 골라 묶은 것은?

> ㉠ 목표달성을 위한 활동에 누구나 참여할 수 있다.
> ㉡ 달성된 목표나 혜택이 고루 분배된다.
> ㉢ 달성목표가 제한되어 있다.
> ㉣ 달성목표나 이해관계가 상충되어 있다.

① ㉠㉡
② ㉠㉢
③ ㉡㉢
④ ㉢㉣

TIP 협동의 성립조건…협동은 당사자들이 어떤 목표를 달성하기 위한 활동에 누구나 참여할 수 있고, 그 결과로 달성된 목표나 혜택이 고루 분배된다는 조건이 보장될 때에 잘 이루어진다.

8 갈등의 긍정적 측면으로서 거리가 먼 것은?

① 집단 내부의 결속과 연대의 강화
② 달성된 목표의 공정한 분배의 실시
③ 사회적 혁신을 촉진시키는 계기를 제공
④ 보다 확고한 협동을 이끌어내는 분위기 조성

TIP 갈등에 대한 긍정적 측면
　㉠ 집단 내부의 결속강화 : 갈등이 바로 혼란이나 파멸과 직결되는 것은 아니다. 그것은 오히려 집단 내부의 결속을 강화한다.
　㉡ 비합리적인 면의 폭로·개선 : 갈등은 인습에 가려 있어 당연시되던 비합리적인 면을 폭로하여 이를 개선시킬 수도 있다.
　㉢ 확고하고 협동적인 상호작용의 유도 : 조정과 타협이 제대로 이루어지기만 하면, 갈등은 전보다는 더 확고하고 협동적인 상호작용을 이끌어낼 수도 있다.

9 사회구조에 대한 설명으로 옳지 않은 것은?

① 사회구조는 그 구성원이 바뀌면 변동한다.
② 사회구조는 전체적으로 파악한 사회적 관계의 체계이다.
③ 사회구조는 안정성과 변화가능성을 동시에 지니고 있다.
④ 사회구조는 부분 이상의 기능과 힘을 지니고 있다.

TIP 사회구조는 개인의 집합체 이상의 체계와 기능을 지니고 있기 때문에 사회구성원의 교체 여부와는 관계없이 사회구조는 존속·유지된다.

Answer 7.① 8.② 9.①

03 문화와 사회

01 문화

❶ 문화의 의미와 특징

(1) 문화의 의미와 속성

① 문화의 의미
- ㉠ 좁은 의미 : 교양을 갖춘 혹은 개화되거나 세련된 상태를 말한다.
- ㉡ 넓은 의미 : 한 사회 구성원들이 생각하고 행동하는 방식인 생활양식의 총체이다.

(2) 일상생활에 담긴 문화

① 일상생활과 문화
- ㉠ 반복되는 일상은 우리가 의식하지 못한 채 행하는 문화 활동의 연속 과정이다.
- ㉡ 객관적으로 일상을 바라보면 그 속에 숨겨진 문화 현상의 의미를 파악할 수 있다.

② 정치 및 경제생활과 문화
- ㉠ 정치나 경제현상도 사람들의 가치관이나 전통, 종교적 지향 등에 의해 복합적으로 영향을 받는다.
- ㉡ 정치 및 경제생활을 통해서 그 사회의 문화현상과 문화의 여러 가지 속성을 파악할 수 있다.

(3) 문화 요소와 기능

① 문화 요소
- ㉠ 문화 요소 : 한 사회의 문화에서 총체적으로 나타나는 독특한 문화 복합체를 설명하는 기본요소이다. 예 기술, 언어, 가치, 규범, 상징, 예술 등
- ㉡ 기술 : 인간의 욕구나 욕망에 적합하도록 주어진 대상을 변화시키는 모든 인간적 행위이다. 문화의 창조와 변동, 전승과 축적에 영향을 미친다.
- ㉢ 언어 : 생각이나 느낌을 나타내거나 전달하기 위하여 사용하는 음성, 문자 등의 수단이다. 사람간의 소통 수단이 될 뿐만 아니라 삶의 방식과 연관이 있다.
- ㉣ 가치 : 사회구성원의 신념이나 감정 체계, 사회의 다양한 문화 현상에 영향을 미치며, 한 사회집단의 성격을 규정한다.

ⓜ **규범** : 사람의 사회생활에 있어서 판단, 행위, 평가 등의 기준이나 규칙이다. 따르지 않으면 사회적 제재를 받는다. 종종 사회의 존립을 위해 금지 하는 금기로 나타난다.

ⓢ **상징** : 사물이나 의미를 나타내는 작용을 하는 것을 말한다. 문화마다 다르게 부여되고 사람들의 관념이나 가치에 영향을 미친다.

ⓞ **예술** : 인간의 창의력과 아름다움을 표현하는 활동과 그 결과물로서의 작품, 한 사회의 상징이나 일상을 담아내는 중요한 문화요소이다.

ⓩ **개별문화요소간의 연계성** : 개별문화요소들은 그 자체로도 다양한 문화 형태를 만들어내지만 이것들은 서로 영향을 미치면서 한 사회의 문화를 만들고 사회 구성원의 일상에 영향을 미친다. 그래서 개별적 혹은 유기적으로 연계된 문화요소 없이는 인간의 문화적 특성을 발휘하기가 어렵고 사회생활을 영위하기도 어려우므로 사회구성원으로서 이에 대한 이해가 요구된다.

② **문화의 기능**

ⓐ 문화는 집단 간에 소속감을 주고 동질감을 높이는 긍정적인 기능을 한다.

ⓑ 인간을 환경에 적응하게 하는 중요한 기제이다. 인간이 환경에 적응하는 과정에서 각각 다른 적응방식을 택함으로써 사회는 다른 문화를 발전시켜왔다.

ⓒ 인간이 가진 지식을 축적하고 확장하게 해준다.

ⓓ 인간의 기본 욕구를 충족시켜준다.

❷ 문화 이해의 관점과 태도

(1) 문화를 이해하는 태도

① **문화를 이해하는 잘못된 태도**

구분	자문화 중심주의	문화 사대주의
의미	자신의 문화를 우월하게 생각하여 자기 기준으로 다른 문화를 평가하는 태도	자신의 문화를 무시하거나 낮게 평가하고 다른 문화만을 동경하거나 숭상하는 태도
장점	같은 문화를 공유하는 사람들끼리 소속감과 자부심 고무	외래문화에 개방적인 태도로 새로운 문화수용이 용이
단점	• 다른 문화에 대한 편견 및 갈등 초래 • 국제적 고립으로 자문화의 발전 장애, 문화제국주의로 전락가능	• 문화에 대한 편협한 이해 초래 • 문화의 주체성과 정체성 상실, 전통문화의 발전 장애
사례	인디언보호구역 인디언문화퇴보	일본식 다도예찬, 서구인 체형에 맞춘 성형수술

② **문화를 이해하는 바른 태도**(문화 상대주의)

ⓐ **전제** : 각 사회의 문화는 독특한 의미가 있기 때문에 문화 간 열등하거나 우월한 것을 평가할 수 없다.

ⓑ **의미** : 한 문화를 바르게 이해하기 위해서는 그 사회의 맥락과 환경을 고려하여 이해해야하고 각각의 특수성과 다양성을 인정하여 문화를 이해하는 태도이다.

ⓒ 극단적 문화 상대주의 : 각문화의 특수성을 지나치게 강조하여 인류의 보편적 가치마저 부정하는 태도를 말한다. 문화상대주의는 비인간적인 문화까지 용인하고 이해하자는 것은 아니다. 예를 들어 식솔을 함께 묻는 순장제도, 지참금이 적다는 이유로 결혼한 여자를 살해하는 관습 등과 같은 인류의 보편적인 가치인 인간존엄성, 자유, 평등 등을 침해하는 문화적 관습까지 상대론적 시각으로 이해해서는 안 된다.

(2) 문화를 바르게 이해하는 관점

① **총체론적 관점** … 특정 문화를 사회 구성요소와 관련지어 이해하려는 관점, 문화현상을 부분적으로 바라본다면 편협하고 왜곡될 수 있다.

② **상대론적 관점** … 문화의 특수성을 인정하고 그 문화를 그 사회의 입장에서 이해하려는 관점이다.

③ **비교론적 관점** … 두 지역 이상의 문화를 비교하여 문화 간의 보편성과 특수성을 이해하려는 관점이다.

❸ 현대사회의 다양한 문화 양상

(1) 하위문화

① **하위문화**
  ㉠ 하위문화 : 사회의 전통적인 문화에 대하여 어떤 특정한 집단만이 가지는 문화적 가치나 행동 양식
  ㉡ 집단구성원에게 독특한 기능 수행 : 정신적인 지향점 제시, 하위 집단 나름의 욕구해소, 소속감을 느끼게 하고 다른 집단과의 차별성 부여
  ㉢ 사회전체에 대해서 일정한 역할 : 문화의 다양성과 역동성 제공, 전제문화의 유지와 존속에 영향

② **지역문화**
  ㉠ 한 나라를 구성하는 여러 지역에서 나타나는 고유한 생활양식이다.
  ㉡ 지역 공동체의 유지와 발전에 기여 한다.
  ㉢ 한 국가가 문화다양성을 지닐 수 있는 바탕을 제공한다.
  ㉣ 우리나라의 지역문화
    • 정부 주도의 근대화 과정으로 문화의 수용에서 수동적인 성향이 강하다
    • 지방자치시대의 개막과 함께 지역문화에 대한 관심이 증가하였다.
    • 지역적 특성을 반영한 문화축제나 문화 행사들을 많이 개발하고 있다.

③ **청소년문화**
  ㉠ 기성세대의 문화에 대하여 비판적이고 새로운 것을 추구하여 미래지향적이고 저항적이다.
  ㉡ 대중매체나 대중문화의 영향을 받아 충동적이고 모방적인 성향이 강하다.
  ㉢ 청소년들은 감각적이고 쉽게 싫증을 느끼므로 또 다른 특징을 가진 형태로 변모하는 일시적 성향을 가진다.

④ 반문화 … 지배 집단에 대하여 적극적으로 도전하거나 상반되는 문화

    ㉠ 시대나 사회에 따라 반문화의 규정은 달라진다.

    ㉡ 보수사회에 대한 저항의 문화로 작동하면서 사회변화를 견인하는 역할을 한다.

    ㉢ 반문화의 대표적인 예로는, 종교적인 급진적 종파운동, 동성애의 자유화 운동자 집단 등이 반문화의 예가 될 수 있다.

(2) 대중문화

① 대중문화의 의미

    ㉠ 대중문화

       • 사회 다수 사람들이 소비하거나 누리는 문화

       • 한 사회의 지배집단이 오랫동안 누려온 고급문화에 대응하는 의미로도 사용된다.

② 대중문화의 형성과정

    ㉠ 대중사회 : 대중이 정치·경제·사회·문화의 모든 분야에 진출하여, 큰 영향을 발휘하는 사회

    ㉡ 대중사회 이전사회 : 여가나 오락 등의 문화는 귀족 등 지배계층이 누리는 문화와 일반 사람들이 누리는 문화가 구분되었다.

    ㉢ 대중사회 형성 과정 : 대중매체의 발달, 여가문화의 발달, 대중들의 경제적인 여유가 생기면서 대중이 즐기는 문화가 형성되었다.

    ㉣ 대중문화 형성

       • 자본주의 발달과정에서 대량 생산과 대량 소비 가능하게 되었다.

       • 대중들에게 경제적인 여유가 생기면서 여가에 관심을 쏟게 되었다.

       • 대중 매체의 발달로 다양한 문화 상품이 생성되었다.

       • 근대 교육을 받은 대중이 확대되면서 대중의 지위상승, 문화적 역량이 증가하게 되었다.

③ 대중문화의 순기능 … 소식을 전하고 정보를 전달하는 교육적인 기능과 일상에서 오락 및 여가 문화로서의 기능을 제공하고, 삶의 활력소 역할을 하며 계층 간 문화 차이를 줄이고 문화 민주주의 실현, 사회비판적인 역할도 수행한다.

④ 대중문화의 역기능 … 이윤을 추구하는 성격이 강해 문화를 상업화 시키고 한순간에 유행되어 문화의 획일성과 몰개성을 가져오며, 사회의 퇴폐화와 저속화 및 문화의 질적 저하를 가중시킨다. 또한 대중 소외를 심화시키고 정치적 무관심과 배금주의적 가치를 양산하며 권위주의 정부가 대중조작을 일삼거나 대중들의 주체성을 잃게 만들 위험성이 크다.

02 문화 변동

① 한국 문화의 다양성

(1) 문화의 의미 및 양상

① 문화 변동의 의미와 요인
  - ㉠ 문화의 변동 : 새로이 등장한 문화 요소로 인해 기존의 문화 요소들이 변화하는 현상
  - ㉡ 문화의 변동의 원인
    - 내부적 요인 : 발명과 발견(새로운 문화 요소 창조, 알려지지 않은 것을 알아내거나 찾아내는 행위)
    - 외부적 요인 : 전파(한 사회의 문화 요소가 다른 사회로 전해져 그 사회의 문화과정에 정착되는 현상)

② 문화 변동의 과정과 양상
  - ㉠ 문화 접변 : 성격이 다른 문화 간의 접촉으로 한 문화가 다른 사회에 전파됨으로써 나타나는 문화를 말한다.

구분	내용
자발적 문화 접변	직접적인 접촉에 의해서나 간접적인 접촉에 의해서나 새로 접하게 된 문화체계가 기존의 것보다 효과적이라고 느끼고 자발적으로 일어나는 경우로 문화변동이 비교적 완만하며 문화통합정도가 강하다.
강제적 문화 접변	정복이나 식민통치와 같이 강제성을 지닌 외부의 압력에 의해 일어나는 경우로 복고운동이나 거부 운동이 일어날 수 있다.

  - ㉡ 문화 접변의 결과

구분	내용
문화 공존	한 사회에 다른 문화요소가 나란히 존재하여 같이 발전하는 경우
문화 동화	한 사회의 문화 요소는 사라지고 다른 사회의 문화 요소로 대체되는 경우
문화 융합	서로 다른 두 문화 요소가 결합하여 기존의 문화와 다른 새로운 제3의 문화가 나타나는 경우

(2) 문화 변동과 사회문제

① 문화지체현상
  - ㉠ 문화 변동 과정에서 물질문화와 비물질문화의 속도차이로 나타나는 부조화현상을 말한다.
  - ㉡ 해결방안으로는 법 제도의 개선, 의식개선을 위한 캠페인 등이 있다.

② 문화적 전통과 정체성 상실 : 외래문화의 급격한 수용으로 기존의 문화 정체성의 약화 및 사회구성원 간의 갈등이 유발되며 기존 사회 규범의 붕괴로 사회 혼란 현상이 발생할 수 있다.

❷ 세계화를 통한 다양성

(1) 문화의 세계화

① 세계화로 서로 다른 문화들 간의 접촉이 활발해지고, 정보 통신 기술의 발달로 인적, 물적 교류 뿐 아니라 일상적인 문화까지 교류가 가능하게 되었다.

② 문화와 세계화의 영향
   ㉠ 긍정 : 새로운 문화의 유입으로 기존의 문화가 더욱 풍부해지게 되었다.
   ㉡ 부정 : 서구 중심의 문화에 일방적인 동화로 고유한 문화 소멸, 획일화가 이루어지고 있다.
   • 문화의 다양성의 심화 : 세계화로 인한 노동력의 이동과 국제결혼의 증가로 다양한 인종, 종교, 문화를 가진 사람들이 공존하면서 다인종 · 다문화 사회로 변화중이다.

③ 다문화사회의 바람직한 자세 : 다른 문화에 대하여 개방적이고 서로 존중하는 태도, 문화적 다양성 인정 등이 있다.

(2) 우리 문화의 정체성과 세계화

① 문화의 정체성
   ㉠ 문화적 정체성 : 한 사회의 구성원이 그 사회에서 오랫동안 공유한 역사적 경험과 공동체로서의 의식, 구성원들 사이에 공유된 가치관 · 세계관 · 신념 등의 문화에 대해 갖는 일체감
   ㉡ 문화적 정체성의 약화 : 기존과 다른 문화요소의 유입으로 인한 급격한 문화변동으로 정체성이 약화되었다.
   ㉢ 발전방향 : 다른 나라 문화의 좋은 점을 주체적으로 수용하여 전통문화를 발전시키면서도 창조적 계승이 필요하다.

② 세계화 시대의 문화 발전 방안
   ㉠ 문화의 세계화 : 우리 문화를 세계에 알릴 수 있는 기회 제공
   ㉡ 영향 : 우리 문화의 정체성 확립, 국가 경쟁력 강화, 전 세계적인 문화 다양성에 기여
   ㉢ 방법 : 대중매체를 이용한 우리 전통문화의 소개, 우리의 것을 세계적인 것으로 발전

출 제 예 상 문 제

1 인터넷을 통하여 한류 열풍이 일어나는 문화현상을 가장 잘 나타낸 용어는?

① 문화전파   ② 문화개혁

③ 문화지체   ④ 문화공존

TIP 문화의 전파 … 한 사회의 문화요소들이 다른 사회로 직·간접적으로 전해져서 그 사회의 문화과정에 통합, 정착되는 현상을 의미한다.

2 다음의 예가 해당하는 문화의 속성은?

> 피임약이 개발됨으로써 임신과 출산율이 감소하고 여성의 사회진출이 늘어났으며 가족의 구조가 핵가족화 되고 있다.

① 문화의 전체성

② 문화의 공유성

③ 문화의 학습성

④ 문화의 축적성

TIP 문화의 전체성 … 문화의 각 부분들이 유기적 관련을 가지면서 전체로서 하나의 체계를 이루는 특성을 말한다. 즉, 문화를 구성하고 있는 어느 한 부분의 변화는 다른 부분에 연쇄적인 변동을 가져온다는 것이다.

Answer 1.① 2.①

3 다음에 제시된 내용과 관련된 가장 적절한 개념은?

> 중국의 우리 동포사회가 오랫동안 모국문화와 직접적인 접촉없이 전개되면서, 현지의 문화요소들이 많이 추가되어 점차 민족문화의 양식들이 변해가고 있다.

① 문화지체
② 아노미
③ 문화접변
④ 문화의 내재적 변동

TIP 문화접변 … 성격이 다른 두 개의 문화체계가 장기간에 걸쳐 전면적인 접촉을 함으로써 문화요소가 전파되어 일어나는 변동을 문화의 접촉적 변동 또는 문화접변이라 한다.

4 인간이 문화적 전통을 이룩할 수 있는 것은 한번 고안해낸 것을 다음 세대에 전달할 수 있는 수단, 즉 (   )와(과) 그것을 학습할 수 있는 능력을 가지고 있기 때문이다. (   )의 대표적인 것으로는 언어와 문자가 있다. (   ) 안에 알맞은 것은?

① 충동
② 본능
③ 상징체계
④ 반사작용

TIP 인간이 문화적 전통을 이룩할 수 있는 것은 상징체계(언어, 문자)와 학습능력을 바탕으로 한다.

5 문화지체현상이 나타나는 이유는?

① 문화는 정태적인 성격을 갖고 있기 때문이다.
② 문화요소를 조합하여 새로운 문화요소를 만들어내기 때문이다.
③ 문화요소들 사이에 전파와 변화의 속도가 다르기 때문이다.
④ 아노미현상과 사회적 혼란 때문이다.

TIP 문화지체현상 … 문화요소 간의 변동속도가 달라서 일어나는 부조화현상으로, 미국의 사회학자 오그번(W.F. Ogburn)이 처음 사용하였다.

Answer 3.③ 4.③ 5.③

6 우리 민족의 문화가 수도작문화에 기초했기 때문에 형성된 것이라고 볼 수 없는 것은?

① 농악, 계, 두레, 울력   ② 향약

③ 상부상조의 전통   ④ 풍수지리설

> **TIP** ④ 풍수지리설은 신라시대 말 도선(道詵)이 중국에서 받아들인 인문지리적인 지식과 예언적인 도참신앙이 결부된 학설로서, 수도작 문화와는 관련이 없다.
>
> ※ 수도작문화의 영향
> ㉠ 근면, 협동, 상부상조의 전통 형성(두레, 울력, 품앗이)
> ㉡ 계, 향약의 발달
> ㉢ 알뜰하고 정교한 솜씨
> ㉣ 토속신앙 형성(고사, 동제, 산신제)
> ㉤ 민속놀이(쥐불놀이, 농악, 지신밟기, 줄다리기)

7 오늘날 대중매체를 통해 외국가요나 복장이 우리 청소년들에게 쉽게 접촉되면서 이로 인해 그들의 행동양식에도 변화가 나타나는데 이러한 현상을 가장 잘 나타내는 말은?

① 문화전파   ② 문화개혁

③ 문화지체   ④ 문화진화

> **TIP** 문화의 전파 … 한 사회의 문화요소들이 다른 사회로 전해져서 그 사회의 문화과정에 통합 · 정착되는 현상을 의미한다.

8 다음 중 문화의 속성으로 보기 어려운 것은?

① 축적성   ② 공유성

③ 학습성   ④ 부분성

> **TIP** 문화의 속성
> ㉠ **공유성** : 문화란 한 사회구성원들에게 공통적인 경향으로 나타나는 행동 및 사고방식의 전체이다.
> ㉡ **학습성** : 문화는 후천적인 학습으로 습득가능하다.
> ㉢ **축적성** : 인간은 상징체계(언어 · 문자)를 사용함으로써 지식과 경험을 다음 세대로 전달, 축적할 수 있다.
> ㉣ **전체성** : 문화는 초개인적인 사회적 소산물이다.
> ㉤ **변동성** : 문화적 특성들은 어느 정도의 규칙성은 있으나, 고정불변한 것은 아니다.

Answer   6.④ 7.① 8.④

9 광의의 문화개념이 옳게 사용된 것은?

① 미술전람회나 음악공연회에 자주 참석하면 문화시민이 된다.

② 한 사회의 사람들이 관습적으로 침을 뱉는 것은 그 사회의 문화적인 행위이다.

③ 어떤 사람들은 한국인이 일본인보다 더 문화적인 민족이라고 생각한다.

④ 아프리카 미개사회의 원주민은 문화인의 범주에 속하지 않는다.

TIP 광의의 문화개념 … 넓은 의미의 문화란 인간에 의해서 학습, 창조, 전승되고 누적된 물질적 · 정신적 소산의 일체를 가리킨다. 특히 사회성원들이 가지고 있는 공통된 행동양식 또는 생활양식을 가리켜 문화라고 한다.
　　③④ '문명'의 개념과 같은 맥락에서의 좁은 의미의 문화개념과 관련이 깊다.

10 문화의 특성에 대한 설명으로 옳지 않은 것은?

> • 한 한국소녀의 가족이 온돌방에 상을 차려 놓고 둘러앉아 수저로 밥과 반찬을 먹고 있다.
> • 한 백인소녀의 가족이 식탁에 둘러앉아 포크와 나이프로 고기를 먹고 있다.

① 두 사람이 피부색, 얼굴형태, 머리색 등이 다른 것은 모두 문화적 특성이 다르기 때문이다.

② 그들의 이런 특성들은 출생 후 성장하면서 각기 그들의 문화를 학습한 결과이지 가지고 태어난 것이 아니다.

③ 어디서, 어떻게 앉아, 무슨 음식을, 어떤 식으로 먹는지는 그들의 생활양식의 한 부분으로서의 문화적 특성이다.

④ 문화는 특정한 사회집단의 성원들이 생각하고 행동하는 생활양식이다.

TIP ① 피부색, 얼굴형태, 머리색 등은 부모로부터 유전적으로 물려받은 체질적 특성이다.

Answer 9.② 10.①

11 문화에 관한 설명 중 옳지 않은 것은?

① 모든 사회의 문화는 언어, 예술, 신화, 종교 등 서로 공통된 요소를 가진다.

② 문화는 각 사회마다 특수성이 있어 전체적으로 다양성을 가진다.

③ 각 문화는 고유의 가치를 가지고 있으므로 우열을 가려서는 안 된다.

④ 개개인의 특징적이고 독특한 버릇도 장기화되면 문화라 한다.

> **TIP** 문화의 특성
> ㉠ 한 사람만이 가지고 있는 개인특유의 행동이나 생각은 다른 사람에게 전파되고 공유되지 않는 한 문화를 구성하지 않는다. 따라서 문화는 집단적인 사회생활을 통해서만 유지·존속될 수 있다.
> ㉡ 문화는 사회구성원에게 공유되고 있는 공통의 사고 및 행동양식의 총체이기 때문에, 초개인적인 성격을 지니게 마련이다.

12 다음에서 문화의 공유성기능에 속하는 것만을 옳게 골라 묶은 것은?

> ㉠ 사회생활을 위한 공통의 장을 제공한다.
> ㉡ 사회구성원 간의 행동 및 사고를 예측하게 한다.
> ㉢ 그 나라의 사회생활을 전체적으로 파악하게 한다.

① ㉠
② ㉠㉡
③ ㉠㉢
④ ㉡㉢

> **TIP** 문화의 공유성의 기능
> ㉠ **사회생활을 위한 공통의 장을 제공**: 문화를 공유하고 있는 구성원들에게 원활한 사회생활을 위한 공통의 장(場)을 제공한다.
> ㉡ **사회구성원 간의 행동 및 사고의 예측 가능**: 특정한 상황에서 상대방이 어떻게 행동할 것인지, 서로에게 무엇을 기대할 수 있는지를 예측할 수 있게 한다.

Answer 11.④ 12.②

13 문화의 관념적 구성요소가 아닌 것은?

① 철학
② 예술
③ 교육
④ 신화

TIP ③ 제도적인 구성요소에 속한다.

※ 문화의 구성요소
　ㄱ 기술적인 구성요소 : 인간의 기본적 욕구충족과 관련된 구성요소로 물질문화와 관련이 깊은 문화구성요소이다.
　ㄴ 제도적인 구성요소 : 사회구성원들의 행동기준과 관련된 요소로 사회구성원들에게 행동기준을 제공(가족, 친족, 혼인, 정치, 경제, 법률, 교육)한다.
　ㄷ 관념적인 구성요소 : 신화, 전설, 철학, 언어, 문학, 예술, 종교 등이 있는데 삶의 의미와 방향을 제시해 준다.

14 다음의 내용은 문화의 속성 중 무엇을 말하는가?

• 인간의 출생과 더불어 가지고 태어난 것은 아니다.
• 성장과정에서 그가 어떠한 문화 속에 살았느냐에 달려 있다.
• 어릴 때에는 주로 가정교육, 또래집단에서의 놀이, 친구들과의 담소 등을 통해서 익혀 나간다.

---

① 문화의 전체성
② 문화의 학습성
③ 문화의 변동성
④ 문화의 축적성

TIP 인간이 어떤 문화를 학습하여 어떻게 행동하고 생각하는지는 부모로부터 물려받은 유전인자와는 상관없고, 성장과정에서 그가 어떠한 문화 속에서 살았느냐에 달려 있다.

Answer 13.③ 14.②

04 사회 계층과 불평등

01 사회 불평등

❶ 사회 불평등의 의미와 유형

(1) 사회 불평등의 의미와 유형

① **사회 불평등** … 어떤 사회속의 개인들이 평등한 사회적 지위를 갖지 못한 상태를 말한다.
  ㉠ 사회구성원다수가 가치 있게 여기는 희소가치가 차등적으로 분배되면 사회 불평등이 발생한다.
  ㉡ 어느 시대 어느 사회에서나 사람들의 신체적 특징, 재능, 관심사 등의 차이를 바탕으로 사회적 지위가 부여되면서 사회적 분화가 일어나고 사회계층의 서열화가 발생한다.

② **사회 불평등의 유형**
  ㉠ **개인 간의 불평등**: 개인의 특성이나 일의 기능적 중요성 또는 희소성으로 급여 수준이 달라진다.
  ㉡ **집단 간의 불평등**: 백인종과 유색인종, 부유층과 중산층 및 빈곤층 등 다양한 사회 집단사이에 나타날 수 있다.

(2) 사회 불평등의 여러 형태

① **전통사회와 현대사회의 불평등**
  ㉠ **전통사회**: 신분제도에 따른 사회적 불평등이 핵심이다.
  ㉡ **현대사회**: 다양한 사회적 요인에 의해 여러 측면에서 불평이 발생한다.

② **사회적 불평등의 형태**
  ㉠ **경제적 불평등**: 경제적 자산이나 소득분배의 격차를 말한다.
  ㉡ **절대적 빈곤**: 기본적인 의식주의 해결이 불가능한 빈곤상태를 말한다.
  ㉢ **상대적 빈곤**: 생활 조건의 상대적 차이에서 느끼는 박탈감과 빈곤의식을 말한다.
  ㉣ **정치적 불평등**: 권력이 불평등하게 분배되는 상태를 말한다.
  ㉤ **사회·문화적 불평등**: 사회적 위신, 명예, 신뢰도, 교육수준 등 사회 문화적 자원의 불평등한 분배에서 비롯된 격차를 말한다.
  ㉥ **정보 격차로 발생하는 불평등**: 정보화의 혜택이 모든 사람에게 균등하게 분배되지 않아서 발생하는 것을 말한다.

02 사회 계층

① 사회 계층 현상에 대한 이론적 설명

(1) 사회 계층현상의 의미

① 사회 계층 현상
  ㉠ 한 사회 내에서 구성원들 간에 사회적 희소가치가 불평등하게 분배됨에 따라 개인과 집단이 서열화 되어 있는 현상을 말한다.
  ㉡ 사회적 희소가치가 개인의 능력 또는 가정적 배경 등에 따라 불평등하게 분배된다.

② 사회 계층 제도 … 사회적 업무와 지위 간의 불평등이 사회 전반에 제도로 정착된 것을 말한다.
  ㉠ 사회 계층 제도의 종류
    • 노예 제도 : 주인의 재산이 되는 노예를 전제로 성립된 제도로 가장 오래된 불평등 형태
    • 카스트 제도 : 인도사회 특유의 제도로 개인의 출생 시부터 계층의 위치가 정해지는 제도
    • 신분 제도 : 개인의 사회적 지위가 혈연관계에 의해 세습되고 결정되는 계층 제도
    • 계급 제도 : 자본주의와 더불어 등장한 사회 계층 제도

③ 계급과 계층
  ㉠ 계급 : 경제적 요인에 의해 서열화 된 위치의 집단(일원론적 관점)
  ㉡ 계층 : 사회적 희소가치에 따라 다양하게 서열화 되어있는 집단(다원론적 관점)

② 사회 계층 구조의 유형과 특징

(1) 사회 계층 구조의 유형과 특징

① 사회 계층 구조의 의미
  ㉠ 계층
    • 재산, 지위 신분 등 객관적인 조건이 동일한 사람들의 모임이다.
    • 존재는 한 사회 내에서 희소한 자원이 불평등하게 분배되어 있음을 의미한다.
    • 계층을 구분하는 기준은 사회에 따라 다르며 같은 사회 내에서도 시대에 따라 각기 다르다.
  ㉡ 계층 구조
    • 사회적 불평등이 지속적으로 상층, 중층, 하층의 형태로 고정된 구조이다.
    • 계층 구조는 한 사회의 희소한 자원의 분배 형태를 보여준다.
    • 어느 사회이든지 사회 계층의 모습이 일정한 정형화된 구조를 띠고 있다.
    • 일반적으로 사회의 불평등 정도를 알아보는 척도로 쓰인다.

② 사회 계층 구조의 유형

㉠ 평등 유형별 계층구조

구분		평등유형	내용
수직형 계층 구조		완전 불평등	• 모든 사회 구성원이 서로 다른 계층에 속해 있음 • 실제로 존재할 수 없는 극단적 형태의 구조
수평형 계층 구조		완전 평등	• 모든 사회 구성원이 같은 계층에 속해있음 • 실제로 존재할 수 없는 극단적 형태의 구조
피라미드형 계층 구조	상 중 하	부분 불평등	• 상층 < 중층 < 하층의 순으로 계층비율 구성 • 소수의 상층이 다수의 하층을 지배하고 통제함 • 전근대적인 폐쇄사회에서 나타남
다이아몬드형 계층 구조	상 중 하	부분 평등	• 중층의 구성원비율이 상하층의 합보다 높은 경우 • 중간계층의 비율이 높아짐에 따라 사회가 안정적임 • 현대 산업사회에서 관료 · 사무직 등의 증가로 인해 나타남

㉡ 피라미드형에서 다이아몬드형 계층 구조로 바뀐 계기 : 신분제도의 철폐, 의무 교육의 확대, 사회 복지제도의 확대, 산업화로 인한 중산층 확대 등

㉢ 새롭게 등장한 계층구조

구분		내용
타원형 계층 구조	상 중 하	• 다이아몬드형 계층 구조에서 중상층과 중하층의 인구비율이 증가한 형태 • 중간계층의 비율이 가장 높음 • 가장 사회적 안전성이 높음
표주박형 계층 구조	상 중 하	• 다른 구조에 비해 중간 계층 비율이 상대적으로 낮은 형태 • 사회 양극화로 사회적 불안정이 매우 심각한 형태

(2) 사회 이동의 유형과 특징

① 사회 이동의 의미 … 개인 또는 집단의 계층 구조상 위치가 변하는 현상

　㉠ 원인

　　• 개인적 원인 : 개인의 능력, 교육의 정도, 지위 상승에 대한 열망 등

　　• 사회 구조적 원인 : 산업 구조와 직업 구조의 변화, 과학 기술의 발달, 교육의 보급 등

　㉡ 경향 : 전근대 사회보다 근대사회에서, 농촌보다 도시 사회에서 뚜렷이 나타남

② 사회 이동의 유형

분류 기준	유형	내용
이동 방향	수평 이동	• 같은 계층 내에서의 위치변화 • 계층적 위치의 높낮이는 바뀌지 않은 상태에서 비슷한 위치의 다른 직업과 소속으로 옮겨가는 것
	수직 이동	• 계층적 위치가 상승 또는 하강하는 변화, 계층 간 이동 • 상승이동과 하강이동으로 구분
이동 기간	세대 내 이동	• 한 개인의 생애에 걸쳐 일어나는 계층적 위치의 변화 • 주로 직업 변동을 통해 알 수 있음
	세대 간 이동	• 세대를 가로질러 일어나는 계층적 위치의 변화 • 부모와 자식의 계층적 지위의 변화 • 세대 간 이동이 잘 이루어 지지 않으면 계층적 지위의 세습이 이루어질 가능성이 높음
이동 원인	개인적 이동	주어진 계층 구조 내에서의 개인의 능력이나 노력에 의한 사회적 지위의 변화
	구조적 이동	전쟁·혁명, 산업화, 도시화 등과 같은 급격한 사회 변동에 따라 기존의 계층구조가 변화하여 발생한 계층적 위치의 변화

③ 사회 이동과 계층 구조

　㉠ 이동가능성에 따른 계층구조

구분	내용
폐쇄형 계층 구조	• 수직이동이 제한되어 있거나 불가능한 경우, 수평이동은 가능 • 개인의 노력에 관계없이 수직 이동제한(귀속지위 강조) • 신분질서가 엄격했던 사회의 주요 계층 구조
개방형 계층구조	• 수직이동과 수평이동이 모두 가능한 경우 • 상승이동과 하강 이동, 세대 내이동과 세대 간 이동이 자유로움 • 개인의 노력과 능력 중시(성취지위 강조) • 현대산업사회의 주요 계층 구조

　㉡ 사회 이동의 결과

　　• 개인적 : 심리적 만족감 또는 좌절감을 경험하게 된다.

　　• 사회적 : 정치적·사회적 통합에 이바지, 개방형 계층 구조는 사회 통합수준이 높다.

03 사회 불평등의 문제

❶ 빈곤문제

(1) 빈곤문제 개념 및 원인

① 빈곤의 의미와 유형
- ㉠ 빈곤 : 인간의 기본적 욕구가 충족 되지 않은 상태
- ㉡ 절대적 빈곤 : 생존욕구 충족에 필요한 자원이 부족하여 최저 생계비를 확보하지 못하는 상태를 의미한다.
- ㉢ 상대적 빈곤 : 다른 사람이나 계층과 비교해서 상대적 박탈감을 느끼는 상태
- ㉣ 주관적 빈곤 : 개인의 주관적인 판단 수준에서 스스로가 가난하다고 느끼는 상태

② 빈곤의 원인
- ㉠ **기능론**(개인적 요인) : 개인의 능력, 의욕부족으로 성공하지 못한 것, 빈곤층은 빈곤 문화를 형성하며 빈곤 문화는 자녀 세대에 전수되어 빈곤을 재생산시킨다.
- ㉡ **갈등론**(사회구조적 요인) : 개인의 능력과는 무관한 사회 구조에 빈곤이 원인이 있다고 봄, 빈곤층은 모순된 사회 구조의 희생자임을 강조한다.

(2) 해결방안

① 개인적 측면
- ㉠ 빈곤에서 벗어나기 위한 개인의 의지와 노력(교육, 직업훈련) 필요
- ㉡ 빈곤층에 대한 편견과 인식을 버리고, 공존의 가치관과 공동체 의식 함양 필요

② 사회적 측면
- ㉠ 직접지원 : 기초 생활비 및 자녀 양육비 보조, 최저 생계비 이상 소득보장, 조세의 형평성 실현
- ㉡ 간접지원 : 최저 임금제, 고용규모 확대, 고용 정보 시스템 강화, 교육 기회 확대, 기회의 평등

❷ 성 불평등 문제

(1) 성 불평등 문제 개념 및 원인

① 개념
- ㉠ **성 불평등** : 한 사회에서 남자와 여자가 차지하는 지위, 권력, 위신 등에서 나타나는 차이로 남자이거나 여자라는 이유만으로 다른 사람과 불평등한 대우를 받는 것을 말한다.
- ㉡ **성별 분업** : 성에 따른 사회적 역할의 구분, 전통적으로 남성의 역할이 여성의 역할보다 더 높은 평가와 보상을 받음으로써 성 불평등을 초래한다.

② 성 불평등의 양상
  ㉠ **경제적 측면** : 경제 활동 참가율, 임금 수준 및 승진 기회의 남녀 차, 취업의 기회의 남녀 차
  ㉡ **정치적 측면** : 여성의 정치적 영향력 및 참여 여건 저조(국회의원, 지방 자치 단체장 등의 여성 비율)
  ㉢ **사회 · 문화적 측면** : 교육 기회, 직업 선택에서의 차이, 남녀 차별적 자녀 양육 관행, 왜곡된 여성상을 표현하는 미디어

③ 성 불평등의 원인
  ㉠ **기능론** : 남자와 여자의 생물학적 특성이 반영된 자연스럽고 바람직한 역할 문화, 불평등문제는 남녀 간 역할 체계가 새롭게 정립되지 못해 나타나는 일시적 교란 상태
  ㉡ **갈등론** : 남성 중심적 사회 구조(남성 위주의 경제 구조, 가부장제) → 여성의 역할 경시, 사회 참여제한, 보조적 역할 강요
  ㉢ **차별적 사회화** : 고정관념에 따른 성 정체성과 성 역할을 사회화 과정을 통해 학습한다.

(2) **해결방안**
① **제도적 차원** : 성 차별적 제도 철폐, 여성의 권익 신장을 위한 정책, 여성 관련 사회복지 개선
② **의식적 차원** : 성 차별적 고정 관념 · 편견 타파, 평등 의식 제고, 양성성 함양

❸ 사회적 소수자 차별 문제

(1) **사회적 소수자 차별 문제 개념 및 원인**
① **사회적 소수자의 의미**
  ㉠ **사회적 소수자** : 신체적 · 문화적 특징 때문에 사회의 다른 구성원들로부터 불평등한 처우를 받으며, 집단적 차별의 대상이 되는 사람
  ㉡ **사회적 소수자 집단의 조건**
    • **구별 가능성** : 소수자 집단은 신체 또는 문화적으로 다른 집단과 구별되는 뚜렷한 차이가 있거나 그럴 것으로 여겨진다.
    • **권력의 열세** : 정치 · 경제 · 사회적 권력에서 열세에 있거나, 자원 동원 능력이 뒤처지는 사람들이 소수자 집단으로 간주된다.
    • **사회적 차별** : 소수자 집단은 그 집단 구성원이라는 이유만으로 사회적 차별의 대상이 된다.
    • **집합적 정체성** : 자기가 차별받는 집단의 구성원이라는 점을 느껴야 비로소 소수자가 된다.
  ㉢ **발생 기준** : 국적, 민족, 언어, 지역, 나이, 종교, 장애, 성, 계급, 문화, 가치관 등

② 사회적 소수자 차별의 주요 형태

　　㉠ 외국인 노동자와 결혼 이민자, 탈북자, 다문화 가정 자녀 : 취업, 교육 기회의 불평등

　　㉡ 장애인 : 이동의 자유 제한, 취업 기회의 불평등, 동정의 시선

　　㉢ 성적 소수자 : 정신 질환 또는 일탈 행위자로 인식, 혐오와 기피의 대상

③ 사회적 소수자 차별의 원인

　　㉠ 기능론 : 급격한 사회 변동에 따라 사회 제도의 일시적 기능 장애 상태

　　㉡ 갈등론 : 소수자에 대한 기득권층의 일방적 착취

(2) 개선방안

① 제도적 차원 : 차별적 제도의 철폐, 소수 집단 우대 정책, 올바른 인식 개선 캠페인 주최

② 의식적 차원 : 배타적 민족주의 · 순혈주의 극복, 관용정신, 소수자에 대한 국민 의식 전환

04 사회 복지

❶ 사회 복지와 복지 제도

(1) 사회 복지의 의미와 발달과정

① 사회 복지의 의미와 등장배경

　　㉠ 사회 구성원의 기본적 욕구를 충족시키기 위한 사회적 활동체계이다.

　　㉡ 자유방임적 초기 자본주의 사회의 폐해에서 최소한의 인간다운 삶을 국가가 보장해야한다는 인식이 발생하였다.

　　㉢ 현대복지국가는 국가에 의한 사회보장제도, 사회정책 시행(강제적, 포괄적 성격), 사회 구성원 전체를 대상으로 삶의 질 향상을 추구한다.

　　㉣ 인도주의, 평등주의, 보상주의가 기본이념이 된다.

② 사회 복지의 발달 과정

　　㉠ 영국 : 엘리자베스 여왕의 구빈법(1601년) → 베버리지 보고서(1942년)

　　㉡ 독일 : 비스마르크의 사회보험제도(1883년)

　　㉢ 미국 : 대공황 시기 루스벨트의 뉴딜정책과 사회보장법(1935년)

　　㉣ 석유파동이후 : 정부역할 축소(1980년대) → 신자유주의

　　㉤ 제3의 길(영국) 신자유주의 폐해와 복지병의 동시 극복 → 생산적 복지 추구

(2) 복지 제도의 유형

① 사회 정책 ··· 복지 향상을 위해 국가가 시행하는 모든 정책

　　㉠ 여러 가지 사회 복지 정책

　　　• 소득보장 정책 : 질병, 재해, 노령, 실업 등으로 소득을 얻지 못하는 경우에 국가와 사회가 개입하여 최저 생계를 보장하려는 정책이다(각종 연금제도, 생활보호, 최저임금제 등).

　　　• 의료보장 정책 : 의료보험(국민의 질병, 부상, 분만 시 보험 급여), 산업재해보상보험(업무상 재해 시 치료 및 생계 보장), 의료보호(생활보호대상자, 저소득층 대상) 등이 있다.

　　　• 교육 정책 : 복지사회 건설을 위한 가장 적극적인 수단으로 사람답게 살 수 있는 능력을 배양해 준다.

　　　• 주택정책 : 주거안정과 안락한 주거환경을 제공하여 안정된 생활을 유지하도록 해 준다.

　　㉡ 사회 복지 정책의 과제 : 복지에 대한 국민의 인식이 제고되어야 하며, 성장과 분배가 조화된 복지정책이 추진되어야 한다.

② 사회 보장 제도 ··· 국민의 최저 생활을 보장하고, 높은 삶의 질을 영위 할 수 있도록 국가가 정책적으로 지원하는 제도

구분	대상	종류	특징	비용
사회보험	일정 수준 소득이나 재산이 있는 자	건강보험, 국민연금, 산업재해보상보험, 고용보험	사회적 위험예방, 강제 가입, 능력별 부담, 상호 부조의 성격, 비영리 보험, 소득 재분배 효과	피보험자 + 국가 또는 고용주
공공 부조	생계유지가 곤란한 생활 무능력자	국민 기초 생활보장 제도, 의료보호 제도, 긴급 구호(재해 지원)	최저 생활 보장, 일방적 지원, 조세 부담 증가	전액 국가 부담
사회 복지서비스	특별한 보호가 필요한 취약 계층	노인복지, 가족복지, 장애인복지, 아동복지, 여성복지	취약 계층의 자립과 생활 안정 지원(취업 지원, 시설 제공), 전문 사회서비스 제공	공공부문 부담 + 민간 지원

❷ 복지 제도의 역할과 한계

(1) 복지 제도의 역할

인간 존엄성의 실질적 보장, 사회 불평등 현상 극복, 사회 안정과 통합

(2) 복지 제도의 한계와 발전 방향

① 한계 : 근로 의욕 저하 및 복지 의존, 생산성과 효율성 저하, 국가 재정 악화

② 우리나라 : 사회보험 재정 악화, 보험 가입자간 비용부담 불균형, 미흡한 정보공유제도

③ 발전 방향 : 조건부 지원, 복지와 노동의 연계, 경제적 효율성과 복지 형평성의 조화

출 제 예 상 문 제

1 다음 중 산업재해보상보험의 성격이 아닌 것은?

① 고용보장　　　　　　　　　　　　　② 사회보험

③ 의료보장　　　　　　　　　　　　　④ 소득보장

> **TIP** 산업재해보상보험 … 근로자의 업무 또는 작업상의 재해를 신속 · 공정하게 보상하기 위하여 사업주의 강제가입방식으로 운영되는 사회보험이다. 재해상태에 따라 보상연금을 지급함으로써 소득보장을 해주고 간병급여, 장해급여를 지급하여 의료보장을 받을 수 있다. 그러나 산업재해로 인해 취업하지 못하면 휴업급여를 지급하고 있을 뿐 고용보장까지는 하지 못한다.
> ※ **고용보장정책**
> ㉠ **고용보장정책의 의의** : 실업으로 인한 소득 상실에서 생긴 생계곤란의 방지와 실업 자체를 예방하거나 실업이 되더라도 단기간 내에 재취업하도록 도와주는 제도이다.
> ㉡ **고용보장정책의 종류**
> • **고용보험** : 실업급여지급을 통한 소득보장기능 외에 실업자에 대한 직업훈련, 직업지도, 직업소개 등의 사업을 통해 재취업을 촉진해 주며, 고용을 조정하고 안정시키는 역할을 수행한다.
> • **최저임금제도** : 고용이 되어 소득이 생긴다고 하여도 그 소득으로는 최소한의 생계가 보장되지 않는 것을 방지하기 위한 제도이다.

2 좁은 의미의 사회보장제도에 해당하는 것을 모두 고르면?

㉠ 최저임금제　　　　　　　　㉡ 실업수당 ㉢ 고용정책　　　　　　　　　㉣ 의료혜택 ㉤ 주택보장　　　　　　　　　㉥ 의무교육

① ㉠㉡㉢　　　　　　　　　　　　　② ㉠㉡㉢㉣

③ ㉠㉡㉢㉣㉤　　　　　　　　　　　④ ㉠㉡㉢㉣㉤㉥

> **TIP** 좁은 의미의 사회복지제도란 흔히 소득보장을 의미한다.

Answer　1.① 2.①

3 다음 글에서 추론할 수 있는 내용으로 옳은 것은?

> 인터넷이란 세계 각국의 수많은 통신망들이 서로 연결되어 각 망들이 보유하고 있는 정보들을 전세계 어느 곳에서든지 망이 연결된 사용자들에게 제공해 주는 지구촌 통신망(global network)이다.

① 사회이동의 감소로 계층 간에 격차가 심화될 것이다.
② 재택근무와 함께 소호(SOHO)산업이 등장할 것이다.
③ 원하는 정보를 얻기 위해 도시로의 인구이동이 가속화될 것이다.
④ 중간관리층의 역할이 증가할 것이다.

TIP ② 고도의 정보화사회에서는 초고속정보통신망이 구축되고 정보고속도로의 활용으로 공동 학습, 재택근무, 원격지 의료활동 등을 할 수 있다.
　① 무한경쟁, 완전개방화로 사회이동을 촉진시켜 계층간 격차를 축소시킨다. 정보격차에 따른 문제는 발생할 수 있다.
　③ 도시와 농촌의 구분이 없어진다.
　④ 중간관리층의 역할이 퇴색하는 대신 어느 분야의 실무전문가가 곧 최고결정권자가 되어가는 현상이 심화되어간다.

4 단기적으로 소득재분배의 효과를 보다 크게 얻을 수 있는 사회보장의 방법은?

① 생활보호　　　　　　　　　　② 공무원연금
③ 국민건강보험　　　　　　　　④ 산업재해보장보험

TIP 사회보장제도
　㉠ 공공부조제도 : 생활무능력자의 생활보호를 목적으로 하고 있으며, 소득재분배의 효과를 가져온다. 소득이 낮은 나라에서는 시행하기 곤란하며, 국민의 나태심을 유발할 우려가 있다.
　　예 생활보호, 의료보호, 노인복지, 아동복지, 재해구호, 군사원호보상제도
　㉡ 사회보험제도 : 불의의 사고·재해·질병 등에 대비함을 목적으로 상호부호·강제가입의 성격을 띠고 있으며, 근로의욕을 증진시킨다.
　　예 국민건강보험, 국민연금, 산업재해보상보험, 공무원연금, 사립학교교원연금, 군인연금

5 우리나라에서 실시하고 있는 사회보험의 내용으로만 묶인 것은?

　　㉠ 의료보호제도　　　　　　　　　　㉡ 생활보호제도
　　㉢ 공무원연금제도　　　　　　　　　　㉣ 산업재해보장보험제도
　　㉤ 의료보험제도　　　　　　　　　　　㉥ 아동보호제도
　　㉦ 노인복지제도

---

① ㉠㉡㉢　　　　　　　　　　　　　② ㉡㉢㉦
③ ㉢㉣㉤　　　　　　　　　　　　　④ ㉣㉤㉥

> **TIP** 사회보장의 방법
> 　㉠ 사회보험
> 　　• 수혜자가 납부하여 마련된 기금에서 사고발생시 급여하는 제도
> 　　• 비용은 보험에 가입한 개인, 고용주, 국가가 부담
> 　　• 국민건강보험제도(의료보험제도), 연금제도, 산업재해보상보험제도, 고용보험제도 등
> 　㉡ 공공부조
> 　　• 일정 기준 이하의 빈곤자에게 국가가 제공하는 부조
> 　　• 비용은 국가가 세금으로 보조
> 　　• 국민기초생활보장제도(생활보호제도), 의료보호제도, 재해구호제도 등

6 모든 사람이 인간다운 생활을 보장받을 수 있는 사회가 복지사회이다. 다음 중 그 요건이 아닌 것은?

① 민주주의의 토착화
② 소득의 공정한 분배
③ 최저생활의 보장
④ 완전고용의 실현

> **TIP** 복지사회의 요건
> 　㉠ 소득의 공정한 분배와 재분배
> 　㉡ 최저생활의 보장
> 　㉢ 완전고용의 실현

Answer　5.③　6.①

7 다음 중 사회보험제도에 대한 설명으로 적절한 것은?

① 생활무능력자에게 필요에 따라서 개별적으로 생활을 도와준다.

② 세금을 재원으로 하기 때문에 소득재분배효과가 있다.

③ 대상자에 대하여 개별적으로 자산상황, 건강상태 등을 조사한다.

④ 소요비용은 피보험자, 기업, 국가가 분담하게 된다.

TIP 사회보험제도 … 사회적 변화와 함께 발생이 예상되는 불안요소에 대처하여 사회성원들의 생활을 보장하기 위한 제도로서 강제가입의 원칙과 피보험자, 기업주, 국가가 보험료를 분담한다.

8 사회보험과 공공부조를 구별하는 기준이 되는 것은 무엇인가?

① 혜택의 범위 　　　　　　　　　② 소득의 유무

③ 보험료의 과다 　　　　　　　　④ 비용부담의 주체

TIP 사회보장제도는 누가 비용을 부담하느냐에 따라 사회보험과 공공부조의 두 가지로 분류된다.

9 다음 중 균형 개발 방식에 대한 설명으로 적절한 것을 고른 것은?

┌───┐
│ ㉠ 지역 격차를 심화시킬 우려가 있다.   │
│ ㉡ 지방자치제도가 정착된 사회에 적합하다.   │
│ ㉢ 투자의 효율성을 우선하는 개발 방식이다.   │
│ ㉣ 낙후된 지역을 우선적으로 개발하는 방식이다.   │
└───┘

① ㉠㉡ 　　　　　　　　　　　　② ㉠㉢

③ ㉠㉣ 　　　　　　　　　　　　④ ㉡㉣

TIP 균형개발방식 … 낙후된 지역을 우선적으로 개발하여 지역격차를 줄이고자 하는 방식으로 주민의 욕구를 반영하고 지역 간 균형발전을 이루는 장점이 있으나, 자본의 효율적 투자는 불리하다.

Answer 7.④ 8.④ 9.④

CHAPTER 05 현대사회와 사회변동

01 사회 변동

① 사회변동과 근대화

(1) 사회변동

① **사회변동의 의미와 요인**

    ㉠ 일정한 시간동안 나타나는 사회의 구조적 변화

    ㉡ 사회변동의 요인으로는 제도적 요인, 기술적 요인, 의식적 요인 등이 있다.

② **사회변동의 방향에 대한 관점**

    ㉠ **진화론**

      • 사회는 일정한 방향으로 진보·발전한다고 보는 것이다.

      • 단순하고 미분화된 상태에서 복잡하고 분화된 상태로 진보한다고 본다.

      • 사회가 일정한 방향으로 진보한다는 전제의 오류와 제국주의 국가의 식민지 지배를 정당화 한다는 비판을 받고 있다.

    ㉡ **순환론**

      • 사회변동은 시간의 흐름에 따라 사회가 탄생, 성장, 쇠퇴, 해체를 반복하는 것이라고 본다.

      • 문명의 노쇠나 소멸까지 생각, 사회변동을 다소 비관적으로 바라보는 측면이다.

      • 앞으로의 사회변동에 대해 예측하고 대응하기 적합하지 않다는 비판을 받고 있다.

③ **사회변동 요인에 대한 관점**

    ㉠ **기술 결정론**

      • 기술 발달로 생산 능력이 향상되고 생산양식이 변화되면서 사회는 총체적으로 변화한다.

      • 기술의 발달로 인한 경제 영역의 변화가 정치 사회의 변화는 물론 인간의 의식 구조도 변화시킨다는 이론이다.

    ㉡ **문화결정론**

      • 사고, 가치관과 같은 비물질 문화의 변화가 정치, 경제, 사회의 총체적 변화를 불러온다.

      • 인간의 의식과 정신생활이 사회구조의 전반적인 변동을 가져온다는 이론이다.

④ 사회변동에 대한 관점

　ⓘ 기능론

　　• 사회가 전체적으로 균형을 유지하기 위해 각 부분이 조정되는 과정에서 나타나는 변화를 사회변동이라고 본다.

　　• 사회는 수많은 부분이 각각의 기능을 원활히 수행할 때 균형을 이루고 안정을 유지할 수 있으며, 이 균형이 무너지는 것이 곧 사회변동이다.

　ⓛ 갈등론

　　• 사회변동을 보편적이고 자연스러운 현상으로 받아들인다.

　　• 사회의 여러 부분이 대립하는 과정에서 지배적인 위치에 있는 사람과 지배를 받는 사람들과의 불안과 갈등이 표출되면서 사회변동이 일어난다.

　　• 사회 구조나 사회제도를 혁명과 같은 급진적인 수단을 통하여 근본적으로 고쳐야한다고 주장한다.

(2) 근대사회의 형성

① 근대화의 의미

　ⓘ 좁은 의미 : 기존의 농촌 중심의 사회에서 선진 공업 사회로 변화하는 과정

　ⓛ 넓은 의미 : 정치, 경제, 사회, 문화, 가치관 등 모든 영역에서 구조적인 변화가 나타나 총체적으로 더욱 개선된 생활양식으로 바뀌어 가는 과정

정치적 측면	국가의 권위와 합법성이 국민으로부터 나오며, 국민의 의사에 따라 정책이 이루어지는 것
경제적 측면	절대적 빈곤상태에서 벗어나 의식주 해결에 어려움이 없는 상태, 또는 공업 사회가 이룩되는 것으로 자본주의의 시작
사회문화적 측면	문맹퇴치, 교육 지위 획득과 같은 사회적 기회의 평등, 동·서양 문화교류가 활발해짐

② 근대 사회의 형성배경

정치적 측면	• 시민 혁명을 통해 절대왕정의 전제정치와 봉건적 잔재를 타파하고, 시민계급이 주도하는 새로운 사회건설 • 정치 체제와 권력의 민주화과정
경제적 측면	• 지리상의 발견과 산업혁명으로 전 세계를 하나의 거대한 자본주의로 편입 • 산업혁명을 통한 생산 능력과 생활수준 향상으로 자본주의적 생활양식의 확산 • 자족적 농촌공동체에서 도시중심의 상공업으로 발전
사회문화적 측면	• 과학혁명과 계몽주의 확산에 따른 합리적 신념 확산 • 개별 주체들의 특성과 권리가 강조되며 개인주의와 다원주의 확산

(3) 근대화를 설명하는 이론

① 서구 사회를 발전 모델로 제시한 이론

 ㉠ 근대화 이론

  • 근대화를 진보적 사회 변동으로 이해

  • 선진국 모델의 근대화 과정을 통해 민주적 정치 제도, 합리주의적 생활양식 등의 확산으로 삶의 질 향상이 이루어진다고 본다.

  • 서구 사회의 개인주의, 물질주의, 인간소외 등의 문제점이 나타난다.

 ㉡ 수렴이론

  • 뒤따르는 사회들이 앞선 사회의 발전 경로를 모방하면서 결국 각 사회의 발전 양상이 대체로 유사해진다는 이론

  • 궁극적으로 정치적 다원주의를 수용하게 된다고 본다.

② 서구 사회를 발전 모델로 보는 이론에 대한 반론과 수정

 ㉠ 종속이론

  • 서구식 근대화 모델을 저개발 국가에 적용하는 것을 비판한다.

  • 저개발 국가가 선진국에 종속되어 착취당하기 때문에 저발전 상태에 머무른다고 보고 자국 산업을 중심으로 독자적인 발전을 도모할 것을 주장한다.

  • 신흥 공업국에는 적합하지 않아 동아시아의 상황을 설명할 수 없다.

 ㉡ 신근대화이론

  • 전통과 근대의 공존 및 보완 관계 강조하며, 전통이 근대성과 조화를 이룰 수 있다고 본다.

  • 근대화모델이 다양하게 존재할 수 있음을 인정한다.

02 사회문제

❶ 산업화로 인한 사회문제

(1) 실업문제

① **영향** … 개인의 자아실현 기회와 생계유지 수단 박탈로 인한 삶의 질 저하와 의욕저하, 사회적으로는 인력자원의 낭비

 ㉠ 사회가 요구하는 능력이나 직업이 변화하면서 전체적으로 일자리가 부족해진다.

 ㉡ 마찰적 실업, 구조적 실업, 경기적 실업, 계절적 실업 등이 있다.

② **해결방안** : 정부의 공공사업 확대를 통한 일자리 마련, 구인, 구직정보 제공 시설 확충, 취업교육 및 생계지원, 근무제도 변경, 새로운 산업분야 개척, 동절기 공공근로사업 등

(2) 임금문제

① 임금문제의 발생원인과 유형
  ㉠ 저임금 문제와 임금 격차 문제 발생.
  ㉡ 기업의 고용 관행 변화 : 비용절감을 목적으로 비정규직 노동자 고용 증가
  ㉢ 노동자가 받아야할 임금을 받지 못한 임금체불 문제
  ㉣ 남녀 차별 및 인종 갈등으로 인한 여성 노동자와 외국인 노동자 문제

② 해결방안 : 사회적 형평성 고려, 최저임금제 도입, 비정규직 노동자의 정규직 전환, 임금체불 관련 법적 규제 만들기 등

(3) 노사문제

① 많은 임금과 복지를 원하는 노동자와 적은 비용으로 많은 이윤을 얻고자 하는 사용자 간의 대립이다.

② 노동자와 사용자는 근로 조건, 복지 등에 대해 대립한다.
  ㉠ 파업 : 노동자가 집단적으로 노동제공을 정지하는 행위
  ㉡ 태업 : 집단적으로 작업 능률을 저하시키고 소극적 작업으로 사용자에게 손해를 주는 행위
  ㉢ 직장 폐쇄 : 사용자가 자기의 요구를 관철하려고 공장이나 작업장을 폐쇄하는 행위

③ 해결방안
  ㉠ 서로의 의견을 존중하며 더 큰 이익을 공유하는 협상이 필요하다.
  ㉡ 법적 보장범위 내의 권리 행사와 그에 따라 책임을 지는 자세가 요구된다.

❷ 도시화로 인한 사회문제

(1) 도시화의 의미와 특성
① 의미
  ㉠ 도시로 인구가 집중이 되면서 도시적 생활양식이 증가하고 확산되는 과정을 말한다.
  ㉡ 인구 집중으로 인한 높은 인구 밀도, 2·3차 산업 종사자 증가, 분업화·전문화, 주로 수단적·형식적 인간관계가 나타난다.
  ㉢ 우리나라의 도시화 : 1960년대 이후 산업화가 진행되면서 도시의 인구 집중과 도시 비율이 상당히 높아졌다.

② 도시화로 나타난 문제

　　㉠ 도시문제 주택문제(주택부족, 지가 상승), 교통문제(교통체증, 주차난, 교통 혼잡), 환경오염, 각종 범죄 증가, 인간소외문제

　　㉡ 농촌문제 노동력 부족, 기반시설 부족, 상대적 박탈감 등

(2) 해결방안

① 도시문제에 대한 대책

　　㉠ 도시 인구분산이 가장 기본적인 문제 해결방법

　　㉡ 분야별 대책

주택문제	낡은 주거지 재개발, 위성 도시 건설, 서민용 주택 공급 및 지원 등
교통문제	대중교통 수단의 확보, 도로 재정비, 주행세부과, 자동차 5부제 시행 등
환경문제	쓰레기 종량제 실시, 환경오염관련 규정 만들기, 청정에너지 사용, 환경오염 기준 제시, 환경운동 등
범죄와 인간소외	CCTV설치, 작은 공동체 중심으로 인격적 인간관계 강조, 시민의식과 규범 활용 등

② **농촌문제의 해결** : 귀농 정착금지원, 농촌의 생활환경 개선, 농촌의 소득 증대 방안 모색

❸ 인구변천으로 인한 사회문제

(1) 인구변천 정의

① 인구의 증가와 감소를 의미한다.

② 인구변천에 영향을 주는 요소는 출생, 사망, 인구 이동 등이 있다.

(2) 인구변천 단계

① 1단계 : 출생률과 사망률이 모두 높아 총인구의 변화가 거의 없는 단계로, 산업혁명 이전의 모든 국가와 오늘날의 중부 아프리카들이 여기에 속한다.

② 2단계 : 출생률은 높으나 사망률이 감소하기 시작하여 인구증가율이 높아지는 단계로, 대부분의 아시아 국가들이 여기에 속한다.

③ 3단계 : 의학의 발달로 사망률은 급감하는데 비해 출생률은 약간 감소하여 인구증가율이 가장 높은 단계로, 대부분의 중남미 국가들이 여기에 속한다.

④ 4단계 : 가족계획과 생활수준의 향상으로 출생률이 급감하여 인구증가율이 낮아지는 단계로, 일부 남미 국가와 홍콩, 싱가포르 등이 여기에 속한다.

⑤ 5단계 : 출생률과 사망률이 모두 낮은 단계에 이르고 인구증가율이 다시 낮아지는 단계로, 선진 공업국들이 여기에 속한다.

(3) 문제 및 대책

문제점	내용	대책
자원부족	부존자원의 개발이나 자원의 재생속도보다 인구증가 속도가 빨라 자원 고갈	에너지 절약, 대체자원개발, 농업생산성 개선 등
저출산	• 여성들의 지위가 향상되고 사회활동 참여의 기회가 증대 • 이혼율 증가, 독신 증가, 자녀 양육비 및 교육비 증가 등이 원인 • 사회의 유지와 부양에 심각한 위협	출산장려금 지급, 사회의 복지 수준 향상, 육아 비용 시설, 휴직 등의 지원 확대, 교육비 부담 줄이기 위한 노력 필요
고령화	평균 수명 증대, 의학기술 및 보건 수준 향상, 경제수준 향상에 따른 식생활 개선으로 등장하였다. 산업인구 감소. 세대 간 갈등, 독거노인 증가. 노인부양비 증가	경로효친 사상 고양, 노령층의 취업 기회 강화, 노인 복지 지원 필요

❹ 현대사회의 변동과 대응

(1) 세계화

① 세계화의 의미와 요인
- ㉠ 세계화 : 삶의 범위가 민족과 국경의 범위를 넘어서 전 세계로 바뀌어 인적, 물적 교류가 활발하게 이루어지는 과정.
- ㉡ 세계화의 요인 : 과학 및 정보 기술과 교통·통신기술의 발달, 국가 간 교류의 폭 확대, 자본의 자유로운 이동

② 세계화 양상과 현황
- ㉠ 정치적 측면 : 민주주의의 확산
- ㉡ 경제적 측면 : 자본주의의 확산, 시장개방을 지향하는 세계무역기구(WTO) 체제, 자유무역협정(FTA)
- ㉢ 사회 문화적 측면 : 세계 각 지역의 생활양식이 확산되면서 문화 간 접촉과 전파 증가로 인해 문화동화, 문화융합 등의 문화 변동이 일어나게 되었다.

③ 세계화의 특징 … 전 지구적 상호 의존성 증가, 물리적 공간과 시간의 제약이 줄어듦, 일부 특정한 문화권의 생활양식이 확산되며 상대적으로 약한 지역이나 문화가 소외된다.

④ 세계화에 대한 대응

    ㉠ 세계화의 문제점 : 한 국가의 상황이 전 세계적으로 경제상황에 영향을 미치고, 문화의 획일화 가능성이 크고, 경쟁력 약한 문화의 존립 기반과 정체성이 약화되며 지역·인종·민족·문화 등에 따른 불평등 심화 등의 문제점이 있다.

    ㉡ 세계화에 대한 대응 : 다른 문화에 대한 열린 사고와 협력의 필요성을 인식하고 국제적 경쟁력을 확보하며, 세계 공통의 보편적 가치와 인류애 추구의 정신을 가진 세계 시민으로서의 자질이 필요하다.

(2) 정보화

① 정보사회의 형성과 특징

    ㉠ 정보사회 정보의 지배가 사회적인 권력관계의 결정적 요소가 되는 사회

    ㉡ 형성배경

      • 기술적 기반 : 새로운 기술이 등장하였다.

      • 경제적 기반 : 정보 기술이 자본과 결합하여 이윤을 창출할 수 있는 산업으로 발전하였다.

      • 사회적 기반 : 대중의 사회 참여 욕구 증대와 다원화 경향 등이 있다.

    ㉢ 특징 : 가치 창출의 원천으로서 지식과 정보 중시, 다품종 소량 생산 방식 확대, 쌍방향적 정보 흐름에 의한 의사 결정의 분권화, 지적 창조적 활동을 통한 자아실현의 부각, 공간적 범위 확대와 새로운 관계양상 증가 등

② 정보사회의 긍정적인 면

    ㉠ 정치적 측면 : 대중의 정치 참여를 확대하여 직접 민주주의의 실현기반이 되었다.

    ㉡ 경제적 측면 : 생산의 효율성을 증대시키고 소비자 중심의 시장을 만들었다.

    ㉢ 사회적 측면 : 새로운 인간관계 형성에 도움을 주어 사회통합에 긍정적 영향을 미친다.

    ㉣ 문화적 측면 : 다양성과 창의성을 중시하며 폭넓은 문화교류를 가능하게 했다.

③ 정보사회의 문제점 … 정보격차, 사생활 침해, 사회적 통제와 감시, 정보기기와 서비스에 대한 지나친 의존도, 정보의 오남용, 정보 윤리 미흡, 정보 유출, 인간 소외 등이 있다.

④ 정보사회의 문제에 대한 해결책

    ㉠ 개인적 차원 : 보안에 주의하고, 역기능을 인식하고, 정보·윤리를 실현하고, 올바른 정보 활용 능력을 갖추고 절제하는 습관을 기른다.

    ㉡ 사회적 차원 : 인터넷 실명제 실시, 사이버 범죄 담당부서 설치, 통신비 지원정책, 정보·윤리 공익 광고방송, 공유 정보 공개, 개인 정보 보호에 관한 법과 제도 구축, 정보 소외 계층 교육 등이 있다.

(3) 전 지구적 차원의 문제

① 환경 문제 … 산업화 이후로 인구가 증가하였고, 무분별한 개발과 자원의 낭비로 인해서 지구의 재생 능력의 한계에 도달하였다. 이로 인해 지구 온난화, 생물 멸종 위기, 열대 우림 감소, 사막화, 빙하 손실, 황사, 환경 재앙 사고 등의 환경문제들이 발생하고 있다.

② 자원 문제 … 인구 증가 및 급속한 개발로 인하여 자원이 부족하다. 삶에 필요한 물과 식량의 부족, 기아로 인한 어린이 생명의 위협 그리고 에너지 자원 고갈 등으로 인해 자원은 무기화 또는 분쟁의 씨앗이 되기도 한다.

③ 전쟁과 테러 문제 … 국가나 지역, 자원, 종교, 민족 등을 둘러싼 분쟁, 전략적 전쟁 및 테러가 발생한다. 무고한 인명 피해, 막대한 전쟁비용 소요, 테러발생으로 불특정 다수 피해, 인권문제와 환경문제를 야기한다.

④ 전 지구적 문제에 대한 대응
　㉠ 세계인들의 관심과 노력
　　• 그린피스(Green peace), 유엔 환경 계획(UNEP) 등의 국제 환경 NGO활동이 적극적으로 이루어져야 한다.
　　• 기후변화 협약, 생물 다양성 협약 등 지구 환경 보호 협약을 지키도록 노력한다.
　　• 지속 가능 한 개발에 대한 합의를 잘 지켜야한다.
　　• 국가 간 또는 지역 간 갈등과 분쟁에서의 국제 연합(UN)과 같은 국제기구의 중재와 지속적인 관심이 필요하다.
　㉡ 각 주체의 노력
　　• 시민 : 일상생활의 작은 것부터 노력하고, 국제적 감시 및 지지 활동을 해야 한다.
　　• 정부 : 국제적 연대를 견고히 하고, 선진국의 큰 책임감과 양보하는 자세가 필요하다.
　　• 기업 : 환경과 인간을 고려하고 국제적 약속과 정의의 범위에서 경제적 이윤을 추구해야 한다.

출 제 예 상 문 제

1 다음 중 정보사회에 대한 설명으로 옳지 않은 것은?

① 부가가치를 창출하는 원천으로 지식과 정보가 중시된다.

② 전자 민주주의의 발달로 직접 민주 정치의 실현 가능성이 높아지고 있다.

③ 다품종 소량 생산에서 소품종 대량 생산으로 생산 방식이 전환되고 있다.

④ 사회적 관계 형성이 면대면 접촉에서 사이버 공간으로 이동하고 있다.

TIP ③ 산업사회의 소품종 대량 생산은 정보사회로 오면서 다품종 소량 생산으로 전환되고 있다.

2 노인문제와 청소년문제의 발생배경이 근본적으로 같다고 보는 시각의 근거로 볼 수 있는 것을 고르면?

> ㉠ 개인주의의 강화
> ㉡ 노동력 상실로 인한 빈곤
> ㉢ 가족의 사회적 중요성 약화
> ㉣ 수명의 연장으로 인한 건강문제
> ㉤ 과학문명의 발달로 인한 인간소외 현상

① ㉠㉡㉢

② ㉠㉢㉤

③ ㉡㉣㉤

④ ㉡㉢㉣

TIP 노인과 청소년문제는 노인과 청소년의 사회부적응문제로 가족의 기능과 공동체의식의 강화 없이 근본적으로 해결될 수 없다.

Answer 1.③ 2.②

3 다음에서 후기 도시화의 과정에 해당하는 내용은?

① 공업도시의 형성

② 이촌향도 현상

③ 도시로의 인구 집중

④ 도시적 생활양식의 농촌 파급

TIP ④ 도시화의 후기단계에서는 도시적 생활양식이 농촌으로 파급되어 농민의 생활양식도 도시적으로 바뀌게 되는 현상이 나타난다.

4 다음 중 환경오염의 원인이 아닌 것은?

① 인구증가와 도시화

② 환경문제에 관한 인식부족

③ 노동집약적 농업

④ 과학 · 기술의 발달

TIP ③ 노동집약적 농업은 환경오염과 무관하며, 오히려 환경친화적이다.

5 청소년문제나 노인문제의 가장 근본적인 원인은?

① 가족의 보호 · 통제기능의 약화

② 소득격차에 따른 상대적 빈곤감의 증대

③ 자유주의 · 평등주의 가치관의 확산

④ 국가의 사회복지대책 미흡

TIP 청소년 · 노인문제
　㉠ **청소년문제** : 현대선진공업사회에서 공통적으로 꼽히는 문제로서 대중사회화, 도시화의 결과로 나타난 광범위한 가족해체가 이 문제의 배경을 이루고 있다. 즉, 1차적인 사회통제의 기능을 수행해 온 가족기능의 약화는 청소년들로 하여금 쉽게 일탈행위에 빠지게 한다.
　㉡ **노인문제** : 노인문제 발생의 근본적인 배경은 청소년문제의 발생배경과 같다. 즉, 가족의 사회적 중요성의 약화, 개인주의의 강화, 그리고 과학문명의 발달로 인한 인간소외현상의 대두가 그것이다.

Answer 3.④ 4.③ 5.①

6 소수집단 또는 불리한 위치에 있는 집단에 대한 사회적 차별과 관련되어 있으며 평등주의적 사상을 받아들일 때에만 의미를 지니는 사회문제는?

> ㉠ 청소년문제
> ㉡ 여성문제
> ㉢ 인종문제
> ㉣ 노인문제

① ㉠㉡   ② ㉠㉢
③ ㉡㉢   ④ ㉢㉣

TIP 여성문제, 인종문제는 소수집단 또는 불리한 위치에 있는 집단에 대한 사회적 차별과 관련되어 있으며, 평등주의적 사상을 받아들일 때에만 의미를 갖는다. 청소년과 노인문제는 특정인구집단에만 해당되는 사회문제이다.

7 다음과 같은 원인으로 인하여 사회문제가 발생하게 된 것은?

> 사회문제는 반드시 사회변동의 결과로 나타난 새로운 현상들로만 이루어지는 것은 아니다. 어떤 것은 예전부터 있었던 것이, 또는 예전에는 바람직하다고 생각되던 것이, 사람들의 생각이 바뀌면서 심각한 사회적인 문제로 인식되기도 한다. 오히려 사회적으로 중요한 문제들 중에서 많은 것이 새로운 관념과 가치의 형성이나 도입으로 인해 나타난 것 등이다.

① 인권문제
② 환경오염문제
③ 자원고갈문제
④ 인구문제

TIP ②③④ 산업화와 경제발전에 따라 나타난 사회문제이다.

Answer   6.③ 7.①

8 다음 내용을 바탕으로 하여 사회운동에 관한 결론을 내릴 때 가장 적절한 것은?

> • 서구에서는 환경운동, 반핵운동, 녹색운동, 소비자운동, 인권운동 등이 다양하게 일어나고 있다.
> • 미국에서는 특징적으로 흑인민권운동이 발생한다.
> • 우리나라에서는 1970 ~ 1980년대에 빈민운동, 농민운동, 노동운동 등이 격렬하게 전개되었다.

① 사회운동은 사회발전에 긍정적인 영향을 끼친다.
② 사회운동을 보면 그 사회의 변동모습을 예측할 수 있다.
③ 사회운동은 사회변동의 주요 요인 중의 하나이다.
④ 사회운동의 내용을 보면 그 사회의 구조적 모순을 알 수 있다.

TIP 사회운동은 그 사회의 가장 격렬한 이슈를 포함하며, 사회변동을 일으키거나 막기 위해 행하는 지속적이며 집단적인 노력이다.

9 다음 현상들을 일반화하여 진술할 수 있는 가설로 옳은 것은?

> • 1인당 국민소득이 증가함에 따라 자원소비량이 증가하고 이에 따라 자원고갈의 문제가 나타났다.
> • 산업화정책으로 인해 계층 간의 이해관계가 다양해지고 첨예하게 대립되는 현상이 나타났다.
> • 산업화정책으로 인해 농촌에는 일손부족현상과 이농현상이 나타나고 대도시에서는 주택난과 구직난이 발생한다.

① 사회문제의 해결을 위해 공업화는 필요하다.
② 가치변동은 사회의 변동을 가져온다.
③ 산업화정책으로 경제성장을 이루었지만 여러 문제가 동시에 발생했다.
④ 경제성장은 지속적인 공업화로 가능하다.

TIP 제시된 내용은 산업화정책으로 생겨난 문제들이다.

Answer 8.③ 9.③

10 다음 내용과 관련된 사회변동에 관한 입장으로 옳은 것은?

> • 사회는 발전 · 퇴보 · 멸망하기도 한다는 비판을 받고 있다.
> • 서구의 선진사회가 후진사회를 식민지화하고 착취하는 것을 정당화하는 것이라 비판받기도 한다.

① 종속이론   ② 진화론
③ 갈등론   ④ 균형론

TIP 사회가 진보한다고 보는 전제조건이 잘못되었다는 비판을 받는 진화론은 후진사회를 식민화하는 것을 정당화시키며, 사회는 발전만 하는 것이 아니라 퇴보도 하며 멸망하기도 한다는 비판을 받고 있다.

11 다음 내용이 설명하는 사회변동의 이론으로 옳은 것은?

> 사회는 항상 현재의 상태를 파괴하려는 힘을 가지고 있으며, 바로 이러한 힘에 의해 혁명을 포함한 여러 가지 중요한 사회변동이 일어난다.

① 진화론   ② 기능론
③ 균형론   ④ 갈등론

TIP ④ 마르크스와 베버의 이론에서 연유하였고 다렌도르프가 주장하였다.

12 계획에 의한 발전은 무엇에 치중하는 경향이 있는가?

① 도시화의 공업화   ② 경제발전과 공업화
③ 기계화와 과학화   ④ 경제발전과 생활의 합리화

TIP 계획에 의한 발전은 급속한 변동, 국가의 계획에 의해 주도, 경제발전과 공업화에 치중하는 경향이 있다.

Answer   10.②   11.④   12.②

13 사회의 빠른 변동이 우리 사회에 안겨준 심각한 문제에 해당하지 않는 것은?

① 아노미현상
② 가치관의 혼란
③ 대중사회화현상
④ 세대 간의 갈등

TIP 사회문제
　㉠ **가치관의 혼란** : 비물질적인 변화에 대한 부적응(문화지체), 세대 간의 갈등
　㉡ **환경의 파괴와 오염** : 우리 삶의 근거를 위협, 대책 미흡
　㉢ **계층간 · 지역간 불균형** : 빈부의 격차, 노 · 사 간의 갈등, 농촌과 도시의 격차
　㉣ **아노미현상의 확산** : 인간성의 상실, 각종 범죄와 부정 · 부패의 만연, 청소년들의 일탈행위

14 농업에 인터넷을 사용하는 것에 관한 설명 중 옳지 않은 것은?

① 인터넷을 이용하여 농작물 재배에 대한 필요한 정보를 얻을 수 있다.
② 관련 홈페이지를 만들어 소비자에게 직접 농산물을 판매함으로써 높은 소득을 올릴 수 있다.
③ 소비자의 입장에서 볼 때 물건을 비싸게 구매하게 될 것이다.
④ 새로운 정보를 서로 교환할 수 있다.

TIP ③ 소비자는 물건을 판매하는 매장에 직접 나가지 않고도 인터넷을 통해 다양한 종류의 상품을 검색할 수 있어 원하는 상품을 저렴한 가격에 구매할 수 있다.

15 삶의 질을 결정하는 조건을 모두 골라 묶은 것은?

㉠ 기회의 균등	㉡ 빈곤의 추방
㉢ 도덕성의 회복	㉣ 인권의 보장

① ㉠㉡
② ㉡㉢
③ ㉠㉡㉢
④ ㉠㉡㉢㉣

TIP **인간다운 삶의 조건** … 인간다운 삶의 조건으로는 흔히 가난의 추방, 기회의 균등, 인권의 보장, 오염없는 환경, 도덕성의 회복 등을 들고 있다. 이러한 조건들이 오늘날 사회문제인식의 전제가 된다고 볼 수 있다.

Answer 13.③ 14.③ 15.④

제5과목

시사상식

CHAPTER 01 시사

01 정치 · 행정 · 외교

□ 보궐선거(補闕選擧) ***

대통령이나 국회의원, 지역구 의원 등이 그 임기 중에 사직 · 사망 · 실격함으로 인해 궐석(闕席)이 생길 경우, 그 자리를 보충하기 위하여 그 구역에 한해 실시하는 선거이다. 당선자는 전임자의 잔임 기간만 재임하며, 보결선거(補缺選擧)라고도 한다.

□ 비둘기파 **

비둘기파란 정치 · 사상 · 언론 또는 행동 따위가 과격하지 않고 온건한 방법을 취하려는 사람을 뜻하는 말이다. 비둘기파는 온순한 비둘기의 비유적인 표현으로, 베트남전쟁의 확대 · 강화를 주장했던 매파에 대립하여 이들은 전쟁을 더 이상 확대시키지 않고 한정된 범위 안에서 해결할 것을 주장하였다.

□ 패스트트랙 ***

상임위에서 재적 위원 5분의 3이 찬성하면 법안을 지정하고 총 330일이 지나면 합의가 되지 않아도 법안을 통과시킬 수 있는 제도를 말한다. 국회법 제85조의 2에 규정된 내용으로 발의된 국회의 법안 처리가 무한정 표류하는 것을 막고 법안의 신속처리를 위해 마련되었다.

□ 필리버스터 *

국회(의회)에서 소수파가 다수파의 독주를 막거나 기타 필요에 따라, 합법적 수단을 동원해 의사 진행을 지연시키는 무제한 토론을 가리킨다. 우리나라를 비롯해 미국 · 영국 · 프랑스 · 캐나다 등에서 시행되고 있으며, 영국 의회에서는 '프리부터(Freebooter)'라고 한다. 우리나라 국회법은 재적의원 5분의 3 이상이 찬성하면 필리버스터를 종료하고 해당 안건에 대한 의결을 하도록 하고 있다.

☆☆☆ 우리나라에서 필리버스터를 가장 처음 한 인물은 1964년 당시 의원이었던 고(故) 김대중 전 대통령이었다.

□ 의무투표제(義務投票制, Compulsory Voting) ***

의무적으로 유권자에게 투표에 참여하거나 선거일에 투표장에 오도록 하는 제도를 이른다. 의무투표제에서는 유권자들에게 투표가 권리일 뿐 아니라 의무이기도 하다는 취지에서 투표 불참자에게 일정한 벌칙이나 불이익을 부과한다. 벌칙으로는 과태료 또는 투표권 박탈이 있고, 불이익으로는 공공서비스 이용을 제한하는 나라들이 있다.

□ **양출제입(量出制入)** **

국가의 재정계획 작성 시 지출 규모를 사전에 정하고 수입을 맞추는 원칙이다. 정부가 한 회계연도의 지출을 먼저 결정한 후 이에 맞게 세금을 거두는 방식이다. 반면 수입을 먼저 계산한 후 지출 규모를 맞추는 원칙은 양입제출(量出制入)이라고 한다. 우리나라는 국가재정 편성 원칙으로 양출제입을 적용하고 있으나 2012년 이후 계속되는 세금 부족 현상에 대한 대응책으로 2015년 예산안부터는 양출제입에서 양입제출로 변환되었다.

□ **사보임** **

사보임은 사임(맡고 있던 자리에서 물러남)과 보임(어떤 직책에 임명함)을 합친 말로, 국회 상임위원회나 특별위원회 위원을 교체하는 절차를 말한다. 기존 위원을 물러나게 하고 새 위원을 임명한다. 이는 원내대표의 고유 권한으로, 소속 의원들을 상임위원회에 배치, 상임위에서 물러나게 하는 권한도 있다. 사보임을 국회의장에 신청하고, 국회의장이 이를 승인하면 위원의 사보임이 완료된다.

□ **여적죄(與敵罪)** ***

형법 제93조에 명시되어 있는 내용으로 적국과 합세하여 대한민국에 항적함으로써 성립되는 범죄이다. 여기서 말하는 적국은 대한민국에 대적하는 외국 또는 외국인단체를 포함하며 항적은 동맹국에 대한 것도 포함한다. 본죄에 있어서 고의는 적국과 합세하여 대한민국에 항적한다는 인식을 필요로 하며, 본죄의 미수 · 예비 · 음모 · 선동 · 선전 등도 처벌한다. 국가정보원은 그동안의 감청 내용과 지난 서울 합정동 모임 녹취록 등을 바탕으로 이석기 의원 등이 전쟁 시 북한을 도와 국가 내 통신 및 물류시설 등 기간시설을 파괴하려 모의했다고 판단하여 내란음모 혐의 사건을 수사한 바 있다.

□ **뉴 거버넌스(New Governance)** **

일반 시민사회를 정부의 영역에 포함시켜 파트너로 인정해줌으로써 정부조직, 기업, 시민사회, 세계체제 등 이들 전부가 공공서비스와 관련해 신뢰를 통한 네트워크 구축을 강조하는 개념으로 협력 체제에 중점을 두는 것이다. 정부부문과 민간부문 및 비영리부문 간 협력적 네트워크를 통한 공공서비스 전달 과정에 있어서의 효율성을 목표로 한다.

□ **특별재난지역** **

특별재난지역은 크게 인적재난과 자연재난이 있다. 태풍 · 홍수 등의 자연재해나 화재 · 붕괴 등의 대형사고와 같은 인적재난, 에너지 · 통신 · 금융 · 의료 · 수도 등 국가기반체계의 마비와 전염병 확산 등으로 인해 극심한 피해를 입었을 때 수습 및 복구를 위해 특별한 조치와 지원이 필요가 인정되는 지역이다. 특별한 조치가 필요하다고 인정되는 경우, 중앙사고대책본부장은 중앙안전대책위원회의 심의를 거쳐 특별재난지역으로 선포할 것을 대통령에게 건의할 수 있다(재난 및 안전관리기본법). 특별재난지역의 선포를 건의 받은 대통령은 당해 지역을 특별재난지역으로 선포할 수 있다. 특별재난지역으로 선포된 지역은 대통령령이 정하는 응급대책 및 재해구호와 복구에 필요한 행정 · 재정 · 금융 · 세제 등의 특별지원을 받는다.

□ **컨벤션 효과(Convention Effect)** ***

전당대회나 경선대회 같은 정치 이벤트에서 승리한 대선후보 또는 해당 정당의 지지율이 전에 비해 큰 폭으로 상승하는 효과를 의미하는 것으로, 전당대회 효과라고도 한다.

□ **특례시** *

도시 행정의 특수성을 고려해 위상을 높이고 별도 구분하기 위해 편의상 적용하는 행정 명칭이다. 인구 100만 이상 대도시가 기초자치단체 지위를 유지하면서 일반시와 차별화되는 '특례시'라는 법적지위와 '광역시'에 어울리는 행·재정적 자치권한 및 재량권을 부여받는 새로운 형태의 지방자치단체 유형이다. 특례시로 지정되더라도 권한이 달라지는 것은 없고, 도시 이름도 특별시나 광역시와 달리 동일하게 유지된다.

□ **고노담화** *

1993년 8월 당시 관방장관이던 고노 요헤이가 일본군 위안부에 대해 사죄한 담화를 일컫는다. 그 주요 내용은 일본군 위안부 동원의 강제성을 인정한 것으로 1년 8개월 동안의 조사에 걸쳐 발표하였다. 한편, 아베 신조 일본 총리는 "위안부 문제는 필설로 다할 수 없을 만큼 가슴 아픈 일이며 고노담화를 부정하지 않고 계승하겠다"고 말한 바 있으나 책임 있는 사과나 보상 문제에 착수하겠다는 후속 발언은 끝내 나오지 않았다.

□ **국민권익위원회** *

불합리한 행정으로 국민의 권익침해가 발생한다면 이를 신속하게 해결하고 부패행위를 효과적으로 예방하기 위한 목적으로 국가청렴위원회, 국민고충처리위원회, 국무총리 행정심판위원회의 3개 기관을 통합하여 2008년 2월 29일 출범하였다.

□ **행정규칙** **

행정기관의 독자적인 권한으로 정립하는 일반·추상적인 규범으로, 법규의 성질을 가지지 않기 때문에 행정명령이라고도 한다. 조직규칙, 근무규칙, 영조물 규칙, 훈령, 지시, 예규 등이 있다.

□ **행정주체** **

행정권을 행사하고 법적 효과를 궁극적으로 귀속되는 당사자를 의미한다. 행정법 관계에서는 행정권의 담당자인 당사자를 행정주체라고 한다. 국가는 시원적으로 행정권을 가지고 있는 행정주체이며, 공공단체는 국가로부터 존립 목적을 부여 받아 행정목적을 수행하는 공법인에 해당한다. 이외에도 공공조합, 영조물 법인, 공법상 재단 등이 있다.

□ **행정객체** **

행정주체의 상대방으로 행정권의 발동대상이 되는 자를 의미한다. 공공단체와 사인은 모두 행정객체가 될 수 있지만 국가는 시원적 권리주체로 행정객체가 될 수 없다.

□ **국정감사** **

국정감사는 국회가 국정 전반에 대한 조사를 행하는 것을 말한다. 이는 국회가 입법 기능뿐만 아니라 정부를 감시하고 비판하는 기능을 가지고 있는 것에서 인정된 것이다. 헌법과 국정 감사 및 조사에 관한 법률에서 정하고 있는 '국정'의 개념은 의회의 입법 작용뿐만 아니라 행정·사법을 포함하는 국가 작용 전반을 의미한다. 여기서 개인의 사생활이나 신앙 같은 사적사항은 제외된다. '국정'은 국정감사, 국정조사의 대상이 되며 국정감사는 국정의 전반, 국정조사는 국정의 특정사안을 대상으로 하게 된다. 현재 국정감사는 소관 상임위원회별로 매년 정기국회 집회일 이전의 감사 시작일 부터 30일 이내의 기간을 정하여 감사를 시행한다. 본회의 의결에 의해 정기회 기간 중에 감사를 실시할 수 있다. 감사, 조사의 대상기관은 국가기관, 특별시, 광역시, 도, 정부투자기관, 한국은행 등, 그리고 본회의가 특히 필요하다고 의결한 감사원의 감사 대상기관이다.

□ **레드라인** *

대북정책에서 현재의 포용정책이 실패할 경우 봉쇄정책으로 전환하는 기준선을 의미한다. 북한과의 포괄협상을 1단계로 시도하지만 이것이 실패할 경우에는 2단계 봉쇄정책으로 전환을 검토해야 하며, 이때 정책전환을 위한 기준을 마련한 것이 레드라인이다.

□ **노변담화(爐邊談話, Fireside Chat)** *

1933년 3월 12일부터 미국의 제32대 루스벨트(F. Roosevelt) 대통령이 라디오를 통하여 국민들에게 시작한 담화이다. 뉴딜(New Deal)정책에 대한 국민의 지지를 호소하기 위해 시작한 이 담화는 공식적이고 딱딱한 형식이 아니라 난롯가에서 친지들과 정담(情談)을 나누는 것처럼 친밀감을 불러일으킨 데서 이러한 이름이 붙여졌다.

□ **레임덕 현상(Lame Duck)** ***

보통 공직자 임기 말 권력누수 현상을 말한다. 미국 대통령선거에서 현직 대통령이 선거에서 패배하는 경우 새 대통령이 취임할 때까지 약 3개월 동안 국정공백기간이 생기는데, 이를 기우뚱 걷는 오리에 비유해 이르는 말이다.

□ **게티스버그 연설(Gettysburg 演說)** *

1863년 11월 미국의 제16대 대통령인 링컨(A. Lincoln)이 남북전쟁 희생자의 영령을 위로하기 위해 펜실베니아 주의 게티스버그를 방문하여 그 곳에서 행한 연설이다. 그 연설 가운데 '국민의, 국민에 의한, 국민을 위한 정치(… Government of the people, by the people, for the people)'라는 명언을 남겼는데, 이 말은 민주주의가 무엇인가를 잘 설명해 주고 있으며, 또한 민주정치의 실천이념이 되고 있다.

□ **당 3역(黨三役)** ***

한 정당의 중추적인 실력자, 즉 사무총장, 원내대표, 정책위의장을 가리킨다.

□ **중우정치(衆愚政治)** *

다수의 민중에 의해 지배되는 민주정치가 그 조직이 민주적일지라도 반드시 선정이 베풀어지는 것은 아니라는 뜻으로, 아리스토텔레스(Aristoteles)가 민주정치의 결함을 비꼬아서 한 말이다.

□ **민주정치** *

자유와 평등을 기반으로 한 국민에 의한 통치형태를 말한다. 기본적 인권 또는 다수결원칙, 법치주의 등을 그 속성으로 하며 국민이 직접 정치에 참가하는 직접민주제와 국민의 대표에 의해 통치하는 간접민주제가 있으나, 모두 의회제와 권력분립 등을 수반하는 국민의 정치참여를 뜻한다.

□ **책임총리제** **

한국은 대통령제를 채택하면서도 부통령 대신 국무총리라는 직책을 두고 있다. 헌법상 국무총리는 국정의 2인자로 행정부를 통괄하고, 국무회의 부의장으로서 국무위원의 임명 · 제청권, 해임 건의권 등을 행사할 수 있다. 책임총리제는 이러한 현실을 지양하고 대통령과 총리가 업무를 구체적으로 명료히 분담해 수행하는 분권형 국정운영체제의 일환이다.

□ **국회의원** *

만 18세 이상이라면 선거권과 피선거권이 있다. 임기는 4년이다. 당해 국회의원 지역구에서 유효투표의 다수를 얻은 자는 지역구 국회의원 당선인으로 결정한다. 의석할당정당이 비례대표 국회의원 선거에서 얻은 득표비율에 따라서 비례대표 국회의원 의석을 배분한다. 국회의원은 현행범인 경우를 제외하고 회기 중에 국회의 동의 없이 체포나 구금이 되지 않는 불체포특권이 있다. 또한 국회에서 직무상 발언한 내용과 표결에 관해서 국회 외에서 책임지지 않는 면책특권이 있다.

□ **국회의장단** *

무기명투표로 선거하되 재적의원 과반수의 득표로 당선된다. 1차 투표에서 과반수의 득표자가 없다면 2차 투표를 실시한다. 2차 투표에서도 과반수의 득표자가 없는 경우에는 최고득표자가 1인인 경우 최고득표자와 차점자에 대하여, 최고득표자가 2인 이상이면 최고득표자에 대하여 결선 투표를 하되, 재적의원 과반수 출석과 출석의원 다수득표자를 당선자로 한다. 의장 또는 부의장이 궐위된 때에는 지체 없이 보궐선거를 실시한다.

□ **국정조사권(國政調査權)** ***

국회가 특정한 국정사안에 관한 조사를 할 수 있는 권한이다. 국회의원의 4분의 1 이상이 요구할 경우 국회는 조사 사안에 대한 특별위원회를 구성하거나 해당 상임위에서 조사위원회를 구성하며, 조사위 의결로 국회폐회 중에도 활동할 수 있다. 그 범위는 안건의 심의와 직접 관련된 보고, 서류의 제출요구, 참고인의 출석요구 등에 국한된다.

□ 투키디데스 함정 *

투키디데스 함정이란 기존 패권국가와 빠르게 부상하는 신흥 강대국이 결국 부딪칠 수밖에 없는 상황을 의미한다. 원래 아테네와 스파르타의 전쟁에서 유래한 말이며 최근 미국과 중국의 상황을 설명하는 데 쓰여 주목받고 있다.

□ 일대일로 *

중국에서 출발하여 아시아와 유럽 대륙을 연결하는 거대 프로젝트로, 2013년 시진핑 중국 국가 주석이 중앙·동남아시아 순방에서 제시한 '신(新) 실크로드 전략'을 지칭한다. 이 프로젝트는 중국에서 중앙아시아, 동남아, 중동 등 지역을 거쳐 유럽에 이르는 지역을 육로와 해로로 연결해 관련국과 경제협력을 강화하는 사업이다. 중앙아시아와 유럽을 잇는 육상 실크로드(일대)와 동남아시아와 유럽, 아프리카를 연결하는 해상 실크로드(일로)를 말한다.

□ 선거권(選擧權) **

국가기관으로서의 국민이 각종 공무원을 선임하는 권리로서 선거에 참여할 수 있는 지위 또는 자격을 말한다. 우리나라의 경우 선거권을 갖는 요건으로는 대한민국 국민이어야 하고, 선거일 현재 18세 이상이어야 한다. 소극적 요건으로는 금치산 선고를 받지 않았어야 하며, 금고 이상의 형을 선고받고 그 집행이 종료된 상태라야 하며, 선거범, 정치자금부정수수죄 및 선거비용관련 위법행위에 관한 벌칙에 규정된 자 또는 대통령·국회의원·지방의회의원·지방자치단체의 장으로서 그 재임 중의 직무와 관련하여 수뢰·사전수뢰 내지 알선수뢰, 알선수재에 규정된 죄를 범한 자로서 100만 원 이상의 벌금형을 선고받고 그 형이 확정된 후 5년 또는 형의 집행유예 선고를 받고 그 형이 확정된 후 10년 이상이 경과되어야 하고, 법원의 판결 또는 다른 법률에 의하여 선거권이 정지 또는 상실되어서도 안 된다.

□ 선거구 **

① 대선거구제(大選擧區制) … 한 선거구에서 다수(보통 5인 이상)의 대표를 선출하는 제도이다. 이 제도는 전국적으로 큰 인물이 당선되기 쉬운 장점이 있으나, 선거구가 너무 넓어서 후보자의 인물·식견을 판단하기 어렵고 비용이 많이 드는 단점이 있다.

② 중선거구제(中選擧區制) … 한 선거구에서 2 ~ 4명의 대표자를 선출하는 제도이다. 우리나라는 자치구·시·군의원 선거에서 채택하고 있다.

③ 소선거구제(小選擧區制) … 한 선거구에서 한 사람의 대표를 선출하는 제도이다. 선거구가 작기 때문에 선거관리와 투표가 간단하고 비용이 비교적 덜 들며, 선거인이 후보자를 잘 알 수 있는 동시에 정국이 안정되기 쉬운 장점이 있다. 우리나라는 지역구 국회의원 및 시·도의원 선거에서 채택하고 있다.

□ 로그롤링(Logrolling) **

선거를 도와주고 그 대가를 받거나 이권을 얻는 행위를 의미한다. 원래는 '통나무 굴리기'라는 뜻으로, 서로 협력하여 통나무를 모은다든가 강물에 굴려 넣는 놀이에서 연유된 것이다.

□ 사전투표 *

사전투표(事前投票) 또는 조기투표(早期投票)라고도 하며, 유권자가 지정된 선거일 이전에 투표를 할 수 있도록 하는 제도를 말한다. 우편을 통하거나, 사전투표를 위해 지정된 투표소에서 실시하며, 실시 방법과 기간은 관할 기관과 선거의 종류에 따라 다르다. 사전투표는 통상적으로 투표 참여율을 높이고, 선거 당일의 투표소 혼잡을 막기 위해 시행한다. 사전투표는 선거 기간 동안 투표 장소를 벗어난 곳에 있다거나, 투표 업무 종사자, 선거 운동원, 의료 일정 등의 사유로 인하여 선거일에 선거를 할 수 없는 유권자의 선거를 위해 도입되었다. 우리나라의 경우 공직선거법에 따라 선거일에 투표소에서 투표할 수 없는 사람은 사전에 서면으로 부재자 신고를 하고, 선거일 6일 전부터 2일간 부재자 투표를 실시한다. 부재자 투표소에서 투표를 실시할 수 없는 경우를 위해 우편을 통한 거소 투표나 선상 투표 제도를 마련하였다.

□ 게리맨더링(Gerrymandering) **

선거구를 특정 정당이나 후보자에게 유리하게 인위적으로 획정하는 것을 말한다. 이것은 1812년 미국의 게리(Gerry)라는 매사추세츠 주지사가 자기의 소속 정당에 유리하게 선거구를 획정한 결과 샐러맨더(Salamander : 희랍신화 속의 도롱뇽)와 비슷한 기형의 선거구가 된 데서 유래되었다.

□ 교차투표(Cross Voting) *

국회에서 의원들이 표결할 때 소속 정당의 당의(黨意)에 구애됨이 없이 자의(自意)에 따라 투표하는 것으로, 소속 정당의 정책노선과 반대되는 투표가 가능해진다. 특히 미국 의회에서 두드러지고 있다.

□ 밴드왜건 효과 ***

서커스나 퍼레이드 행렬의 맨 앞에 선 밴드들이 탄 마차를 밴드왜건이라고 한다. '밴드왜건에 오른다'는 표현이 처음 등장한 것은 광대인 라이스(Dan Rice)가 선거운동에서 마차에 악대를 태워 사람들의 관심을 끌고자 시도한 데서 기인한다. 소위 말하는 '대세론'으로 후보자가 일정수준이상의 지지율을 얻으면 그 후보를 따라가게 되는 것을 말한다. 경제학에서는 밴드왜건 효과를 다른 사람들이 어떤 상품을 소비하기 때문에 그 상품의 수요가 증가하는 현상을 의미한다.

☆☆☆ 반의어 → 스놉효과(Snob Effect) : 특정 상품에 대한 소비가 증가하면 그에 대한 수요가 줄어드는 소비현상을 말한다.

□ 플레비사이트(Plebiscite) *

직접민주주의의 한 형태로 국민이 국가의 의사결정에 참여하는 제도로 일종의 국민투표이다. 최고통치자가 권력의 계속유지와 관련해 신임을 물을 경우 채택하는 등 주로 항구적인 정치상태를 창출하는 데 쓰인다. 특정인의 통치나 영토의 변경에 대하여 임의적으로 국민의 표결에 부치는 것이다.

□ 레퍼렌덤(Referendum)

일반적으로 헌법의 규정에 따라 국민이 입법과정에 직접 참여하는 경우를 말한다.

□ **매니페스토(Manifesto)** **

선거 시에 목표와 이행 가능성, 예산 확보의 근거를 구체적으로 제시한 유권자에 대한 공약을 말하며, 어원은 라틴어 마니페스투(Manifestus : 증거)이다. 공약의 달성 가능성(Achievable), 검증 가능성(Measurable), 구체성 (Specific), 타당성(Relevant), 기한 명시(Timed)의 다섯가지를 평가 기준으로 삼는다. 또 공약의 지속성 (Sustainability), 자치력 강화(Empowerment), 지역성(Locality), 후속조치(Following)의 첫 글자를 딴 Self지수도 평가 기준으로 삼는다. 이 지표는 대체로 유권자와 밀접한 지방선거에서 의의를 둔다.

□ **출구조사(Exit Poll)** **

투표를 마치고 나오는 유권자를 대상으로 면접 조사하여 투표자 분포 및 정당ᆞ후보자별 지지율 등의 정보를 얻는 선거여론조사를 말한다. 우리나라는 텔레비전, 라디오, 일간신문사에 한하여 투표소 50m 밖에서 출구 조사를 허용하고 있다. 투표 마감 후 결과가 공표되어 선거 결과를 가장 빠르게 예측할 수 있다.

□ **캐스팅보트(Casting Vote)** **

의회의 표결에 있어서 가부동수(可否同數)인 경우 의장이 던지는 결정권 투표나, 2대 정당의 세력이 거의 같을 때 그 승패를 결정하는 제3당의 투표를 말한다.

□ **정당(政黨)** **

정권획득을 목적으로 결성하는 단체로서, 국민의 이익을 위하여 책임있는 정치적 주장이나 정책을 추진하고 선거의 후보자를 추천 또는 지지함으로써 국민의 정치적 의사형성에 참여하게 된다.

□ **섀도캐비닛(Shadow Cabinet)** **

각료후보로 조직된 내각으로, 야당에서 정권을 잡는 경우를 예상하여 조직되는 것이다. 1876년에 생긴 제도로, 양당제가 잘 발달되어 있는 영국에서는 야당이 정권획득에 대비하여 총리 이하 각 각료로 예정된 멤버를 정해두고, 정권을 잡으면 그 멤버가 그대로 내각의 장관이 되는 경우가 많았다. '그늘의 내각' 또는 '그림자 내각'으로 번역되는데, 본래는 영국 야당의 최고지도부를 말하는 것이었다.

□ **오픈프라이머리(Open Primary)** *

개방형 경선제. 미국 대통령 선거에서 정당별 후보를 투표자가 자기의 소속 정당을 밝히지 않고 투표할 수 있는 예비 경선의 한 방식이다. 대선후보 선출권을 소속 당원에게 국한하지 않고 일반 국민으로 확대했다. 국민의 선거 참여 기회를 확대해 참여 민주주의를 실현하지만, 당원의 존재감이 약화되어 정당정치의 실현이 어려워질 수 있다.

□ **캠파(Kampaniya)** *

정치단체가 선거운동ᆞ평화운동ᆞ재정모금운동 등에 대중을 참여하게 하는 특수한 조직활동으로, 당원에 국한하여 실시하는 교육캠파도 있으나 흔히 당 외의 대중을 대상으로 한다.

□ **엽관제(獵官制)** *

선거를 통하여 정권을 잡은 사람이나 정당이 직책을 담당하는 정치적 관행으로, 실적제도(Merit System)에 대립되는 제도를 말한다. 본래 국민의 봉사자이어야 할 공무원이 일부의 봉사자로 전락하고 직무의 계속성이 저해받는 것에 대해 비판의 소리가 높자, 이에 대한 개선책으로 전문성과 기술성에 기초한 과학적 공무원제도인 실적제가 도입되었다. 우리나라의 경우 엽관주의현상은 이승만정권의 자유당 창당(1952)을 계기로 대두되었다.

□ **원내교섭단체(院內交涉團體)** *

국회에서 정당 소속 의원들이 개개인의 주장 혹은 소속 정당의 의견을 통합하여 국회가 개회되기 전 반대당과 교섭·의견조정을 하기 위하여 구성하는 의원단체를 말한다. 국회의원 20인 이상의 정당을 단위로 구성함이 원칙이나 다른 교섭단체에 속하지 않는 의원 20인 이상으로 구성할 수도 있다.

□ **인권선언(人權宣言)** *

봉건적 특권계급에 대한 근대 시민계급의 자유와 평등의 권리를 천명한 것으로, 1789년 8월 프랑스혁명 당시 라파예트(M. Lafayette)가 기초한 '인간 및 시민의 권리선언(인권선언)'을 국민회의 결의로 발표한 것이다. 이 선언은 근대 시민정치의 3대 선언 중의 하나이다.

☆☆☆ 근대 시민정치의 3대 선언 … 영국의 권리장전, 미국의 독립선언, 프랑스의 인권선언

02 법률

□ **국회선진화법** **

다수당의 일방적인 법안이나 안건 처리를 막기 위해 2012년 제정된 국회법 개정안을 말한다. 새누리당과 민주당 소속의원 등 여야 의원들이 주도해 발의, 19대 국회 임기 개시일에 맞춰 시행됐다. 국회의장 직권상정 제한, 안건조정위원회 설치, 안건 자동상정, 국회 폭력금지, 국회의원 겸직 금지 등의 내용이다.

□ **국민참여재판(國民參與裁判)** **

2008년 1월 1일부터 시행된 한국형 배심원 재판제도를 말한다. 배심원은 만 20세 이상의 대한민국 국민으로 해당 지방법원 관할구역에 거주하는 주민 중 무작위로 선정돼 법적 구속력이 없는 평결을 내리고, 선고 형벌에 대해 토의하는 등의 재판참여의 기회를 갖는다. 2008년 2월 12일 대구지방법원에서 처음 열렸다. 국민참여재판은 형사재판으로 특수공무집행방해치사, 뇌물, 배임수재, 특수강도강간의 사건들에 적용되며, 배제결정이 있거나 피고인이 원하지 않을 경우 해당하지 않는다. 법정형이 사형·무기징역 등에 해당할 경우 9명, 그밖의 사건은 7명, 피고인·변호인이 공소사실의 주요내용 인정 시엔 5명으로 하며, 5명 이내의 예비배심원을 둔다. 판사가 배심원과 다른 선고를 할 경우, 판사가 피고인에게 배심원의 평결 결과를 알리고, 다른 선고를 한 이유를 판결문에 밝힌다.

□ **국민소환제** *

부적격한 국회의원을 임기 전 파면할 수 있도록 하는 제도를 의미한다. 일정 기준 이상의 유권자가 지역구 · 비례대표 국회의원에 대한 국민소환투표에 찬성하면, 투표가 진행되고 그 결과에 따라 해임이 가능하다. 국민의 손으로 선출된 대표를 다시 국민의 손으로 내칠 수 있다는 것으로 '국민파면' 혹은 '국민해직'이라고도 한다.

□ **죄형법정주의(罪刑法定主義)** ***

어떤 행위가 범죄가 되고 또 그 범죄에 대해 어떠한 처벌을 할 것인가를 미리 법률로써 명문화시켜야 한다는 원칙이다. 이 원칙은 현대형벌제도의 기초이며, 국가권력의 남용을 방지하여 국민의 자유와 인권을 보장하려는 데에 그 목적이 있다. 관습형법금지의 원칙, 소급효금지의 원칙, 명확성의 원칙, 유추해석금지의 원칙, 적정성의 원칙을 내용으로 한다.

□ **위헌제청(違憲提請)** **

소송을 진행 중인 소송당사자가 당해 사건에 적용될 법률이 헌법에 위반된다고 주장하거나 법원의 직권에 의해 헌법재판소에 위헌법률심판을 제청하는 제도이다. 위헌제청의 대상은 대한민국의 모든 법률 · 긴급명령 · 조약 등이고, 대상이 되지 않는 것은 명령 · 규칙 · 조례 · 관습법 등이다. 법원이 위헌법률심판을 제청한 때에는 당해 소송사건은 정지되나 법원이 긴급하다고 인정하는 경우, 종국재판 외의 소송절차 진행이 가능하다. 위헌제청신청을 기각하는 결정에 대하여는 민사소송에 의한 항고나 재항고를 할 수 없다. 헌법재판소의 결정이 내려지면 제청법원은 그 결정에 따라 중단된 소송절차를 속개한다.

□ **헌법소원(憲法訴願)** **

공권력의 행사 또는 불행사에 의해 헌법상 보장된 기본권을 침해당했다고 생각되는 개인이나 법인이 권리를 되찾기 위해 헌법재판소에 그 심판을 요구하는 것을 말한다. 이때의 공권력에는 입법 · 사법 · 행정이 모두 포함되는 것이 원칙이지만, 현행 「헌법재판소법」 법원의 판결을 대상에서 제외하고 있어 법원의 판결을 뒤엎는 헌법소원을 낼 수는 없다.

□ **헌법재판소(憲法裁判所)** ***

헌법에 관한 분쟁 또는 의의(疑義)를 사법적으로 풀어나가는 재판소로, 1960년 제2공화국 헌법에 헌법재판소 설치가 규정되었으나 무산되고, 1987년 10월 말 공포된 개정 헌법에서 헌법위원회가 헌법재판소로 바뀌어 1988년 최초로 구성되었다. 헌법재판소는 대통령 · 국회 · 대법원장이 각각 3명의 위원을 선임해 9인의 재판관으로 구성되고 대통령이 국회의 동의를 얻어 재판관 중에서 위원장을 임명한다. 헌법재판소는 법원의 제청에 의한 법률의 위헌여부 심판, 탄핵의 심판, 정당의 해산 심판, 국가기관 상호 간과 국가기관과 지방자치단체 간 및 지방자치단체 상호 간의 권한쟁의에 관한 심판, 법률이 정하는 헌법소원에 관한 심판을 담당한다.

□ **헌법** ***

헌법은 국가의 통치조직과 통치의 기본원리 그리고 국민의 기본권을 보장하는 법이다. 형식적 의미의 헌법은 성문헌법으로서 규정되어 있는 내용과 관계없이 헌법이라는 이름을 가진 규범을 말하며, 영국과 같은 불문헌법 국가에서는 형식적 의미의 헌법이 존재하지 않는다. 우리나라는 성문헌법·민정헌법·경성헌법으로서 국민주권주의, 자유민주주의, 복지국가의 원리, 국제평화주의, 조국의 평화적 통일의 지향 등을 기본으로 한다.

① 헌법의 개정절차

절차	내용
제안	대통령 : 국무회의의 심의, 국회의원 : 재적 과반수
공고	대통령이 공고, 20일 이상
국회의결	공고된 날로부터 60일 이내, 재적의원 3분의 2 이상 찬성
국민투표	국민투표로 확정, 국회의원 선거권자 과반수의 투표와 투표자 과반수의 찬성, 국회의결 후 30일 이내
공포	대통령의 공포, 즉시 공포(거부권 없음)

② 헌법의 개정과정

시기	주요 내용	공화국
제1차(1952)	대통령직선제, 국회양원제	제1공화국 (대통령제)
제2차(1954)	초대대통령 중임제한 철폐, 국민투표제 채택	
제3차(1960)	내각책임제, 대법원장·대법관선거제	제2공화국 (의원내각제)
제4차(1960)	반민주행위자·부정축재자·부정선거관련자 처벌을 위한 소급입법의 근거인 헌법 부칙 마련	
제5차(1962)	대통령제, 단원제, 법원에 위헌법률심사권 부여	제3공화국 (대통령제)
제6차(1969)	대통령 3선 취임 허용, 대통령 탄핵소추요건 강화	
제7차(1972)	통일주체국민회의 신설, 대통령 권한 강화, 국회 권한 조정, 헌법 개정 절차 이원화	제4공화국 (유신헌법)
제8차(1980)	대통령 간선제, 단임제(7년), 구속적부심 부활, 연좌제 금지, 국정조정권 부여, 헌법 개정 절차 일원화	제5공화국 (대통령제)
제9차(1987)	대통령 직선제, 단임제(5년), 국정조사권 부활로 국회 권한 강화, 비상조치권 국회해산권 폐지로 대통령 권한 조정	제6공화국 (대통령제)

□ **죄수의 딜레마(Prisoner's Dilemma)** **

2명 이상의 공범을 분리하여 경찰관이 취조할 경우 범인이 자백하지도, 또 끝까지 범행을 부인하지도 못하는 심리적 모순 상태를 말한다. 죄를 인정하는 자백을 할 수도 없고, 끝까지 부인하자니 다른 공범의 자백에 자신이 더 큰 피해를 당할까 두렵기 때문에 범인은 난처한 입장에 처하게 된다. 이때 대부분의 피의자들은 심리적인 갈등상태에서 자백을 선택하는 경우가 많다. 이는 각 개인이 자기의 이득만을 생각하고 의사결정을 내릴 때, 사회 전체에 손실을 야기시킬 수 있다는 것을 설명하는 좋은 예가 된다.

□ **집단소송제** *

기업의 허위공사 · 분식결산 등으로 피해를 입은 투자자가 손해배상청구소송을 제기해 승소하면 같은 피해를 입은 다른 사람들도 별도의 재판절차 없이 동일한 배상을 받을 수 있도록 하는 제도이다. 원래 집단소송제는 파산 · 제조물책임 · 환경 · 시민권 · 소비자취업차별 등 광범위한 사안에 대해 적용되는 것이지만, 우리 정부는 증권거래와 관련된 사안에 대해서만 도입하였다. 구체적으로는 유가증권신고서와 공개매수신고서의 허위 · 부실기재, 사업보고서 및 반기 · 분기보고서의 허위 · 부실기재, 수시공시와 조회공시사항의 허위 · 부실공시 등이다. 대표소송제와 혼동되는 경우가 많은데 대표소송제는 회사를 대표해 경영진을 대상으로 제기하는 소송으로 승소시 보상금도 회사로 돌아가는 반면, 집단소송제는 피해를 본 투자자들이 직접 보상받는다.

□ **법조브로커** *

변호사, 법무사의 법률 서비스 업무에 대해 중개를 해 주는 알선업자를 말한다. 호주와 뉴질랜드에서는 비법률가의 법조브로커가 합법이다. 한국에서는 변호사와 법무사만이 법률사무에 대한 알선, 중개를 유료로 할 수 있고, 비법률가의 알선 중개는 변호사법 위반으로 형사 처분된다.

□ **경제활성화법안** **

경제활성화법안이란 경제 관련 2개 법률안, 노동 관련 5개 법률안 등의 7개 법안에 고용노동부 지침 2개를 포함하여 포괄적으로 이르는 용어이다. 경제 관련 법률안은 기업활력제고특별법(원샷법)과 서비스산업발전기본법이며, 노동 관련 5개 법률안은 근로기준법 · 고용보험법 · 산업재해보험법 · 기간제 및 단시간근로자 보호 등에 관한 법률 · 파견근로자보호 등에 관한 법률의 일부 개정안을 이른다.

□ **원샷법** ***

기업들이 인수합병(M&A) 등 사업 재편을 쉽게 할 수 있도록 상법 · 세법 · 공정거래법 등의 관련 규제를 특별법으로 한 번에 풀어주는 법이다. 정식 명칭은 '기업활력제고를 위한 특별법'이다. 2015년 7월 9일 국회 산업통상자원위원회 소속 이헌재 새누리당 의원이 '기업활력제고를 위한 특별법' 제정안을 대표 발의했다. 발의된 제정안은 그동안 지주회사의 선제적 구조조정을 가로막았던 계열사 출자 제한 규정 등을 완화하는 내용을 담고 있다. 원샷법 지원 대상은 과잉공급 업종으로 제한된다.

□ **특별검사제(特別檢事制)** **

정치적 중립성을 지키기 위하여 고위 공직자의 위법 혐의나 비리가 발견되었을 때 수사와 기소를 행정부로부터 독립된 변호사가 담당하게 하는 제도이다. 미국에서 먼저 정착되었으며, 우리나라의 경우 1999년 옷로비 사건에 특별검사제를 처음 도입하였고, 대북 송금에 관한 조사를 조사하기 위하여 실시하였다.

□ **사면(赦免)** ***

대통령의 고유권한으로, 형의 집행을 면제해주거나 형 선고의 효력을 없애주는 조치를 말한다. 특정죄목에 대해 일괄적으로 처벌을 면해주는 일반사면과 사면의 대상을 일일이 정해 취해지는 특별사면의 두 가지가 있다. 특별사면은 다시 가석방 또는 복역중인 피고인의 남은 형 집행을 면제해주는 조치인 잔형집행면제, 집행유예를 받은 사람에게 형의 선고를 없었던 일로 해주는 형선고실효 두 가지 방법이 있다. 또 행정처분 취소는 경찰청 등 행정기관의 처분을 면해주는 조치이며, 징계사면은 말 그대로 징계받은 사실을 없던 일로 하는 것이다.

☆☆☆ 파면이나 해임을 뺀 정직, 견책, 감봉을 받은 전·현직 공무원들의 징계기록이 없어지고 호봉승급 등 인사상 불이익을 받지 않게 된다.

□ **국민기초생활보장법** *

근로능력이 있는 수급자에 대한 종합적인 자활·자립 지원을 목적으로 1999년 9월 7일에 제정되어 2000년 10월 1일부터 시행되고 있는 법률이다. 국민기초생활보장법에서는 국가로부터 생계지원을 받더라도 일할 능력이 있으면 자활관련 사업에 참여한다는 조건 아래 매달 생계비를 지급받도록 하고 있다.

□ **복권(復權)** *

상실된 특정 권리·자격을 회복시키는 것으로 헌법 및 사면법상 대통령의 명에 의해, 형법에 의한 형의 선고, 파산법에 의한 파산선고로 상실 또는 정지된 자격을 회복시키는 것이다. 복권은 형의 집행을 종료하거나 집행면제를 받은 자에 한해서만 행해지는 것인데, 형의 선고에 의한 기성의 효과는 복권이 되어도 변경되지 않는다. 일반복권은 대통령령으로 하고, 특정한 자에 대한 복권은 대통령이 행하되 법무장관의 상신과 국무회의의 심의를 거쳐야 한다. 특별복권은 검찰총장의 신청으로, 형의 집행종료일 또는 집행이 면제된 날로부터 3년이 경과된 자에 대해 법무부장관의 상신을 거쳐 대통령이 행한다.

□ **감청영장(監聽令狀)** *

수사기관에서 공공연하게 이루어졌던 도청을 엄격히 금지하고 수사상 필요할 때에만 제한적으로 피의자 등의 통화내용을 엿들을 수 있게 한, 일종의 '합법화된 도청'을 말한다. 1993년 12월 제정된 「통신비밀보호법」에 도입해 1994년 6월부터 시행되었다.

□ **소멸시효(消滅時效)** *

권리를 행사할 수 있음에도 불구하고 권리를 행사하지 않고 일정 기간 계속함으로써 권리소멸의 효과를 생기게 하는 제도를 말한다. 시효제도(時效制度)는 사회질서의 안정, 채증(採證)의 곤란 등의 이유로 인정되고 있으나 점유권, 일정한 법률관계에 필연적으로 수반되는 상린권, 담보물권 등은 소멸시효에 걸리지 않는다.

□ **위임명령(委任命令)** *

법률 또는 상위명령에 의하여 위임된 사항을 규정하는 법규명령을 말하는 것으로, 수탁된 범위 내에서는 새로이 개인의 권리·의무에 관한 사항, 즉 법률사항에 관하여 규정할 수 있다.

□ **플리 바겐(Plea Bargain)** **

사전형량조정제도를 말한다. 유죄를 인정하는 대신 형량을 경감받는 것으로 '플리 길티(Plea Guilty)'라고도 한다. 우리나라의 경우 플리 바겐에 대한 법적 근거는 없으나 기소에 대한 검사의 재량을 폭넓게 인정하는 기소편의주의와 기소독점주의를 채택하고 있어 수사의 형태가 암묵적으로 플리 바겐과 비슷하게 이루어지고 있다. 뇌물사건이나 마약범죄 등의 수사에 주로 활용된다.

□ **유추해석(類推解釋)** *

법률에 명시되어 있지 않은 사항에 대하여 그와 유사한 성질을 가지는 사항에 관한 법률을 적용하는 것을 말한다. 형벌법규의 해석에 있어서는 죄형법정주의(罪刑法定主義)의 원칙상 유추해석은 금지되며, 이를 유추해석금지의 원칙이라고 한다. 다만, 대법원은 피고인에게 유리한 유추해석은 죄형법정주의의 취지에 반하는 것이 아니므로 허용된다고 본다.

□ **알선수재죄** **

돈이나 물건의 대가를 받고 다른 사람의 업무처리에 관한 것을 잘 처리해 주도록 중간에서 알선한 경우 성립하는 죄. 처벌규정은 형법상 알선수뢰죄, 특정범죄가중처벌법상 알선수재죄, 특정경제범죄가중처벌법상 알선수재죄 등 3가지 규정이 있다. 형법상 알선수뢰죄는 공무원이 지위를 이용, 다른 공무원의 직무처리에 직·간접 영향을 미쳤을 때 적용된다. 이는 다른 공무원의 직무처리에 영향을 미친다는 점에서 공무원 자신의 직무에 관한 청탁을 받는 뇌물죄와 다르다. 또 특정범죄가중처벌법상 알선수재죄는 공무원이 아니더라도 공무원처럼 영향력을 행사할 수 있는 사람이 공무원의 직무에 대해 알선하고 돈을 받았을 경우에 적용되며, 특정경제범죄가중처벌법상 알선수재죄는 알선대상이 공무원이 아니라 금융기관일 경우 적용된다.

□ **심급제도(審級制度)** *

심급을 달리하는 법원에서 두 번 또는 세 번까지 재판을 받을 수 있게 하는 제도로서, 국민의 자유와 권리보호에 신중을 기하고 공정하고 정확한 재판을 받게 하기 위한 목적에서 만들어진 제도이다. 우리나라에서도 다른 민주국가와 마찬가지로 4계급 3심제이며, 제1심과 제2심은 사실심을 원칙으로 하고 제3심은 법률심이다.

□ **상고(上告)** *

고등법원이나 지방법원 합의부의 제2심 판결에 대하여 억울하게 생각하는 당사자가 그 재판의 확정 전에 대법원에 다시 재판을 청구하는 것을 말한다. 상고심에서는 법심판의 법령위반만을 심사대상으로 하기 때문에 당사자는 법적 평가의 면에 한하여 불복을 신청할 수 있으므로 보통 상고심을 법률심이라고 한다. 상고를 할 수 있는 재판은 원칙적으로 항소심의 종국판결에 한하지만 불항소합의가 있을 때의 비약적 상고 (민사소송법), 또는 특수한 사건에서 고등법원이 제1심이 되는 때(행정소송법)에는 예외가 인정되고 있다. 상고를 할 수 있는 자는 원판결의 파기로 이익이 있는 자에 한하며, 상고제소기간은 항소의 경우와 같은 제한이 있다.

□ **상소(上訴)** **

소송법상 법원의 판결 또는 결정에 대하여 억울하다고 생각하는 당사자가 그 재판의 확정 전에 상급법원에 대하여 다시 심판해 줄 것을 요구하는 소송행위를 말하며, 항소·상고·항고가 있다.

□ **항소(抗訴)** *

지방법원이나 그 지원(支院)에서 받은 제1심 판결에 대하여 억울하다고 생각하는 당사자가 그 재판이 확정되기 전에 고등법원이나 또는 지방법원 본원 합의부에 다시 재판을 청구하는 것을 말한다. 항소기간은 민사소송의 경우에는 2주일, 형사소송은 7일 이내이며, 항소기일이 지나면 선고는 확정된다. 또한 보통 군법회의 판결에 대한 고등군법회의에서의 상소도 항소라 한다.

□ **항고(抗告)** *

지방법원의 결정이나 명령에 대하여 불복(不服)이 있는 당사자 또는 제3자가 상급법원에 상소하는 것을 말한다. 불복을 신청할 수 없는 결정·명령이라도 헌법해석의 착오, 기타 헌법위반이 있음을 이유로 할 때는 대법원에 특별항고를 할 수도 있다.

□ **체포영장제** *

임의동행과 보호유치 등 탈법적 수사관행을 막기 위한 제도를 말한다. 체포영장제는 피의자가 죄를 범했다고 의심할 만한 상당한 이유가 있을 때 사전에 판사로부터 체포영장을 발부받아 체포하고 48시간 내에 구속영장을 청구하지 않을 경우 즉시 석방하는 제도로, 기존 긴급구속제도는 긴급체포제로 대체된다.

□ **법률행위(法律行爲)** *

사법상 법률요건의 하나로, 법에 의하여 행위자가 마음먹은 그대로의 법률효과가 인정되는 행위를 말한다. 법률행위가 성립하기 위해서는 당사자·내용·의사표시의 3개 요건을 필요로 하며, 이 성립요건이 갖추어져 있지 않으면 법률행위는 성립하지 않는다. 법률행위의 형태는 단독행위·계약·합동행위 등의 세 가지로 나뉜다.

□ **청원권(請願權)** *

국가기관이나 지방자치단체에 대하여 국민이 희망을 진술할 수 있는 권리를 말한다. 공무원의 비위 시정에 대한 징계나 처벌의 요구, 손해의 구제, 법령 또는 규칙의 제정·폐지·개정 등에 관하여 그 희망을 문서로써 진정할 수 있다. 청원을 접수한 국가기관은 공정 신속히 심사·처리하여 청원인에게 그 결과를 회답해 줄 의무가 있다. 그러나 반드시 청원의 내용대로 실행할 의무는 없다.

□ **인정사망제도(認定死亡制度)** *

수재나 화재 등 사망확률이 높은 사고의 경우, 시신이 발견되지 않더라도 이를 조사한 관공서 등이 사망으로 인정하면 별도의 재판을 거치지 않고 사망신고를 할 수 있도록 하는 제도이다.

□ 속인주의(屬人主義) **

국민을 기준으로 하여 법을 적용하는 주의를 말한다. 즉, 한 나라 국민은 자기 나라에 있든지 외국에 있든지 그가 소속한 나라의 법에 적용을 받는다는 것이다. 우리나라 국적법은 속인주의를 원칙으로 하되, 예외적으로는 속지주의를 보충하고 있다. 국적법에서는 혈통주의라고도 한다.

☆☆☆ 속지주의(屬地主義) … 어떤 나라의 영토 안에서 태어난 사람은 그 출생지의 국적을 얻게 되는 것을 말한다.

□ 액세스권(Right of Access) *

국민이 자신의 사상이나 의견을 발표하기 위해 언론매체에 자유로이 접근하여 이용할 수 있는 권리로, 매체접근권이라고도 한다.

□ 알 권리(Right to Know) *

모든 정보원으로부터 일반적인 정보를 수집할 수 있는 권리로 국민이 정치적·사회적 문제에 관한 정보를 자유롭게 접할 수 있고 쉽게 알아볼 수 있는 권리이다. 개인의 경우 공공기관과 사회집단에 대해 정보를 공개하도록 청구할 수 있는 권리를 의미하며, 언론기관의 경우 정보를 공개하도록 청구할 권리뿐만 아니라 취재의 자유를 의미한다.

☆☆☆ 알 권리라는 용어는 1945년 미국 AP통신사의 전무이사인 켄트 쿠퍼(Kent Cooper)가 뉴욕의 한 강연에서 "시민은 완전하고 정확하게 제시되는 뉴스에 접할 권리를 갖고 있다. 알권리에 대한 존중이 없이는 어느 한 국가나 또 세계적으로나 정치적 자유란 있을 수 없다."고 제창하면서 처음 사용되었다.

□ 필요적 변론사건(必要的辯論事件) *

법에 정해진 형량이 사형·무기 또는 최하 3년 이하의 징역·금고형인 죄목으로 피고인이 기소된 사건을 말하는 것이다. 이러한 사건들은 피고인이 유죄로 인정될 경우 무거운 처벌을 받기 때문에 형사소송법에서 변호인 없이 재판을 열 수 없도록 규정하고 있다.

□ 즉결심판 *

범증이 명백하고 죄질이 경미한 범죄사건(20만 원 이하의 벌금, 구류, 과료에 해당)에 대하여 정식 형사소송절차를 밟지 않고 「즉결심판에 관한 절차법」에 의거, 경찰서장의 청구로 순회판사가 행하는 약식재판이다. 주로 「경범죄처벌법」 위법사범(무임승차, 무전취식, 허위신고, 음주소란, 새치기 등), 가벼운 폭행죄, 단순도박죄, 「도로교통법」상의 자동차주정차금지위반, 「향토예비군설치법」상의 예비군훈련불참자 등을 들 수 있다. 즉결심판의 청구는 관할 경찰서장이 서면으로 하는데 검사의 기소독점에 대한 예외이다. 즉결심판에 있어서는 피고인의 자백만으로써 유죄를 인정할 수 있고 피고인이 피의자신문조서의 내용을 부인하더라도 유죄를 인정할 수 있도록 증거조사의 특례가 인정된다. 즉결심판에 불복하는 경우 피고인은 고지를 받은 날로부터 7일 이내에 소관 지방법원 및 지방법원 지원에 정식재판을 청구할 수 있다. 정식재판의 판결이 나면 즉결심판은 효력을 잃는다.

□ 일사부재리(一事不再理)의 원칙 *

「형사소송법」에서 일단 판결이 확정되면 같은 사건에 관하여 다시 공소의 제기가 허용되지 않는다는 원칙으로, 이에 위배된 공소는 면소판결을 받는다. 단, 「민사소송법」에서는 이 원칙이 적용되지 않는다.

□ 불고불리(不告不理)의 원칙 *

법원은 원칙적으로 검사가 공소제기를 하지 않으면 공판을 개시할 수 없고, 또 검사로부터 공소가 제기된 사건에 한하여 심리할 수 있다는 원칙이다. 다만, 준기소절차의 경우에는 예외이다.

□ 구인영장(拘引令狀) *

법원이 심문을 목적으로 피고인이나 그 밖의 관계인을 강제로 부르기 위해 발부하는 영장이다. 구속영장의 '구속'은 구인과 구금(拘禁)을 포함하는 개념이며, 흔히 말하는 구속영장은 구금영장을 가리킨다. 이 때 구금은 구치소에 인치시켜 수사하는 것이고, 구인은 구치소가 아닌 지정된 장소에서의 조사를 말하며 구금할 필요가 없다고 판단될 때에는 24시간 이내에 석방하도록 되어 있다.

□ 배임죄(背任罪) *

타인의 사무를 맡아서 처리하는 자가 자기나 제3자의 이익을 위하여 또는 본인(주인)에게 손해를 가하기 위해서 그 임무에 위배되는 행위를 하는 죄를 말한다. 배임죄는 신임관계를 위배하여 타인의 재산권을 침해하는 것을 내용으로 하는 범죄로서 배임죄의 주체는 타인의 사무를 처리하는 지위 또는 신분이 있는 자이다. 배임죄의 본질은 본인과 행위자 사이에 신임관계가 있음에도 불구하고 이에 위배해 손해를 가했다는 점에 있다.

□ 반의사불벌죄(反意思不罰罪) **

친고죄와 달리 고소없이 처벌 가능하나 피해자가 처벌을 희망하지 않는다는 의사를 표시하면 처벌을 할 수 없는 범죄로, 단순존속폭행죄 · 과실상해죄 · 단순존속협박죄 · 명예훼손죄 등이 있다.

□ 미필적 고의(未必的故意) **

어떤 결과가 발생할지도 모르나 경우에 따라서는 그렇게 되어도 상관없다고 생각하는 경우에 존재하는 고의를 가리킨다. 즉, 범죄사실이 발생할 가능성을 인식하고도 이를 용인하는 것을 말한다. 이런 경우에는 과실범이 아니라 고의범으로서 처벌된다.

□ 인 두비오 프로 레오(In Dubio Pro Reo) *

'의심스러울 때는 피고인에게 유리하게 판결하라'는 법언(法諺)을 말한다. 형사소송에서 법원이 검사의 입증이 부족하여 유죄의 심증을 얻지 못할 경우 피고인에게 유리하게 무죄 판결을 해야 한다는 원칙이다. 유 · 무죄의 판단에 국한되며 소송법상의 사실의 존부에는 적용되지는 않는다.

□ **명예훼손죄(名譽毀損罪)** *

형법 307조의 명예훼손죄는 공연히 구체적인 사실이나 허위 사실을 적시(摘示)하여 사람의 명예를 훼손함으로써 성립하는 범죄를 말한다. '공연히'는 불특정 다수인이 인식할 수 있는 상태를, '명예'는 사람의 인격에 대한 사회적인 평가로서 명예의 주체에는 자연인 · 법인 · 기타 단체가 있다. 오로지 공공의 이익에 관한 사실을 적시한 경우에는 처벌하지 아니하나, 진실한 사실을 적시한 경우에 2년 이하의 징역 · 금고나 500만 원 이하의 벌금에 처하고, 허위의 사실을 적시한 경우는 5년 이하의 징역 · 10년 이하의 자격정지나 1,000만 원 이하의 벌금에 처한다. 형법상 명예훼손죄는 '반의사불벌죄'로 피해자가 원치 않으면 처벌할 수 없다. 민법상 명예훼손은 불법행위로 간주되어 위자료를 청구할 수 있다.

□ **과태료(過怠料)** *

법률질서에 대한 위반이기는 하지만 형벌을 가할 만큼 중대한 일반 사회법익의 침해가 아니라고 인정되는 경우에 부과하는 현행 질서상의 질서벌을 말한다. 예를 들면 출생신고를 하지 않아서 「가족관계의 등록 등에 관한 법률」을 위반하였을 경우 해당 관청에 물게 되는 돈 따위를 말한다. 즉, 과태료는 행정법상 법령 위반자에 대한 금전적인 벌로서 형(刑)은 아니다.

☆☆☆ **과료(科料)** … 경범죄에 과하는 재산형으로 형법이 규정하는 형벌의 일종이다. 그 금액이 적고 또는 비교적 경미한 범죄인에 대해 과한다는 점에서 벌금과 차이가 있다.

□ **공동정범(共同正犯)** *

공동실행의 의사와 공동실행의 사실이 있을 때 두 사람 이상이 공모하여 죄를 범하는 경우, 누가 정범이고 종범인지를 구별할 수 없는 상태의 범죄를 말한다. 공동정범은 2인 이상이 공동의 범행결의 하에 실행행위를 분업적으로 역할 분담하여 기능적으로 행위지배를 함으로써, 전체적인 범행계획을 실현하는 것으로 실질적으로 공범이 아니라 정범이다.

□ **간접정범(間接正犯)** *

본인 스스로가 범죄를 행하지 아니하고 타인을 이용하여 간접적으로 범죄행위를 하게 하는 범인을 말한다. 예를 들면 사정을 전혀 모르는 간호사로 하여금 환자에게 약 대신 독물을 주게 한다든지, 광인(狂人)을 시켜 사람을 죽이는 행위 같은 것이다.

□ **공소시효(公訴時效)** ***

확정판결 전에 시간의 경과에 의하여 형벌권이 소멸하는 제도를 말한다. 공소시효의 기산점은 범죄행위가 종료된 때부터 시작된다. 현행법상 인정되는 공소시효는 7종류가 있으며, 공소가 제기된 범죄는 판결의 확정이 없이 공소를 제기한 때로부터 25년을 경과하면 공소시효가 완성한 것으로 간주한다. 2015년 8월 형사소송법 개정안이 시행되면서 살인죄에 대한 공소시효를 폐지했다.

□ **선고유예**(宣告猶豫) *

영미법에서 비롯된 형사정책적 제도로서 일정한 범인에 대하여 범죄를 인정함에 그치거나 또는 일정기간 유
죄의 판결을 하는 것을 유예하고, 그 기간을 무사히 경과한 경우는 그 유죄의 판결을 언도하지 않는 제도를
말한다. 선고유예는 형의 선고를 유예한다는 점에서 형의 집행을 유예하는 집행유예와 다르다.

□ **집행유예**(執行猶豫) *

형사정책적 입장에서 인정한 제도로서 유죄를 인정한 정상에 의하여 일정 기간 그 형의 집행을 유예하여
유예기간 중 특별한 사고없이 그 기간을 경과한 때에는 형의 선고는 효력을 상실하게 하고 형이 없었던
것과 동일한 효과를 발생케 하는 제도이다. 집행유예는 3년 이하의 징역 또는 금고의 형을 선고할 경우
정상에 참작할 사항이 있을 때, 1년 이상 5년 이하의 기간 동안 형의 집행을 유예하는 제도이다.

□ **기소편의주의**(起訴便宜主義) **

기소에 있어 검사의 재량을 인정하는 것으로 공소제기에 필요한 정도의 혐의가 있고 또 소송조건을 구비
하였다고 하더라도 반드시 기소하는 것이 아니라 검사에게 기소 · 불기소에 대한 재량의 여지를 인정하는
것을 말한다. 우리나라 현행법은 기소편의주의를 취하고 있으며 1심 판결 전이라면 검사는 언제든지 공소
를 취소할 수 있다.

03 사회

□ **고령사회**(高齡社會) ***

노령인구의 비율이 높은 수준에서 기복이 없는 안정된 사회를 말하며, 고령화사회(高齡化社會)는 노령인구
의 비율이 현저히 높아져 가는 사회를 말한다. 인구의 고령화 요인은 출생률과 사망률의 저하에 있다. 사
회가 발전함에 따라 선진국에서는 평균수명이 연장돼 장수하는 노령인구가 늘고 있어 고령에 따르는 질
병 · 고독 · 빈곤 등의 사회경제적 대책이 시급한 상황에 이르고 있다. 고령에 대한 정의는 일정치 않는데,
우리나라의 경우 고령자고용법 시행령에서 55세 이상을 고령자, 50 ~ 55세 미만을 준고령자로 규정하고
있다.

□ **게임체인저** *

특정한 일에 결과와 흐름을 바꾸는 중요한 역할을 하는 것으로 충격을 주는 아이디어를 통해 새로운 분야
가 개척되는 것을 의미한다.

□ **마이데이터**(개인 신용정보 통합조회 서비스) **

행정기관이나 공공기관이 보유한 개인 신용정보를 한데 모아 주체인 개인에게 보여주고 재무 현황과 소비패턴
등을 분석하여 적합한 금융상품 등을 추천하는 서비스이다.

□ 큐코노미(Qconomy) *

큐코노미(Qconomy)는 격리(Quarantine)와 경제(Economy)를 합성한 용어이다. 코로나19 확산에 따른 격리 및 봉쇄조치 이후 전망되는 경제상을 나타낸다. 코로나19가 전 세계로 확산됨에 따라 이를 막기 위해 사회적 거리두기를 시행하였고 배달도 가급적 비대면으로 수령하기, 온라인 구매의 급증, 재택근무, 비대면 수업 등 언택트 문화가 확산되었다. 아울러 사회적 거리두기로 실내에서만 경제활동을 하는 홈코노미(Homeconomy)도 등장하였으며, 공연이나 스포츠 경기는 공연장이 아닌 유튜브, 네이버 등을 통해 온라인 생중계를 시행하는 등 새로운 소비 방식으로 변화되었다.

□ 인포데믹스(Infodemics) ***

근거 없는 추측이나 뜬소문과 같은 부정확한 정보가 전염병처럼 빠르게 전파되어 사회, 정치, 경제, 안보 등에 치명적인 위기를 초래하는 상황을 의미한다.

□ 실버 택배 **

노인계층을 뜻하는 실버(Silver)와 택배의 합성어로, 인근 지역 거주 노인 인력을 활용한 택배 서비스를 뜻한다. 택배사가 아파트 단지 입구까지 수화물을 배송하면, 단지 내에서는 실버택배 요원이 각 세대에 방문 배송하는 식으로 이루어지며 이러한 실버택배는 노년층 일자리 확충이라는 공익적 목적으로 도입되었다.

□ 하이티즘(Heightism) *

키가 큰 사람들이 사회적으로 누리게 되는 특혜를 의미한다. 프랑스 사회학자 니콜라 에르팽은 자신의 저서 「키는 권력이다」를 통해 하이티즘을 소개했다. 그는 남자의 큰 키는 신분이나 연봉, 결혼 등 많은 요인에서 사회적으로 유리하게 작용하는 신체적 자본이라고 말하며 '키는 곧 권력'이라고 말했다.

□ 프로파일러(Profiler) **

일반적 수사 기법을 통해 해결되기 어려운 연쇄살인사건 수사나 범행동기가 불분명하여 상식적이지 않은 범죄사건 등에 투입, 범죄사건의 정황·단서를 분석하여 용의자의 성별·연령·직업·성격·행동유형·콤플렉스 등을 추론해 범위를 좁혀 수사방향을 설정하는 범죄심리분석관을 말하며, 이러한 수사기법을 프로파일링(Profiling)이라 한다. 1956년 '미친 폭파범' 조지 메트스키 사건에서 미국 정신과의사 A. 브뤼셀의 심리적 추정에 의한 사건해결로 등장하여, 1972년 미국연방수사국(FBI)에서 프로파일링 기법을 공식 도입했다.

□ 세대별 분류 **

구분	내용
A세대	Aspirations(욕구)의 첫 글자에서 따온, 아시아·라틴아메리카 등의 신흥경제국가의 도시에 살고, 연간 2천만 파운드를 벌며 계속 소득이 늘어 소비욕구가 강해 세계경제의 메가트렌드를 주도하는 30 ~ 40대 중산층을 말한다.
C세대	컴퓨터 보급의 일반화로 탄생하여 반도체칩과 카드, 케이블 속에 사는 컴퓨터 세대. 또는 자신이 직접 콘텐츠를 생산·인터넷상에서 타인과 자유롭게 공유하며 능동적으로 소비에 참여하는 콘텐츠 세대를 말한다.
E세대	Enterpriser(기업가)의 첫 글자에서 따온, 스스로가 사업체를 세워 경영인이 되고 싶어 하는 사람들을 말한다.
G세대	Green과 Global의 첫 글자에서 따온, 건강하고 적극적이며 세계화한 젊은 세대를 말한다.
L세대	Luxury(사치)의 첫 글자에서 따온, 세계적으로 유명한 고가의 고급 브랜드를 일상적으로 소비하는 명품족을 말한다.
M세대	휴대전화를 통화 이외의 다양한 용도로 사용하는 나홀로족인 모바일세대 또는 1980년대 초반 이후 출생한 덜 반항적, 더 실질적, 팀·의무·명예·행동을 중시하는 밀레니엄세대를 말한다.
N세대	1977 ~ 1997년 사이에 태어나 디지털 기술과 함께 성장, 기기를 능숙하게 다룰 줄 아는 자율성·능동성·자기혁신·개발을 추구하는 디지털 문명세대를 말한다.
P세대	Passion(열정)·Potential Power(힘)·Participation(참여)·Paradigm – Shifter(패러다임의 변화를 일으키는 세대)의 첫 글자에서 따온, 열정과 힘을 바탕으로 사회 전반에 적극적으로 참여해 사회 패러다임의 변화를 일으키는 세대이다. 자유로운 정치체제하에서 성장하여 긍정적인 가치관을 가지며, 386세대의 사회의식·X세대의 소비문화·N세대의 생활양식·W세대의 공동체의식 등이 모두 포괄해서 나타난다.
Y세대	컴퓨터를 자유자재로 다루고 다른 나라 문화나 인종에 대한 거부감이 없는, 전후 베이비붐 세대가 낳은 2세들인 10대 전후의 어린이를 말한다.
X세대	50% 정도가 이혼·별거한 맞벌이 부모 사이에서 자라 가정에 대한 동경과 반발 심리를 가지며 개인적인 삶에 큰 의미를 두는 1961 ~ 1984년 사이에 출생한 세대이다.
Z세대	1990년대 중반에서 2000년대 초반에 태어난 젊은 세대로 디지털 네이티브가 특징이다.
부메랑세대	사회에 진출했다가 곧 독립을 포기하고 부모의 보호 아래로 돌아가는 젊은이들이다.
OPAL세대	Old People With Active Life. 경제력을 갖춘 5060세대를 일컫는 말이다. 베이비부머 세대인 58년생을 뜻하기도 한다. 이들은 은퇴를 한 후 새로운 일자리를 찾고, 여가 활동을 즐기면서 젊은이들처럼 소비하며 자신을 가꾸는 일에 많은 시간과 돈을 투자한다.
캥거루세대	경제적·정신적으로 부모에 의존해 생활을 즐기는 젊은 세대이다.
MZ세대	1980년대 초 ~ 2000년대 초 출생한 밀레니얼 세대와 1990년대 중반 ~ 2000년대 초반 출생한 Z세대를 통칭하는 말로 밀레니얼 세대와 Z세대를 통칭하여 MZ세대라고 한다. 오프라인보다 온라인이, 사람과 대면하는 것보다 스마트 폰 화면이 익숙한 세대이다. 따라서 SNS기반 유통시장에서 강력한 영향력을 발휘하는 소비 주체로 부상하고 있다.
알파세대	2010~2024년 사이에 출생한 세대를 의미한다. 밀레니얼 세대의 자녀로 미니 밀레니얼이라고도 칭한다. 스마트폰을 태어나서부터 사용하였기 때문에 디지털과 매우 친밀한 세대이다.
잘파세대	Z세대와 2010년대 이후에 태어난 알파세대를 합한 세대를 의미한다. 스마트폰과 함께 자라났기 때문에 최신 기술 습득력이 빠르다.

□ 무리별 분류 ***

구분	내용
이피족(Yiffie)	Young(젊은), Individualistic(개인주의적인), Freeminded(자유분방한), Few(사람 수가 적은). 1990년대 여피에 이어 등장, 여유있는 삶, 가족관계, 다양한 체험 등 자신의 목적을 위해 직장을 마다하고 자신의 행복과 만족을 추구하는 청년들
예티족(Yettie)	Young(젊고), Entrepreneurial(기업가적인), Tech – Based(기술에 바탕을 둔), Internet Elite. 신경제에 발맞춰 일에 대한 열정으로 패션에 신경을 쓰지 않는 20 ~ 30대의 신세대 인간형
댄디족(Dandy)	자신이 벌어서 규모 있는 소비생활을 즐기는 젊은 남자들. 방송 · 광고 · 사진작가 · 컴퓨터 프로그래머 등의 전문직에 종사
시피족(Cipie)	Character(개성), Intelligence(지성), Professional(전문성). 오렌지족의 소비 지향적 · 감각적 문화 행태에 반발, 지적 개성을 강조하고 검소한 생활을 추구하는 젊은이
슬로비족(Slobbie)	Slower But Better Working People. 성실하고 안정적인 생활에 삶의 가치를 더 부여하는 사람들
니트족(Neet)	Not In Education, Employment Or Training. 교육이나 훈련을 받지 않고 일도 하지 않으며 일할 의지도 없는 청년 무직자
좀비족(Zombie)	대기업 · 방대한 조직체에 묻혀 무사안일에 빠져있는 비정상적인 사람
딩크족(Dink)	Double Income, No Kids. 정상적인 부부생활을 영위하면서 의도적으로 자녀를 갖지 않는 젊은 맞벌이 부부
딘스족(Dins)	Dual Income, No Sex Couples. 성생활이 거의 없는 맞벌이 부부
듀크족(Dewks)	Dual Employed With Kids. 아이가 있는 맞벌이 부부
딘트족(Dint)	Double Income No Time. 경제적으로 풍족하지만 바쁜 업무로 소비생활을 할 시간이 없는 신세대 맞벌이
네스팅족(Nesting)	단란한 가정을 가장 중시하고 집안을 가꾸는 신가정주의자들
싱커즈족(Thinkers)	젊은 남녀가 결혼 후 맞벌이를 하면서 아이를 낳지 않고 일찍 정년퇴직해 노후생활을 즐기는 신계층
통크족(Tonk)	Two Only No Kids. 자식은 있되 자식뒷바라지에 의존하지 않고 취미 · 운동 · 여행 등으로 부부만의 생활을 즐기는 계층
우피족(Woopie)	Well Of Older People. 자식에게 의지하지 않고 경제적인 여유로 풍요롭게 사는 노년세대
유미족(Yummy)	Young Upwardly Mobile Mummy. 상향 지향적이고 활동적인, 특히 자녀에 대해 정열을 쏟는 젊은 어머니들
나오미족	Not Old Image. 안정된 결혼생활을 누리며 신세대 감각과 생활을 보여주는 30대 중반 여성들
루비족(Ruby)	Refresh(신선함), Uncommon(비범함), Beautiful(아름다움), Young(젊음). 평범 · 전통적인 아줌마를 거부해 자신을 꾸미는 40 ~ 50대 여성들
나우족(Now)	New Old Women. 40 ~ 50대에도 젊고 건강하며 경제력이 있는 여성들
노무족(Nomu)	No More Uncle. 나이와 상관없이 자유로운 사고와 생활을 추구하고 꾸준히 자기개발을 하는 40 ~ 50대 남자들
코쿠닝족(Cocooning)	누에고치(Cocoon)가 고치를 짓는 것처럼 자신의 활동반경을 축소시키는 현상을 코쿠닝(Cocooning)트렌트라고 하며, 자신만의 안식처에 숨어 여가시간과 휴식을 적극적으로 보내는 사람들
스마드족(Smad)	각종 디지털 기기를 활용하여 정보를 신속하게 얻고, 얻은 정보를 분석하여 현명하게 구매하는 소비자
로하스족(Lohas)	Lifestyles Of Health And Sustainability. 개인의 정신적 · 육체적 건강 뿐 아니라 환경까지 생각하는 친환경적인 소비를 하는 사람들
파이어족(Fire)	파이어족은 경제적 자립(Financial Independence)을 토대로 자발적 조기 은퇴(Retire Early)를 추진하는 사람들

□ 효과별 분류 **

구분	내용
베르테르효과 (Werther Effect)	유명인이나 자신이 롤 모델로 삼고 있던 사람이 자살할 경우, 자신과 동일시해서 자살을 시도하는 현상. 독일의 문호 괴테가 1774년에 출간한 「젊은 베르테르의 슬픔」에서 유래했는데, 이 작품에선 남주인공 베르테르가 여주인공 로테를 사랑하지만 그녀에게 약혼자가 있다는 것을 알고 실의에 빠져 권총자살을 하게 된다. 시대와의 단절로 고민하던 젊은 세대의 공감으로 자살이 급증하자 이를 연구한 미국의 사회학자 필립스(D. Phillips)가 이름을 붙였다.
루핑효과 (Looping Effect)	사람들이 이전에 관심이 없다가 새로운 사실을 인식하게 되면 이러한 사실들이 상호작용하게 되어 사람이 변해 새로운 사실에 영향을 받은 다른 종류의 사람이 만들어지는 현상. 예를 들어 유명인의 자살을 언론보도를 통해 접하고 관심을 갖게 돼 개개인의 불안심리가 조성되면서 우울감이나 단절감이 자살로 이어지게 된다.
나비효과 (Butterfly Effect)	브라질에 있는 나비의 날갯짓이 미국 텍사스에 토네이도를 발생시킬 수도 있다는 과학이론. 기상 관측한 데이터를 통해 처음 이야기된 효과로, 어떤 일이 시작될 때 있었던 아주 미묘한 양의 차이가 결과에서는 매우 큰 차이를 만들 수 있다는 이론이다. 이는 후에 카오스 이론의 토대가 되었다.
낭떠러지효과	자신이 정통한 분야에 대해서는 임무수행능력이 탁월하지만 조금이라도 그 분야를 벗어나면 낭떠러지에서 떨어지듯이 일시에 모든 문제해결능력이 붕괴되는 현상을 말한다. 낭떠러지효과는 기계문명에 대한 맹신에서 벗어날 것을 인류에게 촉구하는 미래학자들의 경고이기도 하다.
넛지효과 (Nudge Effect)	어떠한 금지나 인텐시브 없이도 인간 행동에 대한 적절한 이해를 바탕으로 타인의 행동을 유도하는 부드러운 개입을 뜻하는 말. 행동경제학자인 선스타인(C.R. Sunstein)과 리처드 탈러(R.H. Thaler)가 공저한 「넛지」에 의하면, 팔을 잡아끄는 것처럼 강제에 의한 억압보다 팔꿈치로 툭 치는 부드러운 개입으로 특정 행동을 유도하는 것이 더 효과적이라고 한다.
디드로효과 (Diderot Effect)	하나의 제품을 구입하면 그 제품과 연관된 제품을 연속적으로 구입하게 되는 현상. 소비자는 단순히 기능적인 연관성뿐만 아니라 제품과 제품사이에 정서적 동질성을 느껴서 구입하게 된다.
피그말리온효과 (Pygmalion Effect)	타인의 관심이나 기대로 인해 능률이 오르거나 결과가 좋아지는 현상. 그리스신화에 나오는 조각가 피그말리온의 이름에서 유래한 심리학 용어로 '로젠탈효과'라고도 한다.
스티그마효과 (Stigma Effect)	타인에게 무시당하거나 부정적인 낙인이 찍히면 행태가 나빠지는 현상. 스티그마효과가 부정적 행태를 보인다면 피그말리온효과는 긍정적 행태를 보인다. '낙인효과'라고도 한다.
래칫효과 (Ratchet Effect)	소득수준이 높았을 때의 소비성향이 소득수준이 낮아져도 낮아진 만큼 줄어들지 않게 하는 저지작용

□ 증후군의 분류 **

구분	내용	
빈 둥지 증후군 (Empty Nest Syndrome)	공소증후군. 중년의 가정주부가 어느 날 갑자기 빈 둥지를 지키고 있는 듯 허전함을 느끼며 자신의 정체성에 대해 회의를 품게 되는 심리적 현상	
모라토리엄 증후군 (Moratorium Syndrome)	지식 수준이나 육체적으로 한 사람의 몫을 충분히 할 수 있음에도 불구하고 사회인으로서 책무를 기피하는 현상. 대개 고학력 청년들로 대학 졸업 후 사회로 나가기 두려워 취직하지 않고 빈둥거리는 것을 말한다.	
파랑새 증후군 (Bluebird Syndrome)	현재의 일에 만족이나 정열을 느끼지 못하고 미래의 행복만을 꿈꾸는 증후군	
피터팬 증후군 (Peter Pan Syndrome)	무기력증을 보이는 남성들의 심적 증후군. 어른이면서도 어린이 같은 언행을 일삼는 현상을 말한다.	
슈퍼우먼 증후군 (Superwoman Syndrome)	직장여성 중 엘리트를 지향하는 여성들에게서 보이는 스트레스 증후군. 모든 일에 완벽하려고 지나친 신경을 써서 지쳐버리게 되는 증상을 말한다.	
신데렐라콤플렉스 (Cinderella Complex)	자신의 능력으로 자립할 자신이 없는 여성이 일시에 자신의 일생을 변화시켜 줄 존재의 출현만을 기다리는 심리로, 남자의 인생에 의지하여 마음의 안정을 찾고 보호받기를 원하는 여성의 심리적 의존을 말한다.	
Lid 증후군 (Loss Isolation Depression Syndrom)	핵가족화로 인해 노인들에게 발생할 수 있는 고독병의 일종. 자녀들은 분가해서 떠나고 주변의 의지할 사람들이 세상을 떠나면 그 손실에 의해 고독감과 소외감을 느낀다. 이런 상태가 지속되면 우울증에 빠지게 되는데 이를 고독고(孤獨苦)라 한다. ※ 노인의 4고(苦) : 빈고(貧苦), 고독고(孤獨苦), 병고(病苦), 무위고(武威苦)	

□ 생활임금제(生活賃金制) **

최저임금보다 다소 높은 수준으로 저소득 근로자들이 최소한의 인간다운 삶을 유지할 수 있는 수준의 임금을 보장하는 제도다. 즉, 근로자들의 주거비, 교육비, 문화비 등을 종합적으로 고려해 최소한의 인간다운 삶을 유지할 수 있을 정도의 임금수준으로 노동자의 생계를 실질적으로 보장하려는 정책적 대안이다. 현재 일부 지자체가 조례 형태로 제정해 공공근로자 등에게 적용하고 있다. 그 동안은 지자체가 생활임금제 조례 제정을 추진할 때마다 상위법에 근거 조항이 없어 상위법 위반 논란이 일었다.

□ 도넛현상(Doughnut) *

대도시의 거주지역과 업무의 일부가 외곽지역으로 집중되고 도심에는 상업기관·공공기관만 남게 되어 도심은 도넛모양으로 텅 비어버리는 현상이다. 이는 도시 내의 지가상승·생활환경의 악화·교통혼잡 등이 원인이 되어 발생하는 현상으로 도심 공동화현상이라고도 한다.

□ 스프롤현상(Sprawl) **

도시의 급격한 팽창에 따라 대도시의 교외가 무질서·무계획적으로 주택화되는 현상을 말한다. 교외의 도시계획과는 무관하게 땅값이 싼 지역을 찾아 교외로 주택이 침식해 들어가는 현상으로 토지이용면에서나 도시시설정비면에서 극히 비경제적이다.

□ U턴 현상 **

대도시에 취직한 시골 출신자가 고향으로 되돌아가는 노동력 이동을 말한다. 대도시의 과밀·공해로 인한 공장의 지방 진출로 고향에서의 고용기회가 확대되고 임금이 높아지면서 노동력의 이동현상이 나타나고 있다.

□ J턴 현상 *

대도시에 취직한 시골출신자가 고향으로 돌아가지 않고 지방도시로 직장을 옮기는 형태의 노동력이동을 말한다. U턴현상에 비해 이 현상은 출신지에서의 고용기회가 적을 경우 나타나는 현상이다.

□ 디지털 리터러시(Digital Literacy) *

디지털 자료를 보고 이해할 수 있는 능력을 의미한다. 디지털 사용빈도가 늘어나면서 다양하고 정보가 넘쳐나고 있다. 하지만 넘쳐나는 자료를 개인이 이해·평가·조합하는 능력이 필요하다. 이 능력을 디지털 리터러시라 한다. 문자로 적혀진 신문 기사나 계약서를 읽을 때 문해력이 필요하듯이 디지털 세상에서 스마트 폰과 SNS을 사용하면서 일반 문자를 읽을 때처럼 필요한 문해력이 디지털에서도 필요하다.

□ 치킨게임(Chicken Game) ***

경쟁을 할 때 어느 한 쪽이 양보하지 않을 경우 상대가 무너질 때까지 출혈 경쟁을 해서 결국 양쪽 모두 파국으로 치닫게 되는 극단적인 게임이론이다. 1950년대 미국 젊은이들 사이에서 유행하던 자동차 게임의 이름이 치킨게임이며, 한밤중에 도로에서 마주보고 두 명의 경쟁자가 자신의 차를 몰고 각각 정면으로 돌진하다가 충돌 직전에 핸들을 꺾는 사람이 지는 경기로 어느 한 쪽도 핸들을 꺾지 않으면 모두 승자가 되지만 결국 충돌해 양쪽 모두 파멸하게 된다. 이때 핸들을 꺾는 사람이 치킨으로 몰려 명예롭지 못한 사람의 취급을 받는다. 이 용어는 1950 ~ 1970년대 미국과 구 소련 사이의 극심한 군비경쟁에 대해 비판하면서 차용되었다.

□ 양심적 병역거부 *

병역거부는 여러 가지 이유에서 행해지는데, 태만이나 겁이 많아서가 아니고 전쟁이나 군무일반 또는 특정한 전쟁 및 군무가 자기의 종교적 신조나 정치적 신념 등에 위배된다고 확신하는 입장에서 행하는 자를 양심적 병역거부자(Conscientious Objector)라고 한다. 우리나라에서도 '여호와의 증인'의 신도들이 그들의 교리에 어긋나는 집총(執銃)을 할 수 없다 하여 병역을 거부, 사회적 물의를 일으킨 일이 있다.

□ 프레퍼 **

미국, 영국에서 종말론의 확산과 함께 경제대공황이 전개되면서 1929년을 전후로 처음 등장하기 시작했다. 미·소 냉전시기였던 1950 ~ 60년대다. 당시 핵전쟁의 발발 위기가 고조되면서 사람들이 각종 대피시설을 짓고 식량을 비축해 두었다.

□ **사회보장제도** *

국민이 빈곤 · 질병 · 생활불안의 경우에 처하더라도 최소한의 인간다운 생활을 하면서 살 수 있도록 국가가 정책적으로 보장하는 것을 말한다. 우리나라의 국가적 규모의 사회보장제도의 실시는 1947년 과도정부 법령 제4호 미성년자 노동보호법이 효시이며, 1959년에는 한국사회보장제도 창설의 모태가 된 '건강보험제도 도입을 위한 연구회'가 보건복지부 주관 하에 발족되었고, 그 연구결과 1962년 3월에 사회보장제도 심의위원회가 정식 법적 기구로 탄생되었다. 국제노동기구(ILO)에서는 사회보장의 내용을 '사회보험'과 '공공부조'로, 우리나라와 일본에서는 '사회보험', '공공부조', '사회복지서비스'로 나누고 있다.

구분	사회보험	공공부조
목적	산업재해, 실업, 사망 등에 따른 소득의 중단이나 상실의 불안 해소	보험료의 부담능력이 없는 생활무능력자의 생활보호
대상	보험료 부담능력이 있는 사람	자산상황, 건강상태 등 조사 후 결정
종류	재해보험, 실업보험, 의료보험, 양로보험, 각종 연금제도	구호대상자에 대한 각종 보호사업, 사회복지사업, 공중위생사업 등
부담	피보험자, 기업주 또는 국가	비용 전부를 국가가 부담
특징	강제가입, 능력별 부담, 근로의욕 고취, 상호부조의 성격	소득재분배효과, 국가재정의 팽창, 근로자 투자의욕의 상실

04 노동

□ **노동쟁의(勞動爭議)** *

근로자 단체와 사용자 사이의 근로시간 · 임금 · 복지 · 해고 등의 근로조건에 관한 주장의 불일치로 일어나는 분쟁상태를 말하며, 사전의 단체교섭 실시를 전제로 한다. 노동쟁의는 파업, 태업, 불매운동, 직장폐쇄 등의 방법이 있다.

구분	내용
총파업(General Strike)	총동맹파업으로 동일 기업 · 산업 · 지역의 전체 또는 전 산업이 공동의 요구를 관철시키고자 통일적으로 단행하는 파업
사보타지(Sabotage, 태업)	파업과는 달리 출근을 하여 정상근무를 하는 것처럼 보이나 실제로는 완만한 작업태도로 사용자에게 손해를 주어 요구조건을 관철시키려는 쟁의의 한 수단으로 조직적 · 계획적으로 행해질 경우에만 쟁의 수단이 됨
보이콧(Boycott, 불매운동)	어떤 특정한 요구를 들어주지 않는 기업의 제품을 노동자들, 나아가 일반대중까지 단결하여 구매하지 않음으로써 상대방으로 하여금 요구를 들어주도록 하는 쟁의
피케팅(Picketing)	총파업이나 보이콧 등의 쟁의행위를 보다 효과적으로 행하기 위하여 파업에 동참하지 않은 근로희망자들의 공장이나 사업장 출입을 저지하여 파업에의 참여를 요구하는 행위
직장폐쇄	사용자가 노동자의 요구를 거부하고 공장을 폐쇄하여 그 운영을 일시적으로 중단함으로써 노동쟁의를 보다 유리하게 해결하려는 행위

☆☆☆ 직장폐쇄만이 사용자가 행하는 유일한 쟁의행위이다.

□ 노동3권(勞動三權) ***

노동자가 가지는 세 가지 권리로 단결권·단체교섭권·단체행동권을 말한다. 노동자의 권익(權益)을 위해 헌법상 보장되는 기본권으로서 사회권에 속하며, 단체행동권의 행사는 법률이 정하는 범위 내에서만 보장된다. 공무원의 경우 법률로 인정된 단순 노무에 종사하는 공무원 외에는 노동3권이 보장되지 않으며, 공무원에 준하는 사업체에 종사하는 근로자의 단체행동권은 법률에 의해 제한 또는 인정하지 않을 수 있다.

구분	내용
단결권	노동자가 근로조건 향상을 위해 단결할 수 있는 권리
단체교섭권	노동자의 노동시간, 임금, 후생복리 등의 조건에 관한 문제를 사용자 측과 단체적으로 협의할 수 있는 권리
단체행동권	단체교섭이 이루어지지 않을 경우 노사 간의 분쟁을 해결하기 위한 파업 등을 할 수 있는 권리

☆☆☆ 사회권 … 개인의 생존, 생활의 유지·발전에 필요한 모든 조건을 확보하도록 국가에 요구할 수 있는 국민권리의 총칭으로 사회적 기본권 또는 생존권적 기본권이라고도 한다.

□ 숍제도의 분류 **

노동조합이 사용자와 체결하는 노동협약에 조합원 자격과 종업원 자격의 관계를 규정한 조항(Shop Clause)을 넣어 조합의 유지와 발전을 도모하는 제도를 숍제도(Shop System)라 한다.

구분	내용
오픈숍(Open Shop)	조합가입 여부에 관계없이 고용이나 해고에 차별대우를 하지 않은 제도로, 사용자는 노동자를 자유로 채용할 수 있고 노동자의 조합가입 여부도 자유의사인 것
유니언숍(Union Shop)	회사와 노동조합의 협정에 의해 일단 채용된 노동자는 일정한 기간 내에 의무적으로 조합에 가입해야 하는 제도로, 미가입자·조합탈퇴자 및 조합에서 제명된 자는 사용자가 해고하도록 하는 것
클로즈드숍(Closed Shop)	이해(利害)를 공통으로 하는 모든 노동자를 조합에 가입시키고 조합원임을 고용의 조건으로 삼는 노사 간의 협정제도로, 노동조합의 단결 및 사용자와의 교섭력을 강화하여 유리한 노동조건을 획득하려는 의도에서 나온 것
프레퍼렌셜숍(Preferential Shop)	조합원 우선숍 제도로, 조합원은 채용이나 해고 등 단체협약상의 혜택을 유리하게 대우하기로 하고, 비조합원에게는 단체협약상의 혜택을 주지 않는 것
메인터넌스숍 (Maintenance of Membership Shop)	조합원 유지숍 제도로, 조합원이 되면 일정기간 동안 조합원자격을 유지해야 하고, 종업원은 고용계속조건으로 조합원 자격을 유지해야 하는 것
에이전시숍(Agency Shop)	조합이 조합원과 비조합원에게도 조합비를 징수하여 단체교섭을 맡는 것

□ 퍼플잡 ***

일정한 시간이나 장소 형태를 요구하는 정형화된 근무 제도에서 탈피해 근로자의 여건에 따라 특성에 맞는 근무 형태를 신축적으로 조절하는 것이다. 여성과 남성을 상징하는 빨강과 파랑을 섞으면 보라색이 나오는 것처럼 일과 가정의 조화와 남녀평등을 표방하며 기존의 정규직, 비정규직이란 이분법적 사고를 뛰어넘는 다양성을 지향한다. 유연 출퇴근 시간제, 재택근무제, 일자리 공유제, 한시적 시간근무제 등이 있다.

□ 동맹파업(同盟罷業, Strike) ***

노동조합 및 기타 노동단체의 통제 하에 조합원이 집단적으로 노무제공을 거부하면서 그들의 주장을 관철시키려는 가장 순수하고 널리 행하여지는 쟁의행위(爭議行爲)이다. 우리나라는 헌법에 근로자의 단체행동권을 보장하고 노동조합 및 노동관계조정법으로 쟁의행위의 합법성을 인정하는데 헌법이 보장하는 쟁의권 행사의 범위를 일탈하지 않으면 쟁의행위에 대한 손해배상청구권은 면제된다.

구분	명칭	내용
목적	경제파업	가장 일반적인 파업으로 근로자의 근로조건, 경제적 지위향상 도모 파업
	정치파업	정부에 대해 근로자의 일정한 요구의 실현을 촉구하는 파업(헌법상 정당성을 인정받지 못함)
	동정파업 (Sympathetic Strike)	노동자가 고용관계에 있는 사용자와는 직접적인 분쟁이 없음에도 불구하고 다른 사업장의 노동쟁의를 지원하기 위하여 벌이는 파업(파업의 효과상승, 조합의식 강화)
규모	총파업 (General Strike)	총동맹파업으로 동일 기업·산업·지역의 전체 또는 전 산업이 공동의 요구를 관철시키고자 통일적으로 단행하는 파업
	지역파업	일부 지역만이 행하는 파업
	부분파업	특정의 일부 기업이나 분야에서만 행하는 파업
방법	Walk Out	노동자를 공장이나 사업장 밖으로 철수시켜 행하는 파업
	농성파업 (Sit-Down Strike)	노동자가 사용자가 있는 곳이나 작업장, 교섭장소 등을 점거하여 주장을 관철시키기 위해 행하는 파업(강한 단결과 결의, 상대를 위압하여 유리한 교섭 촉진목적)
기타	살쾡이파업 (Wild Cats Strike)	노동조합이 주관하지 않고, 기층 근로자에 의해 자연발생적으로 일어나는 파업(미국의 노동운동이 제2차 세계대전을 고비로 노골적인 노사유착의 경향을 띠며 일어났고, 기습적·산발적인 형태로 전개된다는 점에서 살쾡이의 이름이 붙여짐)

□ 공허노동 *

공허노동은 스웨덴의 사회학자 롤란드 폴센이 최초로 정의한 개념으로, 근무시간 중에 딴짓을 하는 것으로, 인터넷 쇼핑몰을 서핑하거나 SNS를 하는 등 업무와 무관한 일을 하는 행위를 뜻한다.

□ 임금피크제 *

워크 셰어링(Work Sharing)의 한 형태로, 임금피크제의 장점은 고령층의 실업 완화, 기업의 인건비 감소, 전문화된 인력의 경험을 살릴 수 있다는 것이나 일률적인 임금피크제의 적용으로 인한 임금수준 하락의 편법작용, 공기업의 노령자 구제수단의 일환으로 악용될 수 있다는 단점이 있다. 한편, 노동계에서는 임금피크제가 오히려 정년을 단축시키고, 노동조건을 악화시키는 결과를 낳을 것이라며 임금피크제의 도입을 반대하고 있다.

□ 플랫폼 노동 ***

앱이나 소셜 네트워크 서비스(SNS) 등의 디지털 플랫폼에 소속되어 일하는 것을 말한다. 즉, 고객이 스마트폰 앱 등 플랫폼에 서비스를 요청하면 이 정보를 노동 제공자가 보고 고객에게 서비스를 한다. 플랫폼 노동은 노무 제공자가 사용자에게 종속된 노동자가 아닌 자영업자이므로 특수고용노동자와 유사하다는 이유로 '디지털 특고'로도 불린다.

□ 노동자의 분류 ***

구분	내용
골드 칼라 (Gold Collar)	두뇌와 정보를 황금처럼 여기는 신세대를 상징하는 고도 전문직 종사자. 창의적인 일로 부가가치를 창출하는 인재로서 빌 게이츠와 스티븐 스필버그 감독 등이 있다. ※ 골드회사 : 직원의 창의성을 높이기 위해 근무시간과 복장에 자율성을 보장해 주는 회사
다이아몬드 칼라 (Diamond Collar)	지혜, 봉사심, 체력, 인간관계, 자기관리 능력의 다섯 가지 미덕을 고루 갖춘 인간형으로 성공할 가능성이 큰 경영인 또는 관리자
화이트 칼라 (White Collar)	육체적 노력이 요구되더라도 생산과 전혀 무관한 일을 하는 샐러리맨이나 사무직노동자. 블루칼라와 대비된다.
블루 칼라 (Blue Collar)	생산, 제조, 건설, 광업 등 생산현장에서 일하는 노동자. 노동자들의 복장이 주로 청색인 점에 착안하여 생겨나 화이트칼라와 대비된다.
그레이 칼라 (Gray Collar)	화이트 칼라와 블루 칼라의 중간층으로 컴퓨터·전자장비·오토메이션 장치의 감시나 정비에 종사하는 근로자
논 칼라 (Non Collar)	손에 기름을 묻히는 것도 서류에 매달려 있는 것도 아닌 즉, 블루 칼라도 화이트 칼라도 아닌 무색세대로 컴퓨터 세대
핑크 칼라 (Pink Collar)	가정의 생계를 위해 사회로 진출하는 주부. 예전에는 점원이나 비서직에 종사하는 여성들을 뜻했으며 자아성취를 위해 일하는 직장 여성과는 거리가 있다. 남성 노동자인 블루 칼라와 대비된다.
퍼플 칼라 (Purple Collar)	빨강과 파랑이 섞인 보라색으로 가정과 일의 균형과 조화를 추구하는 근로자
레인보우 칼라 (Rainbow Collar)	참신한 아이디어와 개성으로 소비자의 욕구를 만족시켜주는 기획관련 업종을 지칭하는 광고디자인, 기획, 패션업계 종사자. 1993년 제일기획(광고회사)에서 '무지개 색깔을 가진 젊은이를 찾는다.'는 신입사원 모집공고에서 유래됐다.
네오블루 칼라 (Neo−Blue Collar)	새로운 감성미학을 표현해내고 개성을 추구하는 등 특유의 신명으로 일하는 영화·Cf업계의 감성세대
르네상스 칼라 (Renaissance Collar)	세계 정치·경제·문화의 다양한 콘텐츠들을 섭렵하여 자신의 꿈을 좇아 변신한 인터넷 사업가
일렉트로 칼라 (Electro Collar)	컴퓨터의 생활화에 따라 새롭게 등장하고 있는 직종으로 컴퓨터에 대한 이해도와 기술수준이 뛰어난 엘리트
실리콘 칼라 (Silicon Collar)	창의적인 아이디어와 뛰어난 컴퓨터 실력으로 언제라도 벤처 창업이 가능한 화이트 칼라의 뒤를 잇는 새로운 형태의 고급 노동자
스틸 칼라 (Steel Collar)	사람이 하기 힘든 일이나 단순 반복 작업을 하는 산업용 로봇. 국내에서 전자와 자동차업종을 중심으로 1만여 로봇이 산업현장에 배치됐다.

□ 감정노동 **

고도의 산업화로 서비스업이 활발해지며 등장한 노동 형태로, 자신의 감정은 숨기고 서비스를 제공하는 직업 종사자들이 해당된다. 승무원·전화상담원 등 고객을 직접 응대하는 직종들을 예로 들 수 있다. 감정노동을 오래 한 근로자 대부분은 스마일마스크 증후군(Smile Mask Syndrome)에 걸리는 경우가 많다.

□ **실업의 종류** *

노동할 능력과 의욕을 가진 자가 노동의 기회를 얻지 못하고 있는 상태를 실업(失業)이라고 한다. 대표적으로 실업의 원리를 설명하는 이론에는 J.M. 케인스의 유효수요의 이론과 K. 마르크스의 산업예비군 이론이 있다.

구분	내용
자발적 실업 (自發的 失業)	취업할 의사는 있으나, 임금수준이 생각보다 낮다고 판단하여 스스로 실업하고 있는 상태를 말한다. 케인스(J.M. Keynes)가 1930년 전후 대공황기에 발생한 대량실업에 대해 완전고용을 전제로 설명하려 했을 때 분류한 개념의 하나로 비자발적 실업과 대비된다.
비자발적 실업 (非自發的 失業)	자본주의에서 취업할 의사는 있으나 유효수요(有效需要)의 부족으로 취업하지 못하는 상태를 말한다. 수요부족 실업 또는 케인스적 실업이라고도 한다. 케인스는 불황기의 대량실업 구제책으로 확장적 금융·재정정책에 의한 유효수요 증가정책을 써야한다고 주장했다.
마찰적 실업 (摩擦的 失業)	일시적인 결여나 산발적인 직업 간의 이동에서 발생하는 시간적 간격 등에 의해 발생하는 실업형태이다. 기업의 부도로 근로자들이 직장을 잃는 경우가 해당되며 케인스가 분류했다.
경기적 실업 (景氣的 失業)	경기변동의 과정에 따라 공황이 발생하면 실업이 급증하고 번영기가 되면 실업이 감소하는 실업형태로, 장기적 성격을 가진다.
계절적 실업 (季節的 失業)	산업의 노동력 투입이 자연적 요인이나 수요의 계절적 편재에 따라 해마다 규칙적으로 변동하는 경우에 생기는 실업형태이다.
구조적 실업 (構造的 失業)	일반적으로 선진국에서 자본주의의 구조가 변화하여 생기거나 자본축적이 부족한 후진국에서 생산설비의 부족과 노동인구의 과잉으로 생기는 실업형태이다. 경제구조의 특질에서 오는 만성적·고정적인 실업이며 경기가 회복되어도 빨리 흡수되지 않는 특징이 있다.
기술적 실업 (技術的 失業)	기술진보에 의한 자본의 유기적 구성의 고도화로 인해 발생하는 실업형태이다. 주로 자본주의적 선진국에서 나타나며 자본수요의 상대적 부족으로 인해 발생한다. 마르크스형 실업이라고도 하며 실물적 생산력의 향상으로 노동수요가 감소한 데 기인한다.
잠재적 실업 (潛在的 失業)	원하는 직업에 종사하지 못하여 부득이 조건이 낮은 다른 직업에 종사하는 실업형태로 위장실업이라고도 한다. 노동자가 지닌 생산력을 충분히 발휘하지 못하여 수입이 낮고, 그 결과 완전한 생활을 영위하지 못하는 반(半)실업상태로, 영세농가나 도시의 소규모 영업층의 과잉인구가 이에 해당한다.
산업예비군 (産業豫備軍)	실업자 및 반실업자를 포함하는 이른바 상대적 과잉인구를 말한다. 자본주의가 발달해 자본의 유기적 구성이 고도화함에 따라 노동을 절약하는 자본집약적인 생산방법이 널리 채용되어 노동력이 실업으로 나타나는 것을 말한다. 마르크스는 이것을 자본주의 발전에 따르는 필연적 산물이라 하였다.

□ **펫시터(Petsitter)** **

반려동물(Pet)과 아이를 돌보는 직업을 지칭하는 영어단어 베이비시터(Babysitter)의 합성어로, 말 그대로 펫시터는 아이 대신 반려동물을 돌보는 직업을 의미한다.

□ **과로노인** *

늦은 나이에도 돈이 필요해 어쩔 수 없이 죽기 직전까지 일해야 하는 노인들을 의미한다. 연금이 모자라 신문 배달을 하고, 정리해고를 당해 편의점에서 일하는 노인, 치매에 걸린 어머니를 간병하느라 일을 계속해야만 하는 노인 등 그 유형은 다양하다.

☐ 근로장려세제 **

일정소득 이하의 근로 소득자를 대상으로 소득에 비례한 세액공제액이 소득세액보다 많은 경우 그 차액을 환급해 주는 제도. 저소득층의 세금 부담을 덜어주고 더 나아가 소득이 적은 이들일수록 보조금까지 받을 수 있어 '징세'라기 보다는 '복지'의 개념이 강하다. 이 제도는 원천징수 당한 세금을 되돌려 받는다는 점에서 연말정산과 비슷하나, 세금을 전혀 내지 않은 사람이라 하더라도 공제액과의 차액을 받을 수 있다는 점에서 연말정산과 차이가 있다.

05 기초과학

☐ HDR(High Dynamic Range) **

디지털 영상의 계조도 신호 표현 범위가 보다 넓은 명암 영역에 대응되도록 하여 밝은 부분은 더 밝게, 어두운 부분은 더 어둡게 표현할 수 있는 기술이다. 가장 보편적인 HDR 10, 구글의 독자 방식인 VP9 - Profile2, 돌비 비전 등 다양한 HDR 규격이 존재한다.

☐ 네가와트 *

전력 단위인 메가와트(Megawatt)와 부정적인, 소극적인이라는 의미의 네거티브(Negative)가 합쳐진 것을 의미한다. 다시 말해 새롭게 전기를 생산하는 대신 공장, 빌딩 등의 시설에서 전기를 절약하는 것이다. 네가와트는 1989년 국제학회에서 미국의 환경과학자 아모리 로빈스에 의해 처음 사용되었는데, 그는 새로운 발전소를 세워 공급을 늘리는 기존의 방식 대신 정확한 수요 관리와 에너지 관리를 통해 에너지 효율을 높이자고 주장했다. 전력의 특성상, 전력사용은 사용량이 높은 시간대와 낮은 시간대에서 차이를 보이고 계속된 전력생산은 잉여에너지를 만들게 되는데, 네가와트는 에너지 수요를 관리하고 잉여에너지를 그대로 낭비하지 않는 등의 효율적인 에너지관리에 집중하는 방식이다.

☐ 쿼크(Quark) **

소립자의 기본 구성자로 업·다운·스트레인지·참·보텀·톱의 6종(種)과 3류(類)가 있다. 종(種)은 향(Flavor)을 류(類)는 색(Color)을 말하며, 하나의 향은 세 가지의 색을 가지고 있다. 업과 다운, 스트레인지와 참, 보텀과 톱은 각각 쌍을 이뤄 존재한다.

☐ 동위원소(同位元素) *

원자번호는 같으나 질량수가 다른 원소로 일반적인 화학반응에 화학적 성질은 같지만 물리적 성질이 다르다. 1906년 방사성원소의 붕괴과정에서 처음 발견되었으며 방사성 동위원소, 안정 동위원소가 있다. 예를 들면 수소의 동위원소로는 경수로($_1H^1$)·중수소($_1H^2$)·3중수소($_1H^3$) 등이 있다.

□ 방사성원소(放射性元素) **

원자핵으로부터 방사선(α선, β선, γ선)을 방출하고 붕괴하는 방사능을 가진 원소의 총칭이다. 천연방사성원소와 인공방사성원소로 나뉘며 좁은 뜻에서의 천연방사성 원소만을 가리키거나 그 중에서 안정 동위원소가 없는 라듐이나 우라늄의 원소를 지칭하기도 한다. 1896년 베크렐은 최초로 우라늄(u)을 발견하였으며, 1898년 퀴리부부는 광석 속에서 우라늄보다 강한 방사능을 가진 라듐(Ra)을 발견하였다. 원소가 처음 만들어졌을 때는 방사성원소와 비방사성원소가 존재했을 것으로 추정하는데, 이 중에서 반감기가 짧은 것은 모두 붕괴하고 반감기가 긴 원소만이 남아 존재한다고 추정한다.

☆☆☆ 반감기(半減期) … 방사성원소가 붕괴하여 처음 질량의 반으로 줄어드는 데 걸리는 시간을 말한다. 온도·압력 등의 외부조건에 영향을 받지 않고, 방사성원소의 종류에 따라 일정하므로 그 물질 고유의 성질이 없어짐을 파악하는 척도가 된다.

□ 임계실험(臨界實驗) **

원자로 속에서 최소의 연료를 사용하여 '원자의 불'을 점화하는 것이다. 핵연료를 원자로 안에 조금씩 넣어가면 그 양이 어느 일정한 값을 넘었을 때 핵분열의 연쇄반응이 일어나기 시작한다. 즉, '원자의 불'이 점화된다. 이와 같이 핵분열이 지속적으로 진행되기 시작하는 경계를 '임계(Critical)', 이 핵연료의 일정량을 '점화한계량', 즉 '임계량'이라 부른다.

□ pH(Hydrogenion Exponent, 수소이온농도) *

어떤 용액 속에 함유되어 있는 수소이온의 농도를 말하는 것으로 pH = 7일 때 중성, pH > 7일 때 알칼리성, pH < 7일 때 산성이라고 한다. 물고기가 살 수 있는 담수의 pH는 보통 6.7 ~ 8.6이며, pH는 폐수를 중화 또는 응집시켜 화학적으로 처리할 때 그 기준이 된다.

□ 운동법칙(運動法則 : Law of Motion) ***

뉴턴이 1687년 「프린키피아」에 발표한 물체의 운동에 관한 기본법칙으로 물체의 질량과 힘의 개념이 세워지면서 고전역학의 기초가 확립되었다.

① 제1법칙(관성의 법칙) … 물체가 원래의 상태를 계속 유지하려는 성질을 관성이라 한다. 즉, 외부로부터 힘을 받지 않는 한 정지상태의 물질은 계속 정지하려 하고, 운동중인 물체는 계속 등속직선운동을 한다는 것이다. 관성의 크기는 질량에 비례한다.

☆☆☆ 정지상태를 계속하려는 관성의 예 … 정지하고 있던 버스가 갑자기 출발하면 서 있던 사람은 뒤로 넘어진다. 쌓아놓은 나무토막 중 하나를 망치로 치면 그 나무토막만 빠진다.
운동상태를 계속하려는 관성의 예 … 달리던 버스가 갑자기 정지하면 서 있던 승객은 앞으로 넘어진다. 뛰어가던 사람의 발이 돌부리에 걸리면 넘어진다.

② 제2법칙(가속도의 법칙) … 어떤 물체에 힘을 가하였을 때 생기는 가속도(a)의 크기는 작용하는 힘(F)의 크기에 비례하고 질량(m)에 반비례한다. 즉, F = ma

③ 제3법칙(작용·반작용의 법칙) … 물체에 힘을 작용시키면 원래 상태를 유지하기 위해 물체는 반대방향으로 힘을 작용(반작용)한다. 이와 같은 물체에 힘을 가할 때 나타나는 작용과 반작용은 크기가 같고 방향은 반대이며, 동일직선상에서 작용한다.

☆☆☆ 작용과 반작용의 예 … 포탄이 발사되면 포신이 뒤로 밀린다. 가스를 뒤로 분사하면서 로켓이 날아간다.

□ **케플러의 법칙(Kepler's Laws)** **

① 제1법칙(타원궤도의 법칙) … 모든 행성은 태양을 중심으로 타원궤도를 그리며 공전한다.

② 제2법칙(면적의 법칙) … 태양과 행성을 연결하는 선분(동경)이 같은 시간에 그리는 면적은 일정하며, 행성의 속도가 근지점에서는 빨라지고 원지점에서는 느려진다.

③ 제3법칙(주기의 법칙) … 행성의 공전주기의 제곱은 타원궤도의 긴 반지름의 세제곱에 비례한다. 즉, 태양에 가까운 행성일수록 공전주기가 짧다.

□ **상대성이론(Theory of Relativity)** ***

미국 물리학자 아인슈타인(A. Einstein)에 의하여 전개된 물리학의 이론체계이다. 그는 1905년 기존의 뉴턴역학에 의하여 알려졌던 상대성이론을 시간·공간의 개념을 근본적으로 변경하여 물리학의 여러 법칙에 적용한 특수상대성이론과, 1915년 뉴턴의 만유인력 대신 특수상대성이론을 일반화하여 중력현상을 설명한 일반상대성이론을 완성하였다.

□ **초전도(超電導, Super Conductivity)** **

어떤 물질을 절대온도 $0°K(-273℃)$에 가까운 극저온상태로 냉각시켰을 때 갑자기 전기저항이 0이 되는 물리적 현상을 말한다. 초전도를 나타내는 물질을 초전도체라 하며 납 등의 금속이나 합금, 화합물 등 약 1,000여 종류가 있다.

□ **열의 이동** **

열은 물체의 고온부에서 저온부로 흐른다. 열의 이동에는 세 가지가 있다.

① 대류(對流) … 열이 유체를 통하여 이동하는 현상으로, 이는 유체의 열팽창으로 인한 밀도변화에 의해 일어나는 물질의 순환운동이다.

② 전도(傳導) … 저온부와 고온부의 온도차에 의해 일어나는 열의 이동현상이다.

③ 복사(輻射) … 열이 중간에 다른 물질을 통하지 않고 직접 이동하는 현상을 말한다.

□ **청색기술** **

자연에서 영감을 받거나 자연을 모방해서 만든 기술을 의미한다. 다시 말해 생물의 구조와 기능을 연구해 경제적 효율성이 뛰어나면서도 자연 친화적인 물질을 만드는 기술로 예를 들어 일본의 고속열차 신칸센은 물총새를 본뜬 디자인으로 소음 문제를 해결한 사례가 있다. 동시에 청색기술은 온실가스 등 환경오염 물질의 발생을 사전에 막는 기술이라는 의미도 지니고 있다.

□ **옥탄가(Octane Number)** **

가솔린 속에 함유되어 있는 이물질이 정제된 정도를 표시하는 수치로, 가솔린의 품질을 결정하는 요소이다. 옥탄가가 높을수록 엔진의 기능을 저하시키는 노킹현상이 일어나지 않으며 열효율이 높다.

☆☆☆ 노킹(Knocking) … 내연기관의 기통 안에서 연료가 너무 빨리 발화하거나 이상폭발하는 현상을 말한다.

□ **표면장력(表面張力)** *

액체의 표면에 가지고 있는 자연상태에 있어서의 표면에너지를 말하는 것으로, 그 표면을 수축하려는 힘을 말한다. 이는 액체의 분자간 인력의 균형이 표면에서 깨지고 액면 부근의 분자가 액체 속의 분자보다 위치에너지가 크기 때문에 이것을 될 수 있는 대로 작게 하려는 작용이 나타나는 것이다.

□ **빛의 성질** **

종류	내용
직진(直進)	빛이 입자이기 때문에 일어나는 현상(일식, 월식, 그림자 등)
반사(反射)	빛이 입자이기 때문에 어떤 매질의 경계면에서 다시 처음 매질 속으로 되돌아가는 현상
굴절(屈折)	한 매질에서 다른 매질로 통과할 때 그 경계면에서 방향이 바뀌는 현상(무지개, 아지랑이, 신기루 등)
간섭(干涉)	빛이 파동성을 갖기 때문에 일어나는 현상(물이나 비누방울 위에 뜬 기름의 얇은 막이 여러 색으로 보이는 것)
회절(回折)	빛이 파동성을 갖기 때문에 일어나는 현상으로, 틈이 좁거나 장애물의 크기가 작을수록 잘 발생
분산(分散)	빛이 복색광이기 때문에 굴절체를 통과하면서 굴절률에 따라(파장의 길이에 따라) 여러 개의 단색광으로 되는 현상(프리즘에 의한 분산 등)
산란(散亂)	빛이 공기 속을 통과할 때 공기 중의 미립자에 부딪쳐서 흩어지는 현상(저녁노을, 하늘이 파랗게 보이는 현상 등)
편광(偏光)	자연광은 여러 방향의 진동면을 갖지만, 전기석과 같은 결정축을 가진 편광판을 통과시키면 결정축에 나란한 방향으로 진동하는 빛만 통과(입체영화, 광통신 등)

□ **전자파(電磁波)** *

전자장의 변화가 주위의 공간에 전파되는 파동이다. 진동회로에 전기진동이 일어나면 주위에 전장과 자장이 생기며, 진동전류의 주기적인 변화로 전자장도 주기적인 변화를 한다. 이 진동변화가 파동으로 주위의 공간에 전파되며, 그 성질은 빛과 같아서 진행속도도 같고 반사·굴절·간섭·회절 등의 현상을 일으킨다.

☆☆☆ 독일 물리학자 헤르츠(H.R. Herz)에 의해 1888년 전기진동회로로부터 전자기파를 발생시키는데 성공, 전자기파의 존재가 실험적으로 증명되었다.

□ **블랙홀(Black Hole)** **

물질이 극단적인 수축을 일으켜 그 안의 중력이 무한대가 되어 그 주변의 모든 물체를 끌어 당길 뿐만 아니라 빛까지도 흡수하여 빠져나갈 수 없는 천체를 의미한다. 강한 중력으로 인해 내부는 전파가 한쪽으로만 향하는 특수한 시공구조(時空構造)가 형성되며, 의부와는 전혀 연결되지 않는 하나의 독립된 세계를 이루게 된다.

□ **가이아(Gaia)가설** **

지구는 하나의 거대한 유기체로서, 지구상의 생물권은 단순히 주위환경에 적응하는 소극적인 존재가 아니라 지구의 물리·화학적 환경을 적극적으로 변화시키는 능동적인 존재라는 이론이다. 1978년 영국의 과학자 제임스 러브록이 지구상의 생명을 보는 새로운 관점을 통해 주장했다.

□ 팡게아(Pangaea) *

대륙이동설에서 주장하는 초거대 원시대륙이다. 독일의 베게너(A. Wegener)는 1924년 현재의 아메리카 대륙과 아프리카 대륙의 모양이 서로 잘 맞는다는 점을 근거로, 최초에는 큰 원시대륙인 팡게아가 있었고 이것이 분리·이동하여 현재와 같은 대륙분포를 이루었다는 대륙이동설을 주장했다.

☆☆☆ 판구조론 ··· 지각은 몇 개의 조각(板)으로 되어 있으며 이 맨틀의 대류 때문에 판들의 상대적인 운동으로 지구상의 여러 현상이 나타난다는 설

□ 전자기 법칙 *

구분	내용
쿨롱(Coulomb)의 법칙	두 전하 사이에 작용하는 전기력(척력·인력)은 두 전하 사이의 거리의 제곱에 반비례하며, 두 전하량의 곱에 비례한다.
옴(Ohm)의 법칙	도체에 흐르는 전류의 세기는 도체 양 끝의 전압에 비례하며, 전기저항에 반비례한다.
줄(Joule)의 법칙	저항이 큰 물체에 전류를 통과하면 열과 빛을 발생하는데, 일정한 시간 내에 발생하는 열량은 전류의 세기의 제곱과 도선의 저항에 비례한다.
앙페르(Ampére)의 법칙	도선에 전류가 흐르면 주위에 자기장이 형성되는데, 자기장의 방향은 전류의 방향을 오른나사의 진행방향과 일치시킬 때 나사의 회전방향이 된다.
플레밍(Fleming)의 법칙	• 왼손법칙 ··· 전류가 흐르는 도선이 자기장 속을 통과하면 그 도선은 자기장으로부터 힘을 받게 된다. 왼손 세손가락을 직각이 되게 폈을 때 검지를 자기장의 방향으로, 중지를 전류의 방향으로 가리키면 엄지는 힘, 즉 전자기력의 방향이 된다. • 오른손법칙 ··· 유도전류의 방향을 결정 시 오른손 세손가락을 직각이 되게 폈을 때 엄지는 도선의 방향을, 검지는 자기장의 방향을 가리키면 중지는 유도전류의 방향이 된다.
패러데이(Faraday)의 법칙	• 전자기 유도법칙 ··· 전자기유도로 회로 내에 발생되는 기전력의 크기는 회로를 관통하는 자기력선속의 시간적 변화율에 비례한다. • 전기분해법칙 ··· 전해질용액을 전기분해 시 전극에서 추출되는 물질의 질량은 전극을 통과한 전자의 몰 수에 비례하고, 같은 전기량에 의해 추출되는 물질의 질량은 물질의 종류에 상관없이 각 물질의 화학 당량에 비례한다.
렌츠(Lenz)의 법칙	자석을 코일 속에 넣었다 뺐다 하면 코일에 유도전류가 생기는데, 이때 생긴 유도전류의 방향은 코일을 통과하는 자력선의 변화를 방해하는 방향으로 발생한다.

□ 허리케인(Hurricane) **

에스파냐어 '우라칸(Huracan, 강대한 바람)'에서 유래된 싹쓸바람으로, 대서양 서부에서 발생하는 열대저기압을 말한다. 허리케인은 북대서양·카리브해·멕시코만에서 발생하는데 연간 10회 정도 출현하며, 그 밖에 5~10회 발생하기도 한다. 8~10월에 가장 많고 태풍보다 출현수가 상대적으로 적으나 월별 빈도로 보면 비슷하다. 대체적으로 소형이나 중심기압이 낮을수록 우세해서 최대풍속이 강해 그 구조는 태풍과 같다.

□ 쓰나미(Tsunami) **

해저에서 급격한 지각변동으로 해수가 급격히 이동할 때 형성되는 천해파로 지진해일이다. 이는 대개 얕은 진원을 가진 진도 6.3 이상의 지진과 함께 일어나기도 하고, 해저의 화산폭발·빙하의 붕괴·토사 함몰·핵폭발 등으로 발생하기도 한다.

□ **게놈** *

생물 고유의 염색체 한 조(組) 또는 그 생물의 반수염색체수, 즉, N에 해당한다. 보통 이중의 게놈을 갖고 있다. 유네스코는 1997년 제29차 총회에서 유전자연구에 있어서 인권과 인간의 존엄성을 강조한 '인간게 놈선언'을 채택하였다.

□ **서버용 D램** *

저장되어진 각종 정보들이 시간의 흐름에 따라 소멸되어져 가는 휘발성 메모리를 의미한다. 이는 S램에 비해 구조가 간단하며, 또한 작동 속도가 빨라 고밀도 집적에 유리하다. 더불어서 전력 소모가 적고, 가격 이 낮아 대용량 기억장치에 많이 활용된다. 서버용 D램은 주로 데이터센터로 공급되는데, 데이터센터 하 나 당 평균 1천 ~ 2천만GB의 서버용 D램을 필요로 한다. 현재 가장 큰 데이터센터 시장은 미국, 캐나다 등 북아메리카 지역으로 지난해 구글, 아마존웹서비스, 페이스 북, 마이크로소프트 등에서 데이터센터건립 계획을 발표하며 수요가 급격히 늘어나고 있는 추세이다. 더불어서 최근에는 중국까지 정부에서 데이터 센 터 건립 지원정책을 펼치며 바이두, 알리바바, 텐센트 등의 D램 수요가 클 것으로 예상되고 있다.

□ **포스트게놈프로젝트** **

① **암게놈해부프로젝트**(CGAP : Cancer Genome Anatomy Project) … 미국의 국립암연구소가 주도적으로 추진중인 CGAP는 인간의 정상조직, 암 전단계조직, 암 조직에 대한 유전자 성질을 규명하고 유전자 수준에서 암 연구를 하기 위한 정보와 기술을 확립해 수용자에게 제공하는 것을 목표로 한다. 암 환자 들로부터 염색체변이와 관련유전자를 도출, 각종 암에 적용할 수 있는 공통 암 유전자를 규명하는 것 이 목표다. 미국인이 가장 많이 앓고 있는 전립선 암을 비롯해 난소암, 유방암, 간암, 대장암 등 5개 암을 대상으로 연구중이다.

② **환경게놈프로젝트**(EGP : Environmental Genome Project) … 미국의 국립환경보건과학연구소가 추진중 인 연구이다. 암 등 난치병을 포함한 모든 질병은 선천적인 유전자의 이상에서 비롯되지만 식습관, 환 경, 약물, 화학물질 등 환경적 요인이 추가로 작용하면서 유전자변이를 촉발시켜 질병에 걸리는 경우가 대부분이다. 환경적 요인에 노출됐을 경우 기능의 변이를 일으키는 개인의 유전자변이들을 찾아내고, 유전자와 환경적 요인의 상호 관계를 찾아내 전염성질환의 치료에 적용하는 것이 목표이다. 환경에 민 감하게 반응하는 염기의 변이들을 찾아내는 방식으로 수행하고 있다.

③ **프로테옴프로젝트**(Proteom Project) … 유전자의 염기서열을 구명하듯 단백질의 아미노산서열과 3차원적 구조를 밝혀내 세포에서 일어나는 모든 생명현상을 이해하기 위한 단백체학(프로테오믹스)을 주로 연구 한다. 프로테옴 연구가 중요한 것은 혈당을 조절하는 인슐린, 적혈구에서 산소를 운반하는 주체인 헤모 글로빈 등 인체의 온갖 생리현상을 조절하는 주역이 단백질이기 때문이다. 변수가 헤아릴 수 없이 많 지만 신약개발과 직결되기 때문에 셀레라 제노믹스에서도 단백질 구조 및 기능연구에 막대한 예산을 설정해 놓고 있다.

□ 갈릴레이 위성 **

목성의 위성 중 크기가 커서 가장 먼저 발견된 4개의 위성(이오, 유로파, 가니메데, 칼리스토)를 '갈릴레이 위성'이라고 한다. 1610년 갈릴레이가 손수 만든 망원경을 사용하여 처음으로 발견하였기 때문에 그러한 이름이 붙었다. 목성의 제1위성 이오(Io), 제2위성 유로파(Europa), 제3위성 가니메데(Ganymede), 제4위성 칼리스토(Callisto)이다. 각각의 고유명은 네덜란드 천문학자 마리우스가 명명하였다. 이들 중 가니메데는 태양계의 위성 중 가장 커서 그 질량이 지구의 위성인 달의 2배나 된다.

□ 줄기세포(Stem Cell) ***

인간의 몸을 구성하는 서로 다른 세포나 장기로 성장하는 일종의 모세포로 간세포라 불리기도 한다. 이 줄기세포에는 사람의 배아를 이용해 만들 수 있는 배아줄기세포(복수기능줄기세포)와 혈구세포를 끊임없이 만드는 골수세포와 같은 성체줄기세포(다기능줄기세포)가 있다.

종류	내용
배아줄기세포 (Embryonic Stem Cell)	수정한지 14일이 안된 배아기의 세포로, 장차 인체를 이루는 모든 세포와 조직으로 분화할 수 있기 때문에 전능세포로 불린다. 1998년 이전까지 과학자들은 줄기세포가 배아가 성장하는 짧은 단계에만 존재하고 이를 몸에서 격리해서 살아있게 하는 데는 특별한 장치가 필요하기 때문에 격리·배양이 불가능하다고 믿었다. 그러나 1998년 존 기어하트(J. Gearhart) 박사와 제임스 토마스(J. Thomas) 박사의 연구팀은 각각 서로 다른 방법을 써서 인간의 줄기세포를 분리하고 배양하는 데 성공했다. 따라서 과학자들은 배아줄기세포를 이용하여 뇌질환에서 당뇨병, 심장병에 이르기까지 많은 질병을 치료하는 데 줄기세포를 이용할 수 있을 것으로 기대를 걸고 있다.
성체줄기세포 (Adult Stem Cell)	탯줄이나 태반 외에 탄생 후에도 중추신경계 등 각종 장기에 남아 성장기까지 장기의 발달과 손상시 재생에 참여하는 세포이다. 성체줄기세포는 배아줄기세포와 달리 혈액을 구성하는 백혈구나 적혈구세포처럼 정해진 방향으로만 분화하는 특성이 있다고 알려져 왔다. 최근에는 뇌에서 채취한 신경줄기세포를 근육세포, 간세포, 심장세포로 전환시킬 수 있다는 사실이 알려지면서 성체줄기세포를 이용해 다양한 질병을 치료할 가능성이 밝혀지고 있다.

06 첨단과학 · 우주

□ 퓨전메모리(Fusion Memory) **

D램의 고용량·S램의 고속도·플래시메모리의 비휘발성·논리형 반도체의 일부 특성과 장점을 통합적으로 갖춘 차세대 신개념의 반도체를 말한다. 다양한 형태의 메모리와 비메모리를 하나의 칩에 결합시킨 것으로 디지털TV나 휴대폰 등 디지털가전의 발달에 따른 고성능·다기능화에 대응하기 위하여 개발됐다.

□ 탄소나노튜브(Carbon Nanotube) **

1991년 일본전기회사(NEC)의 이지마 스미오박사가 전기방법을 사용하여 흑연의 음극 상에 형성시킨 탄소덩어리를 분석하는 과정에서 발견된, 탄소 6개로 이루어진 육각형 모양들이 서로 연결되어 관 형태를 이루고 있는 신소재를 말하며, 관의 지름이 수십 나노미터에 불과해 이 이름이 붙여졌다. 구리와 비슷한 전기 전도ㆍ다이아몬드와 같은 열전도율ㆍ철강의 100배인 강도를 지녀 15%가 변형되어도 끊어지지 않는다. 이 물질을 이용한 반도체와 평판 디스플레이, 배터리, 텔레비전브라운관 등의 장치가 계속 개발되고 있으며, 나노크기의 물질을 옮길 수 있는 나노집게로 활용되고 있다.

□ 반도체(半導體, Semiconductor) ***

물질은 크게 도체, 반도체, 부도체로 나뉜다. 반도체는 불순물의 첨가 유무에 따라 전기전도성이 늘기도 하고, 빛 또는 열에너지에 의한 일시적인 전기전도성을 갖기도 한다. 실리콘, 갈륨비소, 인듐인 등이 있으며 1948년 미국에서 트랜지스터가 개발됐고, 1958년에는 집적회로인 IC가 개발됐다. 전류를 한쪽 방향으로만 흐르게 하고, 그 반대 방향으로는 흐르는 못하게 하는 정류작용의 특성을 갖는 반도체 부품을 다이오드(Diode)라고 하며, 이것이 반도체 소자의 기본이 된다. 반도체는 트랜지스터와 다이오드 등으로 이루어진 집적회로소자 외에도 열전자방출소자, 발광소자 등의 첨단 전자산업에 응용되고 있다.

① 메모리반도체의 종류

구분	내용
D램	전기를 넣은 상태에서도 일정 주기마다 동작을 가하지 않으면 기억된 정보가 지워지는 휘발성메모리. 빠른 속도로 모바일기기나 PC의 시스템 메모리로 사용
S램	충전없이도 일정기간 ㅋ기억내용이 지워지지 않으므로 같은 집적도의 D램보다 고도화된 기술을 필요로 하는 반도체
플래시메모리	D램ㆍS램과 달리 전원 꺼져도 저장정보가 지워지지 않는 비휘발성메모리. 디지털카메라, PDA, MP3플레이어 등에 사용
F램	D램(고집적도), S램(고속동작), 플래시메모리(비휘발성)의 장점만을 모아 제작된 통합메모리. PDA, 스마트폰, 스마트카드 등에 사용

② 집적회로(IC : Integrated Circuit) … 많은 전자회로 소자가 하나의 기판 위에 분리할 수 없는 상태로 결합되어 있는 초소형의 전자소자로 두께 1mm, 한 변이 5mm의 칩 위에 전자회로를 형성시켜 만들며 보통 마이크로칩이라 불린다.

□ 비메모리반도체 **

반도체는 데이터 저장에 활용되는 메모리반도체(D램, 플래시 등)와 정보처리ㆍ연산기능에 활용되는 비메모리반도체(PC의 중앙처리장치)로 나뉜다. 비메모리반도체는 특정 응용분야의 기기를 위한 주문형 반도체(ASIC)ㆍ마이크로 컨트롤러ㆍ디지털신호처리(DSP) 칩 등으로 가전, 통신기기, 자동화 등에 폭넓게 활용된다. 비메모리반도체는 다품종 소량생산의 고부가가치 사업으로 반도체 시장의 70%를 차지한다.

☆☆☆ ASIC(Application Specific Integrated Circuit) … 주문형 반도체로 사용자가 특정용도의 반도체를 주문하면 반도체업체가 이에 맞춰 설계ㆍ제작해 주는 기술이다. 반도체산업이 발달하면서 이 기술의 비중이 급속도로 확산되고 있다.

□ 나노기술(Nano – Technology) **

100만분의 1을 뜻하는 마이크로를 넘어 10억 분의 1 수준의 극 미세가공 과학기술로, 1981년 스위스 IBM연구소에서 원자와 원자의 결합상태를 볼 수 있는 주사형 터널링 현미경을 개발하면서 등장하였다. 1 나노미터는 사람 머리카락 굵기의 10만분의 1로 대략 원자 3 ~ 4개의 크기에 해당한다. 이 나노기술은 지금까지 알려지지 않았던 극 미세세계에 대한 탐구를 가능케 하고, DNA구조를 이용한 복제나 강철섬유 등의 신물질을 개발, 전자공학에서 정밀도가 실현되면 대규모 집적회로(LSI) 등의 제조기술을 크게 향상시킬 수 있다. 선진국에서는 1990년대부터, 우리나라는 2002년 나노기술개발촉진법을 제정하여 국가적으로 나노기술을 육성하고 있다.

□ 안티몬 **

안티모니(Antimony)라고도 불리며 원소기호는 Sb, 원자번호 51의 양성 원소를 의미한다. 이는 반 금속성의 성질을 띠고 있으며, 끓는점은 1635℃, 녹는점은 630.63℃이다. 안티몬에 중독되면 주로 피부염과 비염 증세가 나타나며 눈 자극과 두통, 가슴통증, 목통증, 호흡곤란, 구토, 설사, 체중감소, 후각 장애 등의 증세가 나타나게 되며 산화안티몬 농도 $4.2mg/m^3$와 $3.2mg/m^3$에 하루 6시간씩 매주 5일, 1년 동안 노출된 실험용 쥐에게서 폐암이 발생하는 것으로도 알려지고 있다.

□ 외골격 로봇 **

로봇 팔 또는 다리 등을 사람에게 장착해서 근력을 높여주는 장치를 의미한다. 다시 말해 인간의 몸을 지탱하는 기계 골격이 밖에 있다고 해서 붙여진 이름이다. 로봇을 입는다는 의미로 '웨어러블 로봇(Wearable Robot)'이라고도 한다. 외골격 로봇의 근본적인 목적은 팔에 로봇을 장착하여 무거운 포탄을 용이하게 옮기기 위함으로 1960년대 미 해군이 처음 개발하였다. 그후 미 국방부 지원을 받은 버클리대가 2004년에 '버클리 다리 골격'을 만들면서 본격적인 제작이 시작되었다. 이후 일본 사이버다인의 할, 이스라엘의 리웍 등 환자를 위한 외골격 로봇이 나오기 시작하였다. 외골격 로봇은 뇌졸중 환자의 재활 운동에 사용가능한데, 뇌졸중을 앓으면 뇌의 운동 영역 일부에 손상을 입어 팔다리가 마비되게 된다. 이런 사람들에게 뇌 – 컴퓨터 기술을 접목하여 신체를 예전과 같이 사용하게 할 수 있는 외골격 로봇이 개발되고 있다.

□ 토카막 **

핵융합 때 물질의 제4상태인 플라스마 상태로 변하는 핵융합 발전용 연료기체를 담아두는 용기(容器)로서, 토로이드 형태의 장치 내부에 나선형 자기장을 형성하기 위해 유도전기장을 사용한다. 토카막은 핵융합 실험장치 중 하나이다.

□ 사이버네틱스(Cybernetics) *

키잡이(舵手)를 뜻하는 그리스어 Kybernetes에서 유래된 말로, 생물 및 기계를 포함하는 계(系)에서 제어와 커뮤니케이션에 관한 문제를 종합적으로 연구하는 학문을 말한다. 1947년 미국의 수학자 위너(N. Wiener)에 따르면, 사이버네틱스란 어떤 체계에 두 종류의 변량이 있는데 하나는 우리가 직접 제어 불가능한 것이고 다른 하나는 우리가 제어할 수 있는 것으로 한다. 제어할 수 없는 변량의 과거로부터 현재까지의 값을 바탕으로 제어할 수 있는 변량의 값을 정하여 인간에게 가장 편리한 상황을 가져오게 하기 위한 방법을 부여하는 것이라고 한다. 직접적으로 자동제어이론 · 정보통신이론 등이 있고, 생리학 · 심리학 · 사회학 · 경제학 · 우주탐험 등 광범위한 영역에까지 학제적 연구가 이루어지고 있으며, 특히 피드백과 제어로 특징되는 사이보그 등의 컴퓨터 연구에서 활발하다.

□ 리튬 – 이온전지(Lithium – Ion Battery) *

컴퓨터 · 휴대전화 등에 널리 사용되는 충전해서 사용할 수 있는 2차 전지를 말한다. 가벼움 · 큰 기전력 · 자가방전에 의한 적은 전력손실 · 미 방전 시에도 충전 가능한 특징이 있으나, 온도에 민감 · 제조 후 노화 시작 · 폭발의 위험 등이 있다.

□ 세빗(CeBIT) ***

세계적인 정보통신기술전시회로 독일 하노버에서 매년 개최된다. 미국의 컴덱스와 함께 세계 정보통신 분야를 대표하는 전시회로, 유무선 네트워크 · 디지털 및 온라인 이동통신 등의 통신분야에 주력하고 있다. 이미 소개된 제품 및 기술을 놓고 바이어들의 구매 상담을 벌여 시장의 환경변화를 가늠할 수 있다.

□ 에어택시 *

교통 체증을 피해 하늘을 나는 택시 서비스이다. 도심 속에서 자유로이 이륙과 착륙을 해야 해서 수직 이착륙이 가능해야 하며 환경오염과 소음을 줄이기 위해 대부분 모터를 적용한다. 때문에 적합한 것이 바로 눈부신 발전을 거듭해 오고 있는 드론이다. 이런 드론 기술을 이용하여 조종하는 사람이 없이 운행되는 것이 바로 '자율주행 에어택시'이다.

□ 차량자동항법장치(車輛自動航法裝置, Car Navigation System) **

자동차에서 사용하도록 개발된 지구위성항법시스템으로, 이 장치가 내장되어 차량의 위치를 자동으로 표시해 주며 일반적으로 내비게이션이라 부른다. 내비게이션은 현재 위치를 파악하고, 도로지도 · 바탕지도 · 시설물DB 등의 전자지도를 구성하여 경로안내를 제공한다.

□ 핵융합(核融合, Nuclear Fusion) **

태양에서 에너지가 방출되는 원리가 핵융합이다. 수소의 원자핵인 양성자가 융합하여 헬륨 원자핵을 생성하는 핵융합 반응이 일어난다. 반응물과 생성물의 질량 차이인 질량결손이 질량–에너지 등가원리에 의해 에너지로 생성되면서 수소폭탄이 만들어진다. 무한하고 방사능도 적으며 방사성 낙진도 생기지 않는다.

□ **칼리머(Kalimer)** **

차세대 원자로로 한국형 액체금속로를 말한다. 고속의 중성자를 핵반응에 이용, 우라늄을 플루토늄으로 재순환시키는 고속증식로의 일종으로서 물이 아닌 금속인 액체나트륨을 냉각재로 이용하여 액체금속로라고 한다. 핵연료를 계속 증식하며 핵반응을 일으켜서 같은 원자로 속에서 에너지와 연료를 동시에 생산해 내 기존 경수로보다 70배나 많은 에너지를 얻을 수 있다. 그러나 경수로에 비해 높은 건설단가와 액체나트륨 취급의 어려움, 안전문제, 핵연료 처리문제가 제기되고 있다. 한국원자력연구소가 1997년부터 개념설계를 시작으로 실용화를 계획하고 있다.

07 컴퓨터 · 정보통신

□ **소셜커머스(Social Commerce)** ***

소셜 네트워크 서비스(SNS)를 이용한 전자상거래로, 일정 수 이상의 상품 구매자가 모이면 정해진 할인가로 상품을 제공 · 판매하는 방식이다. 2005년 야후의 장바구니 공유서비스인 쇼퍼스피어 사이트를 통해 소개되어, 2008년 미국 시카고에서 설립된 온라인 할인쿠폰 업체인 그루폰(Groupon)이 소셜 커머스의 비즈니스 모델을 처음 만들어 성공을 거둔 바 있다. 일반적인 상품 판매는 광고의 의존도가 높지만 소셜 커머스의 경우 소비자들의 자발적인 참여로 홍보와 동시에 구매자를 모아 마케팅에 들어가는 비용이 최소화되므로, 판매자는 소셜 커머스 자체를 마케팅의 수단으로 보고 있다. 국내에 티켓 몬스터, 쿠팡 등의 업체가 있으며 최근 스마트폰 이용과 소셜 네트워크 서비스 이용이 대중화되면서 새로운 소비 형태로 주목받고 있다.

□ **패스트 폰(Fast Phone)** **

스마트폰 시장에서 통신업체들이 기획 · 판매하는 가성비(가격 대비 성능)가 좋은 스마트 폰을 말한다. 패션 업종에서 유행한 SPA(Specialty Store Retailer of Private Label Apparel, 제조 · 유통 일괄형 의류) 브랜드는 유행에 따라 빠르게 제작되어 즉시 유통된다는 의미로 '패스트 패션(Fast Fashion)'이라고 불렸는데, 이것이 통신업계에 접목되면서 '패스트 폰'이라는 용어가 탄생했으며 하나의 흐름으로 자리 잡았다.

□ **쿠키(Cookie)** ***

인터넷 사용자가 특정 홈페이지를 접속할 때 생성되는 정보를 저장한 4Kb 이하의 임시파일로 인터넷 웹사이트의 방문기록을 저장해 사용자와 웹사이트를 연결해 주는 정보이다. 인터넷 사용자들의 홈페이지 접속을 돕기 위해 만들어져 온라인 광고업체는 쿠키를 이용해 마케팅전략수립에 유용하게 사용하지만, 사용하는 웹브라우저가 이용자가 본 내용이나 구입 상품 심지어 회원번호나 비밀번호 등의 자동생성 · 갱신 · 기록전달 등을 하기도 해 개인의 사생활 침해의 소지가 있다.

□ 태블릿(Tablet) ***

평면판 위에 펜이나 퍽으로 그림을 그리면 컴퓨터 화면에 커서가 그에 상응하는 이미지를 그려내게 할 수 있도록 한 장치로 웹패드보다 처리속도가 빠르며 윈도우·애플·안드로이드 등의 OS를 사용하고 있어 성능이 뛰어나다. 노트나 키보드를 부착하여 노트북 컴퓨터로 쓸 수 있어 2000년 마이크로소프트에서 처음 선보인 후에 여러 기능을 추가하여 개발되고 있다. 주문자의 요구대로 사양을 바꿀 수 있는 장점이 있으나 전력소모가 많고 무거운 단점이 있다.

□ 크롤링 *

무수히 많은 컴퓨터에 분산 저장되어 있는 문서를 수집하여 검색 대상의 색인으로 포함시키는 기술. 어느 부류의 기술을 얼마나 빨리 검색 대상에 포함시키냐 하는 것이 우위를 결정하는 요소로서 최근 웹 검색의 중요성에 따라 발전되고 있다.

□ 5G이동통신 ***

5G이동통신은 이동통신의 다섯 번째 세대란 뜻으로 우리나라에서는 국내 이동통신 3사가 2018년 12월부터 5G 전파를 발사했다. 28GHz의 초고대역 주파수를 사용하며 최대속도가 20Gbps에 달한다. 이는 1초에 최대 20GB 이상의 데이터를 전송할 수 있는 수준이다. 5G 기술은 자율주행차, 사물인터넷, 무선 광대역 등 분야에 이용된다.

□ 랜섬웨어 ***

몸값을 뜻하는 'Ransome'과 제품을 뜻하는 'Ware'의 합성어를 말한다. 인터넷 사용자의 컴퓨터에 잠입해 내부 문서나 사진 파일 등을 암호화하여 열지 못하도록 한 뒤, 돈을 보내면 해독용 열쇠 프로그램을 전송해준다며 비트코인이나 금품을 요구한다.

□ 클라우드 컴퓨팅(Cloud Computing) ***

인터넷상의 서버에 정보를 영구적으로 저장하고, 이 정보를 데스크톱·노트북·스마트폰 등을 이용해 언제 어디서나 정보를 사용할 수 있는 컴퓨팅 환경을 말한다. 인터넷을 이용한 IT 자원의 주문형 아웃소싱 서비스로 기업이나 개인이 컴퓨터 시스템의 유지·관리·보수에 들어가는 비용과 시간을 줄일 수 있고, 외부 서버에 자료가 저장되어 자료를 안전하게 보관할 수 있으며 저장공간의 제약도 해결될 수 있다. 그러나 서버가 해킹당할 경우 정보유출의 문제점이 발생하고, 서버 장애가 발생하면 자료 이용이 불가능하다는 단점이 있다.

□ DNS(Domain Name System) ***

네트워크에서 도메인이나 호스트 이름을 숫자로 된 IP 주소로 해석해주는 TCP/IP 네트워크 서비스로, 각 컴퓨터의 이름은 마침표에 의해 구분되고 알파벳과 숫자의 문자열로 구성되어 있다. 예를 들어, 국가 도메인은 kr(한국), kp(북한), jp(일본), au(호주), ca(캐나다), uk(영국) 등이다.

□ **파밍(Pharming)** **

피싱(Phishing)에 이어 등장한 인터넷 사기수법으로, 피싱이 금융기관 등의 웹사이트에서 보낸 이메일로 위장하여 사용자가 접속하도록 유도한 뒤 개인정보를 빼내는 방식인데 비해, 파밍은 해당 사이트가 공식적으로 운영 중인 도메인 자체를 중간에서 가로채거나 도메인 네임 시스템(DNS) 또는 프락시 서버의 주소 자체를 변경하여 사용자들로 하여금 공식 사이트로 오인하여 접속토록 유도한 뒤 개인정보를 빼내는 새로운 컴퓨터 범죄수법이다.

□ **스푸핑(Spoofing)**

외부의 악의적 네트워크 침입자가 임의로 웹사이트를 구성하여 일반 사용자의 방문을 유도해 인터넷 프로토콜인 TCP/IP의 결함을 이용, 사용자의 시스템 권한을 확보한 뒤 정보를 빼가는 해킹수법이다.

□ **해커(Hacker)** **

컴퓨터 시스템 내부구조나 컴퓨터 프로그래밍에 심취하여 이를 알고자 노력하는 기술자로서 뛰어난 컴퓨터, 통신 실력을 갖춘 네트워크의 보안을 지키는 사람이다. 1950년대 말 미국 MIT의 동아리 모임에서 유래했으며, 애플컴퓨터를 창업한 스티브 워즈니악(S. Wozniak)과 스티브 잡스(S. Jobs), 마이크로소프트를 창업한 빌 게이츠(B. Gates)도 초기에 해커로 활동했다. 해커는 정보의 공유를 주장하는 고도의 컴퓨터 전문가로서 컴퓨터 프로그램의 발전에 기여한 공로가 크며, 크래커와 구별하여야 한다.

□ **스마트 그리드** **

에너지 효율성의 향상과 신재생에너지공급의 확대를 통한 온실가스 감축을 목적으로 기존의 전력망에 정보기술(IT)을 접목하여 공급자와 소비자가 양방향으로 실시간 정보를 교환하고 통제함으로 에너지 효율을 최적화하는 차세대 지능형 전력망을 말한다.

□ **챗봇** *

사람처럼 자연스러운 대화를 진행하기 위해 단어나 구(句)의 매칭만을 이용하는 단순한 챗봇부터 복잡하고 정교한 자연어 처리 기술을 적용한 챗봇까지 수준이 다양하다. 챗봇은 채터봇(Chatterbot), 토크봇(Talkbot) 등의 이름으로도 불린다.

□ **로보어드바이저(Robo Advisor)** ***

투자자의 성향 정보를 토대로 알고리즘을 활용해 개인의 자산 운용을 자문하고 관리해주는 자동화된 서비스이다. 로보 어드바이저 서비스는 사람의 개입 여부에 따라 총 4단계로 구분할 수 있다. 1단계 자문·운용인력이 로보 어드바이저의 자산배분 결과를 활용해 투자자에게 자문하거나, 2단계 투자자 자산을 운용하는 간접 서비스, 3단계 사람의 개입 없이 로보 어드바이저가 직접 자문하거나, 4단계 투자자 자산을 운용하는 직접 서비스로 나뉜다.

□ **증강현실(AR : Augmented Reality)**

현실 세계에 3차원 가상물체를 겹쳐 보여주는 기술이다. 증강현실 기술은 1990년 보잉사의 항공기 전선 조립과정을 설명하는 데 처음 사용되었고 미국과 일본을 중심으로 연구개발이 진행되었다. 증강현실은 2000년대 중반부터 스마트폰이 등장·활성화되면서 주목받기 시작하였다. 증강현실은 실제 환경에 가상의 객체를 혼합하여 사용자가 실제 환경보다 실감나는 부가정보를 제공받을 수 있다. 예를 들면, 길을 가다 스마트폰 카메라로 주변을 비추면 근처에 있는 상점의 위치 및 전화번호, 지도 등의 정보가 입체영상으로 표시되거나 하늘을 비추면 날씨정보가 나타나는 등 다양한 분야에 적용되고 있다.

08 지리·교통

□ **계절풍 기후(季節風氣候, Monsoon Climate)** ***

한국·일본·중국·동남아시아 등 계절풍의 영향을 받는 지역의 기후로, 몬순기후라고도 한다. 계절풍은 여름과 겨울에 대조적인 기후를 발생시키는데, 열대해양기단과 찬대륙기단의 영향으로 여름철에는 비가 많고 고온다습하며 겨울철에는 춥고 맑은 날이 많으며 저온건조하다. 우리나라는 여름에는 남동계절풍의 영향을 받아 고온다습하며, 겨울에는 북서계절풍의 영향을 받아 한랭건조하다.

□ **해양성 기후(海洋性氣候)** *

해양의 영향을 받아 상대적으로 여름에는 서늘하고 겨울에 따뜻한 기후로, 대륙 동안에 비하여 연교차가 작고 연중 강수량이 고르며 편서풍이 탁월하다. 주로 위도 40~60° 범위의 대륙 서안에 위치한 나라에서 볼 수 있어 서안해양성기후라고도 하며 영국, 독일, 프랑스, 스칸디나비아 3국 등이 이에 속한다. 또한 북아메리카 북서안과 뉴질랜드, 칠레 남부 등지에서도 나타난다.

□ **대륙성 기후(大陸性氣候)** **

대륙 내부에서 육지의 영향을 받아 나타나는 기후로 내륙성 기후라고도 한다. 해양성 기후에 비해 바다의 영향을 받지 않기 때문에 공기 중의 수증기량이 적고 이로 인해 맑은 날씨를 보이는 날이 많으며, 일교차·연교차가 크고 기압과 바람 이외의 기후요소에 의해서도 기후변화가 심하게 나타난다. 대륙 내부에 위치한 대부분의 나라가 대륙성 기후의 영향을 받으며 우리나라 역시 대륙성 기후로, 여름에는 북태평양기단의 영향을 받아 몹시 더우며 겨울에는 시베리아기단의 영향을 받아 몹시 춥다.

☆☆☆ 우리나라에 영향을 주는 기단

기단	계절	특성	영향
시베리아기단	겨울	한랭건조	북서풍 한파, 삼한사온
오호츠크해기단	초여름	한랭다습	높새바람
북태평양기단	여름	고온다습	남동계절풍, 무더위
양쯔강기단	봄·가을	온난건조	이동성고기압

□ 열대우림 기후(熱帶雨林氣候) *

연중 고온다우한 기후로, 거의 매일 스콜이 내리며 월강우량이 최소 60㎜ 이상이다. 이 기후대에서는 원시농업·수렵 등이 행해지며, 서구의 자본가들이 현지인의 값싼 노동력을 이용하여 고무·야자·카카오 등의 특정 농산물을 대량으로 생산하는 재식농업(플랜테이션)이 이루어진다. 분포지역은 아마존강 유역, 콩고강 유역, 말레이반도, 인도네시아제도, 기니만 연안의 아프리카 등이다.

□ 스콜(Squall) **

열대지방에서 거의 매일 오후에 볼 수 있는 소나기를 말한다. 바람의 갑작스러운 변화나 강한 햇볕에 의해 공기 중의 일부가 상승하고 그로 인해 발생한 상승기류에 의해 비가 내린다.

□ 스텝(Steppe) *

대륙 온대지방의 반건조기후에서 발달한 초원지대로, 습윤한 삼림지대와 사막과의 중간대이다. 주로 키가 작은 화분과의 풀이 자라는데, 비가 많이 내리는 봄철에는 무성해지나 여름철 건계에는 말라 죽는다. 즉, 건조한 계절에는 불모지이고, 강우계절에는 푸른 들로 변한다.

□ 툰드라(Tundra) *

타이가(Taiga)지대의 북에 접한 북극권 내의 지표로 대부분의 낮은 얼음으로 덮여 있다. 여름에는 지표의 일부가 녹아서 습지가 되며, 지의류·선태류·작은 관목 등의 식물과 순록같은 동물이 살 수 있다. 유라시아 북부·캐나다 북부·시베리아 북부·알래스카 북부 등지에 위치하고 있다.

☆☆☆ 타이가(Taiga)는 북반구의 경작한계와 툰드라지대 사이로, 연교차가 60℃ 이상이며 포드졸 토양이다. 시베리아와 캐나다의 침엽수림대가 대표적이다.

□ 엘니뇨(El Nino)현상 ***

남미 에콰도르와 페루 북부연안의 태평양 해면온도가 비정상적으로 상승하는 현상으로, 아프리카의 가뭄이나 아시아·남미지역의 홍수 등을 일으키는 원인이다. 엘니뇨는 스페인어로 '신의 아들'이란 뜻인데, 크리스마스 때 이 현상이 가장 현저해서 붙여진 이름이다.

□ 라니냐(La Nina)현상 ***

적도 부근의 표면 해수온도가 갑자기 낮아지는 현상이다. 엘니뇨와 번갈아 대략 4년 주기로 일어나며, 이 현상으로 인한 대기순환 교란은 1 ~ 3년간 여파를 미친다. 반(反)엘니뇨현상으로도 불린다.

□ 에어포켓(Air Pocket) **

대기 중에 국지적인 하강기류가 있는 구역을 말하며, 이 구역에서 비행중인 항공기에는 수평자세로 급격히 고도가 낮아지는 현상이 발생하게 된다. 이는 적운 계통의 구름, 강, 늪, 삼림의 상공, 산악이나 높은 건물의 바람맞이 상공에 생기는 것으로 우리나라 대관령 상공에서도 자주 일어난다.

☆☆☆ 선박 또는 해상구조물이 침몰하였을 경우 내부에 공기가 남아있는 공간도 에어포켓이라 한다.

□ **삼각주(三角洲, Delta)** *

하천이 호수나 바다와 만나는 지점에서 하천을 따라 운반되어 온 토사가 퇴적하여 만들어진 충적평야로, 토양이 매우 기름져서 일찍부터 농경이 발달하였다. 나일강 하구, 미시시피강 하구, 낙동강 하구 등이 이에 속한다.

□ **선상지(扇狀地, Fan)** *

하천상류의 산지에서 평지로 바뀌는 경사의 급변점(곡구)에서 유속이 감소하여 골짜기 어귀에 자갈이나 모래(토사)가 퇴적되어 이루어진 부채꼴 모양의 완만한 지형이다. 골짜기 어귀에 중심을 선정, 선상지 말단부를 선단, 그리고 그 중간을 선앙이라고 부른다. 토지의 이용면에서 볼 때, 선정은 산림 취락의 입지와 밭으로 사용되며, 선앙은 과수원으로, 선단은 물이 용천하기 때문에 취락 입지와 논으로 사용한다. 우리나라는 구례·사천·추가령 지구대의 석왕사 등 선상지가 많은 편이나, 산지의 대부분이 저산성 산지로 경사의 급변점이 낮아 선상지의 발달은 미약하다.

□ **범람원(汎濫原, Flood Plain)** *

하천이 홍수 등으로 인해 주변으로 범람하여 토사가 퇴적되어 생긴 평야를 말한다. 범람원은 장년기 이후의 지형에서 특히 넓게 나타나며, 그 안에 자연제방이나 후배습지가 생겨 강이 자유롭게 곡류하게 된다. 충적평야의 일종으로 토지가 비옥하여 주로 농경지로 이용된다.

□ **카르스트(Karst) 지형** ***

석회암지대에 생기는 특수한 지형으로, 빗물이나 지하수에 의해 침식되어 형성된다. 지하에 생긴 동굴은 종유동이라 하는데, 돌리네·종유석·석순·석회주 등 기암괴석이 많으며 우리나라에서는 연변의 동룡굴, 울진의 성류굴, 제주도의 만장굴 등이 유명하다.

□ **라피에(Lapies)** *

석회암이 나출된 대지 등에서 석회암의 용식에 의하여 형성된 작은 기복이 많은 지형으로 카르스트 지형 중에서 가장 일반적인 것이다. 영국에서 부르는 '크린트'는 석회암이 나출된 면을 일컫고, '그라이크'는 수직인 파이프 모양의 구멍을 일컫는다. 또, 석회암의 나출면이 절리 등을 따라서 홈이 파이는 경우도 있다. 석회암이 움푹 들어간 부분에 토양이 메워지고, 튀어나온 부분이 묘석을 세워 놓은 것 같은 모양을 나타내기도 한다. 이들 라피에가 집합되어 있는 지역을 '카렌펠트(Karrenfelt)'라고 부른다.

□ **싱크홀(Sink Hole)** *

지하 암석이 용해되거나 기존에 있던 동굴이 붕괴되면서 생긴 움푹 파인 웅덩이를 말한다. 장기간의 가뭄이나 과도한 지하수 개발로 지하수의 수면이 내려가 지반의 무게를 견디지 못해 붕괴되기 때문에 생기는 것으로 추정되며, 주로 깔때기 모양이나 원통 모양을 이룬다. 석회암과 같이 용해도가 높은 암석이 분포하는 지역에서 볼 수 있다.

□ **모레인(Moraine)** *

빙하에 의하여 운반된 점토·모래·자갈 등의 암설(巖屑)을 말한다. 이것은 하천과 바닷물에 의하여 운반된 토양과 달리, 층리가 없고, 또 대소의 암층을 혼합한 채로 퇴적한다. 빙하의 표면·내부·적부·종단부 등 그 위치에 따라, 표퇴석·내부퇴석·저퇴석·중앙퇴석으로 구분된다. 또 단퇴석은 빙하의 선단에 있었던 암설이 빙하가 녹았기 때문에, 그대로 그곳에 퇴적한 것을 말한다. 현재 퇴석은 독일·구소련·북미 등지에서 많이 볼 수 있다.

□ **이수해안(離水海岸)** *

육지의 융기 또는 해면의 저하로 생긴 해안을 말한다. 예로부터 융기지역의 해안에 생기는 경우가 많으며, 일반적으로 해안선이 평탄하고 얕은 해저의 앞바다에는 연안주, 석호 등이 발달한다.

□ **해안단구(海岸段丘)** *

해안지형에 있어 해식애·단층해안 등이 점차적으로 융기되어 육지화된 계단 모양의 지형으로 바닷가 취락의 형성, 교통로 등으로 이용되고 있다.

□ **외쿠메네(ökumene)** *

지구상에서 인간이 거주할 수 있는 지역을 말한다. 지구표면의 육지에서 사막·고산지대, 극지방의 빙설지대·동토(凍土) 등을 제외한 지역으로, 약 87% 가량이 해당되는데 세계인구의 자연증가율에 비추어 볼 때 이의 증대가 시급하다. 근래 들어 농경법의 개량, 자연개발의 진척, 내한·내건기술의 발달 등으로 외쿠메네의 확대가 이루어지고 있다.

☆☆☆ 아뇌쿠메네(anökumene) … 인간 비거주지역으로, 고산·극지·설선·사막지역을 말한다.

□ **대륙붕(大陸棚)** **

해안에 접속되는 수심 200m 이내의 얕은 해저지형으로, 대륙의 연장부분에 해당되는 완경사면이다. 해양 면적의 8%에 불과하나 수산·광산자원이 풍부하고, 생물의 종류가 매우 많아 그 양은 해양 전체의 대부분을 차지하는 바다생물의 보고이다.

□ **지구대(地溝帶)** *

지반의 단층작용에 의해 침하되어 생긴, 평행하는 두 단층 사이에 끼어 있는 좁고 깊게 파인 지대이다. 라인지구대, 동아프리카지구대, 형산강지구대, 추가령지구대 등이 그 예이다.

□ **환태평양조산대** ***

세계의 지형에서 태평양을 둘러싸고 있는 지대로 안데스산맥, 로키산맥, 알류산열도, 일본열도, 쿠릴열도, 필리핀제도, 뉴기니섬, 뉴질랜드섬 등으로 연결되는 지대이다. 오늘날까지도 지진·화산 등의 지각변동이 계속되고 있다.

□ **북대서양진동(NAO : North Atlantic Oscillation)** *

북대서양진동은 아이슬란드 근처의 기압과 아조레스(azores) 근처의 기압이 서로 대비되는 변동으로 구성된다. 평균적으로 아이슬란드의 저기압 지역과 아조레스의 고기압 지역 사이에 부는 편서풍은 유럽 쪽으로 전선시스템을 동반한 저기압을 이동시키는 역할을 한다. 그러나 아이슬란드와 아조레스 사이의 기압차는 수일에서 수십년의 시간 규모상에서 섭동(攝動)을 하는 현상을 보이므로 때때로 역전될 수도 있다.

□ **코리올리의 힘** *

1828년 프랑스의 코리올리(G. G. Coriolis)가 체계화한 이론으로, 회전하고 있는 물체 위에서 운동하는 물체를 생각할 때 상정하는 겉보기의 힘을 말한다. 보통 전향력(轉向力)이라고 하는데, 지구의 자전에 의해 생기는 코리올리의 힘에 의하여 태풍이 북반구에서는 시계방향으로, 남반구에서는 시계반대방향으로 소용돌이치게 되는 것을 설명할 수 있다.

□ **인공강우** *

구름에 어떤 영향을 주어 인공적으로 비를 내리게 하는 방법 또는 그 비를 말한다. 인공강우의 과학적인 기초는 베르제론(T. Bergeron) 등이 제창한 빙정설이며, 미국의 랭뮤어(I. Langmuir)가 처음으로 실험하였고, 1946년에 실제로 성공하였다. 랭뮤어의 실험은 옥화은(AgI)의 연기와 드라이아이스(−60℃ 이하)를 혼합하여 구름 위에 뿌린 것이었다.

□ **차도** *

차도와 보도를 구분하는 돌 등으로 이어진 연석선과 안전표지, 그와 비슷한 공작물로써 그 경계를 표시하여 모든 차의 교통에 사용하도록 된 도로의 부분이다. 차로는 차마가 한 줄로 도로의 정하여진 부분을 통행하도록 차선에 의하여 구분되는 차도를 부분이며 여기서 차선은 차로와 차로를 구분하기 위해 그 경계지점을 안전표지에 의하여 표시한 선을 말한다.

□ **길가장자리구역** *

보도와 차도가 구분되지 아니한 도로에서 보행자의 안전을 확보하기 위하여 안전표지 등으로 그 경계를 표시한 도로의 가장자리 부분을 말한다.

□ **안전지대** *

도로를 횡단하는 보행자나 통행하는 차마의 안전을 위하여 안전표지나 그와 비슷한 공작물로 표시한 도로의 부분을 말한다.

□ **하이재킹(Hijacking, 항공기납치)** **

항공기에 승객으로 가장해서 탑승하여 무력으로 조종사와 승객을 위협, 정규항로가 아닌 지역에 불시착시키거나 폭발시킬 목적으로 납치하는 행위를 말한다.

□ 버드스트라이크(Bird Strike) ***

조류충돌을 일컫는 용어이다. 항공기의 이·착륙시 사람까지 빨아들일 정도의 강한 흡입력을 갖고 있는 항공기 엔진에 새가 빨려 들어감으로써 엔진이 파괴되는 등 대형사고가 발생하기도 한다.

□ 블리자드(blizzard) **

남극지방에서 볼 수 있는 차고 거센 바람을 동반한 눈보라 현상으로 우리말로는 폭풍설(暴風雪)이라고도 한다. 이러한 현상이 발생하는 이유는 남극지방의 급격한 기온변화 때문이라고 볼 수 있는데, 몇 시간 사이에 영하 10도에서 영하 20도로 기온이 급강하하면서 동시에 초속 40~80m의 강풍이 불며 눈이 몰아친다.

□ 크레바스(crevasse) **

빙하가 갈라져서 생긴 좁고 깊은 틈새를 말한다. 급경사를 이루는 빙하도랑을 이동할 때에는 빙하를 가로지르는 크레바스가, 넓은 골짜기나 산기슭으로 나가는 곳을 이동할 때에는 빙하가 이동하는 방향에 평행하는 크레바스가 나타난다.

□ 극와동(極渦動) *

극지방에서 볼 수 있는 회오리바람처럼 갑작스레 변화하는 기상현상으로, 불과 수 시간의 타임스케줄을 갖는다. 이 때문에 우리나라를 비롯한 동아시아는 기상변화에 큰 영향을 받는다.

□ 블로킹(blocking)현상 *

저지현상(沮止現象) 혹은 블로킹 고기압이라고도 하며 중위도 지역의 대류권에서 우세한 고기압이 이동하지 않고 장기간 한 지역에 머물러 동쪽으로 움직이는 저기압의 진행이 멈추거나 역행되는 현상을 말한다.

09 환경 · 공해

□ 유엔인간환경회의(UNCHE : United Nations Conference for Human Environment) ***

1972년 스웨덴의 스톡홀름에서 '하나뿐인 지구'라는 슬로건 하에 개최된 국제회의로, 스톡홀름회의라고도 한다. 지구의 환경파괴를 막고 천연자원이 고갈되지 않도록 국제적인 협력 체제를 확립하는 것을 목적으로 하며, 따라서 환경오염 물질의 규제, 천연자원의 보호, 국제기구설치 문제 등을 주요 의제로 다루었다. 인간의 경제활동으로 인한 공해·오염 등의 문제를 국제적 수준에서 다루기 위해서 '인간환경선언(스톡홀름선언)'과 109개 항의 권고로 이루어진 행동계획을 채택하였으며, '유엔환경계획(UNEP)'을 설치하고 환경기금을 조성하는 등의 합의를 이끌어 냈다. 또한 이 회의가 개최된 6월 5일은 '세계 환경의 날'로 제정되었다.

□ 유엔환경계획(UNEP : United Nations Environment Program) **

유엔인간환경회의(UNCHE)의 결의에 따라 1973년 케냐의 나이로비에 사무국을 설치한 유엔의 환경관련활동 종합조정기관이다. 환경 관련 지식을 증진하고, 지구환경 상태의 점검을 위해 국제적인 협력을 촉진하는 것을 목적으로 한다. 선진국의 공해와 개발도상국의 빈곤 등 인간거주문제가 환경문제의 최우선이라 보고 환경관리가 곧 인간관리라고 규정하며, 인구와 도시화, 환경과 자원, 환경생태에 관한 연례보고서를 작성하고 5년마다 지구 전체의 환경 추세에 대한 종합보고서를 발간하는 등의 활동을 전개하고 있다. 1987년 오존층 파괴 물질에 대한 '몬트리올의정서'를 채택하여 오존층 보호를 위한 국제협력체계를 확립하였으며, 지구환경감시시스템 및 국제환경정보조회시스템을 구축하였고 '글로벌 500'을 제정하는 등 다양한 활동을 전개하고 있다. 우리나라는 1972년에 가입했다.

□ 몬트리올의정서(Montreal Protocol) ***

지구 오존층 파괴 방지를 위하여 염화불화탄소(CFC, 프레온가스)·할론(Halon) 등 오존층 파괴 물질 사용에 대해 규정한 국제환경협약이다. 1974년 미국 과학자들의 CFC 사용 규제에 대한 논의로부터 시작되었으며, 1985년 '비엔나협약'에 근거를 두고 1987년 캐나다 몬트리올에서 정식 채택되었다. CFC의 사용 및 생산금지, 대체물질 개발 등을 주요 골자로 하고 있으며 1992년 코펜하겐에서 열린 제4차 회의에서 '코펜하겐의정서'를 채택하였다. 우리나라는 1992년에 가입하였다.

□ 리우선언(Rio宣言) ***

1992년 브라질의 리우데자네이루에서 열린 유엔환경개발회의(UNCED, 리우회의)에서, 환경보전과 개발전략의 조화 등 선언적 사항을 규정한 지구헌장이다.

☆☆☆ 의제 21(Agenda 21) … 1992년 유엔환경개발회의(UNCED)에서 채택된 21세기를 향한 '지구환경보전행동계획'의 별칭이다.

□ 환경호르몬 **

정식 명칭은 외인성 내분비교란물질로 인체에 들어가면 여성호르몬과 똑같은 작용을 한다고 해서 이런 이름이 붙었다. 남성의 정자수를 감소시키고, 성장억제·생식이상 등을 일으키는 것으로 의심받고 있다. 1996년 3월 미국에서 「잃어버린 미래(Our Stolen Future)」라는 책이 출판되면서 세계적인 관심을 끌게 되었다. 다이옥신 등 70여 종의 화학물질이 여기에 해당되는 것으로 알려져 있다.

□ GWP(Global Warming Potential) *

잘 혼합되는 온실가스의 복사 특성을 기술하는 데 있어서 이러한 기체들이 대기에 존재하고 있는 시간이 서로 다르다는 것과, 외부로 방출되는 적외복사를 흡수하는 데 있어서 상대적인 유효성을 가지고 있음을 복합적으로 고려한 효과를 기술하는 지구온난화지수이다. 이 지수는 이산화탄소의 온난화효과를 기준으로 이에 상대하여 현재 대기에서 주어진 온실가스의 단위 질량당 온난화효과를 근사적으로 시간 적분한 것이다.

□ 람사협약(Ramsar Convention) ***

물새서식지로 중요한 습지보호에 관한 협약으로 1971년 2월 이란 람사르에서 채택돼 1975년 12월 발효됐다. 국경을 넘어 이동하는 물새를 국제자원으로 규정하고 가입국에 습지를 보전하는 정책을 펴도록 의무화하고 있으며, 협약에 가입한 국가들은 보전가치가 있는 습지를 1곳 이상씩 협약사무국에 등록하고 지속적인 보호정책을 펴야 한다. 협약은 습지를 바닷물이나 민물의 간조 시 수심이 6m를 넘지 않는 늪과 못 등 소택지와 개펄로 정의하고 있다. 습지는 육상 동 · 식물의 안식처 역할을 할 뿐 아니라 수중생태계 환경을 조절하는 소중한 자원이지만 그동안 농지와 택지개발 명분에 밀려 파괴되는 경우가 많았다. 우리나라는 1997년 7월 28일 람사협약이 국내에서 발효되어 세계 101번째 가입국이 됐다.

□ 런던협약(London Convention) *

폐기물 및 기타 물질의 투기에 의한 해양오염방지에 관한 조약이다. 1972년 영국 런던에서 채택되어 1975년에 발효된 런던덤핑조약이 1992년에 런던협약으로 개명된 것이다. 국제해상기구(IMO)가 협약을 담당하고 있으며, 우리나라는 1993년에 가입하였다.

□ 그린라운드(green round) *

국제적으로 합의된 환경기준을 설정하여 이것에 미달하는 무역상품은 관세부과 등 각종 제재를 가하기 위한 환경문제 다자간협상을 뜻한다. 1991년 미국의 막스 상원의원이 환경문제를 세계적으로 논의하고 해결해야 할 시기라고 주장하며, 이전의 GATT체제(현재는 WTO체제) 속에 환경관련규범을 신설할 것을 처음으로 제안하였다. 환경문제의 세계화에 의해 지구를 보호하기 위한 목적이나, 국가 간의 환경기술이나 소득의 차이 등에 의해 환경보호기준의 차이가 심해 선진국의 무역장벽의 역할을 할 수 있다는 우려도 있다.

□ 글로벌(global) 500 ***

1978년 당시 유엔환경계획(UNEP)의 사무총장이었던 모스타파톨바 박사의 제안으로 제정된 환경 분야의 가장 권위 있는 상으로, 노벨환경상으로도 불린다. 환경보호에 특별한 공로가 있는 개인 또는 단체를 선정하게 되는데, 1992년까지 모두 500명의 수상자가 선정되었고, 2단계로 1993년부터 새로운 500명 선정이 시작됐다.

□ 생물다양성협약(CBD : Convention on Biological Diversity) **

지구상의 동 · 식물을 보호하고 천연자원을 보존하기 위한 국제협약으로 유엔환경개발회의(UNCED)에서 정식 채택되었다. 멸종위기의 동 · 식물은 물론 생물이 지닌 유전자를 포함 지구상의 모든 생태계를 보존하려는 것이 그 목적이며 각 국가별 지침을 별도로 마련해 실천하도록 하여 생물자원의 주체적 이용을 제한하고 있다. 선신국의 우위에 있는 기후변화협약에 비하여 개발도상국이 비교적 우위에 있으며 우리나라는 154번째로 서명했다.

□ **비오토프(biotope)** **

야생생물이 서식하고 이동하는데 도움이 되는 숲·가로수·습지·하천·화단 등 도심에 존재하는 다양한 인공물이나 자연물로, 지역생태계 향상에 기여하는 작은 생물서식공간을 말한다. 도심 곳곳에 만들어지는 비오토프는 단절된 생태계를 연결하는 징검다리 역할을 하는데, 독일을 비롯해 프랑스·일본·미국 등에서 비오토프 조성이 활발하다.

□ **골드만 환경상(Goldman environment prize)** ***

1990년 리처드 골드만 부부에 의해서 제정된 상으로 환경 분야에서 뛰어난 업적을 세운 환경운동가에게 수여되는 세계 최대 규모의 환경상이다. 매년 각 대륙(북미·중남미·유럽·아시아·아프리카·기타 섬나라)을 대표하는 환경활동가 1명씩을 선정하여 12만 5천 달러씩의 상금과 함께 상을 수여한다. 수상 대상자는 과학자나 학자, 정부 관료보다도 주로 개인적인 풀뿌리 환경운동가에게 우선권이 주어지며, 환경보호에 대한 최근의 업적에 대해 시상하고 평생에 걸친 업적이 그 대상은 아니다. 또한 죽은 사람에게는 시상하지 않는다.

□ **워싱턴협약(CITES : Convention on International Trade in Endangered Species of Wild Fauna and Flora)** *

멸종위기에 처한 야생 동·식물의 국제거래에 관한 협약으로, 세계적으로 멸종위기에 처해 있는 야생 동·식물의 상업적인 국제거래 규제 및 생태계 보호를 목적으로 한다. 정식 명칭은 '멸종위기에 처한 야생 동·식물의 국제거래에 관한 협약'이지만 1973년 워싱턴에서 채택되어 워싱턴 협약이라 불린다. 야생 동·식물을 멸종위기 정도에 따라 3등급으로 구분하여 차등 규제하고 있으며 우리나라는 1993년에 이 협약에 가입했다.

□ **세계물포럼(WWF : World Water Forum)** *

물 위기의 심각성을 지적하고, 공통의 해결방안을 모색하는 지구촌 최대의 물 관련 행사이다. 1997년 모로코 마라케시를 시작으로 3년마다 열리고 있으며, 정부·비정부기구·전문가·시민 등의 각계각층이 21세기 물 문제 해결을 논의하고 그 중요성을 세계에 인식시키기 위한 목적으로 세계수자원회의(WWC : World Water Council)에 의해 제창되었다. 1997년 제1차 물포럼에서는 마라케시선언을 채택하였고, 2000년 네덜란드 헤이그에서 열린 제2차 물포럼에서 각국 정부는 식량안보의 선행조건으로서의 수자원 중요성에 인식을 같이 하고, 지속 가능한 수자원관리를 통한 생태계 보전을 다짐하는 헤이그선언을 채택하였다. 2003년 3차 물포럼에서는 130여 개국 정부대표와 비정부기구 등이 참가하여, 헤이그선언을 구체적으로 어떻게 실천할지를 논의하고 또 물과 기후, 물과 식량 등 17개 이슈에 대한 토론과 참가 정부대표들의 수자원 각료회의가 열렸다.

☆☆☆ 논의 결과는 '교토각료선언'과 '세계물행동보고서'로 정리되어 각국의 수자원정책에 심대한 영향을 미치게 된다.

□ **내셔널트러스트(national trust)** **

환경이나 경관이 파괴될 우려가 있는 지역을 국민의 기탁금으로 매입해 보존해 나가는 제도를 말한다. 영국에서 시작되었으며, 특히 영국의 내셔널트러스트가 자연해안의 보존을 위해 시작한 특별모금운동을 넵튠 계획(neptune plan)이라고 한다.

□ **지속가능한 개발(ESSD : Environment Sound and Sustainable Development)** **

미래세대가 그들의 필요를 충족시킬 가능성을 손상시키지 않는 범위에서 현재 세대의 필요를 충족시키는 개발로, 환경보전과 경제개발을 조화시켜야 한다는 의미이다. '환경과 개발에 관한 세계위원회(WCED)'가 1987년에 발표한 '우리의 미래(Our Common Future)'라는 보고서에서 공식화되어 유엔환경개발회의에서 세계 환경 정책의 기본 규범으로 정식 채택되었다.

□ **바젤협약(Basel Convention)** **

1989년 스위스 바젤에서 채택된 것으로 유해폐기물의 국가간 이동 및 처리에 관한 협약이다. 가입국은 동·아연·카드뮴 등 47종의 폐기물을 국외로 반출해서는 안되며, 자국 내에서도 폐기물 발생을 최소화하고 충분한 처리시설을 확보해야 한다. 1992년에 발효되었으며, 우리나라는 1994년에 가입했다.

□ **그린피스(Green Peace)** ***

국제적인 자연보호단체이다. 남태평양 폴리네시아에서의 프랑스 핵실험에 항의하기 위해 선박을 출항시킨 운동을 계기로 1970년에 조직되었으며, 본부는 네덜란드의 암스테르담에 있다. 전멸위기의 야생동물 보호, 원자력발전 반대, 핵폐기물의 해양투기 저지운동 등 폭넓은 활동을 전개하고 있다.

□ **로마클럽(Club of Rome)** ***

1968년 이탈리아의 실업가 아우렐리오 페체이의 제창으로 출범한 미래연구기관이다. 천연자원의 고갈, 공해에 의한 환경오염, 개발도상국의 인구증가 등 인류가 직면하는 모든 문제에 관해 연구하고 그 타개책을 모색하며 널리 알리는 것이 주된 활동이다.

□ **교토의정서(Kyoto Protocol)** ***

기후변화협약에 따른 온실가스 감축목표에 관한 의정서로 효율적인 온실가스 감축을 위해 가입당사국으로 하여금 이산화탄소(CO_2), 메탄(CH_4), 아산화질소(N_2O), 불화탄소(PFC), 수소불화탄소(HFC), 불화유황(SF_6)의 여섯 가지를 줄이기 위해 노력하도록 요구한다.

□ **배출부과금(排出賦課金)** **

허용기준을 넘는 오염물질을 배출한 업체에게 환경부가 물리는 일종의 벌금이다. 오염물질의 기준초과정도, 배출기간, 오염물질의 종류, 배출량, 위반횟수에 따라 부과금의 요율이 달라진다. 부과대상 오염물질은 아황산가스 등 대기오염물질, 생화학적 산소요구량 등 수질분야, 그리고 악취가 포함된다.

□ **탄소배출권** *

지구 온난화를 유발하는 대표적인 온실가스로는 이산화탄소(CO_2), 메탄(CH_4), 아산화질소(N_2O), 수소불화탄소(HFC), 불화탄소(PFC), 불화유황(SF_6) 등이 있는데 이 중 이산화탄소가 전체 배출량의 비중이 가장 높고 인위적인 제어가 가능하기 때문에 이들을 대표하며, 이러한 이산화탄소 등의 온실가스를 배출할 수 있는 권리를 탄소배출권이라 한다. 기상 이변, 재난 및 엘니뇨에 의한 이상 기온, 대규모 홍수 · 지진해일 등과 같은 천재지변 등 지구 온난화에 대한 폐해가 현실로 나타나고 있어, 지구 환경 문제에 대해 범지구적인 해결 노력이 필요하다는 점을 깨닫게 되면서 국제적 협력으로 구체화된 것이 1997년 12월 교토의정서(Kyoto Protocol)이다.

□ **탄소중립** *

탄소제로라고도 한다. 온실가스를 흡수하기 위해서 배출한 이산화탄소의 양을 계산하고 탄소의 양만큼 나무를 심거나 풍력 · 태양력 발전과 같은 청정에너지 분야에 투자해 오염을 상쇄한다. 온실가스를 배출한 만큼 온실가스를 제거하는 대책을 세워 실질 배출량을 '0'으로 만들기 위한 계획이다. 즉, 대기 중으로 배출한 온실가스의 양을 상쇄할 수 있을 정도로 온실가스를 흡수하여 총량을 중립으로 만들겠다는 의미이다. 이를 시행하는 대책으로 숲을 조성하여 산소를 공급하거나 재생에너지를 생산하는 방법, 온실가스 배출량에 상응하는 탄소배출권을 통해 구매하는 방법 등이 있다.

□ **bird strike** ***

조류충돌을 일컫는 용어이다. 항공기의 이 · 착륙시 사람까지 빨아들일 정도의 강한 흡입력을 갖고 있는 항공기 엔진에 새가 빨려 들어감으로써 엔진이 파괴되는 등 대형사고가 발생하기도 한다.

□ **국제배출권거래제(International Emission Trading)** **

각국이 자국에 허용된 배출량 중 일부를 거래할 수 있는 것으로써 탄소배출권을 주식이나 채권처럼 시장에서 거래할 수 있도록 만든 제도를 말한다. 2005년 2월부터 발효된 교토의정서에 따르면, 유럽연합(EU) 회원국과 일본 등 38개국은 제1차 의무공약기간(2008 ~ 2012년)동안 연평균 온실가스 배출량을 1990년 배출량 기준 대비 평균 5.2% 감축시켜야 하는 법적 의무를 규정하고 있다. 이 목표를 채우지 못한 국가나 기업들은 벌금을 내거나 거래소에서 탄소배출권을 사야하고, 감축의무대상국이 아니거나 배출량이 적은 개도국은 배출권을 거래할 수 있다. 배출권의 발급권한은 유엔이 갖고 있으며 청정개발체제(CDM)는 선진국(부속서 1국가, Annex 1 Party)이 개도국(비부속서 1국가, Non – Annex 1 Party) 내에서 온실가스 배출 감축 프로젝트를 통해 온실가스 배출을 줄이면 그에 상응하는 배출권을 거래할 수 있도록 한 시스템을 갖춰 배출권 거래를 촉진시키고 있다.

□ **에코에티카(ecoethica)** *

생태학(ecology)적 바탕 위에 만들어야 할 새로운 윤리학(ethics)으로, 에코에티카는 과학기술의 발달로 삶의 공간이 혁명적으로 변화함에 따라 근본적인 세계관의 변화를 요구하는 대안적인 가치체계이다.

□ 환경개선부담금제(環境改善負擔金制) *

오염원인자부담원칙에 따라 오염물질을 배출한 오염원인자에게 오염물질 처리비용을 부담하게 하는 제도이다. 부과대상자는 폐수나 대기오염물질을 많이 배출하는 호텔 · 병원 · 백화점 · 수영장 · 음식점 등의 건물과 경유자동차이며, 지방자치단체는 이들로부터 3월과 9월 1년에 두 차례 부담금을 징수한다. 환경개선부담금이 면제되는 건물은 단독주택 · 아파트 등 공동주택, 160㎡ 미만의 시설물 · 공장 · 창고 · 주차장 등이다. 지방자치단체가 징수한 환경개선부담금은 징수비용(징수금액 중 10%)을 제외하고는 전액 환경부의 환경개선특별회계로 귀속된다.

□ 시빅트러스트(civic trust) *

주민이나 기업이 자금을 출자해 도시의 환경정비를 하는 제도로, 내셔널트러스트에 비해 비교적 소규모의 사업을 벌인다. 자연보호나 지역환경개선이 필요한데도 재정사정이 나빠 국가가 직접 이러한 사업을 하기 어렵기 때문에 민간의 힘으로 사업을 추진하자는 것이 목적이다.

□ PPP(Polluter Pays Principle) **

오염자 비용부담원칙이다. 환경자원의 합리적인 이용과 배분을 조장하는 동시에 국제무역이나 투자의 왜곡현상을 바로잡기 위해 오염방지비용을 오염자에게 부담시키자는 구상으로, 1972년 OECD(경제협력개발기구) 이사회가 가맹국에게 권고했다. 최근에는 오염방지비용뿐만 아니라 환경복원 · 피해자 구제 · 오염회피비용까지 오염원이 부담해야 한다는 견해가 대두되고 있다.

10 보건 · 건강

□ 세계보건기구(WHO : World Health Organization) **

보건 · 위생 분야의 국제적인 협력을 위하여 설립한 UN(국제연합) 전문기구이다. 세계의 모든 사람들이 가능한 한 최고의 건강 수준에 도달하는 것을 목표로, 1946년 61개국의 세계보건기구헌장 서명 후 1948년 26개 회원국의 비준을 거쳐 정식으로 발족하였다. 본부는 스위스 제네바에 있으며 총회 · 이사회 · 사무국으로 구성되어 있고 재정은 회원국 정부의 기부금으로 충당한다. 중앙검역소 업무와 연구 자료의 제공, 유행성 질병 및 전염병 대책 후원, 회원국의 공중보건 관련 행정 강화와 확장 지원 등을 주요활동으로 한다. 한국은 1949년 제2차 로마총회에서 가입하였다.

□ 지카바이러스(zika virus) ***

이집트 숲 모기를 통해 전염되는 바이러스로 신생아의 소두증 등을 유발하는 것으로 알려진 바이러스이다. 인체감염사례는 1952년 우간다와 탄자니아에서 처음 보고되었다. 주로 이집트 숲 모기에 의한 전파로 감염되며 국내 서식하는 흰줄 숲 모기도 전파 가능하다.

□ 담배규제기본협약(FCTC : the Framework Convention on Tobacco Control) *

금연을 위한 국제 협력 방안을 골자로 한 보건 분야 최초의 국제협약이다. 흡연으로 해마다 500만 명 이상의 죽음을 초래하고 있다는 문제의식에서 비롯하였으며, 세계보건기구(WHO)의 추진으로 2003년 5월 열린 세계보건총회(WHA)에서 만장일치로 채택되어 2005년 2월 발효되었다. 흡연 통제를 위해 담배광고 및 판촉의 포괄적인 금지, 간접 흡연규제, 경고문구 제한 등을 주요내용으로 하며 협약의 당사국들은 담배의 광고나 판촉 금지조치를 발효일로부터 5년 이내에 도입하고 겉포장의 경고문도 3년 이내에 30% 이상으로 확대해야 할 의무를 지게 된다. 공중 보건과 위생에 관한 사상 최초의 국제협약이라는 점에서 큰 의의를 갖는다.

□ HACCP(Hhazard Analysis & Critical Control Point, 위해요소 중점관리기준) **

식품의 원료부터 제조, 가공 및 유통 단계를 거쳐 소비자에게 도달하기까지 모든 과정에서 위해물질이 해당 식품에 혼입되거나 오염되는 것을 사전에 방지하기 위한 식품관리 제도로, 식품의 안전성을 확보를 목적으로 한다. 이를 위해 단계별 세부 위해 요소(HA)를 사전에 제거하기 위한 중점관리 점검 항목(CCP)을 설정하고, 이를 바탕으로 종사자가 매일 또는 주기적으로 각 중점관리 항목을 점검해 위해 요인을 제거한다. HACCP의 개념은 1960년대 초 미국 우주계획의 식품 개발에 처음 적용된 이후 1993년 FAO, WHO의 국제식품규격위원회에서도 식품 위생관리 지침으로 택한 바 있다.

□ 에이즈(AIDS : Acquired Immune Deficiency Syndrome) ***

면역결핍바이러스인 에이즈바이러스(HIV)에 감염되어 면역기능이 저하되는 질환으로 '후천성면역결핍증'이라고도 한다. 증상은 감기와 비슷한 증세인 발열, 체중 감소, 설사, 심한 피로감, 악성 종양, 호흡 곤란 등이며 면역력이 크게 떨어지기 때문에 세균 감염이 용이해지고, 이들을 방어할 수 없게 되어 결국 사망하게 된다. 에이즈바이러스가 전파되는 경로는 성관계, 혈액을 통한 전파, 감염된 여성의 출산의 3가지이며 음식이나 물, 공기, 단순한 접촉만으로는 전염되지 않는다. 수혈이나 출산에 의한 감염이 아닐 경우 감염력이 0.03~0.5% 정도로 강하지 않은 편이나 유효한 치료법이 없어 치사율이 높다.

□ 팬데믹(pandemic) ***

세계보건기구(WHO)는 감염병의 위험도에 따라 감염병 경보단계를 1~6단계까지 나누는데, 팬데믹은 최고 경고 등급인 6단계에 해당한다. 팬데믹은 특정 질병이 전 세계적으로 유행하는 것으로, 이를 충족시키려면 감염병이 특정 권역 창궐을 넘어 2개 대륙 이상으로 확산되어야 한다. 인류 역사상 팬데믹에 속한 질병은 14세기 중세유럽을 거의 전멸시킨 '흑사병(페스트)', 1918년 전 세계에서 5000만 명 이상의 사망자를 발생시킨 '스페인 독감', 1968년 100만 명이 사망한 '홍콩 독감'등이 있다. 특히 WHO가 1948년 설립된 이래 지금까지 팬데믹을 선언한 경우는 1968년 홍콩독감과 2009년 신종플루, 2020년 코로나19 등 세 차례 뿐이다.

□ 감염병(感染病) ***

원충, 진균, 세균, 스피로헤타(Spirochaeta), 리케차(Rickettsia), 바이러스 등의 미생물이 인간이나 동물에 침입하여 증식함으로써 일어나는 병을 통틀어 이르는 말이다.

☆☆☆ 감염병의 구분(2024.02.17. 시행 기준)

구분	내용
제1급 감염병	에볼라바이러스병, 마버그열, 라싸열, 크리미안콩고출혈열, 남아메리카출혈열, 리프트밸리열, 두창, 페스트, 탄저, 보툴리눔독소증, 야토병, 신종감염병증후군, 중증급성호흡기증후군(SARS), 중동호흡기증후군(MERS), 동물인플루엔자 인체감염증, 신종인플루엔자, 디프테리아
제2급 감염병	결핵(結核), 수두(水痘), 홍역(紅疫), 콜레라, 장티푸스, 파라티푸스, 세균성이질, 장출혈성대장균감염증, A형 간염, 백일해(百日咳), 유행성이하선염(流行性耳下腺炎), 풍진(風疹), 폴리오, 수막구균 감염증, b형헤모필루스인플루엔자, 폐렴구균 감염증, 한센병, 성홍열, 반코마이신내성황색포도알균(VRSA) 감염증, 카바페넴내성장내세균속균종(CRE) 감염증, E형 간염
제3급 감염병	파상풍(破傷風), B형 간염, 일본뇌염, C형 간염, 말라리아, 레지오넬라증, 비브리오패혈증, 발진티푸스, 발진열(發疹熱), 쯔쯔가무시증, 렙토스피라증, 브루셀라증, 공수병(恐水病), 신증후군출혈열(腎症侯群出血熱), 후천성면역결핍증(AIDS), 크로이츠펠트 – 야콥병(CJD) 및 변종크로이츠펠트 – 야콥병(vCJD), 황열, 뎅기열, 큐열(Q熱), 웨스트나일열, 라임병, 진드기매개뇌염, 유비저(類鼻疽), 치쿤구니야열, 중증열성혈소판감소증후군(SFTS), 지카바이러스 감염증, 매독(梅毒)
제4급 감염병	회충증, 편충증, 요충증, 간흡충증, 폐흡충증, 장흡충증, 수족구병, 임질, 클라미디아감염증, 연성하감, 성기단순포진, 첨규콘딜롬, 반코마이신내성장알균(VRE) 감염증, 메티실린내성황색포도알균(MRSA) 감염증, 다제내성녹농균(MRPA) 감염증, 다제내성아시네토박터바우마니균(MRAB) 감염증, 장관감염증, 급성호흡기감염증, 해외유입기생충감염증, 엔테로바이러스감염증, 사람유두종바이러스감염증
기생충 감염병	기생충에 감염되어 발생하는 감염병 중 질병관리청장이 고시하는 감염병을 말한다.
세계보건기구 감시대상 감염병	세계보건기구가 국제공중보건의 비상사태에 대비하기 위하여 감시대상으로 정한 질환으로서 질병관리청장이 고시하는 감염병을 말한다.
생물테러 감염병	고의 또는 테러 등을 목적으로 이용된 병원체에 의하여 발생된 감염병 중 질병관리청장이 고시하는 감염병을 말한다.
성매개 감염병	성 접촉을 통하여 전파되는 감염병 중 질병관리청장이 고시하는 감염병을 말한다.
인수공통 감염병	동물과 사람 간에 서로 전파되는 병원체에 의하여 발생되는 감염병 중 질병관리청장이 고시하는 감염병을 말한다.
의료 관련 감염병	환자나 임산부 등이 의료행위를 적용받는 과정에서 발생한 감염병으로서 감시활동이 필요하여 질병관리청장이 고시하는 감염병을 말한다.

□ 신종인플루엔자 A(novel swine–origin influenza A, H1N1) **

H1N1 또는 신종플루라고 한다. 사람, 돼지, 조류 인플루엔자 바이러스의 유전물질이 혼합되어 있는 새로운 형태의 바이러스로 2009년 4월 멕시코와 미국 등지에서 발생한 뒤 전 세계로 확산됐다. 감염된 사람의 기침이나 재채기를 통해 감염되므로 전염속도가 빠르고 발열, 콧물, 인후통, 기침 등의 증상이 나타나며 증상발현 후 7일까지 전염이 가능하다. 미국 질병통제예방센터(CDC)에 따르면 인플루엔자 치료제인 오셀타미비르(상품명 타미플루)와 자나미비르(상품명 릴렌자)가 신종플루 치료제로 효과가 있다고 보고되었다.

□ 유엔에이즈계획(UNAIDS : the United Nation Programme on HIV/AIDS) *

각 국가들의 에이즈 관리 및 예방사업을 돕기 위해 1996년 1월 창설한 UN산하의 에이즈 전담기구이다. 1990년 이후, 기하급수적인 에이즈 확산으로 인해 UN 기구 확대의 필요성이 대두되었다. 이에 UN 기구가 함께 하는 에이즈 프로그램을 실시하게 되었는데, 초기에 참여한 6개 기구는 UNICEF(유엔아동기금), UNDP(유엔개발계획), UNFPA(유엔인구활동기금), UNESCO(유엔교육과학문화기구), WHO (세계보건기구), World Bank(세계은행) 등이었으며 후에 WFP(세계식량계획), UNODC(유엔마약 및 범죄사무소), ILO(국제노동기구)가 추가로 참여하여 총 9개 기구가 함께 하고 있다. 각 국가에 에이즈에 대한 신속한 정보를 제공하고 HIV 확산 방지, 감염인 및 피해자를 위한 지원활동 등을 한다.

□ 중증 열성 혈소판 감소 증후군(SFTS) **

Severe Fever with Thrombocytopenia Syndrome(SFTS)인 중증 열성 혈소판 감소 증후군 바이러스에 의한 감염병이다. SFTS 바이러스는 Bunyaviridae과 Phlebovirus 속에 속하는 RNA 바이러스로, 주로 산과 들판의 풀숲에 살고 있는 작은소참진드기(살인진드기)에 물려서 감염되는 것으로 추정된다. 또는 감염된 환자의 혈액 및 체액에 의한 감염도 보고되고 있다. 감염 시 발열, 식욕 저하, 구역, 구토, 설사 등의 증상이 나타나며 잠복기는 약 1 ~ 2주이다. 효과가 확인된 치료제가 없고, 항바이러스제나 백신도 없어 대증요법으로 치료한다. 자연 회복되기도 하나 12 ~ 30%에서 중증화되어 사망하기도 한다. 진드기에 물리지 않도록 하는 것이 주된 예방법이다. 보건복지부는 SFTS를 법정 감염병으로 지정하여 신종 감염병을 체계적으로 관리할 계획이다.

□ 코로나바이러스감염증 – 19(COVID – 19) *

SARS-CoV-2 감염에 의한 호흡기 증후군으로 감염자가 기침이나 재채기를 할 때 생긴 비말(침방울)을 통해서 전파가 된다.

□ 광우병(狂牛病) ***

의학적 명칭은 우해면양뇌증(牛海綿樣腦症, BSE : Bovine Spongiform Encephalopathy)으로 소의 뇌에 생기는 신경성 질환이다. 소가 이 병에 걸리면 방향감각을 잃고 미친 듯이 난폭해지기 때문에 일명 광우병(mad cow disease)이라고 하며 결국에는 전신마비와 시력상실을 일으키며 죽게 된다. 소의 뇌 조직에 미세한 구멍이 뚫리면서 마치 스펀지처럼 흐물흐물해지는 병으로, 사람을 포함한 모든 동물에서 정상적으로 발견되는 '프리온(prion)'이란 단백질이 변형됨에 따른 것으로 추정된다. 이 변형된 프리온이 뇌 조직에 침투, 작은 구멍들을 만들면서 뇌 기능을 마비시키고 변형된 형태의 프리온을 기하급수적으로 만들어 내는 것이다. 소에 생기는 변형 프리온은 양에게 양고기 사료를 먹여 발생한 '스크래피병'이 소에 옮겨 온 것으로 생각되며 새끼에게 유전되지는 않는다. 광우병에 걸린 소의 고기를 사람이 먹을 경우 인간광우병(변종 크로이츠펠트-야콥병)에 걸리는 것으로 알려져 있다. 1986년 영국 과학자들에 의해 처음 확인 됐으며 1996년과 2001년 초 유럽에서 대규모로 발생, 전 세계를 공포로 몰아넣었다. 정확한 발병 원인, 감염 경로, 구체적 위험성 등이 밝혀지지 않은 상태이다.

□ 이력추적제 **

먹을거리 안전에 대한 국민들의 관심이 높아짐에 따라 각종 농산물로부터 국민의 안전을 보호 할 목적으로 도입하여 2005년부터 모든 농산물에 적용하였다. 농산물 생산에 사용한 종자와 재배방법, 원산지, 농약 사용량, 유통 과정 등이 제품의 바코드에 기록되기 때문에 소비자들도 농산물의 생산에서 유통에 이르기까지 모든 이력을 쉽게 알 수 있다.

□ 알츠하이머병(Alzheimer Disease) *

나이가 들면서 정신 기능이 점점 쇠퇴하여 일으키는 노인성 치매로 독일의 신경과 의사 올로이스 알츠하이머의 이름을 따서 명명한 신경질환이다. 이 병에 걸리면 특히 기억과 정서면에서 심각한 장애를 일으키며 현대 의학에서는 아직 알츠하이머병의 뚜렷한 예방법이나 치료 방법이 없는 상태이다.

□ 류머티즘(Rheumatismus) *

급성 또는 만성으로 근육이나 관절 또는 그 근접조직에 동통(疼痛), 운동장애, 경결(硬結)을 일으키는 질환을 말한다. 급성 관절류머티즘은 류머티즘열, 만성 관절류머티즘은 류머티즘성관절염, 변형성 관절증은 골관절염, 근육 류머티즘은 결합직염에 상당하는 것으로 보이나, 류머티즘열은 관절에 한하기 보다는 전신증세(全身症勢)를 주로 한 류머티즘이고, 류머티즘성 관절염에도 급성관절염을 주로 한 류머티즘이 있기도 하다.

□ 손세정제(hand sanitizer) ***

물로 손을 씻지 않으면서 감염을 예방하기 위해 손에 바르거나 문지르는 의약외품 소독제로 주로 수술장에서 의사, 간호사가 사용하였지만 코로나바이러스감염증으로 일반인들 또한 많이 찾고 있다. 손세정제의 성분으로는 이소프로판올 또는 이소프로필 알코올, 에탄올, 과산화수소수, 염화벤잘코늄, 크레솔이다. 알코올이 들어간 소독제는 미생물까지 제거하며 손에 잔류하는 세균을 없앤다. 90% 이상 함유할 경우 바이러스, 결핵균, 곰팡이, B형간염까지 제거해준다.

□ 조류인플루엔자(AI : Avian Influenza) **

닭, 오리, 칠면조 등과 같은 가금류와 야생 조류가 감염되는 급성 바이러스 전염병이다. 주로 철새의 배설물에 의해 전파되며 AI에 걸린 조류의 콧물, 호흡기 분비물, 대변에 접촉한 조류들이 다시 감염되는 형태로 조류 간에 퍼진다. 지구상에 존재하는 AI 바이러스는 모두 135종의 혈청형으로 분류되며 이 중 사람에게 가장 치명적인 것은 H5N1형이다. 1997년 홍콩에서 첫 인체 감염을 일으켜 6명이 사망하면서 주목을 받은 H5N1형은 변이가 빠르고 다른 동물에게 쉽게 전이되는 특징을 갖고 있다. 이는 감염된 조류를 통해 인체에도 전염될 수 있다는 것을 말한다. 발병하면 감기나 일반 독감에 걸렸을 때와 비슷한 증상이 나타나며 심하면 38도 이상의 고열을 동반한 기침, 인후통, 호흡 곤란 증세를 보인다. AI 바이러스는 섭씨 41도일 때 철새 등의 배설물에서 최소 35일간 살 수 있지만 75도 이상으로 5분 동안 가열하면 죽는다.

□ **아프리카돼지열병(ASF)** ***

돼지와 멧돼지에 감염 시 발열이나 전신의 출혈성 병변을 일으키는 국내 제1종 법정전염병으로, 최대 치사율이 100%에 이르지만 현재 치료제나 백신이 없다. 아프리카돼지열병의 주요 임상증상으로는 돼지들이 한데 겹쳐있거나, 급사하거나 비틀거리는 증상, 호흡곤란, 침울증상, 식욕절폐, 복부와 피부 말단 부위에 충혈 등이 있다. 2019년 9월 경기도 파주에서 국내 첫 아프리카돼지열병 발생 후 김포, 연천, 강화 등지로 계속 확산되어 당국이 차단방역에 나섰다.

□ **구제역(口蹄疫)** ***

소, 돼지, 양, 염소 등 발굽이 두 갈래로 갈라진 우제류 동물에게만 발생하는 전파력이 매우 강한 바이러스성 급성 전염병이다. 일단 감염이 되고 나면 치사율이 70 ~ 80%에 달하는 국제 1급 가축전염병으로 광우병과는 달리 감염된 고기를 먹어도 사람에게는 감염되지 않는 것으로 알려져 있다. 구제역 바이러스는 감염된 동물의 배설물 또는 사람의 옷이나 신발 등에 잠복해 있다가 해당 동물에 전염되기도 한다. 주로 동물의 호흡, 소화, 생식 행위를 통해 감염되며 잠복기는 3 ~ 5일 정도로 구제역에 걸리면 입술이나 혀, 잇몸, 콧구멍 등에 물집이 생기면서 다리를 절고 침을 흘리며 식욕이 급격히 감퇴하는 증상을 보이다 결국 폐사하게 된다.

□ **코호트 격리(Cohort Isolation)** ***

감염 질환 등을 막기 위해 특정 질병 발병 환자와 의료진 모두를 '동일 집단(코호트)'으로 묶어 전원 격리해 감염병 확산 위험을 줄이는 방식이다. 국내에서는 2015년 메르스 확산으로 대전 대청병원을 비롯한 전국의 10여 개의 병원이 코호트 격리됐다. 2020년 코로나19가 대규모로 확산되면서 집단 감염이 발생하여 전국의 여러 병원에서 코호트 격리가 실시되었다.

□ **엠폭스** **

원숭이두창(엠폭스) 바이러스 감염으로 발생하는 인수공통감염병이다. 기존에는 원숭이 두창으로 불렀으나 2022년 11월 세계보건기구에서 엠폭스로 명칭을 사용하게 하였다. 제2급 감염병(2022.6.8. 고시)에 해당하며 잠복기는 5~21일 가량이다. 감염된 사람이나 동물에게 접촉을 하는 경우 감염될 수 있다. 감염된 비말에 직접 전파되거나, 혈액·체액 등에 접촉하는 등을 통해서 감염이 된다. 감염 이후에 발열, 두통, 피로감을 시달리며 얼굴에서 발진증상이 나타난다. 치명률은 3~6퍼센트 가량 된다.

□ **긴급사용 승인(EUA, Emergency Use Authorization)** *

감염병 대유행에 대한 우려로 의료기기 등을 긴급하게 사용할 필요가 있지만 국내 허가 제품이 없거나 부족한 경우, 요청한 제품의 허가를 면제하여 한시적으로 제조 및 판매할 수 있도록 한 제도이다.

11 문화 · 예술

□ 세계문화유산목록(世界文化遺産目錄) ***

국제연합 교육과학문화기구(유네스코)가 보존활동을 벌이는 문화유산과 자연유산의 목록이다. 세계유산목록
이 만들어지게 된 것은 1960년 이집트의 아스완댐 건설로 누비아유적이 수몰위기에 빠지자 세계적으로 인
류유산보호에 대한 여론이 제기되면서부터이다. 유네스코는 1972년 세계유산협약을 채택, 세계의 문화유
산과 자연유산을 보호하기 시작했다. 이 협약에 근거해 설립된 정부간 기구인 세계유산위원회는 세계유산
목록을 만들어 이들 유산보존활동을 활발히 벌이고 있다.

□ 국보(國寶) · 보물(寶物) *

국가가 지정하는 국가유산은 국보, 보물, 중요민속자료, 사적 및 명승, 천연기념물, 중요무형유산으로 분류
할 수 있다. 보물은 건조물, 전적, 서적, 고문서, 회화, 조각, 공예품, 고고자료, 무구 등의 유형유산 중
중요도가 높은 것을 선정하는 것으로 문화재청장과 문화재위원회의 심의를 거친다. 보물에 해당하는 유산
중 인류문화의 관점에서 볼 때 역사적, 학술적, 예술적 가치가 크고 그 시대를 대표하거나 제작기술이 특
히 우수하여 그 유래가 드문 것을 국보로 정한다.

구분	내용
국보	1호 : 숭례문(남대문), 2호 : 원각사지 10층 석탑, 3호 : 진흥왕 순수비
보물	1호 : 흥인지문(동대문), 2호 : 보신각종, 3호 : 대원각사비
사적	1호 : 포석정지, 2호 : 김해 봉황동 유적, 3호 : 수원화성
무형문화재	1호 : 종묘제례악, 2호 : 양주 별산대놀이, 3호 : 남사당놀이
천연기념물	1호 : 측백나무 숲, 8호 : 재동 백송, 9호 : 조계사 백송

□ 세계지적재산기구(WIPO : World Intellectual Property Organization) **

지적재산권의 국제적 보호 촉진과 국제협력을 위해 설립한 국제기구로 세계지적소유권기구라도고 한다. 세
계지적재산권기구설립조약(1970년 발효)을 근거로, 저작권을 다루는 베른조약(1886년 발효)과 산업재산권을
다루는 파리조약(1883년 발효)의 관리와 사무기구상의 문제를 통일적으로 처리할 목적으로 설립하였으며
1974년 유엔전문기구가 되었다.

□ 지적소유권(知的所有權) **

음반 및 방송, 연출, 예술가의 공연, 발명 · 발견, 공업디자인, 등록상표, 상호 등에 대한 보호 권리와 공
업 · 과학 · 문학 또는 예술 분야의 지적활동에서 발생하는 모든 권리(지적재산권)를 말한다. 산업발전을 목
적으로 하는 산업재산권과 문화 창달을 목적으로 하는 저작권으로 분류할 수 있는데 인간의 지적 창작물
을 보호하는 무형재산권이라는 점과 그 보호기간이 한정되어 있다는 점에서 동일하지만, 저작권은 출판과
동시에 보호되는 것에 비해 산업재산권은 특허청의 심사를 거쳐 등록해야만 보호된다. 보호기간도 저작권

은 저작자 사후 70년으로 상당히 긴 데 반해 산업재산권은 10 ~ 20년으로 짧은 편이다.

□ **베른조약(Berne Convention)** **

'문학 및 미술 저작물 보호에 관한 조약'으로 1886년 스위스의 수도 베른에서 체결되어 베른조약이라고 부른다. 만국저작권 보호동맹조약이라고도 하며 저작물을 국제적으로 보호할 것을 목적으로 한다. 가맹국은 다른 가맹국 국민들의 저작물을 자국민의 저작물과 동등하게 대우하며 저작권의 효력은 등록 등의 절차를 필요로 하지 않고 저작사실 자체로 효력을 발생하는 발생주의에 따르며, 저작권은 저작자의 생존기간 및 사후 50년 동안 보호하는 것을 원칙으로 한다.

□ **문화다양성협약(Protection of the Diversity of Cultural Contents)** *

정식 명칭은 '문화콘텐츠와 예술적 표현의 다양성을 위한 협약'으로 세계 각국의 문화적 다양성을 인정하는 국제협약이다. 1999년 유네스코 총회에서 제안된 것으로 프랑스 등 유럽 국가들이 미국 문화의 범람에 맞서 자국의 문화를 지키자는 취지였다. 이후 2001년 11월 프랑스 파리에서 '세계 문화다양성 선언'이 채택되었고 2002년에는 5월 21일을 '세계 문화다양성의 날'로 선포했으며, 2007년 3월부터 발효되었다.

□ **다다이즘(Dadaism)** *

제1차 세계대전 중 1920년대에 걸쳐 유럽의 여러 도시에서 일어난 반예술운동이다. 인간생활에 대한 항의 아래 재래 의미의 법칙이나 사회조직 등 일체의 전통적인 것을 부정하고 허무·혼란·무질서한 것 그대로를 표현하려는 과도기의 사상으로, 2차대전 후에는 전후 고조되고 있던 기계문명·인간소외 등의 이유에서 '네오다다'라는 명칭으로 부활되었다.

□ **반달리즘(Vandalism)** *

도시의 문화·예술이나 공공시설을 파괴하는 행위를 말한다. 중세초기 유럽의 민족대이동 때 아프리카에 왕국을 세운 반달족이 지중해 연안에서 로마에 걸쳐 약탈과 파괴를 거듭했던 데서 유래한다.

□ **아방가르드(Avant - Garde)** **

원뜻은 전위(前衛)로 제1차 세계대전 때부터 유럽에서 일어난 예술운동이다. 기성관념이나 유파를 부정하고 새로운 것을 이룩하려 했던 입체파·표현주의·다다이즘·초현실주의 등의 혁신예술을 통틀어서 일컫는 말이다. 모호성·불확실성의 역설과 주체의 붕괴, 비인간화 등의 특징은 근대 산업화과정과 밀접한 관계가 있다.

□ **매너리즘(Mannerism)** *

예술의 창작이나 그 발상면에서 독창성을 잃고 평범한 경향으로 흘러, 표현수단의 고정과 상식성으로 인하여 예술의 신선미와 생기를 잃는 일을 일컫는 말이다. 현상유지의 경향이나 자세를 가리키기도 한다.

□ **리리시즘(Lyricism)** *

예술적 표현의 서정적·주관적·개성적인 정서를 표현하고 추구하는 정신 또는 문체를 말한다. 용솟음치는 인간적인 기쁨·고뇌·분노·평온 등의 심정고백이고 자아의 투영이므로 리드미컬한 음악성을 수반하며, 모티브는 생과 사·사랑·자연 등이 많다. 풍경묘사에 있어서도 객관적 설명보다는 심상풍경으로서의 상징성이 강해진다.

□ **모더니즘(Modernism)** **

제1차 세계대전 후의 근대주의·현대주의를 의미한다. 넓은 의미로는 교회의 권위 또는 봉건성에의 반항, 과학이나 합리성을 중시하고 널리 근대화를 지향하는 것을 말하지만 좁은 의미로는 기계문명과 도회적 감각을 중시하여 반전통·반예술을 주장하며, 이른바 현대풍을 추구하는 것을 뜻한다. 미래파·표현파·다다이즘·주지파 등을 포괄한다.

□ **포스트모더니즘** **

현대 또는 근대주의를 가리키는 모더니즘에서 벗어난다는 탈(脫)과 지속한다는 뜻인 접두어 Post가 붙어 생긴 말로 모더니즘으로부터의 단절과 지속적인 성격을 동시에 지니고 있다. 제1차 세계대전 후 모더니즘은 독창성과 고상함을 중요시여기고 합리주의·기능주의와 연결되어 비교적 단순하고 증명력 있는 것을 추구하였던, 반면에 제2차 세계대전 이후 생명 등에 대한 가치관이 흔들리던 후기 자본주의 시대의 포스트모더니즘은 모더니즘의 단절만을 의미하는 것이 아니라 이질적인 요소를 서로 중첩하거나 과거의 작품에서 인용하는 등 절충주의적 경향을 보인다.

□ **아우라(Aura)** **

예술작품에서 풍기는 흉내 낼 수 없는 고고한 분위기를 뜻하는 말로 독일의 철학자 발터 벤야민의 예술이론이다. 1934년 벤야민은 논문 「기술복제시대의 예술작품」에서 기술복제시대의 예술작품에 일어난 결정적인 변화를 '아우라의 붕괴'라고 정의하였다. 이는 사진이나 영화와 같이 복제되는 작품에는 아우라가 생겨날 수 없다는 관점으로 기술주의적 사고라는 비판을 받기도 한다.

□ **서브컬처(Subculture)** *

하위문화(下位文化) 또는 부차적 문화라고도 하며 어떤 사회의 주가 되는 중심 문화에 대비되는 개념이다. 즉, 한 사회에서 일반적으로 볼 수 있는 행동양식과 가치관을 전체로서의 문화라고 할 때, 그 전체적인 문화 내부에 존재하면서도 독자적인 특징을 보이는 부분적인 문화가 곧 서브컬처라고 할 수 있다.

□ **맥거핀 효과(macGuffin Effect)** *

영화에서 중요한 것처럼 등장하지만 실제로는 줄거리에 영향을 미치지 않는 극적 장치를 뜻하는 말로, 영화의 전개와는 무관하지만 관객들의 시선을 집중시켜 의문이나 혼란을 유발하는 장치 또는 구성상의 속임수를 의미하며 연극이나 극에서의 복선과 반대되는 의미이다.

□ 옴니버스(Omnibus)영화 *

옴니버스란 합승버스를 뜻하는데, 서로 독립된 여러 가지의 스토리를 한편의 영화로 만든 것을 말한다. 그 전형적인 작품으로는 미국의 보카치오 70과 우리나라의 유현목 감독의 작품 한(恨) 등이 있다.

□ 세계 3대 영화제 ***

베니스, 칸, 베를린 영화제를 말하는 것으로 세계 4대 영화제라고 할 경우 모스크바영화제를 포함한다. 베니스영화제가 가장 오랜 역사를 지녔지만, 일반적으로 칸영화제를 가장 권위 있는 영화제로 생각한다.

□ 베니스영화제(Venice International Film Festival) **

이탈리아 베니스(Venice)에서 매년 개최되는 최고(最古)의 국제 경쟁영화제로 1932년 5월 창설되었다. 매년 8월 말에서 9월 초에 열리며 수상 부문으로 작품상, 남녀배우상 등이 있으며 그랑프리는 '산마르코 금사자상(황금사자상)'이라고 부른다. 타 영화제 출품작을 제외한 일반 극영화만 출품이 가능하다는 특징이 있다. 우리나라의 수상 내역으로는 강수연[여우주연상, '씨받이(1987)'], 이창동·문소리[감독상·신인여배우상, '오아시스(2002)'], 김기덕[감독상, '빈집(2004)'], 김기덕[황금사자상, '피에타(2012)'], 채수응[베스트 VR 경험상, '버디 VR(2018)'] 등이 있다.

□ 베를린 영화제(Berlin International Film Festival) ***

1951년 서베를린(Berlin)시 시장이었던 빌리 브란트가 세계의 평화와 우애를 지향하고자 창설한 국제영화제로 금곰상(최우수작품상), 은곰상(심사위원 대상, 감독상, 남녀배우상 등), 알프레드바우어상, 블루엔젤상, 평생공로상 등이 있다. 우리나라의 수상 내역으로는 강대진[은곰상, '마부(1961)'], 장선우[알프레드바우어상, '화엄경(1994)'], 김기덕[감독상, '사마리아(2004)'], 임권택[명예황금곰상, 아시아최초(2005)], 박찬욱[알프레드바우어상, '사이보그지만 괜찮아(2007)'], 양효주[은곰상(단편 부문), '부서진 밤(2011)'], 나영길[황금곰상(단편 부문), '호산나(2015)'], 이동하[파라노마 관객상, '위켄즈(2016)'], 김민희[은곰상(여자연기자상)], '밤의 해변에서 혼자(2017)'], 김보라[대상(제네레이션 14플러스), '벌새(2019)'] 홍상수[은곰상(감독상, '도망친 여자(2020)'], 홍상수[은곰상·각본상, '인트로덕션(2021)'], 홍상수[은곰상(심사위원 대상, '소설가의 영화(2022)'], 홍상수[은곰상(심사위원 대상, '여행자의 필요(2024)'] 등이 있다.

□ 아카데미상(Academy Award) ***

미국의 영화예술과학아카데미협회가 시상하는 영화상으로, 오스카 금패가 수여되어 오스카상이라고도 한다. 1927년 5월에 창설되었으며, 1928년부터 매년 우수영화·영화인에게 수여해 온 세계적으로 권위 있는 영화상이다. 수상부문은 작품·감독·주연 남녀배우·조연 남녀배우·음악·촬영상 등 16개 부문에 시상한다. 한편, 영화 '미나리'는 작품상, 감독상, 각본상, 남우주연상, 여우조연상 후보에 올라 배우 윤여정이 수상하기도 하였다.

□ **골든 글로브상(Golden Globe Prize)** **

세계 84개국의 신문 및 잡지기자 114명으로 구성된 헐리우드 외국인기자협회가 그해 최우수영화의 각 부문과 남녀배우에게 수여하는 상으로, 아카데미상을 시상하기 전에 시상한다. 78회 골든 글로브 시상식에서 영화 '미나리'가 외국어 영화상으로 수상하기도 하였다.

□ **칸 영화제(Cannes Film Festival)** **

1946년 프랑스 국립영화센터에서 관광휴양지인 칸(Cannes)에 설립한 국제 경쟁영화제이다. 최고의 권위를 인정받고 있은 국제영화제로 황금종려상, 심사위원 대상, 남녀배우주연상, 감독상, 각본상 등의 경쟁부문과 주목할 만한 시선, 황금카메라상, 시네파운데이션 등 비경쟁부문으로 나누어 시상한다. 우리나라의 수상 내역으로는: 이두용[특별부문상, '물레야 물레야(1984)'], 임권택[한국영화사상 최초 경쟁부문 진출, '춘향뎐(1999)'], 임권택[감독상, '취화선(2002)'], 박찬욱[심사위원 대상, '올드보이(2004)'], 전도연[여우주연상, '밀양(2007)'], 박찬욱[심사위원상, '박쥐(2009)'], 이창동[각본상, '시(2010)'], 홍상수[주목할 만한 시선 부문 대상, '하하하(2010)'], 김기덕[주목할 만한 시선 부문 대상, '아리랑(2011)'], 문병곤[황금종려상(단편 경쟁 부문), '세이프(2013)'], 봉준호[황금종려상, '기생충(2019)'], 윤대원[시네파운데이션상, '매미(2021)'], 박찬욱[감독상, '헤어질 결심(2022)'], 송강호[남우주연상, '브로커(2022)'], 황혜인[라시네프 2등상, '홀(2023)'] 등이 있다.

□ **모스크바 영화제(International Film Festival of Moscow)** **

1989년에 창설된 공산권 최대 규모의 영화제이다. 베니스, 칸, 베를린 영화제와 더불어 세계 4대 국제영화제로 홀수 년도 6월경에 열린다. 시상은 대상(금게오르기상), 심사위원 특별상(은게오르기상), 남녀주연상(동게오르기상)으로 나누어 하며 우리나라 수상 내역으로 강수연[여우주연상, '아제아제바라아제(1989)'], 이덕화[[남우주연상, '살어리랏다(1993)'], 장준환[감독상, '지구를 지켜라(2003)'], 손현주[남우주연상, '보통사람(2017)'], 정관조[베스트 다큐상, '녹턴(2020)']등이 있다.

□ **백상예술대상** ***

1964년 무대예술과 영상예술의 중흥을 위해 1964년 제정된 종합예술상(연극, 영화, TV 등)으로서 지난 1965년에 시작되었다. 2002년부터는 영화와 TV만을 대상으로 시상하였으나 2019년 연극 부문이 부활하였다. 1983년까지는 '한국 연극 영화 예술상', 1985년까지는 '한국 연극 영화 TV 예술상', 1986년 때는 '한국 백상 예술 대상'으로 명칭이 바뀌었다가, 1987년부터 '백상 예술 대상'으로 변경되었다.

□ **청룡영화상** ***

한국영화의 질적 향상과 국내 영화산업의 진흥발전을 돕기 위해 1963년 제정되었다. 시상 부문은 최우수작품상, 감독상, 남녀주연상, 남녀조연상, 촬영상, 조명상, 각본상, 기술상, 미술상, 음악상, 신인감독상, 신인남녀연기상, 인기스타상, 한국영화 최다관객상과 최근 신설된 청정원 단편영화상의 총 18개 부문이다.

□ **대종상(大鐘賞)** *

우리나라 영화산업의 육성과 영화인들의 의욕을 고취시키고자 당시 문화공보부가 1962년에 설립한 상으로, 작품상·남녀주연상·촬영상·음악상·미술상 등 여러 부문에 걸쳐 해마다 시상되고 있다.

□ **노벨상(Nobel Prize)** ***

스웨덴의 알프레드 노벨의 유언에 따라 인류 복지에 공헌한 사람이나 단체에게 수여되는 상이다. 1901년부터 매년 총 6개 부문(문학, 화학, 물리학, 생리학 또는 의학, 평화, 경제학)에 대한 수상이 이뤄진다. 수상자 선정은 평화상을 노르웨이 노벨위원회가, 나머지 부문은 스웨덴의 3개 기관이 맡고 있다.

□ **그래미상(Grammy Award)** **

전미국레코드 예술과학아카데미(NARAS)가 주최하는 1년간의 우수한 레코드와 앨범에 주어지는 상이다. 미국 제일의 규모와 권위로 영화계의 아카데미상에 비견된다. 그래미는 그래머폰(Gramophone, 축음기)에서 온 애칭으로 수상자에게는 나팔이 부착된 축음기 모양의 기념패가 주어진다. 5,000명 이상의 심사위원이 수차에 걸친 투표를 해서 선정하며 대상은 레코드·앨범·가곡·신인의 종합 4상이 있다. 이외에 녹음기술, 재킷디자인, 비디오 부문까지 세세한 항목으로 나뉘어 있다.

□ **골든디스크(Golden Disk)** ***

100만장 이상 팔린 레코드를 가리킨다. 미국 레코드협회에서 100만장 이상 팔린 레코드에 대해 금빛 레코드를 시상한 데서 비롯된 말이다. 밀리언 셀러 레코드(Million Seller Record)라고도 부른다.

□ **오페라(Opera)** ***

가극(歌劇)으로 음악적인 요소는 물론 대사를 통한 문학적 요소, 연극적 요소, 무대·의상 등의 미술적 요소들이 종합된 대규모의 종합무대예술이다. 레시터티브·아리아·중창 등으로 구성되어 있다. 관현악은 반주뿐만 아니라 서곡·간주곡·종곡 등을 연주한다. 대표적 작품으로는 모차르트의 피가로의 결혼·돈지오반니, 베르디의 아이다·리골레토·춘희, 푸치니의 토스카·라보엠, 비제의 카르멘 등을 들 수 있다.

□ **오페레타(Operetta)** *

형식은 오페라와 비슷하면서 군데군데 대사의 삽입방법과 목적에 다소 차이가 있는 곡으로, 경쾌하고 알기 쉬우면서도 유머가 곁들인 줄거리를 통속적이고 대중적인 음악으로 연출하는 음악극이다. 천국과 지옥, 보카치오, 박쥐 등이 유명하다.

□ **프리마돈나(Prima Donna)** *

오페라의 여주인공역을 맡은 소프라노 가수를 칭하는 말로서 '제1의 여인'이라는 뜻이다. 이에 해당하는 남자가수를 프리모우모(Primo Uomo)라 한다.

□ **아리아(Aria)** **

성악곡이나 기악곡의 소멜로디를 뜻하기도 하고 화성부 · 반주부에 대한 멜로디부를 뜻하기도 하지만, 주로 오페라에서 레시터티브에 대하여 음악적 매력에 주안을 둔 독창곡을 말하며 영창이라고 번역된다. 바흐의 G선상의 아리아가 유명하다.

□ **카스트라토(Castrato)** **

여성이 무대에 오르지 못했던 18세기 바로크시대의 오페라에서 여성의 음역을 노래한 남성가수를 말한다. 카운터테너(가성을 사용하여 소프라노의 음역을 구사하는 남성 성악가)에서 소프라노까지 오르내리는 3옥타브 반의 목소리를 내기 위해 변성기 전인 소년시절에 거세당했고, '신의 목소리'라고 불렸다.

□ **갈라 콘서트(Gala Concert)** *

갈라는 이탈리아 전통 축제의 복장 'Gala'에 어원을 두고 있으며, '축제', '잔치'라는 사전적 의미를 지니고 있다. 클래식 음악에서는 흔히 아리아와 중창 등 약식으로 꾸며진 오페라에 붙이지만, 격식을 갖추지 않은 축하 공연 등을 통칭하는 용어로 사용된다.

□ **퓨전음악(Fusion Music)** **

제3세계의 토속음악과 서구의 팝음악이 접목된 새로운 장르의 음악을 일컫는다. 아프리카 원주민들의 토속음률에 서구의 펑크, 록 등이 한데 어우러지는 특징을 보인다. 융합을 뜻하는 '퓨전'이란 말처럼 지역이나 관습적인 배경을 달리하는 음악들의 만남으로 국경을 뛰어 넘는 음악의 새 지평을 열었다고 볼 수 있다.

□ **인상파 음악** *

19세기 말에 프랑스에서 일어난 음악상의 작풍으로 처음에는 회화세계에서 사용되었으나, 드뷔시의 독창과 오케스트라 봄에 대하여 비판적으로 쓰이고부터 음악세계에서도 쓰이게 되었다. 환상적이며 빛 · 바람과 같은 끊임없이 변화하는 것이 자아내는 자연의 아름다움에 대한 순간적 인상을 감각적으로 음색에 정착시키려 했고, 각종 병행화음 등을 사용하여 새로운 감각을 나타냈다. 대표적인 작곡가로는 드뷔시, 라벨을 꼽을 수 있다.

□ **표제음악(Program Music)** **

곡의 내용을 자의적으로 해석하는 것을 막기 위해 표제를 붙인 음악이다. 표제음악은 14세기 일부 성악곡에서 볼 수 있으며 낭만파 음악시대에서 성행하였다. 창시자는 슈만이며, 표제음악의 새로운 분야를 개척한 베를리오즈의 환상교향곡이 대표적인 작품이다.

□ **카덴차(Cadenza)** *

장식악절이란 뜻으로 어떤 악곡에 있어서 독창자 또는 독주자의 기교를 마음대로 화려하게 발휘할 수 있도록 작곡된 반주 없는 부분, 또는 그러한 노래를 부르는 데 알맞은 성음을 말한다.

□ **가곡(Lied) ***

예술가요를 뜻하는 것으로, 시(詩)의 내용을 가장 충실하게 표현한 것이다. 반주는 시의 음악적 표현을 뒷받침하는 것으로, 시와 멜로디와 반주의 완전 결합에서 이루어진 예술적 가치가 큰 독창곡을 말한다. 슈베르트의 겨울 나그네가 유명하다.

□ **구체음악(具體音樂) ***

제2차 세계대전 후 프랑스에서 일어난 음악의 한 경향이다. 종래의 음처럼 인성(人聲)이나 악기의 구사로 음악을 이루는 것이 아니라 자연음(새 · 물 · 바람소리 등)을 혼합 · 응결시킨 음악이다. 구상음악이라고도 하며, 프랑스의 샤플레(P. Schafler) 등이 제창하였다.

□ **무조음악(無調音樂) ***

조성을 부정하는 음악의 기법으로, 1921년 쇤베르크(Schönberg)에 의해 창시되었다. 조성음악에서는 조의 중심으로서 으뜸음이 우위를 차지하고 딸림음 · 버금딸림음이 으뜸음의 기능 속에 흡수되어 안정된 속에서 끝나는데 반해, 12음기법에서는 각 음 사이에 그와 같은 주종관계 또는 기능관계를 인정하지 않는다.

□ **칸타타(Cantata) ****

독창(아리아 · 레시터티브) · 중창 · 합창으로 구성되는 형식의 하나이다. 17세기의 모노디(Monodie)에 그 근원을 두고 있는데, 오라토리오와 마찬가지로 종교적인 것과 세속적인 것이 있다. 종교적인 것으로는 바흐의 작품이 대표적이며, 세속적인 것에는 브람스의 운명의 노래, 애도가 등이 유명하다. 또한 칸타타는 극적인 점이 없다는 것이 가극과 구별된다.

□ **오라토리오(Oratorio) ***

독창 · 합창 · 관현악을 구사하여 레시터티브와 아리아를 설정하는 등 매우 극적으로 만들어져 있는, 장엄하면서도 대규모인 서사적 악곡으로 성담곡이라고도 불린다. 헨델의 메시아 · 이집트의 이스라엘, 하이든의 천지창조 · 사계절 등이 유명하다.

□ **소나타(Sonata) ****

4악장으로 된 기악독주곡으로 제1악장 소나타형식, 제2악장 가요형식 또는 변주곡 형식, 제3악장 미뉴에트 또는 스케르초, 제4악장 론도 또는 소나타형식 등으로 구성된다. 베토벤의 피아노 소나타 월광 등이 유명하다.

□ **푸가(Fuga) ***

소나타형식이 화성적 음악의 가장 완전한 형식이라면, 푸가는 대위법적 음악의 가장 완전한 형식이다. 한 개의 주제를 가진 3부분 형식의 악곡이다. 바흐의 작품이 대표적이다.

□ 교향곡(Symphony) **

관현악(Orchestra)을 위한 소나타로, 관현악단에 의해 연주되는 대규모의 기악곡이다. 보통 4개의 악장으로 구성된다. 창시자는 하이든, 완성자는 베토벤이다.

□ 관현악(Orchestra) ***

현악기 · 관악기 · 타악기로 연주하는 규모가 가장 큰 연주형태로, 목관악기의 수에 따라 규모의 크기를 결정한다. 2관 편성 시 60 ~ 70명, 4관 편성 시에는 100명 정도가 필요하다.

□ 협주곡(Concerto) *

피아노 · 바이올린 · 첼로 등 독주악기와 관현악을 위한 악곡이다. 독주자만이 연주하는 카덴차(장식악절) 부분이 있어 독주자의 연주기교를 충분히 발휘할 수 있게 작곡된 곡이다.

□ 메트로놈(Metronome) *

17세기에 독일의 멜첼(J. Malzel)이 발명한 음악의 속도조절기이다. 정확한 숫자에 의한 빠르기를 정할 수 있게 한 것으로, 메트로놈에 의한 빠르기 표시는 1분 동안에 소리내는 표준음표의 숫자를 적는다.

□ 칸초네(Canzone) *

이탈리아의 민요로서, 14세기에서 18세기에 걸쳐 이탈리아에서 유명한 세계적인 시에 곡을 붙인 가곡이다. 칸초네는 프랑스의 샹송과 같은 위치를 차지하고 있지만, 이탈리아의 뜨거운 태양이 길러낸 듯한 활달하고 솔직한 밝음이 있다.

□ 빠르기 말 ***

곡 전체 또는 한 부분을 얼마나 빠르게 연주해야 하는지 나타내기 위해 사용하는 문자를 말한다. 이와 구분하여 빠르기를 숫자로 표현한 것을 빠르기표 또는 메트로놈(Metronom) 기호라 한다.

구분	매우 느리게	느리게	조금 느리게	보통 빠르게	조금 빠르게	빠르게	매우 빠르게
용어	largo(라르고)	andante (안단테)	andantino (안단티노)	moderato (모데라토)	allegretto (알레그레토)	allegro (알레그로)	vivo(비보)
	lento(렌토)						vivace(비바체)
	adagio(아다지오)						presto(프레스토)

□ 아카펠라(Acapella) ***

'교회풍으로', '성당풍으로'라는 뜻의 이탈리아어로 악기 반주가 없는 합창곡을 말한다. 중세유럽 악기반주가 없이 부르던 합창곡에서 유래하였으며 종교적 음악이었던 아카펠라는 1960년대의 영국 전문 아카펠라 그룹 킹즈싱어즈에 의해 대중음악으로 수용되었다.

□ **토카타(Toccata)** *

17세기부터 18세기 전반에 걸쳐 전성기를 이룬 건반악기를 위한 곡의 일종이다. 폭넓은 화음과 빠른 음표로 된 악구의 교체, 모방양식으로 된 푸가적 부분, 분명한 주제성격을 가지지 않는 음형의 반복 등이 특징이다. 형식이 자유로우며 즉흥적인 요소가 강하다.

□ **트레몰로(Tremolo)** *

이탈리아어의 'Tremare(떨린다)'에서 유래한 말로서, 음을 급속히 반복하는 주법이다. 음표의 기둥에 짧은 사선을 부가해서 지시하는데, 원칙적으로 사선의 수가 많을수록 횟수도 반복되어 많아진다.

□ **피치카토(Pizzicato)** *

현악기 특유의 주법으로서, 현을 활로 켜는 것이 아니라 손가락으로 튕겨 음을 내는 것을 말한다. 활로 연주할 것을 특히 지시하려고 할 때에는 '아르코(Arco, 이탈리아어로 활이란 뜻)'라고 한다.

□ **부채춤** ***

1954년 11월에 김백봉이 창작한 한국무용에 해당한다. 화려한 장식이 달려진 꽃무늬 부채를 들고서 추는 춤이다. 1954년 서울시공관에서 처음 발표하였다.

출 제 예 상 문 제

1 다음 중 슈베르트의 작품이 아닌 것은?

① 겨울 나그네

② 백조의 노래

③ 군대 행진곡

④ 한여름 밤의 꿈

> **TIP** 슈베르트(Franz Peter Schubert) … 오스트리아의 초기 독일 낭만파의 대표적 작곡가로 '가곡의 왕'이라고 불린다. 주로 빈에서 활동하며 다양한 장르의 작품을 남겼고 가곡을 독립된 주요한 음악의 한 부문으로 끌어올려 독일 가곡에 큰 영향을 주었다. 주요작품으로는 '아름다운 물방앗간의 처녀', '겨울 나그네', '죽음과 소녀' 등이 있다.
> ④ 멘델스존의 작품이다.

2 김백봉이 창작한 무용으로 1954년 발표한 한국의 신무용으로 부채를 이용하여 추는 무용은?

① 장구춤

② 화관무

③ 승무

④ 부채춤

> **TIP** 김백봉(1927.2.17.~2023.4.11.)은 무용에서 활동하였다. 1953년 김백봉무용연구소를 설립하였고 부채춤과 화관무를 발표하였다. 이후로 주요 작품은 무당춤, 청명심수, 만다라, 우리 마을 이야기 등이 유명하다.

3 다음 중 종래의 미술개념을 거부하는 입장에서 엄격하고 비개성적이며 소극적인 화면을 구성하고자 한 미술경향으로 알맞은 것은?

① 에어 아트

② 옵 아트

③ 미니멀 아트

④ 미디어 아트

> **TIP** ① 에어 아트(Air Art) : 환경예술과 키네틱 아트의 한 종류로서 압축 공기나 자연적인 바람을 이용하여 부풀려거나 혹은 띄워 올리는 여러 가지 구조물 및 그것에 뒤따르는 광범위한 행위를 포함하는 개념을 말한다.
> ② 옵 아트(Op Art) : 옵티컬 아트(Optical Art)를 줄여서 부르는 용어로 시각적인 미술이라고 할 수 있다.
> ④ 미디어 아트(Media Art) : 매체예술이라고도 하며, 사진, 전화, 영화 등의 신기술을 활용하는 예술을 통틀어 일컫는다.

Answer 1.④ 2.④ 3.③

4 다음 중 유네스코 인류무형문화유산으로 등재되지 않은 것은?

① 강강술래

② 아리랑

③ 줄타기

④ 윷놀이

TIP 강강술래(2009), 아리랑(2012), 줄타기(2011), 매사냥(2010) 등은 유네스코 무형문화유산에 등재되어 있다.

5 레임덕(Lame Duck) 현상이란 무엇인가?

① 군소정당의 난립으로 인한 정치적 혼란현상

② 임기 후반에 나타나는 정치력 약화현상

③ 국가부도의 위기에 처한 후진국의 경제혼란현상

④ 선진국과 개발도상국 사이에 나타나는 정치적 갈등현상

TIP 레임덕(Lame Duck)은 현직 대통령이 선거에 패배할 경우 새 대통령이 취임할 때까지 국정정체상태가 빚어지는 현상을 기우뚱 걷는 오리에 비유해서 일컫는 말이다.

6 대통령제와 의원내각제의 요소를 결합한 절충식 정부형태를 무엇이라 하는가?

① 연방정부제

② 연립내각제

③ 이원집정부제

④ 혼합정부제

TIP 이원집정부제는 평상시에는 의원내각제 정부형태를 취하나, 비상시가 되면 대통령에게 강력한 대권을 부여하여 신속하고 강력하게 국정을 처리하는 제도로, 독일 바이마르공화국과 프랑스 제5공화국이 실제로 채택하였다.

Answer 4.④ 5.② 6.③

7 미국 브로드웨이에서 연극인들과 극장 관계자들에게 수여하는 상(賞)으로 '연극의 아카데미상'이라고도 불리는 상은 무엇인가?

① 골든글로브상

② 토니상

③ 템플턴상

④ 에미상

TIP ② **토니상**(Tony Awards) : 미국 브로드웨이에서 앙투아네트 페리를 기리기 위해 1947년 만들어진 상으로 앙투아네트 페리의 애칭인 토니에서 딴 명칭이다.

① **골든글로브상**(Golden Globe Prize)은 세계 84개국의 신문 및 잡지 기자로 구성된 할리우드 외국인기자협회가 그 해 영화인에게 수여하는 상이다.

③ **템플턴상**(The Templeton Prize)은 종교계의 노벨상으로 불리며, 매년 종교 분야에서 인류를 위해 크게 이바지한 인물들에게 시상한다.

④ **에미상**(Emmy Awards)은 텔레비전의 아카데미상이라 평가되는 미국 최대의 프로그램 콩쿠르상으로 텔레비전 작품 관계자의 우수한 업적을 평가하여 미국텔레비전 예술과학 아카데미가 주는 상이다.

8 육군 부대가 한 지역에 계속 주둔하며 그 지역 경비와 군대의 질서 및 군기 감시, 시설물 보호를 목적으로 제정한 대통령령은?

① 분수령

② 위수령

③ 계엄령

④ 경비계엄령

TIP 위수령은 육군 부대가 한 지역에 계속 주둔하면서 그 지역의 경비, 군대의 질서 및 군기(軍紀) 감시와 시설물을 보호하기 위하여 제정된 대통령령을 의미하는 것으로 제정된 위수령에 따르면 위수사령관은 치안유지에 관한 조치에 관하여 그 지구를 관할하는 시장·군수·경찰서장과 협의하여야 하며, 병력 출동은 육군참모총장의 사전승인을 얻어야 하나 사태가 위급한 경우 사후승인도 가능하도록 하였다. 병기는 자위상(自衛上)의 필요, 진압·방위 등의 필요가 있을 때에 사용하며, 사용하였을 때는 즉시 육군참모총장에게 보고하도록 하였다.

9 2010년 초반 ~ 2020년대 중반에 출생한 세대로, 어려서부터 기술적 진보를 경험하여 AI나 로봇 등에 익숙한 세대를 지칭하는 용어는?

① 알파세대

② Y세대

③ X세대

④ MZ세대

TIP ② Y세대 : 미국 베이비붐 세대의 자녀 세대를 의미한다.

③ X세대 : 1961 ~ 1984년에 출생한 연령층이다.

Answer 7.② 8.② 9.①

10 다음 내용이 설명하고 있는 것은?

> 이는 인적재난 및 자연재난으로 구분되며 대형사고 및 국가기반체계의 마비 및 전염병 확산 등으로 인해 많은 피해를 입었을 경우에 이에 대한 수습 및 복구 등을 위해 특별조치 및 국가적 지원이 필요할 시에 인정되는 지역이다.

① 보통재난지역
② 일부재난지역
③ 특별재난지역
④ 보통침수지역

> **TIP** 특별재난지역은 재난으로 인해 특별조치가 필요하다고 인정될 시에 심의를 거쳐 특별재난지역으로 선포할 것을 대통령에게 건의할 수 있다.

11 다음은 무엇에 대한 설명인가?

> 연극에서 비롯된 정신적 학대를 일컫는 심리학 용어로 거부, 반박, 전환, 경시, 망각, 부인 등 타인의 심리나 상황을 교묘하게 조작해 그 사람이 현실감과 판단력을 잃게 만들고, 이로써 타인에게 통제능력을 행사하는 것을 말한다.

① 가스라이팅 효과
② 사일로 효과
③ 파파게노 효과
④ 제노비스 신드롬

> **TIP** ② 사일로 효과 : 조직의 부서들이 서로 다른 부서와 교류하지 않고 자기 부서의 이익만을 추구하는 현상
> ③ 파파게노 효과 : 자살에 대한 언론 보도를 줄임으로써 자살률이 낮아지는 효과
> ④ 제노비스 신드롬 : 목격자가 많으면 많을수록 도움을 주지 않고 방관하는 심리 현상

Answer 10.③ 11.①

12 우리나라 세계유산에 해당하지 않는 것은?

① 한국의 갯벌
② 하회와 양동
③ 경복궁
④ 수원화성

TIP 우리나라 세계유산으로는 해인사 장경판전(1995년), 종묘(1995년), 석굴암·불국사(1995년), 창덕궁(1997년), 수원화성(1997년), 고창·화순·강화 고인돌 유적(2000년), 경주역사유적지구(2000년), 제주 화산섬과 용암동굴(2007년), 조선왕릉(2009년), 한국의 역사마을 : 하회와 양동(2010년), 남한산성(2014년), 백제역사유적지구(2015년), 산사, 한국의 산지승원(2018년), 한국의 서원(2019년), 한국의 갯벌(2021년), 가야 고분군(2023년)이 있다.

13 결혼 후부터 남편 뒷바라지, 자녀양육으로 바쁜 일정을 보냈던 가정주부가 문득 남편도 자식도 모두 자신의 품 안에서 떠나버렸음을 깨닫고, 자신의 정체성(Identity)에 대해 회의를 느끼는 심리적 현상을 무엇이라고 하는가?

① 피터팬증후군
② 공소증후군
③ 신데렐라증후군
④ 님비현상

TIP 공소증후군(Empty Nest Syndrome)은 여성들의 사회참여가 활발하지 못한 사회에서 심각한 문제로 제기된다. 빈둥지증후군이라고도 한다.

14 '공익을 위하여'라는 라틴어 줄임말로 미국에서 소외 계층을 위해 무료 변론을 하는 변호사를 일컫는 말로 쓰이면서 대중화된 개념은?

① 애드호크(Ad Hoc)
② 페르소나 논 그라타(Persona Non Grata)
③ 프로보노(Probono)
④ 마니페스투스(Manifestus)

TIP 프로보노(Probono)는 라틴어 'Pro Bono Publico'의 줄임말로서 '정의를 위하여'라는 뜻이다. 지식이나 서비스 등을 대가없이 사회 공익을 위하여 제공하는 활동을 말한다.

Answer 12.③ 13.② 14.③

15 인공지능 기술을 이용해 영상 합성물을 만드는 기술이다. 얼굴 사진으로 학습한 후 더욱 정교하게 영상을 만들어 내는 이 기술은 무엇인가?

① VR

② 딥 러닝

③ 딥페이크

④ 머신러닝

TIP ③ 딥페이크(Deepfake) : 인공지능 기술로 영상을 제작하는 프로세스를 의미한다. 딥러닝과 속이다의 FAKE의 합성어이다.
① VR(Virtual Reality) : 가상의 세계에서 실제와 비슷하게 체험을 하는 기술이다.
② 딥 러닝(Deep Learning) : 다량의 데이터를 분류해서 비슷한 그룹으로 분류하고 관계를 파악하는 기술로 데이터의 특성을 찾아 모방하거나 결론을 낼 수 있는 기술을 말한다.
④ 머신러닝(Machine Learning) : 컴퓨터가 데이터를 분석하고 학습하는 과정으로 패턴을 인식하여 정보를 판단·결정하여 앞으로의 행동을 예측할 수 있는 기술을 말한다.

16 실업의 유형 중 현재 직장에 만족하지 못하고 이직을 고려하거나 준비하고 있는 것은?

① 마찰적 실업

② 경기적 실업

③ 구조적 실업

④ 비자발적 실업

TIP 실업의 유형
㉠ **자발적 실업** : 일할 능력을 갖고 있으나 현재의 임금수준에서 일할 의사가 없어서 실업 상태에 있는 것
• 마찰적 실업 : 일시적으로 직장을 옮기는 과정에서 실업상태에 있는 것
• 탐색적 실업 : 보다 나은 직장을 찾기 위해 실업상태에 있는 것
㉡ **비자발적 실업** : 일할 의사와 능력은 갖고 있으나 현재의 임금수준에서 일자리를 구하지 못하여 실업상태에 있는 것
• 경기적 실업 : 경기침체로 인해 발생하는 대량의 실업
• 구조적 실업 : 일부 산업의 급속한 사양화와 노동공급과잉으로 발생하는 실업

17 불확실하고 위험한 상황에서 용기를 내 먼저 도전하는 사람, 또는 사업으로 다른 이들에게 참여의 동기부여를 유발하는 선구자를 뜻하는 말은 무엇인가?

① 레몬마켓

② 체리피커

③ 코요테 모멘트

④ 퍼스트펭귄

TIP ④ '퍼스트 펭귄'은 무리 중에서 먹이 사냥을 위해 바다에 처음 뛰어드는 펭귄을 나머지 펭귄들도 뒤따른다는 데에서 유래했다.
① 시고 맛없는 레몬만 있는 시장처럼 저급품만 유통되는 시장
② 기업의 제품이나 서비스를 구매하지 않으면서 자신의 실속만을 차리는 소비자
③ 증권시장에서는 증시의 갑작스러운 붕괴를 표현하는 말

Answer 15.③ 16.① 17.④

18 미국 매사추세츠공과대학(MIT) 미디어랩에서 무료로 제공한 컴퓨터 프로그래밍 도구로 동화, 게임, 애니메이션 등을 만들고 공유할 때 사용하는 것은?

① 스크래치

② 자바

③ 파이선

④ C언어

TIP ② 자바 : 썬 마이크로시스템즈 연구원들에 의해 개발된 객체지향의 프로그래밍 언어
③ 파이선 : 네덜란드 개발자가 개발한 프로그래밍 언어로 초보자도 쉽게 배울 수 있음
④ C언어 : 벨 연구소에서 개발된 것으로 시스템 기술용 프로그래밍 언어

19 방사성원소가 아닌 것은?

① 우라늄

② 라듐

③ 헬륨

④ 토륨

TIP 방사성원소 … 방사능을 가지고 있어 방사선을 방출·붕괴하여 새로운 안정된 원소로 되는 원소로, 우라늄·라듐·악티늄·토륨 등이 있다.

20 비행기, 로켓 등 고속으로 빠르게 움직이는 물체의 속도를 음속으로 나타낸 단위를 나타내는 것은?

① 나노

② 마하

③ 노트

④ 제3의 힘

TIP 마하 1이란 소리가 1시간에 도달할 수 있는 거리를 의미하며, 15℃일 때 소리의 속도가 초속 340m이므로 시속 1,224㎞를 말한다.

21 간에 작용하여 포도당을 글리코겐으로 변하게 하고 체내의 포도당 소비를 촉진시킴으로써 혈당량을 낮춰주는 호르몬은?

① 인터페론

② 인슐린

③ 구아닌

④ 아데닌

TIP 인슐린(Insulin)은 췌장에서 분비되는 호르몬으로, 포도당을 글리코겐으로 바꾸어 간에 저장한다. 부족하게 되면 혈액 중의 당 농도가 지나치게 높아져 소변으로 나오는데, 이것이 당뇨병이다.

Answer 18.① 19.③ 20.② 21.②

22 다음 중 일정한 시간 내에 발생하는 열량은 전류의 세기의 제곱과 도선의 저항에 비례하는 법칙은?

① 쿨롱의 법칙　　　　　　　　　　② 렌츠의 법칙

③ 줄의 법칙　　　　　　　　　　　④ 옴의 법칙

> **TIP** 줄의 법칙은 저항이 큰 물체에 전류를 통과하면 열과 빛을 발생하는데, 일정한 시간 내에 발생하는 열량은 전류의 세기의 제곱과
> 도선의 저항에 비례하는 법칙을 의미한다.

23 예측 불가능한 현상, 즉 언뜻 보아 무질서하게 보이는 복잡한 현상의 배후에 있는 정연한 질서를 밝혀내는
이론은?

① 퍼지 이론(Fuzzy Set Theory)　　　② 카오스 이론(Chaos Theory)

③ 빅뱅 이론(Big Bang Theory)　　　④ 엔트로피 이론(Entropy Theory)

> **TIP** 퍼지(Fuzzy)가 주관적인 결정을 하는 데 비해 카오스(Chaos)는 객관적인 이론체계를 만든다.

24 유도전류의 방향은 코일을 통과하는 자력선의 변화를 방해하는 방향으로 발생하게 되는 법칙은?

① 패러데이의 법칙　　　　　　　　② 렌츠의 법칙

③ 만유인력의 법칙　　　　　　　　④ 플레밍의 법칙

> **TIP** 렌츠의 법칙은 자석을 코일 속에 넣었다 뺐다 하면 코일에 유도전류가 생기는데, 이때 생긴 유도전류의 방향은 코일을 통과하는 자
> 력선의 변화를 방해하는 방향으로 발생하게 되는 법칙을 의미한다.

25 다음 중 스콜(Squall)에 대한 설명은?

① 열대지방에서 내리는 소나기

② 남극지방에서 일어나는 눈보라

③ 소림과 관목으로 이루어진 습윤한 열대초원

④ 해수면의 온도가 낮아지는 현상

> **TIP** 스콜(Squall)은 열대지방에서 거의 매일 오후에 나타나는 소나기로, 갑자기 불기 시작하여 갑자기 멈추는 강한 바람이나 강하게 내
> 리쬐는 햇볕으로 공기의 일부가 상승하게 되는데, 그 상승기류에 의해 비가 내린다.
> ② 블리자드　③ 사바나　④ 라니냐

Answer　22.③　23.②　24.②　25.①

26 다음 중 동태평양의 해수온도가 갑자기 낮아져 기상 이변을 일으키는 현상은?

① 엘니뇨 현상 　　　　　　　　　② 부영양화

③ 열오염 　　　　　　　　　　　　④ 라니냐 현상

> **TIP** ④ 라니냐(La Nina)는 엘니뇨의 반대 현상이며 동태평양의 해수면 온도가 5개월 이상 0.5도 낮아지는 경우로 이런 현상이 발생하면 원래 찬 동태평양의 바닷물은 더욱 차갑게 되어 서쪽으로 이동하게 된다. 이로 인해 동남아 지역은 극심한 장마가 오고 남아메리카에서는 가뭄이 발생하며 북아메리카에서는 강추위가 나타날 수 있다.
> ① 엘리뇨(El Nino) 현상 : 남미 에콰도르와 페루 북부 연안의 태평양 해면온도가 비정상적으로 상승하는 현상이다.
> ② 부영양화 : 강·바다·호수 등의 영양물질이 많아져 조류가 급속히 증가하는 현상이다.
> ③ 열오염 : 온폐수의 영향으로 수온이 올라가고 수질이 악화되어 수중의 생물에 미치는 피해이다.

27 우리나라의 가장 보편적인 하천 퇴적지역은?

① 배사구조 　　　　　　　　　　② 선상지

③ 삼각주 　　　　　　　　　　　④ 범람원

> **TIP** ④ 범람원 : 하천의 양쪽에 발달하는 저지로, 하천이 범람하면서 주변으로 토사를 퇴적시켜 형성된다.
> ① 배사구조 : 습곡작용을 받은 지층에서 산봉우리처럼 볼록하게 올라간 부분
> ② 선상지 : 곡구(谷口)에 토사 등이 퇴적되어 형성된 부채꼴 모양의 완만한 지형
> ③ 삼각주 : 하천을 따라 운반되어 온 토사가 강 하류에 퇴적되어 만들어진 충적평야

28 폭우가 쏟아지면 모래, 자갈이 섞인 물이 흐르나 비가 그치면 마르게 되고 빗물이 지하수가 되어 오아시스가 생기는 수도 있으므로, 대상(隊商)들이 이곳을 길로 이용하는 것은?

① 와디 　　　　　　　　　　　　② 크레바스

③ 툰드라 　　　　　　　　　　　④ 스텝

> **TIP** 와디(Wadi)는 아라비아 및 북아프리카 지방의 건조지역에 많이 있는 간헐하천으로 비가 내릴 때 이외에는 물이 마르는 개울을 의미한다.

29 다음에서 설명하는 "이것"이 의미하는 것은?

> 서아프리카 열대 우림지대의 풍토병적인 바이러스성 급성 출혈열로써 <u>이것</u>이 퍼지는 경로는 주로 아프리카 사바나 지대에서 서식하고 있는 다유방쥐의 침 또는 오줌이다. 이 쥐들은 금광 붐으로 인해 산림이 파괴되어 삶의 터전을 잃고 사람이 사는 마을로 나오게 되면서 쉽게 주거 공간에 침입해 사람에게 옮기게 된다.

① 말라리아 ② 장티푸스
③ 뎅기열 ④ 라사열

TIP 라사열은 서아프리카 열대 우림지대의 풍토병적인 바이러스성 급성 출혈열을 의미한다. 1969년 나이지리아의 라사마을에서 발견되어 미국, 영국, 독일로 퍼졌다. 전염력이 강하고 치사율이 35 ~ 50%정도로 높으므로 엄중한 격리치료를 해야 하는 국제전염병으로 알려져 있다.

30 돼지와 멧돼지에 감염 시 발열이나 전신의 출혈성 병변을 일으키는 국내 제1종 법정전염병으로, 최대 치사율이 100%에 이르지만 현재 치료제나 백신이 없는 이것은?

① AI ② MERS
③ ASF ④ H1N1

TIP 아프리카돼지열병(ASF)은 돼지와 멧돼지에 감염 시 발열이나 전신의 출혈성 병변을 일으키는 국내 제1종 법정전염병으로, 최대 치사율이 100%에 이르지만 현재 치료제나 백신이 없다. 아프리카돼지열병의 주요 임상증상으로는 돼지들이 한데 겹쳐있거나, 급사하거나 비틀거리는 증상, 호흡곤란, 침울증상, 식욕절폐, 복부와 피부 말단 부위에 충혈 등이 있다.

31 지도상에 나타난 산 높이의 기준이 되는 면은?

① 지구 타원체면 ② 지구와 같은 부피를 가진 구의 표면
③ 표준중력을 나타내는 기상 타원체면 ④ 지오이드

TIP 지오이드(Geoid)는 지구의 각지에서 중력의 방향을 측정하여 이것에 수직한 면을 연결한 곡면이다.

Answer 29.④ 30.③ 31.④

32 저온부와 고온부의 온도차에 의해 일어나는 열의 이동현상은?

① 전도
② 복사
③ 대류
④ 노킹

> **TIP** ② 복사(Radiation) : 열이 중간에 다른 물질을 통하지 않고 직접 이동하는 현상을 말한다.
> ③ 대류(Convection) : 열이 유체를 통하여 이동하는 현상을 말한다.
> ④ 노킹(Knocking) : 내연기관의 기통 안에서 연료가 빨리 발화하거나 이상폭발하는 현상을 말한다.

33 타이가(Taiga)에 해당하는 곳은?

① 부에노스아이레스를 중심으로 한 약 600㎞ 반경의 초원
② 브라질의 내륙 고원에 전개되는 아열대성 초원
③ 툰드라지대 남쪽에 전개되는 침엽수림대
④ 베네수엘라의 오리노코강 유역의 열대초원

> **TIP** 타이가는 북반구의 경작한계와 툰드라지대 사이로 시베리아와 캐나다의 침엽수림대가 대표적이다.

34 반 금속성의 성질을 띠고 있으며, 끓는점은 1,635℃, 녹는점은 630.63℃이고 이에 중독되면 주로 피부염과 비염 증세가 나타나며 눈 자극과 두통, 가슴통증, 목통증, 호흡곤란, 구토, 설사, 체중감소, 후각 장애 등의 증세가 나타나게 되는 이것은?

① 텔루륨
② 비스무트
③ 안티몬
④ 납

> **TIP** 안티모니(Antimony)라고도 불리며 원소기호는 Sb, 원자번호 51의 양성 원소를 의미하며, 산화안티몬 농도 4.2mg/㎥와 3.2mg/㎥에 하루 6시간씩 매주 5일, 1년 동안 노출된 실험용 쥐에게서 폐암이 발생하는 것으로도 알려지고 있다.

Answer 32.① 33.③ 34.③

35 지구 오존층 파괴 방지를 위하여 염화불화탄소(CFCs)나 할론(halon) 등 오존층 파괴 물질 사용에 대해 규정한 국제환경협약은 무엇인가?

① 교토의정서
② 람사르협약
③ 몬트리올의정서
④ 바젤협약

TIP ③ 몬트리올 의정서는 1985년 '비엔나협약'에 근거를 두고 있으며 정식 명칭은 '오존층을 파괴시키는 물질에 대한 몬트리올 의정서'이다.
① 교토의정서는 기후변화협약에 따른 온실가스 감축목표에 관한 구체적 이행 방안으로 온실가스 감축 목표치를 규정하였다.
② 람사르협약은 습지와 물새서식지 보호에 관한 대표적인 국제환경협약이다.
④ 바젤협약은 유해폐기물의 국가 간 이동 및 처리에 관한 국제협약이다.

36 포탄이 발사되면 포신이 뒤로 밀린다. 여기서 알 수 있는 법칙은 무엇인가?

① 관성의 법칙
② 가속도의 법칙
③ 작용 · 반작용의 법칙
④ 면적의 법칙

TIP ③ 작용 · 반작용의 법칙 : 물체에 힘을 가하면 원래 상태를 유지하기 위해 물체는 반대방향으로 힘을 작용한다는 법칙이다.
① 관성의 법칙 : 힘을 받지 않는 정지상태의 물질은 계속 정지하려고 하며 운ㄴ동 중인 물체는 계속 등속직선운동을 하려 한다는 법칙이다.
② 가속도의 법칙 : 물체에 힘을 가했을 때 생기는 가속도의 크기는 작용하는 힘의 크기에 비례하고 질량에 반비례한다는 법칙이다.
④ 면적의 법칙 : 태양과 행성을 연결하는 선분(동경)이 같은 시간에 그리는 면적은 일정하다는 법칙이다.

37 인수공통감염병으로 원숭이두창 바이러스에 감염된 동물이나 사람에게 접촉하는 경우 발생하게 되는 감염병의 명칭은?

① 두창
② 수두
③ 콜레라
④ 엠폭스

TIP ① 두창 : 두창 바이러스에 감염되어 발생하는 발진성 질환에 해당한다.
② 수두 : 수두-대상포진바이러스에 감염되어 발생하는 바이러스성 질환이다.
③ 콜레라 : 콜레라균에 감염되어 나타나는 급성 설사 질환이다.

Answer 35.③ 36.③ 37.④

38 다음 예시가 나타내는 빛의 성질은?

• 저녁노을	• 하늘이 파랗게 보이는 현상

① 직진(直進) ② 산란(散亂)

③ 편광(偏光) ④ 간섭(干涉)

> **TIP** ② 산란(散亂) : 빛이 공기 속을 통과할 때 공기 중의 미립자에 부딪쳐서 흩어지는 현상이다.
> ① 직진(直進) : 빛이 입자이기 때문에 일어나는 현상으로 일식, 월식, 그림자 등을 예시로 들 수 있다.
> ③ 편광(偏光) : 자연광은 여러 방향의 진동면을 갖지만 전기석과 같은 결정축을 가진 편광판을 통과시키면 결정축에 나란한 방향으로 진동하는 빛만 통과하는 현상이다. 입체영화, 광통신 등을 예시로 들 수 있다.
> ④ 간섭(干涉) : 빛이 파동성을 갖기 때문에 일어나는 현상으로 물이나 비누방울 위에 뜬 기름의 얇은 막이 여러 색으로 보이는 것을 예시로 들 수 있다.

39 도체에 흐르는 전류의 세기는 도체 양 끝의 전압에 비례하며, 전기저항에 반비례한다는 법칙은?

① 옴의 법칙 ② 앙페르의 법칙

③ 오른손의 법칙 ④ 렌츠의 법칙

> **TIP** ② 앙페르의 법칙(Ampere's Law) : 형성된 자기장의 방향은 전류의 방향을 오른나사의 진행 방향과 일치시킬 때 나사의 회전방향이 된다는 법칙이다.
> ③ 오른손의 법칙(Right-Hand Rule) : 유도전류의 방향을 결정할 때 오른손 세 손가락을 직각이 되게 폈을 때 엄지는 도선의 방향을, 검지는 자기장의 방향을 가리키며 중지는 유도전류의 방향이 된다는 법칙이다.
> ④ 렌츠의 법칙(Lenz's Law) : 자석을 코일 속에 넣었다 뺐다 하면 코일에 유도전류가 생기는데 이때 유도전류의 방향은 코일을 통과하는 자력선의 변화를 방해하는 방향으로 발생한다는 법칙이다.

40 온실가스를 배출할 수 있는 권리를 의미하는 것으로 이것을 할당받고 할당된 범위 내에서 온실가스를 사용해야하는 것을 의미하는 것은?

① 탄소배출권 ② 탄소중립

③ 그린뉴딜 ④ ESG

> **TIP** ② 탄소중립 : 이산화탄소를 배출한 만큼 흡수하는 대책을 세워서 이산화탄소 배출량을 제로라 만든다는 것을 의미한다.
> ③ 그린뉴딜 : 화석에너지를 신재생에너지로 전환하여 저탄소의 경제구조를 만드는 것을 의미한다.
> ④ ESG : 기업에서 비재무적인 요소인 환경, 사회, 지배구조를 의미한다.

Answer 38.② 39.① 40.①

경제

□ 공유경제 ***

개인 소유를 기본 개념으로 하는 전통 경제와 대비되는 개념으로 공유경제는 소유자들이 많이 이용하지 않는 물건으로부터 수익을 창출할 수 있으며, 대여하는 사람은 물건을 직접 구매하거나 전통적인 서비스업체를 이용할 때보다 적은 비용으로 서비스를 이용할 수 있다는 장점이 있다. 그러나 공유 서비스를 이용하다가 사고가 났을 경우, 보험을 비롯한 법적 책임에 대한 규정이 명확하지 않는 등 이를 규제할 수 있는 법안이나 제도가 마땅치 않다는 문제점을 가진다.

□ 기준 금리 ***

한국은행의 최고 결정기구인 금융통화위원회에서 매달 회의를 통해서 결정하는 금리로, 한국은행의 환매조건부 채권 매매, 대기성 여수신 등 금융기관 간 거래의 기준이 되는 금리를 말한다. 한은이 기준금리를 올리면 시중 금리도 상승하게 되고 기준금리를 낮추면 시중 금리도 떨어지게 된다.

□ PF대출(Project financing) ***

대출을 할 때 사업주의 신용이나 물적인 담보가 아닌 프로젝트 자체의 경제성에 중점을 두는 자금조달방식을 의미한다. 일반적으로 부동산개발과 관련한 사업에서 PF대출이 많이 이루어진다. 금융회사에서 부동산 개발에 필요한 자금을 시행사에 대출해주고 이자를 챙기는 것으로 높은 이자율이 특징이다.

□ 규모의 경제 ***

대량 생산에 의하여 1단위당 비용을 줄이고 이익을 늘리는 방법이 일반적인데, 최근에는 설비의 증강으로써 생산비를 낮추고 있다. 생산 조직이나 생산의 규모가 커질수록 생산과 판매를 위한 비용이 줄어드는 경우, 이를 규모의 경제라고 한다. 규모의 경제는 생산규모와 관련된 것으로 경제규모가 커진다고 해서 반드시 규모의 경제가 발생하는 것은 아니다.

□ 국채(國債) **

정부가 공공목적에 필요한 자금을 확보하기 위해 발행하는 채권이다. 당해연도 세입으로 갚기 위한 단기국채와 당해연도 이후의 세입으로 상환하는 장기국채가 있다. 정부가 원리금 지급을 보장하므로 기업들이 발행하는 회사채에 비해 안전성이 높다는 장점이 있다. 우리나라의 경우 국고채권(국고채), 외국환평형기금채권(외평채), 국민주택채권 등 3종류가 있다.

□ 이더리움 **

거래 명세가 담긴 블록이 사슬처럼 이어져 있는 블록체인(Block Chain) 기술을 기반으로 하며 인터넷만 연결되어 있으면 어디서든 전송이 가능하다. 거래소에서 비트코인으로 구입하거나 비트코인처럼 컴퓨터 프로그램으로 채굴해 얻을 수 있다

☆☆☆ 가상화폐 … 네트워크로 연결된 가상 공간에서 전자적 형태로 사용되는 디지털 화폐 또는 전자화폐를 말한다.

□ 브릿지론(Bridge loan) **

일시적으로 자금을 연결해주는 것으로 임시방편 자금의 대출을 의미한다. 급하게 자금이 필요한 경우 단기 차입 등을 통해서 자금을 일시적으로 융통하는 것이다.

□ 신디케이트론(syndicated loan) *

2개 이상의 은행에 차관단을 구성하여 같은 조건으로 기업에 자금을 융자하는 대출방법으로 대규모로 중장기 자금을 빌려줄 때 이용한다.

□ 뱅크데믹 **

은행과 팬데믹의 합성어로, 은행파산에 대한 공포가 급속하고 빠르게 감염병처럼 퍼져나간다는 것을 의미한다. 2023년 3월 10일 미국 실리콘밸리은행 파산으로부터 시작되어 전 세계에 공포가 번져나가면서 나타난 용어이다.

□ 덤머니(Dumb Money) ***

금융 시장에 대한 전문성이 높은 기관투자자나 규모가 큰 개인투자자의 자금을 지칭하는 스마트머니와 반대되는 자금으로, 상대적으로 전문성이 결여된 개인투자자의 자금을 일컫는다.

□ EBITDA *

기업에서 영업활동으로 얻은 현금창출 능력을 나타내는 수익성 지표를 의미한다. 법인세, 이자, 감가상각비, 차감전 영업이익으로 순이익을 의미한다.

□ 중앙은행 디지털화폐(CBDC)

중앙은행에서 블록체인 기술을 활용하여 발행하는 화폐를 의미한다. 1985년 미국 예일대 교수 제임스 토빈이 제안한 것으로 현물 화폐 대신에 사용하자고 제안한 화폐이다. 중앙은행을 의미하는 'Central Bank'와 디지털 화폐가 합쳐진 용어로 중앙은행에서 발행한다. 비트코인과 같은 암호화폐와 달리 각국 중앙은행에서 발행하여 현금처럼 가치변동이 크지 않고 액면가가 정해져 있다. 블록체인으로 관리되어 위조의 위험이 적고 모든 금융거래가 기록에 남아 탈세나 자금세탁을 방지할 수 있다.

□ 자본잠식 *

기업의 적자가 늘어나면서 잉여금이 마이너스가 되는 것이다. 자본 총계가 납입자본금보다 적은 것을 의미한다. 자본 총계가 마이너스로 되는 경우 완전자본잠식이다.

□ 기업공시(IR : Investor Relation) *

투자자관리. 기업이 투자자와의 관계에서 신뢰를 쌓기 위해 기업에 대한 모든 정보를 제공하는 활동을 말한다. 증권시장에서의 주식투자는 다른 저축수단과는 달리 기업에 대한 각종 정보를 바탕으로 투자의사를 결정하게 된다. 따라서 투자자의 현명한 투자의사를 결정시키기 위해서 발행회사의 경영 상태나 재무상황을 정확하게 알려주어야 한다. 이로써 증권시장에서의 공정한 가격형성에도 도움이 되는 것이다. 만일 그릇된 정보나 루머에 의해서 주식의 가격이 결정되고 올바른 정보는 일부세력이 독점하게 되면 결국 주식의 가격형성은 왜곡을 일으켜 주식시장은 투기경향을 나타내게 되는 것이다. 그래서 〈증권거래법〉이나 〈상법〉에 의해서 기업공시에 대한 각종 제도를 마련하고 증권거래소가 직접 나서서 기업 내용을 알려주도록 되어 있다. 증권거래소의 기업공시 내용은 정기적인 공시, 수시 공시, 풍문조회 등으로 구분된다. 정기적인 공시란 증권거래소가 상장회사에 대한 기업공시실을 마련하여 신주를 발행할 때는 제출된 유가증권신고서, 사업설명서, 유가증권 발행실적 보고서와 함께 매 결산기 마다 제출된 재무제표, 반기 결산보고서 등을 비치하여 열람하게 하는 제도이다.

□ 디폴트(Default) **

채무자가 공사채나 은행 융자, 외채 등의 원리금 상환 만기일에 지불 채무를 이행 할 수 없는 상태를 말한다. 채무자가 민간 기업인 경우에는 경영 부진이나 도산 따위가 원인이 될 수 있으며, 채무자가 국가인 경우에는 전쟁, 혁명, 내란, 외화 준비의 고갈에 의한 지급 불능 따위가 그 원인이 된다.

□ 골든크로스 **

주가나 거래량의 단기 이동평균선이 중장기 이동평균선을 아래에서 위로 돌파해 올라가는 현상을 말한다. 이는 강력한 강세장으로 전환함을 나타내는 신호로 받아들여진다. 이동평균선이란 특정 기간 동안의 주가의 평균치를 이어놓은 선을 말한다. 일반적으로 증권시장에서는 골든크로스 출현을 향후 장세의 상승신호로 해석한다. 또 골든크로스 발생 시 거래량이 많을수록 강세장으로의 전환 가능성이 높다는 의미를 지닌다.

□ 가마우지 경제 **

핵심 부품과 소재를 일본에서 수입해 다른 나라에 수출하는 우리나라 산업경제의 구조적 특성상 수출하면 할수록 정작 이득은 일본에 돌아간다는 의미를 지닌 용어. 이 말은 중국이나 일본 일부 지방에서 낚시꾼이 가마우지 새의 목 아래를 끈으로 묶어두었다가 새가 먹이를 잡으면 끈을 당겨 먹이를 삼키지 못하도록 하여 목에 걸린 고기를 가로채는 낚시방법에 빗댄 용어다. 1980년대 말 일본 경제평론가 고무로 나오키(小室直樹)가 「한국의 붕괴」라는 책에서 처음 사용하였다.

□ **경제고통지수** **

국민들이 실제로 느끼는 경제적 생활의 고통을 계량화하여 수치로 나타낸 것으로 보통 일정 기간 동안의 소비자물가상승률(CPI)과 실업률을 합하여 소득증가율을 빼서 나타낸다. 경제고통지수는 미국 브루킹스연구소의 경제학자 아서 오쿤(Arthur Okun)이 고안한 것으로 고통지수의 수치가 높다는 것은 실업률이나 물가의 상승이 높아져 국민이 느끼는 경제적 어려움도 수치가 높은 만큼 크다는 것이며, 수치가 낮다는 것은 경제적 어려움도 그만큼 적다는 것이다.

□ **민스키 모멘트** *

부채의 확대에 기대어 경기호황이 이어지다 호황이 끝나면서 금융위기가 도래하는 시점이다. 경기호황이 끝난 후, 은행 채무자의 부채 상환 능력이 악화되어 채무자가 결국 건전한 자산마저 팔게 되는 금융위기 시점이다. 금융시장이 호황기에 있으면 투자자들은 고 위험 상품에 투자하고 이에 금융시장은 탄력을 받아 규모가 확대된다. 그러나 투자자들이 원하는 만큼의 수익을 얻지 못하면 부채 상환에 대한 불안이 커지면서 금융시장은 위축되고 금융위기가 도래하게 된다.

□ **애버취 – 존슨효과** **

수익률 규제하에서 이윤극대화를 추구하는 기업이 규제가 없을 경우와 비교하여 자본은 과다하게 투입하고 노동은 과소하게 사용하는 것을 의미한다. 경영자는 높은 회계적 이윤을 실현시켰을 때 능력 있는 경영자로 인정받을 수 있기 때문에, 회계적 이윤을 증가시킬 동기가 존재한다. 수익률 규제 하에서는 회계적 이윤이 자본 투입량과 연계되어 있으므로 생산과정에서 더 많은 자본을 투입하면 보다 높은 회계적 이윤을 실현할 수 있기 때문이다.

□ **다보스포럼(Davos Forum)** **

세계경제포럼 연차총회의 통칭으로 민간 재단이 주최하지만 세계 각국의 정계(政界)·재계(財界)·관계(官界)의 유력 인사들이 모여 공식적인 의제 없이 참가자의 관심분야에 대한 각종 정보를 교환하고 세계경제 발전 방안에 대하여 논의한다. 매년 1 ~ 2월 스위스의 고급 휴양지인 다보스에서 회의를 하기 때문에 일명 '다보스 회의'라고도 한다. 1971년 독일 출신의 하버드대 경영학교수 클라우스 슈바브(K. Schwab)에 의해 만들어져 독립적 비영리재단 형태로 운영되고 본부는 제네바에 있으며, 기관지 「월드링크(World Link)」를 격월간으로, 「세계경쟁력 보고서」를 매년 발간한다.

□ **피구효과(Pigou Effect)** ***

임금의 하락이 고용의 증대를 가져온다는 피구(A.C. Pigou)의 이론을 말한다. 즉, 기업의 임금인하는 사람들이 보유하고 있는 현금이나 예금잔고의 실질가치를 인상하는 결과가 되어 일반물가수준은 하락하게 된다. 이러한 실질현금잔고의 증가는 소득에 변화가 없더라도 소비지출을 증가시키므로 결과적으로 고용을 증대시킨다.

□ 톱니효과(Ratchet Effect) ***

관성효과. 소득이 높았을 때 굳어진 소비 성향이 소득이 낮아져도 변하지 않는 현상을 말한다. 관성효과가 작용하면 소득이 감소하여 경기가 후퇴할 때 소비 성향이 일시에 상승한다. 소비는 현재의 소득뿐만 아니라 과거의 소득에도 영향을 받고 있어 소비자의 소비지출은 소득과 동반하여 변동하는 것이 아니라 안정적인 경향을 보여 경기후퇴 시에도 빠르게 변동을 보이진 않는다. 이처럼 소비의 상대적 안정성으로 경기가 후퇴하여도 소비가 소득의 감소와 같은 속도로 줄어들지 않게 되어 경기후퇴속도는 상당히 완화된다.

□ 베블렌 효과(Veblen Effect) *

허영심에 의해 수요가 발생하는 것으로, 가격이 상승한 소비재의 수요가 오히려 증가하는 현상이다. 예를 들면 다이아몬드는 비싸면 비쌀수록 여성의 허영심을 사로잡게 되어 가격이 상승하면 수요가 오히려 증대한다.

□ 리카도 효과(Ricardo Effect) *

일반적으로 호경기 때에는 소비재 수요증가와 더불어 상품의 가격상승이 노동자의 화폐임금보다 급격히 상승하고 임금이 상대적으로 저렴해진다. 기업은 기계를 대신하여 노동력을 사용하려는 경향을 의미한다.

□ 립스틱 효과(Lipstick Effect) ***

경기불황일 때 저가상품이 잘 팔리는 현상으로 저가제품 선호추세라고도 한다. 본래 립스틱만 발라도 분위기를 바꾸는 효과를 얻는다는 뜻으로 불황일 때 립스틱처럼 저렴한 가격으로 만족할 수 있는 제품이 인기를 끄는 현상을 의미하게 되었다. 특히 여성의 어려운 경제여건을 나타내는 것으로, 저렴한 립스틱만으로도 만족을 느끼며 쇼핑을 알뜰하게 하는 데에서 유래된 말이다.

□ 전시효과(Demonstration Effect) **

후진국이나 저소득자가 선진국이나 고소득자의 소비양식을 본떠 그 소비를 증대시키는 경향으로, 신문·라디오·영화·TV 등의 선전에 대한 의존도가 크다. 근대 경제이론에서는 전시효과에 의해 소비성향이 상승함으로써 저축률이 저하되므로 자본축적을 저지한다고 하여 문제시하고 있다.

□ 밴드왜건 효과(Band-Wagon Effect) **

유행에 따른 소비성향을 뜻하는 말로, 악대를 앞에 두고 사람들을 끌고 다니는 차량을 의미한다. 미국 서부 개척시대에 금광이 발견됐다는 소식을 들으면 많은 사람들이 밴드왜건을 따라 길을 나섰는데, 금광발견의 유무를 떠나서 사람들이 가니까 나도 따라갔다고 한다. 즉, 일종의 군중심리가 작용한 것이다. 정치에서 보자면, 소위 말하는 '대세론'으로 후보자가 일정수준이상의 지지율을 얻으면 그 후보를 따라가게 되는데 이를 밴드왜건효과라 한다. 또 어떤 소비재가 가격하락이 됐을 때 새로운 소비자가 이 소비재의 수요자로 등장해 수요량이 증가하게 되는데 이것도 밴드왜건효과라 한다. 따라서 가격의 하락에 수반한 수요량의 증가는 가격효과의 부분과 밴드왜건효과의 부분으로 나눌 수 있다.

□ 공매도 ***

채권이나 주식을 소유하지 않은 상태에서 매도주문을 내는 것이다. 향후 주가가 하락할 것을 예상하고, 한국예탁결제원 등에서 주식을 빌려서 팔고, 주가가 하락하면 같은 종목을 싼값에 사서 갚는 대차거래를 말한다. 예상대로 주가가 떨어지면 시세차익을 얻을 수 있지만, 반대로 주가가 올라가면 손해를 볼 수도 있다. 공매도에는 금융위원회는 주가가 급락하는 것을 막기 위해 금지 시한은 정하지 않고 증시상황에 맞춰 탄력적으로 공매도 금지를 적용하기로 했다.

□ 개인워크아웃제도(개인신용회복지원제도) **

금융기관간 맺은 '신용회복지원협약'에 따른 신용불량자구제제도이다. 최저생계비 이상의 소득이 있는 개인 또는 개인사업자가 채무과다로 현재의 소득으로는 채무상환을 할 수 없어 신용불량자로 등재되어 있는 경우 신용회복지원위원회에 개인워크아웃신청을 하면, 금융기관의 채무를 일정 부분 조정하여 줌으로써 신용불량자가 경제적으로 회생할 수 있도록 도와주는 제도이다. 개인워크아웃제도는 사회적으로 신용불량자가 급증하자 금융감독원이 신용불량자 증가 억제 및 금융이용자보호대책의 일환으로 마련한 제도로 2002년 10월 도입되었다.

□ 트리플위칭데이(Triple Witching Day) *

주가지수선물, 주가지수옵션, 개별주식옵션의 만기가 동시에 겹치는 날로 3개의 주식파생상품의 만기가 겹쳐 어떤 변화가 일어날지 아무도 예측할 수 없어 혼란스럽다는 의미에서 생긴 말이다. 트리플위칭데이는 현물시장의 주가가 다른 날보다 출렁일 가능성이 상존하는데 이를 가리켜 만기일효과(Expiration Effect)라고 부른다. 또한 결제일이 다가오면 현물과 연계된 선물거래에서 이익을 실현하기 위해 주식을 팔거나 사는 물량이 급변, 주가가 이상 폭등·폭락하는 현상이 나타날 가능성이 크다. 특히 결제 당일 거래종료시점을 전후해서 주가의 급변동이 일어날 수 있다. 미국의 경우는 S&P500 주가지수선물, S&P100 주가지수옵션, 개별주식옵션 등의 3가지 파생상품계약이 3·6·9·12월 세 번째 금요일에, 한국은 3·6·9·12월의 두 번째 목요일에 트리플위칭데이를 맞게 된다.

□ 네 마녀의 날(Quadruple Witching Day)

네 가지 파생상품(주가지수 선물과 옵션, 개별 주식 선물과 옵션)의 만기일이 겹치는 날로 3·6·9·12월 둘째 목요일에 발생한다. 네 마녀가 돌아다녀 혼란스러운 것처럼 이날은 주식시장의 변동 폭이 넓어지고 예측이 힘들다는 사실을 바탕으로 이와 같이 부르는 것이다. 네 마녀의 날에는 파생상품 관련 숨어있던 현물 주식 매매가 정리매물로 시장에 쏟아져 나오면서 예상하기 힘든 주가 움직임이 발생한다. 이는 파생상품 거래에서 이익 실현을 위해 주식을 팔거나 사는 물량이 급격하게 늘어나거나 줄어드는 것으로 주가의 이상폭등, 이상 폭락의 가능성을 보여준다. 따라서 주식투자가들은 이를 기회로 삼아 투자전략을 마련하기도 한다. 미국에서 처음 시작된 이 용어는 트리플 위칭데이(주가지수선물, 주가지수옵션, 개별주식옵션)라 불렸으나 개별주식선물이 도입된 2002년 12월부터 '쿼드러플 위칭데이'로 변경되었다.

□ 사이드카(Side Car) **

선물시장이 급변할 경우 현물시장에 대한 영향을 최소화함으로써 현물시장을 안정적으로 운용하기 위해 도입한 프로그램 매매호가 관리제도의 일종으로, 주식시장에서 주가의 등락폭이 갑자기 커질 경우 시장에 미치는 영향을 완화하기 위해 주식매매를 일시 정지시키는 제도인 서킷 브레이커(Circuit Braker)와 반대되는 개념이다. 주가지수 선물시장을 개설하면서 도입하였는데, 지수선물가격이 전일종가 대비 5% 이상 상승 또는 하락해 1분간 지속될 때 발동하며, 일단 발동되면 발동시부터 주식시장 프로그램 매매호가의 효력이 5분간 정지된다. 그러나 5분이 지나면 자동적으로 해제되어 매매체결이 재개되고, 주식시장 후장 매매 종료 40분 전(14시 20분) 이후에는 발동할 수 없으며, 또 1일 1회에 한해서만 발동할 수 있도록 되어 있다.

□ 서킷브레이커(Circuit Breakers) ***

주식거래 시 주가가 급격하게 하락할 때 매매를 일시적으로 중단하는 제도이다. 뉴욕증권거래소에서 1987년 10월 이른바 블랙먼데이(Black Monday)의 증시폭락이후 최초로 도입되었으며, 우리나라에서는 유가증권시장에 1998년 12월 7일부터 국내주식가격 제한폭이 상하 15%로 확대되면서 도입되었고 코스닥시장은 2001년 9 · 11테러 이후 이 제도가 도입되어 그날 처음 발동되었다. 서킷브레이커는 주가가 폭락하는 경우 거래를 정지시켜 시장을 진정시키는 목적으로 주가지수가 전일종가 대비 10% 이상 하락한 상태로 1분 이상 지속될 경우 발동된다. 서킷브레이커가 발동되면 처음 20분 동안 모든 종목의 호가 접수 및 매매거래가 정지되며, 향후 10분 동안 새로 동시호가만 접수되고, 하루 한번만 발동할 수 있으며, 장 종료 40분 전에는 발동할 수 없다.

□ 생산자물가지수(PPI : Producer Price Index) *

대량거래로 유통되는 모든 상품의 가격변동을 측정하기 위해 작성된 지수이다. 도매물가지수를 사용해 오다 1990년부터 생산자물가지수로 바뀌었다. 이 지수는 1차 거래단계가격을 대상으로 한다. 국내 생산품은 생산자 판매가격을, 수입품의 경우는 수입업자 판매가격을 기준으로 하고 이것이 불가능할 경우 다음 거래단계인 대량도매상 또는 중간도매상의 판매가격을 이용한다. 소비자물가지수와 같은 특수목적지수와는 달리 상품의 전반적인 수급동향을 파악할 수 있고 포괄범위가 넓기 때문에 국민경제의 물가수준측정에 대표성이 가장 큰 지수이다. 한편 생산자물가지수는 기업 간의 중간거래액을 포함한 총거래액을 모집단으로 하여 조사대상품목을 선정하였기 때문에 원재료, 중간재 및 최종재에 해당되는 품목이 혼재되어 있어 물가변동의 중복계상 가능성이 크다고 할 수 있다. 이러한 생산자물가지수의 한계를 보완하기 위하여 한국은행은 '가공단계별 물가지수' 또한 편제해 오고 있다.

□ 소비자물가지수(CPI : Consumer Price Index) *

전국 도시의 일반소비자가구에서 소비목적을 위해 구입한 각종 상품과 서비스에 대해 그 전반적인 물가수준동향을 측정하는 것이며, 이를 통해 일반소비자가구의 소비생활에 필요한 비용이 물가변동에 의해 어떻게 영향받는가를 나타내는 지표이다.

□ 소비자기대지수(消費者期待指數, Consumer Expectation Index) ***

경기에 대한 소비자들의 기대심리를 반영한 지수를 말한다. 기준점수를 100으로 하고 이를 웃돌면 6개월 이후의 경기가 현재보다 개선될 것으로 보는 가구가 나빠질 것으로 보는 가구보다 많다는 것을 의미한다. 매월 통계청에서 작성하는데, 주요 기대지수는 경기·가계생활·소비지출·내구소비재 및 외식·문화·오락 등이고 소득계층 및 연령대별로 분석해서 작성한다.

□ 인플레이션(Inflation) **

상품거래량에 비해 통화량이 과잉증가함으로써 물가가 오르고 화폐가치는 떨어지는 현상이다. 과잉투자·적자재정·과소생산·화폐남발·수출초과·생산비증가·유효수요의 확대 등이 그 원인이며, 기업이윤의 증가·수출위축·자본부족·실질임금의 감소 등의 결과가 온다. 타개책으로는 소비억제, 저축장려, 통화량 수축, 생산증가, 투자억제, 폭리단속 등이 있다.

□ 디플레이션(Deflation) *

상품거래에 비하여 통화량이 지나치게 적어 물가는 떨어지고 화폐가치가 오르는 현상이다. 지나친 통화량 수축, 저축된 화폐의 재투자 부진, 금융활동의 침체, 구매력저하 등이 원인이며 생산위축, 실업자증가, 실질임금증가 등의 결과가 나타난다. 이를 타개하기 위해서는 유효수효 확대, 통화량 증대, 저리금리정책, 조세인하, 사회보장, 실업자구제 등의 정책이 필요하다.

□ 스태그플레이션(Stagflation) ***

Stagnation(침체)과 Inflation의 합성어로, 경기침체하의 인플레이션을 의미한다. 경기가 후퇴함에 따라 생산물이나 노동력의 공급초과현상이 일어남에도 불구하고 물가가 계속해서 상승하는 현상을 말한다.

□ 슬럼플레이션(Slumpflation) *

Slump와 Inflation의 합성어로, 불황중의 인플레이션을 말한다. 흔히 스태그플레이션보다 그 정도가 심한 상태이다.

□ 기펜의 역설(Giffen's Paradox) *

재화의 가격이 하락하면 수요가 증가하고 가격이 상승하면 수요가 감소하는 것이 일반적이나, 열등재의 경우 그 재화의 가격이 하락해도 오히려 수요가 감소하는 경우가 있다. 이러한 현상을 기펜의 역설이라고 하며, 이러한 재화를 기펜재라고 한다.

□ 국민총생산 **

GNP(Gross National Product)는 국민총생산으로, 한 나라에 있어서 일정 기간(1년) 동안 국민들이 생산한 재화와 용역의 최종생산물의 합계를 화폐액으로 표시한 것이다.

□ 국내총생산 *

GDP(Gross Domestic Product)는 국내총생산으로, 외국인을 포함하여 국내에서 거주하는 모든 사람이 생산하는 부가가치의 총액이다. 따라서 GDP에서 해외지불소득(임금·이자·로열티 등)을 빼고, 해외수취소득을 합하면 GNP가 된다.

☆☆☆ 한국은행의 경제성장률 발표기준은 1995년부터 GNP에서 GDP로 바뀌었다.

□ 국민소득(NI : National Income) **

원래 한 나라에서 1년 동안 생산한 모든 재화와 용역을 화폐가치로 표시한 것을 말하며, 좁은 의미로는 1년 동안 생산한 것 중 순수입액의 합을 말하는 것으로 분배국민소득의 개념이다.

□ 국민순생산(NNP : Net National Product) *

1년 동안 각 기업이 순수하게 새로 생산한 재화와 용역의 부가가치를 말한다. 국민총생산물에서 자본의 감가상각분을 뺀 잔액을 말하며, 그것은 그 해의 생산활동의 결과로서 그 연도의 것만 볼 수 있는 최종생산물의 순가치를 시장가치로 평가한 것이다.

□ 모라토리엄(Moratorium) ***

전쟁·천재(天災)·공황 등으로 경제가 혼란되어 채무이행에 어려움이 생길 때 국가의 공권력에 의해 일정기간 채무의 이행을 연기 또는 유예하는 것을 뜻한다. 이는 일시적으로 안정을 도모하기 위한 채무국의 응급조치로서, 채무의 추심이 강행되면 기업도산의 수습을 할 수 없게 되는 우려에서 발동한다. 모라토리엄을 선언하면 국가신인도가 직강하되고 은행 등 금융업체들의 신용도가 사실상 제로상태에 빠지므로 대외경상거래가 마비된다. 이에 따라 수출이 힘들어지고 물가가 상승하며 화폐가치가 급락한다. 대규모 실업사태와 구조조정의 고통이 장기화되며, 외채사용이 엄격히 통제된다.

□ 엥겔의 법칙(Engel's Law) *

독일의 통계학자 엥겔(E. Engel)은 가계지출에 대해 음식물비의 비율을 조사한 결과 그 비율의 크기가 생활정도를 나타내는 지표가 된다고 했다. 즉, 소득이 낮은 가정일수록 전체의 생계비에 대한 음식물비의 비율이 높고, 소득의 증가에 따라 음식물비의 비율이 감소하고 문화비의 비율이 증가한다는 것이다.

☆☆☆ 엥겔계수 $= \dfrac{\text{음식물비}}{\text{총생계비}} \times 100$

□ 세이의 법칙(Say's Law) *

프랑스 경제학자 세이(J. S. Say)가 주장한 이론으로서, 판로설이라고도 불린다. "공급은 스스로 수요를 창조한다."라고 하여 자유경쟁의 경제에서는 일반적 생산과잉은 있을 수 없으며 공급은 언제나 그만큼의 수요를 만들어 낸다는 주장이다. 이 이론은 고전학파 경제학의 기본명제가 되었던 것으로, 공황발생 이후부터는 설득력을 잃고 케인스의 유효수요이론이 그 위치를 대신하였다. 판매와 구매의 통일면만 보고 화폐의 유동성을 무시한 것이라는 비판을 받는다.

□ **일물일가(一物一價)의 법칙** *

완전경쟁이 행해지는 시장에서는 동일한 시기, 동일한 시장에서 동일한 품질의 물품에는 동일한 가격이 붙여진다는 법칙이다. 제본스(W.S. Jevons)는 이를 무차별의 법칙이라고 하였다.

□ **슈바베의 법칙(Schwabe's Law)** *

19세기 후반 슈바베(H. Schwabe)에 의해 주장된 것으로, 생계비 중에서 주거비가 차지하는 비율을 통계적으로 설명한 법칙이다. 즉, 가난할수록 전체 생계비에서 차지하는 주거비의 비율이 높다는 것이다.

□ **그레샴의 법칙(Gresham's Law)** *

"악화(惡貨)가 양화(良貨)를 구축한다."는 그레샴(S.T. Gresham)의 이론이다. 실질가치가 서로 다른 두 가지 종류의 화폐가 동시에 유통될 경우, 실질가치가 우량한 화폐는 용해·저장·수축 등으로 유통계에서 자취를 감추고 악화만이 남아서 유통된다는 것이다.

□ **디노미네이션(Denomination)** *

관리통화제하에서 화폐의 호칭단위를 낮추는 것을 말한다. 인플레이션에 의하여 팽창한 통화의 계산단위를 바꾸는 것으로, 엄밀한 의미에서는 평가절하라 할 수 없다.

☆☆☆ 디노미네이션이 실시되는 경우는 다음과 같은 이유에서이다. 경제 규모가 커지거나 인플레이션으로 화폐 가치가 과도하게 떨어지면 화폐로 표현하는 거래 단위 숫자가 너무 커져서 거래나 계산·기장(記帳)·지급 등 경제 생활에서의 불편이 심해지는데 이를 해소하기 위해 디노미네이션이 이뤄진다. 브라질과 아르헨티나 등 남미 국가들은 인플레이션 기대 효과를 완화시키고 국민 경제 생활의 정상화를 위해 디노미네이션을 여러 차례에 걸쳐 단행한 바 있다.

□ **리디노미네이션(Redenomination)** ***

디노미네이션은 화폐, 채권, 주식 등의 액면금액을 의미한다. 따라서, 리디노미네이션은 디노미네이션을 다시 한다는 것으로, 한 나라의 화폐를 가치의 변동 없이 화폐, 채권, 주식 등의 액면을 동일한 비율의 낮은 숫자로 표현하거나, 새로운 통화단위로 화폐의 호칭을 변경하는 것으로, 우리나라에서는 1953년에 100원을 1환으로, 화폐개혁이 있었던 1962년에 10환을 1원으로 바꾼 일이 있으며, 2004년에 1,000원을 1원으로 바꾸는 안이 논의되기도 했다. 리디노미네이션을 실시할 경우에 거래편의의 제고, 통화의 대외적 위상재고, 인플레이션 기대심리 억제, 지하자금의 양성화 촉진 가능성 등의 장점 등이 있으나, 새 화폐 제조와 컴퓨터시스템·자동판매기·장부 변경 등에 대한 큰 비용, 물가상승 우려, 불안심리 초래 가능성 등의 문제가 있다.

□ **빈곤의 악순환(Vicious Circle of Poverty)** *

후진국은 국민소득이 낮기 때문에 국내저축이 미약하므로 높은 투자가 형성될 수 없다. 따라서 국민소득의 성장률이 낮으며, 이런 현상이 되풀이되는 과정을 빈곤의 악순환이라고 한다. 미국의 경제학자 넉시(R. Nurkse)가 '저개발국의 자본형성 제문제'에서 처음 사용한 용어이다.

□ 패리티 가격(Parity Price) **

농산물가격을 결정함에 있어서 생활비로부터 산출해 내지 않고 공산가격과 서로 균형을 유지하도록 뒷받침해주는 가격을 말한다. 패리티 가격은 최저공정가격의 일종으로, 농가보호가 그 목적이다.

□ 레인지 포워드 *

불리한 방향의 리스크를 헤지하기 위해 옵션을 매입하고 그에 따른 지급 프리미엄을 얻기 위해 유리한 방향의 옵션을 매도하여 환율변동에 따른 기회이익을 포기하는 전략이다. 환율 변동으로 인해 발생할 수 있는 이익과 손실을 모두 일정 수준으로 제한함으로써 환 리스크는 일정 범위 내로 제한된다.

□ 왝더독(Wag The Dog) **

꼬리가 개의 몸통을 흔든다는 뜻으로, 앞뒤가 바뀌었다는 말이다. 증권시장에서 주가지수 선물가격이 현물지수를 뒤흔드는 현상으로 주식시장이 장 마감을 앞두고 선물시장의 약세로 말미암아 프로그램 매물이 대량으로 쏟아져 주가가 폭락하는 경우를 나타내는 현상을 일컫는다. 여기서 프로그램 매물이란 선물과 현물의 가격차이가 벌어졌을 때 상대적으로 싼 쪽을 사고 비싼 쪽을 팔아 이익을 남기는 거래방식이다. 주로 투신사 등의 기관투자자의 거래에서 이용되고 컴퓨터로 처리하기 때문에 프로그램 매매라고 한다.

□ 보완재(補完財) *

재화 중에서 동일 효용을 증대시키기 위해 함께 사용해야 하는 두 재화를 말한다. 이들 재화는 따로 소비할 경우의 효용합계보다 함께 소비할 경우의 효용이 더 크다. 보완재의 예로는 커피와 설탕, 버터와 빵, 펜과 잉크 등이 있다.

□ 대체재(代替財) *

재화 중에서 동종의 효용을 얻을 수 있는 두 재화로, 경쟁재라고도 한다. 대체관계에 있는 두 재화는 하나의 수요가 증가하면 다른 하나는 감소하고, 소득이 증대되면 상급재의 수요가 증가하고 하급재의 수요는 감소한다. 예를 들어 버터(상급재)와 마가린(하급재), 쌀(상급재)과 보리(하급재), 쇠고기(상급재)와 돼지고기(하급재) 등이다.

□ 유럽연합(EU : European Union) **

유럽의 정치와 경제를 통합하기 위해 1993년 11월 1일 마스트리히트조약의 발효에 따라 유럽 12개국이 참가하여 출범한 연합기구로 1994년 1월 1일 이후 사용하기 시작한 EC의 새로운 명칭이다.

□ 유럽자유무역연합(EFTA : European Free Trade Association) *

EU에 참가하지 않은 스위스, 아이슬란드, 노르웨이, 리히텐슈타인으로 구성된 자유무역체제이다. 유럽 전체를 자유무역지역으로 설립하는 데 목적이 있었으나, 현재는 각 회원국의 독자적인 통상정책을 구성한다.

□ **북미자유협정(NAFTA : North America Free Trade Agreement)** *

미국·캐나다·멕시코 등 북미 3국을 단일시장으로 묶는 자유무역협정을 말한다. 협정은 노동과 자본의 자유로운 이동, 동일한 노동법과 환경보전법 적용, 역내의 관세 및 수입제한을 단계적으로 낮춰 15년 이내에 원칙적으로 철폐할 것 등이다. 유럽공동체(EC)에 이어 두 번째로 진행된 대규모 경제통합으로 거대한 단일시장을 이루었다.

□ **주식회사(株式會社)** ***

1인 이상의 발기인에 의해 설립되며 유한책임의 주주로 구성되는 물적 회사이다. 자본금은 균일한 금액으로 표시되어 있는 주식으로 분할되고 매매·양도가 가능하다. 구성기관으로는 의결기관인 주주총회, 집행 및 대표기관인 이사회와 대표이사, 회계감사기관인 감사의 세 기관이 있다. 주식회사는 주식에 의한 대자본의 형성, 주주의 위험분산, 자본과 경영의 분리 등이 특징이라 할 수 있다.

□ **가젤형 기업(Gazelles Company)** *

상시 근로자 10인 이상이면서 매출이나 순고용이 3년 연속 평균 20% 이상인 기업으로, 빠른 성장과 높은 순고용 증가율이 가젤(빨리 달리면서도 점프력도 좋은 영양류의 일종)과 닮았다는 데서 이름이 유래됐다. 자생적 성장을 이룬 기업을 지칭하므로 인수합병은 제외된다. 특히 가젤형 기업 중에서도 매출 1000억 원 이상의 기업은 슈퍼 가젤형 기업이라고 한다. 가젤형 기업은 규모가 작아 눈에 띄지 않지만, 틈새시장을 집요하게 파고들어 세계 최강자 자리에 오른 히든 챔피언과는 차이가 있다. 히든 챔피언이 매출 시장에 비중을 더 두는 데 비해 가젤형 기업은 안정적인 일자리 창출에 중추적인 역할을 하고 있기 때문이다.

□ **고객관계관리(CRM : Customer Relationship Management)** ***

기존고객의 정보를 분석해서 고객의 특성에 맞는 마케팅을 전개하는 것으로 고객관계관리라고 한다. 전산시스템과 인터넷의 발달로 다양한 고객관리를 할 수 있게 되면서 새로운 마케팅기법으로 각광받고 있다. 고객에 대한 정보자료를 정리·분석해 마케팅 정보로 변환함으로써 고객의 구매패턴을 지수화하고, 이를 바탕으로 마케팅프로그램을 개발·실현·수정하는 고객 중심의 경영 기법을 의미한다. 다시 말해 기업이 고객의 성향과 욕구를 미리 파악해 이를 충족시켜 주고, 기업이 목표로 하는 수익이나 광고효과 등 원하는 바를 얻어내는 기법을 말한다. 영화관을 예로 들자면, 회원카드를 통하여 고객이 어떤 영화를 얼마나 자주 보고 언제 보는가를 CRM을 통해 고객의 취향을 파악해, 취향에 맞는 영화가 개봉될 때를 맞춰 할인쿠폰이나 개봉정보를 알려줄 수 있다. 이 경우 무작위로 정보를 보내는 것보다 비용과 효과 면에서 유리할 것이다.

□ **자기자본투자(PI : Principal Investment)** **

증권사들이 고유 보유자금을 직접 주식·채권·부동산 및 인수·합병(M&A) 등에 투자해 수익을 얻는 것으로 주식거래 중개와는 별도로 한다. 해외 투자은행들은 위탁수수료 수익 비중에 비해 자기자본투자의 비중이 높지만 국내 증권사들의 경우 위탁수수료 수익 비중이 자기자본투자에 비해 높다.

□ 고객경험관리(CEM : Customer Experience Management) *

고객이 어떻게 생각하고 느끼는지를 파악하고, 이를 토대로 고객의 경험을 데이터 하여 구축한 것으로, 기업은 모든 접점에서 고객과 관계를 맺고 각기 다른 고객 경험 요소를 서로 통합해준다. 그리고 고객에게는 감동적인 경험을 갖도록 해주어 기업 가치를 높인다. 고객은 단순히 가격과 품질만을 검토하여 이성적으로 제품을 구매하는 것이 아니라, 친절한 매장 직원이나 편리한 주문시스템 같은 감성적 요인으로 구매를 하는 경향이 있다는 측면에서 등장한 고객관리기법으로 콜롬비아 비즈니스 스쿨의 번트 슈미트 교수(Bernd. Schmitt)가 그의 저서 「CRM을 넘어 CEM으로」에서 처음 소개하였다.

□ 나노 경영 *

맥이트(McIT) 이론에 기초하여 지속적 고용 유지와 부가가치 창출을 동시에 성취한다는 경영이론이다. 맥이트(Mcit)란 경영(Management), 문화(Culture) 그리고 정보기술(Information Technology)의 앞 글자를 딴 것이다. 나노는 '10억분의 1'을 의미하는 것으로 나노기술은 원자와 분자를 직접 조작하고 재배열하여 기존에 존재하지 않던 신물질을 개발하는 기술이다. 나노기술처럼, 나노 경영은 기업이 수행하는 아주 작은 세부 활동들을 분석하여, 이를 보다 큰 차원에서 결합·응용하여 보다 효율적으로 기업을 경영하는 것을 의미한다. 창조·지식경영과 함께 주 30시간의 업무활동과 10시간의 학습활동을 목표로 한 스피드 경영 및 시간 관리가 그 핵심이다.

□ B2B · B2C ***

B2B는 Business to Business(기업 對 기업)의 줄임말로 기업과 기업이 전자상거래를 하는 관계를 의미하며, 인터넷 공간을 통해 기업이 원자재나 부품을 다른 기업으로부터 구입하는 것이 대표적이다. 일반소비자와는 큰 상관이 없지만 거래규모가 엄청나서 앞으로 전자상거래를 주도할 것으로 보인다. B2C는 Business to Consumer의 줄임말로 기업이 개인을 상대로 인터넷상에서 일상용품을 판매하는 것이 대표적이다. 현재 인터넷에서 운영되고 있는 전자상거래 웹사이트의 대부분이 B2C를 겨냥하고 있다. 이밖에도 전자상거래의 유형 중에는 C2B, C2C도 있으나 차지하는 비중은 미미한 편이다.

□ 서브프라임 모기지(Sub-Prime Mortgage) **

미국에서 신용등급이 낮은 저소득층을 대상으로 높은 금리에 주택 마련 자금을 빌려 주는 비우량 주택담보대출을 뜻한다. 미국의 주택담보대출은 신용도가 높은 개인을 대상으로 하는 프라임(Prime), 중간 정도의 신용을 가진 개인을 대상으로 하는 알트 A(Alternative A), 신용도가 일정 기준 이하인 저소득층을 상대로 하는 서브프라임의 3등급으로 구분된다. 2007년 서브프라임 모기지로 대출을 받은 서민들이 대출금을 갚지 못해 집을 내놓아 집값이 폭락하며 금융기관의 파산 및 글로벌 금융위기를 야기시켰다. 시사주간지 타임에서 서브프라임 모기지를 '2010년 세계 50대 최악의 발명품'으로 선정하였다.

□ **역모기지론(Reverse Mortgage Loan)** *

고령자들이 보유하고 있는 주택을 담보로 금융기관에서 일정액을 매월 연금형식으로 받는 대출상품이다. 주택연금 또는 장기주택저당대출이라고 한다. 부동산을 담보로 주택저당증권(MBS)을 발행하여 장기주택자금을 대출받는 제도인 모기지론과 자금 흐름이 반대이기 때문에 역모기지론이라고 한다. 주택은 있으나 경제활동을 할 수 없어 소득이 없는 고령자가 주택을 담보로 사망할 때까지 자택에 거주하면서 노후 생활자금을 연금 형태로 지급받고, 사망하면 금융기관이 주택을 처분하여 그동안의 대출금과 이자를 상환 받는다. 역모기지론의 가입조건은 부부가 모두 65세 이상이여야 하고, 6억 원 미만의 주택을 가진 사람을 대상으로 한다. 고령자가 사망 시 또는 계약 시까지 주택에 살면서 노후생활비를 받으므로 주거안정과 노후 소득보장을 받을 수 있다. 우리나라는 2006년부터 종신형 역모기지론이 도입되었으며, 주택금융공사의 공적보증으로 대출기간을 종신으로 늘렸으며, 현재 조건이 완화되어 담보대출이나 전세보증금이 끼어 있는 집도 이용할 수 있다.

□ **주택담보대출비율(LTV : Loan To Value Ratio)** **

금융기관에서 주택을 담보로 대출해 줄때 적용하는 담보가치대비 최대대출가능 한도를 말한다. 주택담보대출비율은 기준시가가 아닌 시가의 일정비율로 정하며, 주택을 담보로 금융기관에서 돈을 빌릴 때 주택의 자산 가치를 얼마로 설정하는 가의 비율로 나타낸다.

□ **파킹(Parking) 통장** **

잠시 주차를 하듯 짧은 시간 여유자금을 보관하는 통장을 의미한다. 일반 자유입출금 통장처럼 수시입출금이 가능하면서 비교적 높은 수준의 금리를 제공하는 게 특징이다. 정기예금이나 적금과 달리 상당기간 자금이 묶이지 않기 때문에 최근 각광받고 있다. 파킹(Parking) 통장은 불안한 투자환경과 시장 변동성 속에서 잠시 자금의 휴식처가 필요하거나 당장 목돈을 사용할 계획이 없는 투자자들에게 유용하다. 특히 하루만 맡겨도 금리 수익을 거둘 수 있다는 게 장점으로 꼽힌다. 일반적인 자유입출금 통장이 연 0.1 ~ 0.2%(세전) 수준의 이자를 주는 반면 파킹통장은 일정 금액 이상이 통장에 '파킹'되어 있으면 연 2%이상의 높은 금리를 지급한다.

□ **페트로 달러(Petro Dollar)** **

석유에 대한 주된 결제통화로서 달러의 위상을 상징하는 용어를 의미한다. 국제 원유는 오로지 달러로만 거래되는데, 이는 사우디아라비아와 미국이 함께 구축한 '페트로 달러' 체제 때문이다. 최대 산유국인 사우디는 지정학적 이유와 달러 확보를 위해 오로지 달러로만 원유를 결제받기로 했고 덕분에 미국은 무려 40년간 원자재 시장은 물론 실물경제 시장에서 달러 패권을 누렸다. '페트로 달러'는 '석유를 팔아 얻은 달러'를 뜻하지만 좀 더 폭넓은 국제 정치경제학적 의미에서는 달러로만 석유 대금을 결제할 수 있게 하는 현 체제를 의미하기도 한다. 최근에는 중국에서 페트로 위안을 추진하고 있다.

□ BCG매트릭스 **

BCG매트릭스는 컨설팅 전문회사인 'Boston Consulting Group'에 의해 개발된 것으로 기업 경영전략 수립의 분석도구로 활용된다. 이는 사업의 성격을 단순화, 유형화하여 어떤 방향으로 의사결정을 해야 할지를 명쾌하게 얘기해 주지만, 사업의 평가요소가 상대적 시장점유율과 시장성장률뿐이어서 지나친 단순화의 오류에 빠지기 쉽다는 단점이 있다. X축은 상대적 시장점유율, Y축은 시장성장률을 놓고 각각 높음·낮음의 두 가지 기준을 정한 매트릭스로 구성하여 사업을 4가지로 분류했다.

① Star사업 … 수익과 성장이 큰 성공사업으로 지속적인 투자가 필요하다.
② Cash Cow 사업 … 기존 투자에 의해 수익이 지속적으로 실현되는 자금 원천사업으로 시장성장률이 낮아 투자금이 유지·보수에 들어 자금산출이 많다.
③ Question Mark 사업 … 상대적으로 낮은 시장 점유율과 높은 성장률을 가진 신규사업으로 시장점유율을 높이기 위해 투자금액이 많이 필요하며, 경영에 따라 Star사업이 되거나 Dog 사업으로 전락할 위치에 놓이게 된다.
④ Dog 사업 … 수익과 성장이 없는 사양사업으로 기존의 투자를 접고 사업철수를 해야 한다.

□ 팹리스 *

팹리스(Fabless)란 반도체를 설계만 하고 제작은 하지 않는 기업이다. '공장(Fab)이 없다(Less)'는 뜻의 팹리스는 중앙처리장치(CPU)나 모바일프로세서(AP), 통신모뎀·이미지센서 같은 시스템 반도체(비메모리) 칩의 설계를 맡는다. 팹리스의 설계에 따라 반도체를 생산만 하는 기업은 파운드리(Foundry)라고 한다.

□ 레이더스(Raiders) *

기업약탈자 또는 사냥꾼을 뜻한다. 자신이 매입한 주식을 배경으로 회사경영에 압력을 넣어 기존 경영진을 교란시키고 매입주식을 비싼값에 되파는 등 부당이득을 취하는 집단이다. 즉, 여러 기업을 대상으로 적대적 M&A를 되풀이하는 경우를 말한다.

□ 스핀오프(Spin off) *

정부출연연구기관의 연구원이 자신이 참여한 연구결과를 가지고 별도의 창업을 할 경우 정부보유의 기술을 사용한데 따른 로열티를 면제해 주는 제도를 말한다. 이를 실시하는 국가들은 기술이 사업화하는 데 성공하면 신기술연구기금을 출연토록 의무화하고 있다. 또 기업체의 연구원이 사내창업(社內創業)을 하는 경우도 스핀오프제의 한 형태로 볼 수 있다.

□ 아웃소싱(Outsourcing) **

제품생산·유통·포장·용역 등을 하청기업에 발주하거나 외주를 주어 기업 밖에서 필요한 것을 조달하는 방식을 말한다. 특히 업무가 계절적·일시적으로 몰리는 경우 내부직원, 설비를 따로 두는 것보다 외부용역을 주는 것이 효율적이다. 주로 기업에서 활용됐으나 최근에는 정부부문도 일상적 관리업무나 수익성이 있는 사업 등을 민간에 맡기거나 넘겨 효율성을 높이면서 조직을 줄이는 것이 세계적인 추세이다.

□ **풋백옵션(Putback Option)** *

일정한 실물 또는 금융자산을 약정된 기일이나 가격에 팔 수 있는 권리를 풋옵션이라고 한다. 풋옵션에서 정한 가격이 시장가격보다 낮으면 권리행사를 포기하고 시장가격대로 매도하는 것이 유리하다. 옵션가격이 시장가격보다 높을 때는 권리행사를 한다. 일반적으로 풋백옵션은 풋옵션을 기업인수합병에 적용한 것으로, 본래 매각자에게 되판다는 뜻이다. 파생금융상품에서 일반적으로 사용되는 풋옵션과 구별하기 위해 풋백옵션이라고 부른다. 인수시점에서 자산의 가치를 정확하게 산출하기 어렵거나, 추후 자산가치의 하락이 예상될 경우 주로 사용되는 기업인수합병방식이다.

□ **워크아웃(Workout)** **

기업가치회생작업으로, 기업과 금융기관이 서로 합의해서 진행하는 일련의 구조조정과정과 결과를 말한다. 미국의 GE사가 1990년대 초 개발한 신(新)경영기법이다. 사전적 의미로는 운동·훈련 등으로 몸을 가뿐하게 하는 것으로, 종업원들이 근무장소에서 벗어나 회사 내 문제점에 대한 토론을 벌이고 이를 통해 회사의 발전방안을 도출해 내는 의사결정방식이다.

□ **법정관리(法定管理)** *

기업이 자력으로 회사를 운영하기 어려울 만큼 부채가 많을 때 법원에서 제3자를 지정하여 자금을 비롯한 기업활동 전반을 관리하게 하는 것을 말한다. 법정관리신청을 하면 법정관리체제의 전단계 조치인 재산보전처분결정을 내려 이날부터 회사와 관련된 모든 채권·채무가 동결되고, 법정관리결정을 내려 법정관리자를 지정하면 법정관리체제로 전환된다. 법정관리신청이 기각되면 파산절차를 밟거나 항고·재항고를 할 수 있는데, 항고·재항고 기간 중엔 법원의 회사재산보전처분결정이 그대로 효력을 발생, 시간벌기작전으로 파산위기를 넘기기 위한 목적으로 이용되는 경우도 있다. 부도위기에 몰린 기업을 파산시키기보다 살려내는 것이 단기적으로는 채권자의 이익을 희생시키는 대신 장기적으로는 기업과 채권자에게는 물론 국민경제 전반에 바람직한 경우가 많다는 점에서 이 제도를 시행하고 있다.

□ **스톡옵션(Stock Option)** ***

주식매입선택권으로 기업이 전문경영인이나 핵심기술자를 고용하면서 일정 기간 후 채용할 때의 약속한 가격으로 주식을 살 수 있도록 하는 제도를 말한다. 입사 후 기업성장으로 주가가 오르면 주식차익을 챙길 수 있어 고급인력을 초빙하는데 유리하다.

□ **백기사(White Knight)** **

경영권 다툼을 벌이고 있는 기존 대주주를 돕기 위해 나선 제3자이다. 이때 우호적인 기업인수자를 백기사라고 한다. 백기사는 목표기업을 인수하거나 공격을 차단해 주게 된다. 백기사처럼 기업을 인수하는 단계까지 가지 않고 기업의 주식확보를 도와주는 세력을 백영주(White Squire)라고 한다.

□ 그린메일(Green Mail) **

기업사냥꾼(Green Mailer)이 대주주에게 주식을 팔기 위해 보낸 편지를 말한다. 기업사냥꾼들이 상장기업의 주식을 대량 매입한 뒤 경영진을 위협해 적대적 M&A를 포기하는 대가로 자신들이 확보한 주식을 시가보다 훨씬 높은 값에 되사들이도록 강요하는 행위이다.

□ 종업원지주제도(從業員持株制度) *

회사가 종업원에게 자사주의 보유를 권장하는 제도로서 회사로서는 안정주주를 늘리게 되고 종업원의 저축을 회사의 자금원으로 할 수 있다. 종업원도 매월의 급여 등 일정액을 자금화하여 소액으로 자사주를 보유할 수 있고 회사의 실적과 경영 전반에 대한 의식이 높아지게 된다.

□ 콘체른(Konzern) *

동종(同種) 또는 이종(異種)의 각 기업이 법률상으로는 독립하면서 경제상으로는 독립을 상실하고 하나의 중앙재벌 밑에서 지배를 받는 기업집중의 형태로, 재벌이라고도 한다. 일반적으로 거대기업이 여러 산업의 다수기업을 지배할 목적으로 형성된다.

□ 카르텔(Cartel) *

기업연합을 뜻하는 것으로, 같은 종류의 여러 기업들이 경제상·법률상의 독립성을 유지하면서 상호 간의 무리한 경쟁을 피하고 시장을 독점하기 위해 협정을 맺고 횡적으로 연합하는 것을 말한다. 협정의 내용에 따라 구매카르텔, 생산카르텔(생산제한·전문화 등), 판매카르텔(가격·수량·지역·조건·공동판매 등)이 있다. 우리나라에서는 「독점규제 및 공정거래법」에 의해 원칙적으로 금지되어 있다.

□ 신디케이트(Syndicate) *

카르텔 중 가장 결합이 강한 형태로, 중앙에 공동판매소를 두어 공동으로 판매하고 이익을 분배하는 기업집중의 형태이다. 공동판매카르텔이라고도 한다.

□ 콤비나트(Combinat) *

국내의 독립된 기업이 생산공정에 있어서 낭비축소, 부산물의 공동이용 등 기술합리화를 위해 지역적·다각적으로 결합하여 기업을 경영하는 기업집단의 형태를 말한다. 콤비나트화의 목적은 원재료의 확보, 생산의 집중화, 유통과정의 합리화 등으로 원가절감을 기하는 것이다.

□ 트러스트(Trust) *

동종 또는 유사한 기업의 경제상·법률상의 독립성을 완전히 상실하고 하나의 기업으로 결합하는 형태로, 이는 대자본을 형성하여 상대경쟁자를 누르고 시장을 독점지배할 수 있다. 일반적으로 거액의 자본을 고정설비에 투자하고 있는 기업의 경우에 이런 형태가 많다. 트러스트의 효시는 1879년 미국에서 최초로 형성된 스탠더드 오일 트러스트(Standard Oil Trust)이다.

□ CI(Corporate Identity) *

기업이미지 통합을 말한다. 상품구입에서 직장을 고르는 경우에 이르기까지 기업·소비자·취직자 등은 그 기업의 이미지에 따라 선택판단을 내리게 되는 경우가 많다. 이 때문에 각 기업들은 기업의 명칭에서부터 종업원의 복장에 이르기까지 통일된 이미지를 주는, 즉 같은 회사의 제품이라는 것을 식별할 수 있도록 해주는 기업활동과 전략을 수립하고 있다. 본격적으로 도입된 것은 1980년대부터인데 여기에는 VI(Visual Identity : 시각이미지 통일), BI(Behavioral Identity : 행동양식 통일), MI(Mind Identity : 심리 통일) 등이 있다.

□ IR(Investor Relations) ***

기업설명회를 뜻한다. 기관투자가, 펀드매니저 등 주식투자자들에게 기업에 대한 정보를 제공하여 투자자들의 의사결정을 돕는 마케팅활동의 하나이다. 기업입장에서는 자사주가가 높은 평가를 받도록 함으로써 기업의 이미지를 높이고 유상증자 등 증시에서의 자금조달이 쉬워지는 효과를 거둘 수 있다. IR은 효과를 극대화하기 위해 기업의 장·단점과 계량화되지 않은 정보를 신속·정확·공평하게 계속적으로 알려야 한다.

□ 헤일로 효과(Halo Effect) ***

헤일로(Halo)란 후광을 뜻하는데, 인물이나 상품을 평정할 때 대체로 평정자가 빠지기 쉬운 오류의 하나로 피평정자의 전체적인 인상이나 첫인상이 개개의 평정요소에 대한 평가에 그대로 이어져 영향을 미치는 등 객관성을 잃어버리는 현상을 말한다. 특히 인사고과를 할 경우 평정자가 빠지기 쉬운 오류는 인간행동이나 특성의 일부에 대한 인상이 너무 강렬한 데서 일어난다. 헤일로효과를 방지하기 위해서는 감정·선입감·편견을 제거하고, 종합평정을 하지 말고 평정요소마다 분석 평가하며, 일시에 전체적인 평정을 하지 않을 것 등이 필요하다.

□ 시너지 효과(Synergy Effect) *

기업의 합병으로 얻은 경영상의 효과로, 합병 전에 각 기업이 가졌던 능력의 단순한 합 이상으로 새로운 능력을 갖게 되는 결과를 말한다. 각종 제품에 대해 공통의 유통경로·판매조직·판매창고·수송시설 등을 이용함으로써 생기는 판매시너지, 투자시너지, 생산시너지, 경영관리시너지 등이 있다. 시너지란 본래 인체의 근육이나 신경이 서로 결합하여 나타내는 활동, 혹은 그 결합작용을 의미한다.

□ 앵커링 효과(Anchoring Effect)

처음에 인상 깊었던 것이 기준이 되어 향후 판단에 왜곡된 영향을 미치는 현상으로 배가 닻(Anchor)을 내리면 연결한 밧줄 범위 내에서만 움직일 수 있듯이 각인된 기억이 기준이 되어 향후 내리는 결정에 편파적이고 왜곡된 영향을 미치는 현상을 말한다. 정박 효과라고도 하며 비즈니스, 쇼핑, 주식, 등 매우 광범위하게 일어난다.

출제예상문제

1 가구의 소득 흐름은 물론 금융 및 실물 자산까지 종합적으로 고려하여 가계부채의 부실위험을 평가하는 지표로, 가계의 채무상환능력을 소득 측면에서 평가하는 원리금상환비율(DSR : Debt Service Ratio)과 자산 측면에서 평가하는 부채/자산비율(DTA : Debt To Asset Ratio)을 결합하여 산출한 지수를 무엇이라고 하는가?

① 가계신용통계지수

② 가계수지

③ 가계순저축률

④ 가계부실위험지수

> **TIP** 가계부실위험지수(HDRI)는 가구의 DSR과 DTA가 각각 40%, 100%일 때 100의 값을 갖도록 설정되어 있으며, 동 지수가 100을 초과하는 가구를 '위험가구'로 분류한다. 위험가구는 소득 및 자산 측면에서 모두 취약한 '고위험가구', 자산 측면에서 취약한 '고DTA 가구', 소득 측면에서 취약한 '고DSR가구'로 구분할 수 있다.

2 가장 높은 시청률과 청취율을 유지하여 비싼 광고비를 지불해야하는 방송시간대를 일컫는 용어는?

① 콜 타임

② 브레이크아웃 타임

③ 프라임타임

④ 랩 타임

> **TIP** ① 콜 타임(Call Time) : 야구경기 진행 도중에 감독이나 선수의 요구에 의해 잠시 경기 진행을 정지한 상황
> ② 브레이크아웃 타임(Breakout Time) : 특정 국가가 핵무기 제조하고자 결심한 시점부터 핵물질을 확보하는 데까지 걸리는 시간
> ④ 랩 타임(Lap Time) : 육상경기나 자동차 경주 등에서 트랙을 한 바퀴를 도는데 걸리는 시간

Answer 1.④ 2.③

3 가격이 상승한 소비재의 수요가 오히려 증가하는 현상은?

① 립스틱 효과

② 전시 효과

③ 베블렌 효과

④ 리카도 효과

> **TIP** 베블렌 효과는 허영심에 의해 수요가 발생하는 것으로서 가격이 상승한 소비재의 수요가 오히려 증가하는 현상을 의미한다.

4 국방·경찰·소방·공원·도로 등과 같이 정부에 의해서만 공급할 수 있는 것이라든가 또는 정부에 의해서 공급되는 것이 바람직하다고 사회적으로 판단되는 재화 또는 서비스를 무엇이라고 하는가?

① 시장실패

② 공공재

③ 사유재

④ 보이지 않는 손

> **TIP** 공공재에는 보통 시장가격은 존재하지 않으며 수익자부담 원칙도 적용되지 않는다. 따라서 공공재 규모의 결정은 정치기구에 맡길 수밖에 없다. 공공재의 성질로는 어떤 사람의 소비가 다른 사람의 소비를 방해하지 않고 여러 사람이 동시에 편익을 받을 수 있는 비경쟁성·비선택성, 대가를 지급하지 않은 특정 개인을 소비에서 제외하지 않는 비배제성 등을 들 수 있다.

5 기업의 이미지를 시각화 하여 나타낸 심벌마크로 기업의 사명이나 역할 등의 아이덴티티를 나타내어 외부에 기업이미지를 통일화하여 보여주는 마크를 의미하는 용어는?

① PI

② SI

③ MI

④ CI

> **TIP** ④ CI(Corporate Identity): 기업이미지를 나타내는 마크 또는 로고를 나타내는 용어
> ① PI(President Identity): 기업의 최고경영자 이미지를 나타내는 용어
> ② SI(Shop Identity): 기업의 매장을 통일화하는 브랜드 전략을 의미하는 용어
> ③ MI(Mind Identity): 기업의 최고경영자의 마음가짐을 나타내는 용어

Answer 3.③ 4.② 5.④

6 다음 내용을 읽고 괄호 안에 들어갈 말로 가장 적절한 것을 고르면?

> 국민경제 내에서 자산의 증가에 쓰인 모든 재화는 고정자산과 재고자산으로 구분되는데 전자를 국내 총 고정자본형성 또는 고정투자, 후자를 재고증감 또는 재고투자라 하며 이들의 합계를 (   )이라 한다.

① 국내총투자율
② 국내총생산
③ 국내신용
④ 국내공급물가지수

> **TIP** 국내총투자율(Gross Domestic Investment Ratio)은 국민경제가 구매한 재화 중에서 자산의 증가로 나타난 부분이 국민총처분가능 소득에서 차지하는 비율을 의미한다.

7 다음 내용을 읽고 괄호 안에 들어갈 말로 가장 적절한 것을 고르면?

> (   )을/를 시행하게 되면 환율 변동에 따른 충격을 완화하고 거시경제정책의 자율성을 어느 정도 확보 할 수 있다는 장점이 있다. 하지만 특정 수준의 환율을 지속적으로 유지하기 위해서는 정부나 중앙은행 이 재정정책과 통화정책을 실시하는 데 있어 국제수지 균형을 먼저 고려해야하는 제약이 따르고 불가피 하게 자본이동을 제한해야 한다.

① 고통지수
② 자유변동환율제도
③ 고정환율제도
④ 고정자본소모

> **TIP** 고정환율제도는 외환의 시세 변동을 반영하지 않고 환율을 일정 수준으로 유지하는 환율 제도를 의미한다. 이 제도는 경제의 기초 여건이 악화되거나 대외 불균형이 지속되면 환투기공격에 쉽게 노출되는 단점이 있다.

Answer   6.① 7.③

8 무한책임사원 2인 이상으로만 구성되는 일원적 조직의 회사는?

① 합명회사   ② 한계기업

③ 합자회사   ④ 화웨이

> **TIP** ① 합명회사는 무한책임사원이 사업 경영을, 유한책임사원은 자본을 제공하여 사업에서 생기는 이익 분배에 참여한다.
> ② 한계기업 : 미래 경쟁력을 상실하여 앞으로의 성장이 어려운 기업
> ③ 합자회사 : 무한책임사원과 유한책임사원으로 구성된 회사
> ④ 화웨이 : 1988년 런정페이가 설립한 중국 최대의 네트워크 및 통신 장비 공급업체

9 빈칸에 들어갈 말로 알맞은 것은?

> _____은/는 법률적으로 두 가지 수단이 있다. 하나는 최초의 매매계약을 할 때에 매도인이 _____할 권리를 유보하고 그 목적물을 _____할 수 있다고 약속하는 것이고, 다른 하나는 한 번 보통의 매매계약을 체결하고 나서 다시 매도인이 장래의 일정 기간 내에 매수인으로부터 매수할 수 있다고 예약을 하는 것이다.

① 전매(轉買)   ② 환매(還買)

③ 판독(判讀)   ④ 투기(投機)

> **TIP** ① 전매 : 구입한 부동산을 단기적 이익을 목적으로 하여 다시 파는 것
> ③ 판독 : 부동산권리의 하자(흠) 유무를 문서와 도면상으로 확인하는 작업
> ④ 투기 : 상품이나 유가증권의 시세변동에서 발생하는 차익획득을 목적의 거래행위

10 다음 중 우리나라 GDP에 영향을 주지 않는 것은?

① 전기가스 비용

② 미국 텍사스에 위치한 국내 기업의 제조공장

③ 외국 유명 대기업의 한국지사 제조공장

④ 건강보험료

> **TIP** 국내에서 이뤄지는 활동을 통한 비용만 GDP에 영향을 준다. 우리나라에 위치하는 농림어업, 제조업, 광공업, 전기가스 수도업, 건설업, 서비스업, 세금 등은 GDP에 영향을 준다.

Answer 8.① 9.②

11 다음 내용을 가장 잘 설명하고 있는 것은?

> 과거에 한 번 부도를 일으킨 기업이나 국가의 경우 이후 건전성을 회복했다 하더라도 시장의 충분한 신뢰를 얻기 어려워지며, 나아가 신용위기가 발생할 경우 투자자들이 다른 기업이나 국가보다 해당 기업이나 국가를 덜 신뢰하여 투자자금을 더 빨리 회수하고 이로 인해 실제로 해당 기업이나 국가가 위기에 빠질 수 있다.

① 긍정 효과
② 자동 효과
③ 낙인 효과
④ 분수 효과

TIP 어떤 사람이 실수나 불가피한 상황에 의해 사회적으로 바람직하지 못한 행위를 한 번 저지르고 이로 인해 나쁜 사람으로 낙인찍히면 그 사람에 대한 부정적 인식이 형성되고 이 인식은 쉽게 사라지지 않는다. 이로 인해 추후 어떤 상황이 발생했을 때 해당 사람에 대한 부정적 사회인식 때문에 유독 그 사람에게 상황이 부정적으로 전개되어 실제로 일탈 또는 범죄행위가 저질러지는 현상을 낳는바, 이를 낙인효과라고 한다. 경제 분야에서도 이러한 현상이 발생한다.

12 경제문제가 발생하는 가장 근본적인 원인은?

① 이윤극대화의 원칙
② 한계효용 체감의 법칙
③ 희소성의 원칙
④ 3면 등가의 원칙

TIP ③ 희소성의 원칙은 자원은 한정되어 있으나 더 많이 생산하고 더 많이 소비하려는 인간의 욕망은 자원의 희소성으로 인하여 제한되므로, 경제활동은 항상 선택의 문제에 직면하게 된다.
① **이윤극대화의 원칙** : 기업이 수입과 비용의 차액인 이윤을 극대화 하는 행동원리를 말한다.
② **한계효용의 체감의 법칙** : 재화나 서비스 소비량이 증가할수록 한계효용이 감소하는 현상을 말한다.
④ **3면 등가의 원칙** : 국민소득을 측정할 때 생산국민소득과 분배국민소득, 지출국민소득의 세 가지 값이 동일하다는 원칙이다.

Answer 11.③ 12.③

13 브레이크가 고장 난 기차가 달리고 있다. 레일 위에는 다섯 명의 인부가 있었는데, 기차가 이대로 달린다면 인부들은 모두 죽게 될 것이다. 한 가지 방법이 있다면 레일 변환기로 기차의 방향을 바꾸는 것뿐이다. 만약 레일을 바꾼다면 한 명의 인부가 죽게 된다. 이때 당신이 어떠한 선택을 할 것인지 물어보는 심리학적 질문을 무엇이라고 하는가?

① 죄수의 딜레마   ② 폴리애나 현상
③ 치킨 게임   ④ 트롤리 딜레마

> **TIP** ④ 윤리학 분야의 사고실험으로 소수를 희생하여 다수를 구할 것인지를 판단하는 문제 상황을 가리키는 말이다.
> ① 죄수의 딜레마 : 자신의 이익을 위한 선택이 결국에는 자신뿐만 아니라 상대방에게도 불리한 결과를 유발하는 상황
> ② 폴리애나 현상 : 지치고 감당하기 어려운 상황에서 해결방법을 찾기보다 심리적으로 회피하는 것을 선택하는 심리학적 용어
> ③ 치킨 게임 : 어느 한쪽이 양보하지 않으면 모두 파국으로 치닫게 되는 극단적인 게임

14 자원의 희소성이 존재하는 한 반드시 발생하게 되어 있으며 경제문제를 발생시키는 근본요인은?

① 기회비용
② 매몰비용
③ 한계효용
④ 기초가격

> **TIP** 인간의 욕구에 비해 자원이 부족한 현상을 희소성이라 하는데, 희소한 자원을 가지고 인간의 모든 욕구를 충족시킬 수 없기 때문에 인간은 누구든지 부족한 자원을 어느 곳에 우선으로 활용할 것인가를 결정하는 선택을 해야 한다. 이렇게 다양한 욕구의 대상들 가운데서 하나를 고를 수밖에 없다는 것으로 이때 포기해 버린 선택의 욕구들로부터 예상되는 유·무형의 이익 중 최선의 이익을 기회비용(Opportunity Cost)이라고 한다.

15 기업이 증권시장에 주식 상장을 하기위해 하는 기업공개를 의미하는 용어로, 기업의 자사 주식과 경영 내역 등을 시장에 알리는 것을 의미하는 것은?

① IB
② IPO
③ PER
④ ROE

> **TIP** ② IPO(Initial Public offering) : 0 주식 상장을 위해 하는 기업공개
> ① IB(Investment Bank) : 투자은행을 나타내는 약어로 IPO(기업공개), 증자 등의 업무를 취급하는 금융기관
> ③ PER(Price-Earning Ratio) : 주가수익비율을 의미하는 용어로 주가를 주당순이익 나눈 수치를 의미하는 용어
> ④ ROE(Return On Equit) : 자기자본이익률을 의미하는 용어로 주주의 자본을 통해 경영자가 올리는 이익을 보여주는 지표

Answer   13.④ 14.① 15.②

16 신문광고 요금을 이론적으로 비교하는 단위를 나타내는 척도로 신문매체의 광고가치를 발행한 부수와 비용 측면에서 경제적으로 평가할 때 이용하는 것을 일컫는 용어는?

① 프레임 레이트

② 디플레이트

③ 비트 레이트

④ 밀라인 레이트

TIP ① 프레임 레이트 : 초당 재현되는 프레임 수로 측정되는 것으로 연속된 이미지들이 재현되는 속도의 비율
② 디플레이트 : 일정 기간의 경제 량을 양적 비교할 때 디플레이터를 사용하여 가격 변동을 산출하는 것
③ 비트 레이트 : 1초당 처리해야하는 비트(Bit) 단위의 데이터 크기를 의미

17 소득소비곡선상의 X재의 수요가 증대할 때 Y재의 수요는 감소하는 경우 X재에 대해서 Y재를 무엇이라 부르는가?

① 보통재

② 보완재

③ 대체재

④ 열등재

TIP ③ 대체재(경쟁제) : 재화 중에서 동종의 효용을 얻을 수 있는 두 재화를 말한다. 대체관계에 있는 두 재화는 하나의 수요가 증가하면 다른 하나는 감소하고, 소득이 증대되면 상급재의 수요가 증가하고 하급재의 수요는 감소한다. 예를 들어 버터(상급재)와 마가린(하급재), 쌀(상급재)과 보리(하급재), 쇠고기(상급재)와 돼지고기(하급재) 등이다.
② 재화 중에서 동일 효용을 증대시키기 위해 함께 사용해야 하는 두 재화를 말한다. 예를 들어 커피와 설탕, 버터와 빵, 펜과 잉크 등이 있다.
④ 소득이 증가할수록 그 수요가 줄어드는 재화를 의미한다.

Answer 16.④ 17.③

18 경기 침체나 위기 이후 회복될 쯤 경기 부양을 위해 내놓았던 정책을 거둬들이며 경제에 미치는 영향을 최소화하는 전략적 경제 정책은 무엇인가?

① 출구전략 ② 양적완화
③ 워크아웃 ④ 세일 앤드 리스 백

TIP 경기 침체나 위기가 끝나갈 쯤 입구전략을 끝내고, 물가의 급격한 상승을 동반한 인플레이션과 같은 부작용을 막기 위해 시장에 공급된 통화를 거둬들이고, 금리를 올리며, 세제 감면 혜택을 줄이고, 정부의 적자 예산을 흑자 예산으로 바꾸는 등의 조치를 펴게 되는데, 이를 출구전략이라고 한다.

19 1984년 LA올림픽에서 부상하기 시작한 마케팅 기법으로, 올림픽 경기에 공식적으로 후원은 하지 않으나 광고 문구에 올림픽과 관련한 마케팅을 하는 것을 일컫는 용어는?

① 게릴라 마케팅 ② 바이럴 마케팅
③ 크리슈머 마케팅 ④ 엠부시 마케팅

TIP ① 게릴라 마케팅 : 잠재적인 고객이 모인 장소에서 불특정 다수에게 상품 판매를 촉진하는 마케팅
② 바이럴 마케팅 : 소셜 미디어를 통해 소비자들에게 자연스럽게 정보를 제공하여 기업의 제품을 홍보하는 마케팅
③ 크리슈머 마케팅 : 창조적인 소비자인 크리슈머들이 자신들이 원하는 제품을 만드는데 참여하는 마케팅

20 생산비와 인건비 절감 등을 이유로 해외로 생산시설을 옮긴 기업들이 다시 자국으로 돌아오는 현상을 말하는 용어는?

① 리마 신드롬
② 리먼사태
③ 리쇼어링
④ 오프쇼어링

TIP ③ 생산비와 인건비 절감 등을 이유로 해외로 생산시설을 옮긴 기업들이 다시 자국으로 돌아오는 현상을 말한다. 온쇼어링(Onshoring), 인쇼어링(Inshoring), 백쇼어링(Backshoring)도 비슷한 개념으로서 오프쇼어링(offshoring)과는 반대되는 말이다. 기술적인 측면에서 스마트 팩토리(Smart Factory)의 확산과 정책적인 측면에서 보호무역주의의 확산으로 인해 리쇼어링이 최근 활성화되고 있다.
① 인질범들이 포로나 인질들에게 정신적으로 동화되어 그들에 대한 공격적인 태도가 완화되는 현상을 의미한다.
② 2008년 9월 15일 미국의 투자은행 리먼브러더스 파산에서 시작된 글로벌 금융위기를 칭하는 말이다.
④ 기업업무의 일부를 해외 기업에 맡겨 처리하는 것으로 업무의 일부를 국내기업에 맡기는 아웃소싱의 범주를 외국으로 확대했다는 것이 차이점이다.

Answer 18.① 19.④ 20.③

21 복지지표로서 한계성을 갖는 국민총소득(GNI)을 보완하기 위해 미국의 노드하우스(W. Nordhaus)와 토빈 (J. Tobin)이 제안한 새로운 지표를 무엇이라고 하는가?

① 소비자동향지표

② 경제활동지표

③ 경제후생지표

④ 고용보조지표

TIP 경제후생지표(Measure of Economic Welfare)는 국민총소득에 후생요소를 추가하면서 비후생요소를 제외함으로써 복지수준을 정확히 반영하려는 취지로 제안되었지만, 통계작성에 있어 후생 및 비후생 요소의 수량화가 쉽지 않아 널리 사용되지는 못하고 있는 실정이다.

22 광고 카피라이팅 룰인 5I의 법칙에 해당하는 단어가 아닌 것은?

① Independence

② Idea

③ Immediate Impact

④ Incessant Interest

TIP 광고 카피 작업할 때의 5I의 법칙
　ⓐ Idea : 멋진 아이디어에서 시작한다.
　ⓑ Immediate Impact : 직접적인 임팩트 관점에서 제작되어야 한다.
　ⓒ Incessant Interest : 메시지에서 계속 흥미를 가지도록 구성한다.
　ⓓ Information : 고객에 대한 필요한 정보를 수집하고 정확히 제시한다.
　ⓔ Impulsion : 충동을 불러일으키는 힘을 가져야 한다.

Answer 21.③ 22.①

23 다음에서 설명하는 효과로 적절한 것은?

> 물건 구매에 망설이던 소비자가 남들이 구매하기 시작하면 자신도 그에 자극돼 덩달아 구매를 결심하는 것을 비유한 현상이다.

① 펭귄 효과
② 악어 효과
③ 판다 효과
④ 제비 효과

TIP 펭귄 효과는 상품에 대한 구매 확신이 없어 구매하지 않다가 남들이 구매하면 자신도 자극받아 덩달아 구매하는 현상을 말한다.

24 다음 내용을 읽고 괄호 안에 들어갈 말로 가장 적절한 것을 고르면?

> 영국의 전래동화에서 유래한 것으로 동화에 따르면 엄마 곰이 끓인 뜨거운 수프를 큰 접시와 중간 접시 그리고 작은 접시에 담은 후 가족이 이를 식히기 위해 산책을 나갔는데, 이 때 집에 들어온 (　　　)이/가 아기 곰 접시에 담긴 너무 뜨겁지도 않고 너무 차지도 않은 적당한 온도의 수프를 먹고 기뻐하는 상태를 경제에 비유한 것을 무엇이라고 하는가?

① 애덤 스미스
② 임파서블
③ 세이프티
④ 골디락스

TIP 골디락스 경제(Goldilocks Economy)는 경기과열에 따른 인플레이션과 경기침체에 따른 실업을 염려할 필요가 없는 최적 상태에 있는 건실한 경제를 의미한다. 이는 다시 말해 경기과열이나 불황으로 인한 높은 수준의 인플레이션이나 실업률을 경험하지 않는 양호한 상태가 지속되는 경제를 지칭한다.

Answer 23.① 24.④

25 다음 상황에 해당하는 용어는?

> A : 이번에 Z전자에서 신제품 휴대폰이 나왔어! 출고가가 100만 원이래.
> B : 그래? 내 휴대폰은 재작년에 출시되었던 Z전자 휴대폰 100만 원 주고 구입했어. Z전자 휴대폰은 너무 예쁘고 성능이 좋아!
> A : 그 제품은 신제품이 나오면서 50만 원으로 가격이 떨어졌더라.
> B : 이 휴대폰도 신제품만큼 멋진데, 처음 샀을 때보다 가격이 많이 떨어졌네.

① 서비타이제이션　　　　　　　　② 리엔지니어링
③ 카니발리제이션　　　　　　　　④ 서비사이징

TIP ③ 카니발리제이션 : 기업에서 신제품이 출시되면 기존 주력상품이 시장에서 수익, 점유율 등이 감소하는 현상
① 서비타이제이션 : 제품과 서비스의 결합 또는 서비스를 상품화 등 기존 서비스를 새로운 서비스와 결합하는 현상을 포괄하는 개념
② 리엔지니어링 : 기업의 체질 및 구조와 경영 방식을 재설계하는 경영기법
④ 서비사이징 : 제품 생산 및 공급에서 사업의 방향을 서비스 중심으로 변경하는 것

26 긴급하고 특별한 상황이 빚어져 관세율을 인상 또는 인하할 필요가 있을 경우 그때그때 국회에서의 법 개정이 어렵기 때문에 제한된 범위 내에서 행정부가 조정할 수 있게 한 세율은?

① 탄력관세
② 할당관세
③ 긴급관세
④ 조정관세

TIP 탄력관세(Elastic Tariff) … 국내산업보호·물가안정 등을 위하여 정부가 국회의 위임을 받아 일정한 범위 내에서 관세율을 인상 또는 인하할 수 있는 권한을 갖도록 한 관세제도로, 우리나라에서는 1969년부터 채택하고 있다.

27 G20의 G가 의미하는 단어로 옳은 것은?

① Group
② Global
③ Ground
④ Good

TIP G20(Group of 20) … 세계 주요 20개국을 회원으로 하는 국제기구로 다자간 금융 협력을 위해 결성되었다.

Answer　25.③　26.①　27.①

28 환경에 악영향을 끼치면서 광고에서는 친환경적인 이미지를 내세우는 행위로 옳은 것은?

① 퍼팅 그린

② 그린벨트

③ 그린워시

④ 그린피스

> **TIP** ① 퍼팅 그린(Putting Green) : 골프에서 홀 둘레에 퍼팅하기 좋도록 잔디를 가꾸어 놓은 구역을 말한다.
> ② 그린벨트(Green Belt) : 개발제한구역으로 도시의 무질서한 확산을 방지하고 환경을 보전하기 위해 설정한 녹지대를 말한다.
> ④ 그린피스(Green Peace) : 1971년에 설립된 국제 환경보호 단체로, 핵 실험 반대와 자연보호 운동 등의 활동을 펼치고 있다. 단의 발동을 예고할 수 있다.

29 상당 기간 자금이 묶이지 않기 때문에 최근 각광받고 있는 것으로 불안한 투자환경과 시장 변동성 속에서 잠시 자금의 휴식처가 필요하거나 당장 목돈을 사용할 계획이 없는 투자자들에게 유용한 이것은 무엇인가?

① 적금 통장

② 정기예금 통장

③ 파킹 통장

④ 마이너스 통장

> **TIP** 파킹(Parking) 통장 … 잠시 주차를 하듯 짧은 시간 여유자금을 보관하는 통장을 의미한다. 일반 자유입출금 통장처럼 수시입출금이 가능하면서 비교적 높은 수준의 금리를 제공하는데, 특히 하루만 맡겨도 금리 수익을 거둘 수 있다는 게 장점으로 꼽힌다.

30 다음 중 엔젤계수에 속하지 않는 것은?

① 교육비

② 과외비

③ 의복비

④ 교제비

> **TIP** 엔젤계수(Angel Coefficient) … 가계에서 지출하는 비용 중 유아에서 초등학생까지의 아이들을 위해 사용되는 돈이 차지하는 비중이다. 과외비, 학원비, 장난감 구입비, 용돈, 의복비, 아이들을 위한 외식비 등이 포함된다.

Answer 28.③ 29.③ 30.④

가볍게! 빠르게! 확인하는 용어사전 시리즈

시사용어사전 | 경제용어사전 | 부동산용어사전

시사용어사전 1228

매일 접하는 각종 기사와 정보! 공기업/언론사/기업체/공무원 채용을 준비하는 수험생과
현대인이 꼭 알아야 할 최신 시사상식을 쏙쏙 뽑아 이해하기 쉽도록 영역별로 정리

경제용어사전 1050

주요 경제용어는 거의 다 실었다! 금융권/공기업/언론사/기업체/공무원 채용을 준비하기 전에,
경제 공부를 시작하기 전에 읽어보면 경제가 쉬워지도록 사전식으로 구성

부동산용어사전 1310

부동산에 대한 이해를 높이고 부동산의 개발과 활용, 투자 및 부동산 용어 학습에도
적극적으로 이용할 수 있는 교재, 공인중개사 출제용어도 수록